HEINZ KLINGER

DIE HOTEL- UND RESTAURATIONSKÜCHE

HEINZ KLINGER

DIE HOTEL-
UND RESTAURATIONSKÜCHE

Das Handbuch und Nachschlagewerk
für den gesamten Bereich der Küche

unter Mitarbeit von Hermann Grüner

Zehnte Auflage
Mit 171 Textabbildungen, 24 Farbtafeln
und zahlreichen grafischen Darstellungen

Band 2

FACHBUCHVERLAG DR. PFANNEBERG & CO.
6300 GIESSEN

ISBN 3-8057-0303-1

© 1988 by Fachbuchverlag Dr. Pfanneberg & Co., Gießen
Druck und buchbinderische Verarbeitung: Brühlsche Universitätsdruckerei, Gießen

VORWORT

Nach annähernd 50 Jahren seit dem ersten Erscheinen und nach mehrfachen Überarbeitungen liegt „Die Hotel- und Restaurationsküche" jetzt in einer völlig neu verfaßten Auflage vor. Warum gerade in einer Zeit, in der es kaum noch möglich ist, die Vielzahl von Neuerscheinungen auf dem Kochbuchmarkt zu überschauen, nun auch eine n e u e „Hotel- und Restaurationsküche", die doch seit Jahrzehnten zu den Standardwerken der internationalen Gastronomie gezählt wird?

Es war nicht Willkür, sondern ein Gebot der Zeit, einer Zeit, die mitbestimmt wird von neuen Erkenntnissen, neuen Bestimmungen, veränderten Märkten und einem verstärkten Wirtschaftlichkeitsdenken. Und in gewisser Beziehung auch von einem gewandelten kulinarischen Selbstverständnis.

Neue Erkenntnisse auf dem Gebiet der Ernährung und veränderte Lebensgewohnheiten stellen überkommene Zubereitungen in Frage. Die vollwertige Ernährung, die einem verringerten Energiebedarf bei ausreichender Versorgung mit essentiellen Wirkstoffen Rechnung trägt, steht im Vordergrund. Deshalb ist der Abschnitt Grundlagen der Ernährung und Technologie neu aufgenommen.

Durch die Zunahme des Welthandels und die Ausweitung der Nahrungsmittelindustrie hat sich das Angebot an Rohstoffen erweitert und verändert. Die Internationalisierung der Märkte mußte zwangsläufig zu einer Vereinheitlichung von Begriffen führen und hat die Festlegung von einheitlichen Qualitätsnormen notwendig gemacht. Weil das Wissen um diese Veränderungen allgemein erwartet wird, stellt die vorliegende Auflage dieses Werkes bei jedem Abschnitt im Rezeptteil Angebotsnormen und Qualitätsvorschriften an den Anfang: Wer etwas zubereiten will, muß schließlich wissen, welche Rohstoffe angeboten werden.

Der Gesetzgeber hat eine Reihe von Vorschriften erlassen, die die Konsumenten vor Übervorteilung oder auch vor gesundheitlichen Schäden schützen sollen. Diese Bestimmungen sind in vielen Gesetzen und Verordnungen verstreut, so daß es sinnvoll erschien, entsprechende Auszüge jeweils – besonders gekennzeichnet – dort einzufügen, wo sie am meisten zu beachten sind. Allerdings muß darauf verwiesen werden, daß Änderungen des Gesetzgebers nach Drucklegung einer Auflage nicht enthalten sein können. In Zweifelsfällen erteilen zuständige Stellen Auskunft.

Mehr denn je wird heute neben fachlichen Fähigkeiten kaufmännisches Wissen verlangt, das von der Absatzplanung über die Kostenrechnung bis zur Kalkulation reicht. Diese Bereiche sind im vorliegenden Werk neu aufgenommen. Auch der Abschnitt über Technik in der Küche ist der heutigen Entwicklung angepaßt.

Den breitesten Raum im Inhalt des Buches nimmt die Fachpraxis ein. Die Abschnitte beginnen mit der Vorbereitung der Lebensmittel. Schritt-für-Schritt-Bilder zeigen die einzelnen Arbeitsabläufe und machen die Anleitungen noch leichter verständlich. Alle Rezepturen sind nach einer streng sachlichen Gliederung geordnet und, was besonders zu betonen ist, mit präzisen Mengenangaben versehen, so daß die Grundlage für eine gleichbleibende Qualität der Speisen und eine lückenlose Materialkostenrechnung geschaffen ist. – Hier gebührt besonderer Dank Herrn Küchenmeister Franz Moosburner, der auf diesem Gebiet seine Erfahrungen mit eingebracht hat.

Durch die Neuanlage und die genannten Erweiterungen hat der Umfang des Werkes bedeutend zugenommen. Der Handlichkeit wegen ist es jetzt in zwei Bände aufgeteilt worden, wobei eine sinnvolle Trennung entsprechend den Arbeitsbereichen der Küche erfolgte.

Baden-Baden 1988   Heinz Klinger

INHALTSVERZEICHNIS

Inhaltsübersicht Band 1

Technik in der Küche
Organisation in der Küche
Kostenrechnung
Kalkulation
Absatzplanung – Verkauf
Grundlagen der Ernährung und
Technologie
Gewürze und würzende Zutaten
Vorgerichte
Suppen
Saucen

Buttermischungen, Gelees, Farcen
Eierspeisen
Fische
Krebsartige Tiere
Schaltiere
Froschschenkel
Schlachtfleisch
Geflügel und Wildgeflügel
Wild
Erklärung der Fachausdrücke
Sachwortverzeichnis

Farbtafelübersicht Band 2 Seite

GEMÜSE

ALLGEMEINES

Gemüse bieten aufgrund ihres Gehaltes an Duft- und Geschmacksstoffen die Möglichkeit, Zubereitungen aufzuwerten und zu vervollständigen. Darüber hinaus können die Speisen durch die farbenprächtige Vielfalt der Gemüse optisch äußerst wirkungsvoll und appetitanregend dargeboten werden.

Die Ernährungswissenschaft schreibt den Gemüsen besondere Bedeutung zu, denn sie machen eine Kost erst vollwertig. Das beruht insbesondere auf dem Gehalt an Vitaminen und Mineralstoffen, die für die Regulationsvorgänge im Körper von ausschlaggebender Bedeutung sind. Darum ist bei der Verarbeitung unbedingt auf die bestmögliche Erhaltung dieser lebenswichtigen Wirkstoffe zu achten.

Zellulose ist das Stützelement aller Pflanzen. Obwohl sie keinen Beitrag zur Energiegewinnung im menschlichen Körper liefert und in größeren Mengen den Gemüsen sogar eine unerwünscht faserige Beschaffenheit gibt, trägt sie als verdauungsanregender Ballaststoff zu einer gesunden Ernährung bei. Sie quillt im Darmtrakt auf, bindet Abbauprodukte und fördert die Durchsatzgeschwindigkeit des Speisebreis. Ernährungswissenschaftler sehen in der ausreichenden Aufnahme von Ballaststoffen ein wesentliches Vorbeugemittel gegen Darmkrebs.

KURZZEITIGE LAGERUNG VON GEMÜSEN

Zwischen Einkauf und Verarbeitung von Gemüsen sind insbesondere dann, wenn Feiertage anstehen, größere Zeiträume zu überbrücken. Bisweilen ist es aber auch so, daß im Augenblick günstige Angebote durch Kurzzeitlagerung für einen längeren Verarbeitungszeitraum zur Verfügung stehen sollen. Darum werden die Grundsätze der Kurzzeitlagerung zusammenfassend dargestellt.

Alle Gemüse sind Pflanzenteile, die auch nach der Ernte noch „Leben" in sich haben. So sind beispielsweise das Welken und der Übergang zur Fäulnis nur auf biologische Veränderungen zurückzuführen.

Wesentlichen Einfluß auf die Alterungs- und Abbauprozesse hat die Temperatur. Grundsätzlich ist davon auszugehen, daß Wärme das Altern und damit den Qualitätsverlust fördert. Eine Verlängerung der Lagerzeit ist also durch Kühlung zu erreichen, wobei die Regel gilt: je kühler, desto länger. Die Natur setzt jedoch eine untere Temperaturgrenze, die bei den meisten Arten etwas über dem Gefrierpunkt liegt. Wird diese Schwelle überschritten, kommt es zu Kälteschäden, weil das Leben in den Zellen vollständig zum Erliegen kommt oder weil durch Eiskristalle die Zellwände der Gemüse beschädigt werden. Man spricht dann von einem physiologischen Kälteschaden.

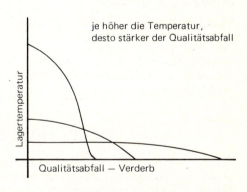

Bei längerer Lagerung folgt auf den Qualitätsschwund ein relativ eng begrenzter Zeitraum, in dem die Ware in Fäulnis übergeht. Das ist so zu erklären, daß die Schutzkräfte der Pflanze aufgezehrt sind und damit die verderbniserregenden Mikroben ungehindert wirken können. Für die Praxis ergibt sich daraus eine möglichst sofortige Verarbeitung von solchen Gemüsen, die erste Anzeichen von Fäulnisbefall aufweisen.

Optimale Lagertemperatur

$1 - 2\,^\circ$C für die meisten Gemüsearten,
$7 - 8\,^\circ$C für grüne Bohnen,
bis $-1\,^\circ$C für Kopfkohl, Rosenkohl, nicht aber Blumenkohl.

Neben der Temperatur spielt für die Qualitätserhaltung die Luftfeuchtigkeit eine bedeutende Rolle. Ist sie zu gering, verdunstet Wasser aus den Zellen des Gemüses; Welken und Gewichtsverlust sind die Folge. Bei zu hoher Luftfeuchtigkeit wird der Taupunkt erreicht, d.h. Wassertröpfchen schlagen sich auf dem Gemüse nieder. Das führt zu einer verstärkten Tätigkeit der Kleinlebewesen, die sich an den Außenschichten des Gemüses befinden, und begünstigt damit den Verderb.

Optimal sind 90 % relative Luftfeuchtigkeit.

Man sollte sie mit kostengünstigen Meßgeräten laufend überwachen. Bei älteren Anlagen ist der zusätzliche Einbau von „Zerstäubern" möglich, damit die erwünschte Luftfeuchtigkeit erreicht wird.

VORBEREITUNG VON GEMÜSEN

Beim Vorbereiten von Gemüsen werden diese gereinigt, von ungenießbaren Bestandteilen befreit, danach zugeschnitten und in vielen Fällen zerkleinert.

Reinigen

Das Reinigen verfolgt zwei Ziele, nämlich die Pflanzenteile von anhaftendem Erdreich zu befreien und sie in einen hygienisch einwandfreien Zustand zu versetzen. Darum ist auf das Waschen besondere Sorgfalt zu verwenden. Es muß allerdings darauf hingewiesen werden, daß ein hygienisch einwandfreies Ergebnis nur erreicht werden kann, wenn zumindest abschließend unter fließendem Wasser nachgewaschen wird, denn beim Waschen in stehendem Wasser bleiben zu viele Mikroben an der Pflanzenoberfläche haften.

Da beim Waschen auch wasserlösliche Vitamine und Mineralstoffe ausgelaugt werden können, sind die Gemüse möglichst unzerkleinert und kurz zu waschen. Eine Beigabe von Kochsalz vermindert die Auslaugfähigkeit des Wassers und verstärkt die Wirkung der Reinigung. Keime und Ungeziefer lösen sich leichter von den Pflanzenteilen.

Schutz vor Verfärbung

Vorbereitete Gemüse, besonders helle Arten wie Sellerie, Schwarzwurzeln, Artischockenböden usw., werden in rohem Zustand bei Zutritt von Luftsauerstoff durch das Wirken von Enzymen rasch braun. Dem kann entgegengewirkt werden, wenn der Luftsauerstoff ferngehalten wird. Das ist möglich durch Abdecken der vorbereiteten Ware mit feuchten Tüchern oder durch Einlegen der Gemüse in ein Gefäß mit Wasser. Wird dem Wasser Säure, z.B. Zitronensaft zugesetzt, erzielt man einen verstärkten Schutz. Artischocken werden beispielsweise am Boden direkt mit Zitrone eingerieben.

ZUBEREITUNG VON GEMÜSEN

Gemüse können durch mechanische Zerkleinerung (z.B. Rohkost), biochemische Verfahren (z.B. Sauerkraut, Essiggurken) und durch Wärmeeinwirkung in einen genußfähigen Zustand gebracht werden. – Dieser Abschnitt, der zur warmen Küche zählt, behandelt die Garverfahren unter Wärmeeinwirkung.

Ziel des Garens

Über das, was „richtige" Gare oder Garstufe ist, bestehen unterschiedliche Meinungen. Betrachtet man den Problemkreis näher, kann zunächst nur festgestellt werden: Objektive Kriterien zur genauen Fixierung von „richtig" und „falsch" gibt es nicht, denn hier fließen subjektive Empfindungen ein; sie lassen sich zumindest nicht ausschließen. Subjektiv, weil persönlich empfunden, sind die Eindrücke über Weichheit, Geschmack sowie Farbe des Lebensmittels. Einerseits wird eine Rückbesinnung auf die in Vergessenheit geratenen Pürees aus gegartem Gemüse empfohlen, andererseits besteht die Forderung, daß Gemüse nach dem Garen noch „knackig" sein soll, und so wird es bisweilen halb roh serviert.

In der Diskussion darüber, was nun richtig sei, führt nur eine Besinnung auf die Aufgaben des Gemüses in der Ernährung und damit eine Besinnung auf die Aufgaben des Garens zu einer Klärung.

Aus ernährungsphysiologischer Sicht haben Gemüse vorwiegend die Aufgabe, dem Körper lebenswichtige Ergänzungsstoffe zuzuführen. Durch das Garen sollen nun diese Inhaltsstoffe in einen Zustand gebracht werden, der sie den Verdauungssäften zugänglich macht, wobei zugleich geschmackliche und optische Eindrücke die Lust zum Essen fördern.

Übergaren führt immer zum Abbau, insbesondere die wertbestimmenden Inhaltsstoffe werden rasch zerstört. Wenn man aber Wertvolles durch die Einwirkung von Hitze und Luftsauerstoff zerstört hat, bleibt Wertarmes zurück, das auch im Geschmackswert beeinträchtigt und damit abzulehnen ist.

Aber auch zu knappes Garen kann aus der Sicht der Ernährungsphysiologie – und diese ist im vorliegenden Fall kompetent – zu Mängeln führen. Bei zu kurzer Hitzeeinwirkung werden die Inhaltsstoffe zu wenig aufgeschlossen und sind so für den Körper nur bedingt verwertbar. Wie bei einzelnen Gemüsen nachfolgend noch zu ersehen ist, können durch zu geringes Garen sogar Gesundheitsgefährdungen auftreten.

Fazit: Sowohl Übergare als auch zu knappe Gare bringen das Gemüse in einen Zustand, in dem es für die Ernährung nicht optimal genutzt wird. Dies kann und darf nicht das Ergebnis der Bemühungen einer Küche sein.

Gemüse ist darum so zu garen, daß es voll aufgeschlossen, aber nicht übergart ist, wobei auf die bestmögliche Erhaltung der wertbestimmenden Vitamine und Mineralstoffe sowie auf Farbe und Geschmack zu achten ist.

Garverfahren

Gemüse haben einen hohen Wassergehalt und werden darum überwiegend durch feuchte Garverfahren in einen genußfähigen Zustand gebracht; andere Garverfahren sind selten und setzen oft ein bereits vorgegartes Produkt voraus.

Grundregeln:

- Schonende Garverfahren wählen,
- Gardauer korrekt einhalten,
- große Mengen in Chargen garen,
- Kochwasserquantum auf Mindestmaß beschränken,
- bei starker Wärme ankochen,
- bei geringer Wärme fertigstellen,
- in kleinen Mengen warmhalten,
- zum Aufbewahren: rasch abkühlen und bedeckt kaltstellen.

Blanchieren

Das Blanchieren von Gemüsen (Abwällen in kochendem Wasser) sollte wegen der damit verbundenen Verluste an Vitaminen und Mineralstoffen auf die Fälle beschränkt werden, in denen es nicht zu umgehen ist.

Unbedingt erforderlich kann dieses Verfahren jedoch werden

- aus verarbeitungstechnischen Gründen, wenn beispielsweise Spinat püriert oder Kohl zur Verwendung für Kohlrouladen geschmeidig werden soll;
- aus geschmacklichen Gründen, wenn streng oder bitterschmeckende Stoffe entfernt werden sollen;
- aus hygienischen Gründen, wenn eine starke Verschmutzung (Rückstände von Kopfdüngung) vorliegt.

Immer ist jedoch das Blanchieren mit Nährwertverlust verbunden.

Kochen

Im allgemeinen werden frische Gemüse in kochendem Wasser zugesetzt, dem eine entsprechende Menge Salz beigefügt ist. Je größer das Gemüsequantum, desto länger ist die Dauer der Wärmeeinwirkung; die damit verbundene Minderung der Inhaltsstoffe läßt sich verringern, wenn große Mengen unterteilt gekocht werden. Der Flüssigkeitsanteil soll in der Regel so bemessen sein, daß das Gemüse nach dem Aufkochen gerade bedeckt ist. Dabei ist auch zu berücksichtigen, daß die Gemüse mehr oder weniger stark an Volumen verlieren und zusammenfallen. Jedes Mehr an Wasser steigert zwangsläufig die mit dem Kochen verbundenen Auslaugverluste.

Nach dem ersten Aufkochen ist die Wärmezufuhr zu verringern, denn für das Garen genügt es, wenn die Flüssigkeit gerade am Wallen ist. Zu starke Wärmezufuhr kann, insbesondere bei größeren Gemüseteilen, zu einem Abkochen der Randschichten führen, bevor der Kern gar ist. Wenn bei den einzelnen Gemüsen nichts anderes angegeben ist, wird bei geschlossenem Geschirr gegart, damit der negative Einfluß des Luftsauerstoffs möglichst ausgeschaltet ist.

Dämpfen

Beim Dämpfen sind mehrere Verfahren zu unterscheiden.

- **Das Dämpfen ohne Druck** erfordert ein Geschirr mit Siebeinsatz und gut schließendem Deckel. Die Gartemperatur liegt bei 100 °C; die Gardauer entspricht der des Kochens. Die Auslaugverluste sind beim Dämpfen geringer.

  Auch das Dämpfen im Luftkochschrank läuft unter den oben genannten Bedingungen ab.

- **Das Dämpfen mit Druck** erfolgt im sogenannten „Schnellkochtopf" und in Druckgarkesseln. Durch die Erhöhung des Drucks steigt die Siedetemperatur des Wassers; der mit den Lebensmitteln in Berührung kommende Dampf hat dadurch eine Temperatur zwischen 108 und 120 °C, je nach Dampfdruck.

  Die erhöhten Temperaturen führen zu erheblich verkürzten Garzeiten und somit zur Erhaltung wertgebender Inhaltsstoffe. Für den Garverlauf macht es keinen Unterschied, ob der Dampf im Gargerät (z.B. Druckgarkessel) erzeugt oder von außen zugeleitet wird (z.B. Dampfdruckgerät).

  Der Dampfdruckgarer baut lediglich den Druck schneller auf und rascher ab, so daß die Rüstzeiten kürzer sind. Es muß allerdings auf eine präzise Einhaltung der Garzeiten geachtet werden, denn bereits kurze Überschreitungen führen zu relativ starkem Übergaren und somit zu empfindlichen Nährstoffverlusten.

Dünsten

Zum Dünsten von Gemüse verwendet man flache, breite Geschirre. Dadurch kommt ein verhältnismäßig großer Teil des Gemüses direkt mit dem Metall in Kontakt und nimmt die Wärme rasch auf. In Verbindung mit dem erforderlichen Fett und den Gewürzen entstehen dabei die erwünschten, für das Dünsten typischen Geschmacks- und Aromastoffe. Später wird wenig Flüssigkeit angegossen und bei verringerter Wärmezufuhr und geschlossenem Topf gargedünstet.

Die Flüssigkeitsmenge ist so zu bemessen, daß gegen Ende der Garzeit der Dünstfond nur in geringer Menge vorhanden ist und mit dem Gemüse serviert werden kann.

Der Vorzug des Dünstens liegt in der weitgehenden Erhaltung der Nährstoffe, weil praktisch keine Auslaugverluste entstehen, sowie in der besonderen Geschmacksnote. Allerdings erfordert das Dünsten mehr Arbeitsaufwand als andere Verfahren.

Fertigstellen gekochter, gedämpfter und gedünsteter Gemüse

Gegartes Gemüse kann naturell belassen oder gebunden werden, man kann es aber auch durch Überglänzen (Glacieren), Überbacken (Gratinieren) und Pürieren fertigstellen.

Naturelle Gemüse

Gemüse, die durch Kochen in Salzwasser oder durch Dämpfen gegart werden, bezeichnet man als naturelle Gemüse.

Nach dem Abtropfen richtet man die Gemüse an, wobei größere Teile in Stücke oder Scheiben zerlegt werden. **Gemüse nach englischer Art** sind mit geformten Butterstückchen zu belegen und mit gesondert gereichten Gewürzen zu servieren. Die geformte Butter kann natürlich auch separat zur freien Entscheidung angeboten werden.

Als Beigabe zu gedämpften sowie gekochten Gemüsen eignen sich ferner kalte und warme Buttermischungen, Vinaigrette oder aufgeschlagene und andere Saucen.

Glacierte Gemüse

Zerkleinerte oder im ganzen belassene, gedünstete Gemüse entsprechender Größe können überglänzt, also glaciert werden.

Dazu wird gegen Ende der Zubereitungszeit das Gemüse im unbedeckten Geschirr fertiggestellt, damit ein Teil des Gemüsefonds verdunsten kann. Die übrigbleibende Flüssigkeit bildet in Verbindung mit dem anfangs zugegebenen Fett und dem Zucker eine dickfließende, sirupähnliche Reduktion, die sich beim Schwenken als glänzender Überzug um die Gemüse legt. – Zu beachten ist, daß nicht über ein bestimmtes Maß hinaus reduziert wird, sonst trennen sich Fett und Zucker von der zu stark verringerten Flüssigkeit. Ein Glacieren ist dann nicht mehr möglich; das Produkt verliert an Aussehen und Geschmack.

Bei einigen Gemüsearten (Perlzwiebeln, Rübchen, Maronen) läßt man bereits beim Ansetzen den beigegebenen Zucker bräunen.

Gebundene Gemüse

Gebundene Gemüse sollen von der zart sämigen Flüssigkeit nur ganz leicht überzogen sein. Als Grundlage dienen der kurzgehaltene oder konzentrierte Fond des gedünsteten Gemüses und das gewünschte Bindemittel. Als Bindemittel lassen sich anwenden:

- Sahne
- Saure Sahne
- Crème fraîche (Sauerrahmerzeugnis nach französischem Rezept)
- Geriebene Brotkrume
- Mehlbutter
- Mehlschwitze
- Béchamelsauce
- Stärke

Die Bindemittel können einzeln oder auch kombiniert verarbeitet werden. Durch harmonisierende Zutaten kann die Bindung Träger neuer Geschmacks- und Empfindungswerte sein.

Ein entscheidender kulinarischer Fehler wäre, Binden mit Strecken gleichzusetzen. Dies geschieht aber bisweilen, und nur vor diesem Hintergrund ist zu verstehen, warum gebundenes Gemüse von bestimmten Kreisen grundsätzlich abgelehnt wird.

Das generelle Nein zur Bindung zeigt sich bei näherer Betrachtung als nicht haltbar. Bei ausgewogenem Einsatz dieser Mittel wird der sinnvolle Grad einer Bindung erreicht, ohne dem Gemüse ein Zuviel an Energie zuzuführen. Ernährungsphysiologische Gründe sprechen also doch nicht gegen das Binden.

Es ist allerdings ein Wort zu sagen zu dem z.T. überlieferten starken Binden. Es hat allgemein seinen Ursprung in den Mangelzeiten in und nach den Kriegsjahren, wo das „Sattwerden" im Vordergrund stand und nicht der optimale Genußwert. Dieses Binden im Sinne von Strecken aus falschverstandenem Sparsamkeitsdenken ist grundsätzlich abzulehnen.

Überbacken/Gratinieren

Zum Überbacken werden die vorgegarten und abgetropften Gemüse in flachen Geschirren angerichtet, mit Sauce übergossen und bei starker Oberhitze überbacken bzw. gratiniert. Dadurch wird ein besonderer Geschmack erzielt. Für diese Art der Fertigstellung kommen weiße und braune Saucen in Betracht, zu denen die Gemüsefonds mit verwendet werden.

- Weiße Saucen erhalten neben einem Zusatz von Eigelb ein wenig geschlagene Sahne. Dadurch wird rasch eine gleichmäßig braune Backschicht erzielt; vor dem Gratinieren wird die Oberfläche vielfach mit geriebenem Käse bestreut.

- Braune Saucen setzen sich aus dem Dünstfond der Gemüse und Demiglace oder Jus zusammen; oftmals kommt auch eine Reduktion von Wein und Gewürzen dazu. Die Zusammenstellung wird auf das erforderliche Maß an Konsistenz und Geschmack reduziert und mit Butterstückchen und/oder Kräutern vollendet. Zur Bildung der braunen Kruste wird das saucierte Gemüse mit geriebener, frischer Weißbrotkrume bestreut und mit zerlaufener Butter beträufelt.

Eine weitere Art des Gratinierens ist das Überstreuen der trocken angerichteten Gemüse mit geriebenem Käse und Beträufeln mit zerlaufener Butter. Durch die starke Oberhitze schmilzt der Käse (s. Abschn. Käse) und bildet in Verbindung mit der Butter eine braune Backschicht.

Gemüseauflauf

Unter Gemüseauflauf versteht man eine durch Eischnee gelockerte Gemüsespeise, die in spezieller Auflaufschale (Souffléschale) gebacken wird.

Gegartes, abgetropftes und zerkleinertes Gemüse wird mit eingeweichtem Weißbrot oder Béchamelsauce gebunden und mit Eigelb verrührt. Vor dem Backen ist zu steifem Schnee geschlagenes Eiweiß unterzuheben. Die Auflaufmasse füllt man in Schalen, die zuvor mit Butter und geriebener Semmel oder geriebenem Käse ausgekleidet wurden, und bäckt sie im Wasserbad im Ofen.

Gemüsepudding

Gemüsepudding ist eine mit ganzen Eiern hergestellte Gemüsezubereitung, die im Wasserbad bei mäßiger Wärmeeinwirkung gestockt wird.

Gegartes, abgetropftes und zerkleinertes Gemüse, angereichert mit Béchamelsauce oder dickem Rahm, wird mit ganzen zerschlagenen Eiern vermischt. Die Masse füllt man in ausgebutterte und am Boden mit Alu-Folie bedeckte Becherformen, stellt sie in ein heißes Wasserbad und läßt den Inhalt stocken. Die Alu-Folie begünstigt später das Stürzen des warmen Puddings.

Gemüsepürees

Bei der Zubereitung von Pürees ist zwischen wasserhaltigen und stärkehaltigen Gemüsen zu unterscheiden.

Die erwartete geschmeidige Struktur der Pürees erfordert es, daß der zur Verarbeitung gelangende Grundstoff genügend gar ist; sonst schmeckt das Produkt rauh, weil sich die feinpassierten Gemüseteilchen nicht miteinander verbinden können.

Die wasserhaltigen Arten, z.B. Brokkoli, Kohlrabi, Möhren usw., werden zunächst zerkleinert und dann mit Fett, Gewürzen und einem geringen Flüssigkeitsanteil gedünstet. Nach dem Garen soll möglichst keine sichtbare Feuchtigkeit mehr vorhanden sein. Andernfalls läßt man die Gemüse gründlich abtropfen, kocht den Fond ein und gibt die geschmackvolle Reduktion wieder den später passierten Gemüsen bei. Die Vollendung der Pürees erfolgt meist mit ein wenig heißer Sahne und/oder einem Stückchen Butter.

Die stärkehaltigen Gemüse, wie z.B. Linsen, Bohnenkerne usw., werden gekocht, Maronen aber gedünstet oder gedämpft.

Hülsenfrüchte, die eingeweicht waren, gart man mit ihrem Einweichwasser, weil darin Nährstoffe gelöst enthalten sind. Die Flüssigkeitsmenge ist jedoch so zu bemessen, daß einerseits die in den Früchten enthaltene Stärke verkleistern kann, andererseits aber auch nach dem Pürieren die erforderliche Konsistenz vorhanden ist. Fett, Gewürze, Kräuter und Wurzelgemüse werden bereits am Anfang beigegeben.

Schmoren

Schmoren oder Braisieren ist ein kombiniertes Garverfahren. Durch Anbraten wird dem Gemüse zunächst eine gewisse Geschmacksintensität vermittelt; anschließend erfolgt das Garen mit Flüssigkeit im geschlossenen Geschirr. Um dieses Garverfahren fachgerecht durchführen zu können, sollten Schmorgeschirre mit Kompensböden benutzt werden. In diesen ist eine gleichmäßige Wärmeübertragung und -verteilung gewährleistet und somit ein Anhängen des Gemüses vermeidbar.

Das Schmoren kommt nur für wenige und zumeist gefüllte Arten wie Auberginen, Gurken, Kohl, Paprikaschoten, Zucchini und Gemüsezwiebeln in Betracht. Zerkleinerte Würzbeigaben, z.B. Schalotten, Knoblauch, Zwiebeln, Möhren, Speck, Schinken, Tomatenfleisch und auch Kräuterbündel, wahlweise verwendet, dienen der Geschmacksverbesserung und vertiefen die Aromaintensität. Die Beigabe von Tomatenfleisch und Kräuterbündeln erfolgt erst nach dem Anbraten.

In ein mit Fett und Würzbeigaben ausgekleidetes Geschirr wird das präparierte Gemüse eingeordnet und zunächst angebraten. Danach gießt man die vorgesehene Flüssigkeit an, deckt das Geschirr zu und schmort den Inhalt im Ofen gar.

Der passierte, entfettete Schmorfond kann später zu einer Sauce gebunden oder stark reduziert über das Gemüse geträufelt werden.

Fritieren

Zum Fritieren oder Backen in Fett schwimmend werden die Gemüse entsprechend ihrer Struktur roh oder in vorgekochtem Zustand verwendet.

Zu den roh zu verarbeitenden Gemüsen gehören Auberginen, Zucchini bzw. Zucchetti (franz. Courgettes) und Tomaten.

Zu den Arten, die vorgekocht werden, zählen Artischockenböden, Stauden- und Knollensellerie, Gemüsefenchel, Blumenkohl, Brokkoli, Kohlrabi, Spargel und Schwarzwurzeln.

Um dem Endprodukt neben der schönen braunen Frabe auch eine knusprige, wohlschmeckende Außenschicht zu verleihen, erhalten die Gemüse nach dem Zerkleinern und Würzen eine Umhüllung. Dieses Umhüllen oder Panieren kann erfolgen durch:

● Wenden in Mehl,
● Wenden in Mehl und zerschlagenem Ei,
● Wenden in Mehl, zerschlagenem Ei und Semmelmehl oder geriebener Weißbrotkrume,
● Tauchen in Ausbackteig.

Die sich bildende Kruste beschränkt auch den Saftaustritt während des Fritierens.

Wichtig ist, daß die Gemüseteile vor dem Umhüllen ausreichend abgetropft sind, sonst würde sich die Umhüllung von Gargut lösen und während des Fritierens abfallen. Der Rauminhalt des Fettbades muß der Menge des eingelegten Backgutes entsprechen. Die Temperatur des Backfettes liegt im allgemeinen zwischen $160 - 180\,^\circ$C.

Braten

Flache Gemüseteile wie Artischockenböden, Selleriescheiben, Auberginen- und Zucchettischeiben eignen sich auch zum Braten. Die geschnittenen Gemüseteile werden gewürzt, in Mehl gewendet oder paniert und in Speiseöl oder Butter gebraten.

*

Zuckermaiskolben werden zur Zeit der Milchreife (Körner enthalten milchige Flüssigkeit) auf dem Grillrost gebraten. Von Hüllblättern und Fasern befreit, wickelt man die Kolben in Folie und verzehrt sie nach dem Garen leicht gesalzen und mit Butter bestrichen.

Verarbeitung von Naßkonserven

In Dosen oder Gläsern haltbar gemachtes Gemüse ist aufbereitfertig; es braucht also nur noch durch Erhitzen und Abschmecken vollendet zu werden. Die Aufgußflüssigkeit der Gemüse sollte wegen der enthaltenen Geschmacks- und Inhaltsstoffe möglichst mitverwendet werden.

Die Fertigstellung kann in unterschiedlicher Weise erfolgen:

- Gemüse in einen Durchschlag abgießen, Flüssigkeit auffangen. Aus der Aufgußflüssigkeit eine leicht gebundene, helle Sauce herstellen und das Gemüse darin erhitzen.

- Gemüse in der Aufgußflüssigkeit erhitzen. Danach trocken anrichten und mit heißer Butter übergießen. – Oder auf flacher Platte anrichten, mit Mornaysauce überziehen oder nur mit geriebenem Käse bestreuen; Butterflöckchen darauflegen und unter dem Salamander überbacken.

- Gemüse in einen Durchschlag schütten. Nach dem Abtropfen in heißer Butter sautieren.

- Gemüse in einen Durchschlag abgießen, Flüssigkeit auffangen. Einen Teil der Flüssigkeit zusammen mit einer angemessenen Menge Butter dicklich-fließend einkochen, das Gemüse darin erhitzen und glacieren.

- Gemüse (besonders Stangenspargel) in der geöffneten Dose, unter Beigabe von etwas Salz, im Wasserbad erhitzen. Aufgußflüssigkeit abgießen und das Gemüse anrichten. Aufgeschlagene Sauce oder beliebige Butterart separat dazugeben.

- Gemüse in einen Durchschlag schütten. Das Aufgußwasser zum Ansatz eines Eintopfes mitverwenden. Haben die Zutaten des Ansatzes den Garpunkt erreicht, das Gemüse zum Heißwerden behutsam unterziehen.

- Gemüse in einen Durchschlag schütten. Nach dem Abtropfen mit Marinade oder gebundenem Dressing als Salat anmachen.

Verarbeitung von Tiefkühlware

Tiefgekühltes Gemüse wird grundsätzlich unaufgetaut zubereitet. An- oder Auftauen führt zu Geschmacks- und Wirkstoffverlusten.

Da die Gemüse „trocken", also ohne Flüssigkeitsbeigabe gefrostet sind, eignen sich zum Garen vorwiegend die Verfahren

- Dünsten: erforderliche Menge Fett und etwas Flüssigkeit in einem Geschirr erhitzen, Gemüse beigeben und sofort abdecken.

- Kochen: Wasser zum Kochen bringen, Gemüse beigeben und zunächst abdecken. Auch bei starker Wärmezufuhr dauert es einige Zeit bis zum Wiederaufkochen. Nach dem Aufkochen Hitzezufuhr verringern.

Bei tiefgekühlten Gemüsen sind die Garzeiten kürzer als bei Frischware, weil durch den Blanchiervorgang vor dem Frosten und die Kälteeinwirkung das Zellgefüge bereits etwas gelockert ist.

Mengenberechnung

Bei frischen Gemüsen treten beim Vorbereiten regelmäßig Verluste auf, die z.T. recht beträchtlich sein können. Bei der Durchsicht von Rezepturen ist darum immer darauf zu achten, worauf sich die Mengenangaben beziehen:

- Rohware, entsprechend dem üblichen Marktangebot,
- vorbereitete Rohware, z.B. geputzter Blumenkohl, geschälte Kartoffeln.

Ist in Rezepturen die Menge der vorbereiteten Gemüse genannt, muß die dafür erforderliche Rohware ermittelt werden. Dieses Werk nennt dazu die Vorbereitungsverluste und unterscheidet dabei zwischen Schwankungsbreite (mindestens – höchstens) und dem Durchschnittswert (üblicher Verlust).

Beispiel für die Berechnung:

Ein Rezept erfordert 25 Portionen Blumenkohl, küchenfertig je 180 g. Wieviel Rohware ist vorzubereiten?

Bedarfsmenge: 25 Portionen · 180 g = 4,5 kg Blumenkohl, küchenfertig.

Bei Blumenkohl rechnet man mit einem durchschnittlichen Abfall von 38 %. Die Ausbeute beträgt also 62 %.

62 % = 4,5 kg Blumenkohl, küchenfertig

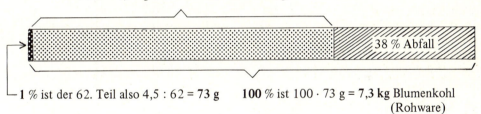

38 % Abfall

1 % ist der 62. Teil also 4,5 : 62 = 73 g   **100 %** ist 100 · 73 g = **7,3 kg** Blumenkohl (Rohware)

Ansatz am Bruchstrich

$$\frac{4,5 \text{ kg} \cdot 100}{62} \approx \underline{\underline{7,3 \text{ kg}}}$$

Allgemein

$$\frac{\text{Bedarf küchenfertiger Ware} \cdot 100}{\text{Ausbeute in \%}} = \text{Rohware}$$

Um 4,5 kg küchenfertigen Blumenkohl zu erhalten, müssen 7,3 kg Rohware vorbereitet werden.

Übersicht

Art	Bedarf je Portion Beilage küchenfertig g	Einkauf je Portion Beilage an Rohware g	Küchenabfall Mittelwert %
Artischocke, 1 St.	220	460	52
Artischockenboden z. Füllen, 1 St.	115	460	75
Auberginen	150	180	17
Blumenkohl	200	325	38
Bohnen, grün	150	160	7
Bohnenkerne, frisch	120	480	75
Bohnenkerne, getrocknet	60	60	–
Brokkoli	150	260	42
Chicoreé	200	225	11
Chinakohl	180	190	5
Erbsen, frisch	150	375	60
Erbsen, getrocknet	60 – 80	60 – 80	–
Fenchel	200	285	7
Grünkohl	170	330	49
Gurken	185	250	26
Kohlrabi	170	250	32
Kopfsalat	235	350	33
Lauch (Porree), heller Teil	200	430	54
Linsen	75	75	–
Maronen	100	150	33
Möhren – Karotten	150	180	17
Paprika (Gemüsepaprika)	120	160	23
Perl-, Silberzwiebeln	200	270	25
Rosenkohl	180	220	19
Rote Rüben	150	190	22
Rotkohl	200	260	22
Schwarzwurzeln	180	260	44
Sellerie, Knollen-	160	220	27
Sellerie, Stauden-, mit Blättern	180	280	35
Spargel	210	300	30
Speiserüben ohne Blätter	180	240	24
Spinat, Wurzel-	165	250	34
Spinat, Blatt-	165	185	10
Tomaten ohne Kerne, gemäß Zubereitung	100/200	135/270	25
Weißkohl	200	260	22
Wirsing	200	280	28
Zucchini, Zucchetti (Courgettes)	200	240	17
Zwiebeln	200	220	8
Kartoffeln (Sättigungsb.)	*220*	*250-270*	*20 (Schälverlust)*

GEMÜSEARTEN UND DEREN ZUBEREITUNG

Die Vielfalt der Gemüse wird nach unterschiedlichen Gesichtspunkten geordnet. Der Biologe unterscheidet nach Pflanzenteilen und spricht von Wurzel-, Stengel-, Blattgemüse usw.; wer die Angebotszeit berücksichtigt, nennt entsprechend den Jahreszeiten Frühjahrs-, Sommer-, Herbst- und Wintergemüse. Man kann ferner zwischen Freiland- und Treibhausgemüse sowie zwischen blähenden und nicht blähenden Arten unterscheiden.

Eine verbindliche Reihung gibt es nicht. In diesem Werk geht es um das möglichst rasche Auffinden von Rezepturen. Darum ist auf jegliche Gruppierung verzichtet; die Gemüse werden mit den zugehörigen Rezepten in **alphabetischer Folge** angeführt.

Artischocken

Artischocken gehören zur Gruppe der Distelgewächse. Sie sind mehrjährige Gemüsepflanzen mit einem Ernteertrag von 3 – 4 Jahren. Die Blütenköpfe, die das eigentliche Gemüse darstellen, werden geerntet, bevor sie sich zur Blüte entfalten.

Die Artischocke ruht auf einem Rest des Stengels. Der Kopf besteht aus einem fleischigen Blütenboden, dem wertvollsten Teil, von dem aus die dachziegelartig angeordneten Blütenblätter den Kopf bilden. Genießbar sind der Boden und der untere fleischige Teil der Blätter. Die einzelnen Artischockenarten unterscheiden sich durch die Form des Blütenkopfes und die Farbe der Blätter. Rundköpfige Arten haben gegenüber den zylindrischen Arten einen größeren Blütenboden und bringen damit die höhere Ausbeute.

Als Naßkonserve werden Artischockenböden angeboten. Bestimmte Qualitätsvorschriften sind nicht bekannt. Vor dem Kauf größerer Mengen sollte darum immer eine Probe verlangt werden, um Dicke und Bearbeitung der Böden sowie die Verholzungsfreiheit überprüfen zu können; die Größe der Artischockenböden entspricht dem Durchmesser der Verpackung.

Angebots-zeiten Freiland	Jan.	Feb.	März	April	Mai	Juni	Juli	Aug.	Sept.	Okt.	Nov.	Dez.

Lagerung:		Verlust in % bei Vorbereitung:	Schwankungs-breite	Mittelwert
0 °C				
90 – 95 % rel. Luftfeucht.			45 – 62	52
max. 6 Wochen				

Vorbereitung von Artischocken zum Kochen

Zunächst bricht man den starken Stengel direkt am Blütenkopf ab. Dadurch ist es möglich, die bis in den Boden reichenden holzigen Fasern mit herauszuziehen. Dann wird die Artischocke gewaschen. Von der Blattspitze sind 3 bis 4 cm abzuschneiden, die unteren kleinen Blätter zu beseitigen und die verbliebenen Blätter mit einer Schere zu stutzen. Der Boden der Artischocke ist noch leicht zu beschneiden und gegen die sofort einsetzende braune Verfärbung mit Zitronensaft einzureiben. Um die enzymatische Wirkung zu begrenzen, legt man die bereits vorbereiteten Artischocken bis zum Kochen am besten in gesäuertes, leicht gesalzenes Wasser.

Das Festbinden einer Zitronenscheibe an den Artischockenböden ist aus Gründen der Beeinträchtigung des feinen Gemüsegeschmacks abzulehnen. Auch ist das Umschnüren der Artischocke unnötig; die Blätter fallen nur bei Übergare ab.

Zuschneiden von Artischockenvierteln

Werden Pflanzenzellen durch Anschneiden verletzt, wie das beim Herrichten von Artischockenvierteln oder beim nachfolgenden Ausschneiden ganzer Artischockenböden der Fall ist, so treten durch die Wirkung von Enzymen sehr rasch negative Veränderungen im Aussehen (Braunfärbung) auf. Diese unerwünschte Verfärbung läßt sich verringern, wenn zügig gearbeitet wird und die bereits freiliegenden Flächen mit Zitronensaft bestrichen werden.

§ Nach der Bestimmung der Schwefeldioxid-Verordnung dürfen zwar Gemüse mit schwefelhaltigen Mitteln behandelt werden, um das nachteilige Bräunen zu verhindern. Dadurch treten jedoch bei den feinen Gemüsen so hohe Geschmacksverluste auf, daß aus der Sicht der Praxis grundsätzlich davon abzuraten ist.

Bevor man die Artischocken zerteilt, werden sie zunächst vorbereitet, wie bereits oben erläutert. Danach legt man die Artischocke auf die Schnittfläche der gestutzten Blattspitze. Vom Boden aus wird nun der Blütenkopf mit einem scharfen Messer in gleich große Viertel geteilt. Die verbliebenen Blätter sind zurückzuschneiden.
Da Artischockenviertel u.a. auch zum Füllen verwendet werden, sollte auf jeden Fall ein angemessener Rand der zarten Blätter erhalten bleiben.

Mit einem kleinen Messer entfernt man nun die auf dem Bodenviertel festsitzenden Staubgefäße, schabt die graue Schicht ein wenig ab und legt die fertigen Artischockenviertel bis zum Garen in gesäuertes Salzwasser.

Da sich die unschöne Verfärbung der Pflanzenteile nicht völlig ausschalten läßt, sollte man dafür sorgen, daß die Zubereitung möglichst direkt erfolgen kann.

Ausschneiden von Artischockenböden

Vor dem Ausschneiden des Artischockenbodens werden zunächst der Stengel und die starken Blätter der Artischocke abgebrochen. Der nun sichtbare Boden ist unmittelbar über dem Ansatz der zarten Mittelblätter abzuschneiden. Der zarte Blattrand sollte auf jeden Fall am Boden verbleiben, damit auch die nötige Vertiefung zur Aufnahme einer Füllung besteht. Die holzigen Teile an der Wölbung des Bodens sind mit einem scharfen Messer zu entfernen. Abschließend werden die in der Bodenvertiefung verbliebenen festsitzenden Staubgefäße mit einem runden Kartoffelausbohrer behutsam entnommen. Die ausgeschnittenen Böden legt man in gesäuertes Salzwasser und verwendet sie alsbald.

Rundköpfige Artischocken ergeben große Böden. Wesentlich kleinere sind Artischockenböden von zylindrischen Arten.

Gekochte Artischocken   **Artichauts bouillis**

Gekochte Artischocken können Vorspeise oder Zwischengericht sein und durch eine Vielzahl schmackhafter Beigaben ergänzt werden.

Zum Kochen von Artischocken benutzt man geräumige, flache Geschirre. Die Gemüse sollen nebeneinander Platz haben, damit sie im gegarten Zustand unbeschadet entnommen werden können. Die Flüssigkeit ist so zu bemessen, daß sie gerade den oberen Blattrand der Artischocken erreicht. Zur Erhaltung des feinen, herb-bitteren Wohlgeschmacks der Artischocke müssen Salz- und Säurebeigaben ausgewogen dosiert sein. Der Garzustand wird durch Anstechen des Blütenbodens mit einer Nadel oder einer Gabel geprüft. Dabei muß ein gewisser Widerstand spürbar sein, denn die Artischocken ziehen in der heißen Flüssigkeit noch nach.

Bedarf je Liter Wasser: 10 g Salz und 20 g Zitronensaft (1 reife Zitrone von 120 g enthält etwa 30 g Saft).

Gardauer: 30 – 40 Min.

Vorbereitete Artischocken in sprudelnd kochendes Salzwasser legen, Zitronensaft dazugießen und den Inhalt rasch wieder zum Kochen bringen. Die Oberfläche mit Folie bedecken, das Geschirr verschließen und die Artischocken bei geringer Wärmezufuhr garen.

Anrichten gegarter Artischocken

Zum Abtropfen werden die gegarten Artischocken auf ein Gitter oder Tuch gestülpt. Danach erfaßt man mit drei Fingern die kleinen, rosettenartig zusammenhängenden Artischockenblätter im Zentrum der Knospe, zieht sie behutsam heraus und legt die violettfarbene Blattrosette zunächst beiseite. Die nun freiliegenden Staubgefäße werden am besten mit einem Teelöffel entnom-

men. Die entstandene Öffnung schließt man mit der aufbewahrten Blattrosette, indem man sie umgekehrt darauflegt.

Gekochte Artischocken werden warm oder direkt nach dem Abkühlen verzehrt. Artischocken, die warm gereicht werden sollen, setzt man in feuerfeste Anrichtegeschirre, gießt ein wenig Artischockenbrühe an und läßt sie nochmals gut durchhitzen.

Beigaben zu warmen Artischocken	abgekühlten Artischocken	Ergänzungen zu gekochten Artischocken
Holländische Sauce	Mayonnaisensauce	Räucherlachs
Cedardsauce	Chantillysauce	Arten roher und gekochter
Divinesauce	provenzalische Knoblauchsauce	Schinken
Nußsauce	spanische Sauce	Lachsschinken
Mousselinesauce	Essigkräutersauce	Bündner Fleisch
Essigkräutersauce	kalte Tomatensauce	Rinderzunge
frische, geschlagene	Joghurtcremesauce	Gänsespickbrust
oder hellbraune Butter	kalte Schnittlauchsauce	Braten aus Schlachtfleisch,
Bercy-, Rotwein-		Geflügel und Wild
oder Trüffelbutter		

Die Rezepte der Beigaben s. Bd. 1, Abschn. Buttermischung und Abschn. Saucen.

Kalte Tomatensauce   Sauce tomate froide

Bedarf für 10 Artischocken: 900 g reife Fleischtomaten, 40 g Olivenöl, Saft einer kleinen Zitrone, 10 g Zucker, Salz, Pfeffer, 10 gehackte, frische Basilikumblätter oder 3 g getrocknetes Basilikum, 1 Tl gehackte Petersilie, 1 kleine feingehackte Schalotte.

Tomaten waschen, Stielansatz ausstechen. Tomaten quer halbieren, Samenkerne und Schleimsubstanz kräftig ausdrücken und wegwerfen. Tomatenfleisch durch ein Haarsieb passieren, daß die Häute zurückbleiben. Erhaltenes Tomatenmark mit einem Schneebesen tüchtig durchrühren, das Öl nach und nach dazurühren, desgleichen den Zitronensaft. Tomatensauce mit Zucker, Salz, frisch gemahlenem Pfeffer, den Kräutern und der Schalotte abschmecken und zugedeckt kaltstellen.

Joghurtcremesauce Créme de yogourt

Bedarf für 10 Artischocken: 200 g Mayonnaise von fester Konsistenz, 1 – 2 El Weinessig, Spritzer Worcestershire Sauce, 60 g Dijonsenf, mild, Pfeffer, Salz, Zucker, 80 g Sahne, 150 g fettarmer Joghurt.

Mayonnaise (Zubereitung s. Bd. 1), mit Essig, Worcestershire Sauce, Dijonsenf, frisch gemahlenem Pfeffer, Salz und einer Prise Zucker pikant abschmecken. Sahne steifschlagen und zusammen mit dem Joghurt locker unter die pikante Mayonnaise ziehen.

Kalte Schnittlauchsauce Sauce froide à la ciboulette

Bedarf für 10 Artischocken: 2 El Sherry, 2 feingehackte Schalotten, 3 El Weinessig, 0,4 l Sauerrahm, 3 El Olivenöl, Pfeffer, Salz, Zucker, 15 g geschnittener Schnittlauch.

Sherry über die Schalotten träufeln und zum Mazerieren zugedeckt bereitstellen. Weinessig in den Sauerrahm rühren und das Öl darunterschlagen. Mit frisch gemahlenem Pfeffer, Salz und einer Prise Zucker würzen. Den Schnittlauch sowie die Sherry-Schalotten in die Sauce rühren und diese recht kalt servieren.

Gedünstete Artischockenviertel Quartiers d'artichauts étuvés

Bedarf: Vorbereitete Viertel von Artischocken, Salz;
zum Dünsten: 1 l Wasser, 10 g Salz, 6 g Zucker, 60 g Butter, 50 g Zitronensaft (etwa 1,5 Zitronen).

Gardauer: je nach Dicke der Böden 18 – 30 Min.

Artischockenviertel in kochendes, leicht gesalzenes Wasser legen und 5 Min. blanchieren. – Inzwischen in ein flaches Geschirr entsprechender Größe Wasser, Salz, Zucker, Butter sowie Zitronensaft geben und diese, zum Dünsten vorgesehene Flüssigkeit, zugedeckt aufkochen. – Die blanchierten Artischockenviertel mit einem Drahtlöffel aus dem kochenden Wasser in den kochenden Dünstfond umsetzen und durchschwenken. Durch diese Methode ist die Einwirkung des Luftsauerstoffs und die damit verbundene Verfärbung äußerst gering. Die Artischockenviertel mit Folie bedecken, das Geschirr wieder mit dem Deckel versehen und das Gemüse bei mäßiger Wärmezufuhr garen. Der Garzustand wird durch Anstechen kontrolliert.

Nach dem Garen ist der Deckel vom Geschirr zu nehmen. Die Folie bleibt jedoch auf dem Gemüse liegen; zum schnelleren Entweichen der Wärme wird die Folie aber an einigen Stellen durchgeschnitten.

Gedünstete Artischockenviertel eignen sich als:

- Vorgericht warm und kalt
- Beilage zu Fleischspeisen
- Garnitur zu Fisch und Fleisch
- Bestandteil für Gemüseplatten
- Umlage (auch gefüllt) zu kalten Gerichten

Abwandlungen sind gegeben durch:

- Mischen mit anderen Gemüsen, z.B. Erbsen, Spargel, Karotten oder Pilzen.
- Glacieren: Artischockenviertel im reduzierten, eigenen Fond mit Butter und/oder Kräutern schwenken.
- Fritieren: Zuvor paniert oder in Ausbackteig getaucht. Beigabe warme oder kalte Saucen oder Buttermischungen.

Artischockenviertel   Quartiers d'artichauts braisés
mit Pilzen und Speck geschmort   au lard aux champignons

Bedarf für 10 Portionen: 30 zugeschnittene Artischockenviertel, Salz, Zitronensaft, 120 g blan-
          chierte, magere Speckstreifen, 60 g Butter, 150 g feine Zwiebelwürfel, 500 g kleine,
          geputzte Pfifferlinge oder Champignons, Pfeffer, 0,2 l Fleischbrühe, 20 g grobge-
          hackte Petersilie.

Schmordauer: 15 Min.

Artischockenviertel in gesalzenem, mit Zitronensaft gesäuertem Wasser 10 Min. blanchieren.

Speckstreifen zusammen mit Butter und Zwiebeln kräftig anschwitzen. Pilze sowie abgetropfte
Artischockenviertel unter das Angeschwitzte schwenken, leicht salzen, pfeffern und Brühe angießen. Das Ganze mit Folie und Deckel verschließen und bei mäßiger Hitze schmoren.

Kurz bevor der Garpunkt erreicht ist, die Zubereitung aufdecken, damit die sichtbare Flüssigkeit
bis auf ein Minimum verdunsten kann. Nach dem Anrichten die Petersilie darüberstreuen.

Gebackene Artischockenviertel   Beignets d'artichauts

Bedarf für 10 Portionen: 30 gedünstete Artischockenviertel, Salz, Pfeffer, Zitronensaft, 200 g Peter-
          silie;
          Ausbackteig: 2 Eiweiß, 250 g Mehl, 40 g Speiseöl, 15 g Zucker, 2 Eigelb, 0,25 l
          Weißwein.

Backdauer: Artischocken 2 Min., Petersilie 1 Sek., Backfett-Temperatur: 180 °C.

Artischockenviertel abtrocknen, evtl. teilen, salzen, pfeffern und leicht mit Zitronensaft beträufeln. Petersilie waschen, abtrocknen und abzupfen.

Ausbackteig: Eiweiß zu Schnee schlagen, alle anderen Zutaten kurz zu einem Teig verarbeiten und
den Eischnee unterheben.

Gewürzte Artischockenteile durch den Ausbackteig ziehen, in das erhitzte Fettbad legen, braun
backen und danach auf Küchenkrepp abtropfen lassen. Damit die Kruste erhalten bleibt, unbedeckt
warmhalten. Anschließend die abgezupfte Petersilie in Sekundenschnelle fritieren.

Artischockenkrapfen anrichten, die gebackene Petersilie salzen und darübergeben.

Artischockenviertel, pikant   Quartiers d'artichauts piquante

Bedarf für 10 Portionen: Vorbereitete Viertel von 8 Artischocken, Salz, 80 g Olivenöl, 30 geschälte
          Perlzwiebeln, 300 g in Stücke geschnittene, blanchierte Steinpilze, Pfeffer, 1 Kräuter-
          bündel (2 Zweige Thymian, 1 Lorbeerblatt, 100 g Petersilie, 2 gequetschte Knob-
          lauchzehen), 0,5 l Wasser, Saft von 2 Zitronen, 100 g Chillisauce.

Gardauer: 10 Min. blanchieren, 10 Min. schmoren.

Artischockenviertel in leichtem Salzwasser blanchieren. Inzwischen Öl in einem flachen Geschirr
erhitzen, Perlzwiebeln und Pilze stark anbraten. Abgegossene und abgetropfte Artischockenviertel
darunterschwenken und noch ein wenig sautieren. Leicht salzen, frisch gemahlenen Pfeffer darübergeben, Kräuterbündel dazulegen, Wasser sowie Zitronensaft angießen und zugedeckt bei geringer
Wärme schmoren.

Danach das Kräuterbündel kräftig ausdrücken und wegwerfen. Die Zubereitung von der Kochstelle
nehmen, die Chillisauce unterschwenken und das Ganze nochmals abschmecken. Zum Abkühlen
in ein Gefäß entleeren und die Artischockenviertel recht kalt servieren.

Gedünstete Artischockenböden   **Fonds d'artichauts étuvés**

Bedarf: 10 vorbereitete Artischockenböden, Salz;
          zum Dünsten: 1 l Wasser, 10 g Salz, 6 g Zucker, 60 g Butter, 50 g Zitronensaft.

Gardauer: je nach Dicke der Böden 18 – 30 Min.

Artischockenböden werden nach dem gleichen Verfahren wie die Artischockenviertel (S. 15) gegart und für die einzelnen Zubereitungen verwendet.

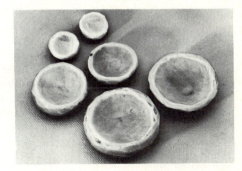

Gestalt und Konsistenz der ausgeschnittenen Böden sind ideal zur Aufnahme von Füllungen. Der feine Gemüsegeschmack erlaubt die vielfältigsten Kombinationen mit anderen Naturalien.

Durch die unterschiedliche Größe der Artischockensorten lassen sich die Böden – deren Durchmesser von 3 – 12 cm betragen kann – zu Vor- und Zwischengerichten, als Beilage und zu Garnituren verwenden.

Artischockenboden   **Fond d'artichaut**
mit Gänseleber und Weintrauben   **au foie gras garni aux raisins**

Bedarf für 10 Portionen: 10 Medaillons von Gänsestopfleber je 15 g, Pastetensalz, 100 g Butter, 50 g Cognac, 0,3 l Kalbsjus, 10 große gedünste Artischockenböden, Salz, Pfeffer, 150 g passierte, frische Gänsestopfleber, 200 g Kalbfleischfarce (s. Bd. 1, S. 169), 1 – 2 El geschlagene Sahne, 0,1 l Fleischbrühe oder Artischockenfond, 0,2 l Sahne, Madeira nach Geschmack, 15 große weiße Weinbeeren.

Gardauer: 12 – 15 Min.

Gänselebermedaillons mit Pastetensalz würzen, in Butter anbraten, daß sie im Innern noch roh sind, mit Cognac flambieren und auf einen Teller legen. Bratensatz mit 5 El Jus ablöschen, diese dickfließend einkochen und über die Gänselebermedaillons träufeln.

Artischockenböden mit Küchenkrepp abtrocknen, leicht salzen, pfeffern und in Butter farblos anschwitzen.

Passierte Gänsestopfleber und Kalbfleischfarce zu einer Masse vereinen, mit fehlendem Salz und Pfeffer ergänzen und die geschlagene Sahne behutsam unterheben. Auf jeden Artischockenboden einen Tupfer der lockeren Farce geben, ein angebratenes Gänselebermedaillon daraufdrücken, die übrige Farce auf die Böden verteilen und die Füllung kuppelartig glätten.

Die gefüllten Artischockenböden in eine mit Butter ausgestrichene Backplatte setzen, mit Brühe oder Artischockenfond untergießen, auf der Herdplatte erhitzen und mit Folie bedeckt im Ofen (160 – 180 °C) garen.

Übrige Jus und Sahne bis zu mäßiger Bindung einkochen und mit Madeira aromatisieren. Weinbeeren abziehen, halbieren, Kerne entfernen. Präparierte Beeren in einem mit Butter ausgestrichenen Gefäß erwärmen.

Gegarte Artischockenböden anrichten, mit je drei halbierten Weinbeeren belegen und mit je einem Eßlöffel der Madeirarahmsauce nappieren.

| Gefüllter Artischockenboden | Fond d'artichaut farci |
| im Netz | en crépinette |

Bedarf für 10 Portionen: 200 g rohe, entbeinte Geflügelbrust ohne Haut, 150 g blanchierte Kalbsmilch, 150 g gedünstete Morcheln, 140 g Butter, 100 g Würfelchen von gekochtem
Schinken, 120 g feine Schalottenwürfel, Pfeffer, 0,2 l Gewürztraminer, Morchel-
dünstfond, 0,3 l Jus, 2 Eier, 1 El Kräuter (Schnittlauch, Petersilie), 20 g geriebene,
frische Weißbrotkrume, Salz, 2 gehäufte El geschlagene Sahne, 10 große, gedünstete
Artischockenböden, 300 g gewässertes Schweinsnetz, 20 g Pistazien in Scheibchen.

Gardauer: 15 – 18 Min.

Geflügelfleisch, Kalbsmilch und Morcheln erbsengroß zerkleinern. In einer geräumigen Pfanne 60 g
Butter erhitzen und Schinken- sowie Schalottenwürfelchen darin anschwitzen. Die zerkleinerten
Zutaten dazugeben, mit ein wenig Pfeffer würzen, alles durchschwenken und den Inhalt in eine
Schüssel leeren. Die Pfanne mit Gewürztraminer ablöschen, den Dünstfond der Morcheln und die
Jus beifügen, die Flüssigkeit unter Rühren zu leicht dickfließender Beschaffenheit einkochen, dann
in ein kleines Geschirr gießen und reservieren.

Eier tüchtig schlagen, Kräuter, 2 El der reduzierten Jus, geriebene Weißbrotkrume unterrühren,
leicht salzen, die Mischung in die Schüssel zu den angeschwitzten Zutaten geben und das Ganze
behutsam, doch gründlich vermengen. Abschließend die geschlagene Sahne unter die Füllung heben.

Die gedünsteten Artischockenböden abtrocknen, mit Salz und Pfeffer leicht würzen, in Butter anbraten und mit Abstand auf ein Blech setzen. Die vorbereitete Füllung in die Böden häufen.
Schweinsnetz ausbreiten, trockentupfen, in Quadrate mit 15 cm Seitenlänge schneiden, je eins
über die gefüllten Artischocken legen und die Netzenden unter dem Boden aneinanderdrücken. Die
umhüllten Böden in ein gefettetes flaches Geschirr nebeneinanderlegen und im Ofen bei mäßiger
Unterhitze garen. Die fertigen Böden sollen eine lichtbraune Farbe haben. Falls die Oberfläche vor-
zeitig Farbe bekommt, ist sie mit einem Stück Alu-Folie abzudecken.

Die übrige eingekochte Jus nochmals heißmachen, 30 g Butter in Flöckchen darunterschlagen, die
fertigen, angerichteten Artischockenböden damit überziehen und Pistazienscheibchen darüberstreuen.

| Artischockenboden | Fond d'artichaut fourrée |
| mit Kalbsniere und Tomaten | au rognon de veau Aurore |

Bedarf für 10 Portionen: 10 große gedünstete Artischockenböden, 100 g Butter, 10 bleistiftstarke Kalbsnierenscheiben je 60 g, Salz, Pfeffer, 2 El Speiseöl, Knoblauchsalz, 10
frische Basilikumblätter, Zucker, 400 g Tomatenfleischwürfel (concassées), 10 El
Béarner Sauce (Bd. 1, S. 248), 1 El Fleischextrakt.

Grilldauer der Kalbsnierenscheiben: 2 Min.

Gedünstete Artischockenböden, Dünstfond und 50 g Butter in ein flaches Geschirr geben, die
Böden glacieren, auf einer Porzellanplatte anrichten und warmstellen.

Nierenscheiben salzen, pfeffern, mit Öl beträufeln und auf dem Grillrost braten. Nebenher die mit
Knoblauchsalz, Basilikum, Zucker und Pfeffer bestreuten Tomatenfleischwürfel in der übrigen
Butter rasch und scharf sautieren.

Warme, dicke Béarner Sauce in die glacierten Artischockenböden füllen, je eine gegrillte Scheibe
Kalbsniere darauflegen, sie mit erwärmtem Fleischextrakt beträufeln und noch je einen Eßlöffel
sautierter Tomaten aufhäufen.

Artischocken mit Blattspinat und Kalbshirn, überbacken	Fond d'artichaut farci aux épinards et cervelle de veau au gratin

Bedarf für 10 Portionen: 250 g frische, geputzte Champignons, 120 g feingehackte Schalotten, 180 – 200 g Butter, 1 El Zitronensaft, 0,2 l Sauerrahm (Crème fraîche), 1 Eigelb, Salz, Pfeffer, Muskatnuß, 10 große gedünstete Artischockenböden, 500 g blanchierter Blattspinat, 4 El Fleischbrühe, Mehl, 10 dicke Kalbshirnscheiben je 60 g, 80 g geriebener Gruyére (Greyerzer).

Gardauer der Champignons: 6 Min.

Champignons waschen, abtrocknen und feinhacken. Die Hälfte der Schalotten in etwas Butter anschwitzen, gehackte Pilze und Zitronensaft zugeben und unter Rühren dünsten. Wenn der Fond verdunstet ist, Sauerrahm beifügen, dicklich einkochen, mit Eigelb abziehen und mit Salz, Pfeffer und einem Strich Muskatnuß geschmacklich vollenden.

Artischockenböden im eigenen Fond erhitzen und abgetropft auf eine mit Butter bestrichene Backplatte legen.

Blattspinat pfeffern, salzen und zusammen mit den übrigen Schalotten in brauner Butter anschwenken, Brühe angießen und mit einer Gabel auflockern.

Kalbshirnscheiben salzen, pfeffern und in Mehl wenden, dann in einer schwarzen Pfanne beidseitig braun braten.

Blattspinat in die Artischockenböden füllen, Kalbshirnscheiben darauflegen, mit Rahmchampignons überziehen, Käse daraufstreuen und abschließend mit zerlaufener Butter beträufelt im Salamander überbacken.

Püree von Artischockenböden	Fonds d'artichauts en purée

Bedarf für 10 Portionen: 1 kg zugeschnittene Artischockenböden, 50 g Zitronensaft, Salz, 200 g rohe Kartoffelscheiben, 70 g Butter, 0,2 – 0,3 l Sahne, Pfeffer.

Dünstdauer: 20 – 25 Min.

Artischockenböden 15 Min. in gesäuertem Salzwasser blanchieren; danach abgießen. Kartoffelscheiben und blanchierte Artischockenböden mit 20 g Butter und ein wenig Wasser weichdünsten. Kurz vor Beendigung des Verfahrens den Deckel abnehmen, damit die restliche Flüssigkeit völlig verdunsten kann. Das Gemüse durch ein feines Sieb drücken, übrige Butter in Stückchen auf das Passierte legen, mit einem Holzlöffel glattrühren und soviel heiße Sahne in Chargen dazugeben, bis die Konsistenz eines Kartoffelpürees entstanden ist. Das Artischockenpüree mit fehlendem Salz und ein wenig Pfeffer abschmecken.

Geeignet zu: Eierspeisen, Gerichten aus Innereien, Schlachtfleisch und Geflügel.

Weitere Zubereitungen von Artischocken s. Bd. 1, Abschn. Vorgerichte.

Auberginen

Auberginen gehören zu den Nachtschattengewächsen und sind so mit den Tomaten verwandt. Ursprünglich war die Frucht weiß bis gelblich, was ihr den Namen Eierfrucht – eggplant – eintrug.

Die heute für Speisezwecke gezüchteten Arten sind 10 – 20 cm lang und bis zu 7 cm dick. Die Außenhaut ist meist violett, doch gibt es auch nahezu schwarze Arten. Die beliebteste Sorte heißt Long violett; gute Sorten haben im allgemeinen wenig Bitterstoffe und kleinere Kerne.

Wegen des Solaningehaltes darf die Aubergine nicht roh verzehrt werden.

Die Auberginen werden bei Temperaturen unter 5 °C fleckig. Darum kann man sie in Kühlräumen nur beschränkt lagern.

Als Naßkonserven werden Auberginen in Stücken angeboten.

Angebots-zeiten Freiland	Jan.	Feb.	März	April	Mai	Juni	Juli	Aug.	Sept.	Okt.	Nov.	Dez.

Lagerung:		Verlust in % bei Vorbereitung:	Schwankungs-breite	Mittelwert
8 – 10 °C				
90 – 95 % rel. Luftfeuchte			10 – 20	15
max. 2 Wochen				

Auberginen sind zunächst zu waschen. Sollen die Früchte zerkleinert zubereitet werden, so ist der Stielansatz zu entfernen und die Schale dünn – am besten mit einem Sparschäler – abzunehmen. Danach wird der Fruchtkörper, entsprechend seiner Verwendung, in Scheiben oder in Stücke geschnitten.

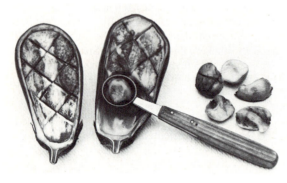

Auberginen, die man zu füllen beabsichtigt, werden der Länge nach geteilt. Mit einem kleinen, spitzen Messer ist das Fruchtfleisch entlang des Schalenrandes ringsum und die Fleischfläche mehrfach über Kreuz einzuschneiden, ohne die Schale zu verletzen. Die so präparierten Auberginenhälften werden auf den Schnittflächen leicht gebraten und das nun weiche Fruchtfleisch entnommen. – Später mischt man das Fruchtfleisch mit den für die Füllung vorgesehenen Zutaten und häuft alles in die Schalenhälften. Das Garen erfolgt meistens im Ofen. – Geeignet sind feuerfeste Geschirre, in denen die jeweilige Auberginenzubereitung gleich aufgetragen werden kann.

Auberginensorten mit starkem Bitterstoffgehalt sollte man nach dem Zuschneiden mit Salz bestreut eine Zeitlang stehen lassen. Durch die hygroskopische Wirkung wird der bittere Geschmack gemildert. Danach spült man die Früchte ab, läßt sie in einem Durchschlag abtropfen und trocknet sie mit einem Tuch.

Auberginen haben, abgesehen von ihrem mitunter intensiv hervortretenden Bitterstoffgehalt, eigentlich wenig Eigengeschmack. Deshalb wendet man vorwiegend Garverfahren wie Fritieren, Braten oder Grillen an. Die dabei entstehenden Röststoffe sind dann das geschmackbestimmende Element.

Auch Paprika, Knoblauch, Curry, Zwiebeln, Oliven, Pilze und Tomaten, die bei den einzelnen Gerichten als Zutaten dienen, vervollständigen erst den Geschmack der Aubergine.

Fritierte Auberginenscheiben   Aubergines frites

Bedarf für 10 Portionen: 1,2 kg geschälte Auberginen, Salz, Delikateßpaprika, Curry, Mehl.

Backdauer: 1 Min., Backfett-Temperatur: 160 °C.

Auberginen in Scheiben von 5 mm Stärke schneiden. Scheiben mit Salz und den Gewürzen bestreuen, Mehl andrücken und sogleich in die heiße Fritüre geben. Nach dem Backen auf ein Tuch legen, auf einer Papiermanschette anrichten und direkt servieren. Fritierte Auberginenscheiben bleiben nur ganz geringe Zeit knusprig, sie schmecken in diesem Zustand am feinsten. — Auberginenscheiben können auch in Ausbackteig getaucht und dann fritiert werden.

Beliebte Beilage zu dunklem Kurzbratfleisch.

Piccata von Auberginen   Piccata d'aubergines

Bedarf für 10 Portionen: 5 geschälte Auberginen je 150 g, Curry, Paprika, Salz, 150 — 180 g Butter; Käseteig: 8 Eier, 100 g Mehl, 100 g geriebener Parmesan, 5 g Salz.

Bratdauer: 3 Min.

Auberginen in bleistiftstarke Scheiben schneiden, mit den Gewürzen bestreuen, mit nachfolgendem Käseteig umhüllen, in heiße, jedoch nicht braune Butter legen und auf beiden Seiten goldgelb braten.

Käseteig: Eier aufschlagen, in eine Schüssel geben und mit einem Schneebesen tüchtig verrühren. Mehl, Käse und Salz mischen, unter die Eier rühren und den Teig zur Entspannung des Klebers 15 Min. stehen lassen.

Die mit Käseteig umhüllten Auberginenscheiben können auch in Öl (160 °C) schwimmend, als sogenannte Beignets, 1 — 2 Min. gebacken werden.

Geeignet als Beilage zu vorwiegend dunklem Schlachtfleisch, zu Eierspeisen und als selbständiges Gericht mit frischen Salaten.

Auberginenpfannkuchen   Pannequets d'aubergines

Bedarf für 10 Portionen: 500 g geschälte Auberginen, 150 g feine Zwiebelwürfel, 100 g feine Würfel von roten Paprikaschoten, 100 g Butter, 0,1 l Weißwein, 0,1 l helle Brühe, notfalls Wasser, Salz, Pfeffer, Msp. Oregano, 1 El gehackte Petersilie; Teig: 130 g Mehl, 140 g Milch, 140 g saure Sahne, 7 Eier, 5 g Salz, 80 g Butter zum Braten.

Gardauer: Auberginen 15 Min., Pfannkuchen 3 — 4 Min.

Geschälte Auberginen in Würfel mit 0,5 cm Seitenlänge schneiden. Zwiebelwürfel und Würfel von Paprikaschoten in einem flachen Geschirr mit Butter anschwitzen und leicht Farbe nehmen lassen. Geschnittene Auberginen unter das Angeschwitzte rühren und nach kurzer Zeit mit Weißwein ablöschen. Brühe oder Wasser dazugießen, salzen, pfeffern, Msp. Oregano beifügen und zugedeckt bei mäßiger Hitze garen. Danach Deckel abnehmen, die übrige Flüssigkeit verdunsten lassen und das Gemüse zum Abkühlen in ein flaches Gefäß leeren.

Teig: Gesiebtes Mehl, Milch und Sahne glattrühren. Eier aufschlagen, salzen, mit einem Schneebesen tüchtig schlagen und zusammen mit dem angerührten Mehl zu einem glatten Teig vereinen. – Die inzwischen abgekühlten Auberginen und die Petersilie unterziehen. In einer großen Pfanne mit dickem Boden Butter erhitzen, den Auberginenteig löffelweise hineingeben und die kleinen Kuchen auf beiden Seiten braun braten.

Auberginenpfannkuchen können als Beilage zu gebratenem, dunklem Schlachtfleisch wie auch als Ergänzung/Bereicherung zu Gemüse- oder Salatplatten gereicht werden.

Auberginen mit Tomaten   **Aubergines aux tomates**
in der Käsehülle   **en robe de fromage**

Bedarf für 10 Portionen: 5 geschälte Eierfrüchte je 150 g, Delikateßpaprika, Curry, Salz, Mehl,
           150 g Butter;
           900 g Tomatenfleischstücke (concassées), Knoblauchsalz, Pfeffer, Zucker, 150 g
           Schalottenbutter, 250 g geriebener Fontina (ital. Schnittkäse), 30 g zerlaufene Butter.

Bratdauer: 4 Min.

Auberginen in zentimeterdicke Scheiben schneiden, mit Paprika, Curry und Salz würzen und Mehl andrücken. Die Scheiben in heißer Butter auf beiden Seiten braun braten und auf einer vorgewärmten Backplatte nebeneinanderliegend anrichten. Tomaten mit Knoblauchsalz, Pfeffer und einer Prise Zucker würzen, in Schalottenbutter rasch sautieren und Häufchen davon auf die angerichteten Auberginenscheiben setzen. Käse darüberstreuen, mit Butter beträufeln und im Salamander backen, bis der Käse geschmolzen ist.

Geeignet als Beilage zu gebratenem Lammfleisch, zu Eierspeisen und als Bestandteil für Gemüseplatten.

Gefüllte Auberginen, überbacken   **Aubergines farcies au gratin**

Bedarf für 10 Portionen: 5 Auberginen je 150 g, 2 El Olivenöl, 300 g Langkornreis, Salz, 160 g
           Butter, 750 g feinwürfeliges Kurzbratfleisch von Lamm, Delikateßpaprika, 100 g
           Schalottenwürfelchen, 0,1 l Weißwein, 0,5 l Jus, 5 abgezogene Tomaten in Scheiben,
           Knoblauchsalz, Pfeffer, 100 g geriebener Parmesan.

Gardauer: Auberginen 15 Min., Reis 18 Min., Fleisch (entsprechend Zerkleinerungsgrad) 1 – 2 Min.

Auberginen vorbereiten zum Füllen, wie eingangs erläutert. Fruchthälften mit Öl bestreichen und im Ofen backen.

Reis in kochendes Salzwasser schütten und garen; danach in einen Durchschlag gießen und abtropfen lassen.

Das Fruchtfleisch den inzwischen gegarten und etwas abgekühlten Auberginen entnehmen, grob zerkleinern und beiseitestellen. Die Schalenhälften in eine mit Butter ausgestrichene Backplatte ordnen.

Butter in entsprechend großer Pfanne erhitzen. Lammfleisch mit Paprika bestäuben, salzen, in die heiße Butter geben und bei intensiver Hitze schnell und scharf braten. In ein bereitstehendes Geschirr leeren, Schalotten in derselben Pfanne erhitzen, mit Weißwein ablöschen, die Jus beigeben, alles zu dickfließender Konsistenz reduzieren und über das Fleisch gießen.

Gegarten Reis, zerkleinertes Fruchtfleisch und Lammfleischzubereitung mischen, mit fehlendem Salz ergänzen. Mischung in die Auberginenhälften füllen. Tomatenscheiben auflegen, diese mit Knoblauchsalz und Pfeffer würzen, Käse darüberstreuen, mit Butter beträufeln und im Ofen bei starker Oberhitze überbacken. Als Beigabe eignet sich Tomatensauce.

Auberginen   **Aubergines**
mit grünen Paprikaschoten   sautées à la Niçoise

Bedarf für 10 Portionen: 1 kg geschälte Auberginen, 800 g grüne Paprikaschoten, 800 g Fleischtomaten, Salz, Pfeffer, 100 g Olivenöl, 150 g Zwiebelwürfelchen, 2 feingehackte
Knoblauchzehen, 80 g Tomatenmark, Zucker, 1 Thymianzweig, 1 Majoranzweig,
1 Lorbeerblatt, 30 g gehackte Petersilie.

Gardauer: 15 – 20 Min.

Auberginen in Würfel mit 1,5 – 2 cm Seitenlänge schneiden. – Paprikaschoten halbieren, Stielansatz, Kerne und Scheidewände entfernen, abspülen und in breite Streifen schneiden. – Tomaten
ausstechen, brühen, abziehen, halbieren, Samenkerne sowie Schleimsubstanz herausdrücken und
die Hälften in Viertel teilen.

Auberginenwürfel salzen, pfeffern und in einer schwarzen Stielpfanne mit zwei Drittel des Öls
hellbraun anbraten. Übriges in einem gräumigen Geschirr erhitzen, Zwiebelwürfel, gehackten
Knoblauch sowie Paprikastreifen zugeben, leicht salzen, pfeffern, anschwitzen und Tomatenmark
unterrühren. – Angebratene Auberginenwürfel dem Ansatz beifügen, die präparierten Tomaten auf
der Oberfläche verteilen, mit Salz, Pfeffer und ein wenig Zucker bestreuen. Thymian-, Majoranzweig und Lorbeerblatt dazulegen und zugedeckt garen.

Beim Anrichten Kräuterzweige und Lorbeerblatt entfernen und das Gemüse mit Petersilie bestreuen.

Geeignete Beilage zu gebratenem Hammel-, Rind- oder Schweinefleisch und zu gebratenen Hühnern.

Mussaka von Auberginen   **Mussaka de vinete**

Rezept s. Abschn. Nationalgerichte: „Rumänische Küche".

Überkrustete Auberginen   **Melanzane alla parmigiana**

Rezept s. Abschn. Nationalgerichte: „Italienische Küche".

Avocado

Größe, Farbe und Form der Avocados sind unterschiedlich. Hauptsächlich importiert wird die Sorte
Fuerté mit einem Gewicht von 200 – 400 g. Die
Früchte umschließt eine glänzende, leicht genarbte,
jedoch derbe Schale, deren Farbe grünlich-schwarz,
bräunlich-rot oder ins Lila gehend sein kann.

Das nußartig schmeckende Fruchtfleisch, in dessen
Mitte ein tropfenförmiger, großer Stein gebettet
liegt, ist stark fetthaltig, gelbfarben und zur Schale
hin grünlich. Reife Früchte sind von zarter, glatter
Konsistenz.

Avocados müssen bei der Verwendung voll ausgereift sein. Das ist zu erkennen, wenn die Schale
einem Fingerdruck leicht nachgibt. Die Lagerfähigkeit reifer Früchte beträgt im Kühlraum etwa eine
Woche. Feste Früchte erlangen ihre Genußfähigkeit, wenn man sie bei Zimmertemperatur aufbewahrt. Die Hauptangebotszeit ist von Oktober bis April.

Angebots- zeiten Freiland	Jan.	Feb.	März	April	Mai	Juni	Juli	Aug.	Sept.	Okt.	Nov.	Dez.

Lagerung: 10 – 12 °C 90 % rel. Luftfeuchte bis 4 Wochen	Verlust in % bei Vorbereitung:	Schwankungs- breite	Mittelwert
		6 – 18	11

Avocados werden gewaschen und längs bis an den Stein eingeschnitten. Mit einer drehenden Bewegung hebt man die Fruchthälften voneinander ab und entfernt den Stein. Da sich das Fleisch leicht verfärbt, wird diese Vorbereitung erst unmittelbar vor der Verwendung getroffen.

Das Fruchtfleisch wird überwiegend roh mit Vinaigrette verspeist oder in Verbindung mit weiteren Naturalien als Salat angemacht (vgl. Bd. 1, Abschn. Kalte Vorgerichte).

Die warme Küche verwendet Avocados zum Herstellen von Suppe (s. Bd. 1, S. 197) oder als Garnitur für Fisch- und Fleischgerichte, wozu das olivenförmig oder kugelig ausgestochene Fruchtfleisch in Butter leicht angebraten wird.

Blumenkohl

Blumenkohl oder Karfiol ist der fleischig verdickte Blütenstand einer Kohlart. Er besteht aus zahlreichen Einzelröschen oder Sträußchen, die nach oben eine geschlossene Fläche bilden und sich nach unten im Strunk vereinigen.

Unter den Kohlarten ist der Blumenkohl wegen des geringen Zellstoffgehalts und der zarten Zellstruktur die bekömmlichste Art.

Während des Wachstums halten die äußeren grünen Blätter das Licht weitgehend ab; so erhält er die weiße „Blume". Bei Lichteinfall kommt es zu einer Gelbfärbung.

Qualitätsware hat einen geschlossenen Kopf, der von frischen, grünen Blättern umhüllt und deshalb geschützt ist. Flecken, Druckstellen und Raupenfraß sind qualitätsmindernd. Der Strunk soll so kurz wie möglich unter den Hüllblättern abgeschnitten sein.

Konserven

Es werden angeboten:

- als Naßkonserve: *Blumenkohl*, das sind hellfarbige Köpfe in Teile zerlegt;
- als TK-Ware: *Blumenkohl, tiefgekühlt*, das sind Teile von hellen Köpfen; durch einen vorgeschalteten Blanchierungsprozeß verkürzt sich die Kochdauer. Die vom Hersteller empfohlene Garzeit ist zu berücksichtigen.

Angebots- zeiten Freiland	Jan.	Feb.	März	April	Mai	Juni	Juli	Aug.	Sept.	Okt.	Nov.	Dez.

Lagerung: 0 °C 90 – 95 % rel. Luftfeuchte 2 – 4 Wochen	Verlust in % bei Vorbereitung:	Schwankungs- breite	Mittelwert
		25 – 55	38

Der Strunk des Blumenkohls mit den daran befindlichen Hüllblättern ist möglichst weit zurückzuschneiden, danach werden die Köpfe abgespült.

Blumenkohl kann im ganzen oder in Röschen zerteilt zubereitet werden. Ganze Köpfe legt man mit dem Strunk nach oben etwa 10 – 15 Min. ins Salzwasser. Ungeziefer, das sich vielleicht zwischen den Röschen eingenistet hat, löst sich dann und ist leicht zu entfernen. Den Strunk schneidet man über Kreuz ein, damit er gleichzeitig mit den Röschen gar wird.

Der mitunter strenge Geschmack des Blumenkohls wird durch Blanchieren behoben. Danach legt man den Blumenkohl mit dem Strunk nach unten in kochendes Salzwasser, dem zur Geschmacksverbesserung eine Prise Zucker und ein Stückchen Butter beigefügt sind; ein wenig Zitronensaft dient zur Erhaltung der hellen Farbe.

Die Flüssigkeitsmenge soll den eingelegten Kohl fast bedecken. Der Garzustand wird durch Anstechen geprüft. Bleibt Blumenkohl bis zur Weiterverwendung im Kochwasser liegen, so ist der Garprozeß zu unterbrechen, wenn sich beim Anstechen noch ein gewisser Widerstand zeigt. In der heißen Flüssigkeit zieht das Gemüse noch nach.

Blumenkohl, gekocht   Chou-fleur bouilli

Bedarf für 10 Portionen: 2 – 2,5 kg garfertiger Blumenkohl;
           Zutatenmenge je Liter Wasser: 15 g Salz, 1 Tl Zitronensaft, 6 g Butter, 5 g Zucker.
Gardauer: 20 – 25 Min.

Blanchierten Blumenkohl in kochendes Salzwasser einlegen und rasch wieder zum Kochen bringen. Zitronensaft, Butter und Zucker beifügen, Geschirr zudecken und bei mäßiger Energiezufuhr garen. – Danach gegarten Blumenkohl aufgedeckt auf ein Gitter stellen. Ein Übergaren kann durch Beigeben einiger Eiswürfel abgefangen werden. Gekochter Blumenkohl soll noch leichten Biß haben.

Blumenkohlröschen, gedünstet   Chou-fleur étuvé

Die Röschen werden mit ihren Stielen vom Strunk abgetrennt und danach blanchiert.

Bedarf für 10 Portionen: 1,8 – 2 kg garfertige Blumenkohlröschen, 10 g Salz, 1 El Zitronensaft,
           50 g Butter, 5 g Zucker.
Gardauer: 18 – 20 Min.

In ein flaches, geräumiges Geschirr soviel Wasser gießen, daß die Bodenfläche gerade bedeckt ist. Flüssigkeit zum Kochen bringen, Salz, Zitronensaft, Butter und Zucker beifügen. Blumenkohlteile dazugeben, durchschwenken, den Inhalt mit Alu-Folie bedecken und bei geringer Hitze und geschlossenem Topfdeckel dünsten. Flüssigkeitsmenge kontrollieren und gegebenenfalls ergänzen. Gegarte Blumenkohlröschen sollen noch leichten Biß haben.

Als Beigabe zu gekochtem und gedünstetem Blumenkohl eignen sich:

- **Essigkräutersauce** (Vinaigrette) mit gehacktem, hartem Ei,
- **helle Saucen**, z.B. Rahm-, Béchamel- oder Buttersauce (zu deren Herstellung kann der Gemüsefond mitverwendet werden),
- **aufgeschlagene Sauce** und Ableitungen davon,
- **Arten warmer** und **geschlagener Butter.**

Saucen und Butterarten sind in den einschlägigen Kapiteln des 1. Bandes erläutert.

Gerichte von vorgegartem Blumenkohl für jeweils 10 Portionen

Art	Fertigstellung
Krapfen **en frito**	Bedarf: 1,8 kg Blumenkohlröschen, Salz, Pfeffer, Zitronensaft, 30 g gehackte Petersilie, 650 g Ausbackteig mit Bier (s. S. 16). Abgetropfte Röschen würzen, mit Zitronensaft beträufeln und mit Petersilie bestreuen. Gemüseteile in Backteig tauchen, in 170 – 180 °C heißer Fritüre etwa 2 Min. backen. Auf saugfähiger Unterlage abtropfen lassen und offen anrichten.
sautiert **mit Haselnüssen** **sauté aux avelines**	Bedarf: 1,8 kg Blumenkohlröschen, Salz, Pfeffer, 120 g Butter, 100 g gehobelte Haselnüsse. Abgetropfte, gewürzte Blumenkohlröschen in heißer Butter goldgelb sautieren. Haselnüsse behutsam unterschwenken. Gemüse in tiefer Schale anrichten.
überkrustet **au gratin**	Bedarf: 2 kg Blumenkohl, 20 g Butter, 0,5 l Béchamelsauce, 3 Eigelb, 0,3 l Sahne, 150 g geriebener Parmesan, Salz, Pfeffer, Muskatnuß, 2 gehäufte El geschlagene Sahne, 30 g geriebener Parmesan zum Bestreuen, 60 g Butter in Stückchen. Blumenkohl zerteilen, in eine ausgebutterte Backform ordnen. Heiße Béchamelsauce mit Eigelb und Sahne legieren. Käse mit Holzlöffel einrühren. Sauce würzen, geschlagene Sahne unterheben. Blumenkohl mit Sauce überziehen und mit Käse bestreuen. Butterstückchen auflegen und im Ofen bei starker Oberhitze überkrusten. – Kann auch in Portionsförmchen fertiggestellt werden.
in Tomaten **farci aux tomates**	Bedarf: 10 große Tomaten, Salz, Pfeffer, 0,5 l Sahne, Mehlbutter, 1,2 kg gedünstete Blumenkohlröschen, 3 Dotter von hartgekochten Eiern, 10 g Butter, 100 g Streifen von gekochtem Schinken in Streichholzstärke. Tomaten ausstechen, querhalbieren, aushöhlen, salzen und pfeffern. Gemüsedünstfond mit Sahne verkochen und mit Mehlbutter leicht binden. Sauce mit Pfeffer und Salz würzen, Blumenkohl unterschwenken und in die im Ofen erwärmten Tomaten füllen. Grobgehacktes Eigelb und in Butter erwärmte Schinkenstreifen daraufstreuen.
Auflauf **Soufflé**	Bedarf: 600 gedünstete Blumenkohlröschen, 60 g Weißbrotkrume, 50 g Sahne, 50 g geriebener Parmesan, 6 Eigelb, Salz, Pfeffer, Muskatnuß, 6 Eiweiß, 60 g Butter; 0,7 l Rahmsauce, 1 gehäufter El geschlagene Sahne. Gemüsedünstfond sirupartig einkochen. Blumenkohl feinhacken. Weißbrot mit Sahne tränken. – Präparierte Zutaten gründlich mischen. Parmesan und Eigelb dazurühren. Masse würzen. Eiweiß zu steifem Schnee schlagen, unter die Masse heben und sie in mit Butter ausgestrichene Förmchen füllen. Aufläufe im vorbereiteten Wasserbad im Ofen bei 180 °C 25 Min. garen. – Beizugebender Rahmsauce (s. Bd. 1, S. 245) vor dem Servieren die geschlagene Sahne unterziehen.

Bohnen

Bohnen werden, wie ein Blick in Samenkataloge zeigt, in einem fast nicht überschaubaren Sortenreichtum gezüchtet. Das Sortiment für den Markt ist enger, die Konservenfabriken haben sich meist auf wenige besonders geeignete Sorten spezialisiert.

Von der Wuchsart ausgehend, werden Busch- und Stangenbohnen unterschieden; Buschbohnen können mit Hilfe von Erntemaschinen eingebracht, Stangenbohnen müssen von Hand gepflückt werden. Die damit verbundenen Lohnkosten bringen es mit sich, daß man überwiegend Buschbohnen anbaut, obwohl Stangenbohnen feiner sind. Neben diesem Trend ist ein zweiter festzustellen: Bohnen werden heute überwiegend als fadenlose Arten angeboten. Zwar sind diese empfindlicher gegen Schädlinge, doch wird von den Anbauern dieses Risiko in Kauf genommen, weil wegen der Arbeitsersparnis bei der Verarbeitung höhere Marktpreise erzielt werden.

Übliche Frischware ist durch eine gleichmäßig grüne Hülse gekennzeichnet, gelbhülsige Arten bezeichnet man als Wachsbohnen. Hülsen ohne Membran (innere Hülsenhaut) erhalten den Beinamen Zuckerbohnen; sie sind nur als Frischware am Markt zu erhalten.

Schließlich ist auch der Hülsenquerschnitt für Bezeichnung und Verwendung von Bedeutung. Bohnen mit elliptischem Querschnitt werden fast ausschließlich zu Schnittbohnen verarbeitet, solche mit rundem Querschnitt zu Brechbohnen. Die platten Schwertbohnen sind im Anbau sehr zurückgedrängt und nur noch als Marktware zu erhalten.

Bohnen enthalten in unreifem, ungegartem Zustand den Giftstoff Phasin, der zum Zusammenballen der roten Blutkörperchen und zu Magenverstimmungen führen kann. Beim Erhitzen wird er jedoch rasch zerstört, so daß beim Genuß von **gegarten** Bohnen keinerlei Gefahr für die Gesundheit besteht.

Qualitätsmerkmale bei frischen Bohnen

Die Hülse muß gleichmäßig beschaffen und von einheitlich grüner Farbe sein. Beim Durchbrechen der Hülse soll es hörbar knacken, der Bruch soll glatt und saftig sein.

Überlagerte Ware hat eine weiche, biegsame Hülse.

Angebots-zeiten Freiland	Jan.	Feb.	März	April	Mai	Juni	Juli	Aug.	Sept.	Okt.	Nov.	Dez.

Lagerung:			Verlust in % bei Vorbereitung:	Schwankungs-breite	Mittelwert
7 – 8	°C				
90 – 95	% rel. Luftfeuchte			4 – 12	7
max. 10	Tage				

Zusammenfassende Übersicht

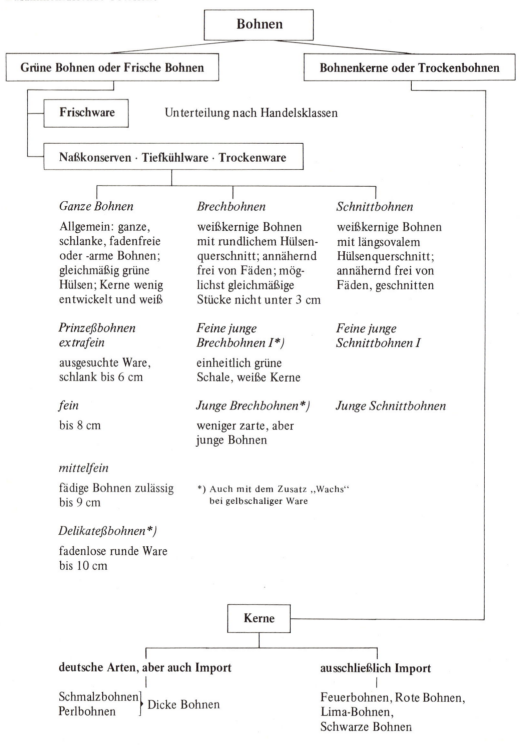

Bohnen

Grüne Bohnen oder Frische Bohnen   Bohnenkerne oder Trockenbohnen

Frischware   Unterteilung nach Handelsklassen

Naßkonserven · Tiefkühlware · Trockenware

Ganze Bohnen	*Brechbohnen*	*Schnittbohnen*
Allgemein: ganze, schlanke, fadenfreie oder -arme Bohnen; gleichmäßig grüne Hülsen; Kerne wenig entwickelt und weiß	weißkernige Bohnen mit rundlichem Hülsenquerschnitt; annähernd frei von Fäden; möglichst gleichmäßige Stücke nicht unter 3 cm	weißkernige Bohnen mit längsovalem Hülsenquerschnitt; annähernd frei von Fäden, geschnitten
Prinzeßbohnen extrafein	*Feine junge Brechbohnen I*)*	*Feine junge Schnittbohnen I*
ausgesuchte Ware, schlank bis 6 cm	einheitlich grüne Schale, weiße Kerne	
fein	*Junge Brechbohnen*)*	*Junge Schnittbohnen*
bis 8 cm	weniger zarte, aber junge Bohnen	
mittelfein		
fädige Bohnen zulässig bis 9 cm	*) Auch mit dem Zusatz „Wachs" bei gelbschaliger Ware	
Delikateßbohnen*)		
fadenlose runde Ware bis 10 cm		

Kerne

deutsche Arten, aber auch Import   ausschließlich Import

Schmalzbohnen | Dicke Bohnen   Feuerbohnen, Rote Bohnen,
Perlbohnen   }   Lima-Bohnen,
                                        Schwarze Bohnen

Bohnenkerne

Schmalzbohnen sind weiß, mit dünner Schale und mild im Geschmack. Beim Kochen werden sie sehr sämig und zerfallen leicht. Man verwendet sie vorwiegend für Suppen.

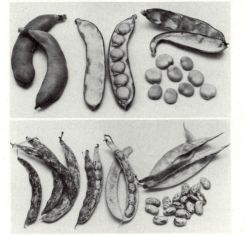

Perlbohnen sind ebenfalls weiß und mild, aber dickschaliger. Beim Garen behalten sie die Form. Sie sind darum für Salate geeignet.

Als Naßkonserve wird die Perlbohne auch unter den Bezeichnungen „Dicke Bohnen" oder „Große Bohnen" angeboten. Die Eigenschaftswörter „Feine, junge . . . " kennzeichnen die I. Qualität, „Junge . . . " weist auf II. Qualität hin.

Importe

Feuerbohnen sind sehr großkörnig, braun mit schwarzen Tupfen; sie zerfallen wie die Schmalzbohnen beim Kochen, doch sind sie kräftiger im Geschmack (Abb. nebenstehend).

Lima-Bohnen sind kleinkörnig und rotbraun. Beim Kochen behalten sie die Form. Sie sind darum für Salate und Gemüse geeignet, welchen sie durch ihre typische Farbe Abwechslung verleihen.

Rote Bohnen sind auch als Red Beans bekannt, womit bereits auf ihr Ursprungsland USA hingewiesen wird. Dort werden sie vorwiegend als Baked Beans zubereitet.

Schwarze Bohnen sind eine mexikanische Spezialität, die beim Kochen die Form behält und einen etwas strengen Geschmack aufweist. Man verwendet sie bevorzugt zu exotischen Salaten.

Qualitätsmerkmale bei Trockenware

Kerne neuer Ernte sind glänzend, glatt, und die Schale liegt direkt am Kern an. Ware vom Vorjahr hat eine matte, runzelige Schale. Zu achten ist auch auf den Befall mit Bohnenkäfern. Dieser Vorratsschädling ist an kleinen, kreisrunden Löchern in den Bohnen zu erkennen.

Quellen von Bohnen

Durch eine Einweichzeit von drei bis sechs Stunden wird den Kernen das beim Trocknen entzogene Wasser wieder zugeführt; meist wird aber über Nacht eingeweicht.

Die Bohnenkerne werden mit dem Einweichwasser ungesalzen zugesetzt und haben eine Gardauer bis zu 2 Stunden.

Verlangt eine Bohnenzubereitung eine Essigzugabe, wird der Essig erst gegen Ende der Garzeit zugegeben. Gäbe man ihn von Anfang an bei, würde das in den Hülsenfrüchten enthaltene Eiweiß gerinnen und das Garwerden verzögern.

Zubereitungen von Bohnen

Frische oder **Grüne Bohnen** werden zunächst vom Stielansatz und dem spitzen Ende befreit (abgespitzt); bei Bohnen mit Fäden sind diese gleich mit abzuziehen. Danach wird das Gemüse in kaltem Wasser gewaschen und gemäß seiner Art und Größe gebrochen oder geschnitten; kleinere Sorten bleiben meistens ganz.

Sind Bohnen im voraus zu kochen, so gart man sie in sprudelnd kochendem Salzwasser oder macht sie im Dampfdruckgerät (vgl. S. 4) genußfähig. Die Gardauer richtet sich nach der Dicke der Bohnen, allgemein kürzt man das Verfahren ein wenig ab, weil das Gemüse bei der späteren Vollendung noch nachgart.

Um den grünen Farbstoff (Chlorophyll) weitestgehend zu erhalten, ist das gegarte Gemüse in Eiswasser abzuschrecken und durch Umrühren gleichmäßig zu kühlen. Die kalten, abgegossenen Bohnen breitet man flach aus, bedeckt sie zum Schutz gegen das Trocknen der Oberfläche sowie gegen das damit verbundene Verfärben und stellt sie kühl.

Das traditionelle Gewürz zu grünen Bohnen ist Bohnen- oder Pfefferkraut, dessen Blätter ein ausgeprägt eigenes Aroma haben. Wegen des beißenden Geschmacks muß Bohnenkraut jedoch dosiert Verwendung finden. Stiele ohne Blätter sind wertlos.

Grüne Bohnen stehen in geschmacklichem Einklang besonders zu Lamm- bzw. Hammelfleisch und zu Wildfleisch.

Gerichte von vorgegarten grünen Bohnen für jeweils 10 Portionen

Art	Fertigstellung
Frische Prinzeßbohnen in Butter geschwenkt haricots verts **nouveaux au beurre**	Bedarf: 1,5 kg extrafeine Prinzeßbohnen, 2 Zweige Bohnenkraut, Salz, Pfeffer, 80 – 100 g Butter, 20 g gehackte Petersilie. Gegarte Bohnen und Bohnenkraut in kochendem Salzwasser erhitzen, im Durchschlag abtropfen lassen, Bohnenkraut entfernen. Bohnen in das Geschirr zurückschütten, leicht pfeffern, Butterstückchen darauflegen, unterschwenken, anrichten und mit Petersilie bestreuen.
Frische grüne Bohnen sautiert in brauner Butter **Haricots verts sautés au beurre noisette**	Bedarf: 1,5 kg Grüne Bohnen, Salz, Pfeffer, 100 g Butter, 20 g gehackte Petersilie, 5 g gehackte frische Bohnenkrautblättchen. Gegarte Bohnen salzen, mit Pfeffer bestreuen. Butter hell bräunen, Bohnen dazugeben und bei gelegentlichem Schwenken erhitzen. Bohnen anrichten und mit Petersilien-Bohnenkraut-Mischung bestreuen.
Frische Stangenbohnen mit Butterkrüstchen **Haricots verts aux croûtons**	Bedarf: 1,5 kg streifig geschnittene Stangenbohnen, 2 Zweige Bohnenkraut, Salz, Pfeffer, 100 – 120 g Butter, 60 g geröstete, feinste Weißbrotwürfel. Gegarte Stangenbohnen zusammen mit Bohnenkraut in kochendem Salzwasser erhitzen. Dann abgießen, abtropfen lassen, Krautzweige entnehmen, leicht pfeffern und anrichten. Butter bräunen, geröstete Weißbrotwürfelchen unterschwenken und über das Gemüse geben.

Art	Fertigstellung
Frische grüne Bohnen in Tomatencreme **Haricots verts à la crème de tomate**	Bedarf: 100 g feine Schalottenwürfel, 50 g Butter, 500 g Tomatenfleisch, 80 g Tomatenmark, Knoblauchsalz, Pfeffer, Zucker, 0,2 – 0,3 l Sauerrahm – Crème fraîche, 0,15 l Fleischbrühe, 1,3 kg grüne Bohnen, 1 El gehackte, frische Kräuter (Bohnenkraut, Petersilie).
	Schalotten in 30 g Butter anschwitzen, Tomatenfleisch und Tomatenmark beigeben, mit Knoblauchsalz, Pfeffer und Zucker abschmecken und dickbreiig einkochen. Sahne nach und nach angießen, Brühe zugeben, durchkochen, dann durch ein Spitzsieb passieren. 20 g Butter in Stückchen unterrühren. Nicht mehr kochen. Die inzwischen in Salzwasser erhitzten und wieder abgetropften Bohnen unter den Tomatencreme schwenken. Mit Kräutern bestreuen.

Wachsbohnen nach Art der Haushälterin   **Haricots jaunes à la bonne femme**

Bedarf für 10 Portionen: 80 g feine, magere Speckwürfel, 80 g Butter, 150 g Zwiebelwürfelchen, 1,8 kg geputzte Wachsbohnen, 1 Kräuterbündel (Petersilie, Bohnenkraut), Salz, Pfeffer, helle Fleischbrühe, 40 – 60 g Mehlbutter oder helle Mehlschwitze, 20 g gehackte Petersilie.

Gardauer: 20 Min.

Feine Speckwürfelchen anschwitzen, Butter und Zwiebeln zugeben. Wenn die Zwiebeln glasig sind, Bohnen und Kräuterbündel beifügen, leicht salzen, pfeffern, mit wenig Brühe oder Wasser untergießen und zugedeckt dünsten. Danach kurzgehaltenen Dünstfond abgießen und auffangen. – Falls die Flüssigkeitsmenge zu groß sein sollte, durch Einkochen auf das nötige Maß verringern –. Fond mit Mehlschwitze oder Mehlbutter schwach binden. Kräuterbündel entfernen, gebundenen Dünstfond den Bohnen beigeben und alles behutsam vermengen. Das fertige Gemüse soll von der sämigen Flüssigkeit nur leicht überzogen sein. Gehackte Petersilie auf die angerichteten Bohnen streuen.

Grüne Bohnen Facitore   **Haricots verts Facitore**

Bedarf für 10 Portionen: 1 kg geputzte, grüne Bohnen, 60 g Olivenöl, 100 g feingehackte Schalotten, 600 g frische Champignonscheiben, Salz, Pfeffer, 600 g Tomatenfleischstücke, Knoblauchsalz, Delikateßpaprika, Zucker, 70 g Butter, 1 El gehackte frische Kräuter (Bohnenkraut, Basilikum, Petersilie).

Gardauer: 25 Min.

Bohnen in 3 cm lange Stücke brechen und blanchieren. Olivenöl erhitzen; Schalotten und Pilze anschwitzen. Abgetropfte Bohnenstücke zugeben, salzen, pfeffern, wenig Wasser angießen und zugedeckt garen. Die Zubereitung soll danach kaum sichtbare Flüssigkeit aufweisen.

Tomaten mit Knoblauchsalz, Paprika sowie Zucker würzen, in heißer Butter rasch sautieren, damit die Stücke nicht zu weich werden und zerfallen.

Bohnen und Tomaten behutsam mischen, anrichten und mit den Kräutern bestreuen.

Frische Perlbohnenkerne   **Haricots blancs frais**

Die Ausbeute an Kernen beträgt bei frischen Perlbohnen bzw. Dicken oder Großen Bohnen etwa 25 %. Als Beilage zu Fleischgerichten werden je Portion 100 – 150 g frische Bohnenkerne benötigt. Die Gardauer ist different: Alter und Größe des Gemüses bestimmen sie.

Bedarf für 10 Portionen: 4,8 kg frische Perlbohnen, 2 – 2,5 l helle Fleischbrühe, 150 g Zwiebelviertel, 1 Gemüse-Kräuter-Bündel (2 Möhren, 1 Stange Sellerie, den hellen Teil eines
Lauchstengels, 1 Zweig Bohnenkraut, Petersilienstiele, 1 gequetschte Knoblauchzehe, Bruchstück Lorbeerblatt).

Gardauer: 25 – 40 Min.

Bohnenkerne enthülsen, abspülen und in die kochende Brühe geben. Den sich bildenden Schaum abnehmen, Zwiebeln und Gemüse-Kräuter-Bündel dazulegen und zugedeckt bei schwacher Hitze sieden.

Die Flüssigkeit soll das Gargut gerade bedecken und nur schwach gesalzen sein, weil die Bohnen
beim späteren Fertigstellen noch an Würze gewinnen.

Die gekochten Bohnenkerne lassen sich auf verschiedene Weise vollenden; auch die Benennung der
Kerne ist variabel, z.B.:

Perlbohnen mit frischen Kräutern

Heiße Bohnenkerne und sehr wenig Bohnenfond mit Butterstückchen schwenken und dadurch
binden. Gehackte Kräutermischung (Bohnenkrautblättchen, Basilikum, Petersilie) unterziehen und
in vorgewärmter Schale anrichten.

Große Bohnen mit Zwiebeln und Paprika

Feine Würfelchen von blanchiertem Bauchspeck und Zwiebeln in Butter hellgelb braten. Delikateßpaprika zugeben, mit einem Schuß Weißwein ablöschen, wenig Bohnenfond auffüllen. Mit Mehlbutter sehr leicht binden und die abgetropften Bohnenkerne einschwenken.

Frische weiße Bohnen mit Tomaten

Tomatenfleischwürfel mit Knoblauch, Pfeffer, Salz und Zucker würzen. Zusammen mit Tomatenmark und Schalottenbutter anschwitzen. Wenig Bohnenfond auffüllen, falls erforderlich, mit Mehlbutter leicht binden und die abgetropften Bohnenkerne unterziehen.

Dicke Bohnen mit Speck

Rezept s. Abschn. Regionalgerichte: „Nordrhein-Westfalen".

Salat von frischen Bohnenkernen

Bohnenkerne abgießen, noch warm mit Weinessig, Speiseöl, feingehackten Zwiebeln, Pfeffer, Salz,
Prise Zucker und Kräutern (Schnittlauch, Petersilie, Kresse) anmachen. Salat anrichten, Oberfläche
mit knusprig gebratenen, mageren Speckstreifchen (ohne das ausgetretene Fett) bestreuen.

Bei Verwendung von Trockenware rechnet man je Portion 60 – 70 g weiße Bohnen.

Cocktails von Matjesfilets und Weintrauben

Rezept s. S. 186

Cocktails von Melone und frischen Feigen

Rezept s. S. 186

Foto: Klinger

Tessiner Nudelsalat

Rezept s. S. 185

Brokkoli

Brokkoli wird auch Spargelkohl genannt, womit die Eigenschaften dieses Gemüses treffend beschrieben sind. Vom Wuchs her zählt Brokkoli zu den Kohlarten und ist dem Blumenkohl verwandt. Die „Blüte" ist jedoch weiter entwickelt als bei diesem und die Struktur wesentlich lockerer. Es gibt Arten mit weißen, gelben und grünen Köpfen, wobei der Vorzug den grünen Arten gegeben wird.

Der Beiname Spargel weist auf die zarte, saftige Beschaffenheit der Pflanze hin; sie ist daher auch transportempfindlich und nur kurz lagerfähig.

Brokkoli wird auch als TK-Ware angeboten. Die Verarbeitung ist nach Empfehlung der Hersteller durchzuführen.

Angebots-zeiten Freiland	Jan.	Feb.	März	April	Mai	Juni	Juli	Aug.	Sept.	Okt.	Nov.	Dez.

Lagerung:			Verlust in % bei Vorbereitung:	Schwankungs-breite	Mittelwert
90 – 95 bis 2	0	°C % rel. Luftfeuchte Wochen		35 – 50	42

Nach Entfernen der Hüllblätter nimmt man die auf langen Stengeln sitzenden Blütenknospen ab und wäscht sie behutsam, doch gründlich. Der Brokkoli wird in kochendes, leicht gesalzenes und mit einem Stückchen Butter versehenes Wasser gelegt. Vom Wiederaufkochen an gart das Gemüse etwa 10 Min.

Brokkoli wird wie der Blumenkohl fertiggestellt; die Rezepte lassen sich auf den Brokkoli übertragen. Weitere Brokkoli-Rezepte siehe auch Abschn. Nationalgerichte: „Küche der Vereinigten Staaten von Amerika".

Chicorée

Chicorée ist die veredelte Zuchtform der Zichorie und wird vielfach auch als Bleich- oder Wurzelzichorie bezeichnet.

Der Anbau erfolgt in zwei Stufen. Nach der Aussaat im Juni entwickelt sich eine Pflanze mit kräftiger, pfahlförmiger Wurzel. Wenn dann im Oktober geerntet wird, dienen die Blätter als Viehfutter, die Wurzeln werden eingelagert.

Während der Wintermonate werden die Wurzeln in Treibbeeten senkrecht eingesetzt und mit einer etwa 20 cm hohen Mischung von Torfmull und Sand bedeckt. Unter Einfluß von Feuchtigkeit und Wärme entwickeln sich aus den Nährstoffvorräten der Wurzeln die Triebe. Weil durch die Abdeckung das Licht ferngehalten wird, bleiben die Blattschöpfe hell.

Belgischer Chicorée ist international ein Qualitätsbegriff; der Inlandanbau ist gering.

Einwandfreie Ware muß geschlossen und weiß sein.

Bei der Lagerung ist zu beachten, daß längerer Lichteinfluß zur Grünfärbung und damit auch zur Entwicklung von Bitterstoffen führt.

Angebots-zeiten Freiland	Jan.	Feb.	März	April	Mai	Juni	Juli	Aug.	Sept.	Okt.	Nov.	Dez.

Lagerung:		Verlust in % bei Vorbereitung:	Schwankungs-breite	Mittelwert
5 °C 90 – 95 % rel. Luftfeuchte bis 5 Tage			9 – 14	11

Chicorée, der auch als Salat zubereitet äußerst beliebt ist, wird in diesem Abschnitt als Gemüse behandelt.

Die äußeren, unschönen Blätter des Chicorée-sprosses werden abgenommen. Der Strunk, der die meisten Bitterstoffe enthält, ist mit einem schmalen, spitzen Messer herauszustechen. Danach wäscht man den Chicorée und stellt ihn zum Abtropfen in einen Durchschlag.

Als Grundzubereitung ist Dünsten das geeignetste Garverfahren. Es wird in flachen, breiten Geschirren vollzogen, die zuvor mit Kalbsnierenfett, grünem Speck oder Butter auszukleiden sind. Wegen des feinen Geschmacks ist Butter vorzuziehen. Chicorée hat einen hohen Wassergehalt. Da beim Erhitzen reichlich Flüssigkeit austritt, beschränkt man die zum Ansetzen erforderliche Flüssigkeitsmenge auf ein Mindestmaß.

Die Erhaltung der appetitlich-hellen Farbe des Gemüses wird durch Fernhalten von Luftsauerstoff während des Garens gefördert. Aus diesem Grunde wird Chicorée ohne vorheriges Blanchieren eingesetzt und sorgfältig zugedeckt.

Chicorée, gedünstet   **Endives braisées**

Bedarf für 10 Portionen: 120 g Butter, 150 g Möhrenscheiben, 200 g Zwiebelscheiben, 10 zerdrückte Pfefferkörner, 15 gequetschte Wacholderbeeren, 2 kg präparierter Chicorée, Saft einer Zitrone, 15 g Salz, 10 g Zucker, 0,15 l Wasser.

Gardauer: 30 – 35 Min.

Ein flaches, breites Geschirr mit Butter ausstreichen. Möhren- und Zwiebelscheiben auf der Bodenfläche verteilen. Pfefferkörner und Wacholderbeeren darüberstreuen. Chicoréesprossen einordnen, mit Zitronensaft beträufeln, Salz und Zucker zugeben. Gemüse mit Wasser untergießen, ein passendes Stück Alu-Folie auflegen und zugedeckt, am besten im Ofen, dünsten, Garzustand durch Anstechen prüfen.

Gegartes Gemüse zum Abkühlen auf ein Gitter stellen und den Deckel etwas öffnen, damit der Dampf entweichen kann.

Zum Anrichten Chicoréesprossen längshalbieren, Strunkreste mit flachem Schnitt beseitigen und Blattspitzen auf die Schnittfläche umklappen. Halbierte Gemüseteile wenden und kreisförmig auf flacher Platte anrichten. Besonders kleine Chicoréesprossen im ganzen belassen.

Chicorée harmoniert geschmacklich besonders gut mit dunklem Schlachtfleisch.

Gerichte von vorgegartem Chicorée für jeweils 10 Portionen

Chicorée glaciert **Endives glacées**	Bedarf: 2 kg gedünsteter Chicorée, 60 g Butter, 15 g gehackte Petersilie. Chicorée erhitzen und anrichten. Gemüsedünstfond dicklichfließend einkochen. Die Butter in Stückchen unterrühren und das angerichtete Gemüse damit überziehen. Gehackte Petersilie daraufstreuen.
Chicorée mit Käse **überbacken** **Endives gratinées** **au fromage**	Bedarf: 2 kg gedünsteter Chicorée, 100 g geriebener Emmentaler Käse, 100 g geriebener Parmesan, 80 g Butter. Heißen Chicorée anrichten, den Dünstfond einkochen und über das Gemüse träufeln. Mit gemischtem geriebenem Käse bestreuen, die Butter in Flöckchen auflegen und das Ganze bei starker Oberhitze überbacken.
Chicorée mit Kräutern **und Zitronensaft** **Endives au jus** **de citrone et herbes**	Bedarf: 2 kg gedünsteter Chicorée, 160 g Butter, 40 g Zitronensaft, 100 g feingehackte Champignons, 40 g Schalottenwürfelchen, 20 g Kräuter (Petersilie, Kerbel, Estragon). Abgetropfte Chicorée auf ein Tuch legen. Zwei Drittel der Butter in schwarzer Pfanne erhitzen. Chicorée einlegen, braten und wenden, bis er hellbraune Farbe angenommen hat. Dann anrichten und mit Zitronensaft beträufeln. Übrige Butter in das Bratgeschirr geben, Champignons und Schalotten darin stark sautieren, Kräuter darunterschwenken und alles über den Chicorée leeren.
Gefüllter Chicorée **Endives farcies**	Bedarf: 20 kleine, gedünstete Chicoréesprossen, 0,5 l Sahne, 50 g geriebener Käse; Füllung: 200 g Schweinefleisch, 100 g Kalbsleber, 100 g angeschwitzte Schalotten, 80 g eingeweichtes Brot, 1 Ei, 80 g Walnußkerne, Salz und Pfeffer. Chicorée längshalbieren, verbliebene Strunkanteile hohl ausschneiden. Jeweils auf eine Chicoréehälfte von nachfolgender Füllung – am besten mit einem Spritzbeutel – eine dünne Walze der Länge nach auftragen. Die zweite Gemüsehälfte mit der Schnittfläche leicht auf die Füllung drücken. Gefüllten Chicorée nebeneinander in eine mit Butter bestrichene Backplatte ordnen. Dünstfond und Sahne schwachsämig einkochen. Chicorée damit überziehen, Käse aufstreuen und im Ofen fertigstellen, bis die Oberfläche braun ist. Füllung: Bestandteile durch die feine Scheibe des Fleischwolfs lassen, Ei und Nüsse zugeben, glattrühren und mit Salz und Pfeffer abschmecken.

Erbsen

Erbsen zählen zu den Hülsenfrüchten; sie sind nach der die Samenkörner umgebenden Hülse benannt. Im Angebot wird nach den zur Verwendung gelangenden Teilen, nach biologischen Arten und nach dem Reifegrad unterschieden.

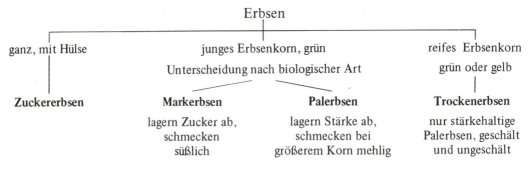

Erbsen

| ganz, mit Hülse | junges Erbsenkorn, grün | reifes Erbsenkorn |
| | Unterscheidung nach biologischer Art | grün oder gelb |

| **Zuckererbsen** | **Markerbsen** | **Palerbsen** | **Trockenerbsen** |
| | lagern Zucker ab, schmecken süßlich | lagern Stärke ab, schmecken bei größerem Korn mehlig | nur stärkehaltige Palerbsen, geschält und ungeschält |

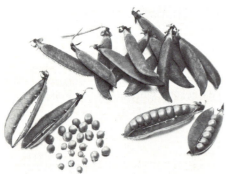

Zuckererbsen sind ganze Hülsen, jung, mit nur wenig entwickeltem Korn. Sie müssen von Hand geerntet werden, sind darum teuer und nur in kleinen Mengen am Markt.

Das überwiegende Angebot an Erbsen besteht aus unreifen, grünen Erbsen, von denen die Körner verzehrt werden. Grüne Erbsen in der Hülse sind von Hand zu pflücken und müssen darum mit den entsprechenden Lohnkosten belastet werden.

Erbsen, welche die Industrie zu Naßkonserven und Tiefkühlware verarbeitet, werden vom Feld weg maschinell geerntet und gedroschen. Die Kosten sind im Vergleich zu Handarbeit gering. Berücksichtigt man, daß bei Erbsen in der Hülse zusätzliche Lohnkosten bei der Vorbereitung in der Küche anfallen und daß der Verlust etwa 60 % beträgt, so ist zu verstehen, warum aus Kostengründen auf Konserven und Tiefkühlware ausgewichen wird.

Das Sortiment wird nach biologischen Arten und Korndurchmesser offeriert.

Palerbsen lagern die Kohlehydrate in Form von Stärke ab und schmecken leicht mehlig. Diese für die Geschmacksbewertung negative Eigenschaft ist besonders bei großkörnigen Erbsen festzustellen. Naßkonserven neigen wegen des Stärkegehaltes zum Gelieren und werden aus diesem Grund mit einer größeren Flüssigkeitsmenge versehen. Bei Preisvergleichen ist dies zu beachten.

Markerbsen lagern Kohlehydrate in Form von Zucker ab, schmecken darum leicht süßlich und gelieren in Naßkonserven nicht; das Füllgewicht ist darum höher als bei Palerbsen.

Während bei Palerbsen nur kleinkörnige Samen eine ansprechende Qualität ergeben, schmecken bei Markerbsen auch Samen mit größerem Korndurchmesser.

Qualitätsstufen bei Naßkonserven und Tiefkühlware

Qualität abfallend ———➔				
extra fein	*sehr fein*	*fein*	*mittelfein*	*Gemüseerbsen*
Zusätzliche erforderliche Angabe:		Markerbsen	Palerbsen	

Auf die Nennung der Korngrößen wird hier verzichtet, weil diese nur für die Überwachungsbehörden Bedeutung haben.

Unterschied der Farbe

- Naßkonserven

  Bei der Sterilisation von Naßkonserven wird das die grüne Farbe gebende Chlorophyll (Blattgrün) weitgehend zerstört, während das Karotin erhalten bleibt. Aus diesem Grund haben Naßkonserven ein „verblaßtes Grün" mit einem Stich ins Gelbliche. Man nennt diesen Farbton auch olivgrün.

- Tiefkühlware

  TK-Ware wird vor dem Frosten meist mit Dampf, also bei hohen Temperaturen, sehr kurz blanchiert. Dabei wird nur ein Teil des Blattgrüns abgebaut, die das Chlorophyll abbauenden Enzyme jedoch vollständig zerstört. Aus diesen Gründen ist TK-Ware immer von intensiverem Grün als Naßkonserven, fast immer auch farbkräftiger als gegarte Frischware, weil beim Kochen von frischen Erbsen die Hitze langsamer einwirkt als beim industriellen Blanchieren.

Angebots-zeiten Freiland	Jan.	Feb.	März	April	Mai	Juni	Juli	Aug.	Sept.	Okt.	Nov.	Dez.

Lagerung:		Verlust in % bei Vorbereitung:	Schwankungs-breite	Mittelwert
0	°C			
90 – 95	% rel. Luftfeuchte			
bis 5	Tage		55 – 75	60

Trockenerbsen sind ausgereifte Samen der Palerbse. Je nach biologischer Sorte sind sie grün oder gelb. Da die Palerbse die Kohlehydrate in Stärkeform ablagert, ist nur ausgereifte Ware quellfähig.

Während bei unausgereiften Erbsen die kleineren die bessere Qualität bilden, stellen bei Trockenerbsen die größeren Samenkerne die bessere Qualität dar. Gute Qualität ist glatt und prall. Runzelige Oberfläche weist auf ungenügende Erntereife oder Überlagerung hin.

Qualität abfallend ⟶		
extra dick (Viktoria-Erbsen)	normalkörnig	klein

Bei geschälten Erbsen ist die schlecht verdauliche Außenschicht entfernt. Weil dadurch die Oberfläche unansehnlich wird, poliert oder schleift man die Samenkörner anschließend. Diese Art von Erbsen braucht nicht eingeweicht zu werden und ist weniger blähend.

Splittererbsen sind die beim Schälen zerfallenen Samenkerne. Nachdem aus Trockenerbsen vorwiegend Suppen und Pürees bereitet werden, wobei der Samenkern nicht erhalten bleibt, sollte die Küche auf diese preisgünstigere Variante ausweichen.

Trockenerbsen werden üblicherweise über Nacht eingeweicht, damit sie die bei der Trocknung abgegebene Flüssigkeit wieder aufnehmen können. Sollte dies übersehen worden sein, kann man ersatzweise die Erbsen mit Wasser kurz aufkochen und dann ein bis zwei Stunden ziehen lassen. Dann folgt das übliche Kochen.

Frische Erbsen sind nur begrenzt haltbar. Aus den Hülsen gepalt, müssen sie direkt der Verwendung zugeführt werden, weil das Korn unter Einfluß von Luftsauerstoff geschmacklich wie optisch rasch beeinträchtigt wird. Auch die zarte Hülse der Zuckererbse (Zuckerschote) ist äußerst empfindlich, sie verliert bei kürzester Aufbewahrung an Qualität.

Ist eine Bevorratung **gegarter** frischer oder **gegarter** tiefgekühlter Erbsen erforderlich, so wird das Gemüse zweckmäßig in wenig leicht gesalzenem Wasser gekocht und bis zu seiner Verwendung darin belassen.

Bei Bedarf wird dann die benötigte Erbsenmenge aus dem Kochwasser genommen, mit Butter und ein wenig Zucker erhitzt, angerichtet und mit frisch gehackter Petersilie bestreut oder auch in anderer Form vollendet.

Der Frischegeschmack vorgegarter Erbsen ist zeitlich beschränkt, deshalb sollte die Menge möglichst nur den Servicebedarf, höchstens jedoch den eines Tages decken.

Wird Tiefkühlware verwendet, so hält man sich am besten an die vom Hersteller vorgeschlagene Verarbeitungsweise. Die Bezeichnung „frisch" ist für tiefgekühlte Erbsen nicht erlaubt.

Zuckererbsen (Zuckerschoten), gedünstet   Pois mange-tout au beurre

Unter Zuckererbsen versteht man ganze, junge Hülsen; Membran (innere Hülsenhaut) und Korn sind nur wenig entwickelt, weshalb das Gemüse besonders zart ist.

Bedarf für 10 Portionen: 1,7 kg Zuckererbsen, 120 g feingeschnittene Zwiebeln, 120 g Butter, 1 Bündel Petersilienstiele, 20 g Salz, 40 g Zucker, 15 g gehackte Petersilie.

Gardauer: 10 – 18 Min.

Stielende und Spitze der Zuckererbsen entfernen, evtl. Fäden dabei gleich mit abziehen. Gemüse gründlich waschen und abtropfen lassen.

Feingeschnittene Zwiebelwürfel in zwei Drittel der Butter anschwitzen. Gemüse und Petersilienbündel zugeben, salzen und zuckern, durchschwenken und soviel Wasser angießen, daß die Bodenfläche gerade bedeckt ist. Eine passende Scheibe Alu-Folie auf die Zuckererbsen legen, das Geschirr zudecken und den Inhalt bei mäßiger Hitze garen.

Petersilienbündel aus der Zubereitung nehmen. Übrige Butter in Flöckchen auf das Gemüse legen, behutsam durchschwenken, anrichten und mit gehackter Petersilie bestreuen.

Frische Erbsen, gedünstet   Petits pois étuvés

Bedarf für 10 Portionen: 3,75 kg frische Erbsen (gepalt 1,5 kg), 0,2 – 0,3 l Wasser, 15 g Salz, 40 g Zucker, 80 g Butter, 1 Bündel Petersilienstiele, 20 g gehackte Kräuter (15 g Petersilie, 5 g Kerbel).

Gardauer: 12 – 15 Min.

Der feine, lieblich-süße Geschmack junger Erbsen gebietet eine dosierte Verwendung von Salz, damit der charakteristische Wohlgeschmack des Gemüses erhalten bleibt.

Erbsen palen, waschen und abtropfen lassen. Wasser aufsetzen, Salz, Zucker, die Hälfte der Butter und das Petersilienbündel beifügen. Alles zum Kochen bringen, Erbsen dazuschütten, durchschwenken und zugedeckt dünsten.

Nach dem Garen darf kaum noch Flüssigkeit vorhanden sein, andernfalls die Flüssigkeit in ein anderes Geschirr abgießen, sie auf das nötige Maß reduzieren und dem Gargut wieder beigeben. Petersilienbündel entfernen, die übrige Butter abseits der Kochstelle unter die heißen Erbsen schwenken. Durch den sie nun umgebenden Butterfilm — bestehend aus dem Rest der Dünstflüssigkeit und der Butter — erreicht die Zubereitung einen maximalen Feingeschmack. Erbsen nach dem Anrichten mit den Kräutern bestreuen.

Frische Erbsen mit grüner Minze   Petits pois aux fuelles de menthe verte

Beim Dünsten werden Blätter der grünen Minze mitgegart und/oder die angerichteten Erbsen mit Streifchen der grünen Minzeblätter bestreut.

Frische Erbsen mit Fenchel   Petits pois au fenouil

Gemüsefenchel in Streifen schneiden, dünsten und unter die gegarten Erbsen schwenken oder die rohen Streifen zusammen mit den frischen Erbsen dünsten. Nach dem Anrichten feingeschnittenes Fenchelgrün aufstreuen.

Frische Erbsen mit Schalotten   Petits pois aux échalotes
und Schinkenstreifchen   et julienne de jambon

Feingehackte Schalotten zusammen mit Sreifchen von gekochtem Schinken in Butter anschwitzen und unter gedünstete Erbsen mischen.

Frische Erbsen und Artischocken   Petits pois et artichauts au beurre

Gedünstete Artischockenböden in Segmente schneiden und zusammen mit gehackter Petersilie unter gedünstete Erbsen schwenken.

Frische Erbsen mit Perlzwiebeln   Petits pois aux petits oignons
und Kopfsalatstreifen   et julienne de laitue

Bedarf für 10 Portionen: 3,2 kg frische Erbsen (etwa 1,3 kg gepalt), 30 Perlzwiebeln, 3 geputzte
            Kopfsalatherzen, 120 g Butter, 10 g Salz, 40 g Zucker, 0,1 l Wasser, 1 Bündel Peter-
            silienstiele, 15 g gehackte Petersilie, 5 g gehackter Kerbel.
Gardauer: 15 – 20 Min.

Erbsen aus den Hülsen nehmen, waschen und abtropfen lassen. Perlzwiebeln schälen, 5 Min. blanchieren und in einen Durchschlag schütten. Kopfsalatherzen in kurze Streifchen schneiden.

In einer Kasserolle zwei Drittel der Butter zerlaufen lassen. Alle vorbereiteten Gemüseteile, Salz und Zucker dazugeben, mit einer zweizinkigen Gabel behutsam mischen und den Inhalt schwach anschwitzen. Wasser angießen, Petersilienbündel in die Mittel stecken, eine zugeschnittene Scheibe Alu-Folie auf das Gemüse legen, Topf mit passendem Deckel verschließen und den Inhalt bei mäßiger Energiezufuhr dünsten.

Nach Erreichen des Garpunktes soll der Gemüsefond soweit eingekocht sein, daß nur noch eine schwachsämige Flüssigkeit übrig ist. Petersilienbündel herausnehmen, übrige Butter in Stückchen auf die Oberfläche des Gemüses legen und durch leichtes Schwenken unterziehen. Danach anrichten und mit den Kräutern bestreuen.

Püree von frischen Erbsen   Purée de petits pois frais

Bedarf für 10 Portionen: 4 kg frische Erbsen (gepalt 1,6 kg), 0,3 l Wasser, 15 g Salz, 40 g Zucker,
            60 g Butter zum Garen, 1 Bündel Petersilienstiele;
            zum Fertigstellen: etwa 0,1 l Sahne, 60 g Butter.
Gardauer: 20 – 25 Min.

Vorbereitung und Garen erfolgen nach dem Rezept „Frische Erbsen, gedünstet". Um eine glatte Püreekonsistenz zu erhalten, ist die Garzeit verlängert. Bei der Probe muß das Korn weich sein.

Gegarte Erbsen aufdecken und Kräuterbündel entfernen. Bei noch vorhandener sichtbarer Flüssigkeit das Gemüse offen weitergaren, bis die Flüssigkeit verdunstet ist.

Danach Erbsen durch ein Sieb streichen. Erhaltenes Püree wieder erhitzen, mit Sahne sowie Butter glattrühren und mit noch fehlendem Salz abschmecken.

Erbsenpüree paßt als Beilage zu Fleischgerichten mit zarter Faser und zu Eierspeisen. In ausgehöhlte, warme Tomatenhälften oder Artischockenböden gefüllt, kann es in dieser Verbindung Vorgericht oder Garnitur sein.

Püree von Trockenerbsen   **Purée de pois secs**

Bedarf für 10 Portionen: 800 g grüne oder gelbe Trockenerbsen, 150 g gebündelte Schwarten von gekochtem Schinken oder Speck oder 250 g Bauchspeck, blanchiert, 1 Gemüse-Kräuter-Bündel (Lauch, Möhre, Sellerie, Liebstöckel, Majoranzweig, Lorbeerblatt), Salz, 50 g Butter, 150 g Zwiebelwürfel.

Gardauer: 60 – 90 Min.

Gewaschene, über Nacht eingeweichte Erbsen mit dem Einweichwasser aufkochen, abschäumen, Schwarten oder Speck dazulegen und zugedeckt bei schwacher Hitze garen. Nach 30 Min. das Gemüse-Kräuter-Bündel den Erbsen beifügen und, falls erforderlich, wenig Wasser angießen.

Nach dem Garen Gemüsebündel und Schwarten oder Speck aus der Zubereitung nehmen. Erbsen durch ein Sieb streichen. – Bei zu reichlich Flüssigkeit diese zuvor abgießen, auffangen und nach dem Passieren in erforderlicher Menge dem Püree wieder beigeben. – Erbsenpüree nochmals heißmachen und mit Salz abschmecken. Die in Butter gebräunten Zwiebeln auf das angerichtete Püree geben.

Püree von grünen oder gelben getrockneten Erbsen ist die passende Beilage zu gekochtem und gebratenem frischem oder gepökeltem Schweinefleisch.

Fenchel

Beim Fenchel ist zwischen Gewürzfenchel und Gemüsefenchel zu unterscheiden.

Pflanze sowie Samen des Gewürzfenchels dienen als Würze; geradezu traditionell bei Fisch.

Der **Gemüsefenchel** ist eine Zuchtabart. Die fleischigen Blattstiele sind am unteren Ende zu einer zwiebelähnlichen Knolle verdickt, die als Gemüse Verwendung findet.

Nach der Größe unterscheidet man

- *Florentiner*, der kleiner und zarter im Geschmack ist (Abb. oben);

- *Neapolitaner*, der größer und kräftiger im Geschmack ist.

Liebhaber schätzen den kräftigen Fenchelgeschmack, der auf dem Gehalt des ätherischen Öls Anethol beruht. Durch Einwirkung von Hitze geht der charakteristische Geschmack sehr zurück. Beim Garen mildert auch die Beigabe von Zitronensaft das Fenchelaroma.

Angebots-zeiten Freiland	Jan.	Feb.	März	April	Mai	Juni	Juli	Aug.	Sept.	Okt.	Nov.	Dez.

Lagerung: 1 °C 90 – 95 % rel. Luftfeuchte bis 10 Tage	Verlust in % bei Vorbereitung:	Schwankungsbreite	Mittelwert
		6 – 10	7

Die aufrechtstehenden Stiele des Fenchels sind dicht an der Knollenbildung abzunehmen und die dabei anfallenden dillähnlichen, fadendünnen Blätter für die spätere Beigabe aufzuheben. Das Wurzelende wird glattgeschnitten und Verfärbungen oder evtl. Druckstellen an den Knollen entfernt.

Fenchel wird während des Wachstums angehäufelt, zwischen den verdickten Blattscheiden befinden sich daher noch Bodenunreinheiten, die durch Ausspülen und Waschen zu beseitigen sind.

Kleine Fenchelknollen beläßt man im ganzen, die großen werden längshalbiert, damit das Gemüse gleichmäßig garwerden kann. Nach kurzem Blanchieren werden die Knollen in flache, geräumige Geschirre eingesetzt und zugedeckt gegart. Das reservierte Fenchelgrün gibt man geschnitten in gewünschter Menge der vollendeten Zubereitung bei.

Fenchelgemüse harmoniert als Beilage zu dunklem Schlachtfleisch, aber auch zu Schweinefleisch.

Fenchel, gedünstet   Fenouil étuvé

Bedarf für 10 Portionen: 2 kg geputzter Fenchel, 60 g Butter zum Ausstreichen, 200 g Zwiebelscheiben, 20 g Salz, 1 Tl Zucker, Saft einer Zitrone, 0,3 − 0,4 l Wasser, 40 g Butter, geschnittenes Fenchelgrün.

Gardauer: 25 − 35 Min.

Fenchel blanchieren und abtropfen lassen. Geräumiges Geschirr mit Butter ausstreichen, Bodenfläche mit Zwiebelscheiben belegen. Fenchelknollen daraufordnen, salzen, mit Zucker bestreuen und mit Zitronensaft beträufeln. Kochendes Wasser angießen, Alu-Folie darüberlegen, Geschirr zudecken. Inhalt rasch zum Kochen bringen und bei schwacher Hitze garen.

Den Zustand der Gare durch Anstechen prüfen. Zeigt sich nur noch geringer Widerstand, den Dünstvorgang unterbrechen.

Nach kurzem Abkühlen Fenchelknollen längs in Scheiben schneiden, anrichten und zugedeckt warmhalten. Dünstfond durch ein Sieb gießen und auf eine geringe Menge reduzieren. Abseits der Wärme die Butter in Stückchen einrühren, das geschnittene Fenchelgrün (falls erwünscht) zugeben und das angerichtete Gemüse damit überziehen.

Fenchelgemüse in Sahne   Fenouil à la crème

Fenchelknollen nach obigem Rezept fertigstellen. Der Dünstfond wird mit 0,2 l Sahne auf die erforderliche Menge eingekocht und danach über das angerichtete Gemüse gegossen. (Andere Möglichkeiten des Bindens vgl. S. 5.)

Gebackene Fenchelknollen   Fenouil frit

Bedarf für 10 Portionen: 10 kleine, geputzte Fenchelknollen, Salz, Pfeffer, Saft einer Zitrone, Mehl, 2 Eier, 100 g geriebene Weißbrotkrume, 30 g geriebener Parmesan.

Kochdauer: 20 Min., Backdauer: 2 − 3 Min., Backfett-Temperatur: 160 °C.

Fenchelknollen in kochendes Salzwasser einlegen und garen. Nach dem Abkühlen in einen Durchschlag schütten. Die Knollen längs in Viertel schneiden und auf einem Tuch abtrocknen lassen. Geschnittenes Gemüse wenig salzen, etwas Pfeffer darübermahlen und mit Zitronensaft beträufeln. Fenchelteile in Mehl und zerschlagenem Ei wenden, Weißbrot mit Käse gemischt andrücken. Panierten Fenchel fritieren, auf saugfähige Unterlage absetzen, dann offen anrichten.

Fenchel mit Speck- und Gemüsestreifchen   Fenouil à la julienne

Bedarf für 10 Portionen: 1,8 kg geputzter Fenchel, 80 g magere Speckscheiben, 50 g Butter, 450 g
kurze Gemüsestreifchen (gleiche Anteile Zwiebeln, Möhren, Champignons), Salz,
Pfeffer, Prise Zucker, 1 Kräutersträußchen (Petersilie, Thymian, Lorbeerblatt,
Streifen Zitronenschale), 0,1 l Weißwein, Fenchelgrün.

Gardauer: 25 – 35 Min.

Fenchelknollen längshalbieren. Speck blanchieren, abfrischen, abtrocknen und in Streifchen
schneiden.

Butter in flachem, geräumigen Geschirr zerlaufen lassen. Speckstreifchen darin leicht anbraten.
Gemüsestreifchen dazustreuen, durchhitzen, Fenchelhälften nebeneinanderliegend einordnen,
würzen, mit kochendem Wasser untergießen, Kräutersträußchen beifügen, Alu-Folie darüberbrei-
ten und rasch aufkochen. Topf zudecken und bei schwacher Hitze garen. Kurz vor Ende des Verfahrens den Wein zugeben.

Gegartes Gemüse mit schräggeführtem Messer in Scheiben schneiden, gefällig anrichten und warmhalten. Kräutersträußchen entfernen, Gemüsefond, falls erforderlich, einkochen, Fenchelgrün
unterrühren und das Ganze auf das angerichtete Gemüse geben.

Die Zubereitung von Fenchel kann auch nach den Chicorée-Rezepten erfolgen.

Grünkohl

Grünkohl ist eine einjährige, frostharte Gemüsepflanze, die vor allem im Norden und Westen
Deutschlands angebaut wird. Man bezeichnet sie
dort auch als Blatt-, Pflück-, Winter- oder Braunkohl.

Im Gegensatz zu den meisten anderen Kohlarten
bildet der Grünkohl keine Köpfe, sondern nur
lockere, grüne Blattrosetten, deren Blattränder ge-
kräuselt sind. Diese Eigenart des Wuchses ist mitbestimmend für einen verhältnismäßig hohen Vitamin-
gehalt, weil die der Sonne ausgesetzte Blattober-
fläche erheblich größer ist als bei anderen Kohl-
gewächsen.

Grünkohl erreicht seinen vollen Geschmack und seine Zartheit erst durch die Einwirkung des
Frostes.

Frischware ist vom November bis ins Frühjahr am Markt. Angeboten werden Grünkohl mit Strunk,
Blätter ohne Strunk oder Blatteile, an denen die starken Mittelrispen bereits entfernt sind.

Angebots-zeiten Freiland	Jan.	Feb.	März	April	Mai	Juni	Juli	Aug.	Sept.	Okt.	Nov.	Dez.

Lagerung:		Verlust in % bei Vorbereitung:	Schwankungs-breite	Mittelwert
– 2 °C				
95 % rel. Luftfeuchte			30 – 57	49
bis 3 Monate				

Beim Grünkohl verwendet man die um den Stiel geordneten grünen Blätter.

Zunächst werden die Blätter vom Strunk abgenommen und die Stiele mit den starken Mittelrispen entfernt. Die Blatteile wäscht man gründlich, gibt sie in kochendes Salzwasser, das rasch wieder zum Kochen gebracht wird, und gießt die gebrühten Blatteile ab. In kaltem Wasser ist das Gemüse zu kühlen und danach zum Abtropfen in einen Durchschlag zu schütten. Der so präparierte Grünkohl wird noch durch Hacken oder in einem Wolf zerkleinert und dann seiner Verwendung zugeführt.

Geschmorter Grünkohl   **Chou vert braisé**

Bedarf für 10 Portionen: 3,2 kg Grünkohl mit Strunk, 250 g Zwiebelwürfel, 120 g Fett, 0,7 l
        Fleischbrühe, 250 g Speck- oder Schinkenschwarten, Muskatnuß, Salz;
        für die Schwitze: 60 g Fett, 70 g Mehl.

Gardauer: 60 – 70 Min.

Grünkohl putzen, brühen und zerkleinern, wie oben erläutert.

Zwiebeln in Fett anschwitzen, zerkleinerten Grünkohl zugeben, Brühe angießen und aufkochen. Speck- oder Schinkenschwarten zusammengebunden beifügen, das Gemüse zudecken und – am besten im Ofen – garen.

Nebenher aus Fett und Mehl eine hellbraune Schwitze herstellen.

Das Schwartenbündel aus dem gegarten Gemüse nehmen, die abgekühlte Schwitze einrühren und alles noch eine Weile kochen lassen. – Grünkohl mit geriebener Muskatnuß und noch fehlendem Salz abschmecken.

Grünkohl ist die geeignete Beilage zu gepökeltem oder frischem Schweinefleisch, zu Brat- und Mettwurst und zu gepökelten Gänsekeulen.

Gerichte mit Grünkohl s. Abschn. Regionalgerichte: „Küstengebiete der Nord- und Ostsee" und „Nordrhein-Westfalen".

Gurken

Bei den Gurken ist zwischen Gewächshaus- und Freilandgurken zu unterscheiden.

Die Küche verwendet Salat-, Senf- und Einlegegurken.

Die Salat- oder Schlangengurken sind zwar die bekanntesten, daneben ist aber die dickere, walzenförmige Senfgurke, die auch als Schmorgurke bezeichnet wird, meist preiswerter.

Die kleineren Einlegegurken sind nicht voll entwickelt. Sie werden nach Größen sortiert und ungeschält als Gewürz-, Delikateß-, Essiggurken (Pfeffergurken) und als Cornichons (kleinste Sortierung) in Essig und Aromaten eingelegt.

Durch Zuchtauswahl ist es gelungen, nahezu ausschließlich bitterstofffreie Ware auf den Markt zu bringen.

Bei einer Beurteilung ist auf eine relativ glatte Außenhaut und eine schwache Ausbildung des Kerngehäuses zu achten, denn diese beiden Faktoren bestimmen die Höhe des Verlustes. Eine Gelbfleckigkeit der Schale stellt dagegen für die Küche keinen Mangel dar, weil die Gurken vor der Zubereitung ohnehin geschält werden.

Angebots-zeiten Freiland	Jan.	Feb.	März	April	Mai	Juni	Juli	Aug.	Sept.	Okt.	Nov.	Dez.

Lagerung: 7 – 10 °C 90 – 95 % rel. Luftfeuchte bis 10 Tage	Verlust in % bei Vorbereitung:	Schwankungs-breite	Mittelwert
		14 – 42	26

Die meisten Salatgurken werden in Gewächshäusern gezogen und dort bei ihrem schnellen Wachstum ständig mit Pflanzenschutzmitteln behandelt. Diese Chemikalien bleiben auf der Schale haften und können so bei rohem Verzehr in den Körper gelangen, wo sie Störungen hervorrufen. Salatgurken sollten auf jeden Fall gründlich gewaschen, am besten jedoch auch geschält werden.

Obwohl Gurken allgemein keinen starken spezifischen Geschmack aufweisen, sind sie doch eine geschätzte, erfrischende Salatfrucht und auch ein beliebtes Gemüse.

Der niedrige Energiegehalt der Gurke und der verhältnismäßig hohe Mineralstoffanteil machen sie diätetisch bedeutsam.

Wegen des festeren Fruchtfleisches und des damit verbundenen betonteren Eigengeschmacks bevorzugt die warme Küche die Freilandgurke. Da diese — bedingt durch Witterungseinflüsse — eher einmal Bitterstoffe aufweisen kann, ist der Geschmack vor der Verwendung sicherheitshalber zu prüfen; bittere Teile sind wegzuschneiden.

Aus Gurken werden Suppen, Gemüsebeilagen und Garniturbestandteile für einzelne Gerichte zubereitet.

Vor der Verarbeitung sind die Gurken zuerst zu waschen und dann zu schälen, was sich am wirtschaftlichsten mit einem Sparschäler durchführen läßt. Die geschälten Gurken werden geteilt, die Kerne entfernt und die Teile in die zum Garen vorgesehenen Stücke geschnitten, womit sie zubereitfertig sind.

Gurken eignen sich zu hellem Schlachtfleisch, zu Geflügel, zu Fischen und Eiern.

Glacierte Gurken mit Dill   Concombres glacés à l'aneth

Bedarf für 10 Portionen: 2,5 kg Gurken, 100 g Butter, Salz, Zucker, Pfeffer, 0,2 l helle Fleisch- oder Geflügelbrühe, 20 g geschnittener Dill.

Gardauer: 8 – 12 Min.

Gurken waschen, schälen und längs halbieren. Die Hälften der Länge nach teilen und die an den Gurkenvierteln haftenden Kerne abtrennen. Gurkenteile schräg in Stücke von 2 cm Breite schneiden.

Drei Viertel der Butter in flachem Geschirr zerlaufen lassen. Gurkenstücke darin andünsten, salzen, Prise Zucker und ein wenig Pfeffer darübergeben, die Brühe angießen und zugedeckt bei schwacher Hitze garen.

Nach dem Garen darf kaum noch Dünstfond vorhanden sein. Dill und die übrige Butter in Flöckchen auf das Gemüse geben, durchschwenken und die glacierten Gurken anrichten.

Zeigt sich einmal nach dem Garen noch zu reichlich Dünstfond, wird er abgegossen, separat sirupähnlich eingekocht und den Gurken wieder beigegeben.

Rahmgurken   Concombres à la créme
mit Sauerampfer   au chiffonade d'oseille

Bedarf für 10 Portionen: 2,5 kg Gurken, 300 g Sauerampfer, 120 g feingeschnittene Schalotten, 60 g Butter, Salz, Pfeffer, Zucker, 0,3 l Sahne.

Gardauer: 12 Min.

Die Zubereitung mit Sauerampfer darf nicht in Eisentöpfen ausgeführt werden. Sauerampfer würde dadurch seine natürliche Farbe verlieren und darüber hinaus einen unangenehmen metallischen Beigeschmack erhalten.

Gurken waschen, schälen, längshalbieren, die Kerne mit der Laffe eines Eßlöffels herausschaben und das Fruchtfleisch in gefällige Stücke schneiden. Sauerampfer waschen, die Stiele entfernen und die Blätter in kurze, feine Streifen schneiden.

Schalotten in Butter erhitzen, Gurkenstücke dazugeben, andünsten und mit wenig Wasser untergießen. Salz, Pfeffer und eine Prise Zucker den Gurken beifügen und sie zugedeckt dünsten.

Wenn die Gurken beinahe gar sind, die Zubereitung aufdecken, damit die sichtbare Flüssigkeit rasch verdunstet. Sauerampferstreifchen und die Sahne einrühren und noch leicht kochen lassen, bis die Sahne mäßige Bindung zeigt. — Das Gurkengemüse kann auch mit weniger Sahne und einem Anteil dünner Béchamelsauce fertiggestellt werden (vgl. S. 5 u. 48).

Gefüllte Gurken   **Concombres farcis**

Bedarf für 10 Portionen: 2 Schlangengurken je 600 g, Salz, Pfeffer, 60 g Butter, 150 g Zwiebelscheiben, 1 Bündel Dillstiele, 1 Tl Zucker, 0,2 l Fleischbrühe, 1 Tl Stärke;
Füllung: 60 g frische Weißbrotkrume, 1 Ei, 200 g Sahne, 300 g schieres Kalbfleisch,
Salz, Pfeffer, 150 g frische, gehackte Pfifferlinge, 60 g angeschwitzte Zwiebelwürfelchen, 20 g geschnittener Dill, 10 g gehackte Petersilie.

Gardauer: 25 – 30 Min.

Gurken waschen, schälen, schlankes Stiel-ende und die Spitze abschneiden. Gurke quer in zwei gleichlange Stücke teilen. Zu-erst einen dünnen Holzlöffelstiel durch das Zentrum der Gurkenstücke schieben. Dann mit einem Holzstab – Durchmesser 2 bis 2,5 cm – oder einem Holzlöffelstiel dieser Stärke die gesamte gelockerte Kernsubstanz herausstoßen. Gurkenstücke dabei umfas-sen, damit sie nicht aufbrechen. Nachfol-gende Füllung mit einem Spritzbeutel satt in die entstandenen Hohlräume drücken und die Gurken salzen und pfeffern. Die offenen Gurkenenden jeweils mit einem Stück Alu-Folie umschließen.

Ein flaches Geschirr mit Butter ausstrei-chen. Zwiebelscheiben auf der Bodenfläche verteilen, gefüllte Gurkenstücke nebenein-ander darauflegen, Dillbündel dazustecken und alles andünsten. Ein wenig Zucker dar-überstreuen, mit Brühe untergießen und zugedeckt im Ofen garen.

Gegarte Gurken in zentimeterdicke Schei-ben schneiden, aneinandergelegt anrichten und den passierten, mit etwas Stärke schwach gebundenen Garfond darüberträufeln.

Füllung: Brot mit Ei und 3 El Sahne durch-feuchten, Fleisch würzen, zum Brot geben und alles kühlen. Gekühlte Zutaten durch feine Scheibe des Fleischwolfs lassen. Masse vermengen, übrige Sahne nach und nach unterarbeiten. Pilze, angeschwitzte Zwiebeln und Kräuter unterrühren.

Schmorgurken   **Concombres braisés**

Bedarf für 10 Portionen: 2,5 kg Gurken, 120 g kurze, blanchierte Magerspeckstreifchen, 40 g But-
      ter, 150 g Zwiebelwürfelchen, 30 g Mehl, 80 g Tomatenmark, 2 El Essig, 0,2 l Weiß-
      wein, Salz, Zucker, Pfeffer.

Gardauer: 25 – 30 Min.

Gurken waschen, schälen, längs halbieren, Kerne mit der Laffe eines Eßlöffels herausschaben. Gurkenhälften quer in Stücke von 2 cm Breite schneiden.

Speck braun anbraten, Butter und Zwiebeln zugeben und weiterbraten, bis die Zwiebeln blonde
Farbe haben. Mehl darüberstäuben, Tomatenmark einrühren, kurz durchhitzen, dann mit Essig
ablöschen, Weißwein angießen und 10 Min. bei geschlossenem Deckel sieden.

Geschnittene Gurken mit Salz, Zucker und Pfeffer bestreuen, mischen, unter den Ansatz schwenken und zugedeckt im Ofen schmoren.

Die gegarten Gurken sollen nur leicht mit dem Schmorfond umgeben sein.

Kohlrabi

Die Knolle entsteht durch die Verdik-
kung des Stengels der ursprünglichen
Kohlpflanze. Die Schale ist mit einer
wachsartigen Schicht bedeckt, die vor
dem Austrocknen und vor Schädlingen
schützt.

Der Anbau kennt weiße Kohlrabi mit
weißlich-grüner Schale und blauschalige
Kohlrabi. Beide Sorten sind als Gemüse
gleichwertig, wenn sie unter denselben
Bedingungen wachsen. Unterschiede las-
sen sich nur zwischen Treibware aus den Gewächshäusern und Freiland-Kohlrabi feststellen.
Treibhaus-Kohlrabi sind zarter im Fleisch, der Anbau aus dem Freiland hat einen kräftigeren
Geschmack.

Kohlrabi verholzen, wenn sie zu spät geerntet werden. Kohlrabi können auch noch nach der Ernte
verholzen, wenn sie zu lange oder bei zu niederen Temperaturen (um 0 °C) gelagert werden. Man
sollte sie nicht länger als drei Tage aufbewahren.

Verwendet wird meist nur die Knolle, obwohl die Kohlrabiblätter wesentlich mehr Mineralstoffe
und Vitamine enthalten.

Kohlrabi werden nach Stück oder Gewicht gehandelt. Gute Qualität ist unverholzt, frei von Rissen
und Raupenfraß.

Konserven

Naßkonserven

Junger zarter Kohlrabi I, in Scheiben
zarte Knollen, hell, ohne holzige Teile

Junger zarter Kohlrabi I, in Scheiben mit Grün
zarte Knollen, hell, ohne holzige Teile, bis
20 % Blattanteil

Junger Kohlrabi
zulässig auch Stücke, bräunliche Teile

Junger Kohlrabi mit Grün

TK-Ware

unverholzte, weiße Ware in Scheiben oder
Streifen zerteilt.

Bei Verwendung ist der auf die Packungen
gedruckte Behandlungshinweis des Herstellers zu berücksichtigen.

Angebots-zeiten Freiland	Jan.	Feb.	März	April	Mai	Juni	Juli	Aug.	Sept.	Okt.	Nov.	Dez.

Lagerung: 1 – 2 °C 90 – 95 % rel. Luftfeuchte 1 Woche	Verlust in % bei Vorbereitung:	Schwankungs-breite	Mittelwert
		20 – 46	32

Kohlrabi werden vorwiegend in zerkleinerter Form als Gemüsebeilage oder Garniturbestandteil verwendet. Größere Exemplare eignen sich auch gut zum Füllen.

Zunächst sind die Blätter von den Knollen abzutrennen. Zarte Blätter werden ausgelesen, entstielt und die Blatteile zur späteren Weiterverarbeitung aufbewahrt. Die Kohlrabiknolle wird vom Wurzelende aus zur Blattseite hin geschält, evtl. holzige Stellen sind dabei abzuschneiden. Nach kurzem Abspülen werden die Knollen in Stäbchen oder Scheiben zerteilt. Damit die Scheiben nicht zu groß ausfallen und später zerbrechen, wird die Knolle zuvor halbiert oder sogar geviertelt. Die reservierten Blatteile sind zu waschen und in kurze, sehr feine Streifchen geschnitten zusammen mit den zerkleinerten Knollen anzusetzen.

Bei Freilandware kann mitunter ein strenger Geschmack auftreten. In solchem Falle wird das zugeschnittene Gemüse in kochendes Salzwasser gegeben, nach dem Aufkochen abgeschüttet und direkt zubereitet.

Vorbereiten zum Füllen

Will man die geschälten Kohlrabi füllen, so ist der obere Teil glattzuschneiden. Von dort aus sind dann die Knollen mit einem Kartoffellöffel auszubohren, so daß Bodenfläche und Wandungen von etwa 1,5 cm erhalten bleiben. Nach genügendem Blanchieren und Austropfen werden die Kohlrabi gefüllt und fertiggestellt. Die Füllung erhält einen Teil des entnommenen zerkleinerten Fruchtfleisches.

Kohlrabigemüse ist besonders eine Ergänzung zu Kasseler, Schinken, Schweine- und Kalbsbraten und zu Kurzbratfleisch von Schwein und Kalb.

Kohlrabi mit frischen Kräutern   Choux raves aux herbes fraîches

Bedarf für 10 Portionen: 2,8 kg Kohlrabi, Salz, Pfeffer, Prise Zucker, 120 g Butter, 50 g grobgehackte Kresse, 20 g gehackte Petersilie, 20 g gehackter Sauerampfer.

Gardauer: 15 – 20 Min.

Kohlrabi vorbereiten wie eingangs erläutert. Die zarten Blatteile in feinste, kurze Streifchen schneiden und reservieren. Die geschälten Knollen je nach Größe in 8 oder 10 Spalten teilen. Kanten
der Kohlrabispalten mit kleinem Messer leicht brechen.

Zugeschnittene Kohlrabi und die Blattstreifchen knapp mit Wasser bedeckt aufsetzen. Salz, Pfeffer,
eine Prise Zucker und zwei Drittel der Butter beifügen, aufkochen und zugedeckt bei schwacher
Hitze garen.

Kurz vor Beendigung der Garzeit den Deckel abnehmen, damit die Flüssigkeit rascher verdunsten
kann. Wenn kaum noch Flüssigkeit vorhanden ist, die übrige Butter und die Kräuter zugeben, alles
durchschwenken, evtl. nachwürzen und anrichten.

Kohlrabi in Sahne   Choux raves à la crème

Bedarf für 10 Portionen: 2,5 kg Kohlrabi, Salz, Pfeffer, Prise Zucker, 90 g Butter, 0,4 – 0,5 l Sahne.

Gardauer: 10 – 20 Min.

Kohlrabi vorbereiten wie eingangs beschrieben. Zarte Blatteile in feine kurze Streifchen schneiden.
Die Knollen halbieren oder vierteln, dann in Scheiben von 3 mm schneiden. Kohlrabischeiben und
Blattstreifen knapp mit Wasser bedeckt aufsetzen. Salz, Pfeffer, Prise Zucker und zwei Drittel der
Butter beigeben. Gemüse aufkochen, dann zugedeckt bei geringer Hitze garen.

Bevor der Garpunkt erreicht ist, den Deckel abnehmen und den übrigen Gemüsefond fast gänzlich
reduzieren. Danach die Sahne angießen und noch weiterkochen bis zur leichten Sämigkeit. Übrige
Butter in Stückchen unter die Kohlrabi rühren, wenn erforderlich nachwürzen, Gemüse anrichten.

Die Bindung kann auch mit 0,1 l Béchamelsauce und 0,2 l Sahne erfolgen, oder man gießt 0,3 l
Sahne an das Gemüse, läßt aufkochen und bindet leicht durch Einrühren von 30 – 40 g Mehlbutter.

Gefüllte Kohlrabi   Choux raves farcis

Bedarf: 10 große Kohlrabi, 80 g Butter, Salz, Pfeffer, 0,3 l Brühe;
Füllung: 200 g entnommenes Fruchtfleisch der Kohlrabi, 100 g Schalotten, 250 g Geflügelleberstückchen, 100 g Butter, 150 g rohe Champignons, 350 g blanchierte Kalbsmilch,
3 Eier, 4 El Sahne, Salz, Pfeffer, Muskatnuß, 30 g geriebene, frische Weißbrotkrume, 20 g
gehackte Petersilie.

Gardauer: 25 – 35 Min.

Kohlrabi vorbereiten zum Füllen wie bereits erläutert. 200 g des entnommenen Fruchtfleisches sehr
fein hacken und reservieren, übriges für anderweitige Zubereitung (evtl. Suppe) aufbewahren.

Ausgehöhlte Kohlrabi in leichtem Salzwasser etwa 10 Min. kochen, dann abgießen, abfrischen und
zum Abtropfen mit der Öffnung nach unten auf ein Gitter setzen.

Ein flaches Geschirr mit Butter ausstreichen, die leicht gesalzenen und mit Pfeffer gewürzten Kohlrabi einordnen. Nachfolgende Füllung hineingeben und aufhäufen. Oberfläche mit zerlaufener
Butter bestreichen, ein Stück Alu-Folie auflegen, Brühe angießen und im vorgeheizten Ofen garen.

Füllung: Gehacktes Fruchtfleisch, Schalotten und Geflügelleberstückchen rasch in Butter anschwitzen. Champignons grob hacken, Kalbsmilch in feine Würfel schneiden. — Eier und Sahne
quirlen, mit Salz, Pfeffer aus der Mühle und geriebener Muskatnuß abschmecken. Das Brot und die
Petersilie dazurühren. Das Angeschwitzte sowie die Champignons und die Kalbsmilch unterheben.

Kopfsalat

Kopfsalat bzw. grüner Salat wird zwar überwiegend als Blattsalat angemacht, er läßt sich aber auch warm als Gemüse zubereiten und bringt damit eine geschmackliche Bereicherung und eine Ergänzung der Auswahl im Speisenangebot.

Für die warme Zubereitung von Kopfsalat kommt nur Freilandware in Betracht, weil diese preisgünstiger und kräftiger im Geschmack ist als Treib-

hausware und nicht so stark zusammenfällt. Es eignen sich besonders die grobblättrigen Arten mit geschlossenen, festen Köpfen, denn diese zeigen auch nach der Wärmebehandlung noch eine erwünschte Struktur.

Angebots- zeiten Freiland	Jan.	Feb.	März	April	Mai	Juni	Juli	Aug.	Sept.	Okt.	Nov.	Dez.

Lagerung:		Verlust in % bei Vorbereitung:	Schwankungs- breite	Mittelwert
0 95 bis 2	°C % rel. Luftfeuchte Wochen		20 – 46	33

Der als Gemüse zubereitete Kopfsalat wird auch heute noch vielfach mit dem Namen seines Vorgängers, dem Lattich (Lattichgemüse), bezeichnet, der in lockeren Blattrosetten wuchs.

Beim Kopfsalat werden die Köpfe meistens im ganzen verarbeitet, gelegentlich aber auch die abgenommenen Salatblätter. Darüber hinaus kann Kopfsalat streifig geschnitten, als Einlage in Suppen, als Bestandteil zu anderen Gemüsen oder als Garnitur für warme Gerichte Verwendung finden.

Zur Zubereitung sind zunächst die unschönen Außenblätter abzubrechen. Der Strunk ist nur soweit zurückzuschneiden, daß die Blätter nicht abfallen. Nach gründlichem Waschen werden die Köpfe vorsichtshalber noch einzeln abgebraust, um so die an der gewellten Blattstruktur evtl. verbliebenen Unreinheiten wegzuschwemmen. Die Salatköpfe sind dann in reichlich kochendem Salzwasser zu blanchieren, danach in kaltem Wasser zu kühlen und zum Abtropfen in einen Durchschlag zu legen. Das verbliebene Wasser wird aus den einzelnen Köpfen behutsam herausgedrückt, indem man sie am Strunk erfaßt und die Blätter leicht zusammenpreßt. Die so vorbereiteten Köpfe werden in flache, geräumige Geschirre eingesetzt und zubereitet. Bei fachgerechter Handhabung kann das zeitraubende Umschnüren der Köpfe entfallen.

Werden lose Kopfsalatblätter verarbeitet, so sind diese gleichfalls zu waschen, in Salzwasser zu blanchieren, dann abzufrischen und danach auszudrücken. Die Blätter werden vor der Fertigstellung noch gehackt oder durch die Scheibe eines Fleischwolfs gelassen.

Der zu Garnituren und ähnlichem streifig geschnittene Kopfsalat wird unblanchiert gegart.

Kopfsalat paßt als Gemüsebeilage zu Schinken, Hammel-, Rind- und Wildfleisch; in zerkleinerter Form ist Kopfsalat eine schmackhafte Verbindung zu pochierten oder weichen Eiern.

Für die warme Zubereitung sind auch die doppelt so großen Köpfe des geschmacksneutralen Eis- und Krachsalates geeignet. Die Beschreibung der Pflanze befindet sich im Kapitel Salate.

Braisierter Kopfsalat   **Laitue braisée**
mit Gänseleber   **au foie gras**

Bedarf für 10 Portionen: 10 Kopfsalate je 350 – 380 g, 80 g Butter zum Ausstreichen, 80 g blan-
         chierte, magere Speckscheiben, 300 g Zwiebelscheiben, 250 g Möhrenscheiben,
         Salz, Pfeffer, 0,5 l helle Brühe, 200 g Gänsestopfleberwürfel, Pastetensalz, 60 g
         Butter zum Braten, 50 g feingehackte Schalotten, 0,2 l Madeira, 0,2 l Kalbsjus.

Gardauer: Blanchieren ab Wiederaufkochen 6 Min., Braisieren 25 – 30 Min.

Salatköpfe putzen, waschen und blanchieren, wie eingangs erläutert.

Ein flaches, geräumiges Geschirr mit Butter ausstreichen. Bodenfläche mit Speck-, Zwiebel- und
Möhrenscheiben auslegen. Die leicht ausgedrückten Salatköpfe in das Geschirr einordnen. Wenig
Salz und Pfeffer darüberstreuen und alles bei starker Hitze anschwitzen. Brühe an das Gemüse
gießen, Oberfläche mit zugeschnittener Alu-Folie bedecken und einen passenden Deckel auf das
Geschirr legen. Den Kopfsalat, am besten in der Ofenröhre, bei 160 – 180 °C braisieren und später
durch Anstechen mit einer Gabel prüfen; bei richtiger Gare zeigt sich leichter Widerstand.

Braisierte Köpfe einzeln entnehmen, abtropfen lassen und der Länge nach durchschneiden, der
Strunk wird nicht entfernt. Um besser anrichten zu können, jede Hälfte zusammenfalten, daß die
Schnittfläche aneinanderliegt. Die gefalteten Kopfsalathälften gefällig anrichten und bedeckt
warmstellen. Den Speck aus dem Braisierfond nehmen, in Streifen schneiden, leicht anbraten und
beiseitestellen; den Fond passieren, Rückstand auspressen. Gänseleberwürfel mit Pastetensalz würzen, in Butter braten – außen hellbraun, innen saftig-rosa – und sie auf dem angerichteten Gemüse
verteilen. Schalotten in die Bratbutter geben, anschwitzen, mit Madeira ablöschen, Braisierfond
sowie Jus dazugießen, leicht dickfließend einkochen und auf den angerichteten Kopfsalat träufeln.
Die heißen Speckstreifen, ohne das ausgetretene Fett, darüberstreuen.

Gefüllter Kopfsalat, gedünstet   **Laitue braisée farcie**

Bedarf für 10 Portionen: 10 Kopfsalate je 350 – 380 g, 80 g Butter, 80 g blanchierte, magere
         Speckscheiben, 300 g Zwiebelscheiben, 250 g Möhrenscheiben, Salz, Pfeffer, 0,5 l
         helle Brühe, 0,2 l Sahne;

         Füllung: 60 g Weißbrot, 250 g reife Birnen, 70 g Butter, 50 g Schalotten, 500 g ent-
         beinter Schweinekamm, Salz, Pfeffer, 1 Ei, 1 Eigelb.

Dünstdauer: 30 Min.

Kopfsalat vorbereiten wie eingangs erläutert, in kochendes Salzwasser einlegen und vom Wiederbeginn des Kochens 6 Min. blanchieren. Salat abfrischen, abtropfen lassen und einzeln leicht ausdrücken. Salatköpfe samt Strunk längs halbieren, die Blätter behutsam fächerartig auseinander-
spreizen; dabei bleibt die Salathälfte liegen, die Schnittfläche zeigt nach oben. Auf jeder Hälfte
etwa 20 – 30 g der nachfolgenden Füllung häufen und sie mit den Blättern umhüllen.

Ein geräumiges, flaches Geschirr mit Butter ausstreichen, die Bodenfläche mit Speck-, Zwiebel-
und Möhrenscheiben auslegen und die halben, gefüllten Salatköpfe einordnen, daß sie nebeneinanderliegen. Inhalt salzen, pfeffern, bei starker Hitze anschwitzen. Brühe angießen, Alu-Folie darüberlegen, Geschirr mit einem Deckel versehen und im Ofen oder auf dem Herd bei mäßiger Hitze garen.

Gedünstete Köpfchen und Speckscheiben dem Fond entnehmen, anrichten und zugedeckt warmstellen. Dünstfond passieren, aufkochen, entfetten und auf eine geringe Menge reduzieren. Sahne
angießen, kochen bis leicht gebunden, und darüber das angerichtete Gemüse geben.

Füllung: Brot einweichen. Birnen schälen, halbieren, Kernhaus, Stiele und Blüte entfernen. Birnenhälften in Scheiben schneiden und in Butter anbraten. Schalotten zugeben, durchschwenken, das Ganze auf ein Brett schütten, hacken und zum Abkühlen beiseite stellen. Fleisch zerkleinern, salzen, pfeffern, Brot ausdrücken und mit dem Fleisch durch die feine Scheibe eines Fleischwolfs lassen. Ei und Eigelb sowie gehackte Birnen und Schalotten zugeben, zu einer Farce vereinigen und mit noch fehlendem Salz und Pfeffer abschmecken.

Gedünsteter Kopfsalat mit Briekäse und Walnußkernen überbacken	Laitue et amande de noix au gratin de fromage

Bedarf für 10 Portionen: 10 Kopfsalate je 350 – 380 g, 100 g Butter, 300 g Zwiebelscheiben, 250 g Möhrenscheiben, Salz, Pfeffer, 0,5 l helle Brühe;
1 Tl Zitronensaft, 3 Eigelb, 100 g Würfelchen von Briekäse, Pfeffer, 100 g grob gehackte Walnußkerne, 1 gehäufter El geschlagene Sahne.

Gardauer: Blanchieren ab Wiederaufkochen 6 Min., Dünsten 25 – 30 Min.

Kopfsalat vorbereiten wie eingangs beschrieben und Garen nach dem Rezept: Braisierter Kopfsalat.

Gegarten Kopfsalat längs halbieren, anrichten und zugedeckt warmhalten. – Den Gemüsefond passieren, 6 – 8 El abnehmen und zusammen mit dem Zitronensaft und den Eigelb bei mäßiger Wärme bindig aufschlagen. Käsewürfelchen, etwas Pfeffer aus der Mühle, gehackte Walnußkerne einrühren und die geschlagene Sahne unterheben. Die Masse auf die angerichteten Salatköpfchen häufen und im Salamander überbacken.

Braisierter bzw. gedünsteter Kopfsalat kann auch naturell gereicht werden; Abwandlungen sind durch Fertigstellen mit frischer oder brauner Butter, mit Kräutern, gehackten Eiern, Brotkrüstchen u.a. gegeben.

Püree von Kopfsalat	Laitue en purée

Bedarf für 10 Portionen: 2,5 kg verlesene Kopfsalatblätter, Salz, 60 g Butter, 80 – 100 g Sauerrahm (Crème frâiche), Pfeffer, Muskatnuß.

Gardauer: Kochen 6 – 8 Min., Druckdämpfen 3 – 5 Min.

Zu Püree können auch die anfallenden gesunden, grünen Außenblätter des Kopfsalates, die weniger gut zum Rohverzehr geeignet sind, genutzt werden.

Kopfsalatblätter waschen, abtropfen lassen und in kochendem Salzwasser garen oder im Trockendampf-Schnellgargerät (Dampfdruckgerät, s. S. 4) garen. Nach vollzogener Wärmebehandlung Salat rasch in Eiswasser abkühlen und in einen Durchschlag abgießen. Dann zu Bällchen zusammennehmen, das verbliebene Wasser ausdrücken und den Salat hacken oder in einem Fleischwolf zerkleinern.

Butter hell bräunen, zerkleinerten Salat zugeben, erhitzen, mit Sauerrahm binden und mit Pfeffer aus der Mühle, Salz und einem Strich Muskatnuß vervollständigen.

Lauch (Porree)

Lauch oder Porree, der aus dem Mittelmeerraum stammt, wird als Gemüse- und Würzpflanze geschätzt. Das Lauchgewächs bildet über den Faserwurzeln eine zwiebelähnliche Verdickung, aus der kräftige Blätter wachsen, die sich zu einem Stengel bzw. Schaft vereinigen. Durch tiefes Setzen und Anhäufeln entsteht unter Lichtabschluß der gebleichte Schaft; erst der obere Teil der Blattscheiden ist grün.

Im Anbau unterscheidet man:

Art	Angebotszeit	Schaft	Blattscheiden
Winterlauch	ab August bis zum Ende des Winters	weiß, kurz bis mittellang, fest, geschlossen	dunkelgrün
Sommerlauch	Sommermonate	weiß, lang, zart, locker	hellgrün

Qualitätsware ist sandfrei, knackig und trocken. Feuchte bis schleimige Beschaffenheit weist auf Überlagerung hin.

Da für die Küche der helle Teil des Lauchs den größeren Wert hat, ist aus ökonomischer Sicht neben der Dicke der Pflanze auch die Länge des weißen Schaftes mitentscheidend.

Angebots-zeiten Freiland	Jan.	Feb.	März	April	Mai	Juni	Juli	Aug.	Sept.	Okt.	Nov.	Dez.

Lagerung:	
0	°C
90 – 95	% rel. Luftfeuchte
2	Monate

Verlust in % bei Vorbereitung:	Schwankungs-breite	Mittelwert
	35 – 48	39

Lauch wird neben der Zubereitung zu Beilagen mehr noch als Würze und Einlage verwendet. Der junge, zarte Sommerlauch läßt sich auch zu erfrischenden Salaten verarbeiten.

Der Geschmack ist zwiebelähnlich, aber milder; er wird durch Einwirkung von trockener Hitze stark geändert und tritt dann besonders in den Vordergrund. In Verbindung mit anderen Gemüsen, z.B. bei Einlagen in Form von Brunoise, Julienne oder Paysanne, muß der Lauchanteil so bemessen sein, daß ein ausgewogener Geschmack entsteht.

Zur Weiterverarbeitung sind die grünen Blattscheiden zu kürzen und die Wurzeln abzunehmen. Die äußere Blatthülle wird entfernt und die Pflanze längs durchschnitten. Die Lauchhälften sind dann unter fließendem Wasser gründlich zu waschen. Dabei hält man das Wurzelende schräg nach oben, löst die einzelnen Blattlagen, damit der zwischen ihnen haftende Sand ausgespült werden kann.

Für die Gemüsezubereitung wird der helle Schaft der geputzten Lauchstange verwendet. Die abgeschnittenen grünen Blattanteile (etwa 3/8) dienen zur Geschmackgebung bei der Herstellung von Brühen und anderen Gerichten.

Lauch gilt als typisches Herbst- und Wintergemüse; es ist eine beliebte Beilage zu gekochtem Rindfleisch, zu Schweine- und Hammelfleisch sowie zu Bratwurst, Hacksteak und zu Leber. Lauch eignet sich aber auch mit pikanter Beigabe oder auf Teig gebacken als Vorspeise.

Gekochte Lauchstangen   Poireaux en branches
in Senf-Kräuter-Dressing   mariné au crème de moutarde

Bedarf für 10 Portionen: 2 kg küchenfertiger, heller Lauch, Salz;

>   Dressing: 0,25 l Sauerrahm (Crème fraîche), 2 – 3 El Weinessig, 50 g milder Dijon-
>   senf, 25 g Kräuter (Kerbel, Petersilie, Kresse, Schnittlauch), Prise Zucker, Salz,
>   Pfeffer, Lauchbrühe.

Gardauer: 10 Min.

Längshalbierten Lauch zu drei oder vier Bündeln locker zusammenfügen, in überstehend kochendes
Salzwasser legen und zugedeckt auf kleiner Flamme garen.

Danach zum Abtropfen in einen Durchschlag legen. Die Schnüre abnehmen, auf flacher Porzellanplatte anrichten und mit folgendem Dressing überziehen und marinieren.

Dressing: Sauerrahm (Crème fraîche), Weinessig und Dijonsenf tüchtig verrühren. Feingehackte
Kräuter und eine Prise Zucker zugeben, mit Salz und Pfeffer aus der Mühle abschmecken und die
gewünschte Konsistenz durch Angießen von Lauchbrühe herstellen.

Lauchkuchen   Tarte au poireaux

Bedarf: 100 g Butter, 1 Ei, 1 Msp. Salz, 150 g Mehl, 10 g Butter für die Form;

>   Füllung: 600 g küchenfertiger, heller Lauch, Salz, 150 g Schalottenwürfel, 50 g Butter,
>   100 g Streifchen von gekochtem Schinken ohne Fett, 150 g rohe, feingehackte Champi-
>   gnons, 3 Eier, 0,2 l Sahne, 0,1 l saure Sahne, 80 g Magerquark, 60 g Mehl, 1 Tl gehackter
>   Kerbel, Pfeffer, 1 Msp. geriebene Muskatnuß.

Backdauer: 40 Min., Ofentemperatur: 180 – 200 °C, Ergebnis: 12 Stücke.

Teig: Weiche Butter, Ei und Salz glattrühren. Gesiebtes Mehl unter die Masse heben, wenn die Teile
eben binden, zusammendrücken und kaltstellen. – Tortenform mit 26 cm Durchmesser ausfetten
und mit dünn ausgerolltem Teig randhoch auslegen.

Füllung und Fertigstellung: Lauch in 1 cm breite Stücke schneiden, in Salzwasser kurz blanchieren,
abgießen und abtropfen lassen. Schalotten in Butter anschwitzen, Schinkenstreifen darunterschwenken und beiseitestellen. Champignons feinhacken. – Eier, Sahne, saure Sahne, Quark, Mehl
und Kerbel kräftig verrühren, mit Salz, Pfeffer und Muskatnuß würzen. Ein Viertel davon in die
ausgelegte Form gießen. Abgetropften Lauch, angeschwitzte Schalotten und Schinken sowie
Champignons behutsam mischen, ebenfalls in die Form schütten, gleichmäßig darin verteilen.
Übrige Eier-Sahne-Quark-Mischung darübergießen und im vorgeheizten Ofen backen.

Lauch, gedünstet   Poireaux braisés

Bedarf für 10 Portionen: 2 kg küchenfertiger, heller Lauch, 60 g Butter zum Ausstreichen, Salz,
>   Pfeffer, Zucker, 0,3 l helle Brühe, 60 – 80 g Butter, 10 g gehackte Petersilie.

Gardauer: 10 Min.

Längshalbierten hellen Lauch blanchieren, abtropfen lassen und in ein flaches, mit Butter ausgestrichenes Geschirr einordnen. Lauch salzen, pfeffern und mit einer Prise Zucker bestreuen. Brühe
dazugießen, mit Alu-Folie und Deckel versehen, aufkochen und im vorgeheizten Ofen garen.

Gegarte Lauchhälften jeweils zusammenfalten, daß die Schnittfläche aneinanderliegt. In flachem
Anrichtegeschirr arrangieren und zugedeckt warmhalten.

Lauchdünstfond stark einkochen, abseits der Hitze die Butter unterrühren, den Fond über den
Lauch gießen und die Petersilie aufstreuen.

Lauch mit geschmolzenem Käse, fertigstellen wie oben, anstelle von Petersilie geriebenen Käse aufstreuen und im Salamander schmelzen lassen.

Lauch in Rahm, garen wie oben, den eingekochten Fond mit einer angemessenen Menge Sauerrahm (Crème fraîche) verrühren und über das angerichtete Gemüse geben.

Linsen

Linsen sind Hülsenfrüchte, die scheibenförmig rund,
flach bis leicht gewölbt sind. Frische Ware ist grün-
lich-gelb, überlagerte Bestände weisen eine gelb-
braune bis braune Farbe auf.

Beste Sorten kommen aus Argentinien und Chile.

Der Preis wird von der Größe bestimmt:
je größer, desto teurer. Man unterscheidet:

Riesenlinsen	Tellerlinsen (Hellerlinsen)	Mittellinsen	Zuckerlinsen (kleine Linsen)
über 7 mm ϕ	über 6 mm ϕ	5 − 6 mm ϕ	4 − 5 mm ϕ

Es ist jedoch zu bedenken, daß die Schale der geschmackbestimmende Teil der Frucht ist. Darum
sind große Linsen, obwohl teurer, aus kulinarischer Sicht den kleineren Arten unterlegen. Geschälte Linsen haben zwar eine kürzere Garzeit, doch ist ihnen der typische Geschmack verloren-
gegangen.

Linsen können von Käfern und Würmern befallen sein, was sich an runden bzw. halbmondförmigen
Löchern in den Kernen zeigt.

Im Gegensatz zu getrockneten Bohnen oder getrockneten Erbsen brauchen Linsen vor dem Kochen
nicht eingeweicht zu werden. Da sie flach sind, dringt das Wasser beim Waschen und späteren Kalt-
aufsetzen leicht in alle Zellen der Frucht ein, die enthaltene Stärke findet genügend Feuchtigkeit
und kann während des Garprozesses quellen und verkleistern.

Vor der Zubereitung wäscht man die Linsen und spült sie unter fließendem Wasser ab. Dann werden sie mit reichlich kaltem Wasser aufgesetzt. Die Gardauer beträgt je nach Sorte 30 − 120 Minuten; kleinere flache Arten werden schneller gar als hochgewölbte. Für Linsengemüse und Eintöpfe
ist die Garzeit kürzer als für Püree.

> Linsen werden zu Suppen, Eintöpfen und in Form von Gemüse oder Püree als Beilage verwen-
> det. Sie stehen in geschmacklichem Einklang zu frischem Schweinefleisch, Kasseler, Schinken,
> Wurst, Speck, zu frischen oder gepökelten Geflügelteilen sowie zu Wildfleisch und Wildgeflügel.

Linsengemüse   **Lentilles bouillis**

Bedarf für 10 Portionen: 700 g Linsen, mittelgroß, 150 g gebündelte Schwarten von gekochtem
        Schinken oder Speck oder 250 g Bauchspeck, blanchiert, 1 Gemüse-Kräuter-Bündel
        (Lauch, Möhre, Sellerie, Thymianzweig, Lorbeerblatt), feingehackte Würzmischung
        (3 Schalotten, 1 Knoblauchzehe, 2 Sardellenfilets, 1 Streifen gelbe unbehandelte
        Zitronenschale), 50 g Butter, 20 g Dijonsenf, Spritzer Weinessig, Salz, Pfeffer,
        Zucker.

Gardauer: 30 − 40 Min.

Gewaschene Linsen mit kaltem Wasser bedeckt langsam aufkochen und abschäumen. Schwarten oder Speck und Gemüse-Kräuter-Bündel dazulegen und alles zugedeckt bei schwacher Hitze sieden.

Nach dem Garen Gemüsebündel und Speck aus der Zubereitung nehmen. Würzmischung und Butter unter die Linsen schwenken und mit Senf, Essig sowie Salz, Pfeffer und einer Prise Zucker abschmecken.

Rebhuhn mit Linsen   **Perdreau aux lentilles**

Rezept s. Abschn. Regionalgerichte: „Thüringen".

Linsen mit Frankfurter Würstchen   **Lentilles aux saucisses de Francfort**

Rezept s. Abschn. Regionalgerichte: „Hessen".

Linsenpüree   **Lentilles en purée**

Bedarf für 10 Portionen: 800 g Riesen- oder Tellerlinsen, 200 g gebündelte Schwarten von gekochtem Schinken, 1 Gemüse-Kräuter-Bündel (Lauch, Möhre, Sellerie, Liebstöckel, Thymianzweig, Lorbeerblatt), 1 Zwiebel, Salz, Pfeffer, 70 g Butter.

Gardauer: 50 – 90 Min.

Linsen garen nach obigem Rezept.

Nach dem Garen Schwarten und Gemüse aus der Zubereitung nehmen. Linsen durch ein Sieb streichen. – Bei zu reichlich vorhandener Flüssigkeit diese zuvor abgießen, auffangen und nach dem Passieren in erforderlicher Menge dem Püree wieder beigeben. – Linsenpüree nochmals erhitzen, mit Salz und Pfeffer abschmecken und mit Butter verfeinern.

Mais

Bei dieser Getreideart unterscheidet die Küche zwischen Kolbenmais und dem vorwiegend als Naßkonserve oder TK-Ware angebotenen Körnermais.

Ein zartes Gemüse sind junge, noch unreife Maiskolben des Zuckermaises. Sie werden geerntet, sobald die Körner ausgebildet und saftig sind; sie müssen sich leicht eindrücken lassen. Die jungen Kolben werden vom Halm abgebrochen und kommen mit den sie umhüllenden Blättern auf den Markt. Der Geschmack ist besonders fein und süß, weshalb sie auch gern roh verzehrt werden.

Körnermais, der auch Zuckermais genannt wird, sind gedroschene Maiskörner, die hauptsächlich aus Nord- und Südamerika importiert werden.

Der in Deutschland angebaute Mais erreicht seine Fruchtreife von September bis Oktober.

Obwohl Mais ein nahrhaftes und wohlschmeckendes Gemüse ist, findet es bei uns nicht allzu starken Zuspruch.

Rezepte von Zubereitungen mit Mais

Maiskolben s. Abschn. Nationalgerichte: „Küche der Vereinigten Staaten von Amerika".
Maisgemüse s. Abschn. Nationalgerichte: „Küche der Vereinigten Staaten von Amerika".
Polenta s. Abschn. Nationalgerichte: „Italienische Küche".
Mamaliga s. Abschn. Nationalgerichte: „Rumänische Küche".

Maronen

Maronen sind eine Untergruppe der Edelkastanien oder Eßkastanien, die nur das Aussehen mit der ungenießbaren, in Deutschland frei wachsenden Roßkastanie verbindet. Der Vollständigkeit wegen seien zunächst alle eßbaren Arten genannt.

Edelkastanien reifen gegen Ende September/Anfang Oktober. Sie fallen vom Baum, werden aufgelesen, sind nur kurze Zeit haltbar und werden bei uns kaum angeboten.

Maronen sind haltbarer als die Edelkastanien. Die äußere Samenschale ist von hellerem Braun mit dunklen Streifen und einem kleinen, nahezu rechteckigen Auge. (Abb.)

Dauermaronen ähneln im Aussehen den Maronen und werden nach einer langen Ausreifzeit gegen Ende November gepflückt. Diese Art ist am längsten haltbar und wird überwiegend angeboten.

Qualitätsmerkmale

Sortierung nach Größe; beste Qualität sind große Früchte mit leuchtend brauner Schale, die bei Druck nicht nachgeben darf.

Druckempfindliche Ware sowie Früchte mit einem schwarzen Pilzbefall sind als verdorben zu betrachten.

Angebots-zeiten Freiland	Jan.	Feb.	März	April	Mai	Juni	Juli	Aug.	Sept.	Okt.	Nov.	Dez.

Lagerung:		Verlust in % bei Vorbereitung:	Schwankungs-breite	Mittelwert
0 °C				
65 – 75 % rel. Luftfeuchte			30 – 40	33
bis zu 12 Monaten				

Maronen finden in der Küche vielseitige Verwendung. Man nimmt sie zu Suppen und Füllungen, als Beilage in Form von glacierten Maronen, Maronenpüree und -krusteln, als Garnitur und zu Süßspeisen.

Zur Weiterverarbeitung müssen die Maronen von der sie umgebenden Schale und Haut befreit werden. Dazu wird mit einem kleinen spitzen Messer die Schale rundum quer durchschnitten. Auf einem Blech, nebeneinanderliegend, schiebt man die eingeschnittenen Maronen in einen auf 200 – 230 °C erhitzten Ofen für etwa 8 – 10 Minuten. Oder man taucht sie chargenweise mit einem Fritürekorb für kurze Zeit in ein 160 °C heißes Fettbad und schüttet sie zum Abtropfen auf ein Tuch. Bei beiden Verfahren schrumpften durch den Entzug von Feuchtigkeit die Schalen, die Früchte liegen an den Einschnitten frei und die Umhüllungen lassen sich leicht abnehmen. Die geschälten Maronen sind dann garfertig.

Maronenzubereitungen eignen sich als Beilage zu Schweine- und Wildfleisch sowie zu Geflügel und Wildgeflügel.

Glacierte Maronen **Marrons glacés**

Bedarf für 10 Portionen: 120 g Zucker, 120 g Butter, 1 kg geschälte Maronen, 0,2 l Kalbs- oder Geflügeljus, 160 g Sellerie.

Gardauer: 25 Min.

Um Maronen fachgerecht glacieren zu können, ist das Geschirr so groß zu wählen, daß die Früchte nebeneinander Platz finden.

Zucker in flachem Geschirr goldgelb schmelzen lassen. Butter einrühren, Maronen beifügen. Jus angießen und mit Wasser überstehend auffüllen. Sellerie dazulegen, den Inhalt zum Kochen bringen und zugedeckt bei schwacher Hitze garen.

Kurz vor Ende der Gardauer soll nur noch wenig Flüssigkeit vorhanden sein. Dann den Deckel abnehmen, Sellerie entfernen, noch kochen, bis der Fond dickfließend ist und sich bei behutsamem Schwenken als sirupartige Schicht um die Maronen legt.

Glacierte Maronen können auch zusammen mit anderen Gemüsen gereicht werden, z.B.

Fenchel und Maronen   **Rotkraut und Maronen**

Rosenkohl und Maronen   **Sellerie und Maronen**

Maronenpüree **Purée de marrons**

Bedarf für 10 Portionen: 30 g Zucker, 120 g Butter, 1 kg geschälte Maronen, Salz, Sahne und Milch nach Bedarf, 4 El Madeira.

Gardauer: 30 Min.

Zucker hellgelb schmelzen, die Hälfte der Butter, die Maronen und eine Prise Salz zugeben und mit Wasser untergießen. Die Maronen bei geschlossenem Geschirr garen und während des Prozesses darauf achten, daß die zum Dünsten nötige Flüssigkeit vorhanden ist.

Weiche Maronen fein passieren, mit der zweiten Butterhälfte glattrühren und mit heißer Sahne und heißer Milch eine püreeartige Konsistenz herstellen. Abschließend mit Madeira aromatisieren.

Maronenkroketts **Croquettes de marrons**

Bedarf für 10 Portionen: 800 g geschälte Maronen, Salz, 2 Eigelb, 1 Ei, 1 Msp. geriebene Muskatnuß, 60 g Butter;
Panierung: Mehl, 2 Eier, geriebenes Weißbrot.

Gardauer: im Druckdämpfer 6 – 10 Min., im Dämpfer 30 – 35 Min.
Backdauer: 2 – 3 Min., Backfett-Temperatur: 160 – 170 °C.

Maronen dämpfen, heiß passieren, leicht salzen, Eigelb, Ei, Muskatnuß und Butter einrühren. Aus der Masse Walzen mit 1,5 cm Durchmesser und 4 cm Länge formen. In Mehl und Ei wenden und geriebenes Weißbrot andrücken.

Maronenkroketts erst bei Bedarf backen. Dann soviel Kroketts in einen Fritürekorb legen, wie nebeneinander Platz haben, und im heißen Fett backen. Die gebackenen Chargen auf einer saugfähigen Unterlage warmhalten und nach Fertigstellung der erforderlichen Menge diese unbedeckt anrichten.

Möhren – Karotten

Der Handel unterscheidet bei diesem Wurzelgemüse die walzenförmigen Möhren von den kugelförmigen Treib- oder Frühmöhren, die auch Karotten genannt werden. Möhren tragen regional auch die Bezeichnungen gelbe Rüben, Gartenmöhren oder Mohrrüben.

Die Wurzel besteht aus dem kräftiger gefärbten Rindenteil, der auch die meisten Nährstoffe enthält, und dem helleren Innenteil, der bisweilen auch als Herz bezeichnet wird. Von den Züchtern wird eine gleichmäßige Färbung angestrebt.

Frühe Sorten kommen mit Grün gebündelt in den Handel.

Gute Qualität ist gleichmäßig gewachsen, frei von grünen Kappen und Fraßstellen. Die Handelsklassen unterscheiden nach Beschaffenheit und Mindestquerschnitt.

Gewaschene und in gelochten Beuteln verpackte Mohrrüben müssen so gelagert werden, daß Luft an das Gemüse heran kann. Andernfalls wird es rasch weich und beginnt zu faulen.

Konserven

Die Industrie verarbeitet Möhren mit kräftiger oranger bis rötlicher Färbung und bezeichnet diese durchweg als Karotten. Auf diesen Unterschied zum Angebot an Frischware sei besonders hingewiesen.

Je nach Haltbarmachungsart werden angeboten: Naßkonserven, Tiefkühlware und Trockenware.

Man unterscheidet:

Junge ganze Karotten, extra klein
ausgesucht kleine Karotten etwa
gleicher Größe, mindestens
120 Stück je 1/1 Dose

Junge ganze Karotten, klein
mindestens 60 Stück je 1/1 Dose

Junge ganze Karotten, mittelgroß
mindestens 30 Stück je 1/1 Dose

Karotten, geschnitten
Karotten oder Möhren
von roter Farbe, geschnitten

Karotten, gewürfelt
Karotten oder Möhren
von roter Farbe, gewürfelt

Angebots-zeiten Freiland	Jan.	Feb.	März	April	Mai	Juni	Juli	Aug.	Sept.	Okt.	Nov.	Dez.

Lagerung:			Verlust in % bei Vorbereitung:	Schwankungs-breite	Mittelwert
	1	°C			
	95	% rel. Luftfeuchte		10 – 30	17
	5 – 6	Monate			

Möhren, die im Sommer oder Herbst geerntet werden, sind walzenförmige Wurzeln mit stumpfen oder spitzen Enden. Die äußere Schicht wird abgeschabt oder am besten mit einem Sparschäler abgenommen. Danach wäscht man die Möhren, schneidet sie zur gewünschten Form (Stäbe, Würfel, Scheiben) und bereitet die geschnittenen Möhren zu.

Das Beschneiden (Tournieren) von Möhrenstäben zu länglichen Olivenformen ist optisch schön, jedoch zeitaufwendig, und wird deshalb seltener durchgeführt.

Abgerundete Formen, ähnlich den kleinen Karotten, erhält man, wenn Möhrenstücke kurz in der Kartoffelschälmaschine bearbeitet werden. Dazu sind geschälte Möhren von 2 – 2 1/2 cm Durchmesser vor der genannten Bearbeitung quer in ebensolange gleichmäßige Stücke zu schneiden.

Karotten, die überwiegend mit Grün auf den Markt gelangen, werden vom Kraut befreit, sehr kalt gewaschen und sofort in stark kochendes, leicht gesalzenes Wasser geschüttet und 2 Minuten blanchiert. Dabei lockert sich die dünne Haut, die nun durch schlagende Bewegungen mit einem großen Schneebesen von den Karotten abgeht. Danach sind die Karotten abzuschütten; unter fließendem Wasser werden die Hautteilchen rasch abgespült.

Kleine Karotten verarbeitet man im ganzen, größere werden halbiert.

Runde oder kreiselförmige Karotten kann man auch in der Kartoffelschälmaschine schälen, der Verlust ist allerdings bedeutend größer.

Möhren und Karotten haben einen feinen, süßen Geschmack, deshalb ist beim Salzen Vorsicht geboten, wenn es nicht zu störenden Geschmacksüberlagerungen kommen soll.

Gemüsebeilagen oder Garnituren von Möhren und Karotten eignen sich beinahe ausnahmslos zu allen Zubereitungen. — In den folgenden Rezepten können beide Wurzelarten gleichgut verwendet werden. Bei großen Herbstmöhren ist mitunter ein kurzes Blanchieren angebracht.

Glacierte Karotten Carottes glacées

Bedarf für 10 Portionen: 1,5 kg vorbereitete Karotten, 90 g Butter, 5 g Salz, 30 g Zucker, 10 g gehackte Petersilie.

Gardauer: 20 – 40 Min. (je nach Größe).

Karotten knapp mit Wasser bedecken. Halbe Buttermenge, Salz und Zucker dazugeben, aufkochen und zugedeckt bei schwacher Hitze garen.

Wenn die Karotten gar sind, soll nur noch wenig Flüssigkeit vorhanden sein. Dann den Deckel abnehmen und die übrige Butter beifügen. Durch Schwenken in der inzwischen sirupähnlichen Flüssigkeit die Karotten glacieren, dann anrichten und mit Petersilie bestreuen.

Um das feine Aroma der Karotten zu erhalten, soll das Endprodukt wohl gar sein, jedoch noch ein wenig Biß haben.

Glacierte Karotten und Weinbeeren Carottes glacées et raisins

Bedarf für 10 Portionen: 1,3 kg ausgesucht kleine, vorbereitete Karotten, 90 g Butter, 5 g Salz, 20 g Zucker, 300 g große weiße Weintrauben, 0,1 l Weißwein.

Gardauer: 20 Min.

Karotten knapp mit Wasser bedecken. Halbe Buttermenge, Salz und Zucker dazugeben, aufkochen und zugedeckt bei schwacher Hitze garen.

Inzwischen Trauben waschen, Beeren abzupfen, abziehen und die Kerne entnehmen. Präparierte Weinbeeren in ein mit Butter ausgefettetes Geschirr legen und warmstellen.

Gegarte Karotten aufdecken, den Wein und die übrige Butter beifügen. Flüssigkeit rasch sirupartig einkochen, Karotten durch Schwenken glacieren, die erwärmten Weinbeeren behutsam unterschwenken und alles anrichten.

Glacierte Karotten bzw. Möhren werden gern mit einem oder mehreren anderen Gemüsen gemischt, z.B.

Karotten und Blumenkohlröschen   **Karotten, Erbsen und Spargel**
Karotten und Schwarzwurzeln   **Karotten, Artischockenviertel und Perlzwiebeln**
Karotten und Erbsen   **Karotten, Lauchstreifen und Morcheln**

Karotten in Sahne   Carottes à la crème

Bedarf für 10 Portionen: 1,5 kg vorbereitete Karotten, 60 g Butter, 5 g Salz, 30 g Zucker, 0,3 l Sahne.
Gardauer: 20 – 40 Min.

Karotten mit Butter ansetzen und garen wie beim Rezept „Glacierte Karotten".

Sahne zum gegarten Gemüse gießen und aufgedeckt noch kochen, bis eine leichte Bindung entstanden ist; danach die Rahmkarotten anrichten.

Möhren Vichy / Karotten Vichy   Carottes Vichy

Bedarf für 10 Portionen: 1,5 kg vorbereitete junge Möhren, Durchmesser 2 – 2 1/2 cm, 150 g feingeschnittene Zwiebelwürfel, 90 g Butter, 40 g Zucker, 5 g Salz, 10 g gehackte Petersilie.
Gardauer: 20 Min.

Die sogenannten „Karotten Vichy" sollten an sich mit Vichywasser (Eau de Vichy, ein Mineralwasser) und/oder mit Vichysalz (Mineralsalz) angesetzt werden. Beide Artikel sind bei uns bedingt marktgängig. Die Bezeichnung bezieht sich aber auch auf die Schnittweise und auf die Art des Ansetzens des Gemüses.

Möhren in 3 – 5 mm dicke Scheiben schneiden, Zwiebeln mit zwei Dritteln der Buttermenge farblos anschwitzen, Zucker unterrühren, Möhrenscheiben und Salz beifügen und knapp mit Wasser bedecken. Gemüse aufkochen und zugedeckt bei schwacher Hitze garen.

Fertiggegartes Gemüse aufdecken, restliche Butter beifügen, Gemüsefond stark einkochen, die gehackte Petersilie unterschwenken und des Gemüse anrichten.

Möhrenpüree / Karottenpüree   Purée de carottes

Bedarf für 10 Portionen: 1,8 kg vorbereitete Möhren, 1 kleines Bündel Petersilienstiele, 5 g Salz, 25 g Zucker, etwa 0,1 l Sahne, 80 g Butter.
Gardauer: 25 – 30 Min.

Möhren in Stücke schneiden und zusammen mit dem Petersilienbündel am besten durch Dämpfen garen.

Weiche Möhren fein passieren. In einem flachen Geschirr nach Beigabe von Salz und Zucker unter Rühren erhitzen, damit ein Teil der Feuchtigkeit verlorengeht. Sahne dazugießen, Butter in Flöckchen kräftig einrühren und das lockere Püree anrichten.

Okra

Okra- oder Gombofrüchte sind Eibischschoten mit sechseckigem Querschnitt. In der Form ähneln sie den Peperoni. Beschreibung und Rezepte s. Abschn. Nationalgerichte: „Küche der Vereinigten Staaten von Amerika".

Paprika

Bei **Gemüsepaprika** handelt es sich um große, besonders dickwandige Früchte von stumpfer, oft auch vierkantiger Form. Die Farbe ist zunächst grün, dann gelb und zuletzt rot. Es gibt jedoch auch Arten, die unmittelbar von Grün in Rot überwechseln. Die Mehrzahl bleibt jedoch grün, und diese Art wird wegen ihrer Milde und Zartheit bevorzugt.

Die Schärfe des Paprikas liegt an dem Gehalt an Capsaicin, einem Alkaloid, das vor allem in den Samen und in den Scheidewänden der Frucht enthalten ist. Darum werden bei der Vorbereitung Samen und Scheidewände herausgenommen. Bisweilen entfernt man auch die Haut. Dazu brüht man die Früchte und zieht die Haut nach dem Abschrecken ab.

Tomatenpaprika ist eine Kreuzung zwischen dem vierkantigen Gemüsepaprika und der gerippten Fleischtomate. Im Geschmack ist Tomatenpaprika schärfer als Gemüsepaprika, doch ist zugleich auch mehr Süße vorhanden.

Die Konservenindustrie fertigt aus Tomatenpaprika das bekannte Paprikamark an. Rote Paprikaschoten werden auch konserviert als geschälte, ganze Frucht angeboten, oder sie werden in Streifen geschnitten und sauer eingelegt.

Peperoni nennt man die frischen, unreifen grünen Pfefferschoten; sie werden dem Gewürzpaprika zugeordnet, unterscheiden sich jedoch von diesem durch die viel kleinere Form.

Pfefferschoten sind von unterschiedlicher Schärfe, grüne feste Früchte haben daneben auch das angenehme Paprikaaroma. Zerkleinert verwendet man sie zum Würzen von Fleisch, Saucen und sonstigen Gerichten. Grüne Peperoni sind auch eine spezielle Würze für in Essig eingelegte Gemüse.

Angebots- zeiten Freiland	Jan.	Feb.	März	April	Mai	Juni	Juli	Aug.	Sept.	Okt.	Nov.	Dez.

Lagerung:			Verlust in % bei Vorbereitung:		Schwankungs- breite	Mittelwert
8 – 9	°C					
85 – 90	% rel. Luftfeuchte				16 – 28	23
10 – 14	Tage					

Gemüsepaprika findet in der Küche reiche Verwendung. Neben der Zubereitung als Gemüse, wo Paprikaschoten vielfach in Verbindung mit anderen Gemüsen wie Zwiebeln, Tomaten, Auberginen und Zucchetti erscheinen, bietet sich die ausgehöhlte Frucht zum Füllen an. Ferner wird Gemüsepaprika als Salat, Garnitur und Würze genutzt.

Zur Weiterverarbeitung sind die Paprikafrüchte zunächst zu waschen. Danach werden der Stiel mit dem daran befindlichen Samenstempel und die Scheidewände herausgeschnitten und die ausgehöhlten Früchte ausgespült. Nach dieser Vorbereitung kann der Gemüsepaprika im ganzen oder zerkleinert zubereitet werden.

Gemüsepaprika eignet sich als Beilage oder Garnitur zu Schlachtfleisch, hellem Geflügel und Krustentieren, zu Eiern, Teigwaren und Reis.

Gebackene Ringe von Paprikaschoten   **Rondelles de piments doux frits**

Bedarf für 10 Portionen: 0,8 – 1 kg vorbereiteter Gemüsepaprika, Salz, Pfeffer, Mehl, 4 Eier, 300 g geriebene Weißbrotkrume.

Backdauer: 2 – 3 Min.,   Backfett-Temperatur: 170 °C.

Paprikafrüchte quer in Ringe mit 4 mm Breite schneiden. Ringe salzen, pfeffern und mit Mehl bestäuben, in zerschlagenem Ei wenden und geriebene Weißbrotkrume andrücken.

Panierte Paprikaringe in Chargen, entsprechend der Größe des vorgeheizten Fettbades, backen. Dann auf eine saugfähige Unterlage schütten und nach Fertigstellung sogleich unbedeckt anrichten.

Die Fruchtringe können auch in Ausbackteig getaucht und fritiert werden.

Gratinierte Paprikaschoten   **Gratin de piments doux**

Bedarf für 10 Portionen: 1,2 kg vorbereiteter Gemüsepaprika, 150 g feingeschnittene Zwiebelwürfel, 120 g Butter, Salz, 10 g Delikateßpaprika, 0,3 l Sahne, 100 g geriebener Sbrinz oder Emmentaler, 50 g geriebene Weißbrotkrume.

Gardauer: 6 – 8 Min.

Paprikaschoten in grobe Streifen schneiden. Zwiebeln in 60 g Butter farblos anschwitzen, Paprikastreifen dazugeben, salzen, mit wenig Wasser untergießen und zugedeckt dünsten. Die Flüssigkeit soll nach dem Garen verdunstet sein. – Gegarte Paprikaschoten in eine flache, mit Butter ausgestrichene Platte geben. Im gleichen Dünstgeschirr 20 g Butter erhitzen, Paprikapulver einstäuben, aufschäumen lassen, mit Sahne ablöschen, 2 – 3 Minuten kochen lassen und über die gedünsteten Paprikaschoten gießen. Käse und Brot mischen, auf das Gemüse streuen, ein wenig Butter darüberträufeln und hellbraun gratinieren.

Gefüllte Paprikaschoten, im Ofen gebacken   **Piment doux farcie au four**

Bedarf für 10 Portionen: 10 vorbereitete Paprikaschoten je 120 g, Salz, Pfeffer, 60 g Butter, 40 dicke Scheiben von abgezogenen Tomaten, 40 g zerlaufene Butter, 1 El gehackte Petersilie;

Füllung: 400 g entbeintes, gehäutetes Hühnerfleisch, Salz, 6 g Delikateßpaprika, 400 g blanchierte Kalbsmilch, 250 g rohe Champignons, 2 Eier, 150 g angeschwitzte Schalotten, 0,1 l Sahne.

Gardauer: 20 – 25 Min.

Paprikaschoten längshalbieren, salzen, pfeffern, mit der Öffnung nach oben in ein geräumiges, flaches, dick ausgebuttertes Geschirr legen. In jede Paprikahälfte eine gleiche Menge nachfolgender Füllung häufen, dann je zwei Tomatenscheiben auflegen. Tomaten würzen, mit Butter beträufeln, ein Stück Alu-Folie über alles decken und im Ofen bei mäßiger Hitze anbacken. Danach, falls erforderlich, etwas Wasser untergießen und fertiggaren. Später die gegarten Paprikaschoten anrichten, zerlaufene Butter darüberpinseln und gehackte Petersilie aufstreuen.

Füllung: Hühnerfleisch salzen, mit Paprika bestäuben und durch die Schrotscheibe eines Fleischwolfs lassen. Kalbsmilch grobhacken. Champignons feinhacken. Zerkleinerte Zutaten in eine Schüssel geben, mit den Eiern und Schalotten mischen, mit fehlendem Salz abschmecken und die Sahne in geschlagener Form unterheben.

Weitere Zubereitungen mit Gemüsepaprika:

Peperonata s. Abschn. Nationalgerichte: „Italienische Küche".
Letscho s. Abschn. Nationalgerichte: „Ungarische Küche".
Gefüllte Paprikaschoten s. Abschn. Nationalgerichte: „Ungarische Küche".
Mussaka s. Abschn. Nationalgerichte: „Bulgarische Küche".
Janya s. Abschn. Nationalgerichte: „Bulgarische Küche".
Spanisches Omelett s. Abschn. Nationalgerichte: „Küche der Vereinigten Staaten von Amerika".

Perl-, Silberzwiebeln

Die Perlzwiebel, die wegen ihrer weißlich bis silbern glänzenden Oberfläche auch Silberzwiebel genannt wird, ist im Mittelmeergebiet heimisch. Bei uns wird sie nur in geringem Maße angebaut.

Die Pflanze bildet gewöhnlich keine Hauptzwiebel, sondern nur die bekannten kleinen Nebenzwiebeln. Diese werden im August geerntet und sind nur sehr beschränkt lagerfähig; sie werden rasch braun, klebrig und faul.

Zubereitungen aus Frischware sind darum auf eine Saison begrenzt.

Die überwiegende Erntemenge wird geschält und in einem Aufguß mit Essig und Salz pasteurisiert.

Essigzwiebeln haben eine ausgeprägt säuerliche Geschmacksrichtung und können deshalb nur Bestandteil von kalten pikanten Zubereitungen sein. Für die warme Küche kommt nur Frischware in Betracht.

Von den frischen Perlzwiebeln wird die äußere dünne, trockene Haut abgezogen und der Stielansatz gekürzt. Das Wurzelende ist nur leicht zu beschneiden, damit beim späteren Garen die Blattschichten zusammenhalten. Nach kurzem Abspülen sind die kleinen Zwiebeln zubereitfertig.

● Küchenabfall (ohne Lauch) durchschnittlich 25 %.
● Portionsmenge als Garnitur etwa 60 g (8 – 10 Stck.).

Perlzwiebeln finden überwiegend als Garnitur zu Fisch, Fleisch und Gemüsen Verwendung. Dabei können die Zwiebeln gleich zusammen mit dem Gericht angesetzt oder separat zubereitet werden.

Durch Anbraten läßt sich der Geschmack der Zwiebeln beeinflussen. Je stärker man bräunt, desto intensiver tritt der Zwiebelgeschmack in den Vordergrund.

Bei Zubereitungen mit Perlzwiebeln sollte man diese Erscheinung bedenken, damit die Entfaltung des Zwiebelaromas mit dem Geschmack des jeweiligen Gerichtes im Einklang steht.

Hell glacierte Perlzwiebeln   Oignons glacés à blanc

Bedarf als Garnitur für 10 Portionen: 600 g Perlzwiebeln, 70 g Butter, 10 g Salz, 8 g Zucker.
Gardauer: 10 – 15 Min.

Perlzwiebeln schälen und abspülen. In einem flachen, geräumigen Geschirr zwei Drittel der Butter
zerlaufen lassen. Zwiebeln dazugeben, salzen, mit Zucker bestreuen und mit Wasser bedeckt auffüllen. Alles zum Kochen bringen und zugedeckt bei geringerer Hitzezufuhr garen.

Nach dem Garvorgang soll nur noch ein wenig dickfließender Saft vorhanden sein. Geschirr aufdecken, übrige Butter auf die Zwiebeln legen, zerlaufen lassen und den Saft in Verbindung mit der
Butter als glänzende Schicht behutsam um die Perlzwiebeln schwenken.

Braun glacierte Perlzwiebeln   Oignons glacés à brun

Bedarf für Garnituren für 10 Portionen: 600 g Perlzwiebeln, 70 g Butter, 10 g Salz, 12 g Zucker.
Gardauer: 10 – 15 Min.

Perlzwiebeln schälen und abspülen. In einem flachen, geräumigen Geschirr zwei Drittel der Butter
zerlaufen lassen. Zwiebeln zugeben, salzen, mit Zucker bestreuen und hellbraun anbraten, dabei
die Zwiebeln mehrfach bewegen, damit sie allseitig gleichmäßig Farbe bekommen. Danach mit
Wasser auffüllen, aufkochen und zugedeckt bei mäßiger Hitze garen.

Gegarte Zwiebeln aufdecken, die verbliebene Butter auf die Zwiebeln legen und zerlaufen lassen.
Durch behutsames Schwenken sirupartigen Garfond und Butter verbinden und als braunglänzende
Schicht um die Zwiebeln bringen.

Bierzwiebeln

Rezept s. Abschn. Regionalgerichte: „Bayern".

Rosenkohl

Rosenkohl ist auch unter den Namen Sprossen-
kohl und Brüsseler Kohl bekannt.

Die walnußgroßen, länglich bis runden Röschen
sind die Seitenknospen des Kohlstengels. Ihr in-
nerer Aufbau ähnelt dem des Weißkohls. Durch den
reichen Gehalt an Mineralstoffen ist Rosenkohl gegen Frost unempfindlich.

Die Röschen bleiben bis zur Vermarktung am Stengel, weil so die Frische am besten bewahrt wird;
die abgepflückten Röschen sind nur beschränkt
haltbar.

Rosenkohl wird durch Frosteinwirkung milder im Geschmack und leichter verdaulich. Er wird
darum vorwiegend durch Tiefkühlen haltbar gemacht.

Angebots-zeiten Freiland	Jan.	Feb.	März	April	Mai	Juni	Juli	Aug.	Sept.	Okt.	Nov.	Dez.

Lagerung:		Verlust in % bei Vorbereitung:	Schwankungs-breite	Mittelwert
0	°C		12 – 26	19
90 – 95	% rel. Luftfeuchte			
4 – 5	Wochen			

Foto: Klinger

Sizilianischer Salat

Rezept s. S. 183

Rettichsalat mit Erdbeeren und Äpfeln

Rezept s. S. 182

Um Rosenkohl küchenfertig vorzubereiten, werden die beschädigten oder welken Außenblättchen von den Röschen abgebrochen. Die betrocknete Fläche des Strunks ist abzuschneiden. Dabei darf der Strunk nicht zu stark gekürzt werden, sonst fallen beim späteren Zubereiten die Röschen auseinander. Um den Rosenkohl gleichmäßiger garen zu können, sind die Strünke noch über Kreuz einzuschneiden. Abschließend wird das Gemüse gewaschen und ist dann küchenfertig.

Rosenkohl, der gekocht werden soll, verliert kein Blättchen, wenn man ihn locker in einem Tuch eingebunden gart.

Rosenkohl ist ein feines Wintergemüse, das als Beilage zu allen Schlachtfleisch- und Geflügelarten wie auch zu Wild und Wildgeflügel geschätzt wird.

Rosenkohl, gekocht   **Choux de Bruxelles bouillis**

Bedarf für 10 Portionen: 1,6 kg vorbereiteter Rosenkohl, Salz nach Geschmack.

Gardauer: 10 – 15 Min. (je nach Größe).

Rosenkohl locker in ein Tuch einbinden, in sprudelnd kochendes Salzwasser einlegen, rasch wieder zum Kochen bringen, danach bei mäßiger Hitze garen. Das Wasser soll den Rosenkohl bedecken. Garstufe durch Anstechen prüfen; es muß noch leichter Widerstand spürbar sein.

Nach vollzogenem Garverfahren das Bündel aus dem Kochwasser heben, ablaufen lassen und zum raschen Abkühlen in reichlich kaltes Wasser legen. Knoten lösen, Tuch entfernen und den kalten Rosenkohl zum Abtropfen mit einem Drahtlöffel behutsam aus dem Wasser nehmen und in einen Durchschlag legen. – Rosenkohl nimmt beim Kochen etwa 10 % Wasser auf.

Im voraus gegarten Rosenkohl kann man auf verschiedene Arten fertigstellen. Die Rezeptmengen entsprechen jeweils 10 Portionen.

Art	Fertigstellung
Rosenkohl in brauner Butter **Choux de Bruxelles sautés**	Bedarf: 1,8 kg gegarter Rosenkohl, Salz, Pfeffer, 1 Msp. geriebene Muskatnuß, 150 g Butter. Rosenkohl wenig salzen, pfeffern, mit Muskat bestreuen. Butter hell bräunen, Rosenkohl dazugeben, erhitzen und leicht anbraten.
Rosenkohl mit Käse überbacken **Choux de Bruxelles gratinés au fromage**	Bedarf: 1,8 kg gegarter Rosenkohl, Salz, Pfeffer, 1 Msp. geriebene Muskatnuß, 130 g Butter, 150 g geriebener Käse, 50 g geriebene Weißbrotkrume. Rosenkohl leicht salzen, pfeffern, mit Muskat bestreuen. In 100 g Butter farblos sautieren und flach anrichten. Käse und Weißbrot mischen, auf den Rosenkohl streuen, übrige Butter darüberträufeln und hellbraun überbacken.

Art	Fertigstellung
Rosenkohl in Rahm **Choux de Bruxelles à la crème**	Bedarf: 1,8 kg gegarter Rosenkohl, Salz, 0,5 l Sahne, 1 Msp. geriebene Muskatnuß, Pfeffer, 30 g Butter. Rosenkohl in kochendem Salzwasser erhitzen und gut abtropfen lassen. Sahne drei bis fünf Minuten kochen, abgetropften Rosenkohl dazugeben, mit Muskat sowie ein wenig Pfeffer würzen; Butter in Flöckchen auf die Oberfläche legen, alles behutsam mischen und anrichten.
Rosenkohl mit Butterkrüstchen **Choux de Bruxelles aux croûtons**	Bedarf: 1,8 kg gegarter Rosenkohl, Salz, 60 g kleinste Weißbrotwürfel, 130 g Butter. Rosenkohl in kochendem Salzwasser erhitzen, abtropfen lassen und in flachem Geschirr anrichten. Weißbrotwürfelchen in schwarzer Bratpfanne im Ofen hellbraun rösten. Butter unterschwenken, aufschäumen lassen und über den Rosenkohl geben.

Rosenkohl mit Zwiebeln gedünstet   **Choux de Bruxelles braisés aux oignons**

Bedarf für 10 Portionen: 1,6 kg vorbereiteter Rosenkohl, 100 g blanchierte, magere Speckwürfelchen, 100 g Butter, 250 g feingeschnittene Zwiebelwürfel, Salz, Pfeffer, 1 Msp. geriebene Muskatnuß, 0,5 l helle Fleischbrühe, 15 g gehackte Petersilie.

Gardauer: 12 – 15 Min.

Rosenkohl blanchieren und zum Abtropfen in einen Durchschlag schütten.

Speck in einem geräumigen Geschirr anbraten, Butter und Zwiebeln dazugeben und hellgelb anschwitzen. Blanchierten Rosenkohl beifügen, salzen, pfeffern, mit Muskat würzen, durchschwenken, die Brühe angießen und zugedeckt dünsten.

Nachdem das Gemüse gar ist, soll die Brühe gerade verdunstet sein. Rosenkohl anrichten und mit Petersilie bestreuen.

Rosenkohlpüree   **Choux de Bruxelles en purée**

Bedarf für 10 Portionen: 1,7 kg vorbereiteter Rosenkohl, 80 g feingehackter, gekochter Schinken, 100 g Butter, 120 g feingeschnittene Zwiebeln, Salz, Pfeffer, 1 Msp. geriebene Muskatnuß, 0,2 l Sahne.

Gardauer: 15 – 20 Min.

Rosenkohl blanchieren und zum Abtropfen in einen Durchschlag schütten.

Schinken, Butter und Zwiebeln farblos anschwitzen. Rosenkohl und Gewürze beigeben, etwas Wasser untergießen und zugedeckt garen.

Rosenkohl passieren, in das Geschirr zurückgeben, erhitzen, dabei glattrühren und die Sahne nach und nach unterziehen.

Rotkohl

Bei dieser Kohlart, die regional auch Blau- oder Rotkraut genannt wird, liegen die glatten Blätter eng um einen Strunk herum und bilden zusammen einen runden bis längsovalen Kopf. Die charakteristische Farbe stammt von dem blauroten Farbstoff Anthocyan. Das Blau schlägt bei Zusatz von Säure (Essig, Zitrone) in Rot um.

Rotkohl ist sortenreich; die Ernte beginnt im Frühsommer und endet im Spätherbst. Dauerrotkohl ist lange lagerfähig, deshalb findet man Rotkohl das ganze Jahr über am Markt.

Konserven

Als Naß-Konserve: **Rotkohl**; das ist die ungewürzte Art.

Rotkohl, tafelfertig; ist mit Gewürzen zubereitet, die Möglichkeit eigener Geschmacksgebung ist eingeschränkt.

Angebots-zeiten Freiland	Jan.	Feb.	März	April	Mai	Juni	Juli	Aug.	Sept.	Okt.	Nov.	Dez.

Lagerung:			Verlust in % bei Vorbereitung:	Schwankungs-breite	Mittelwert
	0	°C			
	90	% rel. Luftfeuchte		8 – 42	22
	bis 6	Monate			

Rotkohl wird als Salat oder Gemüsebeilage zubereitet; mitunter werden auch die Blätter gefüllt und als Rouladen fertiggestellt.

Die unbrauchbaren Außenblätter des Rotkohls werden entfernt und die Köpfe vom Strunk aus geviertelt. Von den Kohlvierteln sind die Strunkanteile und starke Blattrippen abzuschneiden. Dann wäscht man den Kohl und hobelt oder schneidet ihn in feine Streifen.

Rotkohl, der zu Rouladen verarbeitet werden soll, wird nicht zerteilt. Der Strunk ist auszustechen und die gewaschenen Köpfe solange in Salzwasser zu garen, bis die Blätter elastisch sind und sich formen lassen. Nach dem Abkühlen werden die Blätter abgenommen, gefüllt und gebunden.

Zubereitungen von Rotkohl wird fast immer Säure in Form von Essig, Wein oder Zitrone beigegeben. Die Säure wirkt sich auf den Geschmack aus, daneben aber auch auf die

- **Gardauer**, denn Säure verfestigt die Zellulose und das Eiweiß der Zellwände. Wird Säure zu Beginn des Garens beigegeben, verlängert sich die Garzeit. Setzt man dagegen zunächst ohne Säure an, ist die Gardauer kürzer;

- **Farbe**, denn die Säure führt zu einem Farbumschlag von Blau nach Rot. Von daher sind auch die regional unterschiedlichen Bezeichnungen Rotkohl und Blaukraut zu verstehen.

Weil sich Säuren bei Hitzeeinwirkung verflüchtigen, ist beim Wiedererwärmen von Zubereitungen aus Rotkohl auf den Ersatz der verlorengegangenen Säure zu achten. Negative Veränderungen in Geschmack und Farbe werden damit ausgeglichen.

Rotkohlbeilagen eignen sich besonders zu Schweine-, Gänse- und Entenbraten, zu Wild- und Wildgeflügelbraten; aber auch zu Rouladen, Bratwurst und Leber ist der würzige, säuerlich-süße Geschmack von Rotkrautzubereitungen beliebt.

Rotkraut mit Renetten   **Chou rouge aux reinettes**

Bedarf für 10 Portionen: 180 g Fett (Schmalz von Schwein, Gans oder Ente), 250 g Zwiebelstreifchen, 2 kg streifiggeschnittener Rotkohl, 50 g Zucker, 30 g Salz, 250 g säuerliche Apfelscheibchen, 5 El Weinessig, 0,5 l Wasser, 1 Gewürzbeutel (Stück Zimt,
kleines Lorbeerblatt, 2 Nelken, 10 zerdrückte Pfefferkörner), 1 – 2 El Johannisbeergelee, Zitronensaft;

Garnitur: 3 Champagner-Renetten je 150 g, 20 g Butter, 15 g Zucker, 5 El Weißwein.

Gardauer: 35 – 60 Min. (der Sorte entsprechend).

Fett zerlassen, Zwiebeln darin farblos anschwitzen, Kohl zugeben, durchrühren und kurze Zeit erhitzen. Zucker, Salz, Äpfel, Essig sowie Wasser beifügen, alles vermengen und den Gewürzbeutel
dazustecken. Die Oberfläche mit Alu-Folie abdecken, einen Deckel auf das Geschirr legen und
den Inhalt bei schwacher Hitze gardünsten lassen.

Während des Garvorgangs das Gemüse mehrmals durchrühren und dafür sorgen, daß immer ein
wenig Flüssigkeit vorhanden ist. Dadurch wird verhindert, daß sich die Zubereitung am Topfboden festlegt und der Geschmack sowie die Farbe beeinträchtigt würden.

Nach dem Garen Deckel und Folie abnehmen und die sichtbare Flüssigkeit völlig einkochen lassen. Dann den Gewürzbeutel entnehmen und das Kraut mit Johannisbeergelee und Zitronensaft
abschmecken.

Garnitur: Äpfel schälen, vierteln, Kernhausanteile entfernen. Apfelviertel quer in dünne Scheiben
schneiden, leicht flachdrücken, daß sie dachziegelartig aneinanderliegen. Flaches Geschirr ausbuttern, geschnittene Apfelviertel einordnen, mit Zucker bestreuen und mit Wein beträufeln. Äpfel
zugedeckt 5 – 6 Minuten dünsten.

Rotkraut anrichten und mit den gedünsteten Apfelvierteln gefällig garnieren.

Rotkohl kann durch Austausch von Zutaten geschmacklich variiert werden.

Anstelle von

Schmalz	Butter und/oder magerer Speck
Wasser	Rot- oder Weißwein
Apfelgarnitur	Maronen, Trauben, Ananas, Trockenfrüchte, Nüsse oder gebackene/glacierte Zwiebeln

Weitere Zubereitungen mit Rotkohl:

Rotkrautsalat mit Walnüssen s. Abschn. Regionalgerichte: „Schlesien".
Harzer Rotwickel s. Abschn. Regionalgerichte: „Thüringen".
Rotkohl mit Maronen s. Abschn. Nationalgerichte: „Schweizerische Küche".

Schwarzwurzeln

Die walzenförmigen Pfahlwurzeln sind von einer schwarzbraunen Korkschicht umgeben, die der Pflanze den Namen gibt. Das milde, weiße Wurzelfleisch führte zu der Bezeichnung „Spargel des Winters".

Schwarzwurzeln sind absolut winterhart und können auch im Winter geerntet werden, sofern der Boden durch dicke Abdeckung nicht gefriert.

Gute Frischware ist hellfleischig, reich an Milchsaft, gleichmäßig gewachsen und hat eine glatte Oberfläche.

Bei geringerem Arbeitsaufwand ist die Ausbeute der dicken Wurzeln größer; das sollte beim Einkauf Berücksichtigung finden.

Konserven

Es werden Naßkonserven und TK-Ware angeboten.

Für Naßkonserven gelten folgende Qualitätsnormen:

Schwarzwurzeln, liegend	*Schwarzwurzeln, stehend*
Länge der Stücke 5 – 7 cm	Länge der Stangen mindesten 10 cm

Angebots-zeiten Freiland	Jan.	Feb.	März	April	Mai	Juni	Juli	Aug.	Sept.	Okt.	Nov.	Dez.

Lagerung: 0 °C 95 % rel. Luftfeuchte bis 4 Monate		Verlust in % bei Vorbereitung:	Schwankungs-breite	Mittelwert
			38 – 52	44

Zunächst legt man die Schwarzwurzeln in kaltes Wasser und bürstet das anhaftende Erdreich ab. Nach gründlichem Überbrausen sind die Wurzeln mit einem Sparschäler zu schälen und Wurzelspitze sowie Blattansatz zu entfernen. Damit die helle Farbe des Fruchtfleisches besser erhalten bleibt, legt man das geschälte Gemüse direkt in gesäuertes Wasser, in welchem Mehl verrührt wurde (1 l Wasser, El Essig, 60 g Mehl). Denn Schwarzwurzeln beinhalten einen weißen Milchsaft, der beim Schälen teilweise austritt, an der Luft rasch oxydiert und das Fruchtfleisch sonst bräunlich verfärben würde.

Später sind die geschälten Schwarzwurzeln in Stücke von gewünschter Länge zu teilen, in vorbereiteten, bereits kochenden Dünstfond zu legen und zu garen.

Schwarzwurzeln kann man im voraus garen und bis zur Fertigstellung im eigenen Fond bewahren.

Schwarzwurzeln eignen sich für Zubereitungen aus Schlachtfleisch, Geflügel, Wild und Wildgeflügel.

Schwarzwurzeln, gedünstet   Salsifis etuvés

Bedarf für 10 Portionen: 1,8 kg vorbereitete Schwarzwurzeln, 1 l Wasser, 20 g Salz, 10 g Zucker,
20 g Zitronensaft, 100 g Butter.

Gardauer: 30 Min.

Schwarzwurzeln in 6 cm lange Stücke schneiden. Wasser, Salz, Zucker, Zitronensaft und Butter in
einem flachen, geräumigen Geschirr rasch zum Kochen bringen. Schwarzwurzelstücke zugeben,
durchschwenken und nach dem Wiederaufkochen zugedeckt garen.

Gegarte Schwarzwurzeln mit dem kurzgehaltenen Dünstfond in einer Schüssel abräumen und bis
zur Weiterverwendung kühl aufbewahren.

Rezeptmengen für 10 Portionen

Art	Fertigstellung
Glacierte Schwarzwurzeln Salsifis glacés	Bedarf: 1,8 kg gegarte Schwarzwurzeln, 50 g Butter. Schwarzwurzeln mit ihrem Dünstfond in einem geräumigen Geschirr rasch zum Kochen bringen. Den Fond sirupartig einkochen, die Butter in Flöckchen dazugeben, unterschwenken und das glacierte Gemüse anrichten.
Glacierte Schwarzwurzeln **mit Kräutern** Salsifis glacés **aux herbes**	Bedarf: 1,8 kg gegarte Schwarzwurzeln, 50 g Butter, 2 El gehackte Kräuter (Kresse, Dill, Petersilie, Schalotte). Fertigstellen wie beim Rezept „Glacierte Schwarzwurzeln". Butter zusammen mit den Kräutern unterschwenken.
Sautierte Schwarzwurzeln **Salsifis sautés au beurre**	Bedarf: 100 g Butter, 1,8 kg gegarte Schwarzwurzeln, Salz, Pfeffer, 15 g gehackte Petersilie. Butter in einer schwarzen Stielpfanne zerlaufen lassen. Abgetropfte Schwarzwurzeln zugeben, wenig würzen und bei mäßiger Hitze hellbraun sautieren. Danach anrichten und mit Petersilie bestreuen.
Schwarzwurzeln in Sahne Salsifis à la crème	Bedarf: 1,8 kg gegarte Schwarzwurzeln, 0,3 – 0,4 l Sahne, Salz, Pfeffer. Schwarzwurzeln in einen Durchschlag schütten, Fond auffangen und dickfließend reduzieren. Schwarzwurzeln und Sahne beigeben und alles kochen, bis eine leichte Bindung besteht. Falls erforderlich, nachwürzen und anrichten.
Schwarzwurzeln **in Roquefortcreme** **Salsifis** **à la crème de roquefort**	Bedarf: 1,8 kg gegarte Schwarzwurzeln, 0,3 – 0,4 l Sahne, Pfeffer, 1 El passierter Roquefortkäse. Fertigstellen wie beim Rezept „Schwarzwurzeln in Sahne". Die Zubereitung mit dem Käse aromatisieren und nicht mehr kochen.

Art	Fertigstellung
Schwarzwurzeln mit Parmesan überbacken Salsifis au gratin au fromage	Bedarf: 1,8 kg gegarte Schwarzwurzeln, 0,2 l Béchamelsauce, Salz, Pfeffer, 3 gehäufte El Sahne, 150 g geriebener Parmesan, 30 g zerlaufene Butter. Schwarzwurzeln in einen Durchschlag abgießen. Fond auffangen, zur Hälfte reduzieren, mit Béchamelsauce verkochen und leicht würzen. Schwarzwurzeln zugeben, erhitzen, geschlagene Sahne unterziehen. Gemüse in eine Backform füllen, mit Parmesan bestreuen und mit Butter beträufeln. Im Salamander hellbraun überbacken.
Fritierte Schwarzwurzeln Fritots de salsifis	Bedarf: 1,8 kg gegarte Schwarzwurzeln, Salz, Pfeffer, Saft einer Zitrone, 1 El gehackte Petersilie, Ausbackteig (Rezept S. 16). Abgetropfte Schwarzwurzeln leicht salzen, pfeffern und mit Zitronensaft und Petersilie marinieren. Einzeln in Ausbackteig tauchen, in die 180 °C heiße Fritüre legen, etwa 2 Min. backen und abgetropft anrichten.

Sellerie

Bei **Knollensellerie** ist der Wurzelteil der Pflanze zu einer kugeligen Knolle verdickt, die außen braun, innen aber hellfleischig ist. Frischware ist frei von Flecken und nicht geschossen. Nur Winterware darf einen Ansatz von kurzem gelbem Laub aufweisen, üblicherweise ist das Laub durch Abdrehen vollständig entfernt. Das Fleisch muß beim Kochen unbedingt hell bleiben.

Für viele Zubereitungen wird der Sellerie in rohem Zustand geschält und zerkleinert. Dabei tritt durch Wirkung von Enzymen eine Braunfärbung ein, die durch sofortiges Einlegen der zerkleinerten Teile in Wasser, dem auch etwas Zitronensaft zugesetzt sein kann, verhindert wird.

Angebotszeiten Freiland	Jan.	Feb.	März	April	Mai	Juni	Juli	Aug.	Sept.	Okt.	Nov.	Dez.

Lagerung:		Verlust in % bei Vorbereitung:	Schwankungsbreite	Mittelwert
0	°C			
90 – 95	% rel. Luftfeuchte		14 – 37	27
4	Monate			

Bleichsellerie oder **Staudensellerie** sind kräftige Blattstiele von Sellerie, die durch Lichtmangel (Anhäufeln, Gummiring, Papierhülle, extrem dichter Anbau) an der Blattgrünentwicklung gehindert werden. Für das Wachstum der Pflanze bedeutet das in der Regel, daß sie weniger härtere Fasern bekommt, also zart bleibt. Im Gegensatz zum Knollensellerie wird nicht die Magere Wurzel gegessen, sondern die fleischigen Blattstiele.

Diese Gemüsesorte ist im englisch-amerikanischen Raum beheimatet, gewinnt aber hier zunehmend an Bedeutung.

Das Angebot unterscheidet frühe Sorten, die meist sehr hell sind, und spätere Arten mit grünlichem Farbton. — Bleichsellerie muß dunkel abgedeckt lagern.

Angebots-zeiten Freiland	Jan.	Feb.	März	April	Mai	Juni	Juli	Aug.	Sept.	Okt.	Nov.	Dez.

Lagerung: 0 – 1 °C 90 – 95 % rel. Luftfeuchte 4 Wochen	Verlust in % bei Vorbereitung:	Schwankungs-breite	Mittelwert
		25 – 46	35

Naßkonserven

Sellerie in Scheiben

helle Scheiben, annähernd frei von Rost- und Stockflecken, nicht holzig, geschält.

Sellerie in Stücken

auch bräunliche Stücke zulässig.

Staudensellerie

Stauden ohne Blätter, stehend.

Knollensellerie riecht stark aromatisch und hat einen scharfen, süßlichen Geschmack, deshalb wird er überwiegend zum Würzen anderer Speisen verwendet. Als Suppenbeigabe ist er unentbehrlich. Am bekanntesten ist wohl Knollensellerie, als Salat oder Rohkost angemacht, aber auch als Gemüse kann Sellerie schmackhaft zubereitet werden.

Vor der Weiterverarbeitung von Knollensellerie sind Blattstengel und kleine Wurzeln abzutrennen. Unter fließendem Wasser wird das Gemüse mit einer Bürste gereinigt. Danach kann man den Sellerie ungeschält im ganzen oder geschält und geschnitten garen.

Knollensellerie im ganzen: Vorbereitete Knollen in sprudelnd kochendes, mit einem Schuß Essig versehenes Salzwasser einlegen. Nach dem Wiederaufkochen bei schwacher Hitze und geschlossenem Topf garziehen lassen. Die Flüssigkeit muß die Knollen bedecken. Der Garzustand wird durch Anstechen geprüft. — Gegarten Sellerie aus der Kochbrühe nehmen. Mit kaltem Wasser abschrekken, schälen, schneiden (Scheiben, Würfel, Stäbe) und in einem Gefäß mit Kochbrühe bedeckt zur Weiterverwendung aufbewahren.

Knollensellerie, zugeschnitten: Vorbereitete Knollen in Scheiben oder Würfel teilen oder in Form kleiner Spindeln oder kleinen Artischockenböden ähnlich zuschneiden. Zur Milderung des intensiven Geschmacks in leichtem Essigwasser blanchieren. Danach abgießen, direkt in kochendes Salzwasser legen, daß die Teile gerade bedeckt sind, mit Zitronensaft würzen und zugedeckt bei schwacher Hitze garen. Zustand der Gare durch Anstechen prüfen. Gekochte Sellerieteile bis zur Fertigstellung samt Fond in ein Gefäß umleeren. — Zugeschnittener roher Sellerie kann auch unter Beigabe von Fett oder in Fleischbrühe gegart werden. Bestimmend ist die spätere Weiterverwendung.

Gardauer:

- Knollensellerie im ganzen (je nach Größe) 40 – 90 Minuten,
- Knollensellerie, zugeschnitten 15 – 20 Minuten.

Bedarf: Portionsbeilage, zubereitfertig 160 – 180 g.

Gegarter Knollensellerie kann wie Schwarzwurzeln (S. 70) vollendet werden. Er eignet sich zu Rindfleisch, Hammelfleisch, Zunge, Schweinebraten, Schweinekotelett und als Garnitur. — Sellerie, zubereitet als Püree, paßt zu dunklem Schlachtfleisch.

Sellerie-Püree Céleri rave en purée

Bedarf für 10 Portionen: 1,6 kg vorbereiteter Knollensellerie, 300 g Zwiebelscheiben, 80 g Butter, Zucker, 0,8 l Brühe, 30 g Zitronensaft, 0,1 – 0,2 l Sahne, Salz, Pfeffer.

Gardauer: etwa 25 Min.

Geschälten Sellerie vierteln und in Scheiben schneiden. Zwiebeln in Butter hellgelb anschwitzen, Sellerie und eine Prise Zucker beifügen und andünsten. Brühe oder Wasser und Zitronensaft zugießen. Gemüse mit Alu-Folie abdecken und bei geschlossenem Geschirr garen. Danach pürieren, in das Geschirr zurückgeben und, falls erforderlich, unter Rühren noch einkochen. Sahne unterrühren, salzen, mit Pfeffer würzen und anrichten.

Abwandlung: Oberfläche des angerichteten Selleriepürees mit einer Mischung aus geriebenem Käse und geriebener, frischer Weißbrotkrume (2:1) bestreuen. Kleine Rindermarkwürfelchen darübergeben und im Salamander überbacken.

Bleichsellerie oder **Staudensellerie** gilt als Gemüsedelikatesse. Wegen seines milden, erfrischenden Eigengeschmacks und seiner zartknackigen Beschaffenheit wird er auch roh z.B. zu Salaten verwendet oder in Verbindung mit Käse angeboten.

Das Blattwerk der Staude ist unmittelbar über der Verästelung der fleischigen Stangen abzutrennen und als Würze für andere Zubereitungen aufzuheben. Die jungen Blätter im Herzen der Staude beläßt man der Pflanze. Die Wurzel ist glattzuschneiden und das Faserprofil an den äußeren Selleriestangen mit einem Sparschäler zu egalisieren. Danach wäscht man die Staude, spült unter fließendem Wasser etwa verbliebene Unreinheiten aus dem Innern heraus, indem man die Stangen spreizt, und legt sie zum Abtropfen in einen Durchschlag. Streng schmeckende Sorten werden vor dem Zubereiten blanchiert.

Der feine Eigengeschmack des Staudenselleries paßt besonders gut zu gebratenem dunklen Schlachtfleisch und zu Enten-, Gänse- und Putenbraten.

Bleichsellerie, braisiert Céleri braisé

Bedarf für 10 Portionen: 60 g Butter, 80 g Scheiben von frischem Rückenspeck, 250 g Zwiebelscheiben, 150 g Möhrenscheiben, 1,8 kg vorbereiteter Bleichsellerie, Salz, Pfeffer, 1 l Brühe oder Wasser, Zitronensaft.

Gardauer: 25 – 35 Min.

Ein geräumiges, flaches Geschirr mit einem Teil der Butter ausstreichen, die Topfwandung bis auf Höhe des einzulegenden Gargutes mit Speckscheiben auskleiden. Zwiebel- und Möhrenscheiben auf der Bodenfläche verteilen. Bleichsellerie einordnen, salzen, pfeffern, mit Brühe oder Wasser untergießen und rasch aufkochen, Alu-Folie über das Gemüse legen und es bei geschlossenem Geschirr im vorgeheizten Ofen braisieren.

Die gegarten, wenig abgekühlten Selleriestauden entnehmen, abtropfen lassen, dann in Stücke schneiden und anrichten. – Die Stauden am besten mit einem Querschnitt in zwei gleichlange Stücke teilen und die zusammenhängenden dickeren Wurzelstücke nochmals längs in Viertel, Sechstel oder dicke Scheiben schneiden.

Den Braisierfond des Selleries durch ein Sieb gießen, falls erforderlich entfetten, und auf ein Mindestmaß einkochen. Reduzierten Fond vom Herd nehmen, die übrige Butter unterschlagen, mit Zitronensaft und weißem Pfeffer aus der Mühle abschmecken und über das angerichtete heiße Gemüse gießen.

Gerichte von vorgegartem Bleichsellerie für jeweils 10 Portionen

Bleichsellerie **mit Tomaten und Speckstreifchen** **Céleri braisé** **aux tomates et lardons**	Bedarf: 1,8 kg braisierter Bleichsellerie, 500 g Tomatenfleischwürfel, Knoblauchsalz, Pfeffer, Zucker, 80 g Schalottenbutter, 150 g Streifchen von Magerspeck. Tomaten mit Knoblauchsalz, Pfeffer und Zucker würzen, in erhitzter Schalottenbutter rasch sautieren und auf dem angerichteten Sellerie verteilen. Speckstreifen knusprig braten und ohne das ausgetretene Fett über das Gemüse streuen.
Bleichsellerie mit Parmesan **Céleri au parmesan**	Bedarf: 1,8 kg braisierter Bleichsellerie, 150 g geriebener Parmesan, 60 g Butter. Angerichteten Sellerie mit Parmesan überstreuen. Die Butter in Flöckchen darauflegen und im Salamander hellbraun überbacken.
Bleichsellerie mit Rindermark **Céleri à la moelle**	Bedarf: 1,8 kg braisierter Bleichsellerie, 0,3 l Kalbsjus, Zitronensaft, Pfeffer, 50 g Butter, 20 – 30 Scheiben Rindermark, Salz, 10 g gehackte Petersilie. Braisierfond des Selleries und Kalbsjus auf ein Mindestmaß einkochen, mit Zitronensaft und Pfeffer abschmecken und die Butter unterschlagen. – Markscheiben in kochendem Wasser rasch blanchieren, mit einem Schaumlöffel aus der Flüssigkeit nehmen und abgetropft auf den flach angerichteten Sellerie legen. Markscheiben leicht salzen und pfeffern. Die Selleriejus über das Angerichtete geben und die Petersilie aufstreuen.

Weitere Abwechslungen sind durch Vollenden nach den Rezepten von Schwarzwurzeln gegeben.

Spargel

Der Spargel ist der unterirdische Stengeltrieb einer mehrjährigen Pflanze. Durch wiederholtes Aufpflügen der Erdwälle wachsen die Stangen im dunklen Erdreich heran und haben zunächst die erwünschte weiße Farbe. Wenn die Triebe im dritten Jahr des Wachstums die aufgepflügten Dämme durchbrechen, müssen sie mit scharfen, leicht gebogenen Spezialmessern sofort gestochen werden. Auf diese Weise erhält man den begehrten **Bleichspargel**.

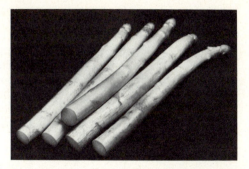

Unter Lichteinfluß verfärben sich die Köpfe grün oder violett und der Geschmack des Spargels wird strenger. Eine derartige Verfärbung ist nach der geltenden Handelsklassenverordnung zwar wertmindernd, doch wird der **Buntspargel** von Franzosen, Schweizern, Italienern und Spaniern bevorzugt. Aus diesem Grund hat auch der erste Spargel des Jahres, der immer Importware ist, meist farbige Köpfe.

Ob nun der weiße Bleichspargel oder der Buntspargel mit gefärbten Köpfen aus kulinarischer Hinsicht zu bevorzugen ist, darüber bestehen unterschiedliche Ansichten.

Grünspargel wächst oberirdisch und wird grün über dem Boden geschnitten. Wegen des Gehaltes an Blattgrün (Chlorophyll) schmeckt er herzhafter als Bleichspargel. Die Stangen sind äußerst zart und brauchen nur im unteren Drittel geschält zu werden. Ein weiterer Vorteil ist die viel kürzere Gardauer.

Frischer Grünspargel aus deutscher Ernte ist in den Monaten Mai und Juni am Markt.

Konserviert wird Grünspargel als Naßkonserve und TK-Ware angeboten.

Spargel wird beurteilt nach der Beschaffenheit der

- **Köpfe**; sie sollen weiß, fest, geschlossen und auf keinen Fall aufgeblüht sein. Färbungen sind nicht artabhängig, sondern werden, wie oben beschrieben, vom Zeitpunkt der Ernte bestimmt.
- **Stangen**; sie sollen gleichmäßig dick und gerade gewachsen sein. Außer für Suppen werden starke Stangen bevorzugt.
- **Schnittenden**; sie sollen frisch, also weder verfärbt noch geschrumpft sein. Letzteres weist auf Überlagerung hin und bedingt neben Qualitätsminderung auch vermehrten Abfall beim Vorbereiten.

Frischware wird nach Qualitätsnormen angeboten.

Klasse Extra

	Gutgewachsene Stangen, praktisch gerade, ohne Fehler; Köpfe festgeschlossen und unbeschädigt; Schnittfläche rechtwinkelig zur Längsachse und glatt.	Durchmesser: 12 – 16 mm

Klasse I

	Gutgewachsene Stangen, unverletzt, leichte Biegung zulässig; Köpfe fest geschlossen und unbeschädigt; Schnittfläche glatt.	Durchmesser: 10 – 16 mm

Klasse II

	Weniger gut gewachsene Stangen, unbeschädigt mit stärkerer Biegung; Köpfe weniger fest geschlossen; Schnittfläche möglichst glatt.	Durchmesser: keine Vorschriften

Beim Kauf von Frischware ist unbedingt die Frische zu prüfen. Frische Ware hat eine helle, saftige Schnittfläche. Ritzt man ein, muß etwas Saft austreten.

Angebotszeiten Freiland	Jan.	Feb.	März	April	Mai	Juni	Juli	Aug.	Sept.	Okt.	Nov.	Dez.

Lagerung:		Verlust in % bei Vorbereitung:	Schwankungsbreite	Mittelwert
1 °C 95 % rel. Luftfeuchte 2 Wochen			26 – 34	30

Als Konserven werden Naßkonserven und TK-Ware angeboten. Es gelten gleiche Qualitätsnormen.

Stangenspargel	**Brechspargel mit Köpfen**	**Brechspargel ohne Köpfe**
Einwandfreie Ware, 17 cm lang.	Einwandfreie Ware, blaue Köpfe zulässig.	Einwandfrei geschält, auch hohl.
– *Riesenstangenspargel* Bis 18 Stangen je 1/1 Dose.		
– *Stangenspargel, sehr stark* Bis 28 Stangen je 1/1 Dose.	– *Brechspargel, extra stark* Dicke mindestens wie Stangenspargel, sehr stark 5 – 6 cm lang, Kopfanteil mindestens 15 %.	– *Brechspargel ohne Köpfe, starke Abschnitte* Stücke über 3 cm lang, dick.
– *Stangenspargel, stark* Bis 28 Stangen je 1/1 Dose. Einwandfreie Beschaffenheit der Stangen, doch auch blaue und nicht vollkommen geschlossene Köpfe.	– *Brechspargel, stark* Dicke mindestens wie Stangenspargel, stark.	
– *Stangenspargel, mittelstark* Bis 52 Stangen je 1/1 Dose.	– *Brechspargel, mittelstark* Dicke mindestens wie Stangenspargel, mittelstark.	– *Brechspargel ohne Köpfe, mittelstarke Abschnitte*
– *Stangenspargel, 55/65* Bis 65 Stangen je 1/1 Dose.	– *Brechspargel, dünn*	– *Spargelabschnitte* Stücke unter 3 cm, dünn.

Spargelköpfe

Spargelköpfe, einwandfrei, geschlossen.

– *Spargelköpfe, stark, stehend* Dick, bis 11 cm lang.

– *Spargelköpfe, stark, liegend* Dick, bis 6 cm lang.

– *Spargelköpfe, mittel, stehend* Mittelstark, bis 11 cm lang.

– *Spargelköpfe, mittel, liegend* Mittelstark, bis 6 cm lang.

Frischer Bleichspargel ist eine begehrte Gemüsedelikatesse mit verhältnismäßig kurzer Saison. Die arbeitsintensive Pflege der Spargelkulturen und die Marktlage bedingen den relativ hohen Preis.

Spargel wird warm und kalt verzehrt. Die Möglichkeit seiner Verwendung ist vielgestaltig. Zu Suppen und Salaten ist er ebenso beliebt wie zu Vor- und Zwischengerichten. Frischer Stangenspargel wird als Beilage oder als Hauptgang angeboten. Entsprechend zerteilt ist er auch Garnitur anderer Zubereitungen. Die aromatische Feinheit des Spargelgeschmacks verträgt keine scharfen Gewürze.

Vorbereiten von Spargel

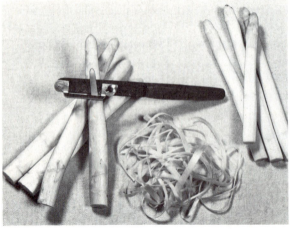

Spargel wird mit einem Spargelschäler geschält. Dies ist ein Messer mit verstellbarer Sparführung für die Schälstärke. Der Schäler wird unterhalb des Spargelkopfes angesetzt und die Schale in dünnen Streifen zum Ende hin rundum abgeschält. Beim Schälen ist die Spargelstange mit den Fingerspitzen am Kopf zu halten und zu drehen. Damit die Stange nicht zerbricht, ruht sie auf dem Unterarm, über den man zuvor ein feuchtes Tuch gelegt hat.

Der geschälte Spargel wird abgespült, mit dünner Schnur zu Portionen gebündelt und die Bündel an den Enden gleichmäßig zugeschnitten.

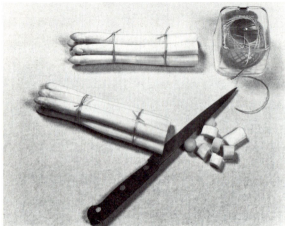

Bis zur Verwendung legt man die Spargelbündel flach auf Bleche, bedeckt sie mit einem feuchten Tuch oder mit Klarsichtfolie und stellt sie kühl.

Spargelschalen und -abschnitte können zur Suppenbereitung kurzzeitig aufbewahrt werden. Vor der Verwendung sind sie rasch zu waschen.

Je geringer die Qualität, desto höher der Verlust.

Portionsgewichte	Rohware, Klasse Extra	geschält und zugeschnitten
Hauptgang	500 g	350 − 375 g
Beilage	300 g	210 − 225 g

Garen von Spargel

Bedarf für 1 l Wasser: 10 g Salz, 3 g Zucker.

Gardauer: 18 Min.

Die Spargelbündel in das mit Salz und Zucker versehene, sprudelnd kochende Wasser einlegen und bei starker Hitzeeinwirkung rasch wieder zum Kochen bringen. Das Kochgut muß vom Wasser bedeckt sein. Nach dem Wiederaufkochen die Hitzezufuhr drosseln, so daß die Flüssigkeit gerade am Wallen bleibt.

Spargel soll gar, jedoch nicht weich sein, er schmeckt am besten, wenn er „à la minute" gekocht und direkt verzehrt wird.

Spargel, der zunächst in seiner Kochflüssigkeit verbleiben soll, wird knapper gegart. Durch Anstechen prüft man den Garzustand des Gemüses. Zeigt sich dabei geringer Widerstand, wird der Spargel von der Kochstelle genommen und auf ein Gitter gestellt; das Geschirr bleibt aufgedeckt. In der heißen Flüssigkeit zieht der Spargel noch nach.

Anrichten von Spargel

Stangenspargel, zu dem Sauce oder Butter separat gereicht wird, muß abgetropft vorgelegt werden, denn sonst läßt sich beim Verspeisen weder Sauce noch Butter mit dem Gemüse aufnehmen. Zweckmäßig richtet man Spargel auf einer Platte mit Serviette oder auf einem Spargelgestell an. Die Schnüre werden entfernt und die Spargellagen zurückgesetzt angeordnet, damit alle Spargelköpfe sichtbar sind.

Auch Spargel, den man angerichtet gleich mit Butter oder Sauce übergießt, muß zuvor gut abtropfen; andernfalls würde die Flüssigkeit den Geschmack der Zubereitung beeinträchtigen.

Spargelspitzen sind die auf etwa 8 cm Länge (oder auch kürzer) abgeschnittenen oberen Teile der Spargelstange. Die übriggebliebenen Spargelenden können zu Suppen, Mus, Auflauf und Pudding verwendet werden.

Die französische Küche bezeichnet mit Pointes (Spitzen, Sprossen) den grünen Spargel, der im Mittelmeerraum wächst. Die zarten Spitzen werden vom holzigen Ende abgebrochen. — Bekannte Sorten stammen aus den Orten Lauris und Pertuis.

Spargel paßt als Beilage zu Schlachtfleisch, Innereien, Hühnern und Tauben. Er ist charakteristischer Bestandteil von Frikassee- und Blankettgerichten. Der feine Geschmack des Spargels harmoniert ferner mit Zubereitungen aus Fisch, Krustentieren, Muscheln und Eiern.

Beigabe zu warmem Spargel	abgekühltem Spargel	Ergänzung zu Spargel
frische, geschlagene,	Essig-Kräuter-Sauce	Räucherlachs
zerlassene, braune,	Kalte Schnittlauchsauce	Arten roher
polnische Butter	(S. 15)	und gekochter Schinken
Bröselbutter	Joghurtcremsauce (S. 15)	Lachsschinken
Trüffelbutter	Chantillysauce	Bündner Fleisch
holländische Sauce	Gribichesauce	Pökelzunge
Mousselinesauce	Grüne Sauce	Gänsespickbrust
Cedardsauce		Kalbsmilchschnitten
Divinesauce		Piccata Milanaise
Malteser Sauce		Geflügelpastetchen
Nußsauce		Hühnerbrüstchen
Mandelsauce		Medaillons Pojarski
		Poulardenleberspießchen

Rezepte s. Bd. 1, Abschn. Saucen.

Spargel mit Parmesan überbacken   **Asperges au gratin au fromage**

Bedarf für 10 Portionen: 2 – 2,2 kg geschälter Spargel, Salz, Prise Zucker, 80 g Butter, 200 g geriebener Parmesan.

Gardauer: 18 Min.

Spargel wie vorstehend garen. Geräumige Backplatte mit Butter ausstreichen. Auf die Bodenfläche einen Teil des geriebenen Käses streuen. Gut abgetropfte Spargelstangen nebeneinander in die linke Seite der Backplatte legen. Vom verbliebenen Käse die Hälfte auf diese erste Schicht streuen. Den übrigen Spargel zurückgesetzt auf die erste Schicht ordnen, daß die unteren Spargelköpfe unbedeckt bleiben. Restlichen Käse aufstreuen, verbliebene Butter zerlaufen lassen und darüberträufeln. Spargel im Salamander hellbraun überbacken.

Grünspargel in Sahne   Asperges à la crème

Bedarf für 10 Portionen: 2,5 kg Grünspargel, Salz, 50 g Butter, 0,3 – 0,4 l Sahne, Muskatnuß.
Gardauer: 10 – 12 Min.

Grünspargel schälen, abspülen und in mundgerechte Stücke zerteilen. Spargel in kochendes Salzwasser schütten, rasch aufkochen und abgießen. Butter in flachem Geschirr zerlaufen lassen, Spargelstücke dazugeben, mit wenig Wasser untergießen, leicht salzen und zugedeckt 6 – 8 Min. dünsten.

Danach Spargel in einen Durchschlag abgießen. Spargelbrühe auffangen und auf ein Mindestmaß einkochen. Sahne und abgetropfte Spargelstücke zugeben und bei schwacher Hitze fertiggaren.

Rahmspargel mit sehr wenig geriebener Muskatnuß und fehlendem Salz ergänzen und anrichten.

Rahmspargel kann auch in **Blätterteigpastetchen**, in **Mürbteigtörtchen** oder in gedünstete **Artischockenböden** gefüllt werden.

Die Spargelspitzen sind dann gesondert zu halten und als krönende Garnitur auf die Füllung zu legen.

Stangenspargel mit Traubenfrikassee   Asperges en branche au fricassée de pigeons

Rezept s. Abschn. Regionalgerichte: ,,Niedersachsen".

Spargel auf badische Art   Asperges à la badoise

Rezept s. Abschn. Regionalgerichte: ,,Baden-Württemberg".

Spargelpudding   Timbale d'asperges

Bedarf für 10 Portionen: 1 kg geschälter Spargel, 80 g Butter, 5 – 6 Eier, 200 – 250 g Sahne, Salz,
        Pfeffer, Muskatnuß.
Gardauer: Spargel 12 Min., Puddinge 30 Min.

Spargel in kurze Stücke schneiden. In einem Geschirr 60 g Butter zerlaufen lassen, Spargel dazugeben und zugedeckt bei schwacher Hitze dünsten. Danach im Mixer pürieren oder mit einem Messer sehr fein hacken.

Eier mit ein wenig Sahne quirlen. Übrige Sahne und den pürierten Spargel aufkochen. Abseits der Hitze Eiersahne mit einem Schneebesen kräftig unter das Spargelpüree rühren. Masse salzen, mit wenig Pfeffer und Muskatnuß abschmecken und in ausgebutterte Becherförmchen füllen. Förmchen in ein heißes Wasserbad stellen und in einem vorgeheizten Ofen garziehen lassen. Vor dem Stürzen der Puddinge den oberen Rand mit einer Messerspitze von der Formwand lösen.

Spargelpudding paßt besonders gut zu warmen Krustentiergerichten, die mit Sauce zubereitet sind.

Spargelauflauf   Soufflé d'asperges

Bedarf für 10 Portionen: 900 g geschälter Spargel, Salz, 130 g Butter, 125 g Milch, 125 g Sahne,
        90 g Mehl, 5 Eigelb, Muskatnuß, Pfeffer, 180 g Eiweiß;
        für die Auflaufform (Inhalt 1,8 l): 30 g Butter, 40 g Semmelbrösel.
Gardauer: Spargelspitzen 15 Min., Auflauf große Form 50 – 60 Min., Portionsformen 25 – 35 Min.

Spargelköpfe 3 cm lang abschneiden, in Salzwasser garen und zunächst beiseite stellen. Übrige Spargelstangen in kurze Stücke teilen. In einem Geschirr 50 g Butter zerlaufen lassen, Spargel dazugeben und zugedeckt bei schwacher Hitze 10 Min. dünsten. Danach im Mixer pürieren. Milch und Sahne aufkochen, 80 g Butter und das Mehl verkneten, in die kochende Flüssigkeit legen, glattrühren und Teig abbrühen. Brühteig in eine Schüssel geben, Eigelb darunterarbeiten, desgleichen den pürierten Spargel, und die Masse salzen und würzen. – Auflaufform mit Butter ausstreichen und mit Semmelbrösel auskleiden. – Eiweiß unter Beigabe von ein wenig Salz zu steifem Schnee schlagen. Ein Drittel davon mit einem Schneebesen in die Spargelmasse rühren, übriges Eiweiß unterheben. Die Hälfte der Auflaufmasse in die präparierte Form füllen, die auf einem Tuch abgetropften, gegarten Spargelköpfe darauf verteilen und die verbliebene Auflaufmasse darübergeben.

Auflauf in ein kochendheißes Wasserbad stellen und im vorgeheizten Ofen (180 °C) garen.

Die Auflaufmasse kann auch in Portionsformen gefüllt fertiggestellt werden.

Spargelauflauf eignet sich z.B. als Vorgericht mit einer leichten Rahmsauce, als Ergänzung kann eine rohe oder gekochte Schinkenart beigegeben werden. Er paßt aber auch zu Gerichten aus hellem Schlachtfleisch, Geflügel, Kalbsmilch und Krustentieren.

Speiserüben

Speiserüben waren vor dem Beginn des Kartoffelanbaus sehr weit verbreitet; heute ist der Marktanteil gering, doch sollte die Küche auf Abwechslung bedacht sein und die spezielle Geschmacksrichtung nutzen.

Die einst so begehrte Speiserübe ist bei uns fast in Vergessenheit geraten. Nur noch die Fülle der deutschen Bezeichnungen zeugt von ihrer früheren Beliebtheit.

Die Speiserübe wird regional auch Weiße Rübe, Wasserrübe, Saatrübe oder Krautrübe genannt. Es handelt sich dabei um einen Oberbegriff für die frühen Mairüben. Diese werden, wie der Name schon sagt, im Mai, aber auch noch im Juni angeboten. Wegen ihres hohen Wassergehaltes sind sie nur eine Woche lagerfähig. Die späten Herbstrüben und die ebenfalls spät zu erntenden kleinen Arten, deren bekannteste die Teltower Rübe ist, sind lagerfähig.

Angeboten werden heute Teltower Rübchen, eine Lokalsorte, die südlich von Berlin wächst, und Nachzüchtungen aus den französischen Arten, die mit den Beinamen Nürnberger Rübe oder Jettinger Rübe belegt sind.

Angebots-zeiten Freiland	Jan.	Feb.	März	April	Mai	Juni	Juli	Aug.	Sept.	Okt.	Nov.	Dez.

Lagerung:	Herbstrübe		Verlust in % bei Vorbereitung:		Schwankungs-breite	Mittelwert
4	°C					
80	% rel. Luftfeuchte				20 – 28	24
etwa 4	Monate					

Die aromatische Speiserübe läßt sich schmackhaft zubereiten. Sie dient als Beilage, Garnitur und würzige Einlage in Suppen. Einen Stammplatz behauptet sie in der französischen Küche, dort ist die Speiserübe fester Bestandteil unterschiedlichster Zubereitungen. Zur Petite marmite oder Potée Bourguignonne gehört sie genauso wie zu Navarin printanier.

Vor der Weiterverarbeitung werden die Blätter und die langen Saugwurzeln der Rüben abgenommen. Danach sind sie zu waschen und zu schälen. Kleine Rübchen können im ganzen zubereitet werden, die größeren teilt man zuvor in Viertel oder Sechstel. Für Garnituren sind die Teile dann noch gefällig zu formen (tournieren). Größere geschälte Rüben von kugeliger Gestalt können auch wie Kohlrabi (vgl. S. 48) ausgehöhlt und gefüllt werden. Rüben, die zur Einlage in Brühen vorgesehen sind, schneidet man überwiegend blättrig.

Große Herbstrüben mit strengem Aroma sollten vor der Zubereitung blanchiert werden. Teltower Rübchen gewinnen an Geschmack, wenn man sie leicht anbrät und/oder ein wenig Bratensaft fertigstellt (s. auch Bd. 1, Ente mit Teltower Rübchen).

Rübenzubereitungen eignen sich als Beilage zu Hammelkeule, Hammelragout, Kasseler, Schweine- und Rinderbraten, zu Kochwurst, gebratenen Enten und gepökelten Gänsekeulen. Ferner zu Kurzbratfleisch von Schwein und Lamm.

Glacierte Teltower Rübchen   Navets de Teltow glacés

Bedarf für 10 Portionen: 150 g Butter, 1,8 kg vorbereitete Teltower Rübchen, 60 g Zucker, 0,4 l
        Kalbsjus, Pfeffer, 1 Msp. geriebene Muskatnuß, 1 El gehackte Petersilie.

Gardauer: 15 – 20 Min.

In einem geräumigen Geschirr zwei Drittel der Butter erhitzen, die Rübchen zugeben, schwach
salzen und leicht anbraten.

Den Zucker in einem Topf mit dickem Boden hellbraun schmelzen lassen. Butter in den Zucker
geben, Jus dazugießen und unter Rühren bei schwacher Hitze kochen, bis sich der Zucker aufgelöst hat. Dann die Flüssigkeit den Rübchen beifügen, alles mischen und zugedeckt dünsten.

Frisch gemahlenen Pfeffer und geriebene Muskatnuß über die gegarten Rübchen streuen und den
Inhalt durchschwenken. Die inzwischen zu dickfließendem Sirup eingekochte Flüssigkeit legt sich
beim Schwenken als glänzender Überzug um das Gemüse. Nach dem Anrichten die Petersilie
aufstreuen.

Mairübchen mit jungen Zwiebeln   Navets aux petits oignons

Bedarf für 10 Portionen: 1,2 kg vorbereitete Mairübchen, 30 weiße Frühlingszwiebeln (ausgesucht
        kleine), 120 g Butter, Salz, Pfeffer, 20 g Zucker, 0,4 l helle Geflügelbrühe, 1 El
        grobgehackte Kräuter (Kerbel, Petersilie).

Gardauer: 15 Min.

Rübchen entsprechend ihrer Größe in Viertel oder Sechstel teilen und die Kanten brechen. Die
jungen Zwiebeln schälen, dabei das Wurzelende nur mäßig kürzen, damit die Zwiebeln beim Garen
zusammenhalten.

In einem geräumigen Geschirr 80 g Butter erhitzen, Zwiebeln darin hellgelb anschwitzen. Rübchen
dazugeben, leicht salzen und pfeffern, mit Zucker bestreuen, die Brühe angießen und zugedeckt
garen.

Danach den Deckel abnehmen und die Flüssigkeit auf ein Minimum reduzieren. Kräuter und übrige
Butter beifügen, alles behutsam mischen und nicht mehr kochen lassen.

Rübenpüree   Purée de navets

Bedarf für 10 Portionen: 1,5 kg vorbereitete Rüben, 250 g Zwiebelscheiben, 130 g Butter, 400 g
        Kartoffelscheiben, Salz, 25 g Zucker, 0,1 l Sahne, Pfeffer.

Gardauer: 30 Min.

Rüben in dicke Scheiben schneiden. Zwiebeln in 100 g Butter farblos anschwitzen. Rüben und Kartoffeln zugeben. Wenig Wasser angießen, schwach salzen und zugedeckt dünsten. Nach dem Garen
soll kaum noch Flüssigkeit vorhanden sein.

Inzwischen Zucker hellgelb schmelzen lassen, 30 g Butter einrühren, mit einem Schuß Wasser ablöschen, zu sirupähnlicher Konsistenz einkochen, dann beiseitestellen.

Gegartes Gemüse passieren, auf dem Herd glattrühren, Zuckersirup und Sahne daruntermischen.
Das Püree mit frisch gemahlenem Pfeffer sowie geriebener Muskatnuß abschmecken.

Spinat

Spinat wird je nach Erntezeit und Ernteart unterschiedlich angeboten.

Frühjahrsspinat macht den Großteil des Angebotes aus und kommt in den Monaten April und Mai auf den Markt. Importware, vor allem aus Italien, ist früher zu haben.

Winterspinat sät man z.T. bereits im Spätsommer. Freilandware wird im Spätherbst/Frühwinter geerntet. Wird in abgeernteten Kaltkästen gesät, reicht die Ernte bis in den Winter.

Nach der Ernteart unterscheidet man:

Blattspinat, bei dem die einzelnen Blätter abgepflückt oder mit einer speziellen Sense abgemäht werden;

Wurzelspinat (Abb. unten), bei dem die Pflanzen direkt unter dem Wurzelhals abgeschnitten werden. Diese Art erfordert bei der Vorbereitung mehr Aufwand und ergibt eine geringere Ausbeute.

Frischware soll einheitlich in der Größe, frisch, grün, frei von gelben Blättern, sand- und unkrautfrei sein.

Spinat neigt bei der Lagerung sehr stark zur Selbsterwärmung. Darum ist für eine lockere Schüttung und eine gute Durchlüftung zu sorgen.

Angebotszeiten Freiland	Jan.	Feb.	März	April	Mai	Juni	Juli	Aug.	Sept.	Okt.	Nov.	Dez.

Lagerung: 0 °C 95 % rel. Luftfeuchte bis 8 Tage		Verlust in % bei Vorbereitung:	Schwankungsbreite	Mittelwert
			10 – 34	22

Spinat wird heute überwiegend durch Tiefkühlung konserviert.

Wiedererwärmen und Warmhalten von Spinat

Spinat gehört zu den Pflanzen, die in den Blättern Nitrat ablagern. Dieses kann bei warm gelagerter Frischware und bei warmstehenden Zubereitungen von Bakterien zu Nitrit reduziert werden und dann die Atmung hemmen und zu Vergiftungserscheinungen führen.

Die Nitritbildung durch bakterielle Tätigkeit ist wesentlich von der Aufbewahrungstemperatur abhängig, denn die Kleinlebewesen sind in ihrer Wirksamkeit temperaturgebunden (Grundsätzliches s. Bd. 1, Abschn. Lebensmittelinfektionen und Vergiftungen). Unter 10 °C und über 70 °C ist ihre Tätigkeit sehr eingeschränkt. Im dazwischenliegenden Bereich sind sie unterschiedlich stark wirksam; das Optimum, also die für die Nitritbildung gefährlichste Temperatur, liegt bei 40 °C. Nur wenn Spinat längere Zeit im Wirkungsbereich der Bakterien lagert, kommt es zu gefährlicher Nitritbildung.

> Grundsätzlich ist also nicht das Wiedererwärmen der Grund für die Nitritbildung, sondern vielmehr die beim Abkühlen und Wiedererwärmen zu durchlaufende Zeitspanne im gefährlichen Temperaturbereich. Besonders bei größeren Mengen besteht dann Gefahr.

Die Nitritbildung kann aus den obengenannten Gründen auch dann erfolgen, wenn zubereiteter Spinat längere Zeit bei nicht ausreichender Temperatur (unter 60 °C) warmgehalten wird.

Wegen der Gefahr der Nitritbildung beim Zubereiten von Spinat wird empfohlen, sich an folgende Regeln zu halten:

- Spinat rasch zum Kochen bringen,
- nur kurz vorgaren, er muß noch Biß haben,
- in Eiswasser abkühlen, um den kritischen Temperaturbereich schnell zu unterschreiten,
- in geräumigen Geschirren fertigstellen, damit eine rasche Hitzeübertragung erfolgt,
- in kleinen Mengen nacheinander zubereiten,
- nicht über einen längeren Zeitraum warmhalten,
- übriggebliebenen, bereits zubereiteten Spinat nicht erneut wiedererwärmen, denn das gesundheitliche und wirtschaftliche Risiko steht in keinem Verhältnis zu einer möglichen Ersparnis.

Vorbereiten: Spinat verlesen, von welken und beschädigten Teilen, Wurzeln und harten Stengeln befreien und anschließend waschen. Dabei reichlich Wasser verwenden, damit anhaftende Erde und Ungeziefer wegschwemmen können und die Blätter nicht so stark knicken. Das Wasser mehrmals wechseln. Dann das Gemüse aus dem Wasser nehmen, locker in einen geräumigen Durchschlag füllen und abtropfen lassen.

Garen von Spinat

Vorbereiteter Spinat kann in Wasser oder in einem Trockendampf-Schnellgargerät (Arbeitsweise s. Bd. 1, S. 17) vorgegart werden.

Reichlich Salzwasser (10 g/l) zu starkem Kochen bringen. Den Spinat in die sprudelnde Flüssigkeit legen und mit einem Holzlöffel untertauchen. Nachdem das zusammengefallene Gemüse wieder durch und durch wallend kocht, vom Herd nehmen, in einen Durchschlag abgießen und in bereitstehendem Eiswasser abschrecken. Behutsames Umrühren sorgt für eine rasche gleichmäßige Durchkühlung.

Den kalten, wieder abgegossenen Spinat in Mengen von 2 oder 3 Portionen einteilen. Noch verbliebenes Wasser ausdrücken, ohne die Blätter zu zerquetschen, und auf ein flaches Geschirr nebeneinanderlegen. Das Gemüse bis zur Weiterverwendung abdecken und kaltstellen.

Wurzelspinat	Portionsgewicht		
	Rohware	geputzt	gegart und ausgedrückt
Beilage	250 g	165 g	150 g

> Blattspinat oder Spinatpüree sind ein beliebtes Gemüse zu allen Braten (außer Sauerbraten) und zu Gerichten aus Kurzbratfleisch. Ferner zu Schinken, Kasseler, Innereien, Würsten und auch zu Krustentieren, Fisch und Eiern. Darüber hinaus wird Spinat als Einlage und zur Farbgebung verwendet.

Blattspinat mit Schalottenbutter   Épinards au beurre d'échalotes

Bedarf für 10 Portionen: 1,5 kg vorgegarter Spinat, Salz, geriebene Muskatnuß, frisch gemahlener
        Pfeffer, 150 − 180 g Butter, 60 g feingeschnittene Schalotten, Fleischbrühe.

Spinat flach ausbreiten, zwecks besserer Verarbeitung einige Male über Kreuz durchschneiden.
Dann salzen, Muskatnuß und Pfeffer darüberstreuen und auf eine Platte legen.

Butter in einer großen, schwarzen Stielpfanne bräunen. Schalotten in die Butter streuen, sogleich
den Spinat von der Platte in die Pfanne schieben. Das Gemüse mit einer Gabel auflockern, dabei
auf der ganzen Bodenfläche verteilen, damit es rasch durchwärmt. Nun sehr wenig Brühe angießen
und sie durch Schwenken im Spinat verteilen. Mit dem Heißwerden des Spinates verdunstet die
beigegebene Flüssigkeit fast völlig. Das Gemüse ist in einer vorgewärmten Schüssel anzurichten.

Blattspinat muß genügend feucht sein, sonst verliert er in dem heißen Fett rasch seine grüne Farbe
und die Blätter schrumpfen.

Blattspinat mit Champignons   Épinards et champignons
überbacken   au gratin

Bedarf für 10 Portionen: 400 g geputzte Champignons, Salz, 20 g Butter, 1 Tl Zitronensaft, 1 Ei-
        gelb, 0,3 l Sahne, Mehlbutter;

        1,2 kg vorgegarter Spinat, Salz, geriebene Muskatnuß, Pfeffer, 100 g Butter, Fleisch-
        brühe;

        1 El geschlagene Sahne, 40 g geriebener Käse.

Champignons in Scheiben schneiden, salzen und mit Butter und Zitronensaft etwa 6 Min. dünsten.
Eigelb mit 2 El Sahne verrühren. Übrige Sahne den Champignons beigeben, kurze Zeit kochen.
Dann mit Mehlbutter leicht binden, mit angerührtem Eigelb legieren und zugedeckt warmhalten.

Blattspinat mit Schalottenbutter zubereiten (s.o.) und in flachem Geschirr anrichten. Die geschlagene Sahne behutsam unter die warmgehaltenen Champignons heben, den Spinat damit bedecken,
Käse aufstreuen und unter dem Salamander hellbraun überbacken.

Blattspinat in Sahne   Épinards à la crème

Bedarf für 10 Portionen: 80 g magere Speckwürfelchen, 60 g Butter, 100 g feingeschnittene Zwie-
        belwürfel, 0,8 l Sahne (oder 0,5 l Sahne, 0,2 l Béchamel und 0,3 l Brühe), Salz, Msp.
        geriebene Muskatnuß, Pfeffer, 1,3 kg vorgegarter Spinat.

Speck anbraten, Butter und Zwiebeln dazugeben. Wenn die Zwiebeln glasig sind, die Sahne angießen und aufkochen. Spinat grob zerschneiden, schwach salzen, würzen und in die Sahne rühren.
Das Gemüse kurze Zeit kochen und danach anrichten.

Blattspinat in kleinen Pfannkuchen   Crêpes aux épinards

Bedarf für 20 Pfannkuchen: 300 g Milch, 100 g Mehl, 4 Eier, Salz, Butter zum Braten;

        1,2 kg vorgegarter Spinat, Salz, Msp. geriebene Muskatnuß, Pfeffer, 120 g Butter,
        50 g feingeschnittene Schalotten, Fleischbrühe;

        0,5 l Béchamelsauce, 2 Eigelb, 0,15 l Sahne, 60 g geriebener Käse, 1 gehäufter El
        geschlagene Sahne.

Teig: Milch und Mehl glattrühren. Eier aufschlagen, tüchtig quirlen. Beides vermengen, mit einer
Prise Salz abschmecken und durch ein Spitzsieb passieren. Teig ruhen lassen. Aus der Menge 20 kleine, dünne Pfannkuchen backen.

Blattspinat wie oben zubereiten und davon gleiche Anteile auf jeweils eine Hälfte der Pfannkuchen geben und die andere Hälfte darüberklappen. Gefüllte Pfannkuchen in zwei große, mit Butter bestrichene Backplatten ordnen, mit nachfolgender Sauce leicht überziehen und unter dem Salamander überbacken.

Béchamelsauce erhitzen, mit Eigelb und Sahne legieren. Erst bei Verwendung Käse und geschlagene Sahne unter die Sauce heben.

Gefüllte Spinatblätter   Feuilles d'épinards farcis

Bedarf: 50 ausgesucht große Spinatblätter, Salz, 60 g Schalottenbutter, 0,2 l Fleischbrühe, 0,2 l Sahne;

Füllung: 350 g Filets von Räucherforelle, 100 g rohe Champignons, 2 Eier, 1 Eigelb, 50 g Sauerrahm, 1 El Kräuter (Dill, Petersilie), Pfeffer.

Gardauer: 6 Min.

Die gewaschenen Spinatblätter in kochendem Salzwasser brühen und abfrischen. Nach dem Abtropfen jeweils 5 Blätter versetzt aufeinanderlegen, daß eine zum Füllen ausreichende Fläche gegeben ist. Mit einem Löffel in die Mitte jeder Blattfläche von nachfolgender Füllung eiförmige Häufchen legen und sie mit den Spinatblättern umhüllen.

Füllung: Räucherforelle und Champignons feinhacken, dann passieren und mit einem Schneebesen kräftig verrühren. Eier und Eigelb schlagen und zusammen mit dem Rahm nach und nach zugeben. Mischung mit Kräutern und Pfeffer würzen.

Ein flaches Geschirr mit Schalottenbutter ausstreichen, die gefüllten Spinatblätter nebeneinander einsetzen, Brühe angießen, an den Kochpunkt bringen und zugedeckt im Ofen garziehen lassen. Danach den gefüllten Spinat anrichten und warmhalten. Den Fond durch ein Sieb gießen und zusammen mit der Sahne leicht sämig einkochen und über den angerichteten Spinat geben. — Gefüllte Spinatblätter eignen sich als Vorgericht auch in Verbindung mit Reis oder Nudeln oder als Garnitur zu Eiern.

Spinatwickel   Sarmale in foi de spanac

Rezept s. Abschn. Nationalgerichte: „Rumänische Küche".

Spinatbecher   Timbales d'épinards

Rezept s. Bd. 1, S. 249.

Spinatpüree   Épinards en purée

Bedarf für 10 Portionen: 0,5 l Sahne oder 0,25 l Sahne und 0,25 l dünne Béchamelsauce, 1,5 kg vorgegarter, passierter Spinat, Salz, geriebene Muskatnuß, Pfeffer.

Sahne oder Sahne und Béchamelsauce aufkochen. In einem flachen Topf die Butter hell bräunen. Spinatpüree und heiße Sahne oder Béchamel-Sahne dazugeben, unter Rühren rasch durchkochen, mit Salz, Muskatnuß und Pfeffer abschmecken. Noch zu feste Konsistenz des Pürees durch Beigabe von ein wenig Brühe verändern.

Den kochendheißen Spinat in vorgewärmter Gemüseschüssel anrichten.

*

Spinatmatte   Vert d'épinards

Mit Spinatmatte bezeichnet man den aus den Spinatblättern gewonnenen grünen Farbstoff.

Verlesenen, gewaschenen Spinat im rohen Zustand fein zerkleinern (Messer, Fleischwolf). Das erhaltene Püree in ein Tuch geben. Durch Zusammendrehen den Saft kräftig auspressen und auffangen. Rückstand im Tuch wegwerfen. Spinatsaft in einen Topf leeren und bei schwacher Energiezufuhr unter fortwährendem Rütteln erwärmen. Dabei treten durch die Einwirkung von Wärme grüne Farbkörperchen (Chlorophyll) aus der Flüssigkeit an die Oberfläche. Nun den Topf vom Herd nehmen und den Inhalt behutsam durch ein kleines Sieb mit engem Geflecht abgießen. Die im Sieb zurückgebliebene kleine Menge ist die Spinatmatte.

Spinatmatte ist von intensiver grüner Farbwirkung und kann Lebensmittelzubereitungen beigegeben werden, wodurch der durch Kräuter oder Gemüse bereits vorhandene Farbton stärker hervortritt.

Tomaten

Das vielfältige Angebot bei Tomaten kann nach mehreren Gesichtspunkten unterschieden werden.

Nach dem Verwendungszweck trennt man in Fleisch- und Suppentomaten;

nach der Form lassen sich differenzieren: gerippte oder krause Tomaten (Abb. oben links), runde oder Kugeltomaten (Abb. oben rechts) sowie flaschenförmige und ovale Tomaten (Abb. unten).

Tomaten haben unterschiedliche Kammersysteme: die Urform ist zweikammerig, sehr stark gerippte Formen können bis zu neun Kammern aufweisen. Wertgebend ist jedoch nicht die Anzahl der Kammern, sondern die Dicke der Frucht- und Zwischenwände. Negativ auf die Qualität wirken sich hoher Samenanteil und viel Schleimsubstanz aus.

Der Geschmack der Tomaten wird wesentlich vom Verhältnis Zucker/Säure bestimmt. Optimale Reifung führt darum zu bestmöglichem Geschmack. Vollreife Früchte sind gleichmäßig rot, ohne grünen Ring um den Stielansatz, das Fruchtfleisch gibt einem leichten Fingerdruck nach.

Mit Stiel werden Tomaten geerntet, wenn sie auf dem Lager nachreifen sollen. Beim Nachreifen am Lager kann sich jedoch das Aroma nicht voll entfalten.

Am Stock ausgereifte Früchte erntet man ohne Stiel; diese Ware ist gehaltvoller im Geschmack.

Tomaten sind heute durch Importe und Anbau in Treibhäusern das ganze Jahr über am Markt.

Bei Importware gelten Tomaten aus Bulgarien und Italien als die besten; Ware von den Kanarischen Inseln ist dünnfleischig, wird aber unreif geerntet und entspricht darum nicht immer unserem Geschmack, holländischer Treibhausware fehlt oft Würze und Süße.

Angebots-zeiten Freiland	Jan.	Feb.	März	April	Mai	Juni	Juli	Aug.	Sept.	Okt.	Nov.	Dez.

Lagerung:		Verlust in % bei Vorbereitung:	Schwankungs-breite	Mittelwert
8 – 12	°C			
80 – 85	% rel. Luftfeuchte		0 – 14	4
6 – 8	Tage			

Reife Tomaten haben einen aromatisch-erfrischenden Geschmack. Ihr Nutzwert für die Küche ist umfassend. So werden sie zu Suppen, Saucen, Salaten und Cocktails, als Garnitur und zum Würzen verwendet. Halbiert und ausgehöhlt eignen sie sich bestens zum Füllen. Tomaten passen als Beilage zu beinahe jeder Zubereitung wie auch zum Variieren mit anderen Gemüsen. Ferner können aus Tomaten Puddinge, Soufflés, Mousselines und Speiseeis hergestellt werden.

Vorbereitung von Tomaten

Die Vorbereitung ist entsprechend dem Verwendungszweck unterschiedlich. Zunächst werden die Stiele entfernt und die Tomaten gewaschen. – Für Suppen, Saucen und ähnliche Zubereitungen halbiert man sie nur und drückt die Schleimsubstanz aus. – Zum Füllen für warme Speisen werden vor dem Querhalbieren noch die Stielansätze der Tomaten ausgeschnitten. Um die Fruchtteile nicht zu beschädigen, entnimmt man das Innere mit einem Kartoffellöffel. Da Tomatenfleisch bei Einwirkung von Wärme leicht zusammenfällt, bleibt die Haut als Stütze an den Hälften. – Für die anderen Zubereitungen wird die Haut abgezogen. Mit einem Drahtkorb hält man die Tomaten einige Sekunden in kochendes Wasser, schreckt sie in kaltem Wasser ab und entfernt die Haut. Wird Tomatensalat angefertigt, schneidet man die abgezogenen Früchte meistens mit den Kernen. Zu Garnituren wird das Innere entnommen und das Fleisch in beliebige Formen geschnitten.

Tomaten für warme Füllungen

Zum Füllen mit fertigen warmen Zubereitungen werden nicht abgezogene, ausgehöhlte Tomaten verwendet. Man setzt die Tomatenhälften in ein mit Butter bestrichenes flaches Geschirr und würzt mit Pfeffer, Salz und einer Prise Zucker. In jede Hälfte legt man noch ein winziges Butterstück und läßt die Tomaten im Ofen gut warm werden. Danach sind sie mit der vorgesehenen heißen Zubereitung zu füllen und anzurichten. Das Füllen kann auch erst nach dem Anrichten der Tomatenhälften erfolgen.

Sollen die Tomaten reichlich Füllung aufnehmen, so werden nur die Bodenflächen mit dem Stielansatz quer abgeschnitten und die Früchte, wie beschrieben, präpariert und erhitzt.

Leichte Farcen, die in Tomaten zu garen sind, füllt man in die gewürzten kalten Fruchtkörper. In gefettete Geschirre geordnet, werden sie bei mäßiger Wärme im Ofen fertiggestellt.

Tomaten für kalte Füllungen

Zum Füllen mit kalten Zubereitungen werden abgezogene, ausgehöhlte Tomaten verwendet. Die Früchte sind vor dem Füllen mit Zitrone oder Essig, Speiseöl, Salz, Pfeffer und einer Prise Zucker zu marinieren.

Warme Füllungen	Kalte Füllungen
Gemüse aller Art, Gemüsepürees	Gemüsesalate aller Art
Pilze, Duxelles verschieden zubereitet	Kombinierte Salate aller Art
Eier	Kresse
Ragouts von Schlachtfleisch, Geflügel, Fisch oder Krustentieren	Cocktails
Farcen, Kräutermischungen	Schaummus
Reis	Essiggemüse, Senffrüchte
	Sahnemeerrettich

Tomaten nach provenzalischer Art   Tomates à la provençales

Bedarf: 10 reife Fleischtomaten je 100 g, Salz, Pfeffer, Zucker, 300 – 350 g geriebene Weißbrotkrume, 40 g Petersilie, 10 g Basilikum, 10 – 20 g Knoblauch, 60 g Olivenöl oder 80 g zerlaufene Butter.

Gardauer: 6 – 8 Min.

Tomaten waschen, Stielansätze ausstechen und quer halbieren. Schnittflächen mit Salz, Pfeffer
und sehr wenig Zucker würzen. Brotkrume, gehackte Kräuter, durchgepreßten Knoblauch und Olivenöl oder zerlaufene Butter mischen. Brotmischung auf die Tomatenhälften häufen und andrük-
ken. Präparierte Tomaten in ein gefettetes Randblech setzen und im Ofen bei starker Oberhitze
backen und bräunen.

Tomaten in dieser Zubereitung sind eine beliebte Beilage zu Hammelbraten und Kurzbratfleisch
aus der Pfanne oder vom Grill.

Tomaten überbacken   Tomates au gratin

Tomaten nach obigem Rezept vorbereiten. Eine Käse-Brot-Mischung (3:1) aufhäufen, mit Butter
beträufeln und braun überbacken.

Sautierte Tomaten mit Kräutern   Tomates sautées aux herbes

Bedarf für 10 Portionen: 2 kg abgezogene Tomaten, 100 g Olivenöl, 50 g Butter, Salz, Pfeffer, Zuk-
ker, 1 El gehackte Kräuter (2/3 Petersilie, 1/3 Kerbel).

Tomaten quer halbieren, Kerne entfernen. Olivenöl in einer großen Stielpfanne stark erhitzen. Die
Butter zugeben, die Tomaten nebeneinander einlegen, salzen, pfeffern, mit einer Prise Zucker bestreuen und scharf sautieren. Dann wenden, nochmals scharf sautieren, damit die Feuchtigkeit rasch
verdunstet. Gebratene Tomaten flach anrichten, die Kräuter darübergeben.

Geschmolzene Tomaten   Fondue de tomates

Bedarf: 1 kg abgezogene, entkernte Tomaten, 100 g Butter, 50 g feingeschnittene Schalotten, Salz
oder Knoblauchsalz, Pfeffer, Zucker.

Tomatenfleisch in grobe Stücke schneiden (concassées). Butter zerlaufen lassen, Schalotten und Tomaten zugeben. Mit Salz oder Knoblauchsalz (gemäß dem Verwendungszweck der Früchte), Pfeffer
und wenig Zucker würzen und dünsten, bis der ausgetretene Tomatensaft auf ein Minimum eingekocht ist.

Geschmolzene Tomaten verwendet man vorwiegend zum Würzen von Zubereitungen, aber auch als
Garnitur.

Tomatenmark   Purée de tomates

Tomatenmark wird zum Würzen und zum Herstellen von Suppen und Saucen verwendet. Ferner
bereitet man daraus Tomatenauflauf, Tomatenpudding, Tomatenschaummus und Tomateneis.

- **Rohes Tomatenmark.** Reife Tomaten waschen, halbieren, Kerne und Schleimsubstanz ausdrük-
ken. Tomatenfleisch durch ein Sieb streichen.

  1 kg reife Fleischtomaten ergeben 700 – 750 g rohes Mark.

- **Eingedicktes Tomatenmark.** Reife Tomaten waschen, zerschneiden, 10 Min. kochen, dann durch
ein Sieb drücken. Tomatenmus unter Rühren eindicken.

  1 kg reife Fleischtomaten ergeben 230 – 250 g eingedicktes Mark.

Tomatenauflauf und **Tomatenpudding** können mit eingedicktem Tomatenmark wie Spargel gleicher
Zubereitung (Rezept S. 80) angefertigt werden.

Tomatenschaummus   **Mousselines de tomates**

Bedarf: 400 g eingedicktes Tomatenmark (s.o.), 5 Blatt Gelatine, 3 El Tomatenketchup, Salz, Pfeffer, 300 g kleine Tomatenfleischwürfel, 180 g geschlagene Sahne.

Ergebnis: 10 – 15 Portionen.

Tomatenmark erwärmen, eingeweichte, ausgedrückte Gelatine zugeben und darin lösen. Dann mit Tomatenketchup, Salz und Pfeffer abschmecken. Tomatenmischung auf Eis temperieren. Wenn sie zu stocken beginnt, erst die gewürzten kleinen Tomatenfleischwürfel, danach die geschlagene Sahne unterziehen.

Das Schaummus in Portionsschalen, wenn es gestürzt werden soll in Portionsförmchen, einfüllen. Zum völligen Stocken zugedeckt in den Kühlschrank stellen.

Tomatenschaummus eignet sich in Verbindung mit kombinierten Salaten als kaltes Vorgericht.

Weißkohl

Diese Kopfkohlart (s. Abb.) wird auch Weißkraut oder Kappes genannt. Die weißgrünlichen Blätter liegen wie beim Rotkohl eng zusammen und bilden einen Kopf.

Filderkraut oder **Spitzkohl** ist eine vorwiegend als Einschneidekohl angebaute, wohlschmeckende Weißkohlsorte, die auf den Fildern, einer Hochebene bei Stuttgart, gedeiht. Diese Sonderform hat grünbläuliche Blätter, die locker stehen und einen spitzen Kopf bilden.

Frischer Kopfkohl ist das ganze Jahr über am Markt. Moderne Lagerhäuser, ausgestattet mit automatischer Regelung für Temperatur und Feuchtigkeit, ermöglichen eine Vorratshaltung bis zum Beginn der neuen Ernte.

Qualitätsware ist einheitlich und fest, frei von Raupenfraß und Faulstellen.

Weißkohl wird kaum als Konserve angeboten.

Angebots- zeiten Freiland	Jan.	Feb.	März	April	Mai	Juni	Juli	Aug.	Sept.	Okt.	Nov.	Dez.

Lagerung: 0 °C 90 % rel. Luftfeuchte bis 6 Monate	Verlust in % bei Vorbereitung:	Schwankungs- breite	Mittelwert
		8 – 42	22

Frischer Weißkohl wird sowohl gegart als auch roh verzehrt. Neben der Zubereitung als Gemüse oder Salat ist er Bestandteil in Suppen und Eintöpfen. Die regionale Küche verwendet Weißkohl u.a. auch zur Füllung in Pasteten oder als Zutat für Hefefladen.

Vor der Weiterverarbeitung entfernt man die unschönen äußeren Blätter, teilt den Kopfkohl in Viertel oder Sechstel und trennt die Strunkanteile ab. Nachdem die Kohlstücke abgespült sind, nimmt man einzelne Blattlagen und zerkleinert diese gemäß der vorgesehenen Zubereitung. Die Zerkleinerung kann auch maschinell erfolgen. Dicke Rippen werden zuvor flachgeschnitten.

Zu gefülltem Weißkohl bleibt der Kopf zunächst ganz. Der Strunk wird ausgeschnitten und der Kohlkopf gekocht oder gedämpft, bis die Blätter geschmeidig sind und sich formen lassen. Die großen Blätter dienen als Mantel, denen noch kleine Blätter zugeordnet werden.

Entsprechend seiner Zubereitungsart paßt Weißkohl zu gekochtem oder geschmortem Rindfleisch, zu Wildgeflügel, Schweinebraten und Hackfleischgerichten; ferner zu Bratwurst, Rostbratwurst oder Rippchen und Hammelfleisch.

Gedünstete Weißkohlköpfchen mit Speck   **Petits choux braisés au lard**

Bedarf für 20 Kohlköpfchen: 3 kg Weißkohl, Salz, Pfeffer, Kümmel, Muskatnuß, 80 g Butter, 20 kurze, magere Speckscheiben, 350 g Zwiebelscheiben, 200 g Möhrenscheiben, 1 l Brühe, 1 El gehackte Petersilie.

Gardauer: 25 – 45 Min.

Kohl zum Füllen vorbereiten, wie einleitend beschrieben. Blanchierte Kohlblätter abnehmen, auslegen, kleinere dazuordnen und den Rest gehackt beifügen. Salz, Pfeffer, Kümmel und geriebene Muskatnuß aufstreuen. Das Außenblatt jeweils um den aufgelegten Kohl schlagen, Köpfchen formen und diese einzeln in ein Tuch nehmen, nachformen und ausdrücken. Ein flaches Geschirr, in dem die Köpfchen nebeneinander Platz finden, mit Butter ausstreichen, Speck-, Zwiebel- und Möhrenscheiben auf der Bodenfläche des Geschirrs verteilen und die auch von außen gesalzenen und gepfefferten Köpfchen einordnen. Den Inhalt zunächst anschwitzen, dann Brühe angießen und nach dem Aufkochen zugedeckt im vorgeheizten Ofen dünsten. Während des Garens auf ausreichende Flüssigkeit achten und die Köpfchen ab und zu damit bestreichen.

Später die fertiggedünsteten Köpfchen und die Speckscheiben entnehmen und anrichten. Die übrige, passierte Flüssigkeit auf ein Minimum einkochen, über die Kohlköpfchen träufeln und die Petersilie aufstreuen.

Gefülltes Weißkraut wird nach der gleichen Weise behandelt. Mit der eingeschlossenen Füllung kann es auch länglich geformt werden.

Bayrischkraut   **Chou à la bavaroise**

Rezept s. Abschn. Regionalgerichte: „Bayern".

Weitere Rezepte von Zubereitungen mit Weißkohl

Weißkohl mit Hackfleisch s. Abschn. Regionalgerichte: „Schlesien".
Überbackener Krautbraten s. Abschn. Regionalgerichte: „Bayern".
Kolozsvarer Kraut s. Abschn. Nationalgerichte: „Ungarische Küche".
Kohl-Piroggen s. Abschn. Nationalgerichte: „Russische Küche".
Gefüllte Kohlvierecke s. Abschn. Nationalgerichte: „Arabische Küche".
Irish Stew s. Bd. 1, S. 523

Sauerkraut

Sauerkraut ist geschnittener Weißkohl mit Salzzusatz, der durch natürliche Milchsäuregärung haltbar ist.

Sauerkraut kann „mild", „mildsauer" oder durchgegoren sein und dann einen höheren Säuregehalt aufweisen. Bei unterbrochener Gärung entwickelt sich nicht die volle Säuremenge, es verbleibt ein Restzuckergehalt, der eine wiederbeginnende Gärung ermöglichen würde. Darum wird nicht durchgegorenes Sauerkraut nur pasteurisiert angeboten.

Am Markt ist heute überwiegend mildes, also nicht durchgegorenes und darum pasteurisiertes Sauerkraut. Durchgegorene Ware hat einen Säuregehalt, der nach unserem Empfinden zu scharf ist; diesem Sauerkraut müßte vor der Weiterverarbeitung durch Waschen das Zuviel an Säure entzogen werden. Dadurch würden zugleich Vitamine und Mineralstoffe ausgelaugt.

Qualitätsmerkmale

Knackig, hellfarben, nicht schleimig; frischer, säuerlicher Geschmack.

Angebotsformen:

- *Sauerkraut*
  auch angeboten als

- *Delikateß-Sauerkraut*
  ausgereifte, feste Ware, nicht mehr als 10 %
  natürliche Lake nach dem Abtropfen.

- *Weinsauerkraut*
  auch angeboten als

- *Delikateß-Weinsauerkraut*
  zusätzlich mindestens 1 l Wein je 50 kg
  Sauerkraut.

Sauerkraut eignet sich als Beilage zu: Gekochtem oder gebackenem Schinken, Kasseler, Pökelfleisch, Schweinebraten, Würsten und Leberknödeln; ferner zu dunklem Geflügel und Wildgeflügel.

Sauerkraut   Choucroute

Bedarf für 10 Portionen: 200 g feine Zwiebelstreifen, 200 g Apfelscheiben, 100 g Schmalz von Gans
    oder Schwein, 0,7 l Wasser, 2 kg Sauerkraut, Salz, 300 – 500 g frischer Speck, 1 Gewürzbeutel (1 Tl Kümmel, 10 Wacholderbeeren, 1 Gewürznelke, 1/2 Lorbeerblatt),
    0,2 l Weißwein, 1 – 2 El Honig.

Gardauer: 40 – 50 Min.

Zwiebeln und Äpfel im heißen Schmalz farblos anschwitzen, Wasser dazugießen und aufkochen. Aufgelockertes Sauerkraut in den kochenden Ansatz geben, schwach salzen und durchrühren. Alles rasch wieder zum Kochen bringen, sonst verliert das Kraut die helle Farbe. Speck und Gewürzbeutel in die Krautmitte stecken und die Oberfläche mit Butterpapier oder Alu-Folie belegen. Den Topf zudecken und den Inhalt bei mäßiger Hitze garen. Bei fehlender Flüssigkeit jeweils nur die absolut nötige Menge nachgeben. Nach etwa halber Garzeit den Weißwein angießen, das Kraut wieder zudecken und fertigkochen.

Danach den Gewürzbeutel entnehmen. Den Speck in Salzwasser weitersieden und später anderweitig verwenden. Das gegarte Sauerkraut mit dem Honig vollenden.

Zubereitetes Sauerkraut soll von heller, appetitlich-glänzender Farbe sein, fast keine Flüssigkeit besitzen, einen feinen säuerlichen Geschmack haben und beim Verzehren den Zähnen noch leichten Widerstand bieten.

Sauerkraut kann durch Beigabe weiterer Zutaten geschmacklich variiert werden.

Champagnerkraut **Choucroute au champagne**	Gegartes Sauerkraut in tiefem Geschirr anrichten. Mit einer angemessenen Menge Champagner übergießen und den gut schließenden Deckel sogleich auflegen. Gemüse und Anrichtegeschirr müssen heiß sein.
Ananaskraut **Choucroute à l'ananas**	Frische Ananaswürfel unter das gegarte Kraut mischen. Zur Aromaentfaltung in verschlossenem Geschirr kurze Zeit durchziehen lassen. Das angerichtete Kraut kann noch mit in Butter erhitzten, dünnen, geviertelten Ananasscheiben garniert werden.
Sauerkraut mit Weintrauben **Choucroute** **aux grains de raisins**	Weiße, abgezogene und entkernte Weinbeeren unmittelbar vor dem Anrichten mit ein wenig Butter erhitzen und unter das heiße Sauerkraut mischen.

Weitere Rezepte von Zubereitungen mit Sauerkraut

Garniertes Sauerkraut s. Bd. 1, S. 497
Sauerkrautwickel s. Abschn. Nationalgerichte: „Rumänische Küche" u. „Bulgarische Küche".
Geröstetes Sauerkraut s. Abschn. Nationalgerichte: „Bulgarische Küche".

Wirsing

Diese Kohlkopfart wird auch Savoyer Kohl, Welschkraut und Börschkohl genannt.

Wirsing wächst nicht so dicht wie Weißkohl. Die Blätter schließen sich zu einem lockeren Kopf zusammen. Das Blatt ist meist blasig, der Blattrand unterschiedlich gewellt.

Wirsing ist sortenreich. Früh-, Herbst- und Winteroder Dauerwirsing ermöglichen ein ganzjähriges Marktangebot.

Der grüne bis dunkelgrüne **Frühwirsing** wird dem mehr gelben **Spätwirsing** vorgezogen.

Angebots- zeiten Freiland	Jan.	Feb.	März	April	Mai	Juni	Juli	Aug.	Sept.	Okt.	Nov.	Dez.

Lagerung: 0 °C 90 % rel. Luftfeuchte bis 6 Monate	Verlust in % bei Vorbereitung:	Schwankungs- breite	Mittelwert
		18 – 40	28

Wirsing kann wie Weißkohl verwendet werden, er eignet sich allerdings weniger gut zum Rohverzehr.

Die Vorbereitung entspricht der des Weißkohls. Durch die locker aneinanderliegenden Blätter und deren blasige Struktur ist der Befall von Ungeziefer eher gegeben. Deshalb muß beim Waschen das Wasser mehrmals gewechselt werden.

Wirsinggemüse paßt zu gekochtem oder geschmortem Rindfleisch, zu Schweinebraten, Hackfleischgerichten, dunklem Geflügel und Wildgeflügel. Ferner zu Bratwurst, Rostbratwurst oder Rippchen und zu Hammelfleisch.

Wirsing, gedünstet   Chou de Milan étuvés

Bedarf für 10 Portionen: 2,8 kg Wirsing, Salz, 200 g Zwiebelscheiben, 250 g Möhrenscheiben, 80 g
        Butter, Pfeffer, 0,7 l Fleischbrühe, 60 g Butter zum Bestreichen, 1 El gehackte Petersilie.

Gardauer: 20 – 25 Min.

Unschöne Außenblätter des Wirsings entfernen. Köpfe halbieren. Damit die Kohlblätter beieinan-
derbleiben, erst nach dem gründlichen Waschen die Strunkanteile herausschneiden. Wirsinghälften
zusammendrücken, umschnüren, in Salzwasser kurz blanchieren und abtropfen lassen.

Zwiebel- und Möhrenscheiben mit der Butter farblos anschwitzen. Gebundene Kohlhälften dazuordnen, leicht salzen und pfeffern, die Brühe angießen. Alles aufkochen und zugedeckt bei
schwacher Hitze dünsten.

Nach Entfernen der Schnüre gegarten Wirsing in dickere Scheiben teilen, anrichten, mit zerlaufener Butter bestreichen und die Petersilie aufstreuen.

Rahmwirsing   Chou vert à la crème

Bedarf für 10 Portionen: 2,5 kg Frühwirsing, Salz, 200 g feingeschnittene Zwiebeln, 80 g Butter,
        Pfeffer, Fleischbrühe, 0,1 l Béchamelsauce, 0,3 l Sahne, Muskatnuß.

Gardauer: 20 – 30 Min.

Wirsing putzen, vierteln, Strünke und dicke Rippen entfernen. Kohl gründlich waschen, in Salzwasser blanchieren, abfrischen und ausdrücken. Wirsing grob hacken.

Zwiebeln mit Butter anschwitzen, gehackten Kohl zugeben, leicht salzen und pfeffern. Gemüse mit
wenig Brühe untergießen, aufkochen und zugedeckt dünsten.

Béchamelsauce und Sahne aufkochen, dem Gemüse kurz vor dem Garsein beigeben und aufgedeckt
unter zeitweiligem Rühren fertiggaren. Danach mit einer Prise geriebener Muskatnuß abschmecken.
Das Gemüse darf nur mit wenig dünner Rahmsauce umgeben sein.

Weitere Rezepte von Zubereitungen mit Wirsing
Geschmorter Wirsing und Vierländer Ente s. Abschn. Regionalgerichte: „Küstengebiete der Nord-
und Ostsee".
Büchelsteiner Fleisch s. Abschn. Regionalgerichte: „Bayern".
Wirsing mit Hammelfleisch s. Bd. 1, S. 523

Zucchini (Zucchetti, Courgettes)

Obwohl Zucchini aussehen wie kleine Gurken, sind
sie nicht mit diesen verwandt. Zucchini gehören zur
Gruppe der Kürbisse und stammen wie diese aus
Amerika.

Wesentliches äußeres Unterscheidungsmerkmal ist
das an der Frucht verbliebene sechseckige Stielende.
Die im Fruchtfleisch liegenden feinen Samenkerne
sind in gleicher Weise verteilt wie bei Gurken. Das
Fruchtfleisch ist fester und nicht so saftig.

Junge, sehr kleine Zucchini können ungeschält verarbeitet werden, größere enthalten Bitterstoffe in
der Schale und sind deshalb zu schälen.

Das Hauptangebot kommt aus Italien. Der Inlands-
anbau unter Glas oder Folie ist steigend.

Angebots-zeiten Freiland	Jan.	Feb.	März	April	Mai	Juni	Juli	Aug.	Sept.	Okt.	Nov.	Dez.

Lagerung: 7 – 10 °C 90 – 95 % rel. Luftfeuchte bis 2 Wochen	Verlust in % bei Vorbereitung:	Schwankungs-breite	Mittelwert
		10 – 24	17

Zucchini werden wie Auberginen behandelt. Ausführliche Erläuterungen über Vor- und Zu-bereiten s. Abschn. Auberginen.

Ratatouille / Gemüseragout   **Ratatouille à la provençale**

Bedarf für 10 Portionen: 1 kg Zucchini, 250 g Auberginen, 350 g grüne Paprikaschoten, 900 g Tomaten, 350 g feine Zwiebelstreifen, 0,1 l Olivenöl, 80 g Tomatenmark, 3 geschälte
Knoblauchzehen, 1 Tl grobgehackte, frische Basilikumblätter oder entsprechende
Menge getrocknet, 1 Kräuterbündel (Petersilienstiele, Thymianzweig, Lorbeerblatt),
1 El gehackte Petersilie.

Gardauer: 20 – 30 Min.

Zucchini und Auberginen schälen und in große Würfel schneiden. Paprikaschoten waschen, vierteln,
Kerne entfernen und in breite Streifen teilen. Tomaten ausstechen, brühen, abziehen, querhalbieren, Kerne ausdrücken und das Tomatenfleisch in grobe Stücke schneiden.

Zwiebeln in heißem Olivenöl anschwitzen, Tomatenmark und Knoblauch zugeben. Nach kurzer
Zeit die anderen Gemüse und das Basilikum dem Ansatz beifügen, salzen, pfeffern, Kräuterbündel
einlegen und alles zugedeckt schmoren.

Danach die Zubereitung aufdecken, Knoblauch und Kräuterbündel herausnehmen und, falls erforderlich, noch kochen, bis der ausgetretene Saft reduziert ist. Angerichtetes Gemüse mit Petersilie
bestreuen.

Geeignete Beilage zu gebratenem Hammel-, Rind- und Schweinefleisch und zu gebratenen Hühnern.

Gefüllte Zucchini   **Courgettes farcies**

Rezept s. Bd. 1, S. 505.

Zwiebeln

Die hier zu besprechende **Gemüsezwiebel** ünterschei- det sich von den allseits bekannten Arten der Ge- würzzwiebel (s. Bd. 1, Abschn. Gewürze).

Die großen Knollen werden auch **Füllzwiebeln** oder **Spanische Zwiebeln** genannt. Das durchschnittliche Stückgewicht liegt bei etwa 250 g. Gemüsezwiebeln enthalten weniger ätherische Öle und sind darum milder im Geschmack als Gewürzzwiebeln. Am be- kanntesten ist die Sorte Grano, die auch als Valen- ciana bezeichnet wird. Sie eignet sich besonders zum Füllen und für Zubereitungen, bei denen die Zwiebelstücke sichtbar sein sollen.

Angebots- zeiten Freiland	Jan.	Feb.	März	April	Mai	Juni	Juli	Aug.	Sept.	Okt.	Nov.	Dez.

Lagerung: 0 °C 65 – 75 % rel. Luftfeuchte bis 7 Monate	Verlust in % bei Vorbereitung:	Schwankungs- breite	Mittelwert
		3 – 14	8

Gemüsezwiebeln sind äußerst vielseitig verwendbar. Obwohl der Geschmack bei Gemüsezwiebeln verhältnismäßig mild ist, steigert er sich bei Einwirkung von trockener Hitze erheblich. Je stärker der Bräunungsgrad, desto intensiver der Zwiebelgeschmack.

Gefüllte Zwiebeln   **Oignons farcis**

Bedarf: 10 Grano-Zwiebeln je 150 – 200 g, Salz, Pfeffer, 40 g magere Speckscheibchen, 20 g But- ter, 50 g Möhrenscheiben, 50 g Tomatenmark, 0,3 l Brühe;

Farce: 60 g Semmeln, 300 g feingewolfte Schweineschulter, 4 El saure Sahne, 1 Ei, 50 g gehackte Pfifferlinge, 10 g gehackte Petersilie.

Gardauer: Blanchieren 15 Min., Schmoren 15 – 20 Min.

Zwiebeln schälen, Wurzelfasern entfernen. An der Lauchseite etwa ein Viertel der Zwiebel abschneiden. Von der Schnitt- fläche aus senkrecht einen tiefen runden Einschnitt anbringen, daß für die spätere Füllung eine entsprechende Wandung er- halten bleibt. Präparierte Zwiebeln in ko- chendem Salzwasser blanchieren. Danach abfrischen, aushöhlen, leicht salzen und pfeffern und die nachfolgende Farce erha- ben einfüllen.

Farce: Semmeln einweichen und ausdrük- ken. Alle Zutaten der Farce in eine Schüs- sel geben, salzen, pfeffern und zu einer Mas- se vereinigen.

Salat von Matjesfilets und Früchten

Rezept s. S. 183

Moskauer Krevettensalat

Rezept s. S. 182

Foto: Teubner

Russische Gemüsesuppe

Borschtsch malorussiski

Rezept s. S. 410

In einem flachen Geschirr Speck anbraten, Butter, Möhrenscheiben und ein Teil von dem ausgehöhlten, zerkleinerten Zwiebelfleisch zugeben und blond anschwitzen. Tomatenmark und Brühe beifügen, aufkochen, die gefüllten Zwiebeln hineinsetzen und ohne Deckel im Ofen garen. Von Zeit zu Zeit die Zwiebeln mit dem Garfond bestreichen.

Gegarte Zwiebeln anrichten und den passierten Fond darumgießen.

Zwiebeln mit würziger Spinatfüllung   Oignons farcis aux épinards

Rezept s. Bd. 1, S. 521.

Zwiebelpüree   Purée d'oignons / Purée Soubise

Zubereitung mit Béchamelsauce

Bedarf: 1 kg Gemüsezwiebeln in Scheiben geschnitten, 160 g Butter, Salz, Pfeffer, Zucker, 0,8 l dicke Béchamelsauce, 0,1 l Sahne, 4 Eigelb.

Gardauer: 35 Min.

Zwiebelscheiben 5 Min. blanchieren, abgießen und abtropfen lassen. 120 g Butter schmelzen, Zwiebeln zugeben, leicht salzen, mit Pfeffer und Zucker würzen und zugedeckt bei mäßiger Hitze farblos dünsten.

Weiche Zwiebeln durch ein feines Sieb streichen. Zwiebelpüree und Béchamelsauce unter Abspachteln der Bodenfläche zur gewünschten Konsistenz einkochen. Mit Sahne und Eigelb legieren und die übrige Butter in Flöckchen darunterschlagen oder nur mit Sahne und/oder Butter montieren. — Weiße Zwiebelsauce / Sauce Soubise s. Bd. 1, S. 245.

Zubereitung mit Reis

Bedarf: 1 kg Gemüsezwiebeln in Scheiben geschnitten, 160 g Butter, 100 — 120 g Rundkornreis, 0,8 — 1 l Milch, Salz, Pfeffer, Zucker, 0,1 l Sahne, 4 Eigelb.

Gardauer: 50 — 60 Min.

Zwiebelscheiben blanchieren wie oben. 120 g Butter schmelzen, blanchierte, abgetropfte Zwiebeln und Reis zugeben, andünsten und kochende Milch auffüllen. Leicht salzen, Pfeffer und Zucker beifügen und zugedeckt — am besten im Ofen (175 — 180 °C) auf einem Gitter stehend — garen. Dabei darf das Gargut keine Farbe nehmen.

Weiche Zubereitung nach kurzem Ausdampfen durch ein feines Sieb streichen. Das erhaltene Püree aufkochen, mit Sahne und Eigelb legieren und die übrige Butter in Stückchen unterziehen.

Zwiebelpüree mit Champignons   Purée d'oignons aux champignons

Unter Zwiebelpüree — mit Béchamelsauce oder mit Reis hergestellt — werden vor dem Legieren 250 g gegarte, fein gehackte und trocken geschwitzte Champignons gemischt.

Zwiebelpüree wird zum Füllen und Überbacken verwendet. In Betracht kommen Gemüse sowie Kalbs- und Hammelrücken. Auch gebratenen Koteletts, Steaks und Medaillons — vorwiegend von Kalb und Hammel — wird es gemäß der Zubereitungsart aufgehäuft und überbacken.

Zwiebel-Tortilla   **Tortilla con cebolla**

Bedarf: 1 kg Gemüsezwiebeln in feinen Scheiben, Olivenöl, 16 Eier, 0,3 l dicke, saure Sahne, Salz,
          Pfeffer, 200 g Streifen von gekochtem Schinken, 20 entsteinte Oliven in Scheiben, etwas
          gerebelter Majoran, 60 g Butter, 100 g Brunnenkresse.

Gardauer: Zwiebeln 10 Min., Tortilla 10 – 15 Min.

Zwiebeln in erhitztem Öl hell bräunen und zum Abtropfen in einen Durchschlag schütten.

Eier in eine Schüssel aufschlagen. Sahne, Salz und Pfeffer zugeben, mit einem Schneebesen tüchtig
schlagen und durch ein Spitzsieb in eine andere Schüssel passieren. Braune Zwiebeln, Schinken, Oliven und Majoran unter die Eiersahne mischen.

Butter in einer entsprechend großen Omelettpfanne erhitzen, die Eiermasse hineingeben und im
vorgeheizter Ofen auf einem Gitter stehend backen und bräunen.

Die Zwiebel-Tortilla auf eine warme gefettete Platte stürzen und mit Kressebuketts garnieren.

Weitere Rezepte von Zubereitungen mit Gemüsezwiebeln

Sächsisches Zwiebelfleisch s. Abschn. Regionalgerichte: „Sachsen".
Westfälisches Pfefferpothast s. Abschn. Regionalgerichte: „Nordrhein-Westfahlen".
Hessisches Zwiebelgemüse s. Abschn. Regionalgerichte: „Hessen".
Österreichisches Zwiebelfleisch s. Abschn. Nationalgerichte: „Österreichische Küche".
Zwiebelkuchen, s. Bd. 1, S. 156
Gratiniertes Zwiebelfleisch, s. Bd. 1, S. 448

Kleine Zwiebeln, Behandlung s. Abschn. Perl-, Silberzwiebeln.

Fritierte Zwiebeln   **Oignons frits**

Gebackene Zwiebelringe

Korbmenge: 20 – 25 Zwiebelringe.

Fett-Temperatur: 170 – 180 °C, Backdauer: 1,5 – 2 Min.

Geschälte Gemüsezwiebeln quer in gleichmäßige Scheiben von 2 – 3 mm schneiden. Zwiebelringe
voneinander trennen, zu kleine Ringe für andere Zubereitungen zurücklassen. Zwiebelringe salzen,
in Mehl, dem ein wenig Paprika beigemischt wurde, wenden. Zwiebeln in Backteig tauchen, rasch
in das heiße Fett legen und goldbraun fritieren. Gebackene Zwiebelringe auf Saugpapier abtropfen.

Röstzwiebeln

Korbmenge: 250 g Zwiebelstreifen.

Fett-Temperatur: 160 – 170 °C, Backdauer: 1,5 – 2 Min.

Geschälte Zwiebeln längs halbieren. Wurzelansatz abtrennen, Zwiebelhälften längs in Scheiben von
1 – 2 mm schneiden. Zwiebeln auflockern, daß sie in Streifen auseinanderfallen, und salzen. Mehl
mit wenig Paprika mischen, Zwiebelstreifen damit bestäuben, behutsam vermengen und überschüssiges Mehl abschütteln. Zwiebeln in Fritierkorb legen, in das heiße Fett tauchen und mit einer Gabel rühren, damit die Streifen nicht zusammenbacken. Goldgelbe Zwiebeln abtropfen lassen und
auf saugfähiger Unterlage ausbreiten.

Fritierte Zwiebeln werden hauptsächlich als Garnitur verwendet.

PILZE

ALLGEMEINES

In vergangener Zeit wurde im Zusammenhang mit der feinen Küche, wie ein Blick in historische Werke beweist, nur von Trüffeln und Champignons, allenfalls noch von der Morchel gesprochen. Die anderen Arten überließ man den einfacheren Bevölkerungsschichten und fand sie keiner Erwähnung wert.

Heute genießen die Pilze allgemeine Wertschätzung, die auf dem besonderen Geschmack, den reich vorhandenen Duft- und Aromastoffen sowie dem appetitanregenden Einfluß beruht.

ARTEN

Champignons	**Steinpilze**	**Pfifferlinge**

Beschreibung

Champignons sind Zuchtchampignons, wildwachsende Arten werden als „Wiesenchampignons" oder „Waldchampignons" angeboten.

Der weiße Lamellenpilz hat einen zunächst geschlossenen Kopf mit hellen Lamellen. Mit zunehmendem Alter öffnet sich der Kopf, und die Lamellen werden dunkler.

Bei Egerlingen ist der Pilzkopf mit einer braunen Haut bedeckt.

Der kugelige Kopf ist bei jungen Pilzen hellbraun, später wird er rotbraun bis braunschwarz und runzelig. Die Röhren sind beim Jungpilz fast weiß, später gelblich und schließlich olivgrün.

Der keulenförmige Stiel ist in jeder Altersstufe weiß und fest.

Der dotterfarbene Pilz, regional auch Reherl oder Eierschwamm genannt, hat zunächst einen gewölbten Hut, dessen Rand nach unten eingerollt ist. Beim ausgewachsenen Pilz ragt der Hut trichterförmig nach oben, so daß die Lamellen sichtbar sind.

Das Fleisch ist gelblich-weiß; der Geschmack ist in rohem Zustand scharf in Richtung Pfeffer, was auch der Name Pfifferling andeutet. Beim Garen verliert sich die Schärfe.

Beurteilungsmerkmale bei Frischware

Auf unbeschädigte Ware ist zu achten. Jungpilze sind wegen der hellen Lamellen zu bevorzugen.

Besonders größere Pilze neigen zum Madenbefall.

Röhren werden leicht schleimig und zerfallen dann. Nur sehr begrenzte Lagerfähigkeit.

Junge Pilze sind zu bevorzugen. Auf schleimige Stellen achten.

Trockene Ware ist gut haltbar.

Beurteilungsmerkmale bei Naßkonserven

Champignons I. Wahl

geschlossene, unbeschädigte Ware; Stiele bis 10 mm lang, Kopfdurchmesser bis 35 mm

Champignons II. Wahl

leicht geöffnete, unbeschädigte Champignons mit Stielen, auch lose Köpfe

Champignons in Scheiben I. Wahl

parallel zur Längsachse geschnitten, hergestellt aus geschlossener Ware

Champignons in Scheiben

hergestellt aus geschlossenen oder leicht geöffneten Pilzen, auch aus losen Köpfen

Steinpilze, Köpfe klein

ganze Steinpilze bis 40 mm Kopfdurchmesser oder Köpfe ohne entwickelte Röhrenteile

Steinpilze, Köpfe

junge, feste Köpfe ohne dunkelgrüne Röhrenteile über 40 mm Durchmesser

Steinpilze, bayerische Art oder *Steinpilze, ungeschält*

ungeschälte Steinpilze ohne dunkelgrüne Röhrenteile, geschnitten

Steinpilze im eigenen Saft

junge ungeschälte Steinpilze, geschnitten, im eigenen Saft

Pfifferlinge, ausgesucht kleine

kleine verlesene, ganze Ware bis 15 mm Kopfdurchmesser

Pfifferlinge, mittel

verlesene, ganze Ware bis 30 mm Kopfdurchmesser

Pfifferlinge

verlesene, auch geschnittene Ware

Pfifferlinge, unsortiert

vorwiegend größere Pfifferlinge, auch ausgeschnittene Ware

Austernsaitling

Der Austensaitling ist ein Zuchtpilz mit einem muschelförmig nach unten gerichteten Rand und freiliegenden Lamellen. Der Hut ist anfangs dunkelgrau, später hellt er auf und ist dann samtgrau. Das zarte Fleisch schmeckt dem Kalbfleisch ähnlich, weshalb der Austernsaitling auch Kalbfleischpilz genannt wird.

Bei frischen Pilzen ist die Haut nicht eingerissen oder eingerollt; bei älterer Ware kann das Stielende zäh sein und wird dann abgeschnitten, während sich die Hüte auch im ganzen zubereiten lassen, schneidet man die Stiele in Scheibchen.

Kulturträuschling oder Braunkappe

Die Braunkappe wird seit Jahren erfolgreich auf Stroh gezüchtet und ist vorwiegend von Juli bis Oktober im Angebot.

Form und Farbe ähneln dem Steinpilz; auf einem weißlichen Stiel sitzt ein rehbrauner Hut. Dieser ist beim jungen Pilz kugelförmig geschlossen und breitet sich später aus.

Das Fleisch hat einen angenehm milden Geschmack. Braunkappen werden wie Steinpilze zubereitet und gewürzt.

Morcheln

Diese Pilzart zählt zu den würzigsten Speisepilzen, ist aber im europäischen Raum fast nicht mehr zu finden. Man ist heute auf Importe von Trockenware angewiesen, wobei Pakistan qualitativ und quantitativ an erster Stelle liegt.

Von den unterschiedlichen Arten sind erwähnenswert:

- **Speisemorchel** oder **Rundmorchel.** Der hohlgewachsene Pilz hat einen kugeligen, rötlichbraunen bis ockerbraunen Hut, der an der Oberfläche wabenartige Gruben aufweist.

- **Spitzmorchel** (Abb.). Der Hut dieser Art ist spitzkegelig zerklüftet und olivbraun; den unteren Hutrand trennt ein heller, kreisförmiger Kragen von der Stielspitze.

Getrocknete Morcheln von guter Qualität sind ohne Stiel und praktisch sandfrei.

Vor der Verwendung muß Trockenware etwa zwei Stunden weichen, damit sich der eventuell in den Vertiefungen befindliche Sand lösen und im Weichwasser absetzen kann. Wird das Weichwasser durch ein Tuch passiert oder sehr sorgfältig vom Bodensatz abgegossen, läßt es sich zum Garen der Pilze verwenden; es enthält wertvolle Geschmacksstoffe. Morchelgerichte sind sehr zurückhaltend zu würzen.

Trüffeln

Dieser Edelpilz erhielt von Brillant-Savarin den Beinamen „Diamant der Küche", womit offensichtlich die einzigartigen Geschmacks- und Geruchsqualitäten angesprochen wurden. Während noch um die Jahrhundertwende kein Menü als „fein" galt, wenn es nicht Trüffeln in irgendeiner Form enthielt, ist die Verwendung heute, bedingt durch immer bescheidener werdende Verkaufsmengen und damit steigende Preise, seltener geworden.

Trüffeln sind knollenartige, unregelmäßig geformte Pilze, die unter der Erde wachsen. Sie werden nuß- bis faustgroß und sind von einer rauhgenarbten Schale umgeben. Das Fleisch ist fest und läßt im Schnitt marmorartig gezeichnete Flächen mit hellen Adern erkennen.

Man unterscheidet:

- **Schwarze Wintertrüffeln** (Abb.), die von Oktober bis März geerntet werden. Der bekannteste Vertreter dieser Gruppe ist die **Perigord-Trüffel**, die man zuerst in Perigord (Frankreich) entdeckte, heute aber auch in anderen Landstrichen findet.

Am höchsten bewertet werden runde, möglichst dunkle mittelgroße Trüffeln.

Der Handel unterscheidet bei Konserven:

Brossées:	ganze, ungeschälte Trüffeln	*Morceaux:*	Trüffelstücke
Pelées:	ganze, geschälte Trüffeln	*Pelures:*	Schalen der geschälten Trüffeln

- **Sommertrüffeln**, die im Spätsommer wachsen und leicht nach Knoblauch duften. Die bekannteste Art ist die **Piemonter Trüffel**. Die Sommertrüffel ist innen weißlich mit gelblichen Poren; sie wird vorwiegend roh, in dünne Scheibchen gehobelt, verwendet.

Die oben genannten Arten bezeichnen die Leitsätze über Pilze und Pilzerzeugnisse als

- **Edelpilze**, die sich durch Geruch, Aroma und besonders gute küchentechnische Eigenschaften auszeichnen. Dazu zählen ausschließlich Champignons (Zucht-, Wiesen-, Waldchampignons), Steinpilze, Pfifferlinge sowie Morcheln und Trüffeln.
- **Sonstige Pilze** werden alle übrigen genießbaren Arten genannt, die der Handel vorwiegend als „Mischpilze" anbietet.

Trockenpilze

Aus der Gruppe der Edelpilze werden Champignons und Steinpilze in getrocknetem Zustand angeboten. Bei der Beurteilung ist auf Madenstiche und Sandgehalt zu achten. Ein rauher Belag, insbesondere auf den Schnittflächen, stammt meist von auskristallisierten Mineralstoffen. In Verbindung mit einem dumpfen Geruch handelt es sich jedoch um Schimmel; die Pilze sind dann verdorben.

Trockenpilze sind vor der Verwendung einzuweichen: nach dem Wiederaufquellen müssen sie weichfleischig sein und dürfen keinen Schleim aufweisen.

Mousserons oder **Knoblauchpilze** (Abb.) sind seit alters her bekannte Würzpilze mit frischem, knoblaucharticem Geschmack, die nahezu ausschließlich als Trockenpilze angeboten werden. Sie eignen sich besonders zu Suppen, Saucen und zu Gerichten mit Schaffleisch. (Mousseroncremesuppe, s. Abschn. Nationalgerichte: „Französische Küche".)

EINKAUF, LAGERUNG, VERDERB

Beim Einkauf von Pilzen muß an erster Stelle die Gewißheit stehen, daß es sich beim Erwerb um sortenreiche, ungiftige Ware handelt, denn jerder Pilz hat im Aussehen sehr ähnliche „Doppelgänger", die gesundheitsschädigend sind.

Wer nicht selbst die nötigen Kenntnisse hat, dem wird aus diesem Grund dringend empfohlen, Pilze nur von Züchtereien, von kontrollierten Händlern bzw. wirklich sachkundigen Sammlern zu kaufen.

Frische Ware wird am zweckmäßigsten im Gemüsekühlraum in Körbchen aufbewahrt, die eine freie Luftzirkulation erlauben. Grundsätzlich sollte die Lagerzeit so kurz wie möglich gehalten werden.

Getrocknete Pilze müssen in verschlossenen, luftdichten Behältnissen aufbewahrt werden, denn Trockenware ist wasseranziehend, würde sofort Feuchtigkeit aufnehmen und dann zum Verderb neigen.

Die Pilze enthalten leichtverderbliches Eiweiß, das durch Kleinlebewesen zu gesundheitsgefährdenden Stoffen abgebaut werden kann und dann zu Pilzvergiftungen führt (s. Bd. 1, S. 116). Aus diesem Grunde müssen Pilzzubereitungen immer nur kurzzeitig und so aufbewahrt werden, daß Mikroben möglichst nicht einwirken können.

Das bedeutet:

- Pilzgerichte bei mindestens 70 °C warmhalten,
- Abräumen in flache Geschirre; Zubereitung möglichst schnell abkühlen, kalt und nur kurzfristig aufbewaren,
- Dosen nach dem Öffnen bald verbrauchen; Reste ebenfalls kalt lagern.

Zusammenfassend kann aus diesem Abschnitt über die **Ursachen der Pilzvergiftungen** festgestellt werden:

- Pilzvergiftungen können durch giftige Pilze hervorgerufen werden, darum ist dem Einkauf besondere Aufmerksamkeit zu schenken;

- Pilzvergiftungen können durch Abbauprodukte aus den Eiweißstoffen entstehen. Der Eiweißabbau wird durch Kleinlebewesen bewirkt und kann bei sachgerechter Aufbewahrung vermieden werden.

ZUBEREITUNG VON PILZEN

Champignons

Die angebotenen frischen Champignons kommen überwiegend aus Züchtereien. Zuchtchampignons sind das ganze Jahr über in gleichbleibender Qualität am Markt. Die Pilze sind meistens schon geputzt, also von den am Stielende haftenden Bodenunreinheiten befreit. Der Preis für geputzte Ware ist etwas höher. Frische Champignons sind nur kurzfristig lagerfähig. Besteht nach dem Einkauf nicht gleich die Möglichkeit, die Pilze zu verarbeiten, so sind sie kühl und dunkel aufzubewahren.

Vorbereiten: Bodenunreinheiten an den Stielenden der Pilze abschneiden und anschließend waschen. Dabei reichlich Wasser verwenden und es mehrmals erneuern. Gewaschene Pilze aus dem Wasser nehmen und zum Abtropfen in einen Durchschlag legen. Für manche Zubereitungen ist es erforderlich, sie auch noch mit einem Tuch abzutrocknen. Die gewaschenen Champignons verfärben sich schnell und müssen deshalb direkt verarbeitet werden.

Der Vorbereitungsverlust beträgt etwa 10 %.

Champignons passen als Beilage, Garnitur und als Würze zu fast jeder Zubereitung, sei sie aus Schlachtfleisch, Wild, Geflügel, Wildgeflügel oder aus Fischen, Krustentieren, Eiern, Reis oder Teigwaren.

Gedünstete Champignons   **Champignons étuvés**

Bedarf: 1 kg vorbereitete frische Champignons, 70 g Butter, 30 g Zitronensaft, 0,15 l Wasser, 10 g Salz.

Gardauer: 6 Min.

Um Champignons für andere Zubereitungen verfügbar zu haben, kann man sie für einen kurzen Zeitraum im voraus garen.

In einem flachen, geräumigen Geschirr Butter, Zitronensaft, Wasser und Salz aufkochen lassen. Abgetropfte Champignons in den Dünstfond schütten, durchrühren und zugedeckt garen. Danach in eine Schüssel abräumen und zwecks schnelleren Abkühlens auf ein Gitter stellen. Zum Schutz gegen Verfärben der obenliegenden Pilze eine mit Butter bestrichene Pergamentpapierscheibe darauflegen. Das Papier zuvor in der Mitte über Kreuz einschneiden, damit die Wärme entweichen kann.

Der Garverlust beträgt etwa 20 %.

Champignons in Sahne Champignons à la crème

Bedarf für 10 Portionen: 1,3 – 1,5 kg vorbereitete Champignons (ausgesucht kleine), 80 g Butter, 0,5 l Sahne, Salz, Pfeffer, Zitronensaft.

Champignons mit Butter andünsten. Sahne auf zwei Drittel einkochen, den Pilzen beigeben, salzen, mit einer Prise Pfeffer bestreuen und aufgedeckt kochen, bis die Zubereitung leicht sämig ist. Danach mit einem Teelöffel Zitronensaft abschmecken.

Zubereitung mit halber Sahnemenge: Butter zerlaufen lassen, 20 g Zitronensaft beigeben, die Champignons darunterschwenken und zugedeckt 5 Min. dünsten. Aufgekochte Sahne dazugießen und mit ein wenig Mehlbutter binden oder mit etwas Béchamelsauce die gewünschte Bindung herstellen.

Bei Verwendung von vorgekochten Champignons wird die Rahmsauce mit dem reduzierten Pilzfond hergestellt. Größere Pilze müssen halbiert oder geviertelt werden.

Gebratene Champignons mit frischen Kräutern Champignons sautés aux herbes fraîches

Bedarf für 10 Portionen: 1,5 kg vorbereitete Champignons, 50 g Olivenöl, 50 g Butter, Salz, Pfeffer, 80 g feingeschnittene Schalotten, 2 El Fleischextrakt, 15 g gehackte Kräuter (Kresse, Petersilie, wenig Kerbel).

Die abgetrockneten Pilze in dicke Scheiben schneiden. Öl und Butter in einer geräumigen Bratpfanne erhitzen. Champignonscheiben salzen, pfeffern, in das heiße Fett geben und scharf sautieren. Die Schalotten beifügen, nochmals durchschwenken und anrichten. Pilze mit Fleischextrakt beträufeln und die Kräuter darüberstreuen.

Gefüllte Champignons Champignons farcis

Bedarf für 10 Portionen: 30 vorbereitete Champignons, Durchmesser der Köpfe 5 – 6 cm, Salz, Pfeffer, Olivenöl, 350 g Geflügelleber, Paprika, 20 g Würfelchen von gekochtem Schinken, 30 g Butter, 50 g feingeschnittene Schalotten, 0,1 l Weißwein, 0,1 l Jus, 20 g geriebene, frische Weißbrotkrume, 2 Eier, 1 El gehackte Petersilie, 2 gehäufte El geschlagene Sahne, 50 g geriebener Emmentaler Käse.

Gardauer: 12 – 15 Min.

Die Stiele der abgetrockneten rohen Pilze behutsam aus den Köpfen drehen, feinhacken und in eine Schüssel geben. Die Köpfe salzen, pfeffern, in heißem Öl rasch anbraten, damit sich keine Flüssigkeit bildet, und, mit der Öffnung nach oben, nebeneinander auf eine Backplatte setzen.

Die Geflügelleber mit Paprika und Salz würzen und zusammen mit den Schinkenwürfelchen in Butter kurz anbraten. Danach aus der Pfanne nehmen, im zurückgebliebenen Fett die Schalotten anschwitzen, mit Weißwein ablöschen, die Jus dazugießen und alles sirupartig reduzieren, dann über die angebratene Leber träufeln und nach dem Erkalten die Leber grob hacken.

Die gehackte Leber in die Schüssel zu den gehackten Pilzstielen geben, das Weißbrot darüberstreuen. Auch die zerschlagenen Eier, die Petersilie und die geschlagene Sahne zu den Zutaten in die Schüssel geben, wenig Salz und Pfeffer darüberstreuen und das Ganze behutsam mischen.

Die Füllung in die markierten Pilzköpfe häufen, den Käse darüberstreuen, die Platte auf ein Gitter in den vorgeheizten Ofen schieben und die gefüllten Champignons garen und bräunen.

Eine weitere Zubereitung gefüllter Champignons s. Bd. 1, S. 633.

Champignonpüree   **Purée de champignons**

Bedarf: 500 g vorbereitete frische Champignons, 15 g Butter, 15 g Mehl, 0,2 l Sahne, Salz, Pfeffer, 20 g Butterstückchen.

Champignons grob hacken und durch ein feines Drahtsieb passieren. Zerkleinerte Pilze in einem Topf mit starkem Boden unter Rühren so lange erhitzen, bis der ausgetretene Pilzsaft verdunstet ist.

In einem weiteren Geschirr aus Butter und Mehl eine helle Schwitze bereiten, Sahne aufgießen und zu einer glatten Sauce verkochen. Sahnesauce den trockengeschwitzten Pilzen beigeben, salzen, pfeffern, das Pilzpüree zur gewünschten Konsistenz kochen und mit Butterstückchen verfeinern.

Wenn es sich einrichten läßt, sollte man für das Püree nur die Champignonstiele verarbeiten und die wertvollen Köpfe zu den Speisen verwenden, denen sie neben dem Geschmack auch optische Wirkung bringen.

Duxelles   **Duxelles**

Duxelles ist eine Grundzubereitung aus gehackten Pilzen, die zur Ergänzung von Speisen dient. Aufgrund der bedingten Haltbarkeit sollte Duxelles nur für den Tagesbedarf hergestellt werden.

Champignon-Duxelles

Bedarf: 50 g feingeschnittene Schalotten, 80 g feingeschnittene Zwiebeln, 100 g Butter, 500 g feingehackte frische Champignons, Salz, Pfeffer, 1 El gehackte Petersilie.

Schalotten und Zwiebeln in Butter eine Zeitlang farblos schwitzen. Pilze dazugeben, leicht salzen, pfeffern und unter Rühren so lange der Hitze aussetzen, bis der ausgetretene Pilzsaft verdunstet ist. Dann Petersilie untermischen, die Duxelles in ein Gefäß umfüllen und abgedeckt kaltstellen.

Duxelles zum Füllen

Bedarf: 160 g feingehackter gekochter Schinken, 60 g Butter, 100 g Tomatenmark, 1/2 zerriebene Knoblauchzehe, 0,1 l Weißwein, 0,15 l Demiglace, 1 – 2 El geriebene Weißbrotkrume, Champignon-Duxelles (Menge des obigen Rezeptes), Pfeffer, Salz.

Schinken mit Butter anschwitzen, Tomatenmark dazurühren und gründlich durchhitzen lassen. Knoblauch zugeben, mit Weißwein ablöschen, Demiglace, Weißbrot und Champignon-Duxelles beifügen und unter Abspachteln zur gewünschten Konsistenz einkochen. Füllung mit frisch gemahlenem Pfeffer und fehlendem Salz abschmecken.

Duxelles derart zubereitet eignet sich besonders zum Füllen von Gemüsen.

Duxelles mit Fleischfarce

„Champignon-Duxelles" oder „Duxelles zum Füllen" kann man mit roher Fleischfarce im Verhältnis 2:1 vermengen. Diese Mischungen eignen sich zum Umstreichen von Fleischteilen (z.B. Kalbs- oder Rinderfilet), die anschließend in Teig gehüllt und gebacken werden, oder zum Füllen von vorbereiteten Gemüsen, die man meistens im Ofen fertigstellt.

Steinpilze

Der Steinpilz gilt als der edelste aller Röhrenpilze, er hat einen nußartigen Geschmack und einen angenehmen, würzigen Duft. Regional ist der Steinpilz auch als Herrenpilz bekannt. Am wertvollsten sind junge Pilze, solange der Kopf noch halbkugelförmig ist. Bei älteren, großen Pilzen ist der Abfall höher, er steigt sogar noch an, wenn die Pilze von Würmern befallen sind.

Vorbereiten: Das an den Stielenden haftende Erdreich wird abgeschnitten; Fraß- und Faulstellen sowie Wurmbefall sind zu entfernen. Bei großen, geöffneten Pilzen wird die oft schmierige Haut abgezogen und das sich unterhalb des Kopfes befindliche Röhrenfutter (schwammartige Masse) entfernt. Außerdem sind noch faserige und holzige Stellen an den Stielen abzuschneiden. Danach werden die Pilze gründlich gewaschen, abgetropft und abgetrocknet. Vorbereitete Pilze müssen direkt verarbeitet werden.

Der Vorbereitungsabfall beträgt bei Qualitätsrohware etwa 20 %.

Steinpilze sind eine beliebte Beilage zu Wildgerichten, Eierspeisen und Geflügel. Auch zu Suppen, Saucen und Garnituren werden sie gern verwendet.

Steinpilze, gedünstet   Cèpes étuvés

Bedarf für 10 Portionen: 1,3 kg vorbereitete Steinpilze, 100 g Zwiebelwürfelchen, 100 g Butter, Salz, Pfeffer, Mehlbutter, 1 El gehackte Petersilie, Zitronensaft.

Gardauer: 7 – 10 Min.

Steinpilze in flache Stücke schneiden. Zwiebeln in 80 g Butter anschwitzen, geschnittene Pilze zugeben, salzen, pfeffern und zugedeckt dünsten. Den ausgetretenen Saft mit einem Kügelchen Mehlbutter leicht binden und die Zubereitung mit Petersilie, ein wenig Zitronensaft und der übrigen Butter vollenden.

Steinpilze in Sahne   Cèpes à la crème

Bedarf für 10 Portionen: 1,3 kg vorbereitete Steinpilze, 80 g Zwiebelwürfelchen, 80 g Butter, Salz, Pfeffer, 0,4 l Sahne oder 0,2 l Sahne und 20 g Mehl.

Gardauer: 7 – 10 Min.

Steinpilze in flache Stücke schneiden. Zwiebeln in Butter anschwitzen, geschnittene Pilze zugeben, salzen, pfeffern und zugedeckt dünsten. Aufgekochte Sahne den Pilzen beifügen und offen weiterkochen, bis die Zubereitung leicht sämig ist.

Bei Verwendung der kleineren Sahnemenge diese mit dem Mehl quirlen, in die gegarten Pilze rühren und alles noch bei mäßiger Hitze kurze Zeit kochen.

Steinpilze mit Tomaten   Cèpes aux tomates

Bedarf für 10 Portionen: 1,3 kg vorbereitete Steinpilze, 150 g Olivenöl, Salz, Pfeffer, 120 g feine Schalottenwürfel, 300 g Tomatenfleischstücke, 1 zerriebene Knoblauchzehe, Zucker, 20 g Zitronensaft, 1 El gehackte Petersilie.

Gardauer: 8 – 10 Min.

Steinpilze in flache Stücke schneiden. In einer großen schwarzen Stielpfanne Öl erhitzen, gesalzene, mit Pfeffer gewürzte Pilze darin bei so starker Energiezufuhr rösten, daß sich keine Feuchtigkeit bildet. Die Schalotten unterschwenken und mitrösten. Tomaten salzen, pfeffern, mit Knoblauch und einer Prise Zucker bestreuen, zu den Pilzen geben, unterschwenken und die intensive Hitze noch kurze Zeit wirken lassen. Dann anrichten, mit Zitronensaft beträufeln und mit Petersilie bestreuen.

Steinpilze mit Dill Cèpes à l'aneth

Bedarf für 10 Portionen: 1,3 kg vorbereitete Steinpilze, 50 g Butter, 50 g Olivenöl, Salz, Pfeffer, 100 g Zwiebelwürfelchen, 0,3 – 0,4 l Sauerrahm (Crème fraîche), 10 g geschnittener Dill.

Gardauer: 10 Min.

Steinpilze in flache Stücke schneiden. Butter und Öl in einem geräumigen, flachen Geschirr erhitzen. Gesalzene, gepfefferte, mit den Zwiebelwürfelchen gemischte Pilze in das heiße Fett schütten und bei zeitweiligem Rühren schwitzen, bis die Feuchtigkeit verdunstet ist. Sauerrahm zugeben und kochen. Wenn die Zubereitung leichte Bindung hat, den Dill unterschwenken und die Steinpilze anrichten.

Steinpilze Bordelaiser Art Cèpes à la bordelaise

Bedarf für 10 Portionen: 1,5 kg vorbereitete Steinpilze, 150 g Olivenöl, Salz, Pfeffer, 80 g Butter, 100 g feingeschnittene Schalotten, 1 zerriebene Knoblauchzehe, 2 El geriebene Weißbrotkrume, 1 El gehackte Petersilie.

Gardauer: 8 – 10 Min.

Steinpilze in flache Stücke schneiden. In einer großen schwarzen Stielpfanne Öl erhitzen, gesalzene, gepfefferte Pilze dazugeben und bei starker Hitze rösten, ohne daß sich Feuchtigkeit bildet. Die braungerösteten Pilze in einen bereitstehenden Durchschlag schütten. In der gleichen Pfanne Butter aufschäumen lassen. Schalotten einrühren, die Pilze wieder beifügen, Knoblauch und geriebenes Weißbrot darübergeben, durchschwenken und alles noch einmal kurz rösten. Die Pilze anrichten und mit der gehackten Petersilie bestreuen.

Pfifferlinge

Der Pfifferling ist einer der bekanntesten Speise- und Würzpilze. Gegenüber Zuchtchampignons können die wildwachsenden Pilze kräftiger mit Zwiebeln, Knoblauch, Kümmel, Würzkräutern und auch mit Speck fertiggestellt werden. Sie bedürfen kaum einer Flüssigkeitsbeigabe und werden vielfach im eigenen Fond gedünstet.

Vorbereiten: Die erdigen Stielenden werden abgeschnitten und evtl. Faul- oder Schleimstellen entfernt. Danach sind die Pfifferlinge gründlich zu waschen, abzutropfen und mit einem Tuch abzutrocknen. Große Pilze werden längshalbiert.

Der Vorbereitungsverlust beträgt durchschnittlich 39 %.

Pfifferlinge eignen sich als Beilage oder Garnitur zu Schlachtfleisch, Wild, Geflügel und Wildgeflügel. Beliebt sind Pfifferlinge auch zu Eierspeisen, zu Reis und als Würze in Suppen und Saucen.

Pfifferlinge mit Speck Chanterelles au lard

Bedarf für 10 Portionen: 1,3 kg vorbereitete Pfifferlinge, 100 g magere Speckwürfelchen, 80 g Butter, 100 g Zwiebelwürfelchen, Salz, Pfeffer, 20 – 30 g Mehlbutter, 10 g gehackte Petersilie.

Gardauer: 10 Min.

Speckwürfelchen mit Butter anbraten, Zwiebelwürfelchen beifügen und anschwitzen. Pilze leicht salzen und pfeffern, in den Ansatz geben, bei starker Hitze ebenfalls anschwitzen, das Geschirr zudecken und die Pilze bei mäßiger Hitze im alsbald austretenden eigenen Saft dünsten. Danach mit Mehlbutter leicht binden und die Petersilie in die Pilze rühren.

Pfifferlinge in Sahne   Chanterelles à la crème

Bedarf für 10 Portionen: 1,3 kg vorbereitete Pfifferlinge, 100 g feine Zwiebel- oder Schalotten-
            würfel, 100 g Butter, Salz, Pfeffer, 0,3 — 0,4 l Sahne oder saure Sahne, 6 g geschnit-
            tener Schnittlauch.
Gardauer: 10 Min.
Zwiebel- oder Schalottenwürfel in Butter hellgelb anbraten. Pilze salzen, pfeffern, den Zwiebeln
beigeben, anschwitzen, zudecken und fünf Minuten dünsten. Danach aufgedeckt weitergaren, damit der ausgetretene Saft verdunsten kann. Aufgekochte Sahne den Pfifferlingen beifügen und
noch kochen, bis die Zubereitung leicht sämig ist. Beim Anrichten mit Schnittlauch bestreuen.
Bei Verwendung von saurer Sahne zuvor 15 — 20 g Mehl in der Sahne glattrühren, dann den Pilzen
beigeben. Durch die Mehlbeigabe wird das Ausflocken der sauren Sahne eingeschränkt.

Morcheln

Während Steinpilze und Pfifferlinge erst im Spätsommer erscheinen, ist die Morchel bereits im Mai,
oft auch schon im April zu finden. Morcheln sind selten gewordene Pilze von ausgezeichnetem
Wohlgeschmack. Ihre Beliebtheit als Speise- und Würzpilz und die damit verbundene Nachfrage
führen zu sehr hohen Preisen.
Vorbereiten: Zunächst sind die sandigen Stielenden abzuschneiden und die Pilze gründlich zu
waschen. Das Wasser ist mehrmals zu wechseln, damit auch die Unreinheiten in den wabenartig
vertieften Pilzhüten ausgespült werden. Mit einem Drahtlöffel nimmt man die Morcheln aus dem
Wasser und gibt sie zum Abtropfen in einen Durchschlag. Schließlich teilt man die Pilze in Stücke,
breitet sie zum nochmaligen Abtropfen auf einem Tuch aus und bereitet sie dann zu.
Vorbereiten zum Füllen: Sollen die Morcheln gefüllt werden, so kommen nur gleichgroße Pilze in
Betracht. Die Stiele sind abzuschneiden, feinzuhacken und für die Farce aufzubewahren. Die Morchelhüte werden blanchiert, an einer Seite eingeschnitten und mit einem Tuch trockengetupft. Die
Füllung, unter die die gehackten Pilzstiele gemischt wurden, bringt man mit einem Spritzbeutel
über den seitlichen Einschnitt in die Morchelhüte und legt sie zum Garen nebeneinander in ein
ausgefettetes Geschirr.
Der Vorbereitungsverlust beträgt etwa 25 %.

Wegen ihres feinen Geschmacks eignen sich Morcheln zu fast allen Zubereitungen. Als Garnitur
sind sie in Frikassees, Blanketts und Pasteten besonders beschätzt.

Sautierte Morcheln mit Kräutern   Morilles sautées aux fines herbes

Bedarf für 10 Portionen: 1 kg vorbereitete Morcheln, Salz, Pfeffer, 100 g Butter, 10 g Kräuter
            (Petersilie, Schnittlauch), 30 g Schalottenbutter, 0,1 l Weißwein, 0,15 l Kalbsjus.
Gardauer: 10 — 15 Min.
Morcheln pfeffern und salzen. Butter in einem flachen, geräumigen Geschirr hell bräunen. Gewürzte Pilze zugeben, unter mehrfachem Wenden sautieren, Kräuter unterschwenken, anrichten
und warmhalten. Im gleichen Geschirr Schalottenbutter aufschäumen lassen, mit Weißwein ablöschen, Jus zugeben, sirupartig einkochen und über die Morcheln träufeln.

Rahmmorcheln   Morilles à la crème

Bedarf für 10 Portionen: 800 g vorbereitete Morcheln, 80 g feinste Zwiebelwürfel, 80 g Butter,
            Salz, Pfeffer, 0,2 — 0,3 l Sauerrahm (Crème fraîche), 1 El geschnittener Schnitt-
            lauch.
Gardauer: 10 — 20 Min.
Zwiebeln in Butter 5 Min. farblos schwitzen, gesalzene und mit Pfeffer gewürzte Morcheln dazugeben, durchrühren und zugedeckt dünsten. Sauerrahm in die gegarten Pilze rühren und alles noch
kochen, bis die Sauce leichte Bindung hat. Angerichtete Rahmmorcheln mit Schnittlauch bestreuen.

Rahmmorcheln mit getrockneten Pilzen: Bedarf je Portion 10 g getrocknete Morcheln. Gardauer etwa 25 Minuten. Pilze lauwarm einweichen. Nach einigen Minuten, wenn sie schon aufgeweicht sind, gründlich waschen und eben mit Wasser bedeckt noch 10 – 15 Minuten stehenlassen. Danach aus dem Wasser nehmen und zubereiten nach obiger Arbeitsanleitung. Das vom Bodensatz abgegossene Einweichwasser mitverwenden.

Trüffeln

Schwarze Wintertrüffeln dienen vorwiegend zum Würzen und Garnieren von Zubereitungen. Bei der Anfertigung von Pasteten, besonders dann, wenn Gänsestopfleber mit verarbeitet wird, sind die aromaentfaltenden Trüffeln beinahe eine selbstverständliche Zutat. Seltener werden sie jedoch als eigenes Gericht angeboten. Die Sparsamkeit im Umgang mit Trüffeln ist wirtschaftlich begründet, denn das geringe Vorkommen dieser schmackhaften Pilze und die starke Nachfrage führen zu außergewöhnlich hohen Preisen. Speisen aus Périgord-Trüffeln gehören zu den luxuriösesten Zubereitungen.

Helle Sommertrüffeln werden meistens roh verspeist. Mit speziellen kleinen Trüffelhobeln in feinste Scheibchen geschnitten, gibt man sie u.a. über Spaghettizubereitungen, Risottos oder Blattsalate und veredelt die Speisen durch den würzigen Wohlgeschmack der Pilze.

Vorbereitung: Die Trüffeln werden in kaltes Wasser gelegt, damit die daran befindliche Erde aufweicht. Später bürstet man sie einzeln in lauwarmem Wasser ab. Mit einem spitzen Hölzchen entfernt man Erdreste, die sich evtl. in den größeren Vertiefungen der genarbten Schale befinden, braust die Pilze nochmals ab und läßt sie abtropfen. Ob man Trüffeln geschält oder ungeschält zubereitet und serviert, ist eine Ermessensfrage. Trüffelschalen können zerkleinert zu Farcen, Suppen, Saucen u.ä. Verwertung finden.

Trüffeln mit Sherry gedünstet   **Truffes au xérès**

Bedarf für 10 Portionen: 10 vorbereitete Périgord-Trüffeln je 60 – 80 g, Salz, Pfeffer, 0,3 l Sherry
   („Fino"), 0,5 l kräftige Fleisch- oder Hühnerbrühe ohne Fett, 1 Gemüsebündelchen
   (1/2 kleine Möhre, kleines Stück einer Selleriestange, 10 Petersilienstiele), 20 g
   Butter.

Gardauer: 18 – 25 Min.

Die gereinigten Trüffeln in eine passende, gut verschließbare Kasserolle legen, mit ein wenig Salz und frisch gemahlenem Pfeffer würzen. Wein und Brühe dazugeben, aufkochen, Gemüsebündelchen und Butter beifügen, die Kasserolle verschließen und den Inhalt bei mäßiger Hitze garen.

Gegarte Trüffeln in eine Servierkasserolle legen und zudecken. Die Brühe passieren, nochmals stark erhitzen und in kleine, vorgewärmte Tassen verteilen. Dünne geeiste Butterscheibchen separat servieren.

Die Zubereitung kann auch mit Madeira (geeignet sind der trockene „Sercial" oder der weichere „Verdelho") erfolgen und abschließend mit einem Spritzer Cognac vollendet werden.

Bei Tisch zerteilt man die Trüffel, verspeist sie mit jeweils einem Stückchen der kalten Butter und trinkt ein wenig von der aromatischen Trüffelbrühe dazu.

Trüffeln in Rahm   Truffes à la crème

Bedarf für 10 Portionen: 500 – 600 g vorbereitete, frische Trüffeln, 40 g Butter, Salz, Pfeffer,
30 g Cognac, helle Fleischbrühe, 0,3 – 0,4 l Sahne.

Gardauer: 10 – 15 Min.

Die gereinigten Trüffeln dünn schälen und in 2 – 3 mm starke Scheiben schneiden. Trüffelschalen
zu anderer Verwendung zugedeckt und kühl aufbewahren.

In einem Sautiergeschirr Butter zerlaufen lassen. Leicht gesalzene und gepfefferte Trüffelscheiben
zugeben, anschwitzen und mit Cognac flambieren. Ein wenig Brühe beifügen, zudecken und dünsten.

Nebenher die Sahne einkochen, bis sie leicht gebunden ist. Durch ein Sieb in das Geschirr mit den
Trüffeln gießen und fertiggaren.

Rahmtrüffeln sollen leicht gebunden sein. Die Konsistenz der Zubereitung kann mit ein wenig
Béchamelsauce oder Fleischbrühe entsprechend ausgeglichen werden.

Portionen einzeln in vorgewärmten Porzellannäpfchen oder -muscheln anrichten.

Auch kleine Krustaden aus Blätter- oder Mürbteig in beliebiger Figur sind trefflich geeignet zum
Füllen mit Rahmtrüffeln.

Trüffeln im Becherpastetchen   Petit timbale aux truffes

Bedarf für 10 Timbaleförmchen je 0,1 l Rauminhalt: 150 g rohe Gänsestopfleber, Pastetensalz,
1 Tl Portwein, 1 Tl Cognac, 300 g rohe entbeinte Poulardenbrust ohne Haut, Salz,
Pfeffer, 80 g frische Weißbrotkrume, 50 g Eiklar, 0,4 – 0,5 l Sahne, 20 g angeschwitzte Schalotten, 60 g Butter zum Ausfetten;

Trüffelzubereitung: 250 g frische schwarze Trüffeln, 30 g Butter, 0,1 l Portwein,
0,1 l kräftige Kalbsjus, etwas Stärke, Pfeffer;

0,3 l Portweinsauce (s. Bd. 1, S. 221).

Gardauer: Trüffeln 10 – 15 Min., Becherpastetchen 10 Min.

Farce: Gänsestopfleber in Stücke schneiden, mit Pastetensalz würzen, mit Portwein und Cognac beträufeln und zugedeckt kaltstellen. Poulardenfleisch zerkleinern, salzen, pfeffern und ebenfalls
kühlen. Weißbrotkrume in dünne Scheiben schneiden, mit Eiklar und ein wenig Sahne durchfeuchten.

Gänsestopfleber, Poulardenfleisch, Weißbrot und angeschwitzte Schalotten mischen. Durch die
feinste Scheibe (1,5 mm) eines Fleischwolfs lassen, kühlen, danach erneut durchlassen. Zerkleinerte Masse auf Eis fest zusammenarbeiten. Die Hälfte der übrigen Sahne in kleinen Partien unterrühren. Die restliche Sahne, geschlagen, nach und nach locker der Farce beigeben. – Bevor die gesamte Sahne verarbeitet ist, zum Prüfen der Konsistenz ein Stückchen Farce kochen.

Zehn Becherförmchen mit weicher Butter ausfetten und mit der Farce mindestens zentimeterstark
auskleiden. Die nachfolgende erkaltete Trüffelzubereitung in die ausgekleideten Förmchen füllen
und mit einer Farceschicht schließen. Becherförmchen in ein kochendes Wasserbad stellen, mit diesem in einen vorgeheizten Ofen (160 °C) schieben und garen.

Trüffelzubereitung: Gereinigte Trüffeln in Würfel schneiden, in Butter anschwitzen, mit Portwein
ablöschen, Jus auffüllen und zugedeckt dünsten. Etwas Stärke mit Portwein anrühren, die Trüffeln
damit leicht binden, mit frisch gemahlenem Pfeffer abschmecken und zum Abkühlen auf ein
Gitter stellen.

Gegarte Timbalen auf eine Servierplatte stürzen, mit wenig Portweinsauce umgießen und die übrige
Sauce separat reichen.

KARTOFFELN

ALLGEMEINES

Die Kartoffel gehört zur Familie der Nachtschattengewächse und stammt ursprünglich aus Südamerika. Im 17. Jahrhundert findet man sie in Deutschland als Zierpflanze. Erst in der zweiten Hälfte des 18. Jahrhunderts erkannte man ihren Wert als Nahrungsmittel. Vor allem Friedrich der Große hat die Verbreitung der Kartoffel gefördert, indem er dem Volk klar machte, daß nicht die grünen giftigen Früchte an den Stauden, sondern die unansehnlichen Knollen unter der Erde eßbar sind. Die landsmannschaftlichen Ausdrücke Erdapfel, Erdbirne, Grundbirne zeugen noch vom Bemühen einer allgemeinen Aufklärung über die zu verwendenden Teile der Pflanze; auch im Französischen findet man die Übertragung in pomme de terre.

Mit steigendem Wohlstand ist der Verbrauch dieses Grundnahrungsmittels zwar insgesamt zurückgegangen, doch ist mit der Verbreitung von vorgefertigten Produkten wieder ein steigender Trend zum Verzehr zu beobachten.

SORTEN UND DEREN EIGENSCHAFTEN

In Deutschland werden derzeit über 100 Kartoffelsorten geerntet, doch das überwiegende Angebot bestimmen sieben Sorten.

Nachdem die Kocheigenschaften ein wesentliches Merkmal für die Verwendungsmöglichkeit der Kartoffel sind, werden sie hier nach dem Kochtyp dargestellt.

- Bei **Salatkartoffeln** halten die Zellverbände auch nach dem Garen noch fest zusammen. Darum verwendet man sie vorwiegend für Kartoffelsalat, aber auch zu Salzkartoffeln.

- Bei **vorwiegend festkochenden Sorten** kommt es beim Garen zu einer Lockerung, die auch mit einem leichten Abkochen der Randschichten verbunden ist. Geeignet sind sie für Salzkartoffeln.

- **Mehlig-festkochende Sorten** lassen sich nach dem Kochen leicht zerkleinern, wobei sich die Zellverbände voneinander lösen, ohne daß dabei die Zellen zerstört werden. Darum sind diese Sorten besonders für Kartoffelpüree, Klöße und Zubereitungen aus Kartoffelteigen geeignet.

Bei der Auswahl der Kartoffeln nach Kocheigenschaften sind auch regionale Geschmacksrichtungen zu beachten, denn im Norden werden festkochende Arten bevorzugt, im Süden neigt man zu mehligkochenden Arten.

Es wird aber auch darauf hingewiesen, daß die Verwendung der falschen Kartoffelsorte zu Fehlprodukten führen muß. Will man z.B. aus Salatkartoffeln ein Püree, Zubereitungen aus Kartoffelteigen oder Klöße herstellen, sind Mängel im Endprodukt unvermeidbar: Das Püree ist nicht locker und neigt zum Zähwerden, Kartoffelteige haben eine stückige Beschaffenheit und Klöße werden klitschig (gummiartig).

Es ist darum zweckmäßig, wenigstens über zwei Sorten mit unterschiedlichen Kocheigenschaften zu verfügen.

Die Angaben über die Kocheigenschaften sind jedoch nur *ein* Qualitätsmerkmal unter anderen. Darüber hinaus müssen berücksichtigt werden:

- **Farbe** der Kartoffel, die von weiß bis tiefgelb reichen kann. Nachdem die Farbe Weiß im Zusammenhang mit Kartoffeln als „leer" oder „kraftlos" empfunden wird, wie übrigens z.B. auch bei einer Bouillon oder bei Kuchen, sind Sorten mit kräftiger Farbe zu bevorzugen.

● **Geschmack** der Kartoffel, der von mild bis kräftig reichen kann. Vor allem bei Salzkartoffeln ist darauf zu achten, daß ausreichend Eigengeschmack vorhanden ist. Von geringerer Bedeutung ist der Eigengeschmack, wenn Kartoffeln gebacken werden, weil dann die beim Backen entstehenden Röststoffe in den Vordergrund treten, sowie bei Zubereitungen aus Kartoffelteigen, weil diese durch Gewürze oder sonstige Beigaben eine jeweils typische Geschmacksrichtung erhalten.

● **Form** der Kartoffel, weil diese den Schälverlust beeinflußt (s. Abschn. Zubereiten).

Salatkartoffeln

Hansa

Form	lang bis langoval
Schale	ockerfarbig
Fleischfarbe	gelb
Geschmack	mild bis kräftig
Kocheigenschaft	festkochend, formbehaltend (auch Salzkartoffel)

Sieglinde

Form	lang bis langoval
Schale	ockerfarbig
Fleischfarbe	gelb
Geschmack	mild bis kräftig
Kocheigenschaft	festkochend, formbehaltend (auch Salzkartoffel)

Vorwiegend festkochende Kartoffelsorten

Clivia

Form	rundoval
Schale	ockerfarbig
Fleischfarbe	gelb bis tiefgelb
Geschmack	mild bis kräftig
Kocheigenschaft	vorwiegend festkochend

Hela

Form	lang bis langoval
Schale	ockerfarbig
Fleischfarbe	gelb bis tiefgelb
Geschmack	mild bis kräftig
Kocheigenschaft	formbehaltend

Grata

Form	rund bis rundoval
Schale	ockerfarbig
Fleischfarbe	gelb bis tiefgelb
Geschmack	mild bis kräftig
Kocheigenschaft	formbehaltend, Oberfläche leicht aufreißend

Mehligfestkochende Kartoffelsorten

Datura

Form	rundoval bis oval
Schale	ockerfarbig
Fleischfarbe	gelb
Geschmack	mild bis kräftig
Kocheigenschaft	lockerkochend

Irmgard

Form	rundoval
Schale	ockerfarbig
Fleischfarbe	gelb
Geschmack	angenehm kräftig
Kocheigenschaft	lockerkochend, trocken

AUFBEWAHRUNG

Innerhalb der gewerblichen Küche wird heute nur noch in Einzelfällen eine langfristige Vorratshaltung betrieben, mit der der gesamte Bedarf von einer Ernte bis zur folgenden abgedeckt wird. Dem günstigen Bezugspreis stehen als Nachteile größere Investitionen für Lagerräume sowie Lagerverluste gegenüber.

Doch auch bei der kurzfristigen Aufbewahrung ist zu beachten:

- **Lagertemperatur,** die 10 – 12 °C betragen soll. Bei niedrigeren Temperaturen bilden sich vermehrt Zuckerstoffe, die sich insbesondere bei der Herstellung von in Fett gebackenen Kartoffeln durch eine verstärkte Färbung negativ bemerkbar machen.

- **Licht** sollte von den Kartoffeln ferngehalten werden, weil dieses, noch bevor die Vergrünung sichtbar wird, den Geschmack ungünstig beeinflußt.

- **Mechanische Einwirkungen,** wie Stöße oder Quetschungen, führen zu Schäden, die nicht sofort sichtbar sind; sie treten erst nach etwa drei Tagen auf. Dann führen sie bei gekochten Kartoffeln nachträglich zur sogenannten Blaufleckigkeit, die sich in dunklen Flecken in den Randschichten zeigt. Besonders empfindlich sind die Kartoffeln nach einigen Monaten der Lagerung.

VORBEREITUNG

Für alle Zubereitungen werden die Kartoffeln zunächst gewaschen. Mit Ausnahme der Pellkartoffeln und der im Ofen mit der Schale gebackenen Kartoffeln sind die Knollen danach zu schälen. In der gewerblichen Küche folgt dann eine Aufbewahrung bis zum eigentlichen Verbrauch.

Schälverfahren

Unter den maschinellen Schälmöglichkeiten ist das **Karborundverfahren** die älteste. Dabei wird die Schale der Knollen durch einen rauhen Reibebelag abgeschrappt. Die rauhe Oberfläche der geschälten Kartoffeln neigt zum raschen Verfärben.

Beim **Raspelhiebverfahren** heben hervorstehende Zähne die Schale ab. Dabei erhält man gegenüber dem erstgenannten Verfahren eine geschlossenere Oberfläche mit geringerer Verfärbungsneigung.

Das **Messerschnittverfahren** liefert geschälte Kartoffeln, die handgeschälter Ware am ähnlichsten sind.

Merkmale / Verfahren	Oberfläche	Verfärbungsneigung	Schälverlust (Durchschnitt)
Karborundverfahren	stark zerklüftet	sehr stark	30 %
Raspelhiebverfahren	zerklüftet	stark	30 %
Messerschnittverfahren	griffig	gering	20 %

Siehe auch Bd. 1, S. 6.

Aufbewahren geschälter, roher Kartoffeln

Das Aufbewahren geschälter, roher Kartoffeln führt zwar immer zu einer Qualitätsminderung, denn neben einer Beeinflussung von Aussehen und Beschaffenheit kommt es auch zu Auslaugverlusten, insbesondere bei Vitaminen und Mineralstoffen. Dennoch kann die gewerbliche Küche aus arbeitsorganisatorischen Gründen meist nicht auf eine Trennung von Vorbereitung und Zubereitung verzichten und muß darum die genannten Nachteile in Kauf nehmen.

Die Qualitätsminderung kann jedoch durch Kenntnis der bei der Aufbewahrung auftretenden Veränderungen und durch entsprechendes Verhalten eingeschränkt werden.

Verfärbung geschälter, roher Kartoffeln

Die Verfärbung tritt grundsätzlich immer dann ein, wenn durch Schneiden oder Reiben, also beim Schälen oder Zerkleinern, die Zellen beschädigt und der Luft ausgesetzt sind. Pflanzeneigene Enzyme führen dann zu einer Verbindung des Luftsauerstoffs mit einem Eiweißstoff, der sich dabei braun färbt. Je nach Dauer des Lufteinflusses werden die Kartoffeln zunächst rotbraun, dann tiefbraun und später schwarzbraun.

Dieses Braunwerden läßt sich dann verhindern, wenn entweder der Luftsauerstoff ferngehalten wird oder die Enzyme in einen Zustand versetzt werden, in dem sie nicht mehr wirken können.

Aufbewahrung unter Ausschluß von Luftsauerstoff

Wenn der Luftsauerstoff ferngehalten wird, unterbleibt die unerwünschte Verfärbung.

Kurzfristig genügt das Abdecken mit feuchten Tüchern oder mit Folie.

Für längere Zeit bewahrt man die Kartoffeln in stehendem kalten Wasser auf. Unter fließendem Wasser würden beachtliche Verluste auftreten, insbesondere bei dem wasserlöslichen Vitamin C. Zugleich würde auch die Stärke in den Randschichten ausgelaugt, und bei der folgenden Zubereitung bekämen die Kartoffeln eine hornige Außenschicht.

Anwendung von schwefelhaltigen Mitteln (Sulfitierung)

§ Nach der Schwefeldioxid-Verordnung ist das Schwefeln, die Anwendung von schwefelhaltigen Produkten[1] bei Kartoffeln und Kartoffelerzeugnissen zulässig. Grundsätzlich sind Reinheitsanforderungen und Höchstmengen festgelegt.

Wie bei jeder lebensmittelrechtlichen Bestimmung ist auch hier für ein Verständnis der Vorschriften zunächst die Kenntnis über die Wirkung des Schwefels notwendig. Schwefel und Verbindungen mit Schwefel sind sehr aggressiv, sie töten Kleinlebewesen auch schon dann, wenn nur geringste Mengen davon vorhanden sind. Das führt unter anderem dazu, daß Schwefel in Lebensmitteln auch die für die Verdauung notwendigen und vor allem im Dickdarm befindlichen Kleinlebewesen zerstören kann mit der Folge, daß Verdauungsstörungen auftreten. Um den Verbraucher davor zu schützen, wurde die Verordnung erlassen.

---

[1] Bekannte Produkte sind „dry white" und „HACO-Weiß".

Nach den Bestimmungen der Verordnung gilt aus diesem Grund zunächst, daß je nach Menge des Restschwefelgehalts mit „geschwefelt" oder „stark geschwefelt" deklariert werden muß. Eine derartige Kennzeichnung müßte sowohl in Einrichtungen der Gemeinschaftsverpflegung als auch in der gewerblichen Küche erfolgen. Dies würde aber das psychologisch begründete Vertrauen und möglicherweise den Umsatz stören.

Darum sind besonders die Ausführungen interessant, die Bezug darauf nehmen, wann *eine Deklaration unterbleiben kann.*

Die in der Verordnung genannten Grenzwerte für eine Kennzeichnung betragen 30 mg je kg Kartoffeln.

Bei sachgerechter Anwendung von Hilfsmitteln genau nach Gebrauchsanweisung kann man davon ausgehen, daß dieser Grenzwert nicht überschritten wird.

Der Küchenleitung ist zu empfehlen, die Anwendungsmengen genau zu überprüfen.

Sulfitierte Kartoffeln werden nicht unter Wasser gelagert. Damit jedoch die Oberfläche nicht austrocknet und verhärtet, sind die Kartoffeln mit einem feuchten Tuch abzudecken oder in geschlossenen Behältnissen (z.B. Kunststoffbeutel) aufzubewahren.

Es ist zweckmäßig, die sulfitierten Kartoffeln unmittelbar vor der Zubereitung gründlich zu waschen.

Die im Handel befindlichen Convenience-Produkte sind fast alle so eingestellt, daß die daraus hergestellten verzehrfertigen Produkte nicht deklariert werden müssen. Im Einzelfall/Zweifelsfall lasse man sich die Deklarationsfreiheit vom Lieferanten/Produzenten bestätigen.

ZUBEREITUNG

Zur Herstellung der einzelnen Zubereitungsarten von Kartoffeln verarbeitet man:

- rohe, geschälte Kartoffeln,
- ungeschälte, gegarte Kartoffeln (Pellkartoffeln, Ofenkartoffeln),
- geschälte, gegarte Kartoffeln (Salzkartoffeln, Dampfkartoffeln).

Zubereitungen aus rohen, geschälten Kartoffeln

Für Kartoffeln, die zugeschnitten werden, verwendet man aus wirtschaftlicher Überlegung große Kartoffeln, denn bei diesen entstehen weniger Abschnitte.

Durch das Schneiden haftet an den Oberflächen der geschnittenen Kartoffeln ausgetretene Stärke. Um eine gleichmäßige Bräunung zu gewährleisten, müssen geschnittene Kartoffeln zunächst gewaschen werden. Bis zur Weiterverwendung bewahrt man sie in kaltem Wasser auf (s. S. 114).

In der Friteuse

Bei rohen Kartoffeln, die in Fett schwimmend zu garen sind, unterscheidet man:

- **größer geschnittene Arten,**
  deren Fertigstellung zwei
  Arbeitsgänge erfordert;

- **kleiner geschnittene Arten,**
  deren Fertigstellung in einem
  Arbeitsgang erfolgt.

Alle geschnittenen, rohen Kartoffeln müssen vor dem Fritieren abtropfen und sorgfältig abgetrocknet werden. Flüssigkeit an den Außenflächen des Fritiergutes bringt das heiße Fett zu starkem Schäumen, und es schäumt leicht über den Rand der Friteuse hinaus (siehe auch Fachgerechtes Fritieren, Bd. 1, S. 112).

Zum Fritieren eignen sich am besten mehlig-festkochende Kartoffelsorten (s. S. 113).

Große Arten

Hierzu zählen gebackene Kartoffelstäbchen, wie **Pommes frites** bzw. **Pont-Neuf-Kartoffeln** und die kleinen **Mignonkartoffeln**. Pont-Neuf-Kartoffeln wurden ursprünglich viel stärker geschnitten, sie sind die eigentlichen Vorläufer der überall bekannten Pommes frites.

Die französische Küche macht keinen Unterschied, sie benutzt beide Bezeichnungen für die (kulinarisch wertvolleren) etwa 1 cm dicken Kartoffelstäbchen. – Auch **Soufflékartoffeln** (aufgeblähte Kartoffeln) gehören zu den Arten, deren Herstellung zwei Arbeitsgänge erfordern.

Fritierte Kartoffelstäbchen	Pommes Pont-Neuf
Pommes frites	**Pommes frites**

Bedarf für 10 Portionen: 2 kg geschälte Kartoffeln der mehlig-fest-kochenden Sorten, Salz.

Gardauer: Vorbacken (Blanchieren) 8 – 10 Min., Fett-Temperatur: 140 °C.
            Braunbacken 1 – 2 Min., Fett-Temperatur: 170 °C.

Zuschneiden: Längsseiten der Kartoffeln zueinander parallel beschneiden. Abschnitte zur alsbaldigen Verwendung (z.B. Suppen) in kaltes Wasser legen. Kartoffeln in gleichmäßige, 1 cm dicke und 5 – 6 cm lange Stäbe schneiden, waschen, abtropfen lassen und in einem Tuch trockenschütteln.

Vorbacken: Kartoffelstäbchen in den Fritierkorb geben und in das erhitzte Fett tauchen. Den Korb dabei leicht schütteln, damit das Fett sofort an alle Stellen des Backgutes gelangt und die Stäbchen in gleichmäßiger Höhe im Fettbad liegen. Um ein Aneinanderhaften der Kartoffeln zu vermeiden, ist der Korb während des Fritierverfahrens hin und wieder hochzuheben. – Beim Vorbacken (Blanchieren) verschließt das heiße Fett die Außenseiten des Backgutes, während Dampfbildung im Innern das Kartoffelfleisch gart. Die Kartoffeln nehmen nur wenig Farbe an. Zur Garprobe ist ein Stäbchen zu entnehmen und mit den Fingern zu drücken, fühlt es sich weich an, ist das Verfahren zu beenden.

Korb mit den gegarten Kartoffeln aus dem Fett nehmen, abtropfen lassen, auf einem Blech mit saugfähiger Unterlage ausbreiten und für den Bedarf bereithalten.

Braunbacken: Erforderliche Menge vorgegarter Kartoffelstäbchen mit dem Korb in das stärker erhitzte Fett tauchen und bräunen. Die knusprig gebräunten, straff aufgeblähten Pommes frites wieder mit dem Korb entnehmen, abschütteln, auf ein Tuch leeren, salzen, mischen und offen anrichten.

Fertig gebackene Kartoffeln verlieren beim Warmhalten rasch ihre knusprige Beschaffenheit und somit einen wesentlichen Teil ihres Wohlgeschmacks. Deshalb sollten sie erst auf Abruf fertiggebacken werden.

Besondere Beachtung ist der **optimalen Garzeit** und der **richtigen Gartemperatur** zu widmen, denn diese beiden Faktoren entscheiden hauptsächlich über die Qualität.

Gartemperatur richtig		Gartemperatur	
Garzeit zu lange	Garzeit zu kurz	zu hoch	zu nieder
Mitte der Stäbchen eingesunken, ungleichmäßige Form	Stäbchen sind hart, Geschmack nicht voll entwickelt	Inneres der Stäbchen wird nicht gar	Inneres trennt sich von der äußeren Schicht; hohe Fettaufnahme

Mignonkartoffeln   **Pommes mignonettes**

Mignonkartoffeln sind kleinere Pommes frites. Die Kartoffeln werden in 0,5 cm dicke und 4 cm lange Stäbchen geschnitten und wie Pommes frites behandelt.

Gardauer: Vorbacken (Blanchieren) 5 – 7 Min., Fett-Temperatur: 160 °C.
Braunbacken 1 Min., Fett-Temperatur: 180 °C.

Tiefgefrorene Pommes frites

Als Frostware werden vor allem Pommes frites und Reibekuchen angeboten, wobei Pommes frites den Hauptanteil ausmachen.

Die Kartoffelstäbchen sind, ähnlich selbstgefertigter Ware, bereits im Fettbad vorblanchiert und anschließend gefrostet. Durch erneutes Einlegen in das heiße Fett erhalten sie die erwünschte Farbe und werden zugleich auf Serviertemperatur gebracht.

Man kann nach den Anweisungen der Hersteller die Ware in gefrostetem Zustand direkt in das Fettbad geben. Aus Gründen der Energieersparnis empfiehlt es sich jedoch, die Frostware zunächst aufzutauen. Gleiches gilt, wenn bei starkem Geschäftsgang die Kapazität der Friteuse bestmöglich ausgenutzt werden muß, denn an- und aufgetaute Ware hat eine kürzere Bräunungszeit.

Wird angetaute Ware wieder gefrostet oder sind an einer Stelle der Tiefkühlkette Mängel aufgetreten, so haften an den Oberflächen Eiskristalle. Derartige Produkte sind vor der Weiterverarbeitung auf einem Tuch liegend aufzutauen, damit das überschüssige Wasser von diesem aufgesogen wird. Legt man größere Mengen einer Ware, der Tauwasser anhaftet, in das heiße Fettbad, wird das Wasser sofort zu Dampf, der sich explosionsartig ausweitet und das Fett mit sich reißt. Aber auch geringere Wassermengen führen zum unerwünschten Aufschäumen und begünstigen den Fettverderb.

Soufflékartoffeln / aufgeblähte Kartoffeln   **Pommes soufflées**

Die Arbeitsanleitung für diese Kartoffelart wird verständlich, wenn die grundlegenden Vorgänge bekannt sind.

Die in Scheiben geschnittenen Kartoffeln werden zunächst in einem Fettbad mit etwa 150 °C vorgebacken. Dabei schließt sich die Außenschicht und läßt den später entstehenden Dampf nicht entweichen. Bei der genannten Temperatur bleiben die Außenschichten flexibel. Setzt man dann in ein Fettbad mit etwa 180 °C um, geben diese dem entstehenden Dampfdruck nach, die Scheiben gehen wie erwünscht kissenförmig auf. Zugleich trocknen die Randschichten aus, so daß die Form erhalten bleibt.

Wichtig sind also:

- Gleichmäßige Scheiben der vorgeschriebenen Dicke,
- Einhaltung der genannten Fett-Temperaturen.

Bedarf für 10 Portionen: 2 kg geschälte Kartoffeln der mehlig-festkochenden Sorten, Salz.

Gardauer: Vorbacken etwa 6 Min., Fett-Temperatur: 150 °C.
            Aufblähen einige Sek., Fett-Temperatur: 180 °C.

Zuschneiden: Kartoffeln seitlich oval oder vierkantig zuschneiden und in 3 mm dicke Scheiben mit parallellaufenden Flächen schneiden. Kartoffelscheiben abspülen und zwischen zwei Tüchern abtrocknen.

Vorbacken: Die Scheiben in Chargen von 10 – 12 Stück rasch nacheinander in das 150 °C heiße Fettbad geben. Den Fritierkorb leicht auf und ab bewegen, damit die Scheiben einzeln im Fett schweben und gleichmäßig garen. Dabei müssen sie unbeschädigt bleiben, sonst können sie später nicht aufblähen. Sobald die Kartoffeln an die Oberfläche steigen und an einigen Stellen schon blasige Erscheinungen zeigen, ist der Garpunkt erreicht.

Aufblähen: Kartoffelscheiben mit dem Fritierkorb in das bereitstehende zweite, auf 180 °C erhitzte Fett umsetzen. Die soufflierten Kartoffeln mit einem kleinen Schaumlöffel wenden, um sie beidseitig knusprig zu bräunen. Danach auf einem Tuch abtropfen und mit Salz bestreut offen anrichten.

Soufflékartoffeln kann man auch vorgegart bereithalten und erst bei Bedarf in der erhitzten Fritüre aufblähen und knusprig bräunen.

In diesem Falle nimmt man die gegarten Kartoffelscheiben unmittelbar nach dem Aufgehen (Soufflieren) rasch aus dem heißen Fett, also ohne sie verkrusten zu lassen. Jeweils 5 – 6 Stück der noch flexiblen und nun wieder eingesunkenen Kartoffeln legt man nebeneinander auf ein Fettpapier und stellt sie bedeckt kühl. Auf Bestellung werden sie mit dem Papier in das heiße Fett getaucht. Von diesem lösen sich die Kartoffeln unbeschädigt, blähen wieder auf und werden fertiggestellt, wie bereits erläutert.

Kleine Arten

Kleine Kartoffelarten werden vorwiegend in feine Scheiben oder Streifen geschnitten. Nach dem Zuschneiden der geschälten Kartoffeln bringt man sie mit dem Universalhobel in die gewünschte Form. In einem Arbeitsgang werden sie gleich hellbraun fritiert und können bis zum Servieren in flachem, offenem Geschirr warm stehenbleiben.

Kartoffelchips   **Pommes chips**

Bedarf für 10 Portionen: 1,5 kg der mehlig-festkochenden Sorten, Salz oder Paprikasalz.

Gardauer: 3 – 5 Min., Fett-Temperatur: 160 – 170 °C.

Man verwendet am besten Kartoffeln mit einem Durchmesser von 4 – 6 cm und egalisiert sie walzenförmig, um optisch ansprechende Scheiben zu erhalten.

Von den geschälten Kartoffeln werden gleichmäßige, 1 mm dicke Scheiben geschnitten. Diese wäscht man in kaltem Wasser, damit die an den Schnittflächen freiliegenden Stärkekörner abgespült werden. Dadurch wird eine gleichmäßige Bräunung gewährleistet.

Die abgetropften und abgetrockneten Scheiben fritiert man im erhitzten Fettbad. Um ein Aneinanderhaften zu verhindern, wird das Backgut mit einer kleinen Schaumkelle bewegt. Wenn die Kartoffelscheiben eine gleichmäßige mittelbraune Farbe haben, nimmt man sie aus dem Fett, schüttelt sie ab und würzt sie direkt, damit das Salz haften bleibt. Bis zum Servieren kann man Kartoffelchips unbedeckt warmhalten. Kartoffelchips, die kalt verzehrt werden, würzt man auch mit Paprikasalz oder mit feinem Salz, dem ein wenig Cayennepfeffer beigemischt wurde.

Es ist unbedingt auf eine ansprechende und gleichmäßige Farbgebung zu achten, denn Abweichungen stören nicht nur optisch, sie werden immer auch von Mängeln im Geschmack begleitet: nicht ausgeprägt ist dieser, wenn die Farbe zu hell ist, und brenzlig-bitter bei zu viel Hitzeeinwirkung.

Bei den folgenden Kartoffelarten ändert sich nur die Schnittweise, sonst werden sie gemäß der Arbeitsanleitung für Kartoffelchips hergestellt.

Krausenkartoffeln **Pommes collerettes**	Kartoffelwalzen mit 2,5 cm Durchmesser seitlich riefen und in 2 mm dicke Scheiben schneiden.	
Waffelkartoffeln **Pommes gaufrettes**	Kartoffelwalzen, Durchmesser 4 – 5 cm, mit Spezialmesser des Universalhobels in Scheiben mit gerieften Flächen schneiden. Nach jedem Schnitt Kartoffel um 90° drehen, dadurch kommt ein Waffelmuster zustande.	
Strohkartoffeln **Pommes paille**	Kartoffeln in 1 mm dicke und 5 – 6 cm lange Streifchen schneiden.	

Streichholzkartoffeln
Pommes allumettes

Kartoffeln in 2 mm dicke und 5 cm lange Streifchen schneiden.

Kartoffelnestchen   Nieds de pommes

Kartoffelnestchen dienen vorwiegend zur Dekoration. Sie werden aus rohen Kartoffelstreifchen geformt und gebacken. Der hierzu erforderliche Nestbacklöffel besteht aus zwei ungleich großen, halbkugelförmigen Sieben. Das kleinere liegt im größeren Sieb wie ein Einsatz. Damit man sie aufklappen kann, sind sie an einer Seite scharnierartig verbunden. Eine verschiebbare Klammer hält die Siebbügel beim Backen zusammen.

Bedarf: Geschälte Kartoffeln der mehlig-festkochenden Sorten, Salz.

Gardauer: 3 – 4 Min., Fett-Temperatur: 160 – 170 °C.

Kartoffeln in 1 mm dicke Streifchen schneiden. – Für diese Zubereitung die Streifchen nicht waschen, damit durch die anhaftende Stärke das Körbchen zusammenhält. – Nestbacklöffel zum Fetten in die heiße Fritüre tauchen und aufklappen. Größeres Sieb mit Kartoffelstreifchen ausfüttern. Kleineres Sieb in das größere Sieb zurückklappen, fest eindrücken und die Klammer über die Bügel schieben. Nestbacklöffel in das heiße Backfett stellen und das Kartoffelnest mittelbraun fritieren.

Danach den Nestbacklöffel aus der Fritüre nehmen und das Fett abschütteln. Die sich durch das Geflecht geschobenen Kartoffelspitzen abschneiden, um das Nest unbeschädigt aus dem Backlöffel lösen zu können. Kartoffelnestchen leicht salzen und zum Füllen mit anderen gebackenen Kartoffeln (z.B. Soufflékartoffeln), mit naturellen Gemüsen oder Pilzen bereithalten.

In Formen im Ofen

Werden Kartoffeln in Formen im Ofen gebacken, so strebt man eine Zubereitung an, die in einer goldbraunen knusprigen Außenschicht einen in Verbindung mit Butter typischen Geschmack bietet, im Innern bei zarter Beschaffenheit den eigentlichen Kartoffelgeschmack zur Geltung kommen läßt. Eine sorgfältige Anordnung schafft zugleich ein gefälliges Äußeres.

Die zur Verwendung gelangenden Kartoffeln sollen einen Durchmesser von 5 – 6 cm haben; bei langovalen Arten ist die Ausbeute am größten. Möglichst gleichmäßige Scheiben erzielt man, wenn die Kartoffeln zunächst walzenförmig zugeschnitten werden. Diese vorbereiteten Kartoffeln hobelt man in 1 – 2 mm dicke Scheiben und befreit sie durch Waschen von anhaftenden Stärketeilchen. Anschließend läßt man sie abtropfen und schüttelt sie in einem Tuch trocken.

Die zur Zubereitung erforderliche Butter ist grundsätzlich zu klären. Die in einer Butter enthaltenen Eiweißteilchen würden sonst zum Festbacken
an den Formen führen, und das Gericht ließe sich
nicht stürzen.

Die Formen werden vor dem Auslegen stark ausge-
fettet. Dann belegt man den Boden von außen beginnend mit dachziegelartig angeordneten Kartoffelscheiben (s. Abb.). Der Rand der inneren Reihe
liegt jeweils über dem der bereits eingelegten, so
daß später bei der gestürzten Zubereitung die Scheiben kreisförmig angeordnet, aber ineinander über-
gehend erscheinen. Der Rand der Form wird mit
aufrechtstehenden Kartoffelscheiben dachziegelartig
ausgekleidet. Auf diese Weise entsteht in der Mitte
ein Freiraum, der mit den übrigen, geschmacklich ergänzten Kartoffelscheiben gefüllt wird. Nach
dem Einfüllen ist behutsam doch fest anzudrücken,
damit eine Bindung erreicht wird.

Zum Garen bedeckt man die Form mit einem Deckel.

Um eine ausreichende Farbe zu erzielen, bäckt man
zunächst auf der Herdplatte an und gart dann im
Ofen bei allseitiger Wärmeeinwirkung fertig. Der
Garzustand wird durch Anstechen überprüft.

Die fertige Zubereitung wird auf eine flache Unterlage gestürzt, in Stücke geschnitten und angerichtet.

Verwendet man Portionsförmchen, sollten die
Kartoffelscheiben einen Durchmesser von 3 cm
nicht überschreiten. Die Arbeitsweise beim Füllen
bleibt die gleiche.

Um eine gleichmäßige Hitzeübertragung und damit eine ansprechende Farbgebung zu erzielen,
werden Portionsförmchen in einem heißen Fettbad stehend im Ofen gegart. Dazu stellt man die
Förmchen in ein größeres Geschirr, füllt in dieses bis zu zwei Drittel der Förmchenhöhe das heiße
Fett und schiebt das Geschirr in den vorgeheizten Ofen. Wenn die Zubereitung gar ist, setzt man
die Förmchen auf eine saugfähige Unterlage und hält sie warm. Bei Abruf werden die Kartoffeln
aus den Förmchen auf ein vorgewärmtes Serviergeschirr gestürzt.

Übersicht

Art	Auskleidung	Füllung	Geschmackliche Ergänzung
Annakartoffeln **Pommes Anna**	Kartoffel- scheiben	Kartoffel- scheiben	Salz, Pfeffer
Ninettkartoffeln **Pommes Ninette**	Kartoffel- scheiben	Kartoffel- scheiben	Salz, Pfeffer, Käse
Mireillekartoffeln **Pommes Mireille**	Kartoffel- scheiben	Kartoffel- scheiben	Artischockenböden, Trüffelwürfel, Salz, Pfeffer
Massenetkartoffeln **Pommes Massenet**	Kartoffelstreifchen		Salz, Pfeffer

Annakartoffeln   **Pommes Anna**

Bedarf für 10 Portionen: 1,5 kg vorbereitete Kartoffeln der mehlig-festkochenden Sorten, 100 bis
        200 g geklärte Butter, Salz, Pfeffer.
Gardauer: große Form 35 – 45 Min., Portionsförmchen 20 – 25 Min.
Ofentemperatur: 200 °C.

Ninettekartoffeln   **Pommes Ninette**

Ninettekartoffeln werden wie Annakartoffeln hergestellt, erhalten jedoch zusätzlich eine Beigabe
von 100 g geriebenem Käse. Diesen mischt man unter den Anteil der Kartoffelscheiben, der zum
Auffüllen der bereits ausgekleideten Form verwendet wird.

Mireillekartoffeln   **Pommes Mireille**

Bedarf für 10 Portionen: 1,3 kg vorbereitete Kartoffeln der mehlig-festkochenden Sorten, 80 g ge-
        klärte Butter, Salz, Pfeffer, 400 g angebratene, in flache Stückchen geschnittene
        Artischockenböden, 50 g Trüffelwürfelchen.
Gardauer: große Form 35 – 45 Min., Portionsförmchen 20 – 25 Min.
Ofentemperatur: 200 °C.

Massenetkartoffeln   **Pommes Massenet**

Bedarf für 10 Portionen: 1,5 kg geschälte Kartoffeln der mehlig-festkochenden Sorten, 100 – 120 g
        geklärte Butter, Salz, Pfeffer.
Gardauer: 30 – 35 Min., Ofentemperatur: 200 – 220 °C.
Kartoffeln in Streichholzgröße schneiden. Kartoffelstreifchen waschen, abtropfen lassen und mit
einem Tuch abtrocknen. Zwei Drittel der geklärten Butter in einer großen Stielpfanne erhitzen.
Die Kartoffeln dazugeben, durchschwenken, rasch farblos anschwitzen und gleich wieder auf ein
bereitstehendes Blech schütten. Kartoffeln salzen, mit Pfeffer bestreuen, mischen und in eine mit
geklärter Butter dick eingefettete, schwarze Stielpfanne (φ etwa 25 cm) mit starkem Boden fest
eindrücken. Pfanne auf dem Herd erhitzen, dann in den vorgeheizten Ofen schieben und die Kartoffeln garen und bräunen.
Fertige Massenetkartoffeln auf eine flache Unterlage stürzen und in Stücke schneiden.

Im Ofen mit Flüssigkeit

Bei Kartoffelgerichten, die mit Flüssigkeit in Serviergeschirre gefüllt und in diesen im Ofen gebacken werden, ist darauf zu achten, daß die Wandungen der Backplatten sauber sind. Mit einem
feuchten Tuch wischt man evtl. angespritzte Flüssigkeiten ab, sonst kommt es zu schwarzver-
brannten, unappetitlich aussehenden Rändern.

Bäckerinkartoffeln   **Pommes boulangère**

Bedarf für 10 Portionen: 1,2 kg geschälte Kartoffeln der mehlig-festkochenden Sorten, 70 g
        Butter, 300 g dünne Zwiebelscheiben, Salz, Pfeffer, 1 fein zerriebene Knoblauch-
        zehe, 1 Kräutersträußchen (Petersilie, Thymian, Bruchstück Lorbeerblatt), 0,15 l
        Weißwein, 0,7 l Brühe.
Gardauer: 35 – 45 Min., Ofentemperatur: 180 – 200 °C.

Am besten eignen sich kleine, langovale Kartoffeln. Kartoffeln in gleichmäßige, 5 mm dicke Scheiben schneiden, waschen und zum Abtropfen in einen Durchschlag schütten.

Eine große Backplatte mit Butter ausstreichen. Kartoffel- und Zwiebelscheiben salzen, mit Pfeffer bestreuen, Knoblauch beifügen, alles mischen und in die Backplatte füllen. Kräutersträußchen dazustecken, Weißwein und Brühe angießen. Übrige Butter in Stückchen auf der Oberfläche verteilen und die Kartoffeln zum Garen in den vorgeheizten Ofen stellen.

Die fertig zubereiteten Kartoffeln sollen ohne Flüssigkeit, jedoch saftig sein. Die Außenschicht soll goldgelbe Farbe haben. Vor dem Servieren wird das Kräutersträußchen entfernt.

Bäckerinkartoffeln mit Fleisch zubereitet, s. Rezept Elsässer Baeckeofe, Bd. 1, S. 497.

Savoyardkartoffeln   Pommes Savoyarde

Bedarf für 10 Portionen: 1,5 kg geschälte Kartoffeln der mehlig-festkochenden Sorten, 80 g Butter, 50 g feingeschnittene Schalotten, Salz, Muskatnuß, Pfeffer, 0,7 l Fleischbrühe, 120 g geriebener Käse.

Gardauer: 45 Min., Ofentemperatur: 200 °C.

Eine große Backplatte mit Butter dick ausstreichen und mit Schalotten bestreuen. Kartoffeln längshalbieren, quer in 1 – 2 mm dicke Scheiben schneiden, flachdrücken und nebeneinander in die präparierte Backplatte einsetzen. Kartoffeln leicht salzen, mit wenig geriebener Muskatnuß und Pfeffer bestreuen. Brühe angießen, Platte auf den Herd stellen, Inhalt aufkochen, Käse darübergeben, übrige Butter in Flocken auflegen und im Ofen garen.

Die fertigen Kartoffeln sollen ohne Flüssigkeit, jedoch saftig sein, die Oberfläche soll eine appetitliche braune Farbe haben.

Gratinierte Kartoffeln Dauphiner Art   Gratin de pommes Dauphinoise

Bedarf für 10 Portionen: 1,2 kg geschälte Kartoffeln der mehlig-festkochenden Sorten, Salz, Knoblauchsalz, Pfeffer, Muskatnuß, 150 g geriebener Emmentaler, 0,5 l Milch, 0,6 l Sahne, 2 Eier, 80 g Butter.

Gardauer: 40 – 50 Min., Ofentemperatur: 180 – 200 °C.

Kartoffeln längshalbieren, quer in 2 mm dicke Scheiben schneiden und in eine Schüssel geben. Salz, wenig Knoblauchsalz, Pfeffer, geriebene Muskatnuß und die halbe Käsemenge dazugeben und alles mischen. Milch und Sahne aufkochen. Eier quirlen, abgekühlte Milch-Sahne mit einem Schneebesen unterrühren. Gewürzte Kartoffeln in zwei große, mit Butter ausgestrichene Backplatten verteilen. Royale aufgießen, Platten rütteln, damit alle Kartoffeln in der Flüssigkeit verteilt und von ihr bedeckt sind. Verbliebenen Käse auf die Oberfläche streuen und übrige Butter darübertäufeln. Backplatten mit den präparierten Kartoffeln zum Garen in den vorgeheizten Ofen schieben. Der Garzustand kann durch Anstechen festgestellt werden.

Die fertiggegarte Kartoffelzubereitung soll appetitlich braun sein und wird im Backgeschirr serviert.

Gratinierte Kartoffeln können auch ohne Ei zubereitet werden.

Schmelzkartoffeln   Pommes fondantes

Bedarf für 10 Portionen: 1,5 kg geschälte Kartoffeln, der mehlig-festkochenden Sorten, 80 bis 100 g Butter, 0,8 l Brühe, Salz, Pfeffer.

Gardauer: 35 – 45 Min., Ofentemperatur 180 – 200 °C.

Die mittelgroßen, oval zugeschnittenen Kartoffeln längs halbieren, kurz blanchieren und in einen Durchschlag abgießen. — Beim Blanchieren verkleistert in den Randschichten die Stärke. Das verhindert beim weiteren Garen das Zerfallen der Kartoffelstücke. — Ein Randblech entsprechender Größe dick mit Butter ausfetten. Die blanchierten Kartoffeln nebeneinander auf den Schnittflächen liegend einsetzen, mit Butter bestreichen, salzen und mit Pfeffer würzen. Brühe angießen und im vorgeheizten Ofen unbedeckt garen. Während des Verfahrens die Kartoffeln öfter mit dem Fond bepinseln.

Wenn der Garpunkt erreicht ist, soll kaum noch Flüssigkeit vorhanden sein. Die Kartoffeln, die einen Teil der Flüssigkeit und das Fett aufgenommen haben, sollen eine goldbraune Farbe zeigen und beim Verspeisen auf der Zunge zerschmelzen.

Delmonicokartoffeln   **Pommes Delmonico**

Bedarf für 10 Portionen: 1,2 kg geschälte Kartoffeln der mehlig-festkochenden Sorten, 75 g Würfelchen von Tomatenpaprika, Salz, 0,3 l Milch, 0,7 l Sahne, 80 g Butter, 50 g Schalottenwürfelchen, Pfeffer, 40 g geriebene Weißbrotkrume.

Gardauer: 30 – 35 Min., Ofentemperatur: 200 °C.

Kartoffeln in gleichmäßige Würfel mit 1 cm Seitenlänge schneiden, kurz blanchieren und in einen Durchschlag schütten. Paprikawürfelchen in Salzwasser aufkochen und in ein Sieb abgießen. Milch und Sahne aufkochen. Butter und Schalotten andünsten, Paprikawürfelchen und blanchierte Kartoffelwürfel zugeben, desgleichen Milch und Sahne. Kartoffeln salzen, mit Pfeffer würzen, aufkochen und in eine mit Butter ausgestrichene große Backplatte füllen. Oberfläche mit geriebenem Weißbrot bestreuen, übrige Butter in Flöckchen auflegen und im vorgeheizten Ofen garen und dabei braun überbacken.

In der Pfanne gebraten

Die zugeschnittenen oder ausgebohrten Kartoffeln werden zunächst mit Wasser bedeckt und bei starker Hitze rasch aufgekocht (blanchiert). Zum Abtropfen sind die Kartoffeln in einen Durchschlag zu schütten, aber nicht abzufrischen.

Durch das Blanchieren verkleistert in den Randschichten die Stärke. Das verhindert beim späteren weiteren Garen das Zerfallen der Kartoffelstücke.

Danach werden die Kartoffeln in Butter gebraten. Zunächst gibt man nur einen Teil der vorgesehenen Butter in das Geschirr. Beim Einlegen der Kartoffeln darf sie nicht braun sein, sonst nehmen die Kartoffeln schmutzige Farbe an. Nach leichtem Anbraten auf dem Herd werden sie gewürzt, die übrige Butter nachgelegt, die Kartoffeln geschwenkt und im Ofen fertiggebraten. Während des Bratens muß man das Schwenken öfter wiederholen, damit die Kartoffeln gleichmäßige goldgelbe Farbe erhalten.

Gebratene Kartoffeln verlieren durch langes Warmhalten erheblich an Qualität. Deshalb sollte man die Kartoffeln entsprechend des Bedarfs in Chargen nacheinander fertigstellen.

Für die folgenden Kartoffelzubereitungen gilt die obige Arbeitsanleitung.

Bedarf für 10 Portionen: 1,5 kg zugeschnittene Kartoffeln der mehlig-festkochenden Sorten.

Gardauer: 20 Min., Ofentemperatur: 200 °C.

Elsässer Kartoffeln **Pommes à l'alsacienne**	Kartoffeln in Würfel mit 1 cm Seitenlänge schneiden. Blanchieren, in Butter braten. Feine Speck- und Zwiebelwürfel rösten. Diese unter die Kartoffeln schwenken und mit gehackter Petersilie bestreuen.	
Mirettekartoffeln **Pommes Mirette**	Kartoffeln in Würfel mit 1 cm Seitenlänge schneiden. Blanchieren, in Butter braten, Trüffelstreifchen untermischen, mit Fleischextrakt beträufeln und durchschwenken. Anrichten, mit geriebenem Käse bestreuen und leicht überbacken.	
Nußkartoffeln **Pommes noisettes**	Kartoffeln mit einem runden Kartoffellöffel ausbohren. Blanchieren und in Butter braten.	
Olivenkartoffeln **Pommes olivettes**	Kartoffeln mit einem olivenförmigen Kartoffellöffel ausbohren. Blanchieren und in Butter braten.	

Parmentierkartoffeln **Pommes Parmentier**	Kartoffeln in Würfel mit 1 cm Seitenlänge schneiden. Blanchieren und in Butter braten. Mit geschnittenem Schnittlauch bestreuen.
Provenzalische **Kartoffeln** **Pommes provençales**	Kartoffeln im Durchmesser von 3 – 4 cm quer in 3 mm dicke Scheiben schneiden. Nicht blanchieren. In halb Olivenöl und halb Butter braten. Mit fein zerriebenem Knoblauch und gehackter Petersilie würzen.
Sableekartoffeln **Pommes sablées**	Kartoffeln in Würfel mit 1 cm Seitenlänge schneiden. Blanchieren, in Butter braten. Abschließend mit frisch geriebener Weißbrotkrume bestreuen, diese mitbraten, bis sie braun ist.
Schloßkartoffeln **Pommes chateau**	Kartoffeln in 5 cm große, halbmondähnliche Formen mit stumpfen Enden schneiden. Blanchieren, in Butter braten und mit gehackter Petersilie bestreuen.

*

Kartoffelpuffer / Reibekuchen   **Subrics de pommes / crêpes de pommes**

Rezept s. Abschn. Regionalgerichte: „Berlin – Mark Brandenburg – Lausitz".

In der Fleischbrühe

Bouillonkartoffeln   Pommes en bouillon

Bedarf für 10 Portionen: 1,2 kg geschälte Kartoffeln der festkochenden Sorten, 250 g feine Brunoise (Zwiebel, Lauch, Möhre, Sellerie), 80 – 100 g Butter, Salz, Pfeffer, Muskatnuß, Fleischbrühe, 12 g gehackte Kräuter (Petersilie, Liebstöckel, Kerbel).

Gardauer: 20 Min.

Kartoffeln in Würfel mit 1,5 cm Seitenlänge schneiden, blanchieren und in einen Durchschlag abgießen.

Brunoise mit Butter in einer Kasserolle anschwitzen. Kartoffelwürfel dazuschütten, salzen, mit Pfeffer und einem Strich geriebener Muskatnuß würzen. Die Brühe in Höhe der Kartoffeln aufgießen, alles zum Kochen bringen und bei mäßiger Hitze garen. Die gehackten Kräuter behutsam unter die gegarten Bouillonkartoffeln rühren.

Kümmelkartoffeln   Pommes au cumin

Bouillonkartoffeln wird beim Ansetzen 5 g Kümmel beigegeben. Nach dem Garen nur 1 El gehackte Petersilie unterrühren.

Schinkenkartoffeln   Pommes au jambon

Bedarf für 10 Portionen: 1,2 kg geschälte Kartoffeln der festkochenden Sorten, 200 g Zwiebelwürfelchen, 100 g Würfelchen von magerem, gekochtem Schinken, 100 g Butter, Salz, Pfeffer, Fleischbrühe, 1 El gehackte Petersilie.

Gardauer: 20 Min.

Kartoffeln in Würfel mit 1,5 cm Seitenlänge schneiden, blanchieren und in einen Durchschlag abgießen.

Zwiebelwürfelchen mit Butter in einer Kasserolle anschwitzen. Blanchierte Kartoffeln und den Schinken beifügen, salzen und mit Pfeffer würzen. Die Brühe in Höhe der Kartoffelwürfel dazugießen, alles zum Kochen bringen und bei mäßiger Hitze garen. Die gehackte Petersilie behutsam unter die gegarten Schinkenkartoffeln rühren.

Tomatenkartoffeln   Pommes aux tomates

Schinkenkartoffeln wird beim Ansetzen noch 300 g Tomatenfleisch in Würfel geschnitten beigefügt.

Zubereitungen von ungeschälten, gegarten Kartoffeln

Für diese Zubereitungsarten verwendet man mittelgroße Kartoffeln der vorwiegend festkochenden Sorten. Sie werden gewaschen, mit Wasser bedeckt, aufgesetzt und gargekocht, oder sie werden im Dämpfer gegart. Die Gardauer beträgt 20 Minuten, gerechnet vom Beginn des Kochens bzw. von der vollen Dampfentwicklung an. Im Trockendampf-Schnellgargerät (s. Bd. 1, S. 17) ist die Gardauer wesentlich kürzer, sie liegt bei etwa 8 Minuten.

Die gegarten Kartoffeln (Pellkartoffeln) werden abgegossen oder aus dem Dämpfer genommen und zum Überkühlen flach ausgebreitet. Noch warm schält man sie, denn in diesem Zustand läßt sich die Schale am leichtesten entfernen.

Frühkartoffeln

Besonders wohlschmeckend sind die ersten Frühkartoffeln. Die Küche bezeichnet sie mit **Neuen Kartoffeln (Pommes nouvelles)**.

Frühkartoffeln wachsen aus vorgekeimten Knollen, sie sind nicht lagerfähig und werden direkt verbraucht. Ausländische Ware ist bereits im April auf dem Markt, deutsche Frühkartoffeln gibt es ab Anfang Juni.

Frühkartoffeln werden mit der Schale gekocht. Noch warm, schält man sie und reicht die Kartoffeln naturell oder

- mit Butter geschwenkt,
- mit Butter und Petersilie geschwenkt,
- mit Butter und Dill geschwenkt,
- mit Butter und grüner Minze geschwenkt.

Frühkartoffeln können auch nach den folgenden Rezepten zubereitet werden.

Frühkartoffeln eignen sich auf Grund ihres verhältnismäßig hohen Wassergehaltes nicht zu Kartoffelpüree oder zu Kartoffelteigen.

In der Pfanne

Pellkartoffeln, in Scheiben oder Würfel geschnitten oder auch kleine ganze, werden in heiße, jedoch nicht braune Butter gelegt. Danach sind die Kartoffeln mit Salz und Pfeffer zu würzen und bei mäßiger Hitze, unter gelegentlichem Schwenken, gleichmäßig braun zu braten. Es darf nur soviel Butter verwendet werden, daß die beigegebene Menge von den Kartoffeln aufgenommen werden kann. Man erreicht eine Geschmacksverfeinerung, wenn zu Anfang die Fettmenge so knapp gehalten wird, daß man später noch einige frische Butterflöckchen zusetzen kann. — Fachgerecht gebratene Kartoffeln sind im Innern zart, sie zeigen goldbraune Außenflächen ohne sichtbares Fett.

Für die folgenden Kartoffelzubereitungen gilt die obige Arbeitsanleitung.

Bedarf für 10 Portionen: 1,6 kg Pellkartoffeln.

Bratkartoffeln **Pommes sautées**	Pellkartoffeln in Scheiben von 3 mm Dicke schneiden, in heiße Butter legen, salzen, pfeffern und goldbraun braten.
Lyoner Kartoffeln **Pommes lyonnaise**	Pellkartoffeln wie oben braten. Zwiebelstreifchen in Butter braun rösten. Zwiebeln den Kartoffeln beigeben, unterschwenken und mit gehackter Petersilie bestreuen.
Niedernauer Kartoffeln **Flan de pommes** **aux ciboulette**	Pellkartoffeln in Würfel mit 5 mm Seitenlänge schneiden, salzen, pfeffern, in heiße Butter legen, goldbraun braten. Gleiche Teile Eier und saure Sahne zusammen verquirlen, mit Schnittlauch, Salz und Pfeffer würzen, über die flachliegenden Kartoffeln gießen und im Ofen stocken lassen.
Kleine Röstkartoffeln **Pommes rissolées**	Ausgesucht kleine, neue Pellkartoffeln (Frühkartoffeln) in heiße Butter legen, salzen, pfeffern und rundum goldbraun braten, geröstete Semmelbrösel darüberstreuen und durchschwenken.
Berner Rösti **Pommes à la bernoise**	Rezept s. Abschn. Nationalgerichte: „Schweizerische Küche".
Kartoffelkuchen **Crêpes Parmentier**	Rezept s. Abschn. Regionalgerichte: „Berlin — Mark Brandenburg — Lausitz".

Foto: Klinger

Gefüllte Artischockenböden

Fonds d'artichauts farcis

Rezepte s. S. 17 – 19

Gefüllte Auberginen, überbacken

Aubergines farcis au gratin

Rezept s. S. 22

Foto: Teubner

Gefüllte Spinatblätter

Feuilles d'épinards farcis

Rezept s. S. 86

Kartoffeln im Ofen gebacken   **Pommes au four**

Bedarf für 10 Portionen: 10 Kartoffeln je 180 g der mehlig-festkochenden Sorten, Salz, Pfeffer, 150 g Butter, 0,5 l saure Sahne, 60 g Schnittlauch.

Gardauer: 45 Min., Ofentemperatur: 220 °C.

Gewaschene Kartoffeln einzeln in Folie wickeln und im Ofen auf einem Gitter liegend garen.

Danach auswickeln, über Kreuz einschneiden, Schale im Schnittpunkt nach außen zurücklegen und seitlich unten drücken, damit die Kartoffel aufbricht. Freiliegendes Kartoffelfleisch salzen, pfeffern und mit Butterstückchen belegen. Dicke saure Sahne und geschnittenen Schnittlauch separat reichen.

In vorbereiteter Sauce

Die frisch gekochten, noch warmen Pellkartoffeln werden in dickere Scheiben oder Würfel geschnitten, gewürzt und behutsam in vorbereitete Sauce eingeschwenkt. In große Backplatten oder Portionsformen gefüllt, können die Kartoffeln noch mit geriebenem Käse bestreut und mit Butter beträufelt im Salamander überkrustet werden.

Kräuter-Sahne-Kartoffeln   **Pommes à la crème aux herbes**

Bedarf für 10 Portionen: 1,2 kg Frühkartoffeln oder Kartoffeln der vorwiegend festkochenden Sorten, 60 g feingeschnittene Schalotten, 100 g feingehackte, rohe Champignons, 80 g Butter, 0,8 l Sahne, 0,3 l Béchamelsauce, Salz, Pfeffer, Mesp. geriebene Muskatnuß, 30 g gehackte Kräuter (Petersilie, Kresse, Kerbel, Schnittlauch).

Gardauer: 20 Min.

Gewaschene Kartoffeln kochen oder dämpfen. Gegarte überkühlte Kartoffeln schälen, in 5 mm dicke Scheiben schneiden und in die folgende Sauce einschwenken.

Schalotten und Champignons in Butter anschwitzen. Sahne und Béchamelsauce dazugießen. Unter Rühren aufkochen und die Sauce mit Salz, Pfeffer, Muskatnuß und Kräutern abschmecken.

Pikante Kartoffeln   **Pommes à l'aigre**

Bedarf für 10 Portionen: 1,2 kg Frühkartoffeln oder Kartoffeln der vorwiegend festkochenden Sorten, 80 g magere Speckwürfelchen, 100 g Zwiebelwürfelchen, 60 g Butter, 40 g Mehl, 1 l Fleischbrühe, 0,15 l Weinessig, 1 Nelke, 1 kleines Lorbeerblatt, Salz, Pfeffer, Zucker.

Gardauer: 20 Min.

Gewaschene Kartoffeln kochen oder dämpfen. Gegarte, überkühlte Kartoffeln schälen, in 5 mm dicke Scheiben schneiden und in die folgende Sauce einschwenken.

Speck anbraten, Zwiebeln und Butter zugeben und hellblond rösten. Mehl darüberstäuben, durchschwitzen, Fleischbrühe aufgießen. Unter Rühren an den Kochpunkt bringen und bei schwacher Hitze 10 Minuten kochen. Inzwischen Essig, Nelke und Lorbeerblatt aufkochen und zugedeckt beiseite ziehen lassen. Sauce mit Salz, Pfeffer, dem Gewürzessig und ein wenig Zucker abschmecken.

Straßburger Kartoffeln   Pommes strasbourgeoise

Bedarf für 10 Portionen: 1,2 kg Kartoffeln der vorwiegend festkochenden Sorten, 0,4 l Sahne, 0,5 l Milch, Würfel von 4 gewässerten Heringsfilets, 60 g Butter, Pfeffer, Salz, 1 El Zitronensaft, 0,2 l saure Sahne, 30 g geriebener Parmesan, 30 g geriebene Weißbrotkrume.

Gardauer: 20 Min.

Gewaschene Kartoffeln kochen oder dämpfen. Gegarte, überkühlte Kartoffeln in kleine Würfel schneiden.

Sahne und Milch aufkochen. Kartoffelwürfel dazugeben und bei schwacher Hitze einige Minuten kochen. Heringswürfel und Butter unterschwenken. Mit Pfeffer, Salz und Zitronensaft abschmecken. Kartoffeln in eine Backplatte füllen, mit saurer Sahne überziehen, Parmesan-Brot-Mischung aufstreuen und im Salamander hellbraun überkrusten.

Buttermilchkartoffeln   Pommes au lait de beurre

Rezept s. Abschn. Regionalgerichte: „Niedersachsen".

Zubereitungen von geschälten, gegarten Kartoffeln

Für diese Zubereitungen sind Kartoffeln mit unterschiedlichen Kocheigenschaften erforderlich,

- festkochend-formbehaltende Sorten, wenn die zugeschnittenen, gegarten Kartoffelstücke unverändert gereicht werden;
- mehlig-lockerkochende Sorten, wenn die Kartoffelstücke zerkleinert weiterverarbeitet werden.

Die geschälten, in gleichmäßig große Stücke geteilten Kartoffeln können durch Kochen in Salzwasser oder leicht gesalzen durch Dämpfen gegart werden. Die Gardauer beträgt vom Aufkochen bzw. von der vollen Dampfentwicklung an 20 Minuten. Bei Benutzung eines Trockendampf-Schnellgargerätes (s. Bd. 1, S. 17) liegt die Gardauer bei etwa 8 Minuten. In Salzwasser gekochte Kartoffeln müssen nach dem Abgießen zum Abdämpfen auf den Herd zurückgestellt werden. Auch zur Weiterverarbeitung ist es erforderlich, daß die Kartoffeln trocken und heiß sind.

Salzkartoffeln Pommes à l'anglaise	Geschälte, zu gleichmäßig, länglich abgerundeter Form geschnittene Kartoffelstücke werden in Salzwasser gekocht, abgeschüttet und abgedämpft. Zu kurzfristigem Warmhalten bedeckt man die Oberfläche der Kartoffeln mit einem Tuch und schließt das Geschirr mit einem Deckel.
Gedämpfte Kartoffeln Pommes vapeur	Kartoffelstücke wie oben legt man in den Siebeinsatz eines Dämpfers und salzt sie leicht. Den Einsatz stellt man in die Halterung des Unterteils mit dem kochenden Wasser, legt den gut schließenden Deckel auf und gart die Kartoffeln im aufsteigenden Dampf.

Passierte Kartoffeln

Schneekartoffeln Pommes en neige	Gegarte, heiße Kartoffeln drückt man mit einer Presse direkt in ein Anrichtegeschirr.
Macairekartoffeln Pommes Macaire	Heiße, passierte Kartoffeln mit gerösteten Speck- und Zwiebelwürfelchen, gehackter Petersilie, geriebener Muskatnuß und Pfeffer vermischen. Walzen von 4 cm Durchmesser formen, 1,5 cm dicke Scheiben abschneiden, in mit Butter gefetteter Pfanne auf dem Herd bei mäßiger Hitze goldgelbe Farbe nehmen lassen. Steht Fett in der Pfanne, zerfallen die Scheiben.

Passierte Kartoffeln mit Eigelb

Krokettmasse

Bedarf: 1 kg heiße, trockene Kartoffeln, 3 – 4 Eigelb, 25 g Butter, geriebene Muskatnuß, Salz.
Ergebnis: 1 kg Krokettmasse.

Kartoffeln passieren, alle anderen Zutaten beifügen, zusammenrühren und die Masse direkt aufarbeiten. — Krokettmasse zum Spritzen ist geschmeidiger, wenn man sie mit 1 Ei und 3 Eigelb herstellt.

Kartoffelkroketts **Croquettes de pommes**	Masse zu Walzen mit 1,5 cm Durchmesser formen, diese in 4 cm lange Stücke teilen, in Mehl, Ei und Bröseln panieren. In der Fritüre bei 170 – 180 °C 1,5 Min. backen.	
Bernykartoffeln **Pommes Berny**	Unter Krokettmasse gehackte Trüffeln mischen. Kugeln mit 2 cm Durchmesser formen. Panieren mit Mehl, Ei und Weißbrotkrume, der gehobelte Mandeln beigegeben werden; backen wie Kroketts.	
Kartoffelgaletten **Galettes de pommes**	Masse zu Plätzchen mit 5 cm Durchmesser formen. In gefetteter Pfanne auf dem Herd bei mäßiger Hitze goldgelbe Farbe nehmen lassen. — Steht Fett in der Pfanne, lösen sich die Außenschichten leicht ab.	
Herzoginkartoffeln **Pommes duchesse**	Masse zu beliebigen kleinen Formen (Rosetten, Rauten, Sterne, Oliven usw.) auf gebuttertes Blech dressieren. Mit Eigelb bestreichen und im Ofen goldgelb backen.	

Robertkartoffeln **Pommes Robert**	Unter Krokettmasse geschnittenen Schnittlauch mischen. Walzen mit 4 cm Durchmesser formen, in 1,5 cm dicke Scheiben schneiden. In gefetteter Pfanne auf dem Herd bei mäßiger Hitze goldgelbe Farbe nehmen lassen.	
St.-Florentin- **Kartoffeln** **Pommes** **Saint-Florentin**	Unter Krokettmasse gehackten gekochten Schinken mischen. Große Oliven formen, mit Mehl, Ei und gebrochenen Fadennudeln panieren und wie Kroketts backen.	

Passierte Kartoffeln mit Brandmasse

Dauphinemasse

Bedarf: 150 g Wasser, 20 g Butter, 75 g Mehl, 2 Eier, 750 g heiße, trockene Kartoffeln, geriebene Muskatnuß, Salz.

Ergebnis: 1 kg Dauphinemasse.

Wasser und Butter kochen. Abseits der Hitze das gesiebte Mehl in die kochendheiße Flüssigkeit schütten. Mit einem Holzlöffel glattrühren, Geschirr auf den Herd zurückstellen und den Teig abbrennen. Teigkloß in eine Schüssel geben und die Eier rasch unterrühren. — Die Brandmasse ist bewußt weich gehalten, weil so die Verarbeitung einfacher ist und lockerere Ergebnisse erzielt werden. Wegen der weichen Konsistenz bildet sich nicht immer der „Kloß" am Holzlöffel. Die Masse ist durchgegart, wenn sich am Boden des Geschirrs ein weißer Belag bildet.

Heiße Kartoffeln passieren, mit der Brandmasse mischen und mit Muskatnuß und Salz abschmecken.

Dauphine-Kartoffel-Masse wird in kleinere Teilchen geformt, auf gefettetes Pergamentpapier abgesetzt. Bei Bedarf taucht man sie mit dem Papier in die heiße Fritüre. Von diesem lösen sich die Kartoffeln und werden goldbraun gebacken.

Backdauer: 3 Min., Fett-Temperatur: 160 – 170 °C.

Dauphinekartoffeln **Pommes dauphine**	Aus der Masse mit einem Eßlöffel Klößchen formen und auf kleine Fettpapiere abstreifen.	

Lorettekartoffeln **Pommes Lorette**	Unter die Dauphinemasse 60 g geriebenen Käse mischen. In einen Spritzbeutel mit glatter Tülle (1 cm) füllen. Lange Walzen auf gemehlte Arbeitsplatte spritzen und schräg in 6 cm lange Stücke teilen, zu Halbbogen formen und auf Fettpapiere absetzen.	
Kartoffelkrapfen **mit Champignons** **Pommes dauphine** **aux champignons**	Unter Dauphinemasse feingehackte, trockengeschwitzte Champignons mischen. Mit einem Spritzbeutel mit großer glatter Tülle die Masse in Form von Pilzen auf Fettpapier dressieren: zuerst breite Köpfe, darauf Stiele.	
Kartoffelrosetten **mit Mandeln** **Rosettes de pommes** **aux amandes**	Dauphinemasse in einen Spritzbeutel mit großer Sterntülle füllen. Rosetten mit 3 cm Durchmesser auf Fettpapiere spritzen und in die Mitte eine abgezogene Mandel drücken.	
Kartoffelsterne **mit Nüssen** **Pommes dauphine** **aux noisettes**	Mit einem Spritzbeutel wie oben Sterne mit einem Durchmesser von 3 cm auf Fettpapiere spritzen und in deren Mitte grob gehackte Haselnüsse drücken.	

Pistazienkartoffeln
Pommes dauphine
aux pistaches

Unter Dauphinemasse gehackte Pistazien mischen. Mit einem Eßlöffel Klößchen formen und auf Fettpapiere abstreifen.

Passierte Kartoffeln mit Milch und Sahne

Richtlinien zum Herstellen von Püree

Einwandfreies Püree ist locker und „luftig" und ohne spürbare stückige Teilchen. Bei falscher Behandlung kann es gummiartig zäh werden. Dieser Fehler läßt sich vermeiden, wenn die Ursachen bekannt sind.

Beim Passieren der Kartoffeln und bei der späteren Bearbeitung des Pürees wird das Zellgefüge zerrissen, ein Teil der Stärke befindet sich dann außerhalb der Zellkammern. Diese freiliegende Stärke kann in Verbindung mit der zuzufügenden Flüssigkeit eine zähe Kleistermasse bilden, welche die Konstistenz negativ beeinflußt. Darum ist bei der Zubereitung von Kartoffelpüree auf eine Arbeitsweise zu achten, die das Zellgefüge schont.

Unter diesem Gesichtspunkt sind zu beachten:

- Nur Kartoffeln der mehlig-lockerkochenden Sorten verwenden.
- Kartoffeln nach dem Garen ausdampfen lassen, damit die Spannung in den Zellen nachläßt und das Passieren schonender erfolgt.
- Beim Passieren mit der Maschine ist auf einen zügigen Durchsatz zu achten, sonst werden zu viele Zellen zerstört.
- Beim Aufschlagen des Pürees wird nach und nach Stärke frei, darum führt ein Zuviel zum Zähwerden.

Kartoffelpüree   **Purée de pommes**

Bedarf für 10 Portionen: 1,5 kg geschälte Kartoffeln der mehlig-lockerkochenden Sorten, Salz, 0,5 l Milch, geriebene Muskatnuß, 120 g Butter.

Gardauer: 20 Min.

Kartoffeln im Dämpfer oder in Salzwasser garen, abschütten und abdämpfen. Die Milch aufkochen.

Die trockenen heißen Kartoffeln durch eine Presse oder durch ein Rahmensieb drücken. Mit Muskatnuß und noch fehlendem Salz würzen, die Butter in Flöckchen auflegen und zusammenrühren, damit sich die locker liegenden Kartoffelkrümelchen verbinden können. Dann die kochendheiße Milch nach und nach einrühren, bis das Püree die gewünschte Konsistenz erreicht hat.

Das fertige Püree umleeren und zum Schutz vor Betrocknen etwas Milch daraufgießen und zudecken.

Schaumkartoffeln   **Purée de pommes mousseline**

Bedarf für 10 Portionen: 1,5 kg geschälte Kartoffeln der mehlig-lockerkochenden Sorten, Salz,
   0,2 l Milch, 0,3 l Sahne, geriebene Muskatnuß, 100 g Butter, 2 gehäufte El geschlagene Sahne.

Gardauer: 20 Min.

Kartoffelpüree unter Verwendung von Milch und Sahne wie oben zubereiten. Vor dem Anrichten
die geschlagene Sahne locker unterheben.

Überbackene Schaumkartoffeln   **Pommes Mont-d'Or**

Angerichtete Schaumkartoffeln werden mit geriebenem Emmentaler Käse bestreut, mit Butter beträufelt und im Salamander rasch goldbraun überbacken.

*

Kartoffelauflauf   **Soufflée Parmentier**

Bedarf für 10 Portionen: 1 kg gekochte Kartoffeln der mehlig-lockerkochenden Sorten, geriebene
   Muskatnuß, 100 g Butter, 0,15 l Sahne, 6 Eigelb, 6 Eiweiß, Salz;
   für die Förmchen: Butter, Semmelbrösel.

Backdauer: 25 – 30 Min.

Ofentemperatur: 160 – 170 °C.

Zehn Auflaufförmchen (Inhalt 0,15 l) dick mit
Butter ausstreichen und mit Semmelbröseln auskleiden.

Heiße, trockene Kartoffeln passieren, mit Muskatnuß und Butter zusammenrühren. Heiße Sahne und
Eigelb nach und nach beimengen. Eiweiß mit etwas
Salz zu steifem Schnee schlagen und unter die Kartoffelmasse heben.

Fertige Auflaufmasse in die präparierten Förmchen
füllen, in ein kochendes Wasserbad stellen und im
vorgeheizten Ofen backen.

Vorgefertigte Püreebasis

Vorgefertigte Produkte sind immer nur Ausgangsmaterialien, die der Vervollständigung durch eine
individuelle Zubereitung bedürfen. Das Fertigstellen erfolgt in der Küche, dort wird letzte Hand
angelegt.

Das Angebot der Industrie besteht aus vorgegarten zerkleinerten Kartoffeln, die entweder als
Granulat (Körnchenform) oder in Flockenform in den Handel gebracht werden.

Flocken

Kartoffeln werden im Werk so gedämpft, daß ohne größere Zellzerstörung püriert und auf Walzen getrocknet werden kann. Anschließend wird der „Kartoffelfilm" abgelöst und durch rotierende Messer zu Flocken zerschnitten.

Bei der Weiterverarbeitung in der Küche gibt man die Flocken in die gewürzte, erhitzte — auf keinen Fall aber kochende — Flüssigkeit (siehe Anleitung auf Gebinden). Während der vorgeschriebenen Quelldauer darf nicht gerührt werden; die Zerstörung der Zellwände würde zu unerwünschter Kleisterbildung und damit zum Zähwerden des Pürees führen.

Granulat

Bei diesem Verfahren wird den pürierten Kartoffeln bereits getrocknetes Püreepulver untergemischt. Dieses bindet einen Großteil der Feuchtigkeit; anschließend wird das Ganze durchgetrocknet. Dabei entstehen kleine Kügelchen. Auf diese Weise bleiben die Zellwände besser erhalten, und es liegt nur wenig freie Stärke vor, die zum Zähwerden führen könnte.

Bei der Weiterverarbeitung in der Küche kann die verwendete Flüssigkeit heißer sein als bei der Verwendung von Flocken; die Neigung zum Zähwerden ist geringer.

Süße Kartoffeln

Süßkartoffeln   **Sweet potatoes / Patates douces**

Rezept s. Abschn. Nationalgerichte: „Küche der Vereinigten Staaten von Amerika".

KLÖSSE — KNÖDEL

ALLGEMEINES

Ob nun Klöße oder Knödel als die „richtige" Bezeichnung für die rund oder rundlich geformten Beilagen aus den verschiedensten Zutaten angesehen wird, liegt am geographischen Standpunkt des Beurteilers. Eine grobe Grenzlinie ist der Main: südlich davon heißen sie Knödel, nördlich Klöße, wobei es auch unterschiedliche Vorstellungen über die Zusammensetzung gibt. Daß trotz aller Unterschiede eigentlich Gleiches gemeint ist, beweisen die Ursprünge der beiden Wörter. Der Knödel geht zurück auf Knode, eine knotenartige Verdickung; der Kloß ist abgeleitet von Klöz, was gleichbedeutend mit geballter Masse oder Kugel ist.

Nocke oder Nockerl, eine Art Kloß in kleinerer Form, ist vom italienischen gnocco, Mehrzahl gnocchi abgeleitet.

Soll in die Vielfalt der Zubereitungen ein System gebracht werden, so differenziert man am zweckmäßigsten nach den Hauptzutaten. Unter diesem Gesichtspunkt können unterschieden werden: Kartoffel-, Semmel-, Mehl-, Hefe- und Grießklöße, -knödel oder -nocken.

Da die Beschaffenheit der zur Verwendung gelangenden Produkte nicht immer gleich ist, sollte selbst bei erprobten Rezepten für die Beurteilung des Kloßteiges stets eine Kochprobe durchgeführt werden. Evtl. Mängel lassen sich dann durch Beigabe von entsprechenden Zutaten korrigieren. Eine nähere Erläuterung erfolgt später beim jeweiligen Rezept.

Die gewerbliche Küche bereitet die Klöße im voraus. Nach dem Garen werden sie abgekühlt und mit einem feuchten Tuch bedeckt bereitgehalten. Vor dem Ausgeben kommen die Klöße erneut in siedendes Salzwasser und bleiben darin, bis die Wärme zur Mitte durchgedrungen ist.

KLÖSSE AUF DER GRUNDLAGE VON KARTOFFELN

Für die Herstellung von Klößen eignen sich am besten Kartoffeln der mehlig-festkochenden Sorten. Gemäß der Behandlung des Rohstoffes werden Kartoffelklöße in drei Gruppen unterteilt.

Klöße aus

- rohen Kartoffeln,
- gekochten Kartoffeln,
- rohen und gekochten Kartoffeln.

Übersicht

| | Kartoffelklöße | | |
	rohe	halb und halb	gekochte
Hauptbestandteil	rohe Kartoffeln, geraffelt	rohe Kartoffeln, geraffelt gekochte Kartoffeln, passiert oder nach dem Erkalten geraffelt	gekochte Kartoffeln, passiert oder nach dem Erkalten geraffelt
Bindung	Kartoffelstärke, die sich in Wasser abgesetzt hat und wieder beigefügt wird	Kartoffelstärke nach Rezeptangabe	Mehl, Grieß, Ei
Lockerung	Kartoffelreibsel, denn die in den Stückchen eingeschlossene Stärke trägt kaum zur Bindung bei	gekochte Kartoffeln	gekochte Kartoffeln
Formen	Abdrehen mit nassen Händen	Abdrehen mit bemehlten Händen	Abdrehen mit bemehlten Händen
Empfehlenswerte Einlage	geröstete Weißbrotwürfelchen (Croûtons)	geröstete Weißbrotwürfelchen (Croûtons)	geröstete Weißbrotwürfelchen (Croûtons)
Garen	in reichlich kochendes Salzwasser einlegen und ziehen lassen	in reichlich kochendes Salzwasser einlegen und ziehen lassen	in reichlich kochendes Salzwasser einlegen und ziehen lassen

Begründung der Arbeitsgänge

Den Rezepturen und Arbeitsanweisungen wird hier eine Begründung der einzelnen Arbeitsgänge vorangestellt.

Behandlung der rohen Kartoffeln

Die Zerkleinerung der rohen geschälten Kartoffeln wird bei kleinen Mengen mit der Raffel vorgenommen; bei größeren Mengen setzt man die Küchenmaschine mit der Raffelscheibe ein.

Bei dem Kartoffelreibsel kommt es bei Zutritt von Luftsauerstoff durch die in der Kartoffel enthaltenen Enzyme zu einer unerwünschten Bräunung. Um diese negative Farbänderung einzuschränken, läßt man die Reibsel unmittelbar in kaltes Wasser fallen und verhindert damit den Zutritt des Luftsauerstoffs.

Wird den abgetropften Kartoffelreibseln später heiße Milch mit gekochten, passierten Kartoffeln oder kochendheißer Grießbrei zugesetzt, steigt die Temperatur des Kartoffelteiges über 60 °C, und die Tätigkeit der Enzyme, die eine Bräunung hervorrufen, wird ausgeschaltet.

Je kürzer also die Zeitspanne vom Zerkleinern der Kartoffeln bis zur Zugabe der erhitzten Bestandteile ist, desto heller wird der Kloß.

Wegen Schwefeln s. Abschn. Kartoffeln, S. 114.

Rückgewinnung der Stärke

Beim Reiben der rohen Kartoffeln wird Kartoffelstärke frei, die sich im Wasser als weißer Belag absetzt. Diese Kartoffelstärke ist dem Teig für rohe Klöße als Bindemittel beizugeben.

Man verfährt dabei so, daß nach Entnahme der Reibsel aus dem Wasser dieses ruhig stehen bleibt und sich dadurch die Stärke absetzen kann. Durch vorsichtiges Abgießen trennt man das Wasser von der Stärke.

Behandlung der gekochten Kartoffeln

Gekochte Kartoffeln werden meist unmittelbar nach dem Kochen durchgepreßt und anschließend zum Ausdampfen ausgebreitet. Dadurch verringert sich der Wassergehalt.

In manchen Regionen kocht man die Kartoffeln am Vortag und reibt sie in erkaltetem Zustand.

Bei einem Vergleich der beiden Verfahren zeigt sich, daß die Verwendung frisch durchgepreßter Kartoffeln arbeitszeitsparender ist und zu helleren Klößen führt.

Kartoffelklöße aus rohen Kartoffeln findet man auf Speisenkarten oft auch als „rohe Kartoffelklöße". Diese Bezeichnung ist kurz und prägnant, doch sprachlich nicht korrekt, denn niemand wird rohe, also ungegarte Klöße servieren. Man sollte jedoch dem Sprachgebrauch den Vorrang geben, zumal auch die Industrie Produkte unter dem Namen „Rohe Klöße" anbietet.

Diese Art von Klößen wird regional auch bezeichnet als

- **grüne Klöße**; abgeleitet von grün im Sinne von „frisch", nicht konserviert,
- **Vogtländer Klöße**; mit Zusatz von Grießbrei anstelle von Kartoffelbrei; der Name ist abgeleitet vom Vogtland, das in Sachsen zwischen Erzgebirge und Frankenwald liegt.

Zubereitung von Kartoffelklößen

Klöße von guter Qualität sind innen trocken und locker, sie werden mit einem durchschnittlichen Gewicht von 80 – 90 g abgedreht. Das Garen ist in geräumigen Geschirren durchzuführen. Die eingelegten Knödel müssen nebeneinander Platz haben, denn sie gehen noch auf.

Kartoffelklöße eignen sich als Beilage zu Schweine-, Gänse- und Entenbraten, zu Gulasch, Sauerbraten und Wildragout. Ferner zu gebundenen Pilzgerichten und zu grünen Salaten.

Thüringer Klöße (Klöße von rohen Kartoffeln)

Bedarf: 1,5 kg geschälte Kartoffeln, Salz, geriebene Muskatnuß, 500 g gekochte Salzkartoffeln oder Pellkartoffeln, 0,3 l Milch, 150 g Weißbrotwürfelchen mit Butter geröstet.

Ergebnis: etwa 1,7 kg Kloßteig,   Gardauer: 20 Min.

Rohe Kartoffeln in eine Schüssel mit Wasser reiben. Inhalt in ein Tuch schütten, kräftig ausdrücken, Flüssigkeit auffangen und stehenlassen. Wenn sich die Stärke abgesetzt hat, Wasser abgießen und die Stärke den geriebenen Kartoffeln wieder beigeben. Mit Salz und Muskatnuß würzen.

Salzkartoffeln oder Pellkartoffeln passieren bzw. fein reiben. Kochende Milch darübergießen und verrühren. Heißen Brei und die geriebenen rohen Kartoffeln mischen und einen Probekloß kochen.

Probekloß zu weich: Kartoffelmehl oder Weizenmehl unter den Teig mischen.

Probekloß zu fest: ein wenig heiße Milch in den Teig rühren.

Mit nassen Händen Klöße in gewünschter Größe abdrehen, dabei geröstete Weißbrotwürfelchen in deren Mitte drücken. Klöße in bereitstehendes kochendes Salzwasser legen. Inhalt rasch wieder zum Kochen bringen und mit wenig geöffnetem Deckel garsieden.

Vogtländer Klöße (Klöße von rohen Kartoffeln)

Bedarf: 2 kg geschälte rohe Kartoffeln, Salz, geriebene Muskatnuß, 0,4 l Milch, 80 g Butter, 160 g Grieß, 150 g Weißbrotwürfelchen mit Butter geröstet.

Ergebnis: etwa 1,8 kg Kloßteig,   Gardauer: 20 Min.

Rohe Kartoffeln in eine Schüssel mit Wasser reiben. Inhalt in ein Tuch schütten, kräftig ausdrücken, Flüssigkeit auffangen und stehen lassen, bis sich die Stärke abgesetzt hat. Später Wasser abgießen und die Stärke den geriebenen Kartoffeln wieder beigeben. Salz und Muskatnuß darüberstreuen.

Milch, Butter und etwas Salz aufkochen, Grieß einlaufen lassen und rühren, bis sich ein weicher Kloß gebildet hat. Heißen Grießbrei unter die geriebenen Kartoffeln arbeiten und einen Probekloß kochen.

Probekloß zu weich: noch Grieß oder Mehl unter den Teig mischen.

Probekloß zu fest: ein wenig heiße Milch in den Teig rühren.

Mit nassen Händen Klöße in gewünschter Größe abdrehen, dabei geröstete Weißbrotwürfelchen in deren Mitte drücken. Klöße direkt in bereitstehendes kochendes Salzwasser legen. Inhalt rasch wieder zum Kochen bringen und bei wenig geöffnetem Deckel sieden.

Klöße von gekochten Kartoffeln

Bedarf: 1,5 kg gekochte Salzkartoffeln oder Pellkartoffeln, 100 g Mehl, 75 g Grieß, Salz, geriebene Muskatnuß, 3 Eier, Würfel von 2 Semmeln mit Butter geröstet, 50 g Butter zum Bestreichen.

Ergebnis: etwa 1,8 kg Kloßteig,   Gardauer: 15 Min.

Kartoffeln passieren bzw. reiben, ausbreiten, erkalten lassen. Mehl und Grieß darüberstreuen, salzen, mit Muskatnuß würzen, die verquirlten Eier dazugießen und das Ganze zu einem Teig vermengen. Einen Probekloß kochen.

Probekloß zu weich: etwas Kartoffelmehl unter den Teig mischen.

Probekloß zu fest: dünnen Grießbrei oder geriebene, gekochte Kartoffeln dem Teig beigeben.

Aus dem Teig auf bemehlter Fläche eine Rolle formen, diese in Stücke von gewünschter Größe teilen. In jedes Teigstück einige Semmelbröckchen stecken und mit bemehlten Händen zu Klößen abdrehen. Klöße in kochendes Salzwasser einlegen und garen. Nach dem Anrichten Klöße mit zerlaufener Butter bestreichen.

Wickelklöße (Klöße von gekochten Kartoffeln)

Bedarf: 1 kg Pellkartoffeln, Salz, geriebene Muskatnuß, 200 g Mehl, 2 Eier, 50 g Butter, 0,2 l Milch, 200 g geröstete Semmelbrösel, 100 g gebratene Speckwürfel, 120 g angebratene Zwiebelwürfel, 25 g gehackte Petersilie, Butter zum Bestreichen.

Ergebnis: etwa 1,7 kg Kloßteig, Gardauer: 25 Min.

Kartoffeln fein reiben, salzen, mit Muskatnuß würzen und erkalten lassen. Danch mit Mehl, gequirlten Eiern, weicher Butter und Milch zu einem Teig verarbeiten. Teig auf bemehlter Fläche zu einem 1,5 cm dicken Rechteck ausrollen. Brösel, Speck-, Zwiebelwürfel und gehackte Petersilie aufstreuen. Auflage leicht andrücken. Teigrechteck von der Längsseite aus aufwickeln, quer in zwei Stücke teilen. Rollen in kochfeste Folie wickeln, locker umschnüren und mit dicker Bindenadel mehrmals einstechen.

Teigrollen in kochendes Salzwasser einlegen und garziehen lassen. Danach Umhüllung behutsam abnehmen, Teigwickel in 3 — 4 cm dicke Scheiben schneiden, anrichten und mit Butter bestreichen.

Schwäbische Kartoffelklöße

Bedarf: 1,5 kg Pellkartoffeln, 2 altbackene Semmeln, 0,1 l Milch, 80 g angebratene Speckwürfelchen, 50 g angeschwitzte Zwiebelwürfelchen, 120 g Mehl, 2 Eier, 1 Eigelb, 25 g gehackte Petersilie, 1 El geschnittener Schnittlauch, Salz, Pfeffer.

Ergebnis: etwa 2 kg Kloßteig, Gardauer: 15 Min.

Kartoffeln fein reiben. Semmeln in Scheiben oder kleine Würfel schneiden, mit warmer Milch einweichen.

Kartoffeln, Semmeln, Speck- und Zwiebelwürfel, Mehl, Eier, Eigelb, Petersilie und Schnittlauch in eine Schüssel geben. Mit Salz und Pfeffer würzen, alles zu einem Teig verarbeiten und einen Probekloß kochen.

Probekloß zu weich: ein wenig Mehl unter den Teig geben.

Probekloß zu fest: eine in Milch geweichte Semmel dem Teig beifügen.

Kloßteig auf bemehlter Fläche zu einer Walze formen, Stücke in gewünschter Größe abtrennen und mit bemehlten Händen Klöße abdrehen. In kochendes Salzwasser einlegen und garen.

Weitere Rezepte von Teigen aus gekochten Kartoffeln:

Kartoffelnocken s. Abschn. Nationalgerichte: „Italienische Küche".

Kartoffelnudeln s. Abschn. Regionalgerichte: „Bayern".

Pfälzer Klöße s. Abschn. Regionalgerichte: „Rheinland — Pfalz — Saarland".

Schupfnudeln s. Abschn. Regionalgerichte: „Baden-Württemberg".

Watteklöße s. Abschn. Regionalgerichte: „Thüringen".

Klöße aus rohen und gekochten Kartoffeln (halb und halb)

Bedarf: 1 kg geschälte rohe Kartoffeln, 1 kg gekochte Salzkartoffeln oder Pellkartoffeln, Salz, geriebene Muskatnuß, 1 Ei, 2 Eigelb, 50 g Kartoffelmehl, 60 g Semmelbrösel, 100 g Butter.

Ergebnis: etwa 1,7 kg Kloßteig,   Gardauer: 20 Min.

Rohe Kartoffeln in eine Schüssel mit Wasser reiben und weiterbehandeln wie beim Rezept Thüringer Klöße.

Salzkartoffeln oder Pellkartoffeln erkalten lassen und fein reiben.

Geriebene rohe Kartoffeln und geriebene gekochte Kartoffeln in eine Schüssel geben, salzen, mit Muskat würzen, Ei, Eigelb sowie Kartoffelmehl beifügen und alles rasch zu einem Teig verarbeiten. Einen Probekloß kochen.

Probekloß zu weich: ein bis zwei Eßlöffel Mehl oder Grieß unter den Teig mischen.

Probekloß zu fest: etwa zwei geriebene gekochte Kartoffeln oder etwas heiße Milch in den Teig rühren.

Teig auf bemehlter Fläche zu dicken Walzen formen. Mit einem Messer davon gleichgroße Stücke abtrennen und diese mit bemehlten Händen zu Klößen rollen. Klöße in kochendes Salzwasser einlegen und garen.

Klöße mit einem Schaumlöffel entnehmen, anrichten und mit Bröselbutter begießen.

KLÖSSE AUF DER GRUNDLAGE VON GETREIDEPRODUKTEN

Von den Getreideprodukten werden für Klöße verwendet:

Mehl	Grieß	Maisgrieß
Teig mit Lockerung durch Einlage von Semmeln ↓ **Fränkische Klöße**	zu Grießbrei gekocht ↓ **Grießklöße**	zu Maisbrei gekocht ↓ **Maisklöße**
Teig mit Hefelockerung ↓ **Hefeklöße**		

Begründung der Arbeitsgänge

Mehlteige binden auch ohne Zugabe weitere bindender Rohstoffe (z.B. Ei) beim Garen zu einer kompakten Masse, wie das von Teigwaren her bekannt ist. Bei Teigwaren ist der „Biß" erwünscht und Qualitätsmerkmal. Produkte von der Größe eines Kloßes wären jedoch bei dieser Konsistenz ungenießbar. Die Art und das Ausmaß der Lockerung ist darum für diese Gruppe von Klößen charakteristisch und wertbestimmend.

Bei **Fränkischen Klößen** saugen die Semmelstücke einen Teil der Flüssigkeit des leichten Teiges auf, quellen dabei, binden aber selbst nicht mehr und werden damit zu dem die Lockerung bewirkenden Bestandteil.

Bei **Hefeklößen** handelt es sich im Prinzip um „Brötchen", die im Wasser gegart werden. Die erforderliche Lockerung beruht in beiden Fällen auf der Wirkung der Hefe; sie gibt Alkohol und Kohlendioxid ab, und diese Gase bewirken die erwünschte Lockerung. Darum ist die Arbeitsweise auf eine optimale Wirkung der Hefe abzustellen. Die der Hefe zuträgliche Temperatur liegt bei 35 °C. Es ist unbedingt darauf zu achten, daß der fertige Teig diese Temperatur hat; die Verwendung vortemperierter Zutaten ist dazu unerläßlich.

Da andererseits die von der Hefe entwickelten Gase nur dann im Teig bleiben und zur erwünschten Porenbildung führen, wenn der Kleber voll ausgebildet ist, muß der Teig unbedingt solange bearbeitet werden, bis er sich löst. Nur so ist gewährleistet, daß die Lockerung gut gelingt.

Wichtig ist das Erkennen der richtigen Gare vor dem Einlegen in das kochende Salzwasser. Da beim Garen in Wasser keine Krustenbildung erfolgt, kann die Hefe auch nach dem Einlegen der Klöße noch verhältnismäßig lange treiben. Die richtige Teiglockerung wird durch leichten Druck auf die Hefeklöße festgestellt: die Druckstelle soll eben noch zurückkommen. Es entstehen mehr Fehlprodukte durch zu langes Gären und dem damit verbundenen Zusammenfallen der Klöße als durch zu geringes Gären.

Klöße aus Weizengrieß, kurz Grieß, und **Maisgrieß** unterscheiden sich im Geschmack, doch kaum in der Herstellung. In beiden Fällen wird der Grieß durch Verkochung zu einem Brei gegart und damit bindungsarm. Erst die Zugabe von Eiern gibt die erforderliche Bindung. Bei diesem Verfahren ist es besonders wichtig, daß die im Rezept genannte Kochzeit für die Bereitung des Breies eingehalten wird. Ist der Grieß zu wenig ausgequollen, „zieht er nach", wenn der Kloß ins Wasser kommt, und das Endprodukt ist zu fest.

Zubereitung von Mehl- und Grießklößen

Klöße aus Mehl und Grieß passen besonders gut als Beilage zu Schlachtfleisch- und Wildgerichten mit reichlich Sauce. Aber auch als selbständiges Gericht können die Klöße mit Gemüsen, Pilzen oder gedünstetem Obst angeboten werden.

Fränkische Klöße (Mehlklöße)

Bedarf: 4 altbackene Semmeln, 120 g Butter, 500 g Mehl, 0,4 l Milch, 4 Eier, Salz, geriebene Muskatnuß.

Ergebnis: etwa 1,5 kg Kloßteig,   Gardauer: 20 Min.

Semmeln in kleine Würfel schneiden, im Ofen hellbraun rösten und noch heiß 40 g Butter unterschwenken.

Mehl sieben, übrige Butter flüssig in das Mehl rühren. Milch, verquirlte Eier, Salz und Muskatnuß dem Mehl beigeben. Alles zu einem glatten Teig verarbeiten und tüchtig abschlagen, bis er Blasen wirft. Geröstete Semmelwürfel unterziehen und den Teig zugedeckt etwa 1 Stunde ruhen lassen.

Danach mit einem Eßlöffel Klöße direkt in kochendes Salzwasser abstechen und garziehen lassen.

Gegarte Klöße mit einem Gitterlöffel aus dem Kochwasser nehmen, abtropfen lassen und anrichten.

Mehlklöße können mit Brösel- oder Zwiebelbutter oder mit Speck und Zwiebeln abgeschmälzt werden.

Böhmische Klöße (Mehlklöße)

Rezept s. Abschn. Nationalgerichte: „Tschechoslowakische Küche".

Mehlnocken

Bedarf: 500 – 600 g Mehl, 80 g Butter, 3 Eier, 250 g dicke saure Sahne, Salz, geriebene Muskat-
        nuß.

Ergebnis: etwa 1 kg Nockenteig,   Gardauer: 10 Min.

Mehl in eine Schüssel sieben. Flüssige Butter dazugeben und gut mischen.

Eier und Sahne tüchtig quirlen, mit Salz und Muskatnuß würzen. Eier-Sahne in das Mehl gießen
und alles zu einem glatten Teig abschlagen.

Mit einem in Wasser getauchten Löffel kleinere Nocken in kochendes Salzwasser abstechen und
sieden.

Gegarte Nocken mit einer Schaumkelle aus der Kochflüssigkeit nehmen, abtropfen lassen, flach anrichten und mit Butter, Butter und Käse oder mit in Butter gebräunten Bröseln oder Zwiebeln
abschmälzen.

Fester gehaltener Nockenteig kann auch auf bemehlter Fläche zu Rollen mit einem Zentimeter
Durchmesser geformt und in 1,5-cm-Stücke geschnitten zubereitet werden.

*

Spinatnocken

Bedarf: 900 g blanchierter Spinat, 300 g Schichtkäse, 6 Eigelb, 120 g Mehl, Salz, Pfeffer, gerie-
        bene Muskatnuß; 120 g Bröselbutter.

Ergebnis: etwa 1,5 kg Nockenmasse,   Gardauer: 10 Min.

Den kräftig ausgedrückten Spinat feinhacken. Schichtkäse durch ein Sieb streichen, Eigelb zugeben, Mehl daraufsieben und die Zutaten zu einem glatten Teig rühren. Spinat unterziehen.
Nockenmasse salzen und mit Pfeffer und Muskatnuß würzen.

Mit einem Eßlöffel Nocken direkt in kochendes Salzwasser abstechen und garziehen lassen.

Spinatnocken mit einem Schaumlöffel aus dem Kochwasser nehmen. Abgetropft anrichten und
Bröselbutter darübergeben.

Hefeklöße

Bedarf: 750 g Mehl, 60 g Hefe, 1 Tl Zucker, 5 g Salz, 1 Ei, 2 Eigelb, 350 g Milch, 100 g Butter.

Ergebnis: etwa 1,3 kg Hefeteig,   Gardauer: 25 – 30 Min.

Milch anwärmen, Butter zerlaufen lassen, auch alle anderen Zutaten vortemperieren.

Mehl in eine Schüssel sieben, Hefe darüberbröckeln, die anderen Zutaten beifügen und einen gut
ausgeschlagenen Teig bereiten. Teig zugedeckt an einem warmen Ort aufgehen lassen. Danach auf
bemehlter Fläche zu Walzen formen, diese in gleichschwere Stücke von 30 – 50 g schneiden.
Mit bemehlten Händen runde Klöße formen, auf ein mit Mehl bestäubtes Brett ablegen, zudecken
und nochmals aufgehen lassen. Klöße in kochendes Salzwasser einlegen und zugedeckt sieden
lassen. Nach halber Garzeit umdrehen. Den Garzustand mit einem Hölzchen probieren: es darf
kein Teig mehr daran haften bleiben. Gegarte Klöße anrichten, mit Butter bestreichen oder Bröselbutter darübergeben und direkt servieren.

Schwemmklöße (Klöße aus Brandmasse)

Bedarf: 0,5 l Milch, 50 g Butter, geriebene Muskatnuß, Salz, 250 g Mehl, 6 Eier, 80 g Bröselbutter.

Ergebnis: etwa 1 kg Kloßmasse,   Gardauer: 10 Min.

Milch, Butter und Gewürze kochen. Abseits des Herdes gesiebtes Mehl einrühren, auf die Kochplatte zurückstellen und abbrennen, bis sich der Teig vom Geschirr löst. Brandteig in eine Schüssel geben und die Eier nacheinander glatt einrühren.

Mit einem Eßlöffel Klöße in kochendes Salzwasser abstechen und garsieden.

Gegarte Schwemmklöße mit einem Drahtlöffel aus der Kochflüssigkeit nehmen, abtropfen lassen, anrichten und mit Bröselbutter abschmälzen.

Käsenocken (Nocken aus Brandmasse)

Bedarf: 0,5 l Milch, 100 g Butter, Salz, 250 g Mehl, 6 Eier, 150 g geriebener Käse, 50 g braune Butter.

Ergebnis: etwa 1,3 kg Nockenmasse,   Gardauer 6 – 8 Min.

Käsenocken werden wie Schwemmklöße zubereitet. Unter die fertige Nockenmasse wird noch der geriebene Käse gezogen. Mit einem Teelöffel sticht man Klößchen direkt in kochendes Salzwasser ab. Die Nockenmasse kann auch in einen Spritzbeutel mit glatter Tülle gefüllt und mit diesem, in Form von 3 cm langen Stücken, in das kochende Wasser gebracht werden. Mit der Spitze einer Bindenadel oder eines Messers, die immer wieder in das Kochwasser getaucht wird, trennt man die Stücke am Tüllenaustritt ab.

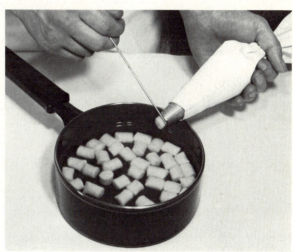

Die abgetropften, angerichteten Nocken werden mit brauner Butter beträufelt.

Nocken nach Pariser Art

Gegarte Käsenocken gibt man zusammen mit einer dünnen Rahmsauce (s. Bd. 1, S. 244) in eine Backplatte und bestreut die Oberfläche mit einer Mischung aus geriebenem Käse und geriebener frischer Weißbrotkrume (2 : 1). Nachdem noch ein wenig zerlaufene Butter daraufgeträufelt wurde, überbäckt man die Nocken goldbraun. Nocken, nach dieser Art fertiggestellt, reicht man vorwiegend als Vor- oder Zwischengericht. Kopfsalat, naturell angemacht, ist eine passende Beigabe.

Grießklöße

Bedarf: 1 l Milch, 50 g Butter, Salz, geriebene Muskatnuß, 250 g Grieß, 5 Eier, 100 g Weißbrotwürfelchen in Butter geröstet, 30 g Butter zum Bestreichen.

Ergebnis: etwa 1,5 kg Kloßmasse,   Gardauer: 10 – 12 Min.

Milch und Butter mit Salz und Muskatnuß aufkochen. Grieß einrühren und die Masse unter Einwirkung von Wärme solange bearbeiten, bis sie sich zu einem Kloß zusammenballt und von Holzlöffel und Geschirr löst. Abgebrannten Grießkloß in eine Schüssel legen und die Eier, eins nach dem andern, unterrühren. Geröstete Weißbrotwürfelchen der Grießmasse beigeben. Mit nassen Händen oder mit einem in Wasser getauchten Löffel Klöße formen, in kochendes Salzwasser einlegen und garziehen lassen.

Angerichtete Grießklöße mit zerlaufener Butter bestreichen.

Grießklöße mit Kräutern

Bedarf: 60 g Butter, 250 g Grieß, 1 l Milch, Salz, geriebene Muskatnuß, 6 Eigelb, 60 g ange-
        schwitzte Zwiebeln, 40 g gehackte Kräuter (Petersilie, Schnittlauch), 6 Eiweiß, 80 g Brö-
        selbutter.

Ergebnis: etwa 1,6 kg Kloßmasse,   Gardauer: 10 – 15 Min.

Butter zerlaufen lassen, Grieß zugeben, hellgelb rösten, Milch beigeben, salzen, mit Muskat würzen
und aufkochen. Masse auf dem Herd abrühren, bis sie sich von Holzlöffel und Geschirr löst, dann
in eine Schüssel legen. Eigelb, Zwiebeln und Kräuter in die Masse rühren. Eiweiß mit etwas Salz
zu steifem Schnee schlagen und glatt unterziehen. Mit einem in Wasser getauchten Eßlöffel Klöße
in kochendes Salzwasser einlegen und garziehen lassen.

Gegarte Grießklöße trocken anrichten und Bröselbutter darübergeben.

Römische Nocken (Grießnocken)

Rezept s. Abschn. Nationalgerichte: „Italienische Küche".

Maisgrießklöße

Diese Klöße werden mit Maisgrieß nach den Rezepten der Grießklöße (s.o.) zubereitet.

KLÖSSE AUF DER GRUNDLAGE VON SEMMELN (BRÖTCHEN)

Begründung der Arbeitsgänge

Hauptbestandteil von Klößen dieser Gruppe sind Semmeln (Brötchen) oder Weißbrot, mindestens
vom Tage vorher. Je nach Art der Klöße werden Scheiben oder kleine Würfel daraus geschnitten.
Die Rinde als geschmackgebenden Bestandteil verwendet man mit.

Beim Altbackenwerden gibt die in den Semmeln enthaltene (Weizen-) Stärke Wasser ab, welches
das Gebäck zunächst weich werden läßt, das später aber verdunstet. Altbackene Weißware kann
darum mit dem Verhalten eines Schwammes verglichen werden: Flüssigkeit wird aufgenommen
und festgehalten, nicht aber gebunden.

Milch ist als Flüssigkeit in diesem Zusammenhang grundsätzlich dem Wasser vorzuziehen, denn
deren Inhaltsstoffe runden nicht nur den Geschmack ab, sie machen die Klöße insgesamt voll-
mundiger. Die Milch wird warm oder kochend über das geschnittene Weißbrot gegeben, weil die
Wärme die Quellungsvorgänge fördert.

Als Bindemittel verwendet man Ei und/oder Mehl; beide Rohstoffe nehmen beim Garen der
Klöße Wasser auf und schaffen den Zusammenhalt.

Zubereitung von Semmelklößen

Bei Semmelklößen richtet sich die beizugebende Milchmenge nach dem Feuchtigkeitsgehalt der
Semmeln, sehr alte Semmeln brauchen etwas mehr Flüssigkeit.

Semmelklöße eignen sich als Beigabe zu allen Schlachtfleisch- und Wildbraten, zu Gulasch,
Ragout, saurer Leber, Lungenhaschee und Herz. Beliebt sind sie auch zu gedünstetem Obst.

Semmelklöße

Bedarf: 500 g Semmeln oder Weißbrot, altbacken, 50 g Butter, 0,5 l Milch, 4 Eier, 100 g Mehl, 100 g angeschwitzte Zwiebelwürfel, 1 El gehackte Petersilie, geriebene Muskatnuß, Salz.

Ergebnis: etwa 1,5 kg Kloßmasse,   Gardauer: 20 Min.

Semmeln oder Weißbrot in kleine Würfel schneiden. Davon 150 g mit Butter hellbraun rösten und wieder den anderen Würfeln beigeben. Die erwärmte Milch über die Brotwürfel gießen und zum Aufsaugen beiseitestellen. Die zerklopften Eier und alle übrigen Zutaten mit dem eingeweichten Brot mischen, würzen und die Kloßmasse 30 – 45 Min. durchziehen lassen. Danach einen Probekloß kochen.

Probekloß zu weich: Semmelbrösel und etwas Mehl oder Grieß beigeben.

Probekloß zu fest: ein wenig Milch in die Masse rühren.

Mit nassen Händen Klöße abdrehen, in kochendes Salzwasser einlegen und bei wenig geöffnetem Deckel garziehen lassen.

Angerichtete, abgetropfte Semmelklöße mit Butter bestreichen.

Abwandlungen der Semmelkloßmasse

Art	Beigabe
Schinkenklöße	200 g angeschwitzte Würfel von gekochtem Schinken
Kümmelklöße	1 Tl grob gehackter Kümmel
Tiroler Klöße	150 g angebratene, magere Speckwürfel, 3 g gehacktes Basilikum

Serviettenkloß

Bedarf: 500 g Semmeln oder Weißbrot, altbacken, 0,5 l Milch, 100 g Butter, 8 Eier, Salz, geriebene Muskatnuß.

Ergebnis: etwa 1,4 kg Kloßmasse,   Gardauer: 30 – 35 Min.

Semmeln oder Weißbrot in kleine Würfel schneiden. Milch und Butter erhitzen. Eier aufschlagen. Milch und Eier verrühren, mit Muskatnuß und Salz würzen. Flüssigkeit über die Semmel- oder Weißbrotwürfel gießen, alles mischen und zum Aufsaugen 30 Minuten stehenlassen.

Auf ein mit Butter bestrichenes Tuch (Serviette) oder eine kochfeste Folie häufen, wurstförmig mit einem Durchmesser von 7 – 8 cm einrollen, die Enden zubinden und die Kloßrolle locker umschnüren. Folie mit starker Bindenadel mehrfach einstechen.

Rolle in kochendes Salzwasser legen und bei wenig geöffnetem Deckel garziehen lassen. Danach in kaltem Wasser abschrecken, die Umhüllung abnehmen und mit einem Faden oder einem dünnen, schmalen Messer in dickere Scheiben teilen.

Die angerichteten Serviettenkloßscheiben mit zerlaufener oder brauner Butter beträufeln. — Scheiben von erkaltetem Serviettenkloß können in Butter mit leichter Farbgebung gebraten werden.

TEIGWAREN

ALLGEMEINES

Der Sammelname Teigwaren umfaßt – unabhängig von einer bestimmten Form – Erzeugnisse aus Weizengrieß oder Weizenmehl, die durch Einteigen und Formen hergestellt werden. Bei vorgefertigten Produkten kommt das Trocknen hinzu, das bei einer Temperatur zu erfolgen hat, die eine Verkleisterung der Stärke ausschließt. Hierdurch unterscheiden sie sich von Backwaren.

Die Tatsache, daß sich Teigwaren maschinell fertigen und nach dem Trocknen ohne Qualitätseinbuße problemlos lagern lassen, hat dazu geführt, daß Teigwaren überwiegend vorgefertigt bezogen werden. Man sollte jedoch nicht übersehen, daß selbstgefertigte Ware den Vorteil individueller Würzung und auch die Möglichkeit zu verbesserter Qualität bietet.

TEIGWAREN IM ANGEBOT DER INDUSTRIE

Die Produkte der Industrie sind durch Vorschriften in Qualitätsstufen einzuordnen und entsprechend zu kennzeichnen.

Für die Qualität von Teigwaren ausschlaggebend sind zunächst die verwendeten Weizenrohstoffe. Die meisten Arten werden aus dem Hartgrieß des Durumweizens hergestellt. Der hohe Klebergehalt dieser Züchtung macht die Teigwaren kochfest und ergibt einen kernigen Biß. Produkte aus Weichweizen neigen dagegen zum Teigigwerden und Verkleben.

Die Zugabe von Eiern beeinflußt Beschaffenheit, Biß, Geruch und Farbe positiv. Daraus ergibt sich, daß Qualitätsunterschiede hauptsächlich von der Kombination der Zutaten bestimmt werden.

Qualitätsstufen

Grießteigwaren bestehen aus Grieß, enthalten also keine Eier. Auf dieser untersten Qualitätsstufe ist der Hartgrießware der Vorzug vor Weichgrießware zu geben.

Eierteigwaren enthalten auf 1 kg Rohware mindestens 2 1/4 Eier mit nicht weniger als 45 g oder eine entsprechende Menge Trockenei.

- „Mit hohem Eigehalt" darf hinzugesetzt werden, wenn 1 kg Rohware mindestens 4 Eier enthält.
- „Mit besonders hohem Eigehalt" ist als Zusatz erlaubt bei einer Beigabe von mindestens 6 Eiern je kg Rohware.

Teigwaren, zu deren Herstellung ausschließlich Frischei verwendet wird, dürfen als Frischei-Teigwaren bezeichnet werden; darum läßt sich vereinfacht feststellen:

- Eierteigwaren werden mit Trockenei hergestellt,
- Frischeiteigwaren werden mit Frischeiern bereitet.

Bei Vergleichsprüfungen zeigte sich eine qualitative Überlegenheit der mit frischen Eiern hergestellten Teigwaren.

Aus den Bestimmungen der Verordnung über Teigwaren sind noch die Ausführungen unter „Teigwaren besonderer Art" von Interesse.

Gemüse- und Kräuter-Teigwaren, zu denen z.B. Spinatnudeln, Tomatennudeln und Möhrennudeln gehören, können ohne besondere Beachtung von Mindestzusätzen der erwähnten Vegetabilien hergestellt werden, weil man davon ausgeht, daß der Verbraucher auf Ware ohne typischen Anteil verzichten wird.

Kleber-Teigwaren sind Erzeugnisse mit einem erhöhten Klebergehalt (Weizenkleberzusatz), wodurch der Stärkeanteil verringert wird. Man sieht hier ein Angebot, das vor allem auf den Diabetiker ausgerichtet ist.

Formen, Eigenschaften und besondere Eignung

Bei gleicher Ausgangsqualität bestimmen Form und Dicke der Teigwaren wesentlich die Geschmacksintensität, den Biß und das Mundgefühl sowie die Aufnahmefähigkeit der Saucen. Man vergleiche unter diesem Gesichtspunkt einmal Bandnudeln mit Suppennudeln einerseits und Spaghetti mit gedrehten Nudeln (Shipli, Spirelli, Zöpfli) andererseits. Die folgende Tabelle gibt einen Überblick zur Charakteristik und zur speziellen Eignung bestimmter Teigwaren.

Formen	Charakteristik	Besondere Eignung
Spaghetti 	Feiner, kerniger Geschmack. Beim Aufrollen mit der Gabel Anlegen von reichlich Sauce möglich	Beilage zu Fleischspeisen mit reichlich Sauce und zu speziellen Fischzubereitungen. Selbständige Gerichte in vielfältiger Fertigstellung; besonders beliebt mit geriebenem Käse
Makkaroni 	Kräftiger, voller Geschmack; werden vor dem Garen durchgebrochen	Vor- oder Hauptgericht und Beilage. Gemischt mit Schinkenstreifen und knusprig überbacken. Aufläufe. Kroketts

Formen	Charakteristik	Besondere Eignung
Bandnudeln	Die glatte Oberfläche vermittelt trotz der erwünschten Bißfestigkeit einen besonders zarten Geschmack	Beliebte Beilage zu Fisch-, Fleisch-, Geflügel- und Wildgerichten mit Sahnesaucen
Hörnchen	Durch die Riefung macht sich ein betont kerniger Geschmack bemerkbar. In die Hohlräume dringt leicht Sauce ein	Beilage zu aller Art Braten und zu Gulasch und Ragout
Verschieden geformte Nudeln	Gedrehte Formen ermöglichen reiche Saucenaufnahme, hierdurch wird ein positives Mundgefühl erreicht	Beilage zu Gerichten mit vorwiegend gebundenen Saucen

Richtwerte für Portionsmengen bei Eierteigwaren

Einsatz	getrocknet, roh g	gekocht, abgetropft g	Wasseraufnahme beim Kochen g
Beilage	60 – 80	150 / 200	90 / 120
Vorspeise	40 – 60	100 / 150	60 / 90
Hauptgericht	100 – 120	250 / 300	150 / 180

Formen	Charakteristik	Besondere Eignung
Suppennudeln	Angenehm empfundene Geschmacksanreicherung	Brühen aller Art und leicht gebundene Suppen Menge je Portion: roh 10 – 15 g gekocht 25 – 40 g

ALLGEMEINE ZUBEREITUNG

Garen

Teigwaren sind zunächst nicht verzehrfertig, gleich ob es sich nun um industriell vorgefertigte oder selbst hergestellte Ware handelt. Beide Arten müssen gekocht werden und gelangen erst dadurch in einen genußfähigen Zustand.

Getrocknete Eierteigwaren nehmen beim Kochen etwa 150 % Wasser auf.

Für den Konsumenten ist die zum Zeitpunkt des Verzehrs empfundene Qualität ausschlaggebend. Und diese ist wesentlich von der Art und dem Zeitpunkt des Kochens abhängig.

Grundverfahren

1 kg Teigwaren, 5 l Wasser, 30 g Salz, 20 g Speiseöl; 100 g Butter zum Abschmälzen.

Wasser mit Salz und Öl zum Wallen bringen. Teigwaren zugeben, umrühren und ohne Deckel sprudelnd weiterkochen, damit die Ware mit der Bewegung des Wassers in Umlauf gehalten wird.

Eine ausreichende Salzmenge ist besonders wichtig, denn das Salz fördert die Ausquellung der wertbestimmenden Eiweißstoffe und beeinflußt damit den Biß positiv. Die Zugabe von Öl hat einen doppelten Zweck: Einmal mindert es die Neigung zum Überkochen nach dem Einlegen der Teigwaren und zum zweiten verhindert es das Zusammenkleben und das Verhornen beim Warmhalten und beim Aufbewahren.

Die Kochzeit ist zwar auf den meisten Gebinden genannt, doch sind diese Werte nur als Anhaltspunkte zu beurteilen, denn durch die geplante Verwendung ergeben sich Korrekturen. Zu langes Kochen ist eine Hauptursache für Qualitätsmängel.

Darum ist die individuelle Probe gegen Ende der Garzeit zu empfehlen. „Al dente" ist der Fachausdruck für wünschenswerte Festigkeit; er kann mit „bißfest" übersetzt werden.

Ist dieser Zustand erreicht, werden die Teigwaren abgegossen. Nach genügendem Abtropfen gibt man sie in ein Gefäß und legt die Butter in kleinen Flocken auf die Oberfläche. Mit einer Fleischgabel ist das schmelzende Fett behutsam unter die Teigwaren zu mischen. Der nun das Produkt umgebende zarte Butterfilm verleiht ihm besonderen Wohlgeschmack.

Müssen zubereitete Teigwaren warmgehalten werden, so sollte aus Gründen der Qualitätsbewahrung die Warmhaltedauer von 1 Stunde nicht überschritten werden; der dafür günstigste Temperaturbereich liegt bei 60–70 °C.

Vorrätighalten

Werden die Teigwaren auf Vorrat gekocht, wird etwas knapper gegart. Nach dem Abgießen ist mit kaltem Wasser abzuschrecken und durch Umrühren für ein gleichmäßiges Abkühlen zu sorgen. So kann vermieden werden, daß durch die Eigenwärme ein übergartes und verklebtes Produkt entsteht. Die abgekühlten, abgetropften Teigwaren bedeckt man zum Schutz vor dem Austrocknen und stellt sie kühl. Die Kühllagerung gegarter Teigwaren ist bei einer Temperatur von + 2 °C etwa 2 Tage möglich.

Wiedererwärmung

Bei Bedarf werden die etwas knapper gegarten Teigwaren in wallendem Wasser wieder erwärmt. Dabei erreichen sie die erwünschte bißfeste Gare.

Grundverfahren

2,5 kg vorgegarte Teigwaren (≙ 1 kg ungekochter Ware), 4 l Wasser, 20 g Salz, 100 g Butter.

Wasser mit Salz zum Kochen bringen. Vorgegarte Teigwaren in das wallende Wasser geben, umrühren und aufkochen lassen. Teigwaren in einen Durchschlag schütten, nach gründlichem Abtropfen in das Kochgeschirr zurückgeben und die Butter untermischen.

TEIGWAREN EIGENER HERSTELLUNG

Die Zusammensetzung der Rohware und das Herstellungsverfahren üben einen starken Einfluß auf die Teigwaren zum Zeitpunkt des Verzehrs aus. Darüber hinaus bestimmen auch das angewandte Garverfahren und die Fertigstellung die Qualität des Endproduktes.

Herstellung und Zubereitung des Nudelteiges

Grundrezept

Bedarf: 500 g Mehl, 300 g Eier, 10 g Salz;
oder
500 g Mehl, 200 g Eier, 60 g Wasser, 10 g Salz.

Ergebnis: 600 g getrocknete Teigwaren.

Mehl auf eine Arbeitsplatte sieben. In die Mitte eine Vertiefung eindrücken, Eier, (Wasser) und Salz hineingeben. Die Zutaten zu einem glatten Teig verkneten und solange bearbeiten, bis er sich von der Platte löst. Teig in eine Folie einschlagen, damit er keine Kruste bekommt, und zur Entspannung des Klebers mindestens 30 Min. ruhen lassen.

Teig teilen, die Teile auf bemehlter Fläche zu sehr dünnen Platten ausrollen, das anhaftende Mehl abfegen, sie übertrocknen und mehrmals wenden. Teigplatten in die gewünschten Formen (Flecke oder Nudeln) schneiden; für Nudeln Teigplatte zuvor zusammenrollen. Geschnittene Teigwaren aufgelockert vollkommen trocknen lassen.

Für den Gebrauch werden die Teigwaren in kochendem Salzwasser gegart, wie eingangs erläutert.

Besteht die Absicht, den Teig z.B. für gefüllte Nudelflecke (Maultaschen) zu verwenden, so werden die dünn ausgerollten Platten direkt, also ohne sie übertrocknen zu lassen, weiterverarbeitet.

Spätzle

Bei dieser aus dem alemannischen Sprachraum stammenden Zubereitung wird im Gegensatz zu den übrigen Teigwaren ein weicher Teig mit fast laufender Beschaffenheit unmittelbar in das kochende Wasser gebracht und darin gegart.

Spätzle haben ein längliches Aussehen und sind unregelmäßig beschaffen, wenn sie vom Brett geschabt werden; bei Verwendung einer Presse erhält man eine gleichmäßig beschaffene, längere Art.

In manchen Gegenden bringt man den Teig über einen „Hobel" oder einen Seiher in das Wasser. Es entstehen dann tropfenförmige Spätzle, die regional auch als Knöpfle bezeichnet werden.

Grundrezept

Bedarf: 500 g Mehl, 6 Eier, 100 g Wasser, 10 g Salz.

Ergebnis: etwa 10 Beilageportionen.

Die Eiermenge kann nur geringfügig verändert werden: Weniger führt zu mangelndem Biß; bei zu viel Eiern ergibt sich eine zu feste Beschaffenheit. Das Zusammenfügen der Zutaten zum Teig richtet sich nach seiner Aufarbeitung.

● **Teig für Spätzle vom Brett geschabt:** Mehl in eine Schüssel sieben, die anderen Zutaten beigeben, zusammenarbeiten und den Teig abschlagen, bis er sich löst, damit der Kleber voll ausgebildet

ist. Die geschmeidige Beschaffenheit des Teiges ist wichtig für seine Bearbeitbarkeit. – Teig in kleinen Mengen auf ein angefeuchtetes Spätzlebrett geben, mit einer nassen Palette glattstreichen und in feinen Streifen in reichlich kochendes Salzwasser abschaben. Palette zwischendurch in das Wasser tauchen, damit das Anhängen des Teiges an der Palette vermieden wird.

● **Spätzleteig bei Benutzung einer Presse, eines Seihers oder Hobels:** Mehl in eine Schüssel sieben, die anderen Zutaten beigeben und alles locker zusammenarbeiten. Der Teig ist dann kürzer und läßt sich in dieser Konsistenz mühelos durch das benutzte Gerät in kochendes Salzwasser bringen; dabei darf das Gerät die Oberfläche des Kochwassers nicht berühren.

Die gegarten, an die Oberfläche steigenden Spätzle mit einem Drahtlöffel in einen Durchschlag umsetzen, mit warmem oder kaltem Wasser abbrausen, damit sie nicht zusammenkleben, und gründlich abgetropft auf einem Blech ausbreiten. Spätzle können bereits vor dem Gebrauch hergestellt werden. Zum Schutz vor dem Austrocknen bedeckt man sie. Die Kühllagerung bei einer Temperatur von +2 °C ist 1 – 2 Tage möglich.

Anrichten und Wiedererwärmen

Die abgetropften, noch heißen Spätzle richtet man auf einer flachen, erwärmten, mit Butter bestrichenen Platte an und schmälzt sie z.B. mit Butter oder mit in Butter gebräunten Bröseln oder Zwiebeln ab.

Zum Wiedererwärmen werden die kalten Spätzle in heißer Butter geschwenkt und in der Röhre oder auf dem Herd erhitzt. Auch hier ist die Beigabe von Bröseln, braunen Zwiebeln oder auch geriebenem Käse angebracht.

Vorspeisen mit Teigwaren

Spaghetti auf delikate Art
Spaghetti mit Fleischsaft
Spaghetti mit Gemüseragout
Spaghetti nach Köhlerart
Spaghetti nach Marettimo Art
Spaghetti mit Piemonter Trüffeln   s. Abschn. Nationalgerichte: „Italienische Küche".
Spaghetti auf römische Art
Gratinierte Spaghetti
Makkaroni auf Mailänder Art
Makkaroni mit Schinken überbacken
Japanisches Nudelgericht   s. Abschn. Nationalgerichte: „Japanische Küche".

Vorspeisen mit Teigwaren eigener Herstellung

Gefüllte Nudelflecke   s. Abschn. Regionalgerichte: „Baden-Württemberg".
Käsespätzle (Allgäuer Kässpatzen) s. Abschn. Regionalgerichte: „Baden-Württemberg".
Genueser Ravioli
Gefüllte Nudelröllchen
Grüne Nudeln überbacken   s. Abschn. Nationalgerichte: „Italienische Küche".
Italienisches Nudelgericht
Eiergraupen (Tarhonya)   s. Abschn. Nationalgerichte: „Ungarische Küche".
Gezupfter Teig mit Quark   s. Abschn. Nationalgerichte: „Ungarische Küche".
Rumänische Maultaschen   s. Abschn. Nationalgerichte: „Rumänische Küche".
Gefüllte Teigtaschen   s. Abschn. Nationalgerichte: „Südamerikanische
                                       Küche".

REIS

ALLGEMEINES

Reis ist ein Getreidegras, das etwa einen Meter hoch wird und auf dem Halm, ähnlich dem Hafer, Rispen mit Körnern trägt. Reis benötigt subtropisches Klima, wie es in China, Indien und Japan anzutreffen ist. Doch auch auf dem amerikanischen Kontinent wird Reis angebaut. Von den europäischen Ländern kann nur Italien Reisanbau aufweisen.

SORTEN

Biologische Sorten

Die unterschiedlichen Reisangebote werden von den biologischen Eigenschaften und der Bearbeitungsart bestimmt.

 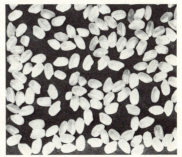

Bezeichnung	**Langkornreis**	**Rundkornreis**
	Patnareis, Beilagenreis, Bouillonreis	Milchreis
Beschreibung	Das Korn ist etwa 6 – 8 mm lang und 2 mm breit. Wegen des hohen Klebergehalts ist es hart und glasig	Der Klebergehalt ist gering; das Korn ist darum weich und erscheint kalkig weiß
Kocheigenschaften	Kocht trocken und körnig	Gibt Stärke ab, bindet Flüssigkeit und verkocht bei längerem Erhitzen
Verwendung	Reisgerichte, Beilage, Suppeneinlage	Süßspeisen, Milchreis, Bindemittel
Vorwiegende Lieferländer	USA, Siam	Italien

Sortenbezeichnung nach Bearbeitungsart

Wird Reis nur von der harten Hülse befreit, tritt die Silberhaut zutage, welche neben dem Keimling den Hauptteil der wertvollen Vitamine und Mineralstoffe enthält.

Braunreis oder **Naturreis** wird in dieser Form von Reformhäusern angeboten und für verschiedene Kostenformen verwendet. Er kocht länger als üblicher Reis und hat nach dem Garen ein bräunliches Aussehen. Weil der noch anhaftende Keimling Fett enthält, ist Braunreis nur begrenzt lagerfähig. (Abb.)

Weißreis oder **geschliffener Reis** macht den Hauptteil des Angebotes aus. Das Silberhäutchen ist abgeschliffen und der Keimling entfernt, darum ist das Korn weiß.

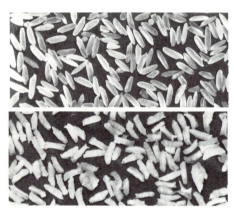

Parboiled Reis sieht leicht gelblich aus und hat eine stumpfe Oberfläche. Durch eine besondere Behandlung vor dem Schleifen wandern die Vitamine in das Innere des Korns; zugleich wird es kochfester und ergiebiger. (Abb.)

Schnellkochender Reis hat nur eine geringe wirtschaftliche Bedeutung und sei vollständigkeitshalber erwähnt. Es ist vorgegarter und wieder getrockneter Weißreis, der nur eine Garzeit von 3 – 5 Min. hat. Durch die Vorbehandlung zeigt das Korn eine poröse Oberfläche; es ist spröde und bricht leicht; der Geschmack ist beeinträchtig. (Abb.)

Qualitätsrichtlinien

Während die Kocheigenschaften des Reises sortenbedingt sind, wird zur Qualitätsbeurteilung der Anteil an Bruchreis herangezogen.

	Bruchreisanteil		Bruchreisanteil
Spitzenreis	max. 5 %	Haushaltsreis mit	
Standardreis	5 – 15 %	erhöhtem Bruchreisanteil	25 – 40 %
Haushaltsreis	15 – 25 %	Bruchreis	mehr als 40 %

Die Kennzeichnung „Spitzenreis" ist nicht zwingend und kann durch einen Markennamen ersetzt werden. Bei allen anderen Gruppen muß die Qualitätsbezeichnung genannt sein.

*

Wilder Reis, auch schwarzer Reis oder Bluewater wild rice, sind die Samen eines Wassergrases, das in den USA (Minnesota, Mississippi-Delta) und in Kanada (Ontario) gedeiht. Im Trockenzustand

sind die tannennadel-ähnlichen Körner dunkelbraun bis schwarz. Sie werden durch ein spezielles Röstverfahren haltbar gemacht. Der Arbeitsaufwand bei der Ernte und die äußerst geringe Kornausbeute bei den einzelnen Rispen bedingen den hohen Preis. Wilder Reis ist als Rarität für außergewöhnliche Gerichte zu betrachten; Kenner schätzen den besonders feinen Nußgeschmack.

ALLGEMEINE ZUBEREITUNG

Reis ist äußerst vielseitig verwendbar. Sein neutraler Geschmack läßt die Kombination mit jedem anderen Lebensmittel sowie mit fast allen Kräutern und Gewürzen zu. Reis kann innerhalb von Menüs Suppe, Vorspeise, Beilage oder Dessert sein. Auch in Füllungen ist Reis ein wesentlicher Bestandteil; ferner verwendet man ihm zum Binden.

Richtwerte von Portionsmengen

Reis nimmt beim Garen die doppelte Menge seines Gewichtes an Flüssigkeit auf.

	roh g	gekocht g	Flüssigkeitsaufnahme g
Einlage	10 – 15	30 / 45	20 / 30
Vorspeise	20 – 30	60 / 90	40 / 60
Beilage	40 – 50	120 / 150	80 / 100
Hauptgang	70 – 80	210 / 240	140 / 160

Für die Zubereitung von gekochtem Reis und von gedünstetem Reis (Quellreis) verwendet man Langkornreis. Beide Arten dienen vorwiegend als Beilage.

Gekochter Reis, der ständig verfügbar sein soll, wird in reichlich Wasser im voraus gekocht.

Quellreis, den man erst kurz vor der Ausgabe zubereitet, wird mit so genau bemessener Flüssigkeit angesetzt, daß sie am Ende der Garzeit vom Reis vollständig aufgenommen ist.

Gekochter Reis *Riz blanc*	**Gedünsteter Reis** *Riz étuvé* **(Quellreis)**
Bedarf: 12 l Wasser, 100 g Salz, 1 kg Reis.	Bedarf: 2 l Wasser oder helle Brühe, Salz, 1 kg Reis, 120 g Butter.
Gardauer: 18 Min.	Gardauer: 20 Min.
Wasser und Salz zu sprudelndem Kochen bringen. Reis einlaufen lassen und unter öfterem Umrühren garkochen.	Wasser oder Brühe zum Kochen bringen. Gewaschenen Reis einlaufen lassen und nach Geschmack salzen. Nach dem Aufkochen zugedeckt in den vorgeheizten Ofen stellen und bei 160 – 170 °C quellen lassen, ohne umzurühren.
Reis danach abgießen, mit kaltem Wasser abfrischen und abgetropft in flachem Geschirr zugedeckt und kühl aufbewahren.	Gegarten Reis zum Ausdampfen auf ein Blech stürzen und flach ausbreiten, damit die starke Hitze, die zum Übergaren führt, entweichen kann.
Bei Bedarf Reis in ein mit Butter ausgestrichenes flaches Geschirr geben, leicht salzen und Butterflöckchen auf der Oberfläche verteilen. Reis zudecken und im Ofen bei 150 °C unter mehrmaligem Durchrühren erhitzen.	Mit einer Gabel Butterflöckchen unterziehen. Reis in einen Topf leeren und zugedeckt warmhalten.

Bei **Pilaw-Reis** verwendet man zum Ansetzen Arten des Langkornreises.

Risotto, eine typisch italienische Zubereitung, wird, wenn die charakteristisch saftig-kremige Konsistenz zum Ausdruck kommen soll, mit den festeren italienischen Reissorten (Vialone, Ostiglia) hergestellt.

Pilaw-Reis   Riz pilaf

Bedarf: 1 kg Reis, 250 g feinste Zwiebelwürfel, 180 g Butter, 2 l Fleischbrühe, Salz, 80 g Butterstückchen.

Gardauer: 18 Min.

Reis waschen und gründlich abtropfen lassen. Zwiebeln in Butter farblos anschwitzen, Reis beigeben und rühren, bis er glasig ist. Kochende Brühe dazugießen, leicht salzen und zugedeckt im Ofen (160 – 170 °C) garen, ohne umzurühren.

Danach auf ein Blech schütten, damit die starke Hitze entweicht und der Reis nicht nachgaren kann. Butterstückchen mit der Gabel unterziehen. Reis in einen Topf füllen und zugedeckt warmstellen.

Gemäß seiner Verwendung kann Pilaw-Reis auch mit Geflügel-, Hammel-, Fisch- oder Gemüsebrühe angesetzt werden. Der Geschmack läßt sich durch Mitkochen von zerkleinerten Zutaten (Paprikaschoten, Pilze, Schinken) oder Gewürzen (Safran, Curry, Ingwer) variieren.

Risotto   Risotto nature

Bedarf: 1 kg Reis, 300 g feinste Zwiebelwürfel, 120 g Butter, 50 g Olivenöl, 2,5 l Fleischbrühe, 200 g geriebener Parmesan, 100 g Butterstückchen.

Gardauer: 18 Min.

Reis waschen und gründlich abtropfen lassen. Zwiebeln in Butter farblos anschwitzen. Öl und Reis zugeben, unter Rühren weiterschwitzen, damit der Reis Fett aufnehmen kann. Kochende Brühe dazugießen und zugedeckt bei schwacher Hitze und gelegentlichem Umrühren garziehen lassen.

Danach den geriebenen Käse und Butterstückchen locker untermischen. Evtl. ein wenig Brühe nachgießen.

Durch die Verwendung von Brühe und Parmesan ist eine Salzbeigabe kaum erforderlich.

Risotto soll saftig sein, die Körner müssen ganz bleiben. Da der Reis durch längeres Stehen an Feinheit verliert, wird er in kleineren Mengen nacheinander zubereitet.

Reiszubereitung nach Kreolenart

Bedarf: 1 kg Langkornreis, 12 l Wasser, 120 g Salz, 180 g Butter.

Gardauer: 20 – 25 Min.

Gewaschenen Reis in sprudelndes kochendes Salzwasser schütten, 8 Min. kochen, in ein Sieb abgießen, warm abspülen und abtropfen lassen. Ein stabiles Geschirr dick mit Butter ausstreichen, Reis hineingeben, mit gebuttertem Pergamentpapier bedecken, Topf mit einem Deckel verschließen und in den vorgeheizten Ofen stellen. Reis bei 180 °C etwa 12 – 15 Min. garen.

Danach in ein anderes geräumiges Geschirr umleeren, evtl. leicht nachsalzen, die übrige Butter in Stückchen locker unter den Reis ziehen und zugedeckt warmhalten.

Reiszubereitung auf japanische Art

Rezept s. Abschn. Nationalgerichte: „Japanische Küche".

Reiszubereitung auf indonesische Art

Rezept s. Abschn. Nationalgerichte: „Indonesische Reistafel".

*

Foto: Teubner

Russische Pastete

Kulibjaka

Rezept s. S. 418

Foto: Teubner

Provenzalische Fischsuppe

Bouillabaisse

Rezept s. S. 327

Zubereitung von wildem Reis

Wildreis nimmt beim Kochen die dreifache Menge seines Gewichtes an Flüssigkeit auf. Die Gardauer ist, verglichen mit weißem Reis, etwa dreimal so lang.

Aufgrund des stärkeren Quellvermögens genügt für eine Portionsbeilage: 30 – 35 g roher Wildreis.

Bedarf: 1 kg Wildreis, 5 l Wasser, 40 g Salz, 180 g Butter.
Gardauer: 45 – 50 Min.

Wildreis gründlich waschen, abtropfen lassen und in sprudelnd kochendes Salzwasser schütten. Nach dem Wiederaufkochen Oberfläche abschäumen und bei schwacher Hitze und aufgelegtem Deckel garen. Während des Verfahrens ist das Abschäumen zu wiederholen.

Gekochten Reis in ein Sieb abgießen, mit wenig warmem Wasser überbrausen, nach genügendem Abtropfen in einen Topf geben, leicht nachsalzen und Butterstückchen unterziehen. – Eine weitere Möglichkeit der Fertigstellung: In einem flachen Geschirr Butter erhitzen, bevor sie Farbe annehmen will, den abgetropften Reis beifügen und unter mehrmaligem Schwenken leicht sautieren.

Wildreis ist besonders passend als Beilage zu Wildente; aber auch zu anderem Wildgeflügel und Wild, zu Geflügel sowie zu Kurzbratfleisch steht Wildreis in geschmacklichem Einklang.

*

Abwandlungen von Reisbeilagen

Pilaw-Reis

Curryreis Riz au curry	Reis mit Curry ansetzen oder Curry in Butter leicht anschwitzen, mit einem Schuß Weißwein ablöschen, fertigen Pilaw-Reis dazugeben und unterschwenken.
Griechischer Reis Riz à la grecque	Feine, kurze Kopfsalatstreifen, Würfelchen von roter Paprikaschote und kleinste grüne Erbsen schwach salzen, in Butter dünsten und mit einer Gabel behutsam unter fertigen Pilaw-Reis mischen.
Ingwerreis Riz au gingembre	Ingwerwurzel in feine Würfel schneiden, mit Butter und ein wenig Orangensaft erhitzen und unter fertigen Pilaw-Reis mischen.
Orangenreis Riz à l'orange	Dünn abgenommene Orangenschale in feinste, kurze Streifen schneiden, blanchieren und in Butter mit einem Spritzer Sherry dünsten. Filetierte Orangen in Stückchen schneiden. Den gedünsteten Streifchen beigeben, erwärmen und alles behutsam unter fertigen Pilaw-Reis mischen.
Orientalischer Reis Riz à L'orientale	Getrocknete, entkernte Datteln in Streifen schneiden. Rosinen in etwas Portwein und Butter erhitzen und quellen lassen. Datteln, Rosinen und einige geröstete Pinienkerne fertigem Pilaw-Reis beigeben.
Paprikareis Riz au paprika	Edelsüßpaprika und ein wenig Paprikamark dem Reis beim Ansetzen beigeben oder Edelsüßpaprika in Butter anschwitzen, mit wenig Brühe ablöschen, etwas Paprikamark einrühren und unter fertigen Pilaw-Reis schwenken.
Safranreis **mit Pfirsichen** Riz de safran aux pêches	Reis mit Safran ansetzen. Pfirsiche brühen, häuten, halbieren, entsteinen. Hälften schräg in Scheiben schneiden, in ein gebuttertes Geschirr einsetzen, mit wenig Zitronensaft beträufeln, schwach pfeffern und zugedeckt dünsten. Früchte auf den Safranreis legen.
Trüffelreis Riz aux truffes	Streifchen oder Würfelchen von Périgord-Trüffeln mit Trüffelfond, Madeira und Butter verkochen und unter fertigen Pilaw-Reis mischen.

Risotto

Risotto mit Morcheln Risotto con spugnoli	Vorbereitete frische oder getrocknete, geweichte Morcheln in Stücke teilen. Mit Butter und Schalotten anschwitzen, wenig Brühe angießen, dünsten und glacieren. Gegarte Pilze unter fertigen Risotto mischen.
Risipisi Risi e piselli	Feine Erbsen schwach salzen und zuckern und mit Butter dünsten. Gegarte Erbsen unter den fertigen Risotto mengen oder frische Erbsen dem Reis beim Ansetzen beigeben.
Risotto mit Tomaten Risotto con pomodori	Tomatenfleischstücke (concassées) salzen, pfeffern, in Butter anschwitzen und fertigem Risotto beimengen.

GERICHTE VON REIS

Pilawgerichte

Pilaw mit Lammfilets Pilaf aux filets d'agneau	Würfelchen von Lammfilets salzen, mit Curry und Paprika bestäuben, rasch in Butter sautieren und auf einen Teller leeren. Im Sautiergeschirr Schalottenbutter angehen lassen, mit Weißwein ablöschen, etwas Jus angießen und dickfließend reduzieren. Sautiertes Fleisch und Pilaw-Reis zugeben, durchschwenken und anrichten. Oberfläche mit geriebenem Käse bestreuen und mit gedünsteten grünen Paprikaschotenstreifchen und angeschwitzten Tomatenfleischwürfeln garnieren. Lammjus separat reichen.
Pilaw mit Garnelen Pilaf aux crevettes	Ausgebrochenes, in Stücke geschnittenes Garnelenfleisch zusammen mit Würfeln von frischer Mangofrucht rasch in Schalottenbutter sautieren und aus der Pfanne nehmen. Bratgeschirr mit Sherry ablöschen, Sahne dazugießen und einkochen, bis eine leichte Bindung besteht. Gleiche Menge Krebs- oder Hummersauce beifügen, durchkochen und den größten Teil in eine Sauciere füllen. Sautierte Garnelen und Mangofrucht sowie Pilaw-Reis in das Bratgeschirr mit der übrigen Sauce geben, alles durchschwenken, anrichten und geröstete Hobelmandeln darüberstreuen. Die Sauce dazureichen.
Pilaw mit frischem Lachs Pilaf de saumon	Filetierten Lachs in kleinere Stücke schneiden, salzen, pfeffern und rasch in Olivenöl und Butter hellbraun braten. Lachs auf eine Platte geben. Im Bratgeschirr Schalottenwürfelchen anschwitzen, wenig Tomatenmark und Curry einrühren. Mit Weißwein ablöschen, gleiche Teile Fischfond und Sahne dazugießen und bis zu leichter Bindung reduzieren. Sauce mit feingehacktem Mangochutney und Apfelmus abschmecken und mit Zitronensaft und einigen Butterstückchen vollenden. Einen kleinen Teil der Sauce und die gebratenen Lachsstückchen unter fertigen Pilaw-Reis mischen. Übrige Sauce separat dazugeben.

Risottogerichte

Risotto mit Hühnerlebern und Steinpilzen **Risotto con fegatini e porcini**	Hühnerleberstücke salzen, mit Paprika bestäuben, rasch in Butter sautieren, daß sie innen noch rosa sind. Leber ohne Bratfett in ein Geschirr legen. Im Bratgeschirr noch ein wenig Butter erhitzen, mit Knoblauchsalz und Pfeffer gewürzte Steinpilze und Schalottenwürfelchen darin braten und der Leber beigeben. Bratgeschirr mit Madeira ablöschen, Kalbsjus dazugießen und fast sirupartig einkochen. Leber und Pilze in die reduzierte Jus geben, durchschwenken, in die Mitte des angerichteten Risottos häufen und mit gehackter Petersilie bestreuen.
Risotto mit Muscheln **Risotto con vongole**	Feine Zwiebelwürfel in Olivenöl anschwitzen, reichlich abgezogene, von den Kernen befreite Tomaten zugeben, mit Knoblauch, Salz und Pfeffer würzen und zu einer Sauce verkochen. Gegarte, präparierte Vongole (italienische Muschelart) der Tomatensauce beigeben, mit Dill und Petersilie abschmecken. Muschelzubereitung und Risotto getrennt anrichten.
Risotto nach Mailänder Art **Risotto alla milanese**	Rezept. s. Abschn. Nationalgerichte: „Italienische Küche".
Risotto auf piemontesische Art **Risotto alla piemontese**	Rezept s. Abschn. Nationalgerichte: „Italienische Küche".
Risotto nach Turiner Art **Risotto alla torinese**	Rezept s. Abschn. Nationalgerichte: „Italienische Küche".

*

Brasilianisches Reisgericht	Rezept s. Abschn. Nationalgerichte: „Südamerikanische Küche".
Valenzianisches Reisgericht	Rezept s. Abschn. Nationalgerichte: „Spanische Küche".

SALATE

ALLGEMEINES

Das Wort Salat ist abgeleitet vom italienischen „insalata" und bedeutet in seiner ursprünglichen Form zunächst eine eingesalzene Speise, aber auch schon Salat.

Heute ist der Begriff Salat sehr weit zu fassen, denn nahezu alle Nahrungsmittel können als Salat zubereitet werden. Gemeinsam ist allen Salaten jedoch ein bestimmter Zerkleinerungsgrad der Rohstoffe (man kann sie „gabeln") sowie eine typische Geschmacksgebung durch eine besondere Salatsauce, die auch als Marinade oder Dressing bezeichnet wird.

Gleich aus welchem Ausgangsprodukt Salate hergestellt werden, erst durch die Zubereitung, das sogenannte „Anmachen", wird daraus der Salat.

Dieser Abschnitt klammert die Fruchtsalate mit süßer Geschmacksrichtung aus.

Alle anderen Salate haben eine säuerliche Basis, die auch in Verbindung mit Zucker oder Obst ins Pikante geht. Diese Gruppe läßt sich nach den verwendeten Rohstoffen in Salate aus pflanzlichen und tierischen Produkten gliedern. Der Großteil der Salate wird aus den sogenannten Salatgemüsen, wie z.B. Kopfsalat, Endivie, Tomate und Gurke, bereitet. Zu diesen rohen Salaten treten solche, die aus gegartem Gemüse, z.B. Bohnen, Rote Beete, Sellerie, Spargel usw., hergestellt werden. Bisweilen werden die Kombinationen mit Obst abgerundet. Besonders bei Salaten, die im Rahmen eines kalten Büfetts geboten werden, findet man als Grundlage auch gegarte Teigwaren und Reis.

Salate aus tierischen Produkten, wie Fleisch, Fisch, Krusten- und Schaltieren, Geflügel usw., sind vorwiegend eigenständige Zubereitungen. Als Beilage kommen sie deshalb nicht in Betracht.

Rohkost

Der Bereich Salate tangiert auch die Rohkost. Man versteht darunter eine Kostform, die auf einer ohne Hitzeeinwirkung zubereiteten pflanzlichen Kost beruht und damit reich an Vitaminen und verdauungsanregenden Ballaststoffen ist. Diese Ernährungsweise führt jedoch leicht zu Eiweißmangel.

Eine abgewandelte Form der Rohkost ist die lacto-vegetabile Kost, welche pflanzliche Rohstoffe durch Milch und Milchprodukte sowie Eier ergänzt, um eine vollwertige Eiweißversorgung zu gewährleisten. Hier sollen nicht die Vor- und Nachteile dieser Kostform sowie deren psychologischer und historischer Hintergrund erörtert werden. Festzuhalten ist, daß

- Rohkostgerichte die Vitamin- und Mineralstoffversorgung wirkungsvoll unterstützen,
- Rohkostgerichte dem Körper vermehrt Ballaststoffe zuführen, die für diesen besonders bei Bewegungsarmut und verfeinerter Ernährungsweise vonnöten sind.

Weil in diesem Werk Zubereitungen aus rohen pflanzlichen Produkten nicht als eine bestimmte Ernährungsweise, sondern als Bestandteil einer sinnvollen Ernährung betrachtet werden, sind die entsprechenden Rezepturen in Abschnitte integriert und nicht getrennt ausgewiesen.

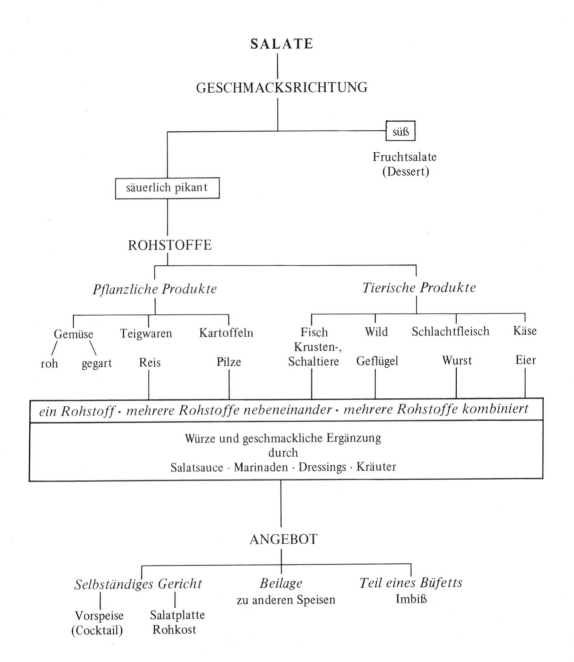

SALATE

GESCHMACKSRICHTUNG

süß

Fruchtsalate
(Dessert)

säuerlich pikant

ROHSTOFFE

Pflanzliche Produkte   *Tierische Produkte*

Gemüse   Teigwaren   Kartoffeln   Fisch   Wild   Schlachtfleisch   Käse

roh   gegart   Reis   Pilze   Krusten-,   Geflügel   Wurst   Eier
                                               Schaltiere

ein Rohstoff · mehrere Rohstoffe nebeneinander · mehrere Rohstoffe kombiniert

Würze und geschmackliche Ergänzung
durch
Salatsauce · Marinaden · Dressings · Kräuter

ANGEBOT

Selbständiges Gericht   *Beilage*   *Teil eines Büfetts*
                           zu anderen Speisen   Imbiß

Vorspeise   Salatplatte
(Cocktail)   Rohkost

Anrichten von Salaten

Mit Salaten verbindet man Vorstellungen wie frisch, knackig, jung; man ißt sie der Gesundheit wegen. Darum müssen Salate so angerichtet werden, daß sie diesen Assoziationen entsprechen. Insbesondere Blattsalate verlieren jedoch nach dem Anmachen rasch die natürliche Zellspannung, fallen zusammen und liegen dann welk, „abgeschlafft", ohne Spannkraft im Geschirr. Darum dürfen Salate erst zu einem Zeitpunkt angerichtet werden, der so nah an der Ausgabe liegt, daß sie den Gast mit dem Eindruck absoluter Frische erreichen.

Das Salatangebot darf nicht eintönig sein, darf sich nicht auf wenige Arten mit der immer gleichen Marinade beschränken. Die Zusammenstellungen sollten aus mindestens zwei Sorten bestehen: Diese können ineinander vermischt sein, z.B. Kopfsalat mit Radieschenscheiben, oder nebeneinander angerichtet werden.

Abwechslung schaffen neben unterschiedlichen Marinaden auch differenzierte Schnittweisen und Zubereitungsarten.

Salatsaucen — Marinaden — Dressings

Wann spricht man von einer Salatsauce, wann von einer Marinade und wann von einem Dressing? Die kürzeste Antwort lautet: Die Bezeichnung ist abhängig von der Zusammensetzung und auch von der Mode — verbindliche Richtlinien gibt es nicht.

Die Marinade ist abgeleitet von marin, das Meer betreffend. Ursprünglich verstand man darunter das Einlegen von Lebensmitteln in Salzwasser. Heute wird jedoch das Wort Marinade gleichbedeutend mit Salatsauce angewendet. Man kann schärfer abgrenzen, wenn man sich auf das „Marinieren" besinnt, was gleichbedeutend ist mit „durchziehen lassen". Salate aus gegarten Gemüsen und solche aus faserreichen rohen Arten läßt man zur Entwicklung des vollen Geschmacks in angemachtem Zustand durchziehen, marinieren. Für diese Fälle ist darum der Begriff Marinade typisch.

Das Wort Dressing kommt aus dem Amerikanischen und ist abgeleitet von „to dress", was wörtlich soviel bedeutet wie anziehen, aber auch zubereiten, anmachen. Ein englisches Lexikon erläutert Dressing mit „sauce for food". Dressing ist in Einzelfällen Bestandteil feststehender Begriffe wie French-Dressing oder Thousand-Island-Dressing. Es heißt übrigens immer: **das** Dressing.

Das weite Gebiet der Salatsaucen kann nach folgenden Gesichtspunkten gegliedert werden:

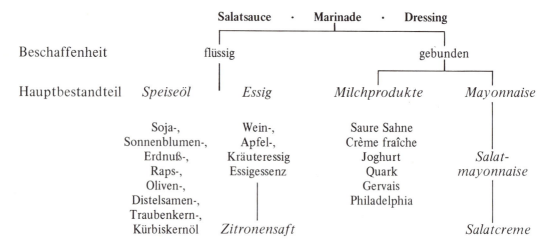

Erläuterungen zu den Hauptbestandteilen

Wie die Übersicht zeigt, enthalten alle Salatsaucen als wesentliche Bestandteile immer einen Säureträger und Öl/Fett von unterschiedlicher Herkunft.

Vorab ein klärendes Wort zur Verwendung von Öl oder Fett: Vielfach wird Salat als Schlankheitsmahlzeit geschätzt, und wer sich entschlossen hat abzunehmen, der versucht, die Energiezufuhr so gering wie möglich zu halten. Öl und Fett werden — zumindest für eine bestimmte Zeit — gemieden, wo immer es geht.

Das mag im Einzelfall vertretbar sein, eine Betrachtung der Salatmarinaden darf sich aber nicht von kurzfristigen persönlichen Vorsätzen leiten lassen.

Öl und Fett sind weit mehr als verpönte „Dickmacher"; im rechten Maß angewendet sind sie unentbehrlicher Bestandteil der Salate, denn

● Öl/Fett benötigt der Körper, um fettlösliche Vitamine (z.B. Karotin) auszunutzen,

● Öl/Fett läßt die rohstofftypischen Geschmacksstoffe erst voll zur Geltung kommen,

● Öl/Fett ist je nach Art selbst erwünschter Geschmacksträger und damit Würzmittel.

Man sollte sich auf diese Punkte besinnen, bevor man den Versuch unternimmt, das Öl zu verbannen oder in der Verwendung von Magerjoghurt das Heil sieht.

Speiseöle sind Bestandteil der flüssigen Salatsauce und der Mayonnaisen.

Geschmacklich weitgehend neutral sind Soja-, Sonnenblumen-, Erdnuß- und Rapsöl. Diese Arten kommen rein oder untereinander vermischt als Speiseöl, Salatöl oder Tafelöl in den Handel.

Einen **typischen Eigengeschmack** haben dagegen Olivenöl, insbesondere das aus der ersten Pressung stammende Jungfernöl, sowie Öle aus Distelsamen, Trauben- und Kürbiskernen. Man sollte vorsichtig damit umgehen, weil es erst der Gewöhnung an den Geschmack bedarf.

Würzöle sind mit Kräutern angesetzte Speiseöle; das Öl ist Träger der aus den Kräutern gelösten Geschmacksstoffe.

Man kann diese auch **selbst bereiten**, indem man die gewünschten Kräuter in getrocknetem Zustand z.B. in ein Glas gibt, mit einem geschmacksneutralen Öl übergießt und das Ganze etwa eine Woche an dunklem Ort aufbewahrt.

Säure gibt dem Salat Frische und hebt sowohl den Eigengeschmack der Grundbestandteile als auch das Aroma der Würzkräuter. Am häufigsten wird Essig verwendet, doch auch Zitronensaft und Milchprodukte bringen Säure an die Zubereitungen.

Essig entsteht durch den Abbau von Alkohol durch Essigsäurebakterien. Grundlage aller Essigarten ist also immer eine alkoholhaltige Flüssigkeit. Entsprechend erhält man aus Wein die beste Qualität, den **reinen** oder **echten Weinessig**, der neben der Essigsäure auch die Aromastoffe des Weines enthält.

Andere Arten enthalten nur einen Anteil an Weinessig, vermischt mit Essig anderer Herkunft.

Der Gehalt an Essigsäure kann zwischen 5 und 10 % liegen und ist zu deklarieren. Die unterschiedlichen Säuregehalte sind bei der Verwendung zu beachten.

Apfelessig und Cidreessig haben als Ausgangsprodukt Apfelsaft.

Essigessenz enthält neben der Essigsäure keine Geschmacksstoffe. Wegen der Schärfe ist beim Umgang damit besondere Vorsicht geboten.

Kräuteressig enthält die Aromastoffe von Kräutern, die mit Essig angesetzt worden sind; dazu zählen insbesondere **Estragonessig** und **Essig nach provenzalischer Art**.

Kräuteressig kann auf einfache Weise **selbst bereitet** werden. Auf 1 Liter Weinessig rechnet man 100 – 150 g Kräuter. Diese läßt man welken, übergießt sie mit Essig und stellt das Ganze an einen warmen Ort. Nach etwa 4 Wochen ist die Eigenproduktion verwendungsfähig.

Milchprodukte lassen sich sowohl nach der Säureart wie auch nach dem Fettanteil unterscheiden. Saure Sahne und Crème fraîche enthalten Milchsäure; Joghurt enthält die Säure von besonderen Joghurtbakterien und unterscheidet sich darum geschmacklich.

Besonders milde Dressings erhält man auf der Basis von Quark und Frischkäse (Gervais, Philadelphia), denn diese Produkte werden überwiegend mit Lab zum Gerinnen gebracht und enthalten darum nur wenig Säure.

Auf „Mager"-Produkte sollte man nur dann zurückgreifen, wenn besondere Vorschriften (z.B. Diät) dies erfordern. Wie oben schon erwähnt, ist eine Mindestfettmenge unabdingbar, damit sich der volle Geschmack entwickelt und die im Salat enthaltenen Vitamine vom Körper genutzt werden können.

Die wesentlichen Salatsaucen beruhen auf Grundrezepten. Das individuelle Können besteht darin, die Standardrezepte so abzuwandeln und zu ergänzen, daß aus den jeweiligen Zutaten und der Salatsauce eine Komposition, ein harmonisches Ganzes entsteht.

Grundrezepte

Marinade mit Essig und Öl

Bedarf: 1 Teil Essig, 1 – 2 Teile Öl, Salz, Pfeffer, Prise Zucker.

Die Zutaten werden zu einer Marinade verrührt. – Anstelle von Essig kann Zitronen- oder Limettensaft verwendet werden. Die Ölmenge richtet sich nach den anzumachenden Naturalien.

Die empfindlichen Blattsalate müssen kurz und locker mit der Marinade gemischt werden. Geschnittene, eingesetzte Salate (z.B. Tomaten, Spargel) übergießt man mit der Marinade und läßt sie durchziehen.

Marinade mit rohem Eigelb, Essig und Öl

Bedarf: 1 Eigelb, 1 Tl Senf, 1 El Essig, Salz, Pfeffer, Prise Zucker, 3 El Öl, 1 El Fleisch- oder Gemüsebrühe.

Eigelb, Senf, Essig und die Gewürze verrühren. Das Öl nach und nach darunterschlagen. Abschmekken und mit Brühe verdünnen.

Marinade mit gekochtem Eigelb, Essig und Öl

Bedarf: 2 gekochte Eigelb, 2 Sardellenfilets (oder Sardellenpaste), 1 Tl Dijon-Senf, 1 El Essig, 2 El Öl, 1 El Sahne, Pfeffer.

Eigelb und Sardellenfilets durch ein feines Sieb streichen, mit Senf und Essig glattrühren. Das Öl tropfenweise dazurühren. Sahne und Pfeffer untermischen.

Marinade mit Joghurt und Öl

Bedarf: 1 Becher Joghurt, 2 El Orangensaft, 1 Tl Zitronensaft, Spritzer Worcestershire Sauce, 4 El Öl, Salz, Pfeffer.

Joghurt mit Orangen- und Zitronensaft und Worcestershire Sauce vermischen. Öl darunterschlagen und würzen.

Marinade mit Sahne oder Crème fraîche

Bedarf: 3 Teile Sahne oder Crème fraîche, 1 Teil Zitronensaft; Salz, Paprika oder Pfeffer, Prise Zucker.

Die Zutaten werden zur Marinade gerührt und mit den Gewürzen abgeschmeckt.

Marinade mit saurer Sahne

Bedarf: 5 Teile saure Sahne, 1 Teil Zitronensaft; Salz, Pfeffer oder Paprika, Prise Zucker.

Die Zutaten werden zur Marinade gerührt und mit den Gewürzen abgeschmeckt.

Marinade mit Roquefort

Bedarf: 50 g Roquefort, 3 El Sahne, 1 El Chablis, 1 El Limettensaft, 4 El Öl, Salz, Pfeffer.

Roquefort durch ein feines Sieb drücken, mit Sahne, Chablis und Limettensaft glattrühren. Öl darunterschlagen und mit den übrigen Zutaten würzen.

Marinade mit Mayonnaise und frischen Tomaten

Bedarf: 2 Teile würzig abgeschmeckte Mayonnaise, 1 Teil frisches Tomatenpüree (s. S. 89), 1 Teil geschlagene Sahne, Spritzer Cognac, Pfeffer, Zucker, Salz.

Mayonnaise und Tomatenpüree verrühren, Sahne unterheben und mit Cognac und Gewürzen vollenden.

Marinade mit Mayonnaise, Joghurt und Kräutern

Bedarf: 1 Teil Mayonnaise, 1 Teil Joghurt, gehackte Kräuter (Schnittlauch, Dill, Petersilie), Salz, Pfeffer, Spritzer Worcestershire Sauce.

Mayonnaise und Joghurt verrühren und mit Kräutern, Salz, Pfeffer und Worcestershire Sauce würzen.

Spezielle Marinaden

Kräuterdressing

Bedarf: 0,1 l gelierte Kraftbrühe, 3 El Himbeeressig, 1 Tl Dijon-Senf, 1 feingehackte Schalotte,
1 El gehackte Kräuter (Kerbel, Estragon, Dill, Petersilie), 5 El Öl, Salz, Pfeffer, Prise
Zucker, Spritzer Worcestershire Sauce.

Alle Zutaten mit einer kleinen Kelle zusammenrühren, damit keine Luftblasen in das Dressing
gelangen; durch die Beigabe der weich gelierten Brühe verbinden sich die Zutaten, ohne abzu-
setzen.

Geeignet zu: Gemüse-, Pilz-, Reis- und Krebstiersalaten.

Pikante Salatsauce

Bedarf: 100 g Mayonnaise, 3 halbe reife Weinbergpfirsiche feingehackt, 1 El feingehackte Picca-
lilli, 2 El Chillisauce, je 1 Spritzer Tabasco- und Worcestershire Sauce, 1 El geschnittener
Schnittlauch und gehackte Petersilie, Estragonessig, Pfeffer, Salz, 1 – 2 El geschlagene
Sahne.

Die Zutaten werden zu einer Sauce verrührt, die mit Estragonessig, Pfeffer und Salz abzuschmek-
ken und mit geschlagener Sahne zu vollenden ist.

Geeignet zu: Fleisch-, Eier- und Pilzarten.

Dressing mit grünem Pfeffer und Nüssen

Bedarf: 2 El Crème fraîche, 2 El Mayonnaise, 1 El englische Salatsauce, 1/2 Tl grüne Pfefferkörner, 1 Tl Johannisbeergelee, 1 El Tomaten-Ketchup, Spritzer Wodka, Spritzer Worcestershire Sauce, je 1 El Orangen- und Zitronensaft, 1 El feingehackte Walnußkerne;
Salz.

Alle Zutaten kräftig verrühren und das Dressing mit ein wenig Salz abschmecken.

Geeignet zu: Geflügel-, Fleisch-, Krebstiere- und Chicoréesalaten.

Dilldressing

Bedarf: 150 g dicke saure Sahne, 40 g Senf, 1/2 gepreßte Knoblauchzehe, 40 g geschnittener Dill,
Weinessig, Pfeffer, Salz, 100 g geschlagene Sahne.

Saure Sahne, Senf, Knoblauch und Dill verrühren. Mit Weinessig, Pfeffer und Salz würzig abschmecken und die geschlagene Sahne unterziehen.

Geeignet zu: Gemüse- und Blattsalaten, Fisch- und Krebstiersalaten sowie zu Salaten mit Matjes-
und Salzheringen.

Ingwer-Bananen-Marinade

Bedarf: 2 kleine, vollreife Bananen, 50 g Zitronensaft, 30 g feingehackte Ingwerwurzel, 200 g
Joghurt, 1 Tl Curry, Salz, 200 g geschlagene Sahne.

Geschälte Bananen durch ein Sieb streichen, mit Zitronensaft, Ingwer und Joghurt verrühren. Die
Mischung geschmacklich mit Curry und Salz vollenden und die geschlagene Sahne unterziehen.

Geeignet zu: Blatt- und Melonensalaten und Salaten mit Geflügelfleisch.

Sangritadressing

Bedarf: 3 El Sangrita, 2 El passiertes Tomatenfleisch, 1 feingeschnittene Schalotte, 1/2 feinzerriebene Knoblauchzehe, 1 El feingehackte grüne Paprikaschoten, 2 El Essig, 4 El Öl; Salz, Pfeffer, Zucker.

Alle Zutaten mit einem Schneebesen verrühren und das Dressing mit Salz, Pfeffer und einer Prise Zucker abschmecken.

Geeignet zu: Salaten mit Reis, Nudeln, Gemüsen, Wild und Schlachtfleisch.

SALATE VON ROHEN GEMÜSEN

Produktbeschreibung und Herrichtung

Gemüse, die hier nicht erwähnt werden, sind bereits im Abschnitt „GEMÜSE", beginnend Seite 1, erläutert.

Brunnenkresse

Brunnen- und Wasserkresse ist wildwachsend und wird auch im Anbau gezogen. Da sie nur in fließendem reinen Wasser gedeiht, ist Anlage und Pflege der Kulturen schwierig. Die Pflanzen erreichen eine Höhe bis zu 50 cm. Im Winterhalbjahr werden die 6 bis 8 cm langen Triebspitzen mit ihren dunkelgrünen Blättern durch Abschneiden geerntet.

Brunnenkresse hat einen ausgeprägten, pikant-bitterlichen Geschmack, der an Rettich erinnert; sie ist Salatpflanze und Würzkraut zugleich.

Herrichten: Die Brunnenkresse wird gewaschen. Nach genügendem Abtropfen sind die dicken Stiele abzutrennen. Neben der Verwendung zu Salaten und zum Würzen von Saucen und Füllungen eignen sich die zarten Kressebüschel auch ausgezeichnet zum Garnieren.

Geeignete Marinaden: Marinaden mit Essig und Öl, Kräuterdressing.

Ergänzung: Hartgekochtes Ei.

Chinakohl – Pekingkohl

Diese Kohlart hat im Ursprungsland China die gleiche Bedeutung wie bei uns die verschiedenen Kohlarten. Der längliche, festgeschlossene Kopf hat gewellte Blätter, ähnlich dem römischen Salat, und breite Blattrippen. Er wird in Kopfgrößen von 800 – 1200 g angeboten und ist von Mitte Mai bis Dezember am Markt.

Chinakohl hat nicht den typischen Kohlgeschmack; er ist zart und doch knackig und dabei auch in angemachtem Zustand relativ unempfindlich.

Herrichten: Beschädigte und welke Blätter entfernen. Stauden längs halbieren, waschen, abbrausen und abtropfen lassen. Strunkanteile entfernen und die Blätter in Streifen schneiden.

Geeignete Marinaden: Alle Marinaden.

Ergänzung: Kräuter, Zwiebel, hartgekochtes Ei, gebratener Speck.

Eissalat

Eis- oder Krachsalat wird in Italien, Slowenien und Teilen Österreichs schon lange angebaut. Auf dem Umweg über die USA kam er zu uns. Eissalat ist eine Form des Kopfsalates. Er hat das Aussehen eines lockeren Weißkohlkopfes. Die äußeren Blätter sind leicht gewellt und dunkelgrün, das Herz ist weißlichgrün bis gelbgrün. Eissalat ist knackig, jedoch zart und fast geschmacksneutral; er behält auch zubereitet längere Zeit den Biß.

Herrichten: Die Außenblätter entfernen, den Kopf je nach Größe halbieren oder vierteln. Die Teile waschen, aber nicht drücken, und abtropfen lassen. Danach in Streifen schneiden oder zerpflücken, Strünke zurücklassen und den Salat bis zum Anmachen auf einem Tuch ausbreiten.

Geeignete Marinaden: Alle Marinaden.

Ergänzung: Kräuter, hartgekochtes Ei, gebratener Speck.

Endivie

Die Salatpflanze gehört zur Gruppe der Zichoriengewächse und hat darum einen erhöhten Gehalt an Bitterstoffen. Durch das Zusammenbinden der Blätter erzielt man eine Bleichwirkung, die grünen Blätter verlieren Blattgrün, erhalten die erwünschte gelbe Farbe und werden zugleich milder im Geschmack. Endivie wird vor allem in den Herbst- und Wintermonaten angeboten. Nach dem Aussehen und der Angebotszeit unterscheidet man zwei Arten.

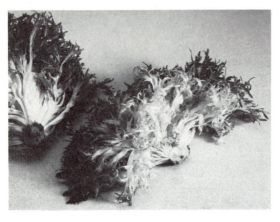

Escariol ist breitblättrig, glatt und nicht gefiedert. Es gibt gelbe bis grüne Arten. Escariol wird zeitiger im Jahr erntereif, ist nur beschränkt für die Überwinterung geeignet und bildet darum das erste Angebot im Herbst.

Endivie oder genauer die krausblättrige Winterendivie hat ein längeres Blatt mit gefiedertem Rand. Diese Art hält sich auch nach der Erntereife im Freiland gut und wird später angeboten.

Die Qualität wird nach dem Grad der Bleichung beurteilt. Das Herz muß gelb, zart und mürbe, die Außenblätter trocken, frei von Sand und Schneckenfraß sein.

Herrichten: Die harten grünen Außenblätter werden entfernt. Danach wird der Kopf halbiert, indem man den Strunk längs durchtrennt und den Salatkopf in zwei Hälften auseinanderzieht. Nach gründlichem Waschen und Abtropfen wird der breitblättrige Escariol quer in feine Streifen geschnitten. Die feingefiederte Endivie schneidet man meist in kurze Stücke. Die Strunkteile, die während des Schneidens die Blätter zusammenhalten, läßt man zurück.

Geeignete Marinaden: Marinaden mit Essig und Öl, Marinaden mit rohem Eigelb, Essig und Öl.

Ergänzung: Kräuter, Zwiebel, hartgekochtes Ei.

Feldsalat

Der Feldsalat wird regional auch als Ackersalat, Rapünzchen, Nisselsalat oder Sonnenwirbel bezeichnet.

Der Handel unterscheidet breitblättrigen Feldsalat, der vorwiegend aus Holland kommt und höher bewertet wird, und schmalblättrigen aus deutscher Zucht.

Feldsalat ist ein Herbst- und Wintersalat, er wird von Ende Oktober bis Ende März angeboten.

Der Preis ist wegen der mit der Ernte verbundenen Lohnkosten relativ hoch.

Qualitätsware ist dunkelgrün, frei von vergilbten Blättern und am Wurzelhals abgeschnitten.

Herrichten: Welke und beschädigte Blätter des Feldsalats werden ausgelesen und die Wurzeln abgeschnitten. Der geputzte Salat ist zu waschen, das Wasser mehrmals zu wechseln. In einem Durchschlag läßt man den Feldsalat abtropfen. Da er leicht zusammenfällt, macht man ihn erst bei Bedarf an.

Geeignete Marinaden: Marinade mit Essig und Öl, Kräuterdressing.

Ergänzung: Kräuter, Zwiebel, gebratener Speck.

Gartenkresse

Kresse ist ursprünglich eine Wildpflanze, heute wird sie gewerbsmäßig in Treibereien angebaut und vor allem in den Wintermonaten und im zeitigen Frühjahr angeboten. Freilandkresse gibt es in den Sommermonaten.

Man unterscheidet

- **Kresse geschnitten**, die nur sehr begrenzt gelagert werden kann, und
- **Kresse in Aussaatschalen**, die länger haltbar ist und erst bei Bedarf mit einer Schere dicht über dem Boden abgeschnitten wird.

Kresse wird wegen des typischen würzigen Geschmacks geschätzt und ist sowohl für eigenständigen Salat und auch als Würzkraut geeignet.

Herrichten: Die zarte Kresse muß behutsam gewaschen werden, zum Abtropfen breitet man sie am besten auf einem Tuch aus. Kresse wird meist in Verbindung mit anderen Blattsalaten angemacht.

Geeignete Marinade: Marinade mit Essig und Öl.

Ergänzung: Hartgekochtes Ei.

Löwenzahn

Löwenzahn ist als weitverbreitetes Unkraut bekannt. Die Pflanze wird aber auch als Gemüse genutzt und dient medizinischen Zwecken.

Bei wildwachsendem Löwenzahn eignen sich nur die jungen Austriebe als Salat, grüne Blätter sind hart und schmecken bitter.

Löwenzahn wird auch in Kulturen angebaut. Durch Zusammenbinden der Blattrosetten wird die Blattgrünentwicklung zurückgedrängt. Für das Wachstum der Pflanze bedeutet das in der Regel, daß sie weniger härtere Fasern bekommt, also zart bleibt und der Geschmack gefördert wird. – Gebleichter Löwenzahn ist im Herbst am Markt.

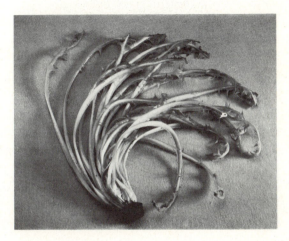

Herrichten: Die grünen Spitzen der Blätter und der Wurzelrest sind abzutrennen. Dann wäscht man die Löwenzahnblätter, läßt sie abtropfen und schneidet sie in kurze Stücke.

Geeignete Marinaden: Marinaden mit Essig und Öl, Kräuterdressing, Marinade mit rohem Eigelb, Essig und Öl, Marinade mit saurer Sahne.

Ergänzung: Kräuter, hartgekochtes Ei, gebratener Speck.

Radicchio Rosso

Radicchio gehört zur Gruppe der Zichorien und ist mit dem Chicorée verwandt. Im Gegensatz zu diesem läßt man aber die Triebe auswachsen, bis sie Köpfe gebildet haben. Auf dem verdickten Stiel sitzen kleine Köpfe aus weinroten Blättern mit weißlichen Rippen. Der Geschmack ist herzhaft bis leicht bitter.

Herrichten: Die Blätter werden vom Strunk gebrochen und ähnlich wie beim Kopfsalat in Stücke zerteilt. Nach dem Waschen läßt man sie gut abtropfen. Sollte der Geschmack als zu bitter empfunden werden, kann man wie beim Endiviensalat durch Wässern Bitterstoffe entziehen.

Geeignete Marinaden: Marinade mit Essig und Öl, Marinade mit rohem Eigelb, Essig und Öl, Kräuterdressing.

Ergänzung: Hartgekochtes Ei, Kräuter.

Radieschen

Radieschen, eine Spielart des Rettichs, sind rund oder länglich geformt und in vielen Sorten am Markt. Die Farben sind rot, rotweiß und Weiß. Obwohl alle Sorten gleich gut schmecken, werden des appetitlichen Aussehens wegen überwiegend die leuchtend roten Radieschen gehandelt. Mittelgroße Treib- und Frühsorten mit zierlichem Laubwuchs sind festfleischig, saftig und von besonders zartem Geschmack. Pelziges Fruchtfleisch ist auf Wassermangel während des Wuchses zurückzuführen.

Herrichten: Die Wurzeln der Radieschen entfernen, Blattwerk abschneiden, etwa 2 cm der Stielenden an der Frucht belassen. Radieschen waschen und abgetropft in feine Scheiben hobeln, dabei dienen die stehengebliebenen Stielenden zum Festhalten der kleinen Früchte. Zugeschnittene Radieschen eignen sich als gefälliger Dekor für Fleisch- und Käseplatten.

Geeignete Marinade: Marinade mit Essig und Öl.

Ergänzung: Schnittlauch, Petersilie.

Rettich

Der Rettich, regional auch mit Radi bezeichnet, ist eine Gemüsepflanze mit rübenähn-
licher Wurzel und langen, krautartigen
Blättern.

Frühjahrs- und Sommerrettiche sind rot und
weißschalig. Bei den Winterrettichen gibt es
violette und schwarzrindige Sorten. Rettiche
werden roh verzehrt; Geschmack und
Geruch sind scharf.

Herrichten: Stielansatz mit Kraut und Wurzelenden beseitigen. Rettich unter fließendem Wasser mit einer Bürste reinigen. Die
Schale mit einem Sparschäler entfernen.
Rettich in dünne Scheiben hobeln oder in Streifchen schneiden. Man kann den Rettich auch mit
einem Rettichschneider zur Spirale schneiden oder durch Raspeln zerkleinern.

Geeignete Marinade: Marinade mit Essig und Öl.

Ergänzung: Petersilie (kleine Zwiebel).

Römischer Salat

Römischer Salat ist im Geschmack ähnlich dem Kopfsalat. Die Pflanze ist etwa doppelt so hoch.
Sie hat gleichmäßige schmale Blätter mit starker Rippe. Römischer Salat ist auch unter dem
Namen Bindesalat bekannt. Früher wurden die steil aufrecht wachsenden und locker stehenden
Blätter zusammengebunden, und so entstand der Name Bindesalat. Bei den heute hochkultivierten
Sorten schließen sich die Blätter selbst eng zusammen, sie bleiben dadurch zart und das Binden
entfällt. Römischer Salat ist im Sommer und im Herbst am Markt.

Herrichten: Blätter behutsam vom Strunk nehmen, in reichlich Wasser waschen, ohne zu drücken,
und abtropfen lassen. Große Außenblätter in schmale oder breitere Streifen schneiden. Die kleinen
Herzblätter bleiben ganz.

Geeignete Marinaden: Marinaden mit Essig und Öl, Marinade mit rohem Eigelb, Essig und Öl,
Kräuterdressing, Marinade mit Roquefort.

Ergänzung: Hartgekochtes Ei, Kräuter.

SALATE VON GEGARTEN GEMÜSEN

Produktbeschreibung und Herrichtung

Die Beschreibung der Gemüse ist bereits im Abschnitt „GEMÜSE", beginnend Seite 1, ausgeführt. In diesem Kapitel erfolgt deshalb nur die Erläuterung zu Roten Beten, die überwiegend als Salat bzw. kalte Beilage verzehrt werden.

Rote Bete

Die Rote Bete wird regional auch als Rote Rübe, Rande oder Rahne bezeichnet. Die dicke, fleischige, über der Erde ausgebildete Wurzel der Roten Rübe ist je nach Sorte plattrund, rund oder birnenförmig. Während des Wachstums setzt die Rübe nach außen Verdickungsringe an, die unterschiedlich stark gefärbt sind. So entsteht im Anschnitt der Eindruck von „Jahresringen".

Zum Garen darf der Ansatz der Blattstiele nicht entfernt und die Wurzel nicht abgeschnitten werden, denn durch die verletzte Außenhaut würde der Farbstoff in das Kochwasser austreten und das Innere ausbleichen.

Herrichten: Das Blattwerk der Roten Bete soweit abschneiden, daß der Stielansatz an der Rübe bleibt. Danach die Rüben einweichen, mit einer Bürste reinigen und zum Kochen in einen Topf legen.

Garen: Rote Bete mit kochendem Wasser bedeckt aufsetzen, rasch wieder zum Kochen bringen und zugedeckt bei schwacher Hitze garen. Garzustand durch Anstechen prüfen.

Gardauer: 60 – 90 Min. (Junge Rote Bete 25 Min.)

Gargekochte Rote Bete abgießen. Zum besseren Entfernen der Haut mit kaltem Wasser überbrausen. Dann die Haut mit den Händen abstreifen. Knollen in Scheiben von 2 mm schneiden und am besten in ein säurefestes Geschirr legen.

Marinade für 2,5 kg gekochte Rote Bete

Bedarf: 30 g Salz, 100 g Zucker, 1 El geriebener Meerrettich, 0,8 l Wasser, 0,4 l Weinessig, 200 g
         dünne Zwiebelscheiben, 1 Tl Kümmel, 10 Pimentkörner, 3 Nelken, 1 Lorbeerblatt.

Salz, Zucker und Meerrettich in das Geschirr zu den Roten Beten geben. — Wasser, Essig, Zwiebeln, Kümmel, Pimentkörner, Nelken und Lorbeerblatt zusammen aufkochen und zum Auswerten der Geschmacksträger zugedeckt sieden. — Die kochendheiße Marinade durch ein Spitzsieb auf die geschnittenen Rüben gießen und den Rückstand fest auspressen. Rüben gut mischen, Oberfläche glätten, damit die Scheiben von der Marinade bedeckt sind. — Steintopf zum Abkühlen des Inhaltes auf ein Gitter stellen, später mit Folie abgedeckt kalt aufbewahren.

Salat von	Fertigstellung	Ergänzung
Artischocken	mit verschiedenen Saucen und Marinaden. Rezepte s. S. 14 und 16.	
Blumenkohl	Blumenkohl in Röschen geteilt. Marinade mit Essig und Öl oder Kräuterdressing.	Hartgekochtes Ei, Kräuter oder Kresseblättchen, Tomatenwürfelchen.
Bohnen, grünen	Bohnen in Stücke gebrochen, kleine im Ganzen. Marinade mit Essig und Öl oder Kräuterdressing.	Zwiebelwürfelchen, frische Bohnenkrautblättchen oder Petersilie, Sardellenstreifchen.
Bohnenkernen	mit Speckstreifchen, Rezept s. S. 32.	
Wachsbohnen	Wachsbohnen in Stücke gebrochen. Marinade mit Essig und Öl oder Kräuterdressing oder Sangritadressing.	Zwiebelwürfelchen, Petersilie.
Knollensellerie	Sellerie in Scheiben geschnitten. Marinade mit Essig, Öl und Zwiebelwürfelchen oder Marinade mit Joghurt und Öl.	Streifchen von gekochtem Schinken und Schnittlauch oder gehackte Pfifferlinge, gehacktes Eigelb und Petersilie oder Estragonblättchen.
Lauchstangen	in Senf-Kräuter-Dressing. Rezept s. S. 53.	
Rotkraut	mit Walnußkernen, Rezept s. S. 227.	
Spargel	mit verschiedenen Saucen und Marinaden, Rezepte s. S. 79.	
Steinpilzen	Pilze in Scheiben schneiden, salzen, pfeffern und zusammen mit Schalottenwürfelchen in Öl anschwitzen und dünsten. Mit einem Spritzer Weinessig abschmecken.	Estragon und Petersilie oder ausgebratene Speckstreifchen und Schnittlauch oder Tomatenwürfelchen und Basilikumblättchen.
Weißkraut	Weißkraut in feine Streifchen hobeln, blanchieren. Heiß mit geraspeltem Apfel, Kümmel, Weinessig, Pfeffer, Salz, Prise Zucker und Öl anmachen.	Feine, kurze Streifchen von Tomatenpaprika oder ausgebratene Speckwürfelchen oder Weinbeeren und Scheibchen von Salzmandeln.

*

Kartoffelsalat

Bedarf: 1,5 kg gekochte Salatkartoffeln (s. S. 115), 150 g feine Zwiebelwürfel, 80 – 100 g Weinessig, 0,25 l Fleischbrühe, 1 Tl Dijon-Senf, Salz, Pfeffer, Prise Zucker, 100 g Öl, 1 El gehackte Petersilie.

Die noch warmen geschälten Kartoffeln in feine Scheiben schneiden. Zwiebelwürfel, Weinessig und
Fleischbrühe an den Kochpunkt bringen. Die Flüssigkeit mit Dijon-Senf, Salz, Pfeffer und Zucker
würzen, das Öl dazurühren und die würzige Marinade über die Kartoffeln gießen. Der Kartoffelsalat ist nun behutsam zu schwenken, bis er leicht gebunden ist; er wird mit Petersilie bestreut
aufgetragen.

Abwandlungen

Kartoffelsalat mit Speck	Die Herstellungsweise bleibt gleich. Zwei Drittel der Ölmenge werden durch 100 g gebratene Speckwürfelchen ausgetauscht. Mit Speck ange-machter Kartoffelsalat schmeckt am besten, wenn er noch warm verspeist wird.
Kartoffelsalat mit Mayonnaise	Die Herstellungsweise entspricht dem ersten Rezept. Man hält die Flüssig-keitsmenge etwas knapper und verwendet nur 60 g Öl. Unter den ange-machten Kartoffelsalat werden etwa 80 g pikant abgeschmeckte Mayon-naise gezogen.
Geriebener Kartoffelsalat	Die Zutaten entsprechen dem gewöhnlichen Kartoffelsalat. Die Herstel-lungsweise ändert sich dadurch, daß die abgekühlten Kartoffeln geraspelt werden. Man kann den Kartoffelsalat durch Untermischen von 2 rohen Eigelb ergänzen.
Frankfurter Kartoffelsalat	Rezept s. S. 260.

KOMBINIERTE SALATE

Pikanter Artischocken-Fisch-Salat

Bedarf: 2 Artischocken, 12 Perlzwiebeln, 180 g kleinere Stücke von Steinbuttfilet (Reste), Salz, Pfeffer, 4 El Olivenöl, 12 kleine geputzte Champignons, Saft einer Zitrone, 6 El Wasser, 1 gequetschte Knoblauchzehe, 1 Kräutersträußchen (Petersilie, Lorbeerblatt, Thymianzweig), 4 El Chilli-Sauce, einige kleine Kopfsalatblätter, 1 Tl gehackte Petersilie.

Artischocken in Sechstel teilen, herrichten (s. S. 12) und 5 Min. blanchieren. Perlzwiebeln schälen und in Salzwasser aufkochen. Gemüse in einem Durchschlag abtropfen lassen. – Fischstückchen salzen, pfeffern und in Öl scharf anbraten. Blanchierte Gemüse und Champignons dazulegen. Zitronensaft und Wasser angießen, Knoblauch und Kräutersträußchen beifügen und 6 Min. zugedeckt dünsten. Chilli-Sauce unterschwenken und zum Abkühlen den Salat in ein geräumiges Gefäß umleeren; Knoblauchzehe und Kräutersträußchen entfernen.

Eine Glasschale mit kleinen Salatblättern auslegen, den Fischsalat darin anrichten und mit Petersilie bestreuen.

Chinakohl mit Streifen von geräuchertem Lachs

Bedarf: 200 g Chinakohl, 4 reife Tomaten, 2 schnittfest gekochte Eier, Essig, Öl, Dijon-Senf, Pfeffer, 1 Wacholderbeere, 1 kleine Schalotte, Spritzer Gin, Salz, 2 El gekochter Patna-Reis, 100 g Streifen von frischem Räucherlachs, 1 Tl geschnittener Dill, 1/2 Tl geschnittener Estragon.

Chinakohl in Streifen schneiden. – Tomaten ausstechen, brühen, häuten, querhalbieren und leicht ausdrücken. Tomatenfleisch in grobe Stücke teilen. – Eier schälen, Eiweiß behutsam abnehmen und in Streifen schneiden. Eidotter reservieren.

Aus Essig, Öl, Dijon-Senf eine Marinade anfertigen, mit Pfeffer, feingehackter Wacholderbeere, feingehackter Schalotte, Gin und Salz abschmecken.

Die vorbereiteten Salatbestandteile und den Reis mit der Marinade locker anmachen und in flacher Schüssel anrichten. Die Räucherlachsstreifen und die mit einem Eierschneider in Scheiben zerteilten Eidotter gefällig auf den Salat legen und die Kräuter darüberstreuen.

Eissalat mit Früchten

Bedarf: 2 Grapefruits, 1 reife Mangofrucht, 1 El Zitronensaft, 1 Msp. englisches Senfpulver, 5 El dicke saure Sahne, Delikateßpaprika, Salz, 1 kleiner Kopf Eissalat, 6 abgezogene Pistazien.

Grapefruits mit einem Messer so abschälen, daß die weiße pelzige Haut mit beseitigt wird. Die einzelnen Fruchtfilets aus den Bindehäuten schneiden. Die Haut der Mangofrucht dünn abtrennen. Das Fruchtfleisch vom Kern losschneiden und in kleinere Stücke zerteilen. Früchte bis zur Weiterverwendung kaltstellen. – Zitronensaft und Senfpulver glattrühren, die saure Sahne zugeben und mit Paprika und Salz würzen. – Den geputzten Eissalat in kurze breite Streifen schneiden und in einer flachen Schüssel ausbreiten. Die präparierten Früchte auf den Salat legen, das Dressing darüberträufeln und mit Pistazienscheibchen überstreuen. Den Salat recht kalt, am besten auf zerkleinertem Eis stehend, servieren.

Garnelensalat exotische Art

Bedarf: 8 geschälte Garnelenschwänze, Salz, Pfeffer, 80 g Streifen von grüner Paprikaschote, 4 El Öl, 1 Tl Curry, 100 g Tomatenfleischwürfel, 6 geschälte, entkernte Litchis, Mps. zerriebener Knoblauch, 4 El helle Fischbrühe, 2 El Zitronensaft, 1 El Mango-Chutney, einige Chicoréeblätter.

Garnelenschwänze in Stücke teilen, salzen, pfeffern und zusammen mit den Paprikastreifen in Öl anschwitzen. Curry darüberstäuben, Tomatenfleischwürfel, halbierte Litchis und Knoblauch beifügen. Brühe und Zitronensaft angießen und zugedeckt 5 Min. dünsten. Danach zum Abkühlen in ein anderes Geschirr geben, mit Mango-Chutney abschmecken und mit Chicoréeblättern in Gläsern anrichten.

Hasenrückenscheiben auf frischer Ananas

Bedarf: 4 bleistiftstarke, frische Ananasscheiben, Himbeergeist, Puderzucker, 2 El pikante Mayonnaise, 1 gehäufter El geschlagene Sahne, 1 großer geschälter Apfel, 2 Stangen roher Bleichsellerie, 1 El Orangensaft, dicke Filets eines gebratenen Hasensattels, einige weiße Weinbeeren, 4 halbe Walnußkerne.

Das harte Zentrum der Ananasscheiben ausstechen und die Schale abtrennen. Die Scheiben nebeneinander auf eine schöne Salatplatte legen, mit Himbeergeist beträufeln, wenig Puderzucker darüberstäuben und zugedeckt kaltstellen. — Mayonnaise, Cayenne und geschlagene Sahne vermengen. Apfel und Selleriestangen in feine Streifen schneiden und mit dem Orangensaft unter die Sahnemayonnaise rühren. — Apfel-Sellerie-Salat auf die präparierten Ananasscheiben häufen. Die Hasenfilets längs in dünne Tranchen teilen und über den gehäuften Salat legen. Die gefüllten Ananasscheiben mit abgezogenen halbierten Weinbeeren und je einem halben Walnußkern garnieren.

Moskauer Krevettensalat

Bedarf: 5 junge Möhren, 1 junge Sellerieknolle, 200 g Grünspargel, 150 g frische Erbsen, 250 g gekochte Krevetten, Essig, Öl, 1 El geschnittener Dill, Pfeffer, Salz, Zucker, 2 El geschlagene Sahne, Spritzer Wodka, Zitronensaft, 20 g Beluga-Malossol-Kaviar.

Möhren schälen, abspülen, riefen und in Scheiben schneiden. — Sellerieknollen putzen, waschen und in 3-mm-Scheiben teilen. — Holzige Enden des Grünspargels entfernen.

Die Gemüse garen, daß sie noch einen „Biß" haben und in der Kochflüssigkeit erkalten lassen. Die gegarten Selleriescheiben danach mit einem gezackten Ausstecher — entsprechend dem Durchmesser der Möhrensterne — ausstechen.

Alle Gemüse sowie die Krevetten mit Essig, Öl, Dill, Pfeffer, Salz und einer Prise Zucker abschmecken. Den Grünspargel separat behandeln.

Geschlagene Sahne mit Pfeffer, Wodka, ein wenig Zitronensaft und einer Prise Salz würzen und den Kaviar behutsam unterziehen.

Krevettensalat anrichten und mit dem Grünspargel und der Kaviarsahne gefällig dekorieren.

Poulardensalat mit Avocados

Bedarf: 1 gekochte Poulardenbrust, 2 reife Avocados, 2 El Crème fraîche, Salz, Pfeffer, Gin, Zitronensaft, 8 ausgehöhlte Tomatenhälften von kleinen, abgezogenen Früchten, 1 Schachtel hergerichtete Gartenkresse, 3 El Estragonessig, 3 El Olivenöl, Zucker.

Entbeintes Poulardenfleisch in feine Scheiben schneiden. Avocados längshalbieren, entsteinen und die Haut abziehen. Drei Fruchthälften in längliche Scheiben teilen. — Die übrige Avocadohälfte durch ein feines Sieb streichen, mit Crème fraîche, Salz, Pfeffer, einem Spritzer Zitronensaft glattrühren. Avocadocreme in die zuvor marinierten Tomatenhälften füllen. — Gartenkresse auf einer Glasplatte flach anrichten. Das geschnittene Poulardenfleisch und die Avocadoscheiben gefällig auf die Kresse legen. — Estragonessig, Olivenöl, frisch gemahlenen Pfeffer, Salz und eine Prise Zucker zu einer Marinade vereinen. Die angerichteten Salatbestandteile damit beträufeln und die gefüllten Tomatenhälften darumstellen.

Rettichsalat mit Erdbeeren und Äpfeln

Bedarf: 350 g weißer, zarter, geschälter Rettich, 1 großer, säuerlicher, geschälter Apfel, 200 g gewaschene, entstielte Erdbeeren, 30 g Zitronensaft, 30 g Öl, Salz, Zucker, Spur Cayenne.

Rettich und Apfel in feine Streifen schneiden. Erdbeeren je nach Größe in Viertel oder Sechstel teilen oder in dicke Scheiben schneiden. Zitronensaft mit Öl, Salz, Zucker und Cayenne zu einer schmackhaften Marinade verrühren. Die Salatzutaten in eine geräumige Schüssel legen und mit der Marinade behutsam und locker mischen.

Römischer Salat mit geriebenem Parmesan

Bedarf: Herzblätter von zwei römischen Salaten, eine halbe, geschälte Schalotte, 1 El Sherry, 1 rohes Eigelb, 1 Tl Dijon-Senf, 1 El Estragonessig, 2 El Olivenöl, Pfeffer, Salz, 1 Tl gehackte Kresse, 1 Tl geschnittener Schnittlauch, 1 El geriebener Parmesan.

Römischen Salat waschen, in einem Tuch trockenschleudern und auf einer großen Salatplatte flach anrichten. Sehr fein gehackte Schalotte mit Sherry begießen und zugedeckt ausziehen lassen. — Eigelb, Dijon-Senf, Estragonessig kräftig verrühren und das Öl darunterschlagen. Schalottenauszug dazugeben, mit frisch gemahlenem Pfeffer und Salz abschmecken und die Kräuter beimengen. — Die Marinade über den angerichteten römischen Salat träufeln und den geriebenen Parmesan aufstreuen.

Salat von Matjesfilets und Früchten

Bedarf: 3 marinierte Matjesfilets, 2 kleine, rotbäckige Äpfel, eine halbe Mangofrucht, 200 g weiße Weintrauben, Essig, Öl, Tomaten-Ketchup, Spritzer Cognac, eine halbe rote Paprikaschote, Pfeffer, Worcestershire Sauce, Salz, 50 g Zwiebelstreifchen;
Sahnemischung: 2 El geschlagene Sahne, 1 Tl Würfelchen von roter Paprikaschote, Curry, Zitronensaft, Salz, Pfeffer.

Matjesfilets in zentimeterbreite Streifen teilen. Äpfel von der Blüte zum Stiel hin rundum ziselieren, danach sechsteln, Kernhausanteile entfernen und quer in Scheiben schneiden. Mangofruchtfleisch dünn schälen und grob zerkleinern. Trauben waschen, abbeeren, Kerne mit einer Drahtschlinge entnehmen.

Aus Essig, Öl, Tomaten-Ketchup eine Marinade herstellen, mit Cognac, feinsten Paprikawürfelchen, Pfeffer, Worcestershire Sauce und Salz würzen.

Die vorbereiteten Salatbestandteile und die Zwiebelstreifchen mit der Marinade anmachen. Den Salat anrichten und die folgende Sahnemischung, womit der Salat später vermengt wird, aufhäufen.

Sahnemischung: Geschlagene Sahne, feinste Paprikawürfelchen, Curry, Zitronensaft, Salz und Pfeffer behutsam verrühren.

Seezungensalat mit frischen Champignons

Bedarf: 1 Seezunge von 600 g, 250 g frische Champignons, eine halbe Salatgurke, 1 Tl Olivenöl, 1 feingeschnittene Schalotte, 0,1 l herber Weißwein, Salz, Pfeffer, 1 El dicke Mayonnaise, pikant abgeschmeckt, 2 El geschlagene Sahne, Zitronensaft, 1 El geschnittener Dill,
einige Kopfsalatblätter.

Seezunge abziehen und filetieren. Seezungenfilets quer in Streifchen schneiden, abspülen und abtropfen lassen. – Champignons waschen und in dicke Scheiben teilen. – Salatgurke schälen, längshalbieren, Kernsubstanz ausschaben, quer in Scheiben von 2 mm schneiden und kaltstellen.

Olivenöl, Schalotten und Weißwein in einem flachen Geschirr erhitzen. Vorbereitete Fischstreifchen und Champignonscheiben zugeben, leicht salzen und pfeffern, zugedeckt 3 Minuten dünsten
und im Dünstfond erkalten lassen. Danach in einen Durchschlag abgießen, den aufgefangenen Fond
auf ein Minimum reduzieren, abgekühlt mit der Mayonnaise verrühren und die geschlagene Sahne
unterziehen.

Kaltgestellte Gurke mit Salz, Pfeffer und Zitronensaft marinieren. Abgetropften Fisch, Pilze sowie
den Dill dazugeben, das Ganze mit der lockeren Mayonnaisesauce mischen und in einer mit Kopfsalatblättern ausgelegten Schale anrichten.

Sizilianischer Salat

Bedarf: 2 kleine, rote, geschälte Zwiebeln, 3 kernlose Orangen, 10 schwarze, entsteinte Oliven,
30 g Zitronensaft, Salz, Pfeffer, 20 g Olivenöl, 1 Kopf Radicchio Rosso, 1 rosa gebratene
Wildentenbrust.

Zwiebeln in feine Ringe schneiden. Orangen mit einem Messer schälen, längshalbieren und das
Fruchtfleisch in Scheiben schneiden. Oliven der Länge nach teilen. Zutaten in eine geräumige
Schüssel legen. Zitronensaft, Salz, Pfeffer und Olivenöl verrühren. Die Marinade über die Salatzutaten träufeln, behutsam und locker mischen, in einer Glasschüssel anrichten und mit Radi-
cchio-Rosso-Blättchen einfassen. Das Wildentenfleisch in lange, dünne Scheiben tranchieren
und gefällig auf dem angerichteten Salat anordnen.

Taubensalat Raffael

Bedarf: 3 gekochte Tauben, 100 g Chicorée, 2 hartgekochte Eier, 20 Krebsschwänze, 2 El pikante Mayonnaise, 1 El Crème fraîche, 1 kleine gehackte Schalotte, 1 Tl Weißwein,
2 El Tomaten-Ketchup, 1 Tl Zitronensaft, Spritzer Worcestershire Sauce, 1 El geschnittener Dill, einige Blätter Radicchio Rosso.

Taubenfleisch behutsam von den Knochen nehmen, in Streifen schneiden. Chicorée in kurze
Stücke teilen. Eier in Scheiben schneiden. Geschnittene Salatbestandteile und Krebsschwänze
in eine geräumige Schüssel legen. – Mayonnaise, Crème fraîche, Schalotte, Weißwein, Ketchup,
Zitronensaft, Worcestershire Sauce und Dill zu einer Sauce verrühren. – Sauce und Salatbestand-
teile locker vermischen und in flacher Schale anrichten. Den Salat mit kleinen Blättern von rotem
Chicorée einfassen.

Tessiner Nudelsalat

Bedarf: 80 g kleine Tessiner Hütchennudeln (Mischung mit Spinat- und Tomatennudeln), 1 Bund Radieschen, 3 abgezogene Tomaten, 2 El Weinessig, 2 El Öl, Salz, Pfeffer, 1/2 Knoblauchzehe, 150 g gekochte Brokkoliröschen, 8 dünne Scheiben Lachsschinken, eine halbe Schachtel geputzte Kresse.

Nudeln in kochendem Wasser bißfest garen, abgießen, kalt überbrausen und auf einem Tuch abtropfen lassen. Geputzte und gewaschene Radieschen fein hobeln. Tomaten querhalbieren, entkernen und in kleinere Stücke schneiden. – Aus Essig, Öl, Salz und Pfeffer eine Marinade bereiten. – Eine große Schüssel mit der Schnittfläche einer halben Knoblauchzehe ausreiben. Die vorbereiteten Salatzutaten und die Brokkoliröschen in die Schüssel legen, die Marinade darübergeben und alles behutsam und locker mischen. Salat anrichten, die Lachsschinkenscheibchen zu Tütchen formen, Kressesträußchen hineinstecken und die Tütchen kreisförmig auf dem Salat anordnen.

Tomaten mit würziger Salatfüllung

Bedarf: 6 Tomaten, Essig-Öl-Marinade, 1 grüne Paprikaschote, 1 großer säuerlicher Apfel, 150 g gekochten Schinken ohne Fett, 1 El dicke saure Sahne, 1 El pikante Mayonnaise, 1 El Piccalilli, Salz, Pfeffer, Prise Zucker, Zitronensaft, feine Ringe von 3 Frühlingszwiebeln, gehackte Petersilie, gehackte Kresse.

Tomaten ausstechen, abziehen, quer halbieren und die Kernsubstanz herausnehmen. Ausgehöhlte Tomatenhälften mit Essig-Öl-Marinade beträufeln und auf eine Platte stellen.

Paprikaschote halbieren, Samenkerne und Scheidewände entfernen. Apfel schälen, vierteln, Kernhausanteile ausschneiden. Präparierte Früchte und den Schinken in gleichmäßige kurze Streifen schneiden.

Aus saurer Sahne, Mayonnaise und feingehacktem Piccalilli eine Salatsauce herstellen und mit Salz, Pfeffer, Zucker und Zitronensaft würzen. Die streifigen Salatbestandteile damit anmachen und sie in die marinierten Tomatenhälften füllen. Die kleinen Zwiebelringe und die Kräuter darüberstreuen.

Tomatenschaummus mit Krebsen und Spargelspitzen

Bedarf: 12 Krebse je 80 – 100 g, Salz, 1 Bündel Dill, 5 g Kümmel, Himbeeressig, 1 Tl Dijon-Senf, Olivenöl, Spritzer Worcestershire Sauce, 3 El weichgelierte Fleischbrühe, 1 feingeschnittene Schalotte, 2 El gehackte Kräuter (Dill, Estragon, Basilikum, Kresse, Petersilie), Pfeffer, Zucker, 12 gekochte weiße Spargelspitzen, 12 gekochte grüne Spargelspitzen, Tomatenschaummus (halbe Rezeptmenge; s. S. 90).

Salzwasser mit einem Dillbündel und ein wenig Kümmel zu sprudelndem Kochen bringen. Gewaschene Krebse einlegen und 5 Minuten sieden. Zubereitung zum Abkühlen auf ein Gitter stellen. Danach Krebsscheren und -schwänze ausbrechen; Schwänze entdärmen. Einige Krebsnasen auswaschen und zum Garnieren beseitestellen.

Aus Himbeeressig, Senf, Olivenöl, Worcestershire Sauce, Fleischbrühe, Schalotte und Kräutern eine Marinade rühren und mit Salz, Pfeffer und einer Prise Zucker abschmecken.

Grüne und weiße Spargelspitzen und das ausgebrochene Krebsfleisch mit einem Teil der Marinade beträufeln.

Tomatenschaummus auf eine Kristallplatte stürzen. Die marinierten Salatbestandteile gefällig darumlegen und mit den reservierten Krebsnasen garnieren. Die übrige Marinade separat reichen.

Cocktails

Cocktail von Matjesfilets und Weintrauben

Bedarf: 3 marinierte Matjesheringsfilets (s. Bd. 1, S. 145), 350 g weiße Weintrauben, 3 El Herings-marinade, 1 El Olivenöl, 1 El geschnittener Dill, Pfeffer, Sherry, 2 El Sahnemeerrettich, einige Dillzweige.

Matjesheringsfilets quer in Streifen schneiden. Weintrauben waschen, die Beeren abzupfen, 6 Beeren beiseite legen, die anderen längs halbieren, die Kerne entfernen. Ein Drittel der entkernten Weinbeeren fein hacken. – Heringsmarinade, Olivenöl, Dill und die feingehackten Weinbeeren verrühren. Marinade mit frischgemahlenem Pfeffer und Sherry abschmecken. – Heringsstreifen und übrige halbierte Weinbeeren mit der fertigen Marinade mischen und in 6 weite Gläser füllen. Einen Tupfen Sahnemeerrettich in jedes Glas geben. – Die reservierten Weinbeeren über Kreuz einschneiden, Kerne entnehmen, die Beeren leicht auseinanderdrücken, daß sie wie Blüten aussehen. – Jeweils eine präparierte Beere auf den Sahnemeerrettich-Tupfen legen und ein Dillzweiglein daranstecken.

Cocktail von Melone und frischen Feigen

Bedarf: 400 g Cantaloup-Melone, 400 g frische Feigen, 0,1 l Portwein, Pfeffer, 2 gehäufte El geschlagene Sahne, Cognac, Cayenne.

Melone teilen, Kerne beseitigen und das Fruchtfleisch mit einem Olivenausbohrer entnehmen. Haut der Feigen abziehen, die Früchte in Stückchen teilen. Von beiden Früchten zuvor einige gefällige Teilchen für die Garnitur reservieren. Zerkleinertes Fleisch der Früchte mit Portwein und wenig frisch gemahlenem Pfeffer marinieren und zugedeckt kaltstellen. Unter die steifgeschlagene Sahne einen Spritzer Cognac und eine Spur Cayenne ziehen. Fruchtfleisch in gekühlte Gläser füllen, Cognacsahne mit einem kleinen Löffel eiförmig daraufgeben und mit den reservierten Fruchtstückchen garnieren.

KÄSE

ALLGEMEINES

Stellt man die Frage: was ist eigentlich Käse? gibt es viele Antworten und entsprechend des Standpunktes der Betrachtung fallen diese unterschiedlich aus. Das Gesetz sagt: Käse ist das frische oder in verschiedenen Graden der Reifung befindliche Erzeugnis, das aus dickgelegter Käsereimilch gewonnen wird.

Durch das Dicklegen wird Wasser (Molke) abgeschieden, und so kann das verbleibende Produkt zunächst als konzentrierte Milch angesehen werden, in der die wichtigen Inhaltsstoffe weitestgehend enthalten sind. Mit dem Dicklegen beginnt aber erst der Weg zum Käse.

Im anschließenden Reifeprozeß verändern sich die Bestandteile, verbinden sich untereinander und ergeben dabei die für jede Käseart typische Geschmacksrichtung. Und durch die Vielzahl der Herstellungsverfahren entsteht eine ganze Palette unterschiedlicher Käse: fein, mild, zart die einen, würzig bis deftig die anderen. Selbst die einzelnen Käsearten variieren, denn als Naturprodukt unterliegen sie stetigen Veränderungen. Meist wird mit zunehmender Reife der Geschmack intensiver. Bleibt zunächst einmal festzuhalten: Der Fachmann wird nie nur von Käse sprechen, er wird immer die Sorte näher bezeichnen. Denn nur so ist es möglich, die gemeinte Geschmacksrichtung anzudeuten.

Um die über 4000 bekannten Käsesorten klassifizieren zu können, werden sie in sechs Gruppen eingeteilt, wobei der Wassergehalt kennzeichnendes Merkmal ist. Die Skala reicht vom Hartkäse bis zu Weichkäse; den speziellen Verfahren entsprechend werden Frischkäse und Sauermilchkäse gesondert genannt. Die Beschreibung gängiger Käsesorten auf den folgenden Seiten richtet sich nach diesen gesetzlichen Unterscheidungsmerkmalen.

Ein weiteres Unterscheidungsmerkmal ist „Fett i. Tr.", der Fettgehalt in der Trockenmasse. Der Prozentwert nennt den Fettgehalt in Hundertteilen der zuvor getrockneten Käse. Nur über diesen Umweg ist es möglich, Käse mit unterschiedlichem Wassergehalt zu vergleichen.

Ein Beipiel soll dies erläutern:

Hat ein Hartkäse einen Anteil von 60 % Trockenmasse und 40 % Fett i. Tr., so erhält man also aus 100 g Käse 60 g Trockenmasse. In dieser sind 40 % Fett: 40 % von 60 g sind 24 g tatsächlich enthaltenes Fett.

Nun die gleiche Berechnung bei einem Weichkäse mit 40 % Trockenmasse und ebenfalls 40 % Fett i. Tr.:

Aus 100 g Käse erhält man 40 g Trockenmasse. In dieser sind 40 % Fett: 40 % von 40 g sind 16 g tatsächlich enthaltenes Fett.

Bei gleicher Deklaration wechselt also je nach Wassergehalt des Käses die im Käse tatsächlich enthaltene Fettmenge.

Der Fettanteil ist übrigens von besonderer Bedeutung, wenn Käse beim Gratinieren schmelzen soll. Da nur das Fett schmelzen kann, eignen sich nur Arten mit hohem Fettgehalt.

So unterschiedlich die einzelnen Käsearten sind, so verschieden sind auch die Verwendungsmöglichkeiten. Käse wird auf Tellern oder Platten angerichtet als eigenständiges Gericht serviert; in angemachtem Käse und in Käsesalaten tritt er bereits in Kombinationen mit anderen Zutaten auf. In der warmen Küche kann er die unterschiedlichsten Rollen einnehmen. Typischer Geschmacksträger ist Käse bei einer gratinierten Speise, würziges Attribut bei einer Sauce, in einer Suppe — bei Quiches, im Käsegebäck. Bleibt noch die besondere Rolle des Käses in der Regionalküche der Alpenländer zu erwähnen, z.B. im Käsefondue der Schweiz, den Käseplätzle des Allgäus; was wäre die italienische Küche ohne den Parmesan?

Dieses Werk sieht den Käse innerhalb der gesamten Küche und bringt darum nach einem Steckbrief wesentlicher Käsearten typische Käsegerichte, gleichsam Käse als Hauptsache. Zu den vielen Rezepturen, bei denen Käse geschmacksgebendes Merkmal ist, sind Seitenverweise eingefügt.

KÄSESORTEN

Nach der Käseverordnung werden deutsche Käse in sechs Gruppen eingeteilt. Die folgende Übersicht richtet sich nach diesem System und ordnet bekannte ausländische Arten entsprechend zu.

Hartkäse

Hartkäse hat einen Gehalt von 60 % und mehr an Trockenmasse.

Emmentaler	Greyerzer

Das Innere hat zahlreiche, etwa kirschgroße Löcher. Die Rinde ist bei jungem Käse dunkelgelb und wird mit zunehmendem Alter bräunlich. Der Geschmack ist nach einer Mindestreifezeit von drei Monaten nußartig und wird mit zunehmendem Alter kräftiger. Emmentaler wird auch vielfach als „Schweizer Käse" bezeichnet.	Greyerzer oder Gruyère ist ein Schweizer Hartkäse, der sich vom Emmentaler durch weniger und kleinere Löcher sowie durch einen ausgeprägten Geschmack unterscheidet.

Comté	Reibkäse

Diese französische Käseart hat eine hell- bis dunkelgelbe Farbe und ist von etwa haselnußgroßen Löchern durchsetzt. Der Geschmack ist mild-pikant und wegen des hohen Fettgehalts leicht butterartig.	**Parmesan** ist ein durch lange Reifezeit sehr wasserarmer und damit fester italienischer Käse, der in geriebenem Zustand zur Geschmacksergänzung verwendet wird. Die lange Reifezeit führt zu einem weitgehenden Eiweißabbau, der sich in der Küchenpraxis dadurch zeigt, daß Parmesankäse in warmem Zustand keine Fäden zieht. **Sbrinz** ist ein Reib- und Hobelkäse aus der Schweiz. Er wird ähnlich wie Emmentaler hergestellt. Durch lange Lagerung in trockenen Räumen erreicht er seine Festigkeit.

Schnittkäse

Schnittkäse haben zwischen 30 und 50 % Fett i.Tr. und einen Wassergehalt um 50 %.

Edamer	Tilsiter

Edamer

Typisch für diese Käseart sind die wenigen, erbsengroßen Löcher. Der früher übliche Wachsüberzug wird heute vielfach durch Folien ersetzt. Schmilzt gut.

Vergleichbare Käsesorten:

Trappistenkäse, ursprünglich aus Frankreich, heute auch in Deutschland hergestellt; mild-aromatisch.

Steppenkäse hat gelben Teig mit erbsengroßen Löchern, schmeckt kräftiger als Trappistenkäse.

Danbo ist ein Steppenkäse aus Dänemark mit ausgeprägtem Geschmack.

Tilsiter

Der Käse ist elfenbeinfarbig bis hellgelb mit einer trockenen, etwas dunkleren Rinde. Er hat zahlreiche bis gerstenkorngroße Löcher. Der Geschmack ist säuerlich-würzig.

Vergleichbare Käsesorten:

Royalb und **Tilswiss** sind Schweizer Varianten mit größeren Löchern und kräftig-pikantem Geschmack.

Havarti ist eine dänische Version des Tilsiter mit nußartig-pikantem, mildem Geschmack.

Gouda	Käse nach Gouda-Art

Gouda

Das Innere des Käses ist elfenbeinfarben bis gelb, fest mit runden oder ovalen Löchern. Er hat meist eine feste, trockene Rinde.

Angeboten wird Gouda in verschiedenen Altersstufen und Größen.

Junger Gouda ist nach einer Lagerdauer von etwa 2 Monaten hell, weich und hat einen milden Geschmack.

Mittelalter Gouda ist nach einer Lagerdauer von etwa 3 Monaten etwas dunkler im Inneren und kräftiger im Geschmack.

Alter Gouda reift zwischen 6 Monaten und einem Jahr. Er ist fest bis hart, dunkelgelb und strenger im Geschmack.

Käse nach Gouda-Art

Dem Gouda ähnliche Käse werden in vielen Ländern hergestellt. Eine kurze Übersicht:

Maribo aus Dänemark ist aromatisch-pikant.

Fynbo aus Dänemark ist säuerlich-pikant.

Pérotoast (Toastkäse) aus Frankreich ist mild und weich (Abb.).

Thurgauer aus der Schweiz ist fest und pikant.

Deutscher Gouda ist mild, meist mit gewachster Rinde.

Halbfeste Schnittkäse

Bei halbfesten Schnittkäsen liegt der Wassergehalt zwischen 45 und 55 %. Darum lassen sich diese Arten nicht mehr in dünne Scheiben schneiden. Man trennt von den Stücken etwa fingerdicke Scheiben ab.

Man unterscheidet bei dieser Gruppe Arten ohne Innenschimmel und Arten mit Innenschimmel.

Halbfeste Schnittkäse ohne Schimmelbildung:

Butterkäse	**Wilstermarschkäse**

Butterkäse ist ein weicher, geschmeidiger Käse, der wegen des hohen Fettgehaltes (Name) ein dezentes butteriges, bisweilen leicht mandelartiges Aroma aufweist. Vergleichbare Käsesorten: **Bel Paese, Italico** aus Italien; **Esrom** aus Dänemark.	Diese Spezialität aus Schleswig-Holstein ist innen gelblichweiß und zeigt eine feinporige Lochung. Der Geschmack ist etwas herb und leicht säuerlich.
Steinbuscher-Käse	**Weißlacker**

Dieser Rotschmierkäse ist fester als Limburger und Romadur und im Geruch nicht so aufdringlich. Der Geschmack ist mild bis leicht pikant.	Weißlacker, eine Allgäuer Spezialität, wird auch als Bierkäse bezeichnet. Er reift gleichmäßig durch, hat nur wenig Löcher und ist ohne Rinde. Der Geschmack ist leicht salzig, herzhaft bis scharf.

Halbfeste Schnittkäse mit Innenschimmel: Diese „blauen Käse" werden mit besonderen Bakterienkulturen versetzt, die sich während der Reifung entwickeln und den Käsen eine besondere Geschmacksrichtung verleihen.

Roquefort

Diese geschützte Herkunftsbezeichnung tragen Edelpilzkäse aus Schafsmilch aus dem Gebiet Roquefort (Südfrankreich). Roquefort hat einen kräftig-würzigen, pikanten, bei Überreife auch einen stechenden Geschmack.

Gorgonzola

Der italienische Blauschimmelkäse wird aus Kuhmilch hergestellt und ist milder als Roquefort.

Der Käse ist kremig, fast streichfähig.

Stilton

Der englische Blauschimmelkäse hat eine bräunliche, runzelige Rinde; wegen der zylindrischen Form erinnert er an einen Baumstamm. Im Innern ist er kremig weiß und mit blaugrünen Schimmeladern durchzogen.

Weitere Blaukäsearten

Bleu de Bresse und
Bavaria blu sind Käsearten, die von außen wie Camembert aussehen, innen aber blauschimmeldurchsetzt sind.

Dadurch entsteht ein typischer milder und doch aromatischer Geschmack.

Danablue aus Dänemark mit kräftiger Blauschimmelbildung und intensivem Aroma, etwas salzscharf.

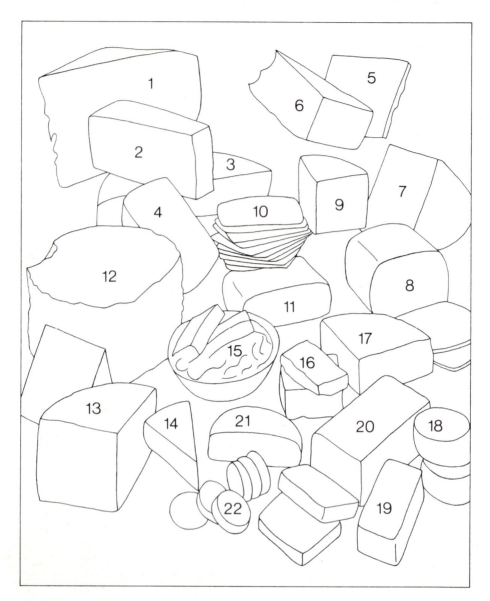

1) Emmentaler
2) Greyerzer
3) Walliser (Raclettkäse)
4) Appenzeller
5) Sbrinz
6) Bergkäse
7) Gouda, mittelalt
8) Edamer
9) Danablue
10) Havarti
11) Esrom

12) Stilton
13) Cheddar
14) Bavaria blu
15) Frischkäse
16) Weißlacker
17) Butterkäse
18) Weinkäse
19) Romadur
20) Limburger
21) Bodenfelder Sauermilchkäse
22) Harzer

Käse aus Holland, Dänemark, der Schweiz, aus England und Deutschland

Foto: Teubner

Käse aus Frankreich

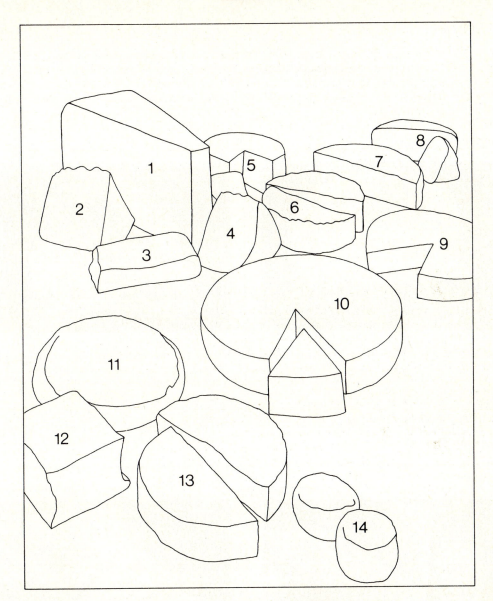

1) Comté
2) Roquefort
3) Pont-l'Evêque
4) Fromage de Chèvre (mit Kräutern)
5) Bresse Bleu
6) Livarot
7) Munster au cumin

8) Korsischer Schafskäse
9) Munster
10) Brie
11) Reblochon
12) Glatte-paille (Camembert-Art)
13) Camembert
14) Fromage de Chèvre Crottin

Weichkäse

Weichkäse haben einen Wassergehalt zwischen 50 und 60 %; der Fettgehalt liegt zwischen 20 und 60 % Fett i.Tr. Man unterscheidet diese Gruppe in Weichkäse mit Edelschimmel (Camembert, Brie) und Weichkäse mit feuchter Oberfläche (Romadur, Weinkäse, Münsterkäse). Die feuchte Beschaffenheit der Oberfläche wird durch bestimmte erwünschte Bakterien hervorgerufen. Alle Weichkäse reifen von außen nach innen.

Camembert	**Brie**

Richtig gereifter Camembert ist mit einer durchgehenden weißen Schimmelschicht überzogen. Die Schnittfläche ist hell und nur von wenigen Löchern durchsetzt. Der Geschmack ist mild und erinnert an Champignons.

Veritable Camembert wird als der „echte" aus der Normandie bezeichnet. Daneben gibt es eine Reihe Arten mit Phantasiebezeichnungen.

Brie ist ein enger Verwandter des Camemberts, der sich nur im größeren Durchmesser und im meist milderen Geschmack unterscheidet.

Brie de Meaux hat einen Durchmesser bis 28 cm.

Brie de Coulommiers ist kleiner, aber höher als deutscher Brie. Sein Geschmack ist am mildesten.

Romadur	**Münsterkäse**

 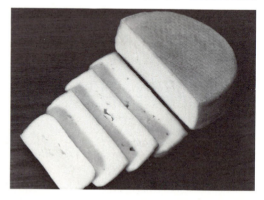

Diese Käseart wird in Stangen oder in quadratischer Form angeboten und vielfach als der **kleine Bruder** des **Limburger** bezeichnet; letzterer unterscheidet sich nur in der Größe.

Weinkäse sind kleine, runde Rotschmierkäse in Portionsgröße.

Münsterkäse stammt ursprünglich aus dem Elsaß. Er wird heute auch in Deutschland hergestellt und in verschiedenen Größen angeboten. Die Haut ist fester und trockener als bei Romadur, das Innere ist geschmeidig, weiß-gelblich.

Sauermilchkäse

Sauermilchkäse entstehen auf der Grundlage von Quark und machen nach dem Formen nur einen kurzen Reifungsvorgang mit.

Sauermilchkäse sind alle im Geschmack kräftig bis pikant. Bekannte Sorten sind:

Kochkäse, Stangenkäse, Handkäse, Bauernhandkäse, Korbkäse, Spitzkäse und Olmützer Quargel.

Sie werden zu herben Weinen, Apfelweinen usw. verzehrt und sind nur in Ausnahmefällen Bestandteil von Käseplatten.

Frischkäse

Frischkäse wird für den unmittelbaren Verzehr besonders in den fettreicheren Stufen als Rahm-Frischkäse und Doppelrahm-Frischkäse angeboten.

Frischkäse kann pastenartig (Quark), zusammengewachsen (Schichtkäse) oder körnig (Cottage Cheese) sein.

Er zeichnet sich durch einen frisch-säuerlichen Geschmack aus und harmoniert darum mit vielen anderen Lebensmitteln.

LAGERUNG VON KÄSE

Wie viele andere Rohstoffe der Küche, ist auch der Käse „lebendig", das heißt, in ihm laufen noch Veränderungen ab. Ziel einer sachgerechten Lagerung ist es, Bedingungen zu schaffen, welche der Qualität förderlich sind.

Die Überlegungen zu einer sachgerechten Lagerung von Käse haben mit einem Rückblick auf die Zusammensetzung und Reifung zu beginnen. Je mehr Trockenmasse eine Käseart aufweist, je wasserärmer und damit fester sie ist, desto langsamer reift sie. Weichkäse reifen schneller, verändern sich aber auch leichter ins Negative. Darum unterscheidet man bei der Lagerung:

- **Hartkäse** und **Schnittkäse**; sie sind voll ausgereift, wenn sie in den Handel kommen. Dieses Optimum gilt es zu erhalten.

  Als günstigste Lagertemperatur gelten 15 °C. Nur, wenn keine andere Möglichkeit besteht, sollte man diese Käse in Kühlräumen oder Kühlschränken aufbewahren, deren Temperatur meist niedriger liegt.

  Stückkäse sollen in Folie oder in ein feuchtes Tuch eingeschlagen werden, damit sie vor dem Austrocknen geschützt sind.

- **Weichkäse** und **Sauermilchkäse** sind meist einzeln verpackt und sollten in der Originalpackung verbleiben. Beim Einkauf ist der Reifezustand oft unterschiedlich. Ungenügend ausgereifte Käse beläßt man zunächst bei Zimmertemperatur, bis der gewünschte Reifezustand erreicht ist. Erst dann lagert man bei etwa 8 – 10 °C. Zu niedrige Temperaturen wirken reifungshemmend und schaden der Entwicklung des Aromas.

- **Frischkäse**, das sind Quark und Doppelrahmfrischkäse. Wie schon der Name sagt, handelt es sich um ungereifte Käse, die frisch verzehrt werden sollen. Jede Veränderung wirkt sich nur negativ aus. Darum gehört Frischkäse in den Kühlschrank. Doch auch hier ist die Aufbewahrungszeit begrenzt, denn schon nach kurzer Zeit treten Veränderungen ein, wie z.B. ein hefiger Geschmack.

- **Schmelzkäse** ist durch die Hitzeeinwirkung beim Schmelzen gleichsam steril geworden, die Reifung ist gestoppt. Darum ist seine Lagerung am problemlosesten. Kühle Aufbewahrung genügt, um Schmelzkäse für längere Zeit zu lagern. Nur angebrochene Packungen müssen rasch verbraucht werden.

VERWENDUNG VON KÄSE

Käse innerhalb eines Menüs

Menüs mit vielen Gängen, bei denen Käse vor oder nach der Süßspeise gereicht wird, kommen nur noch für besondere Anlässe in Betracht. Eine Speisefolge bestehend aus Suppe, Hauptgericht und Dessert ist heute die Regel. Da Käse jedoch viele Liebhaber hat und auch aus ernährungsphysiologischer Sicht wertvoll für unsere Ernährung ist, sollte man Käse im Rahmen des reduzierten Menüs alternativ zum Dessert anbieten. Die Möglichkeit der Auswahl empfiehlt sich auch für die anderen Gänge. Denn gegenüber festen Menüs sind solche mit Auswahlmöglichkeiten beliebter und auch zweckmäßiger.

Beispiele:

Spargelcremesuppe	Joghurt mit Sanddorn
oder	oder
Kraftbrühe mit Grünkernklößchen	Avocadosuppe
*	*
Glacierte Klabsnuß	Kasseler Rippchen
oder	oder
Lammkoteletts vom Rost	Gehacktes Kalbssteak
Chicorée braisiert	Junge Kohlrabi
Olivenkartoffeln	Kartoffelpüree
*	*
Schokoladenmus	Früchte in Weingelee
oder	oder
Stiltonkäse	Roquefort- und Edamer Käse

Marinierte Artischockenherzen	Rhabarberkaltschale
mit Kresse	mit Schnee-Eiern
oder	oder
Kaninchensuppe	Fischsuppe mit Hechtklößchen
*	*
Gedünstetes Heilbuttfilet	Junge Wildente mit Steinpilzen
auf Karottenpüree	oder
oder	Hirschkalbsrücken mit Walnußsauce
Gebratene Lachsscheibe	Gebackene Schwarzwurzeln
auf Blattspinat	Maronenmus
*	*
Zimteis mit Schattenmorellen	Quarkstrudel mit Weinschaum
oder	oder
Käseauswahl vom Brett	Käseauflauf

Käseplatte — Käseteller

Unter einer Käseplatte versteht man ein Angebot verschiedener Käsearten für mindestens zwei Personen; wird nur für eine Person angerichtet, spricht man vom Käseteller. Bei der Zusammenstellung von Käseplatten ist, wie bei der Komposition von Menüs auch, auf Abwechslung zu achten; Extreme sind zu vermeiden.

Das **Grundgerüst für eine allgemeine Käseplatte** besteht darum aus je einem Vertreter der vier Hauptkäsegruppen:

Hartkäse	Schnittkäse	Halbfester Schnittkäse	Weichkäse
z.B.	z.B.	z.B.	z.B.
Emmentaler	Edamer	Butterkäse	Camembert
Bergkäse	Gouda	Edelpilzkäse	Brie
Chester	Tilsiter	Weißlacker	Weinkäse
Greyerzer (Gruyère)	Geheimratskäse		Romadour

Variationen vom Grundgerüst sind möglich:

- in geschmacklicher Hinsicht

  Pikante Käseplatte

  Aus jeder Gruppe werden die würzigen und pikanten Arten bevorzugt.

  Garnitur entsprechend angepaßt (Radieschen, Mixed Pickles, Zwiebeln)

  Milde Käseplatte

  Aus jeder Gruppe werden milde und mild-würzige Arten bevorzugt.

  Garnitur entsprechend angepaßt (Weinbeeren, Apfel, Birne, Nüsse)

- in der Menge

  Hereinnahme von weiteren Käsegruppen, z.B. zusätzlich (einen) Sauermilchkäse
  Frischkäse
  angemachte Weich- und Frischkäse
  Käsesalate

  Ausweitung auf geschmacklich unterschiedliche Sorten der gleichen Gruppe

  z.B. bei den halbfesten Schnittkäsen neben mildem Butterkäse einen pikanten Weißlacker

Es ist zu beachten, daß innerhalb einer gemischten Käseportion jeder Sortenanteil etwa 30 g ausmachen sollte. Sind die Anteile kleiner, kann man die Eigenart einer Käsesorte nicht mehr voll auskosten.

Spezielle Käseplatten haben sich Getränken unterzuordnen, zu denen sie gereicht werden.

Es eignen sich zu

leichten Rotweinen:	Emmentaler, Gouda
alten Rotweinen:	Camembert, Edelpilzkäse
jungen Weißweinen:	Edamer, Gouda
trockenen Weißweinen:	Butterkäse

Übersicht

Gruppe / Sorten	mild	mild-würzig	würzig	pikant	Radieschen	Paprikaschoten	Tomate	Zwiebel	Mixed Pickles	Grüner Pfeffer	Delikateßpaprika	Kümmel	Apfel	Birne	Weinbeere	Walnuß
Hartkäse																
Emmentaler		●			●		●						●		●	●
Bergkäse			●		●	●			●				●			●
Chester			●								●					
Greyerzer				●												
Schnittkäse																
Geheimratskäse	●								●						●	
Edamer		●							●			●		●	●	
Gouda (nach Alter)		●	●													
Tilsiter			●				●		●							●
halbfeste Schnittkäse																
Butterkäse	●								●				●			
Steinbuscher Käse			●													
Edelpilzkäse (alle Arten)		●	●						●					●		
Wilstermarschkäse			●		●			●		●						
Weißlacker			●		●					●						
Weichkäse																
Brie	●												●	●	●	●
Camembert		●					●			●			●	●	●	●
Weinkäse		●			●	●		●	●			●				
Limburger			●				●	●	●			●				
Romadur			●				●	●	●			●				
Sauermilchkäse																
alle Arten				●			●				●	●				

Spaltenüberschriften: Geschmacksrichtung (mild, mild-würzig, würzig, pikant) – geeignete Garniturbestandteile (Radieschen, Paprikaschoten, Tomate, Zwiebel, Mixed Pickles, Grüner Pfeffer, Delikateßpaprika, Kümmel, Apfel, Birne, Weinbeere, Walnuß)

Gratinieren mit Käse

Der Begriff Granitieren ist abgeleitet vom französischen gratiner. Man versteht darunter heute das Überbacken, das Vollenden bereits gegarter Zubereitungen mit geriebenem Käse, Käseraffeln oder Käsesauce (Sauce Mornay).

Einige **Grundregeln** gewährleisten das Gelingen. Diese können aus einer Besinnung auf die beim Überbacken zusammenwirkenden Komponenten abgeleitet werden. Es sind dies: Zustand der zu überbackenden Speise, Eigenschaften des Käses und Art der Hitzeeinwirkung.

- Die Zutaten müssen gegart und vorgewärmt sein, denn warmer Käse und kalte Zutaten harmonieren nicht. Ungenügend erwärmte Zutaten, z.B. Ananas, Birnen bei Toast, können auf einfache Weise vorgewärmt werden, wenn die Zubereitung zunächst ohne Käseabdeckung in den Salamander gegeben wird. Nach der Abdeckung mit Käse werden sie kaum noch warm, denn der Käse bildet eine Art Isolierschicht gegen die Strahlungswärme des Salamanders.

- Zum Gratinieren eignen sich nur Käse mit mehr als 45 % Fett i.Tr., denn das Fett bringt den Käse zum Schmelzen.

  Das Schmelzen, wie auch die Bildung einer appetitlichen Kruste, werden gefördert durch die Zugabe von Butter: Bei geriebenem Käse werden Butterflöckchen aufgesetzt, bei Käsescheiben überpinselt man mit zerlaufener Butter.

- Die Hitze muß entsprechend angewendet werden:

  Der Salamander ist vorzuheizen, damit der Käse nicht austrocknet, bevor die Wärme ihn zum Schmelzen bringen kann; bei zu geringer Hitze kommt der Käse nicht zum Fließen und wird zäh;

  bei zu starker Hitze wie bei zu langer Hitzeeinwirkung wird der Käse bitter und schmeckt „brenzlig".

Rezepte von Zubereitungen mit Käse

REGIONALGERICHTE

Unterteilung nach Landschaftsregionen

Einleitung

Allgemein haben Küchen das Ziel, international bekannte Gerichte in den einzelnen Ländern in gleicher Ausführung anzubieten. Im Gegensatz dazu stellt sich die Regionalküche die Aufgabe, überlieferte, volkstümliche Spezialitäten deutscher Landschaftsgebiete als Besonderheit herauszustellen.

Mit der Zunahme des Verkehrs, der Angleichung des Speisenangebots in Kantinen und Großküchen, der Erweiterung des Einsatzes vorgefertigter Produkte droht vieles in Vergessenheit zu geraten. Andererseits haben aber Befragungen gezeigt, daß gerade Gaumeneindrücke, besonders die sogenannten Leibgerichte, zu den dauerhaftesten Erinnerungen zählen. Der Wunsch, wieder einmal zu essen wie . . . . ., ist in vielen Personen wach.

Die Frage, ob denn ein flächenmäßig nicht allzugroßes Gebiet sich noch in weitere Regionen unterteilen lasse, scheint im ersten Moment berechtigt. Betrachtet man jedoch die Verschiedenartigkeit der Landschaft und der aus ihr hervorgehenden Produkte, ergibt sich bereits eine erste Antwort. So entwickelten sich z.B. im Norden aus der Ernte des Meeres und im Süden aus den Erzeugnissen der Almwirtschaft in Verbindung mit den unterschiedlichen Lebensweisen der heimischen Bevölkerung Gerichte mit voneinander stark abweichender Zusammensetzung und Zubereitung. Weitere Argumente kommen hinzu, wenn man die Einflüsse der angrenzenden Länder mit einbezieht. So findet man vergleichsweise Gemeinsamkeiten zwischen der bayerischen und österreichischen Küche, und Schweizer Regionalgerichte tauchen entsprechend abgewandelt im Württembergischen wieder auf; andererseits ist die Küche des badischen Raumes stark durch das Elsaß beeinflußt. Man sieht also, die Eigenheiten der Regionalküchen sind äußerst vielschichtig. Aus der sich daraus ergebenden Rezeptfülle kann hier nur ein bescheidener Ausschnitt behandelt werden.

Übrigens: Das „richtige" oder „originale" Rezept gibt es innerhalb der Regionalküche nicht. Wer sich mit diesem Gebiet eingehender befaßt, wird bald feststellen, daß oft wenige Kilometer weiter schon wieder eine neue Variante einer Rezeptur zu finden ist. Über die „richtige Zubereitungsart" kann nur subjektiv entschieden werden.

KÜSTENGEBIETE DER NORD- UND OSTSEE

Suppen

Hamburger Aalsuppe

Rezept s. Bd. 1, Abschn. Regionalsuppen.

Holsteinische Sturensuppe

Rezept s. Bd. 1, Abschn. Regionalsuppen.

Pommersche Kliebensuppe

Rezept s. Bd. 1, Abschn. Regionalsuppen.

Ostpreußische Rote-Rüben-Suppe

Bedarf für 2 l: 400 g Rindfleisch (Bug), Salz, 1 Gemüse-Kräuter-Bündel (Lauch, Möhre, Weißkohl-blatt, Majoranzweig, Lorbeerblatt), 500 g Rote Bete, 2 El Essig, 1 El Zucker, 1 Tl Salz, 0,4 l dicke, saure Sahne, 60 g Mehl, 80 g Butter, Pfeffer, 20 g gehackte Peter-silie.

Gardauer: Rindfleisch 90 – 100 Min., Rote Bete 60 – 120 Min.

Rindfleisch blanchieren, in 2 l leicht gesalzenem Wasser zum Kochen bringen, Gemüse-Kräuter-Bün-del einlegen und sieden, bis das Fleisch gar ist.

Gleichzeitig die gewaschenen Rote Bete in überstehendem Wasser weichkochen. Nach kurzem Ab-kühlen die Häute mit den Händen abstreifen. Die Rüben durch ein feines Sieb streichen und das erhaltene Püree mit Essig, Zucker und Salz abschmecken. Das gegarte Fleisch mit ein wenig Brühe warmhalten. Die übrige Brühe entfetten, durch ein Tuch gießen, wieder zum Kochen aufsetzen und mit saurer Sahne, der das Mehl beigegeben wurde, binden. Das Rote-Bete-Püree in die gebundene Suppe rühren, alles stark erhitzen, jedoch nicht mehr kochen, und mit Butter und Pfeffer vollen-den. Das Fleisch in Scheiben schneiden und mit Petersilie bestreut separat zur Suppe reichen oder in kleineren Streifen gleich als Einlage jeder Suppenportion beigeben.

Königsberger Flecksuppe

Rezept s. Bd. 1, Abschn. Regionalsuppen.

Memelländer Pflaumensuppe

Bedarf für 2 l: 120 g Butter, 60 g Perlgerste, 15 g Mehl, 5 g Salz, 500 g frische Pflaumen, 150 g Sultaninen, 75 g Zucker, 1 Stck. Stangenzimt, 2 Nelken.

Die Hälfte der Butter zerlaufen lassen, Perlgerste und Mehl zugeben, farblos anschwitzen, 1 3/4 l Wasser aufgießen, unter Rühren aufkochen, salzen und 30 Min. leicht weiterkochen. Unterdessen die Pflaumen waschen, halbieren, Kerne entfernen und das Fruchtfleisch in kleine Stücke schnei-den. Die Sultaninen waschen.

Zubereitete Früchte, Zucker, Zimt und Nelken der Suppe beigeben, noch 10 Min. leicht kochen. Pflaumensuppe in eine Terrine leeren, Nelken und Zimt entfernen, die zweite Hälfte der Butter einrühren und vielleicht noch mit ein wenig Zucker und Salz vollenden.

Verschiedene Gerichte

Matjesheringe auf Helgoländer Art

Bedarf für 10 Portionen: 8 Matjesheringe, 250 g saure Sahne, 30 g grob geschnittener Dill, 50 g
Speisesenf (leicht-scharf), 100 g Sahne, Pfeffer, Zucker, Estragonessig, 250 g Zwie-
belstreifchen, 250 g Äpfel (Boskop oder Reinette) in Streifchen, 350 g gekochte
Rote Bete, 1 El Öl.

Matjesheringe in reichlich kaltes Wasser legen und 6 Std. wässern. Danach ausnehmen, waschen,
häuten und filetieren. Filets schräg in 2 cm breite Streifen schneiden.

Saure Sahne, Dill und Senf verrühren. Die halb steif geschlagene Sahne unterziehen, mit Pfeffer,
einer Prise Zucker und Estragonessig abschmecken. Zwiebel- und Apfelstreifchen sowie die Herings-
stücke behutsam mit der Sauce vermengen und auf flacher Porzellanplatte anrichten. Die in Streifen geschnittenen Rote Bete mit Zucker, Salz, Pfeffer, ein wenig Essig sowie Öl marinieren und
als Kranz um die Heringe legen.

Beilage: (Neue) Schwenkkartoffeln.

Hamburger Pfannfisch

Bedarf für 10 Portionen: 2 kg Kartoffeln, 300 g Butter, 250 g Zwiebelwürfelchen, 1,5 kg gekochter,
fester Seefisch (auch Reste), Salz, Pfeffer, 20 g gehackte Petersilie, 1 El Senf, 2 El
Weißwein.

Kartoffeln kochen, schälen, abgekühlt in Scheiben schneiden. Einen Teil der Butter erhitzen, die
Kartoffelscheiben dazugeben, mit Salz und Pfeffer würzen und unter gelegentlichem Umschwenken
braten, bis sie goldbraun sind. Nebenher die Zwiebeln hellgelb rösten. Das zerpflückte, abgetrocknete Seefischfleisch und die Petersilie den Zwiebeln beifügen, leicht salzen sowie pfeffern und,
wenn es genügend heiß ist, mit den angebratenen Kartoffeln mischen. Senf und Weißwein verrühren,
über die Mischung träufeln und den fertigen Pfannfisch auf einer heißen Platte anrichten. Zu Pfannfisch kann man auch Senfsauce anbieten.

Beilage: Blattsalate.

Holsteiner Schleie in feinen Kräutern

Bedarf für 10 Portionen: 10 Schleien je 250 g, 100 g Schalottenbutter, 0,5 l Weißwein, 1 Kräuterbündel (Petersilien-Dillstiele, Thymianzweig, Bruchstück Lorbeerblatt), 10 g Butter, 4 Eigelb, 0,5 l Sahne, 40 g feingehackte Kräuter (Kerbel, Dill, Sauerampfer,
Estragon, Petersilie, Kresse), Pfeffer, Zitronensaft.

Gardauer: 10 Min.

Schleien ausnehmen, gründlich waschen. Flaches Geschirr mit Schalottenbutter ausstreichen,
Fische salzen, einlegen, Weißwein und Kräuterbündel dazugeben, mit Folie bedecken und 10 Min.
im Ofen dünsten. Danach die Haut abziehen. Schleien in eine gebutterte, vorgewärmte Porzellanplatte legen und zugedeckt warmhalten.

5 El Sahne mit den Eigelb verrühren. Übrige Sahne und passierten Fischdünstfond um ein Drittel
einkochen. Mit angerührten Eigelb binden, Sauce stark erhitzen — wegen Gerinnungsgefahr jedoch nicht kochen —, feingehackte Kräuter einrühren, mit frisch gemahlenem Pfeffer und Zitronensaft abschmecken. Warmgehaltene Schleien damit saucieren.

Beilagen: Gedämpfte Kartoffeln und Gurkensalat.

Tuckeraal

Bedarf für 10 Portionen: 3 kg kleine Aale, 250 g Mohrrüben, 250 g Petersilienwurzeln, 250 g heller
Lauch, 15 g Zucker, 100 g Zwiebeln in grobe Streifen, 80 g Butter, 1,5 kg geschälte
Kartoffeln, Salz, Pfeffer, 1 El gehackte Petersilie.

Gardauer: 35 – 40 Min.

Von den Aalen die Haut abziehen, die Flossen abschneiden und die Fische in 8 cm lange Stücke teilen. Die Eingeweide entfernen und die Aalstücke gründlich waschen. Dann in Salzwasser etwa 10 Min. kochen. Währenddessen das Gemüse säubern und in Scheiben schneiden. Zusammen mit Zucker sowie Zwiebeln in Butter anschwitzen und mit Aalbrühe auffüllen. Nach etwa 10 Min. Garzeit die in dicke Scheiben geschnittenen Kartoffeln beifügen. Mit Salz und Pfeffer würzen und das Ganze mit Folie bedeckt gar, jedoch nicht zu weich kochen. Falls erforderlich, noch Aalbrühe nachfüllen. Abschließend den Aal hinzulegen und ihn noch kurze Zeit nachziehen lassen. Beim Anrichten den Aal auf das Gemüse legen und Petersilie darüberstreuen.

Kieler Pfannkuchen mit Fleckhering

Bedarf für 10 Pfannkuchen von 22 cm Durchmesser: 250 g Mehl, 250 g Milch, 500 g Buttermilch, 500 g Eier, 80 g Butter zum Backen;
Einlage: 5 Fleckheringe, weiße Pfefferkörner, geschnittener Schnittlauch.

Fleckheringe sind heißgeräucherte Heringe, die vom Rücken her aufgeschnitten und auseinandergeklappt (gefleckt) sind.

Anstelle von Fleckheringen können auch **Bücklinge** (heißgeräucherte, nicht ausgenommene Heringe), **Sprotten** (kleinere, nicht ausgenommene, geräucherte Seefische) oder **Schillerlocken** (enthäutete, heißgeräucherte Bauchseitenstreifen des Dornhais) verwendet werden.

Fleckheringe filetieren, häuten, in kleinere Stücke teilen, Pfeffer darübermahlen und mit Schnittlauch bestreuen.

Mehl sieben, mit Milch und Buttermilch anrühren. Eier aufschlagen, mit einem Schneebesen kräftig verrühren. Eier in das angerührte Mehl geben, alles zu einem glattfließenden Teig verarbeiten und 10 Min. ruhen lassen. In einer entsprechend großen Stielpfanne etwas Butter erhitzen, sie über die ganze Bodenfläche verteilen, aufgerührten Pfannkuchenteig (150 g) mit einer Schöpfkelle einfüllen und etwas anziehen lassen. Anteil Heringsstückchen daraufstreuen. Nachdem der Pfannkuchen genügend Farbe hat, wird er gewendet und im Ofen (200 °C) fertig gebacken.

Die Pfannkuchen sollen goldgelb und leicht aufgebläht sein.

Rühreier auf masurische Art

Bedarf für 5 Portionen: 10 Toastbrotscheiben, 130 g Butter, 600 g geräucherte Maränen, 10 Eier, Salz, Pfeffer, 2 feingehackte Wacholderbeeren, 30 g feingeschnittener Schnittlauch.

Im früheren Ostpreußen galten die Nikolaiker Maränen aus dem Talten Wasser und dem Spirdingsee als die besten.

Toastbrotscheiben goldgelb rösten, ein wenig Butter auftragen, nebeneinander in eine Porzellanplatte legen und warmsetzen.

Geräucherte Maränen sind sehr zart, deshalb müssen sie äußerst behutsam filetiert werden. Die Filets in größere Stücke teilen und auf einem mit Butter bestrichenen Geschirr im Ofen erhitzen. Eier aufschlagen, salzen, pfeffern, Wacholder und Schnittlauch beifügen und quirlen. Eine stabile Pfanne erwärmen, 75 g Butter hineingeben, zerlaufen lassen. Geschmolzene Butter auf der ganzen Bodenfläche der Pfanne verteilen. Eier in die Pfanne gießen, den erhitzten Fisch dazugleiten lassen. Die gerinnende Eiermasse bei mäßiger Wärmezufuhr mit einem kleinen Holzlöffel vorsichtig vom Pfannenboden abrühren. Die lockeren und saftigen Rühreier auf die vorbereiteten Toaste häufen und direkt zu Tisch geben.

Krebse nach Lötzener Art

Bedarf für 10 Portionen: 60 Krebse je 100 g, 250 g feine Zwiebelwürfelchen, 200 g feine Möhrenwürfelchen, 200 g Butter, 2 l Fleischbrühe, 1 Gewürzbeutel (5 g Kümmel, 1 Knoblauchzehe, Bruchstück Lorbeerblatt, 12 zerdrückte Pfefferkörner, 1 Thymianzweig), 1 Bündel Dillstiele, 6 g Kartoffelstärke, 0,4 l saure Sahne, 40 g geschnittener Dill.

Gardauer: Krebse 6 Min.

Krebse gründlich bürsten. Feingehackte Zwiebeln und Möhren in 100 g Butter farblos anschwitzen, Brühe auffüllen, Gewürzbeutel sowie Dillstiele beifügen und 10 Min. leicht kochen. Dann Krebse in die Brühe geben, Topf zudecken und 6 Min. kochen. Gekochte Krebse in eine Terrine legen und zugedeckt warmhalten. Gewürzbeutel und Dillstiele ausdrücken und wegwerfen. Krebssud um die Hälfte einkochen. Kartoffelstärke in die Sahne rühren, sie dem Sud beigeben, an den Kochpunkt bringen, abseits der Hitze die übrige Butter und den Dill darunterschlagen und in 10 heiße Tassen verteilen.

Die Speisenden brechen sich die Krebse selbst aus und nehmen zum Krebsfleisch jeweils ein Löffelchen Sahnefond.

Beilage: Toast oder Weißbrot.

Labskaus

Bedarf für 10 Portionen: 1,5 kg gepökeltes Rindfleisch, 1 Gemüsebündel (Lauch, Möhre, Sellerie), 1 gespickte Zwiebel, 1,5 kg geschälte Kartoffeln, 800 g Zwiebelwürfelchen, 250 g Butter, 6 Gewürzgurken in Streifen, 0,1 l Gewürzgurken-Aufguß, Pfeffer.

Gardauer des Fleisches: 120 – 180 Min.

Pökelfleisch blanchieren, mit Wasser überstehend aufsetzen, zum Kochen bringen, abschäumen und bei wenig geöffnetem Topfdeckel garen. Nach halber Garzeit Gemüsebündel und gespickte Zwiebel einlegen.

Kartoffeln ohne Salz kochen, abgießen, abdämpfen, durch eine Presse drücken und leicht zusammenrühren.

Zwiebeln mit Butter hellgelb anschwitzen. Das nicht zu weich gegarte Fleisch in kleine Würfel schneiden. Zwiebeln, Fleischwürfel, Gurkenflüssigkeit, frisch gemahlenen Pfeffer und soviel Pökelbrühe unter die Kartoffeln rühren, daß das fertige Labskaus die Konsistenz eines leichten Kartoffelpürees erhält. Das Labskaus in einer flachen, mit Butter ausgestrichenen Schüssel anrichten und mit erwärmten Gewürzgurkenstreifchen umkränzen.

Beilage: Eingelegte Rote Bete.

Labskaus wird vielfach mit Spiegelei serviert. Es kann aber auch mit einer angemessenen Menge von gewässerten, in kleinste Würfel geschnittenen Heringsfilets geschmacklich ergänzt werden. Andernorts gibt man außerdem noch saure Heringsröllchen dazu.

Hamburger National

Bedarf für 10 Portionen: 150 g Zwiebelstreifen, 100 g Fett (Gänseschmalz), Salz, Pfeffer, 10 Kammkoteletts vom Schwein je 180 – 200 g, 2 kg Kohlrüben, 1 gespickte Zwiebel, 20 g Zucker, Brühe oder Wasser, 2 kg Kartoffeln, 15 g gehackte Petersilie.

Gardauer: 40 – 50 Min.

Zwiebeln in Fett anschwitzen, gesalzene, gepfefferte Koteletts auf die Zwiebeln legen und zugedeckt einige Minuten im eigenen Saft dünsten. Kohlrüben putzen, in bleistiftstarke, kurze Stäbe schneiden und blanchieren. Gemüsestäbe und gespickte Zwiebel dem Fleisch beifügen, würzen und soviel Brühe angießen, daß der Inhalt gerade bedeckt ist. Nach dem Aufkochen Geschirr mit einem Deckel versehen; im Ofen 15 Min. garen. Dann die ebenfalls in Bleistiftstärke geschnittenen Kartoffeln zugeben, auch leicht würzen, evtl. die Flüssigkeitsmenge ergänzen und das Gericht zugedeckt weitere 15 Min. garen.

Beim fertigen Gericht dürfen die Fleischscheiben nicht zu weich und Gemüse sowie Kartoffeln nicht zerfallen sein. Der Flüssigkeitsanteil soll nur noch der notwendigen Saftigkeit des Ganzen entsprechen.

Nach Entfernen der gespickten Zwiebel die Zubereitung anrichten und mit Petersilie bestreuen.

Hamburger Rundstück

Das Hamburger Rundstück ist ein rundes Hefebrötchen mit reichlichem Zusatz von Fett gebacken, ohne Ausbund (Krustenriß). Es wird gern mit warmem Braten belegt verzehrt.

Das frisch gebackene oder frisch aufgebackene Rundstück wird quer aufgeschnitten und auf einen warmen Teller gelegt. Beide Hälften mit je einer Scheibe warmem Roastbeef, heißem Kalbs- oder Schweinebraten belegen und mit etwas heißer Bratenjus übergießen.

Hamburger Beefsteak

Bedarf für 10 Portionen: 500 g Zwiebelstreifen, 170 g Fett, 10 dicke Rindersteaks aus der Blume (Keule) je 180 g, Salz, Pfeffer, 100 g Butter, Paprikasalz, 10 g gehackte Petersilie.

Bratdauer: Steaks von 1,5 cm Dicke etwa 6 Min.

Zwiebelstreifen hellbraun rösten und in einem Durchschlag abtropfen lassen.

Rindersteaks kräftig plattieren (Zerreißen des Bindegewebes), durch Zusammenschieben wieder zurückformen. Dann salzen, pfeffern und im erhitzten Fett braten, daß sie innen noch rosa sind. Gebratene Steaks auf ein Gitter legen. Bratfett durch Butter ersetzen, Steaks rasch darin wenden und anrichten. Vorgebräunte Zwiebeln in der Butter schwenken, leicht mit Paprikasalz würzen, über das angerichtete Fleisch geben und mit Petersilie bestreuen.

Beilagen: Naturell belassene Gemüse oder Salat der Jahreszeit sowie gebackene oder gebratene Kartoffeln.

Türkische Erbsen mit Birnen

Bedarf für 10 Portionen: 1,5 kg magerer Räucherspeck, 1 gespickte Zwiebel, 1,5 kg junge Brechbohnen, 700 g Bergamott- oder Graubirnen, Zitronensaft, 1 Gewürzbeutel (3 Stengel zerschnittenes Bohnenkraut, Petersilienstiele, gelbe Schale einer viertel Zitrone, 6 zerdrückte Pimentkörner), 70 g Butter, 60 g Mehl, Pfeffer, Zucker, Salz, 1 El gehackte Petersilie.

Gardauer: Speck etwa 90 Min., Bohnen 25 – 30 Min.

Türkische Erbsen ist die Bezeichnung für eine lokale Perlbrechbohnen-Sorte, die im Hamburger Raum angebaut wird. – Dieses Gericht ist auch als „Grüner Heinrich" bekannt.

Speck überstehend mit kaltem Wasser aufsetzen, aufkochen, das Wasser wegschütten und erneut mit kaltem Wasser bedeckt zum Kochen bringen. Nach 60 Min. die gespickte Zwiebel zum Speck legen und bei wenig geöffnetem Deckel und schwacher Hitze noch eine halbe Stunde garen.

Inzwischen Bohnen waschen, putzen, in Stücke von 4 cm brechen und blanchieren. Birnen schälen, vierteln, Kernhaus-, Kelchblätteranteile und Stiele entfernen. Birnenviertel mit ein wenig Zitronensaft beträufeln und durchschwenken, um eine dunkle Verfärbung des Fruchtfleisches zu verhindern.

Bohnen unter Beigabe des Gewürzbeutels, mit Speckbrühe gerade bedeckt, aufsetzen. Die Oberfläche mit Folie versehen und das Geschirr zudecken. Nach 15 Min. leichten Kochens die Birnenviertel unter die Bohnen schwenken, das Geschirr wieder verschließen und beides weitere 10 bis 15 Min. garen, dann den Gewürzbeutel ausdrücken und entfernen. Aus Butter und Mehl eine lichtbraune Schwitze anfertigen. Gegarte Bohnen und Birnen mit abgekühlter Schwitze leicht binden. Vielleicht noch ein wenig Speckbrühe dazugießen, mit Pfeffer und etwas Zucker würzen und, falls erforderlich, auch noch leicht salzen. Danach in tiefer Porzellanschüssel anrichten, mit Petersilie bestreuen und den von Schwarte und Knorpeln befreiten Speck in Scheiben geschnitten darauflegen.

Vierländer Ente auf geschmortem Wirsingkohl

Bedarf für 4 Portionen: 1 vorbereitete Ente von 2 kg, Salz, Pfeffer, 60 g Fett, 150 g Röstgemüse, 1 kg Wirsingkohl, 100 g feine Zwiebelwürfel, geriebene Muskatnuß, Kartoffelstärke.

Bratdauer: 70 Min., Schmordauer des Wirsingkohls: 30 Min.

Ente salzen und pfeffern. Fett im Bratgeschirr erhitzen, Ente im Fett wenden, auf die Seite legen, in einen vorgeheizten Ofen (220 °C) schieben und anbraten. Danach Hitze auf 190 °C verringern und unter öfterem Wenden und Begießen mit dem Bratfett weiterbraten. Im letzten Viertel des Bratverfahrens das Röstgemüse zugeben und mitbräunen.

Unschöne Außenblätter des Wirsingkohls entfernen. Kohlkopf vierteln, Strunkanteile abschneiden. Kohlviertel querhalbieren, in kochendem Salzwasser blanchieren und danach in einem Durchschlag abtropfen lassen. Abgetropften Kohl fein hacken. Etwas vom Entenbratfett in einen stabilen Schmortopf abgießen. Zwiebeln darin farblos anschwitzen, gehackten Wirsing dazugeben, leicht salzen, Pfeffer darübermahlen, eine Messerspitze Muskatnuß beifügen, alles verrühren, ganz wenig Wasser angießen, Oberfläche mit Folie belegen, Topf zudecken und das Ganze im Ofen schmoren.

Gebratene Ente tranchieren und warmhalten. Fett vorsichtig aus dem Bratgeschirr gießen. Bratsatz mit Wasser ablöschen und loskochen. Ausgebrochene Entenknochen noch kurze Zeit in der gewonnenen Entenjus auskochen. Danach passieren und ganz leicht mit angerührter Stärke binden.

Geschmorten Wirsingkohl in flachem Geschirr anrichten, die tranchierte Ente gefällig darauflegen und mit wenig Jus beträufeln. Restliche Jus gesondert reichen.

Beilage: Gebratene Kartoffelwürfel.

Schweinebrust gefüllt mit Äpfeln und Backpflaumen

Bedarf für 10 Portionen: 2,5 kg Schweinebrust eines jungen Tieres;
Füllung: 2 Eier, 0,1 l Sahne, Salz, Pfeffer, Muskatnuß, 150 g angeschwitzte Zwiebeln, 300 g Apfelwürfelchen, 250 g Backpflaumen, 120 g Weißbrotwürfelchen; 50 g Butter, 250 g Röstgemüse, 3 Tomaten, 1 l braune Brühe.

Gardauer: 100 − 120 Min.

Schweinebrust von Rippenknochen befreien, verbliebene Knorpel stutzen, ohne das Fleisch zu verletzen. Von der dünnen Schmalseite her die Brust mit langem, spitzen Messer öffnen. Zwischen den Fleischschichten das Bindegewebe zertrennen und so eine Öffnung zur Aufnahme nachfolgender Füllung herstellen.

Füllung: Eier und Sahne quirlen, würzen, angeschwitzte Zwiebeln, Apfelwürfelchen, halbierte, entsteinte Backpflaumen und Weißbrotwürfelchen zugeben und behutsam mischen.

Gefüllte Brust mit Nadel und Faden schließen. Füllung durch leichtes Drücken der Brust gleichmäßig verteilen. Schwarte mit der Spitze eines Messers gitterartig einschneiden. Schnitte nicht zu tief führen, sonst platzt die gefüllte Brust beim Braten auf.

Bratgeschirr mit Knochen und Parüren auslegen, mit kaltem Wasser etwa 2 cm hoch untergießen. Gefüllte Brust salzen, pfeffern, mit der Schwarte nach unten auf die Knochen legen und mit Butter bepinseln. Dann im Ofen bei etwa 200 °C 30 − 40 Min. garen. Wenn das Verfahren in Braten übergeht, das Röstgemüse zugeben; die Brust wenden und bei verringerter Temperatur weiterbraten. Gegen Ende der Bratzeit die Schwarte wiederholt mit flüssiger Butter bestreichen.

Fertige Brust entnehmen und ohne sie zuzudecken warmhalten. Das Fett vorsichtig abgießen, zerschnittene Tomaten im Bratsatz angehen lassen, mit brauner Brühe verkochen und danach durch ein Sieb gießen. Brust in Portionsscheiben schneiden. Die Bratenjus separat reichen.

Beilagen: Rotkraut und Kartoffelpüree.

Bunte Finken

Bedarf für 10 Portionen: 1 kg weiße Perlbohnen, 2 kg Schweinebauch, Salz, 1 kg geputzte, grüne
              Bohnen in 4-cm-Stücke gebrochen, 1 kg in Streifen geschnittene, blanchierte weiße
              Rüben, 500 g Möhrenstäbchen, 500 g streifig geschnittener, heller Lauch, 1 kg
              Kartoffelstäbchen, Pfeffer, Zucker, 20 g gehackte Petersilie.

Gardauer: 90 – 110 Min.

Weiße Bohnen waschen und über Nacht einweichen. Mit dem Einweichwasser und so viel Wasser
zum Kochen aufstellen, daß die Flüssigkeit das Gargut bedeckt. Schweinebauch beigeben, salzen,
aufkochen, abschäumen und bei wenig geöffnetem Topfdeckel sieden. Nach einstündiger Garzeit
die vorbereiteten Gemüse und die Kartoffeln beifügen. Bei Bedarf noch ein wenig Wasser nachfüllen und auch nachsalzen und mit frisch gemahlenem Pfeffer und etwas Zucker würzen. Die Oberfläche mit Folie versehen, das Geschirr zudecken, das Ganze wieder zum Kochen bringen und bei
mäßiger Hitze fertiggaren.

Danach den Schweinebauch entnehmen und mit einem feuchten Tuch bedecken. Nach genügendem Ausdampfen das Fleisch in Streifen schneiden, wieder unter die Zubereitung rühren, sie anrichten und mit Petersilie bestreuen. Wird das Gericht portionsweise ausgegeben, ist das geschnittene Fleisch zwecks gleichmäßiger Verteilung in etwas Brühe gesondert warmzuhalten.

Norddeutsche Grützwurst

Bedarf: 2,5 kg gegartes Schweinefleisch, auch Reste (Kopf, Bauch, Schulter, Schwarte, Innereien),
         1,5 kg kleingeschnittene, blanchierte Speckwürfel, 1,5 kg feine Hafergrütze, Brühe des ge-
         garten Schweinefleisches, 0,7 – 1 l Schweineblut;
         Gewürz je kg Masse: 25 g Salz, 3 g weißer Pfeffer, 2 g Piment (Nelkenpfeffer), 1 g Majoran;
         Rinderkranzdärme.

Ergebnis: 7,5 – 8,5 kg Wurstmasse ≙ 50 – 56 Portionen je 150 g.

Gardauer in mittelweiten Kranzdärmen: 25 – 30 Min. Gartemperatur: 80 – 90 °C.

Fleisch und Schwarten müssen wohl gar, dürfen jedoch nicht zu weich sein. Schwarten, zwecks besserer Bindung, noch heiß zweimal durch die feinste Scheibe des Fleischwolfs lassen. Fleisch und Innereien einmal fein wolfen. Durchgelassenes mit den blanchierten Speckwürfeln vermengen. Hafergrütze mit einem Teil der Fleischbrühe etwa 15 Min. zu dickem Brei kochen. Etwas abgekühlt dem
vorbereiteten Fleisch und Speck beigeben. Dann soviel Blut einrühren, daß die Masse dickflüssig ist.
Die abgewogene Menge an Gewürzen untermischen. Grützwurstmasse in Kranzdärme füllen und zu
Ringen oder in gerade, einzelne Portionswürste abbinden.

Würste in kochendes Wasser einlegen. Die dadurch zurückgehende Temperatur auf 85 – 90 °C halten. Während des Garziehens die Würste öfter bewegen, damit sich die Speckwürfel nicht einseitig
absetzen.

Nach dem Garen die Würste nur kurz in Wasser abkühlen. Dann auf feuchte Bleche legen und mehrmals umdrehen. Die Würste werden von der eigenen Wärme trocken.

Grützwurst kann warm oder kalt serviert werden.

Grützwurst mit Apfelmus

Bedarf für 10 Portionen: 10 Grützwürste je 150 g, 100 g Butter, 1,5 kg säuerliche Äpfel, 100 bis
              200 g Zucker, 1 Stck. Stangenzimt, 100 g Rosinen, 0,1 l Weißwein.

Apfelmus: Äpfel waschen, von Stielen und Kelchblättern befreien, in kleinere Stücke schneiden,
mit 0,3 l Wasser und Zimt zum Kochen bringen und zugedeckt bei mäßiger Hitze garen.

Inzwischen Rosinen warm waschen, mit Weißwein übergießen und zum Quellen erhitzen.

Weiche Äpfel durch ein Sieb streichen, mit Zucker abschmecken. Gequollene Rosinen mit dem Fond unter das Apfelmus rühren und kaltstellen.

Grützwürste mit einer Nadel stupfen, damit sie nicht platzen. Butter erhitzen, Würste einlegen und behutsam braun braten. Würste anrichten und die Bratbutter durch ein kleines Sieb daraufgießen. Apfelmus separat anrichten.

Beilagen: Kartoffelpüree oder Petersilienkartoffeln und Kopfsalat.

Schwarzsauer

Bedarf für 10 Portionen: 1,5 kg Schweinebug, 1,5 kg magerer Schweinebauch, Salz, 0,2 l Essig, 1 Gemüsebündel (Lauch, Möhre, Sellerie, Thymianzweig), 2 gespickte Zwiebeln, 60 g Butter, 40 g Mehl, 40 g geriebener Pfefferkuchen, 0,2 l Schweineblut, Pfeffer, Zucker.

Gardauer: 70 – 90 Min.

Schweinebug und Schweinebauch parieren und in 50 g schwere Stücke schneiden. Dann mit Wasser bedecken und zum Kochen aufstellen. Nach dem Aufkochen abschäumen, Salz, etwas Essig, Gemüsebündel und Zwiebeln beifügen und bei geringer Hitze garen. Dann die Stücke herausnehmen und zugedeckt warmstellen.

Aus Butter und Mehl eine braune Schwitze bereiten und etwas abkühlen lassen. Von der Fleischbrühe 1 1/4 l passieren, die Mehlschwitze damit auffüllen, Pfefferkuchen zugeben und eine Sauce mit leichter Bindung herstellen. Nach beendeter Kochzeit das Blut langsam unter ständigem Rühren in die Sauce geben und mit Pfeffer, Zucker, Essig und Salz nachwürzen. Nicht mehr kochen lassen, da die Sauce sonst gerinnt.

Sauce durch ein Sieb auf das Fleisch passieren. Schwarzsauer in einer Servierkasserolle auftragen.

Beilage: Kartoffelklöße.

Gänseklein mit weißen Bohnen

Bedarf für 5 Portionen: 500 g weiße Bohnen, Klein von 4 Gänsen (Flügel, Hals, Herz, Magen), 200 g Möhrenwürfel, 200 g Selleriewürfel, 400 g Zwiebelwürfel, 100 g Butter, 1 Kräuterbündel (Lauch, Petersilienstiele, Majoranzweig, Thymianzweig, Lorbeerblatt, 2 zerdrückte Knoblauchzehen), Salz, 150 g geschälte, rohe Kartoffeln, Pfeffer, 20 g gehackte Petersilie.

Gardauer: 90 – 115 Min.

Weiße Bohnen waschen und mit Wasser bedeckt über Nacht einweichen.

Gänseklein putzen, in größere Stücke teilen und blanchieren. Gemüse- und Zwiebelwürfel mit Butter anschwitzen, Gänseklein und die Bohnen mit dem Einweichwasser dazugeben und noch soviel Wasser angießen, daß das Kochgut gerade bedeckt ist. Das Ganze aufkochen, abschäumen und bei wenig geöffnetem Topfdeckel garen. Nach halber Garzeit Kräuterbündel einlegen und die Zubereitung salzen. Abschließend die Kartoffeln reiben, das Gänseklein damit binden und mit frischgemahlenem Pfeffer und Petersilie vollenden.

Geräucherter Schweinskopf mit Grünkohl

Bedarf für 10 Portionen: 2 kg gepökelter, geräucherter Schweinskopf, entbeint; 10 zerdrückte Pfefferkörner, 2 gespickte Zwiebeln, 1 Gemüsebündel (100 g Lauch, 100 g Möhren, 2 gequetschte Knoblauchzehen), 3,5 kg Grünkohl (Braun-, Kraus-, Winterkohl) ohne Strunk, Pfeffer, 400 g Zwiebelwürfelchen, 300 g Schweineschmalz oder Gänsefett, 60 g Mehl.

Gardauer: Schweinskopf etwa 90 Min., Grünkohl 60 – 80 Min.

Schweinskopf über Nacht wässern. Mit kaltem Wasser bedeckt aufsetzen, aufkochen, abschäumen und bei wenig geöffnetem Topfdeckel sieden. Nach halber Gardauer Pfefferkörner, gespickte Zwiebeln und Gemüsebündel zum Fleisch legen.

Grünkohl erreicht den besten Geschmack, nachdem er Frost bekommen hat. – Grünkohl waschen, starke Mittelrippen entfernen. Kohlblätter blanchieren, abfrischen und grob hacken. Zwiebeln in 250 g Fett anschwitzen, gehackten Grünkohl zugeben, mit Schweinskopfbrühe untergießen, pfeffern und zugedeckt im Ofen weichschmoren. Aus übrigem Fett und Mehl eine lichtbraune Schwitze herstellen, abgekühlt in den garten Kohl rühren und noch kurze Zeit kochen. Falls erforderlich, etwas Brühe und Salz dem Grünkohl beigeben.

Gegarten Schweinskopf mit schräg geführtem Messer in Scheiben schneiden, anrichten, Lauch und Möhren in Stückchen zerkleinert darumlegen, ein wenig Brühe dazugießen. Grünkohl separat reichen.

Beilage: Kleinste, im ganzen gebratene Kartoffeln.

Überbackene Gänsekeulen

Bedarf für 10 Portionen: 10 Gänsekeulen je 200 – 250 g, 1 Gemüsebündel (Lauch, Möhre, Sellerie, Petersilienstiele, Thymianzweig), 1 große, gespickte Zwiebel, Salz, 80 g Butter, Zucker, 3 El Essig, 0,6 l Demiglace, 3 El Apfelkraut (eingedickter Apfelsaft, im Handel erhältlich), Zitronensaft.

Gardauer: 60 – 75 Min.

Gänsekeulen blanchieren, mit Wasser bedeckt aufsetzen, zum Kochen bringen, abschäumen und bei wenig geöffnetem Topfdeckel garen. Nach halber Gardauer Gemüsebündel, gespickte Zwiebel und Salz beifügen.

Gegarte Keulen auf einem Gitter abtropfen lassen, Schlußknochen ausbrechen. Keulen mit einem Tuch trockentupfen und in einer Pfanne mit heißer Butter anbraten. Hautseite mit wenig Zucker bestreuen und bei starker Oberhitze bräunen. Auf einer Platte anrichten und warmhalten. Pfanne mit Essig ablöschen, einen Teil der entfetteten Gänsebrühe, Demiglace und Apfelkraut auffüllen, zu leicht sämiger Konsistenz reduzieren und mit Pfeffer sowie Zucker und, falls erforderlich, noch mit Zitronensaft pikant abschmecken. Die Hälfte der Sauce um die Gänsekeulen gießen, die zweite Hälfte separat anrichten.

Beilagen: Bratkartoffeln und Selleriesalat.

Pommersche Spickgans mit Rosenkohl

Bedarf für 6 Portionen: 720 g Spickgans, 1,2 kg Rosenkohl, Salz, 120 g Zwiebelwürfelchen, 70 g Butter, 0,4 l Sahne, geriebene Muskatnuß, Pfeffer.

Der „Spick" ist ein Spieß (eiserne Stange), auf den man Fisch und Fleisch spießt, um es zu räuchern.

Spickgans wird aus den Brustteilen gemästeter Gänse hergestellt. Nach Entfernen der Brustknochen wird das Fleisch mit der verbliebenen Haut gepökelt. Vor der Weiterverwendung abwaschen, trockenreiben, die Fleischseiten aneinanderlegen und die Haut mit weißem Faden zusammennähen. Die präparierten Brüste werden dann unter Beigabe von Wacholderlaub goldgelb geräuchert. Spickgansbrüste sehen wie kleine Lachsschinken aus, sie gelten als besondere Delikatesse, zu denen man kalte und warme Beilagen geben kann.

Rosenkohl putzen, waschen, Strunkenden zwecks gleichmäßigen Garens über Kreuz einschneiden, in kochendes Salzwasser geben und 12 Min. sieden. Zwiebelwürfel mit Butter farblos dünsten, Sahne angießen, leicht dickfließend einkochen, abgetropften Rosenkohl einschwenken, mit Muskat und Pfeffer würzen und evtl. nachsalzen.

Spickgans in dünne Scheiben schneiden und anrichten. Rosenkohl separat reichen.

Beilage: Bratkartoffeln.

Königsberger Klopse mit Kapernsauce

Bedarf für 10 Portionen: 200 g Weißbrot oder Semmeln, 120 g Zwiebelscheiben, 120 g Butter, 800 g Rindfleisch, 400 g Schweinefleisch, Pfeffer, 80 g Sardellenfilets, 3 Eier, 4 El saure Sahne, Salz, 2 gespickte Zwiebeln, 60 g Mehl, 0,2 l trockener Weißwein, 3 Eigelb, 0,2 l Sahne, 80 g Kapern, Zitronensaft.

Gardauer: 10 Min.

Brot oder Semmeln einweichen. Zwiebeln in 60 g Butter anschwitzen. Fleisch in wolfgerechte Stücke teilen, pfeffern und zusammen mit dem ausgedrückten Brot, den erkalteten Zwiebeln und den Sardellen durch die feine Scheibe des Fleischwolfs lassen. Eier und saure Sahne zugeben. Alles zu einer Fleischfarce verarbeiten, falls erforderlich etwas Salz beifügen und 50 g schwere Klopse (Klöße) daraus formen. In geräumigem Geschirr Salzwasser und gespickte Zwiebeln 10 Min. kochen, damit die Geschmacksstoffe in die Flüssigkeit übergehen. Dann die Klopse einlegen und vom Wiederaufkochen an 10 Min. bei angelegtem Topfdeckel sieden.

Von übriger Butter und Mehl eine helle Schwitze herstellen, 1 l Klopsbrühe sowie den Weißwein auffüllen und zu einer Sauce verkochen. Klopssauce mit Eigelb und Sahne legieren, erhitzte Kapern einrühren und nach Bedarf mit Zitronensaft und Salz würzen. Abgetropfte Klopse mit der Sauce in einer tiefen Schüssel anrichten.

Beilage: Kartoffelpüree.

Königsberger Rinderfleck

Bedarf für 10 Portionen: 1,5 kg gekochte Rindskaldaunen (Kutteln, Fleck), 200 g feine Zwiebelwürfel, 120 g Butter, 4 El Essig, 1,5 l kräftige, helle Fleischbrühe, 1 Bouquet garni (Lauch, Petersilienwurzel, Möhre, 1 Streifen Zitronenschale, Majoranzweig), 1 Gewürzbeutel (12 zerdrückte Pfefferkörner, 6 zerdrückte Pimentkörner, 3 Nelken, 1 Lorbeerblatt, 2 gequetschte Knoblauchzehen), 70 g Mehl, Muskatnuß, 20 g gehackte Petersilie, Salz, Senf.

Rindskaldaunen von jungen Tieren garen 6 – 6 1/2 Std. Um diese eßbaren Teile des Magen-Darm-Traktes auch für den Haushalt interessant zu machen, bieten fleischverarbeitende Betriebe die Kaldaunen bereits gekocht und geschnitten an.

Zwiebeln in 60 g Butter anschwitzen, gekochte Kaldaunen zugeben, kurze Zeit farblos mitschwitzen lassen und mit Essig ablöschen. Brühe angießen, Bouquet garni und Gewürzbeutel einlegen und 20 Min. leicht kochen. Aus übriger Butter und Mehl eine helle Schwitze herstellen. Bouquet garni und Gewürzbeutel entfernen. Die Zubereitung mit der abgekühlten Mehlschwitze binden und noch weitere 10 Min. leicht kochen. Danach etwas geriebene Muskatnuß und die gehackte Petersilie einrühren und mit Senf und Salz geschmacklich vollenden.

Beilage: Knusperige Brötchen.

Danziger Hirschkalbsbraten, überkrustet

Bedarf für 10 Portionen: 2 kg vorbereitetes Hirschkalbsblatt ohne Knochen, Salz, Pfeffer, 100 g Fett, 250 g Hirschparüren, 180 g Röstgemüse, 10 gequetschte Wacholderbeeren, 0,1 l Weißwein, 30 g Mehl, 0,8 l saure Sahne, Zitronensaft, 30 g Butter; Brotmischung: 80 g Roggenvollkornbrot, 40 g Butter, 80 g Rotwein, 100 g Tannenhonig, 3 g gemahlener Zimt, abgeriebene Schale einer viertel Zitrone.

Bratdauer: 50 – 60 Min.

Gebundenes Hirschkalbsblatt salzen, pfeffern, im erhitzten Fett wenden und im Ofen bei 180 bis 200 °C braten. Während des Verfahrens Fleisch mehrmals umdrehen und mit dem Bratfett beschöpfen. Nach halber Bratzeit Parüren sowie Röstgemüse und Wacholderbeeren zum Mitbräunen um das Blatt legen. Die Fleischfaser bleibt am zartesten und hat den besten Geschmack, wenn nach Fertigstellung der Braten im Innern noch voll rosa ist.

Gebratenes Hirschkalbsblatt auf ein Gitter mit Tropfblech legen. Das Fett vorsichtig aus dem Geschirr gießen, den Bratsatz mit Weißwein ablöschen, loskochen, 0,5 l Wasser angießen und noch 15 Min. kochen. Saucenfond durch ein Sieb passieren. Mehl in die saure Sahne rühren, dem Fond beigeben und weitere 10 Min. kochen. Sauce mit Pfeffer, dem nötigen Salz sowie Zitronensaft abschmecken und warmstellen. Den Abtropfsaft des Fleisches der Sauce beifügen. Das Fleisch mit der Brotmischung bestreichen, Butter darüberträufeln und im Salamander schön braun überbacken.

Brotmischung: Roggenvollkornbrot fein hacken, in Butter anschwitzen, Rotwein, Tannenhonig, Zimt und Zitronenschale dazugeben, alles gut mischen und kurz durchhitzen.

Beilagen: Rotkraut und Kartoffelpüree.

Süßspeisen

Rote Grütze

Bedarf: 750 g Johannisbeeren, 250 g Himbeeren, 200 g Zucker, 60 g Maisstärke oder 80 – 85 g Sago.

Ergibt etwa 6 – 7 Portionen.

Früchte waschen, abtropfen lassen. Johannisbeeren entstielen, zusammen mit den Himbeeren und einem viertel Liter Wasser 5 Min. kochen. Durch ein Sieb streichen. Den erhaltenen Saft mit Wasser auf 1 l Flüssigkeitsmenge bringen, Zucker zugeben, aufkochen und mit angerührter Stärke binden oder Sago unter Rühren einstreuen und bis zur Bindung 10 – 15 Min. leicht kochen. Dann etwas abkühlen lassen und in bereitstehende Portionsschalen füllen. Später in einen Kühlschrank stellen.

Entsprechend der Jahreszeit kann man auch Kirschen, Stachelbeeren, Erdbeeren, Brombeeren, schwarze Johannisbeeren oder Rhabarber für Rote Grütze verwenden. Dabei sollten stets die säurearmen Früchte mit säurereichen Früchten kombiniert zur Verarbeitung gelangen.

Rote Grütze wird gut gekühlt mit Milch, flüssiger Sahne, Schlagsahne oder Vanillesauce (S. 222) gereicht.

Holsteinische Bombeischen

Bedarf: 200 g Butter, 5 Eigelb, 60 g Zucker, 40 g Hefe, 0,5 l Milch, 250 g geriebenes Weißbrot, 250 g Mehl, 3 g Zimt, 3 g Muskatblüte, 150 g Korinthen; 150 – 200 g Butter zum Backen, 150 g Zimtzucker zum Bestreuen.

Ergebnis: 45 – 50 Stck.

Butter schaumig rühren, nach und nach Eigelb und Zucker dazurühren. Hefe in die lauwarme Milch bröckeln. Weißbrot, gesiebtes Mehl, Zimt und Muskatblüte mischen. Alle Zutaten zu einem glatten Teig verarbeiten. Die in warmem Wasser gewaschenen, dann abgetropften und zwischen einem Tuch abgetrockneten Korinthen dazugeben. Den Teig an einem warmen Platz treiben lassen.

In einer schwarzen Stielpfanne, am besten jedoch in einer irdenen Form mit Vertiefungen, Butter zerlaufen lassen und eßlöffelgroße Bombeischen backen. Die auf beiden Seiten braun gebackenen Bombeischen mit Zimtzucker bestreuen und warm auftragen.

Norddeutscher Butterkuchen

Bedarf: 40 g Hefe, 200 g Milch, 500 g Mehl, 70 g Zucker, 70 g Butter, 1 Eigelb, 5 g Salz, 150 g Korinthen; Belag: 125 g Butter, 100 g Kristallzucker, 100 g abgezogene, feingehackte Mandeln, 3 g Zimt, 1 Msp. Muskatblüte.

Backdauer: 15 – 20 Min., Backtemperatur: 180 – 200 °C, Ergebnis: 20 – 24 Stck. (bei 34 x 40 cm Teigfläche).

Hefe in lauwarmer Milch auflösen. Mehl in eine Schüssel sieben, eine Mulde bilden, Milch mit Hefe eingießen, übrige Zutaten, außer Korinthen, beigeben und kneten, bis der Teig Blasen wirft. Gewaschene, zwischen einem Tuch abgetrocknete Korinthen in den Teig arbeiten und ihn zum Treiben zugedeckt warmhalten.

Backblech mit Butter bestreichen, aufgegangenen Teig darauf zu einem Rechteck ausrollen. Butter in Flöckchen gleichmäßig auf den Teig setzen. Kristallzucker, Mandeln, Zimt und Muskatblüte mischen und ebenfalls gleichmäßig auf den Teig streuen. Teig nochmals an einen warmen Ort stellen, bis er doppelt so hoch ist. Dann erst in den vorgeheizten Backofen schieben.

Butterkuchen nach dem Abkühlen in rechteckige Stücke teilen, die Ränder zuvor abschneiden.

Wickelkuchen

Bedarf für Hefeteig: 30 g Hefe, 200 g Milch, 500 g Mehl, 70 g Zucker, abgeriebene Schale einer halben, ungespritzten Zitrone, 1 Ei, 1 Eigelb, 5 g Salz, 70 g zerlaufene Butter;
Füllung: 2 Eier, 4 El Sahne, 300 g Zucker, 6 g Zimt, 50 g gehacktes Orangeat, 100 g gehacktes Zitronat, 150 g feingeriebene Mandeln;
zum Bestreichen: 1 Eigelb, 50 g Butter; zum Bestreuen: 100 g Mandelstifte, 50 g Kristallzucker.

Backdauer: 30 Min., Backtemperatur: 180 – 200 °C, Ergebnis: 20 Scheiben je 60 g.

Hefe in lauwarmer Milch auflösen. Mehl in eine Schüssel sieben, eine Mulde bilden. Milch mit Hefe eingießen, übrige Teigzutaten beigeben und kneten, bis der Teig Blasen wirft. An warmem Ort gehen lassen und nochmals durchkneten und aufgehen lassen.

Teig zu einem Rechteck etwa 1 cm dick ausrollen. Alle Zutaten der Füllung 5 Min. kräftig rühren. Füllung gleichmäßig auf das Teigrechteck streichen und von beiden Seiten bis zur Mitte hin locker aufrollen. Die Doppelrolle auf ein gebuttertes Blech legen, mit einem Messerrücken gitterartig markieren und 15 Min. zum Aufgehen warmstellen. Eigelb schaumig rühren, flüssige Butter darunterschlagen, Teigrollen damit bestreichen, Mandelstifte sowie Zucker daraufstreuen und im vorgeheizten Ofen backen.

Zwiebackpudding mit Äpfeln

Bedarf für 8 Portionen: 400 g dünne Apfelspalten von Boskop oder Renette, 30 g Zimtzucker, 50 g Butter, 2 El Rum;
Puddingmasse: 200 g Zwieback, 0,5 l Milch, 70 g Butter, 100 g Zucker, 30 g Maisstärke, Abgeriebenes einer halben, ungespritzten Zitrone, 4 Eigelb, 4 Eiweiß, 80 g feingeriebene Mandeln;
für die Form: 20 g Butter, 30 g Zucker.

Gardauer: 45 – 50 Min.

Apfelspalten mit Zimtzucker mischen. In einer geräumigen Stielpfanne Butter erhitzen, Äpfel darin rasch sautieren, Rum dazugießen, durchschwenken, in eine Schüssel schütten und zugedeckt beiseite stellen.

Zwieback in Milch einweichen. Butter, halbe Zuckermenge, Stärke und Zitronenabgeriebenes schaumig rühren, die Eigelb nacheinander dazugeben. Eiweiß mit der anderen Hälfte Zucker zu Schnee schlagen. Zwieback (falls nötig leicht ausdrücken) unter die Butter-Zucker-Eigelb-Masse rühren und den Eischnee sowie die Mandeln behutsam unterheben.

Eine Auflaufform dick mit Butter ausstreichen und mit Zucker ausstreuen. Form schichtweise mit Puddingmasse und vorbereiteten Äpfeln füllen. Anfang und Abschluß bildet jeweils eine Schicht Puddingmasse. Gefüllte Form in ein kochendes Wasserbad stellen und im Ofen bei 160 °C backen.

Beilage: Aprikosensauce.

Aprikosensauce

Bedarf für 8 Portionen: 1 kg reife Aprikosen, 180 – 200 g Zucker, 0,2 l Wasser, Saft von 1 1/2 Zitronen, 30 g Rum.

Aprikosen waschen, halbieren, entsteinen. Vier Steine knacken, die Kerne zu den Früchten geben (geschmackbildend) und zusammen mit Zucker, Wasser sowie Zitronensaft weichdünsten. Aprikosenkerne entnehmen, gegarte Aprikosen durch ein Sieb streichen, Rum beifügen und die Sauce kaltrühren.

BERLIN — MARK BRANDENBURG — LAUSITZ

Suppen

Kaltschalen

Mit Kaltschale bezeichnet man eine Art kalter Suppe, die besonders in diesen Regionen bekannt ist. Kaltschalen werden aus Früchten mit Wein, Bier oder Milch bereitet. Eine reiche Auswahl von Rezepten befindet sich in Bd. 1, Abschn. Kalte Suppen.

Dicke Milch in Satten

Satte oder Sette ist die nieder- bzw. norddeutsche Bezeichnung für Milchnapf.

Vollmilch auf 25 °C erwärmen, ein Fünftel Buttermilch zusetzen, in Portionsmilchnäpfe füllen und kühlstellen. Die Milch wird in kurzer Zeit stichfest. Dann mit geriebenem Schwarzbrot und grobem Kristallzucker bestreut reichen.

Früher konnte man die Milch zum Dickwerden einfach zwei Tage stehen lassen. Das geht seit langem nicht mehr, denn die Milch wird nach dem Melken pasteurisiert und dabei werden die Milchsäurebakterien zerstört, welche zum natürlichen Dickwerden führten.

Stichfeste Sauermilcherzeugnisse mit unterschiedlichem Fettgehalt, hygienisch in Portionsbechern verpackt, werden auch von Molkereibetrieben angeboten.

Erbsensuppe mit Schweinsohr

Bedarf für 2 l: 240 g grüne Trockenerbsen, 200 g zerkleinertes Wurzelgemüse, 80 g Fett, 2 Schweinsohren, Salz, Pfeffer, 150 g rohe Kartoffelwürfel, 3 g gehackter Majoran, 50 g Butter, 1 El gehackte Petersilie, 80 g Röstbrotwürfelchen.

Gardauer: 90 Min.

Erbsen waschen und mit 1,5 l Wasser über Nacht einweichen. Wurzelgemüse in Fett anschwitzen. Erbsen mit dem Einweichwasser und die Schweinsohren zugeben, aufkochen, abschäumen, salzen, pfeffern und bei wenig geöffnetem Topfdeckel 1 Std. leicht kochen. Danach die Kartoffeln beifügen und bei Bedarf noch Wasser angießen. Nach weiteren 30 Min. die gegarten Schweinsohren entnehmen. Die Suppe durch ein Sieb streichen, nachsalzen, mit Majoran würzen und mit Butter verfeinern. Die in dünne, kurze Streifen geschnittenen Schweinsohren in die Suppe geben, gehackte Petersilie daraufstreuen und die Röstbrotwürfelchen separat reichen.

Kürbissuppe mit saurer Sahne

Bedarf für 2 l: 600 g Kürbis, 120 g Butter, 100 g feine, magere Speckwürfel, 150 g Zwiebelwürfelchen, 1,5 l Hühnerbrühe, Salz, Pfeffer, 10 g Zucker, 40 g Mehl, 0,5 l saure Sahne, 100 g dünne Brötchenscheiben.

Kochzeit: 40 Min.

Kürbis schälen, Kerne und Fasern entfernen, in Stücke schneiden. 50 g Butter erhitzen, Speck und Zwiebeln darin anschwitzen, Kürbisstücke beifügen, kurze Zeit mit anschwitzen. Brühe auffüllen, salzen, pfeffern, Zucker dazustreuen und 30 Min. kochen. Weichen Kürbis in der Suppe mit einem Rührstab zerkleinern. Mehl und saure Sahne quirlen, unter Rühren in den Suppenansatz geben und kurze Zeit kochen. Brötchenscheiben im Ofen rösten, 20 g Butterflöckchen darunterschwenken. Suppe nötigenfalls nachwürzen, mit 50 g Butter montieren und zusammen mit den gerösteten Brötchenscheiben zu Tisch geben.

Löffelerbsen mit Speck

Rezept s. Bd. 1, Abschn. Regionalsuppen.

Verschiedene Gerichte

Rollmöpse

Bedarf für 10 Portionen: 10 Salzheringe, 250 g feine Zwiebelwürfel, 1 Tl Senfkörner, Pfeffer, 20 Pfef-
fergurkenstücke, 20 Holz- oder Kunststoffstäbchen;
Sauce: 0,9 l saure Sahne, 0,1 l Milch, Essig, 2 Lorbeerblätter, 10 gequetschte Wacholderbeeren, 10 Pimentkörner, 1 Pfefferschote (Peperoni).

Rollmops ist die Bezeichnung für ein gewickeltes Heringsfilet.

Heringe in reichlich Wasser 6 – 8 Std. wässern. Danach ausnehmen – anfallende Heringsmilch reservieren –, waschen, häuten und filetieren. Filets nebeneinanderlegen, mit Zwiebeln, Senfkörnern
und Pfeffer bestreuen. Auf jedes Filet ein kleinfingerdickes Pfeffergurkenstück legen, zusammenrollen und mit einem Stäbchen durchstechen. Die Rollmöpse in ein Porzellan- oder Steingutgefäß legen und mit folgender Sauce übergießen.

Sauce: Abgespülte Heringsmilch durch ein Sieb passieren, mit saurer Sahne sowie Milch verrühren
und, falls erforderlich, ein wenig Essig beifügen. Lorbeerblätter, Wacholderbeeren, Pimentkörner
sowie die längshalbierte Pfefferschote in die dickfließende Sauce geben.

Die Rollmöpse müssen zugedeckt bis zum nächsten Tag marinieren.

Aal in Dillgelee

Bedarf für 10 Portionen: 2,8 kg frischer Aal, 0,6 l Wasser oder Fischbrühe, 0,5 l Weißwein, 0,2 l
Essig, 100 g Zwiebelscheiben, 150 g zerkleinertes Wurzelgemüse, 1 Bouquet garni
(Dill- und Petersilienstengel, 1 Lorbeerblatt, 1 Thymianzweig, 2 Salbeiblätter),
15 zerdrückte Pfefferkörner, 5 zerdrückte Pimentkörner, Salz, 30 g grobgeschnit-
tener Dill;
zum Klären je l Flüssigkeit: 100 g rohe, gehackte Fischreste, 90 g Eiklar;
zum Gelieren je l Flüssigkeit: 10 – 12 Blätter Gelatine oder 18 – 20 g Gelatinepulver und 0,1 l Wasser zum Quellen.

Gardauer: 30 Min.

Aal enthäuten, Flossensäume abschneiden, Fisch in 10 gleichschwere Stücke teilen. Eingeweide aus
den einzelnen Stücken mit einem schmalen Messer entfernen. Fisch gründlich waschen, danach abtropfen lassen.

Vorbereiteten Aal mit den Flüssigkeiten aufkochen. Schaum abnehmen, Gemüse, Bouquet garni und
Gewürze beifügen, leicht salzen und zugedeckt sieden. Oberfläche entfetten und den gegarten Aal
in der Brühe abkühlen lassen. Lauwarme Aalstücke längshalbieren, Gräten herausnehmen. Halbierte
Aalstücke in einem Glas-oder Porzellangeschirr oder auch in Portionsschälchen gefällig einordnen
und in den Kühlschrank stellen.

Passierte, fettfreie Aalbrühe auslitern, mit der entsprechenden Menge an Klärzutaten gründlich vermischen und unter Rühren zum Kochen bringen. Die eingeweichte Gelatine ausgedrückt oder ge-
quollenes Gelatinepulver zugeben, unter dem Kochpunkt bei wenig geöffnetem Topfdeckel 15 Min.
ziehen lassen. Geklärtes Aalgelee behutsam durch ein Tuch gießen, geschnittenen Dill beifügen und
auf Eis kaltrühren. Durchkühlte Aalstücke überstehend mit stockendem, dickfließendem Dillgelee
bedecken und zum völligen Stocken wieder in den Kühlschrank zurückstellen.

Beilagen: Bratkartoffeln mit Zwiebeln sowie Tomaten- und Gurkensalat.

Heringsfilets in Teig gebacken

Bedarf für 10 Portionen: 5 Matjesheringe, 3 Sardellenfilets, 150 g angeschwitzte Schalottenwürfel, 20 g gehackte Petersilie, 1 Tl Senfpulver, 300 g Fischfarce (s. Bd. 1, Abschn. Farcen), 500 g Blätterteig oder Auslegeteig (Mürbeteig ohne Zucker), Eistreiche (1 Eigelb, 2 El Milch).

Backdauer: 15 Min. bei 230 °C.

Heringe wässern und filetieren wie im Rezept Rollmöpse. Filets nebeneinanderlegen und mit nachfolgender Farce bestreichen.

Farce: Feingehackte Sardellenfilets, Schalotten, Petersilie und Senfpulver unter die leicht gesalzene Fischfarce mengen.

Blätterteig 2 mm dünn ausrollen. Aus der Teigplatte 10 Rechtecke 9 x 17 cm schneiden. Auf die eine Hälfte jedes Teigstücks ein präpariertes Heringsfilet legen, die Ränder mit Eistreiche befeuchten, die zweite Teighälfte darüberklappen und fest andrücken. Die Oberfläche gleichmäßig dünn mit Eistreiche bepinseln. Die gefüllten Teigstücke auf ein Blech legen, mit einer Gabel dreimal einstechen und im vorgeheizten Ofen schön braun backen.

Aal auf Altberliner Art

Bedarf für 5 Portionen: 1,4 kg frischer Aal, 100 g feine Schalottenwürfel oder 80 g feine Zwiebelwürfel, 80 g Butter, 0,2 l Weißwein, 0,5 l Weißbier, 70 — 100 g feingeriebene Roggenmischbrotkrume, 4 zerdrückte Pimentkörner, 10 g Zucker, Salz und Pfeffer nach Geschmack, 1 Bouquet garni (Lorbeerblatt, Thymianzweig, Petersilie), 1 El Zitronensaft.

Gardauer: 20 — 25 Min.

Aal enthäuten, Flossen abschneiden, Fisch in Stücke von 6 cm teilen. Eingeweide aus den einzelnen Stücken mit einem schmalen Messer ausschaben. Fisch gründlich waschen, danach abtropfen lassen.

Schalotten oder Zwiebeln in der Hälfte der Butter anschwitzen. Aal dazugeben, wenn er glasig ist, mit Weißwein ablöschen. Bier, geriebenes Brot und die Gewürze beifügen und zugedeckt bei geringer Hitze sieden.

Gegarte Aalstücke mit einer Fleischgabel in ein Anrichtegeschirr legen. Die Sauce durch ein gröberes Sieb streichen, wenn erforderlich mit ein wenig Brühe verdünnen; nochmals stark erhitzen, die zweite Hälfte der Butter in Flöckchen darunterschlagen, mit Zitronensaft und evtl. fehlendem Salz sowie Pfeffer vervollständigen. Fertige Sauce über die Aalstücke gießen.

Beilagen: Kleine (neue) Dillkartoffeln und Gurkensalat mit saurer Sahne angemacht.

Gedünsteter Spreehecht mit Gemüsen

Bedarf für 10 Portionen: 120 g Butter, 150 g rohe Champignonscheiben, 500 g blättrig geschnittenes Gemüse (Zwiebeln, Lauch, Möhren, Teltower Rübchen, Staudensellerie), Salz nach Geschmack, 10 g Zucker, 0,5 l Fischbrühe (aus den Hechtparüren), 2,5 kg Hecht, 0,2 l Weißwein, 1 Bouquet garni (Petersilienstiele, Thymianzweig, Lorbeerblatt), 4 Eigelb, 0,1 l Sahne, 1 El gehackte Petersilie.

Gardauer: Gemüse 20 Min., Fisch 8 Min.

Eine entsprechend große, feuerfeste irdene Backform dick mit Butter ausstreichen. Pilze und Gemüse mit Salz und Zucker mischen, in die Backform geben und leicht anschwitzen. Fischbrühe auffüllen und zugedeckt 10 Min. dünsten. Hecht filetieren, in 10 gleichschwere Stücke teilen und salzen.

Fischfilets, Weißwein und das Bouquet garni dem Gemüse beifügen. Übrige Butter in Flöckchen auf die Oberfläche legen, mit Alufolie bedecken, Inhalt zum Kochen bringen, die Backform zudekken und im Ofen 8 Min. garen. Danach die Flüssigkeit behutsam aus der Backform in ein anderes Geschirr gießen, auf die benötigte Menge reduzieren, mit Eigelb und Sahne binden. Das Bouquet garni entfernen, die legierte Sauce über Fisch und Gemüse schöpfen und die Petersilie daraufstreuen.

Beilage: Gedämpfte Kartoffeln.

Krebse in Weißbier

Bedarf für 10 Portionen: 60 Krebse je 100 – 120 g, 300 g Zwiebelscheiben, 200 g Möhrenscheiben, 180 g Butter, 0,7 l Weißbier, 0,5 l helle Fleisch- oder Geflügelbrühe, 1 Bouquet garni (Petersilie, Thymianzweig, Lorbeerblatt), 1 Gewürzbeutel (12 zerdrückte Pfefferkörner, 3 g Kümmel, 1 Streifen Zitronenschale), Salz, 30 g geriebene, frische Weißbrotkrume, 15 g gehackte Petersilie, Cayenne.

Kochdauer der Krebse: 6 Min.

Krebse sauber bürsten. Zum Töten in reichlich kochendes Wasser schütten und sogleich wieder zum Abtropfen in einen Durchschlag geben. Zwiebel- und Möhrenscheiben in einem Teil der Butter farblos anschwitzen, Krebse dazulegen, kurze Zeit rösten, Weißbier, Fleischbrühe sowie Bouquet garni und Gewürzbeutel beifügen. Krebse schwach salzen, zugedeckt 6 Min. dünsten, danach zum Abkühlen mit einem Drahtlöffel auf ein Blech legen. Den Fond leicht weiterkochen. Krebsscheren und -schwänze rasch ausbrechen, Darm entfernen und jeweils das Fleisch von 6 Krebsen in Portionsnäpfchen legen. Krebskrusten stoßen, zerkleinert in den Krebsfond geben und noch 10 Min. darin ziehen lassen. Fond durch ein Sieb passieren, den Rückstand kräftig auspressen und auf 0,5 l Flüssigkeitsmenge reduzieren. Geriebene Weißbrotkrume in den Fond rühren und mäßige Hitze wirken lassen, bis er leicht gebunden ist. Die übrige Butter in Flöckchen darunterschlagen, mit Petersilie sowie Cayenne vervollständigen und bei Bedarf noch etwas salzen. Gebundenen Fond in die 10 Näpfchen mit dem Krebsfleisch verteilen.

Beilage: Körnig gekochter Reis.

Eisbeinsülze

Bedarf für 10 Portionen: 5 gepökelte Schinkeneisbeine je 600 g, 300 g frische Schwarten, 0,3 l Essig, 10 g Zucker, 2 gespickte Zwiebeln, 6 zerdrückte Pimentkörner, 10 zerdrückte Pfefferkörner, 3 Gewürzgurken, 3 hartgekochte Eier.

Gardauer: 60 – 90 Min.

Eisbeine und Schwarten waschen, mit kaltem Wasser überstehend aufsetzen, zum Kochen bringen, gründlich abschäumen und bei angelegtem Topfdeckel unter dem Kochpunkt garziehen lassen. Nach halber Gardauer Essig, Zucker, gespickte Zwiebeln, Piment- und Pfefferkörner beigeben. Während des Garens mehrmals die Oberfläche entfetten, damit die Brühe klar bleibt.

Gegarte Eisbeine in der Brühe abkühlen lassen. Noch lauwarm werden die Eisbeine längshalbiert, die Knochen entfernt und die Fleischhälften, mit einem feuchten Tuch belegt, kaltgestellt.

Die von sichtbarem Fett befreite Brühe durch ein Tuch gießen. In 10 kuppelförmige Schalen ein wenig Brühe einfüllen und zum Gelieren in einen Kühlschrank stellen. Später je ein halbes Eisbein mit der Hautseite auf die Geleeschicht legen, mit einigen Gewürzgurken- und halbierten Eischeiben umlegen und die kaltgerührte, stockende Brühe überstehend einfüllen. Nach völligem Erkalten Eisbeinsülze stürzen.

Beilagen: Bratkartoffeln und Salate der Jahreszeit.

Hoppelpoppel

Bedarf für 5 Portionen: 850 g gekochte Pellkartoffeln in Würfel mit 0,5 cm Seitenlänge, Salz, Pfeffer, 150 g angeschwitzte Zwiebelwürfelchen, 175 g Butter, 720 g in Streifen geschnittenes Kurzbratfleisch von Rind, Kalb und Schwein, Delikateßpaprika, 10 Eier,
30 g gehackte Petersilie, 0,3 l Bratenjus.

Hinter dem Berliner Wortspiel Hoppelpoppel verbirgt sich ein Omelett, gefüllt mit gebratenen Kartoffeln und sautiertem Kurzbratfleisch.

In einer stabilen Pfanne entsprechender Größe die mit Pfeffer und Salz gewürzten Kartoffeln zusammen mit den Zwiebeln hellbraun braten.

Währenddessen die Fleischstreifen salzen, mit Paprika bestäuben und in erhitzter Butter rasch so
sautieren, daß sie innen noch saftig sind, dann in einen Durchschlag schütten.

Eier aufschlagen, Petersilie, Salz und Pfeffer beifügen und tüchtig verrühren.

Das abgetropfte Fleisch zu den bratenden, inzwischen hellbraunen Kartoffeln geben, und an die
Pfannenränder einige Butterstückchen. Zum Vermischen des Inhalts die Pfanne schwenken. Die vorbereiteten Eier über Kartoffeln und Fleisch in die Pfanne gießen und bei starker Hitze zart stocken
lassen, wobei die Pfanne noch einmal geschwenkt wird. Den Pfanneninhalt durch Schräghalten in
den vorderen Pfannenteil gleiten lassen, die kremig abgebundene Zubereitung vom Pfannenstiel aus
mit einer Palette zur Mitte hin umklappen und so ein Omelett bilden, das man auf eine bereitstehende, mit Butter bestrichene warme Platte kippt. Die gewölbte Außenfläche leicht mit zerlaufener Butter bestreichen.

Den aufgefangenen Fleischsaft in die erhitzte Bratenjus gießen und diese gesondert reichen.

Beilage: Kopf- und Tomatensalat.

Schweinekotelett mit märkischen Rübchen und Kartoffelkuchen

Bedarf für 10 Portionen: 1,3 kg weiße Rübchen, 80 g feine Zwiebelwürfel, 200 g Butter, Salz, 30 g
Zucker;
Kartoffelkuchen: 300 g gekochte Pellkartoffeln, 90 g Butter, 6 Eigelb, 125 g Sah-
ne, 6 Eiweiß, 8 g Salz, 100 g Butter zum Backen;
10 zugeschnittene Schweinekoteletts je 180 g, Salz, Pfeffer, Mehl, 100 g Fett zum
Braten, 150 g blanchierte, magere Speckstäbchen.

Gardauer: Kotelett etwa 10 Min., Rübchen etwa 25 Min.

Märkische Rübchen: Rübchen waschen, schälen, in Wasser 5 Min. kochen, dann in einem Durchschlag abtropfen lassen. Zwiebeln in 50 g Butter andünsten, Rübchen zugeben, salzen, 20 g Zuk-
ker darüberstreuen, durchschwenken, ein wenig Wasser angießen und zugedeckt etwa 20 Min. garen.

Kartoffelkuchen: Kartoffeln auf einer Bircher Raffel fein reiben. Butter schaumig rühren. Eigelb
und Sahne verquirlen. Vorbereitete Zutaten zu einem Teig mischen. Eiweiß, mit Salz zu Schnee
geschlagen, unter den Teig heben und in einer schwarzen Pfanne mit Butter eßlöffelgroße Kuchen
beidseitig goldgelb backen. Die Kartoffelkuchen in offenem Geschirr anrichten und warmhalten.

Koteletts salzen, pfeffern, in Mehl wenden, in Fett vorbraten, mit 80 g Butter fertigbraten und
anrichten.

In der gleichen Pfanne, unter Beigabe der übrigen Butter, die abgetropften, gekochten Rübchen anbraten, 10 g Zucker, frisch gemahlenen Pfeffer und etwas Salz darüberstreuen. Wenn der Zucker
karamelisiert ist, den Rübendünstfond angießen, sirupartig einkochen und die Rübchen durch
Schwenken glacieren. Speckstäbchen knusprig braten, ohne das ausgebratene Fett auf die Koteletts
häufen und die glacierten Rübchen darumlegen. Die Kartoffelkuchen separat anbieten.

Kasseler Rippenspeer in Brotteig

Bedarf für 10 Portionen: 2 kg Kasseler Rippenspeer entbeint, 2 gespickte Zwiebeln;
Teig: 500 g Weizenmehl, 500 g Roggenmehl, 450 g Wasser, 60 g Hefe, 1 Tl Zucker, 15 g Salz, 20 g Sonnenblumenöl.

Gardauer: 45 Min., Backdauer: 60 Min., Ofentemperatur: 230 – 250 °C.

Kasseler in Wasser legen, daß es bedeckt ist, auf 80 °C erhitzen. Sich bildenden Schaum abnehmen, die gespickten Zwiebeln zufügen und bei konstanter Temperatur 45 Min. lang garziehen. Pökelfleisch, das gekocht wird, verliert seinen Saft, es ist faserig und trocken.

Kasseler danach auf ein Gitter stellen und in seinem Fond erkalten lassen.

Weizen- und Roggenmehl mischen und in eine Schüssel sieben. In der Mitte eine Grube bilden. Lauwarmes Wasser hineinschütten, die Hefe darin auflösen, Zucker dazugeben und soviel vom Mehl einrühren, daß ein weicher Teig entsteht. Salz auf den äußeren Mehlrand streuen, Schüssel mit einem Tuch bedecken, an einen warmen Platz stellen und 15 Min. aufgehen lassen. Danach das Öl beigeben, alles zu einem Teig vereinen und kräftig durchkneten. Teig zugedeckt erneut aufgehen lassen. Auf bemehlter Fläche ein Rechteck entsprechend Länge und Umfang des Kasselers ausrollen. Abgekühltes und abgetrocknetes Fleischstück mit der Oberseite nach unten auf den Teig legen. Teigränder anfeuchten, sie von allen Seiten über das Kasseler schlagen und zum Verschließen leicht andrücken. Umhülltes Kasseler behutsam wenden, mit der Verschlußseite nach unten auf ein gefettetes Backblech legen und warmstellen, damit der Teig noch aufgehen kann.

Teigoberfläche zum Glätten mit lauwarmem Wasser bepinseln, mit einer Nadel mehrfach durchstechen, um ein Aufreißen der späteren Kruste zu vermeiden, und das Kasseler im vorgeheizten Ofen backen. Bevor das eingebackene Fleisch aus dem Ofen kommt, die Oberfläche der Brotkruste leicht mit Wasser bestreichen und nochmals kurz in den Ofen zurückstellen, damit sie Glanz erhält. Dann das Kasseler vom Backblech auf ein Gitter absetzen. Nach 10 Min., wenn der Druck im Fleisch nachgelassen hat, kann es samt Brotkruste in Scheiben geschnitten werden.

Beilagen: Verschiedene Salate.

Gekochte Rinderbrust mit Bouillonkartoffeln

Rezept s. Bd. 1, Seite 446 und 447.

Pökelrippchen in Gelee / Sülzkotelett

Rezept s. Bd. 1, Seite 496.

Eisbein mit Erbsenpüree und Sauerkraut

Bedarf für 10 Portionen: 5 zugeschnittene, gepökelte Eisbeine je 400 g, 2 gespickte Zwiebeln;
Erbsenpüree: 800 g Trockenerbsen, 1 Gemüsebündel (Lauch, Möhre, Sellerie), 150 g Zwiebelwürfel, 70 g Butter;
Sauerkraut: 200 g Zwiebelscheiben, 200 g Apfelscheiben, 100 g Fett, 2 kg Sauerkraut, 1 Gewürzbeutel (1 Tl Kümmel, 10 Wacholderbeeren), 2 El Honig.

Gardauer: Eisbeine 60 – 90 Min., Erbsenpüree 60 – 90 Min., Sauerkraut 30 – 40 Min.

Eisbein: Abgespülte Eisbeine mit Wasser bedeckt zum Kochen bringen, abschäumen und bei wenig geöffnetem Topfdeckel garziehen. Nach halber Garzeit gespickte Zwiebeln dazulegen.

Erbsenpüree: Die gewaschenen, über Nacht eingeweichten Erbsen mit dem Einweichwasser aufkochen, abschäumen und bei schwacher Hitze garen. Nach 30 Min. das Gemüsebündel den Erbsen beifügen und, falls erforderlich, ein wenig von der Pökelbrühe angießen. — Weiche Erbsen durch ein Sieb streichen, nochmals erhitzen, mit Salz abschmecken und später das angerichtete Erbsenpüree mit den in Butter gebräunten Zwiebeln überziehen.

Sauerkraut: Zwiebeln und Äpfel in Fett farblos anschwitzen, aufgelockertes Sauerkraut zugeben, zu halber Höhe mit kochendem Wasser auffüllen und rasch zum Kochen bringen. Zwei von den bereits garenden Eisbeinen und den Gewürzbeutel in das Kraut stecken und das Ganze mit Folie und Deckel verschlossen fertigstellen. Das gegarte Kraut soll fast keinen Fond mehr haben und krokant, also nicht zu weich sein; es wird mit Honig und dem fehlenden Salz abgeschmeckt. Falls die zwei mitgekochten Eisbeine noch nicht gar sind, werden sie wieder der Hauptmenge beigegeben.

Fleisch, Erbsenpüree und Sauerkraut sind getrennt anzurichten.

Kartoffelpuffer mit Preiselbeerkompott

Bedarf für 10 Portionen: 4 kg Kartoffeln, 300 g Zwiebeln, 25 g Salz, 3 g geriebene Muskatnuß, 120 g Mehl, 5 Eier, 500 g Schweineschmalz zum Braten; 3 kg reife (rote) Preiselbeeren, 1,5 kg Zucker, 1 Stck. Zimt.

Kartoffeln und Zwiebeln schälen, waschen und reiben. Salz, Muskatnuß, Mehl sowie die zuvor zerschlagenen Eier zugeben und alles gut verrühren. Fett in stabiler, großer Stielpfanne erhitzen, den Teig löffelweise hineingeben, flachdrücken und die Puffer auf beiden Seiten braun und knusprig braten. Auf ein Tropfgitter mit Blech nebeneinanderlegen, nicht zudecken, damit sie rösch bleiben, und gleich zu Tisch geben. Kaltes Preiselbeerkompott separat anrichten.

Preiselbeerkompott: Preiselbeeren verlesen, waschen und in einem Durchschlag abtropfen lassen. Früchte mit Zucker mischen, an den Kochpunkt bringen, Schaum abnehmen, Zimtstück dazulegen und zugedeckt 10 Min. ziehen lassen. Zum Abkühlen in eine geräumige Schüssel leeren.

Quarkklöße mit Blaubeerkompott

Bedarf für 5 Portionen: 650 g Blaubeeren (Heidelbeeren), 100 g Zucker, 1 Stck. Zimt; 1 kg Quark oder 500 g viertelfetter Schichtkäse, 60 g Butter, 3 Eier, 3 Eigelb, 200 g geriebene Weißbrotkrume, 6 g Salz, 1 Msp. geriebene Muskatnuß, 60 g Butter, 1 El grob zerdrückter Zwieback.

Gardauer: Blaubeeren 2 Min., Quarkklöße 12 – 15 Min.

Blaubeeren verlesen (Blättchen, Stielreste), waschen, in einen Durchschlag legen. Abgetropfte Beeren mit dem Zucker erhitzen. Wenn sich Saft gebildet hat, Zimt beifügen, 2 Min. kochen lassen, dann zum Abkühlen beiseitestellen.

Der handelsübliche Quark ist aufgrund seiner pastenartigen Struktur stark feuchtigkeitshaltig. Vor der Verwendung muß er deshalb in einem Tuch ausgepreßt werden, wobei er 50 % seines Gewichtes verliert.

Schichtkäse hat eine zusammengewachsene Beschaffenheit, er muß vor der Verarbeitung durch ein Sieb gestrichen werden.

Butter schaumig rühren. Eier und Eigelb kräftig zerschlagen. Vorbehandelten Quark oder Käse zusammen mit Butter und Eiern in eine Schüssel geben, Weißbrot, Salz sowie Muskat darüberstreuen, alles zu einer Masse vereinigen und sie 30 Min. ruhen lassen, damit das Brot Feuchtigkeitsanteile aufnehmen kann. Mit einem Eßlöffel oder mit den Handflächen 60 g schwere Klöße formen. Die Klöße in reichlich kochendes Salzwasser einlegen und darin garziehen lassen. Gegarte, abgetropfte Quarkklöße anrichten. Butter bräunen, Zwieback einstreuen und über die Klöße geben.

Blaubeerkompott separat angerichtet zu den Quarkklößen reichen.

Quarkklöße eignen sich auch als Beilage zu Schmorfleischgerichten oder mit einem Teelöffel abgestochen als Suppeneinlage.

Berliner Pfannkuchen

Bedarf für 25 − 30 Pfannkuchen: 700 g Mehl, 50 g Hefe, 100 g Zucker, 400 g Milch, 3 Eigelb,
1 Ei, 120 g Butter, abgeriebene Schale einer halben, ungespritzten Zitrone, 8 g
Salz, 2 El Rum;
2,5 kg Schweineschmalz zum Backen, 400 g Erdbeer- oder Aprikosenmarmelade
zum Füllen, vanillierten Kristallzucker und Puderzucker zum Bestreuen.

Backdauer: 6 − 8 Min., Backfett-Temperatur: 170 − 180 °C.

Mehl in eine Schüssel sieben. In die Mitte eine Mulde drücken. Hefe hineinbröckeln, 1 Tl Zucker,
die lauwarme Milch zugeben und mit dem nächstliegenden Mehl einen leichten Vorteig rühren. Zugedeckt an einem warmen Ort 20 Min. aufgehen lassen. Butter, übrigen Zucker, Eigelb und Ei
schaumig rühren und zusammen mit Zitronenabgeriebenem, Salz und Rum (schränkt Fettsaugen
beim Backen ein) in die Schüssel zum Vorteig geben und zu einem glatten Teig verkneten. Teig solange schlagen, bis er Blasen wirft. Dann nochmals zudecken und 20 Min. aufgehen lassen.

Auf bemehltem Backbrett aus dem Teig eine Walze formen. 50 g schwere Teigteilchen abschneiden.
Mit flacher Hand auf dem Brett zu glatten Bällchen drehen, auf ein mit einem Tuch überspanntes
und mit Mehl bestäubtes Blech legen und zum Aufgehen warmstellen.

Fett erhitzen, soviel Teigstücke einlegen, daß sie beim Aufgehen die ganze Fläche einnehmen, ohne
sich gegenseitig zu drücken. Das Geschirr zudecken und 3 − 4 Min. backen, mit einem Hölzchen
umdrehen und ohne Deckel 3 − 4 Min. fertigbacken. Anschließend auf beiden Seiten nochmals
kurz nachbacken, damit die Pfannkuchen stabil bleiben und am weißen Rändchen nicht einknik-
ken. Goldbraune Pfannkuchen auf Küchenkrepp absetzen, sogleich mit einem Spritzbeutel und glatter Stechtülle Pfannkuchen seitlich durchstechen und glattgerührte Marmelade einspritzen. Danach
in Kristallzucker wälzen und mit Puderzucker bestäuben. Das weiße Rändchen (Stehkragen)
zwischen den goldbraunen Backseiten ist ein Qualitätszeichen; es läßt auf genug Volumen und somit auf gute Teiglockerung schließen.

Eberswalder Spritzkuchen mit Vanillesauce

Bedarf für 20 Spritzkuchen: 0,5 l Milch, 100 g Butter, 50 g Zucker, Msp. Salz, abgeriebene Schale
einer drittel ungespritzten Zitrone, 400 g Mehl, 8 − 10 Eier;
2 kg Schweineschmalz zum Backen;
Glasur: 300 g Puderzucker, 0,1 l Wasser.

Backdauer: 6 Min., Backfett-Temperatur: 170 °C.

Milch, Butter, Zucker, Salz und Zitronenabgeriebenes zum Kochen bringen. Topf von der Kochstelle nehmen, das gesiebte Mehl auf einmal hineinschütten, mit einem Holzlöffel zu einem glatten
Kloß rühren und ihn unter weiterem Rühren noch 1 − 2 Min. erhitzen. Den abgebrannten Kloß in
eine Schüssel geben und die Eier sofort nacheinander darunterarbeiten. Die Masse in einen Spritzbeutel mit großer Sterntülle füllen. Auf gefettete Pergamentpapiere, die der Größe des Fettbehäl-
ters entsprechen, Ringe von 6 cm Durchmesser spritzen, auf die ein gleichgroßer zweiter gespritzt
wird, so daß Doppelringe entstehen.

Jeweils ein Papier, mit den Teigringen nach unten, in das heiße Schmalz geben, wodurch sie sich
von selbst ablösen. Die Spritzkuchen zugedeckt backen, damit sie schön aufgehen. Nachdem sie
hellbraun sind, wenden und offen fertigbacken. Gebackene Spritzkuchen zum Abtropfen auf ein
Gitter legen und obere Hälfte glasieren.

Glasur: Puderzucker mit heißem Wasser glattrühren und mit einem fettfreien Pinsel auftragen.

Vanillesauce

Bedarf für 1 l: 1 l Milch, 1 Vanilleschote, 120 g Zucker, 4 Eier, 2 Eigelb, 2 El geschlagene Sahne.

Milch mit längshalbierter Vanilleschote aufkochen. Zucker, Eier und Eigelb schaumigrühren und die Milch nach und nach dazugießen. Die Mischung in den Topf zurückgeben, unter Rühren mit einem Holzlöffel bis zur Bindung erhitzen. Sauce durch ein Sieb passieren, geschlagene Sahne darunterziehen und kaltstellen.

Gubener Hefeplinsen

Bedarf für 30 Hefeplinsen, Durchmesser 15 cm: 0,7 l Milch, 50 g Hefe, 560 g Mehl, 25 g Zucker, 0,5 l Sahne, 5 g Salz, 6 Eigelb, 6 Eiweiß, 150 g Butter zum Backen, 90 g Butter zum Bestreichen, 200 g Zimtzucker zum Bestreuen.

Vorteig aus 200 g warmer Milch, Hefe, 60 g Mehl sowie Zucker herstellen und an warmer Stelle gehenlassen.

Sahne und übrige Milch erwärmen, verbliebenes Mehl und Salz zugeben, mit einem Schneebesen glattrühren. Eigelb und getriebenen Vorteig beifügen, alles gründlich mischen, nochmals zum Gehen zugedeckt warmstellen. Eiweiß zu Schnee schlagen, behutsam unter den Teig heben. In Pfannen entsprechender Größe Butter erhitzen. Plinsenteig (70 g) mit einer Schöpfkelle einfüllen und bei mäßiger Hitze beidseitig hellbraun backen. Gebackene Plinsen übereinanderlegen und warmhalten. Dann einzeln mit zerlaufener Butter bestreichen, Zimtzucker daraufstreuen, zusammenrollen und heiß servieren.

Beilage: Gedünstetes Backobst oder Kompott aus beliebiger Frucht.

Mancherorts verspeist man Hefeplinsen als Gebäck zum Kaffee.

SCHLESIEN

Suppen

Schlesische Kartoffelsuppe

Rezept s. Bd. 1, Abschn. Regionalsuppen.

Fleischbrühe mit Schälklößen und Sommergemüsen

Bedarf für 10 Portionen: 1 kg Rindsbug, 1 kg Schweinebug, Salz, 500 g Gemüsestreifen (gleiche Anteile: Lauch, Möhren, Sellerie), 150 g blanchierte, grüne Bohnenstücke, 150 g Blumenkohlröschen, 120 g frische Erbsen (ohne Hülsen);
Schälklöße: 200 g Mehl, 170 g Eier, 5 g Salz;
Belag: 80 g Butter, 3 Eigelb, 5 dünne, geröstete Weißbrotscheiben, 30 g Petersilie,
Eistreiche.

Gardauer: Rindfleisch 90 – 100 Min., Schweinefleisch 60 – 70 Min., Gemüse: 20 Min.

Fleisch blanchieren, mit kaltem Wasser bedeckt aufkochen, salzen und garsieden. 20 Min. vor Ende
der Garzeit des Rindfleisches die vorbereiteten Gemüse in die entfettete Brühe geben und kurze Zeit
danach auch die inzwischen hergestellten Schälklöße und alles zusammen mit dem Fleisch fertiggaren. Fleisch entnehmen, in kleinere Stücke schneiden und wieder der Brühe beigeben und in einer
Terrine auftragen. Bei Ausgabe in Portionen Fleisch wegen besseren Einteilens in ein wenig Brühe
separat halten.

Schälklöße: Zutaten der Schälklöße zu einem glatten Teig verarbeiten, ihn teilen und zur Entspannung des Klebers zugedeckt ruhen lassen. Die Teile zu sehr dünnen Platten ausrollen. Mehlstaub
beidseitig abfegen. Butter und Eigelb verrühren, die Masse auf die Teigplatten streichen, zerkrümeltes Röstbrot und Petersilie daraufstreuen und zusammenrollen. Teigschluß mit ein wenig Eistreiche
befeuchten und leicht andrücken, damit die Teigrollen nicht aufgehen. Teigrollen in 1 – 1 1/2 cm
breite Stücke schneiden und nebeneinander auf eine Platte ablegen, von der sie dann, mit ein wenig
kochender Brühe abgelöst, in die Zubereitung gleiten können. Schälklöße sind auch unter der Bezeichnung „Schlitzchen" bekannt.

Verschiedene Gerichte

Speckhäckerle

Bedarf: 200 g magerer Räucherspeck, 5 gewässerte Heringsfilets, 200 g feingehackte Zwiebeln,
4 feingehackte Gewürzgurken, schwarzer Pfeffer, Essig, Senf.

Speckschwarte entfernen, Speck in Würfel schneiden und sehr fein hacken, desgleichen die abgetropften Heringsfilets. Zwiebeln sowie Gurken dazugeben, alles mischen und mit frischgemahlenem
Pfeffer, Essig und Senf geschmacklich ergänzen. (Ein Drittel Speckanteil kann auch durch schaumig
gerührte Butter ersetzt werden.)

Speckhäckerle wird mit Pellkartoffeln oder auf Brot und Brötchen gestrichen verspeist.

Schlesischer Kartoffelsalat

Bedarf für 10 Portionen: 1,5 kg Salatkartoffeln, Salz, Pfeffer, 2 El Öl, Essig, 200 g feine Zwiebelwürfel, 0,2 – 0,3 l helle Fleischbrühe, 1 kg Äpfel, 10 Matjesfilets, 5 Gewürzgurken,
200 g durchwachsener, geräucherter Speck, 10 g Zucker, kleine Kopfsalatblätter.

Foto: Klinger

Gefüllte Forelle in Chablis mit Hummer

Truit farci au chablis et homard

Rezept s. S. 331

Foto: Klinger

Spanisches Reisgericht

Paella

Rezept s. S. 325

Kartoffeln kochen, abpellen, in Scheibchen schneiden, salzen, pfeffern, mit Öl und Essig beträufeln. Zwiebeln dazugeben, mit einem Teil der kochendheißen Brühe übergießen und schwenken, bis eine leichte Bindung besteht. Geschälte Äpfel, gewässerte Heringsfilets und Gewürzgurken in kleine Würfel schneiden. Speck in feinste Streifchen schneiden und knusperig braten. Die gewürfelten Zutaten den angemachten Kartoffeln beifügen, mit Zucker bestreuen, heiße Speckstreifchen samt ausgetretenem Fett darüberschütten, alles behutsam mischen und nochmals abschmecken. Falls der Salat zu fest ist, noch etwas heiße Brühe angießen. Kartoffelsalat in flacher Schüssel anrichten, mit Kopfsalatblättern einfassen und noch lauwarm zu Tisch geben.

Schleie mit Gemüsen schlesische Art

Rezept s. Bd. 1, Abschn. Süßwasserfische und deren Zubereitung.

Schlesisches Himmelreich

Bedarf für 10 Portionen: 1,2 kg Mischobst (gemischte Trockenfrüchte), 1,6 kg durchwachsener, geräucherter Speck, 1 Stck. Zimt, ein dünner Streifen Zitronenschale, 40 g Butter, 50 g Mehl.

Gardauer: Speck 75 – 90 Min., Mischobst 20 – 25 Min.

Mischobst gründlich waschen, über Nacht in Wasser einweichen. Speck quer in zwei Stücke schneiden und zur Milderung des Geschmacks mit reichlich kaltem Wasser aufkochen. Blanchierte Speckstücke in ein anderes Geschirr umsetzen und erneut mit kaltem Wasser bedeckt zum Kochen aufstellen. Nach 60 Min. Gardauer die Hälfte der Speckbrühe in ein Gefäß abgießen. Das Mischobst samt Einweichwasser, Zimt und Zitronenschale dem Speck beigeben, alles wieder zum Kochen bringen und noch weitere 20 – 25 Min. garen. Verdunstete Flüssigkeit, gemäß der Schärfe der Zubereitung, mit Wasser oder mit abgegossener Speckbrühe ausgleichen.

Inzwischen aus Butter und Mehl eine helle Schwitze herstellen. Gegarten Speck aus dem Obst nehmen, Schwarte abziehen und entfernen. Speck zugedeckt warmhalten. Mehlschwitze in das Mischobst rühren, 10 Min. leicht kochen.

Gebundenes Mischobst in flacher Schüssel anrichten und den Speck in Scheiben geschnitten daraufordnen.

Beilage: Semmelklöße (s. Abschn. Klöße).

Eine andere Variante ist: Gegartes Mischobst mit Stärkemehl leicht binden und Speckscheiben gebraten sowie Hefeklöße (s. Abschn. Klöße) dazu reichen.

Schlesischer Bigos

Bedarf für 10 Portionen: 1,5 kg Schweinsbug, Salz, Pfeffer, 200 g Streifen von magerem Speck, 300 g Zwiebelstreifen, 50 g Fett, 1,5 kg Sauerkraut, 200 g Apfelspalten, 20 g Zucker, 1 Gewürzbeutel (1 Tl Kümmel, 10 Wacholderbeeren, 1 kleines Lorbeerblatt), 0,5 l Weißwein, 1,2 kg geschälte Kartoffeln, 250 g Knoblauchwurst (Fleischwurst mit Knoblauch gewürzt).

Gardauer: 50 Min.

Schweinefleisch in 30 g schwere Stücke schneiden, salzen und pfeffern. Speck und Zwiebeln in Fett anbraten, das Fleisch beifügen, andünsten und wenig später das Sauerkraut aufgelockert darübergeben. Die Äpfel auf der Oberfläche verteilen, mit Zucker bestreuen, den Gewürzbeutel dazustecken, alles mit Wein übergießen und rasch aufkochen. Den Ansatz mit gebuttertem Pergamentpapier oder Alufolie belegen und zugedeckt im Ofen garen. Nach 25 Min. die in Scheiben geschnittenen Kartoffeln daraufschichten, leicht salzen und pfeffern, die Flüssigkeitsmenge kontrollieren, bei zu starker Verdunstung einen Schuß Wasser angießen und den Bigos weitere 20 – 25 Min. garen. Das Gericht abschließend mit von der Haut befreiten Wurstscheiben belegen und zugedeckt in den Ofen zurückstellen, bis die Wurst heiß ist.

Für die Zubereitung von Bigos benutzt man am besten eine irdene Form mit gut schließendem Dekkel. In einem derartigen Geschirr kann auch gleich aufgetragen werden.

Weißkohl mit Hackfleisch

Bedarf für 10 Portionen: 2 kg Weißkohl, 4 Semmeln, 4 Eier, 1,5 kg Hackfleisch, Salz, Pfeffer, 200 g magere Räucherspeckwürfel, 50 g Butter, 200 g Zwiebelwürfel, 1 l Brühe, 1 TL Kümmel.

Gardauer: 30 Min.

Unschöne Außenblätter des Weißkohls abnehmen. Kohlköpfe waschen, vierteln, Strunkanteile entfernen, Kohl in Streifen schneiden; zu starke Blattrippen zurücklassen.

Semmeln in Wasser einweichen. Eier aufschlagen und tüchtig quirlen. Hackfleisch in eine geräumige Schüssel geben, mit einer Fleischgabel auflockern, salzen, pfeffern, ausgedrückte Semmeln darüberpflücken, gequirlte Eier beifügen und das Ganze mit der Fleischgabel mischen.

In einer flachen Kasserolle Speckwürfel mit Butter anbraten, Zwiebeln darüberstreuen und glasig werden lassen. Lockere Hackfleischmischung zu Speck und Zwiebeln geben und unter Rühren anbraten. Anhängende Bodenschicht mit einem Spachtel abstoßen. Weißkohlstreifen unter das Fleisch mengen, Brühe angießen, bei Bedarf nachwürzen, Kümmel darüberstreuen und zugedeckt im Ofen garschmoren.

Beilage: (Neue) Pellkartoffeln mit Kräutern geschwenkt.

Hammelfleisch mit Birnen

Bedarf für 10 Portionen: 3 kg Hammelbug, Salz, 2 gespickte Zwiebeln, 10 zerdrückte Pfefferkörner, 3 kg Graubirnen, Saft von 2 Zitronen, 100 g Zucker, 50 g Butter, 60 g Mehl, 6 g grobes Salz, 20 g gehackte Petersilie.

Gardauer: 70 – 90 Min., Birnen 10 – 20 Min.

Hammelbug entbeinen, zusammenrollen und binden. Mit kaltem Wasser bedeckt langsam aufkochen, abschäumen und bei wenig geöffnetem Deckel sieden. Nach 20 Min. die Flüssigkeit leicht salzen und die gespickten Zwiebeln sowie die Pfefferkörner dazulegen. Während des Garens die Oberfläche von Zeit zu Zeit entfetten.

Birnen waschen, schälen, vierteln, Kernhaus-, Kelchblattanteile und Stiele entfernen, mit Zitronensaft beträufeln, Zucker darüberstreuen und durchschwenken. Aus Butter und Mehl eine Schwitze bereiten. Abgekühlte Schwitze mit 1 1/2 l passierter Hammelbrühe auffüllen, unter Rühren aufkochen. Die Birnenviertel in die leicht gebundene Brühe geben und zugedeckt bei schwacher Hitze 10 – 20 Min. kochen. Gegartes Hammelfleisch in Scheiben geschnitten in ein wenig Brühe anrichten, mit grobem Salz und Petersilie bestreuen.

Warmes Birnenkompott gesondert reichen.

Beilage: Kartoffelklöße (s. Abschn. Klöße).

Bratwurst in Braunbier

Bedarf für 10 Portionen: 300 g Zwiebelstreifen, 180 g Butter, 1 Lorbeerblatt, 1,5 kg Bratwürste, 3 El Sahne, 0,7 – 1 l dunkles Bier, 6 dicke Zitronenscheiben, 150 g geriebene, braune Mandellebkuchen, Gewürz fein zerkleinert (1 Nelke, 2 Pimentkörner, 6 Pfefferkörner), 10 g Zucker.

Zwiebelstreifen mit 60 g Butter anschwitzen, 0,4 l Wasser auffüllen, Lorbeerblatt dazulegen und 30 Min. dünsten.

Inzwischen die Würste blanchieren, mit Sahne bestreichen, in einem flachen Topf mit 80 g Butter allseitig braun anbraten, dann herausnehmen. Gedünstete Zwiebeln samt Fond durch ein Sieb streichen, in den Brattopf geben, Bier, Zitronenscheiben und Pfefferkuchen beifügen und leicht kochen, bis die Sauce sämig ist. Zitronenscheiben entnehmen, ausdrücken und wegwerfen. Sauce mit den Gewürzen, mit Zucker und der übrigen Butter verfeinern, die angebratenen Würste hineinlegen und zugedeckt bei schwacher Hitze 6 Min. ziehen lassen.

Beilagen: Rosenkohl, in angebratenen Speckstreifchen geschwenkt, und Kartoffelschnee.

Schlesischer Hasenbraten

Bedarf für 4 Portionen: 1 vorbereiteter Hasenrücken mit daranhängenden Keulen, etwa 1 – 1,2 kg, Salz, Pfeffer, 80 g Butter, 150 g kleinwürfeliges Röstgemüse, 6 gequetschte Wacholderbeeren, 1 Msp. gerebelter Majoran, Bruchstück Lorbeerblatt, 200 g Hasenparüren, 0,2 l saure Sahne, 50 g Semmelbrösel, 0,1 l Rotwein.

Bratdauer: 30 – 40 Min.

Fleischstück salzen, pfeffern und in heißer Butter beidseitig anbraten. Röstgemüse, Gewürze und Parüren darumlegen und im Ofen bei 200 °C braten. Während des Verfahrens öfter mit der Bratbutter beschöpfen. Saure Sahne mit Semmelbröseln mischen. Oberseite von Rücken und Keulen nach 20 Min. Bratzeit mit der Sahnemischung bestreichen und nach erfolgter Bräunung den Vorgang wiederholen, bis die Mischung aufgebraucht ist. Kastanienbraunen Hasenbraten auf ein Anrichtegeschirr legen und warmhalten. Bratsatz mit Rotwein ablöschen und loskochen. Ein wenig Wasser angießen, nach genügendem Auskochen die Sauce durch ein Sieb passieren und separat zum Hasenbraten reichen.

Beilagen: Semmelklöße (s. Abschn. Klöße) und Rotkrautsalat mit Walnüssen.

Rotkrautsalat mit Walnüssen

Bedarf für 4 Portionen: 500 g Rotkraut, Salz, Pfeffer, 60 g Weinessig oder Zitronensaft, 50 g Speiseöl, 70 g Johannisbeergelee, 6 Walnüsse.

Unschöne Außenblätter des Rotkrauts abnehmen. Kraut waschen, Strunk und starke Blattrippen abtrennen. Das Kraut in feinste Streifchen schneiden. Geschnittenes Kraut in kochendes Wasser schütten, umrühren, aufkochen und zum Abtropfen in einen Durchschlag leeren. Heißes Kraut in einer geräumigen Schüssel mit wenig Salz, Pfeffer aus der Mühle, Essig oder Zitronensaft, Öl und Johannisbeergelee gut mischen. Krautsalat in einer Glasschale anrichten und mit streifig geschnittenen Walnußkernen bestreuen.

Süßspeisen

Schlesische Mohnpielen

Bedarf für 10 – 15 Portionen: 1 l Milch, 125 g Zucker, 1/2 Vanilleschote, 300 g gemahlener Mohn, 200 g Rosinen, 120 g feingeriebene Mandeln, abgeriebene Schale einer halben Zitrone, 200 g Zwieback, 50 g Zimtzucker.

Für den Schlesier ist die Weihnacht ohne Mohnpielen nicht schlesisch.

Milch, Zucker und längshalbierte Vanilleschote aufkochen, Mohn einrühren, 10 Min. leicht kochen. Gewaschene Rosinen, Mandeln sowie Zitronenabgeriebenes in die kochendheiße Mohn-Milch rühren und abkühlen lassen. Zwiebackscheiben in 4 Teile brechen, behutsam unter die Mohnmischung heben, in ein oder mehrere Anrichtegeschirre abfüllen und kaltstellen. Vor dem Servieren mit Zimtzucker bestreuen.

Schlesische Mohnstriezel

Bedarf für Hefeteig: 500 g Mehl, 30 g Hefe, 0,2 l Milch, 70 g Zucker, 70 g zerlassene Butter, 1 Ei,
5 g Salz, abgeriebene Schale einer halben Zitrone;
Füllung: 250 g gemahlener Mohn, 0,25 l Milch, 2 Eier, 100 g Zucker, 1 Msp. Zimt,
1 El Rum, 70 g feingehackte Mandeln.

Backdauer: 50 – 60 Min., Backtemperatur: 180 °C, Ergebnis: 20 Scheiben je 60 g.

Hefeteig: Mehl in Schüssel sieben, eine Mulde bilden. Hefe in lauwarmer Milch auflösen und eingießen. Übrige Zutaten beigeben, vermengen und kneten, bis der Teig Blasen wirft. Teig zum Aufgehen zugedeckt warmstellen, danach nochmals durchkneten und aufgehen lassen.

Füllung: Mohn mit Milch und Zucker zu einem Brei verkochen. Eier, Zimt und Rum schaumig schlagen und mit der abgekühlten Mohnmasse vermischen. Abschließend die Mandeln unterziehen.

Herstellung: Teig auf bemehltem Brett zu einem Rechteck, 1/2 cm dick, ausrollen, mit der Füllung bestreichen und von den beiden Längsseiten bis zur Mitte einrollen. Doppelrolle auf ein gefettetes Blech legen, 20 – 30 Min. abgedeckt gehen lassen, dann mit Milch bestreichen, mit einem scharfen Messer in Schrägrichtung 1 cm tiefe Einschnitte anbringen und backen.

Schlesischer Streuselkuchen

Bedarf für Hefeteig: 30 g Hefe, 200 g Milch, 500 g Mehl, 80 g Butter, 70 g Zucker, 1 Ei, 1 Eigelb,
5 g Salz;
Milch zum Bestreichen, 60 g zerlaufene Butter, 60 g Kristallzucker;
Streusel: 125 g Butter, 125 g Zucker, Mark einer viertel Vanilleschote, abgeriebene Schale einer halben Zitrone, 300 g Mehl.

Backdauer: 25 Min., Backtemperatur: 190 – 200 °C, Ergebnis: 20 – 24 Stck. (bei 34 x 40 cm Teigfläche).

Teig: Hefe in lauwarmer Milch auflösen. Mehl in eine Schüssel sieben, eine Mulde bilden, Milch und Hefe eingießen, weiche Butter und übrige Zutaten beigeben und kneten, bis der Teig Blasen wirft. Zugedeckt an warmem Ort gehen lassen, wieder kneten, erneut gehen lassen. Teig auf bemehlter Fläche zu einem Rechteck ausrollen. Teigrechteck auf ein gefettetes Blech legen, mit warmer Milch bestreichen, Streusel gleichmäßig darauf verteilen. Mit zerlaufener Butter beträufeln und mit Kristallzucker bestreuen. Zum Aufgehen nochmals warmstellen, danach im vorgeheizten Ofen backen.

Streusel: Butter, Zucker, Vanille und abgeriebene Zitrone geschmeidig rühren, erst die Hälfte des Mehls einarbeiten, damit die Zutaten gut gemischt sind. Danach die zweite Hälfte des Mehls unterreiben. Der Teig soll zwar bindig sein, sich aber krümeln lassen. Gleichmäßigere Streusel erzielt man, wenn der Teig kaltgestellt und anschließend durch ein grobes Streuselsieb (1 x 1 cm Maschenweite) gestrichen wird.

SACHSEN

Verschiedene Gerichte

Schwammersuppe

Bedarf für 2 l: 30 g feine Speckwürfel, 80 g Butter, 200 g feine Gemüsewürfel (Lauch, Zwiebel, Möhre), 40 g Mehl, 1,5 l Fleischbrühe, 150 g kleine, rohe Kartoffelwürfel, Salz, Pfeffer, 400 g Steinpilze, Knoblauchsalz, 0,1 l saure Sahne, 1 El gehackte Petersilie.

Speck anbraten, die Hälfte der Butter und die Gemüsewürfel beifügen. Nach Verdunsten der Feuchtigkeit Mehl darüberstäuben, farblos anschwitzen, Brühe auffüllen und den Suppeneinsatz unter Rühren zum Kochen bringen. Kartoffelwürfel blanchieren, in einen Durchschlag abgießen. Heiße Kartoffeln in den Suppenansatz schütten, mit Salz und Pfeffer würzen und das Ganze 15 Min. leicht kochen. Pilze putzen, waschen, mit einem Tuch abtrocknen. Danach in Scheiben oder kleine Stücke schneiden, Knoblauchsalz sowie Pfeffer darüberstreuen, in übriger erhitzter Butter sautieren, der Suppe beigeben und alles noch weitere 6 Min. leicht kochen. Abschließend die saure Sahne und die Petersilie unter die Suppe rühren und sie in Tassen oder in einer Terrine auftragen.

Heringskartoffeln

Bedarf für 10 Portionen: 1,5 kg kleine (neue) Kartoffeln, 1 Tl Kümmel, 10 gewässerte Heringsfilets, 150 g Zwiebelwürfelchen, 180 g Butter, 20 g Mehl, 0,3 l Sahne, 0,3 l Fleischbrühe, 60 g Tomatenmark, Pfeffer, 10 g Zucker, Salz, 2 El geriebene, frische Weißbrotkrume.

Backdauer: 25 Min., Backtemperatur: 180 – 200 °C.

Kartoffeln waschen, unter Beigabe von Kümmel garkochen. Ausgedampfte Kartoffeln pellen und in 3 mm dicke Scheiben schneiden. Gewässerte Heringsfilets in Streifen teilen.

Zwiebeln in 100 g Butter andünsten, Mehl darüberstäuben und kurze Zeit schwitzen lassen. Sahne, Fleischbrühe und Tomatenmark in den Ansatz rühren und 10 Min. leicht kochen. Sauce mit frisch gemahlenem Pfeffer, Zucker sowie Salz würzen.

Eine große, flache Backform mit Butter ausstreichen, Kartoffeln und Heringsstreifen einschichten. Die leicht gebundene Sauce gleichmäßig darüber verteilen, Weißbrotkrume auf die Oberfläche streuen und die übrige Butter in Flöckchen darauflegen. Heringskartoffeln im Ofen backen und bräunen.

Beilage: Junge grüne Bohnen.

Sächsische Forellen

Bedarf für 10 Portionen: 10 grüne Heringe je 250 – 300 g, Salz, 2 Zitronensäfte, 500 g Gemüse in Streifen oder Blättchen (gleiche Anteile Zwiebel, Lauch, Sellerie, Möhre), 0,1 l Essig, 10 zerdrückte Pfefferkörner, 0,75 l kräftige Fischbrühe, 60 g Mehlbutter (1:1), 3 Eigelb, 0,2 l Sahne, 50 g gehackte Kräuter (Dill, Petersilie, Schnittlauch, Zitronenmelisse).

Mit „sächsischen Forellen" bezeichnet man hierzulande humorvoll die grünen, also frischen Heringe.

Heringe schuppen, ausnehmen, waschen und abtropfen lassen. Mit Hilfe einer Nadel einen Faden durch Kopf und Schwanzstiel bringen, zusammenziehen und so die Fische ringeln. Dann salzen und die Hälfte des Zitronensaftes darüberträufeln. Aus Gemüsen, Essig, Pfefferkörnern, 80 g Salz und 3 l Wasser einen Sud herstellen und 15 Min. leicht kochen. Fische nebeneinander in den kochenden Sud geben, erneut zum Kochen bringen, zudecken, vom Herd setzen und 10 Min. ziehen lassen.

Fischbrühe mit Mehlbutter binden, mit Eigelb und Sahne legieren. Kräuter und übrigen Zitronensaft in die Sauce rühren und nötigenfalls nachsalzen.

Heringe auf einer großen Porzellanplatte anrichten, Schnüre entfernen; die Gemüse mit einem Schaumlöffel aus dem Sud nehmen und über die Fische geben. Kräutersauce separat reichen.

Beilage: Salzkartoffeln.

Leipziger Allerlei mit frischen Krebsen

Bedarf für 10 Portionen: 30 lebende Krebse je 80 – 100 g, 100 g feingeschnittene Gemüsewürfel (Brunoise), 160 g Butter, 0,2 l Weißwein, 0,6 l Fleischbrühe, 300 g leichte Fischfarce, Salz, 50 g Tomatenmark, 0,8 l Sahne, 2 Eigelb, Cayenne;
2 – 2,2 kg vorbereitete Gemüse (gleiche Anteile: kirschgroße Karotten, Blumenkohlröschen, Spargelstücke von 4 cm, kleine, ganze Morcheln, feine Erbsen), 5 g Zucker.

Gardauer: Krebse 6 Min., Gemüse 12 – 15 Min.

Krebse durch Tauchen in kochendes Wasser rasch töten, abtropfen lassen und mit einem Tuch trockenreiben. Gemüsewürfelchen in 80 g Butter anschwitzen. Abgetrocknete Krebse zugeben und bei starker Hitze sautieren, bis die rote Farbschicht der Krebse voll sichtbar ist. Mit Weißwein ablöschen, Brühe auffüllen und zugedeckt 6 Min. kochen. Krebse mit einem Drahtlöffel entnehmen, abkühlen lassen. Krebsfond reservieren.

Krebsscheren und -schwänze ausbrechen. Krebsschwänze entdärmen. Ausgebrochenes Krebsfleisch zugedeckt reservieren. Zehn Kopfbruststücke von Beinen und Innereien befreien. Erhaltene Krebsnasen auswaschen, mit der Fischfarce (s. Bd. 1, Abschn. Farcen) füllen, in kochendes Salzwasser legen, 5 Min. darin ziehen lassen und zunächst beiseitestellen.

Krusten der Krebse zerstoßen und mit 50 g Butter anschwitzen, Tomatenmark zugeben, kurze Zeit mitschwitzen, den reservierten Krebsfond aufgießen und 10 Min. leicht kochen. Dann durch ein feines Spitzsieb passieren, Krusten dabei kräftig auspressen. Krebsfond und Sahne zu leicht dickfließender Konsistenz einkochen und mit Eigelb legieren. Krebssauce mit einer Spur Cayenne und Salz nachwürzen, warmhalten und nicht mehr kochen (Gerinnungsgefahr).

Gemüse unter Beigabe von 30 g Butter, Zucker, wenig Salz und einem Schuß Wasser etwa 12 bis 15 Min. zugedeckt dünsten. Die Gemüse sollen gar sein, aber dennoch einen leichten Biß haben.

Gegarte Gemüse gründlich abtropfen lassen, in die Krebssauce geben, unterschwenken, alles noch einmal erhitzen und in einer großen, flachen, vorgewärmten Schüssel anrichten. Die heißen, abgetropften Krebsnasen gefällig darumlegen und die warmen Krebsschwänze und -scheren in die Mitte auf das Gemüse häufen. Alles soll so angeordnet sein, daß die Einzelheiten dieses speziellen Gerichtes appetitlich zur Geltung kommen.

Beilage: (Neue) kleine Petersilienkartoffeln oder körnig gekochter Reis.

Sächsisches Zwiebelfleisch

Bedarf für 10 Portionen: 2 kg Rindfleisch (Schaufelstück), Salz, 1 Gemüsebündel (Lauch, Möhre, Sellerie, Petersilienwurzel, Liebstöckel), 1,5 kg Zwiebelscheiben, 80 g Fett, 160 g dünne Semmelscheiben, Pfeffer, 5 g Zucker, 1 El gehackte Petersilie.

Gardauer: 150 Min.

Rindfleisch mit kaltem Wasser bedeckt aufsetzen, langsam zum Kochen bringen, abschäumen, salzen und unter dem Kochpunkt garziehen lassen. Während des Garens Oberfläche entfetten und verdunstete Flüssigkeit durch Angießen von Wasser ersetzen. Gemüsebündel zur Erhaltung der Aromastoffe erst 45 Min. vor beendeter Garzeit dem Fleisch beigeben.

Zwiebelscheiben in Fett hellbraun rösten, zum Abtropfen in einen Durchschlag schütten. Zwiebeln in einen Schmortopf geben, mit Fleischbrühe bedeckt aufgießen, die Semmelscheiben auf der Oberfläche verteilen, frisch gemahlenen Pfeffer, fehlendes Salz sowie Zucker darüberstreuen und zugedeckt 10 – 15 Min. im Ofen schmoren.

Zwiebelgemüse in einem geräumigen Geschirr anrichten, das gegarte, in Scheiben geschnittene Fleisch darauflegen, leicht salzen und mit Petersilie bestreuen.

Beilage: Kümmelklöße (s. Abschn. Klöße).

Rinderzunge in Rosinensauce

Bedarf für 10 Portionen: 1,5 kg Rinderzunge ohne Schlundteile, Salz, 1 Gemüsebündel (Lauch, Sellerie, Möhre), 150 g Rosinen, 0,1 l Portwein, 0,8 l Jus, 120 g geriebener, brauner Lebkuchen, Zucker, Saft einer Zitrone, Pfeffer, 60 g Butter, 50 g gestiftelte Mandeln.

Gardauer: 150 – 180 Min.

Zunge waschen, überstehend mit kaltem Wasser aufsetzen und langsam zum Kochen bringen. Oberfläche abschäumen, Wasser salzen und das Garverfahren unter dem Kochpunkt bei wenig geöffnetem Topfdeckel weiterführen. Gemüsebündel zur Aromaerhaltung erst 40 Min. vor beendeter Garzeit der Zunge beigeben. Zunge ist gar, wenn sich ihre Spitze weich ansticht.

Weiche Zunge entnehmen, in kaltem Wasser abschrecken, damit sich die sehnige Zungenhaut leichter abziehen läßt. Abgezogene Zunge zum Warmhalten in die Brühe zurücklegen.

Rosinen in heißem Portwein aufquellen lassen. Jus dazugießen und mit Lebkuchen binden. Die Sauce mit ein wenig Zucker, Zitronensaft sowie frisch gemahlenem Pfeffer abschmecken und die Butter in Flöckchen unterrühren.

Zunge in Scheiben geschnitten anrichten, Rosinensauce darüberschöpfen und mit Mandeln bestreuen.

Beilage: Gebackene Schwarzwurzeln.

Süßspeisen

Quarkkeulchen

Bedarf: 1,5 kg geschälte Kartoffeln, Salz, 750 g trockener Quark, 2 Eier, 3 Eigelb, 60 – 70 g Mehl, 150 g Zucker, abgeriebene Schale einer halben Zitrone, 1 Msp. geriebene Muskatnuß, 2 g Zimt, 200 g Korinthen;
Ergebnis: 2,5 kg Teig;
200 g Butter zum Braten, 150 g Zimtzucker zum Bestreuen.

Kartoffeln in Salzwasser garkochen, abschütten, gut ausdämpfen und heiß durch eine Kartoffelpresse drücken. Quark und die übrigen Zutaten beigeben und alles rasch zu einem Teig verarbeiten. Den Teig mit einem Spritzbeutel und großer, glatter Tülle (Durchmesser 2 cm) zu Walzen auf eine bemehlte Platte spritzen. Walzen flachdrücken, in Stücke von 6 cm teilen und diese in einer stabilen Pfanne mit wenig Butter auf beiden Seiten goldgelb braten. Die gebratenen Keulchen nebeneinanderliegend anrichten und mit Zimtzucker bestreut zu Tisch geben.

Beilage: Apfelmus, Apfelkompott oder beliebiges anderes Kompott.

Dresdner Prasselkuchen

Bedarf für 20 Stück: 300 g Blätterteig;
Streusel: 125 g Zucker, 125 g Butter, 250 g Mehl, abgeriebene Zitronenschale;
Schaummasse: 3 Eiweiß, 180 g Zucker, 150 g feingeriebene Mandeln.

Backdauer: 30 Min., Backtemperatur: 180 – 200 °C.

Streusel: Zucker, Butter, Mehl und Zitronenschale zu Streuseln reiben.

Schaummasse: Eiweiß aufschlagen, 60 g Zucker nach und nach unterschlagen. Mandeln und restlichen Zucker in die Masse rühren.

Blätterteig auf bemehlter Fläche zu einem Rechteck von 32 x 40 cm ausrollen. Schaummasse auf den Teig streichen. Die Teigplatte mit einem Teigrädchen in Quadrate mit 8 cm Seitenlänge teilen. Streusel auf die Quadrate streuen, sie nicht zu dicht nebeneinander auf ein Blech legen und im vorgeheizten Ofen goldbraun backen.

Eierschecken

Bedarf für Hefeteig: 20 g Hefe, 100 g Milch, 300 g Mehl, 50 g Zucker, 80 g zerlaufene Butter, 1 Ei, Msp. Salz;
Belag: 750 g trockener Quark, 150 g Zucker, 60 g zerlaufene Butter, 1Ei, 1 Eigelb, 20 g Mehl, 20 g Maizena, 40 g Sultaninen, Msp. Salz, 50 g feingeriebene Mandeln, 1 El Rum, abgeriebene Zitronenschale;
Eierguß: 150 g Vanillekrem, 4 Eigelb, 100 g Eiweiß, 100 g Zucker, 25 g Mehl, 25 g Maizena, abgeriebene Zitronenschale.

Backdauer: 35 Min., Backtemperatur: 190 °C, Ergebnis: 20 – 24 Stck. (bei 34 x 40 cm Teigfläche).

Hefeteig: Hefe in lauwarmer Milch auflösen, Mehl in eine Schüssel sieben, eine Mulde bilden, aufgelöste Hefe eingießen, übrige Zutaten beigeben, kneten, bis der Teig Blasen wirft. Teig zum Treiben zugedeckt warmstellen.

Belag: Quark mit Zucker, zerlaufener Butter, Ei und Eigelb verrühren. Die übrigen Zutaten untermischen.

Eierguß: Vanillekrem und Eigelb schaumig rühren. Eiweiß mit halber Zuckermenge zu Schnee schlagen, übrigen Zucker unterziehen. Schaumkrem und Eiweißschnee mischen, übrige Zutaten behutsam unterheben.

Teig ausrollen, in ein ausgebuttertes Randblech legen, Quarkbelag gleichmäßig auftragen und den Eierguß darüberstreichen.

Eierschecken im vorgeheizten Ofen backen.

Leipziger Lerchen

Bedarf für 20 Stück (konische Törtchenformen, Durchmesser 7 cm, Höhe 4 cm);
Mürbeteig: 300 g Mehl, 100 g Zucker, 1 Ei, abgeriebene Schale einer halben Zitrone, Mark einer drittel Vanilleschote, 3 g Salz, 200 g Butter;
Makronenmasse: 550 g Marzipanrohmasse, 550 g Kristallzucker, 330 g Eiweiß, abgeriebene Schale einer halben Zitrone;
150 g Biskuitbrösel, 200 g Aprikosenmarmelade, Eistreiche.

Backdauer: 30 Min., Backtemperatur: 180 °C.

Leipziger Lerchen ist die sächsische Bezeichnung für Makronentörtchen.

Mürbeteig: Mehl auf ein Backbrett sieben, Mulde bilden, in dieser zuerst Ei, abgeriebene Zitrone, Vanillemark und Zucker vermengen, dann mit Butter gründlich vermischen; von außen her Mehl unter die Mischung heben, nicht kneten. Wenn die Teile eben binden, zusammendrücken und den Teig kaltstellen.

Makronenmasse: Marzipanrohmasse und Zucker zusammenreiben. Eiweiß nach und nach einarbeiten. Zitronenabgeriebenes dazugeben und die Masse leicht schaumig rühren.

Mürbteig 2 mm stark ausrollen. Scheiben mit 9 cm Durchmesser ausstechen. Förmchen mit den Teigscheiben auslegen. Teigreste zusammendrücken, nochmals ausrollen. Teigfläche mit Eistreiche bepinseln und unter Zuhilfenahme eines Lineals mit einem Teigrädchen in 4 mm breite Streifen teilen.

Biskuitbrösel auf den Böden der ausgelegten Förmchen verteilen (verhindert Durchkochen der Marmelade), je einen Tl Marmelade daraufgeben und mit einem Spritzbeutel die Makronenmasse einfüllen. Teigstreifenstücke in Länge der Törtchenbreite über Kreuz auf die Füllung legen. Törtchen 30 Min. ruhen lassen, dann mit entsprechendem Abstand auf ein Blech setzen und im vorgeheizten Ofen backen.

THÜRINGEN

Verschiedene Gerichte

Linsensuppe mit Thüringer Wurst

Rezept s. Bd. 1, Abschn. Regionalsuppen.

Thüringer Karpfen

Bedarf für 10 Portionen: 5 Karpfen je 800 g, 500 g Gemüsestreifen (Zwiebeln, Lauch, Möhren, Sellerie, Speiserüben), Salz, Pfeffer, Zucker, 80 g Butter, 0,4 l Rotwein, 0,8 l Fisch- oder Fleischbrühe, 1 Gewürzbeutel (10 zerdrückte Pfefferkörner, 1 Lorbeerblatt, 1 gequetschte Knoblauchzehe, 1 Thymianzweig, 100 g zerschnittene Petersilienstengel oder -wurzeln), Essig, 30 g Stärke, 0,3 l saure Sahne.

Gardauer: 15 Min.

Karpfen schuppen, ausnehmen; anfallende Milcher und Rogen reservieren. Flossen abschneiden, Kopf mit keilförmigem Schnitt vom Körper trennen. Fische entlang der Wirbelsäule halbieren. Karpfenhälften gründlich waschen. Blutige Häute an Milcher und Rogen abspülen.

Gemüsestreifen mit Salz, Pfeffer sowie Zucker würzen, mischen und in einem großen, flachen Geschirr in erhitzter Butter 5 Min. anschwitzen. Karpfenhälften salzen, pfeffern, auf das angeschwitzte Gemüse legen. Rotwein und Brühe dazugießen, Gewürzbeutel beifügen, aufkochen, Folie darüberlegen, das Geschirr zudecken und den Inhalt 10 Min. dünsten. Karpfenmilcher und -rogen in Salzwasser mit einem Spritzer Essig aufkochen und zugedeckt ziehen lassen. Danach den Fisch entnehmen, die Haut abziehen, die Karpfenhälften in ein Anrichtegeschirr legen, abgetropfte Milcher und Rogen dazulegen und alles zugedeckt warmhalten. Gewürzbeutel mit einem Schaumlöffel aus dem Dünstfond heben, kräftig ausdrücken und wegwerfen. Stärke mit der Sahne anrühren, den Dünstfond damit binden, ihn mit Salz, Pfeffer und Zucker nachwürzen und samt Gemüsen über die angerichteten Fische gießen.

Beilage: Kleine Petersilienkartoffeln.

Kloßscheiben, eingebacken in Ei

Bedarf für 2 Portionen: 2 gekochte Kartoffelklöße, 4 Eier, 30 g saure Sahne, Salz, Pfeffer, 1 El geschnittener Schnittlauch, 30 g Butter.

Klöße in 1 cm dicke Scheiben schneiden. Eier aufschlagen, Sahne, Salz, Pfeffer sowie Schnittlauch beifügen und tüchtig quirlen. Butter in einer schwarzen Pfanne erhitzen, Kloßscheiben einlegen und beidseitig hellbraun braten. Gequirlte Eiermischung darübergießen und im Ofen bei mittlerer Hitze stocken und bräunen. Eingebackene Kloßscheiben auf eine runde Platte stürzen.

Beilage: Kopfsalat, angemacht mit Zitrone und Sahne, bestreut mit knusperig gerösteten Magerspeckstreifchen.

Harzer Rotwickel

Bedarf für 10 Portionen: 1 große Zwiebel, 1 Gewürzbeutel (Lorbeerblatt, 2 Nelken, 4 zerdrückte Pimentkörner, 10 zerdrückte Pfefferkörner), 0,2 l Essig, Zucker, Salz, 1 Rotkohlkopf 2 – 3 kg, Pfeffer, 60 g Butter, 80 g Speckschwarte, 200 g Zwiebel- und Möhrenscheiben, 0,1 l Rotwein, Kartoffelstärke, Zitronensaft, 0,15 l Sahne, 150 g magere Speckscheiben;

Füllung: 250 g Steinpilze oder Pfifferlinge, 50 g Butter, 120 g Weißbrot, 0,1 l saure Sahne, 500 g Wildfleisch, 500 g Schweinekamm, Pfeffer, Salz, 2 Eier, 120 g angeschwitze Zwiebelwürfelchen.

Schmordauer: 75 Min.

In einem hohen Topf 3 l Wasser zum Kochen bringen. Die Zwiebel in das Wasser reiben, Gewürzbeutel, Essig, 20 g Zucker und das nötige Salz beigeben und zugedeckt sieden.

Strunk des Rotkohlkopfes ausstechen. Kohlkopf waschen, in den Sud legen und solange darin garen, bis die Blätter elastisch sind und sich formen lassen. Kohlkopf zum Abkühlen in einen Durchschlag legen. Essigsud aufbewahren. Zehn große Kohlblätter abnehmen, auslegen und jedem Blatt eine Anzahl kleiner Mittelblätter zulegen. Blätter mit Pfeffer bestreuen und leicht salzen. In die Mitte jeweils ein länglich geformtes Stück der nachfolgenden Füllung legen und einwickeln. Rotwikkel nebeneinander in eine Schmorpfanne ordnen, die zuvor mit Butter ausgestrichen und mit Speckschwarte, Zwiebel- sowie Möhrenscheiben ausgelegt wurde. Eingesetzte Wickel leicht anbraten, mit einem Teil des Essigsuds untergießen, aufkochen, Alufolie darüberlegen, die Pfanne zudekken und im Ofen bei 180 °C schmoren, evtl. ein wenig Sud nachgießen.

Gargeschmorte Rotwickel anrichten. Den Schmorfond passieren, mit in Rotwein angerührter Stärke leicht binden und mit Zitronensaft, Sahne, ein wenig Zucker und Pfeffer vollenden. Einen Teil der Sauce über die angerichteten Wickel gießen und die gebratenen Speckscheiben darauflegen. Die übrige Sauce separat reichen.

Füllung: Pilze mit Butter scharf anbraten. Weißbrot mit der Sahne tränken. Fleisch in wolfgerechte Stücke schneiden, pfeffern und salzen. Vorbereitete Zutaten mischen, durch die mittlere Scheibe eines Fleischwolfs lassen, Eier und Zwiebeln dazugeben und alles mit einem Holzlöffel tüchtig verrühren.

Zu Rotwickeln reicht man vorwiegend gebratene Kartoffeln, aber auch Kartoffelklöße.

Thüringer Rostbratwurst

Diese beliebte Spezialität Thüringens ist in ganz Deutschland bekannt. Thüringer Rostbratwurst setzt sich zusammen aus:

25 % Kalbfleisch	Gewürze je kg Fleisch:
und	22 g Salz, 2 g weißer Pfeffer, 0,5 g Mus-
75 % Schweinefleisch (am besten Bug)	katblüte, 2 g ganzer Kümmel.

Das gewürzte Kalbfleisch wird durch die feinste Scheibe des Wolfes gelassen und entsprechend der Fleischbindefähigkeit nur mäßig ausgekuttert. Zur Zerkleinerung des gewürzten Schweinebugs ist die Schrotscheibe in den Fleischwolf zu bringen. Unter Zugabe von wenig Wasser wird das geschrotete Fleisch gut bindig gerieben. Jetzt erst kommt Kümmel dazu. Beide Massen werden vermischt und in Schweinedünndärme oder Schafsaitlinge abgefüllt.

Im Gegensatz zur üblichen Bratwurst (vgl. Band 1) wird Thüringer Rostbratwurst roh, also ungebrüht auf einem Rost bei mäßiger Hitze gebraten. Weil die Wurstmasse unter Einwirkung von Wärme quillt, während der Darm schrumpft, darf Rostbratwurst nur lose gefüllt werden, an beiden Seiten muß noch Darm frei sein.

Am besten schmeckt Thüringer Rostbratwurst gleich aus der Hand gegessen mit Senf und Semmel. Man kann sie natürlich auch mit Beilagen wie Rot-, Wirsing-, Sauerkraut oder Rosenkohl sowie passierten oder gebratenen Kartoffeln verspeisen.

Gänsebraten mit grünen Klößen

Bedarf für 10 Portionen: 1 bratfertige, junge Gans von 5 kg, Salz, Pfeffer, 300 g Apfelviertel, 200 g Zwiebelviertel, 3 g gerebelter Beifuß, 250 g Röstgemüse, Stärke.

Bratdauer etwa 2 − 2 1/2 Std.

Gans innen salzen und pfeffern. Apfel- und Zwiebelviertel mit Beifuß mischen. Mischung in den Hohlraum der Gans füllen und die Öffnung zunähen. Gefüllte Gans binden (bridieren), außen auch würzen, in einen Bräter legen, mit heißem Wasser untergießen und zum Kochen bringen. Bräter in den vorgeheizten Ofen schieben und zunächst bei 200 °C, später bei 180 °C im alsbald austretenden eigenen Fett kastanienbraun und knusprig braten. Während des Garens öfter mit dem Bratfett begießen. Im letzten Viertel des Bratverfahrens das Röstgemüse zum Bräunen beigeben.

Gebratene Gans entnehmen; vor dem Tranchieren 10 Min. ruhen lassen. Nicht zudecken, damit die knusprige Haut weitgehend erhalten bleibt.

Gänsefett vom Bratsatz abgießen und für andere Zubereitungen aufheben. Den Bratsatz mit 0,8 l Wasser ablöschen, loskochen und die ausgebrochenen Knochen der tranchierten Gans zum Auswerten in der Gänsejus mitkochen. Später die Jus mit ein wenig angerührter Stärke leicht binden und durch ein Sieb gießen.

Tranchierte Gans auf der zuvor entnommenen Apfel-Zwiebel-Füllung anrichten, nochmal kurz in den heißen Ofen stellen. Gänsejus und grüne Klöße separat reichen. Rotkraut ist eine weitere beliebte Beilage.

Grüne Klöße

Bedarf für 10 Portionen: 2,5 kg geschälte, rohe Kartoffeln, 750 g Milch, 60 g Grieß, Salz, Muskat,
              120 g in Butter geröstete Semmelbröckchen.
Ergebnis: etwa 30 Klöße je 90 g, Gardauer: 15 − 20 Min.

Thüringer Klöße, ein ausgesprochenes Leibgericht der einheimischen Bevölkerung, werden in manchen Landstrichen auch grüne oder wollene Klöße genannt.

Kartoffeln zum Schutz gegen Verfärbung in ein Gefäß mit kaltem Wasser reiben. Von Milch und Grieß einen Brei kochen. Geriebene Kartoffeln in ein Tuch gießen und tüchtig auspressen. Das Kartoffelwasser auffangen. Wenn sich die Stärke abgesetzt hat, klares Wasser abgießen. Die als Bodensatz verbliebene Stärke mit den geriebenen, ausgepreßten Kartoffeln mischen. Kartoffeln würzen, heißen Grießbrei darüberschütten, alles intensiv zu einem Teig verarbeiten. Mit bemehlten Händen etwa 90 g schwere Klöße formen und in deren Mitte einige Röstbrotbröckchen stecken. Klöße in reichlich wallendes Salzwasser legen, Wasser schnell wieder zum Kochen bringen, dann die Hitzezufuhr sofort reduzieren und die Klöße bei wenig geöffnetem Topfdeckel bis zum Garpunkt sieden.

Thüringer Rippenbraten

Bedarf für 10 Portionen: 2,3 kg mild gepökeltes Schweinekarree, 1 Tl ganzer Kümmel, 200 g Röstgemüse (2/3 Zwiebeln, 1/3 Möhren), 10 zerdrückte Pfefferkörner, 10 gequetschte Wacholderbeeren, 1 gequetschte Knoblauchzehe, 60 g Tomatenmark, Kartoffelstärke.
Gardauer: 45 Min.

Rückgratknochen des Schweinekarrees abschlagen und das dicke Sehnenband abtrennen. Parüren zerkleinern. Schweinekarree in lauwarmem Wasser waschen, mit einem Tuch trockenreiben, mit Kümmel bestreuen und diesen fest andrücken. Fleisch in eine passende Bratpfanne legen, die Parüren darumstreuen, mit etwas Wasser untergießen, aufkochen und in einen vorgeheizten Ofen schieben. Zunächst bei 200 °C garen und fleißig begießen. Später, wenn das Wasser verdunstet ist und das eigene Fett des Karrees als Brathilfe wirksam wird, das Röstgemüse und die Gewürze dazulegen und die Temperatur auf 180 °C reduzieren.

Fertiggegarten, braunen Rippenbraten aus der Pfanne nehmen und auf ein Gitter mit Tropfblech legen. Überflüssiges Fett vom Bratsatz abgießen, Tomatenmark in der Pfanne verrühren, die erforderliche Menge kalten Wassers zur Saucenbildung angießen und 15 Min. leicht kochen. Danach den Saucenfond entfetten, mit angerührter Stärke leicht binden und durch ein Sieb passieren. Rippenbraten in Scheiben schneiden, Tropfsaft der Sauce beigeben und beides getrennt reichen.

Beilagen: Sauerkraut und Thüringer Watteklöße.

Watteklöße

Bedarf für 10 Portionen: 2,3 kg Pellkartoffeln, 250 g Kartoffelmehl, Salz, geriebene Muskatnuß, 250 g Milch, 120 g in Butter geröstete Weißbrotwürfelchen.

Ergebnis: etwa 30 Klöße je 90 g.

Gardauer: 10 – 12 Min.

Pellkartoffeln reiben, Kartoffelmehl, Salz und Muskatnuß dazugeben und mischen. Milch aufkochen, darübergießen und rasch zu einer Masse kneten. Mit bemehlten Händen 90 g schwere Klöße formen, in deren Mitte einige Röstbrotwürfelchen stecken, und in kochendes Salzwasser legen. Wasser rasch wieder zum Kochen bringen und Klöße bei wenig geöffnetem Topfdeckel sieden.

Rebhuhn mit Linsen

Bedarf für 10 Portionen: 700 g Linsen, 10 ausgenommene, jährige Rebhühner, Salz, Pfeffer, 250 g Röstgemüse, 10 gequetschte Wacholderbeeren, 150 g Fett, 0,2 l Weißwein, 100 g feine Räucherspeckstreifen, 180 g Zwiebelwürfelchen, 1 Gemüsebündel (Lauch, Möhre, Selleriestück, Lorbeerblatt, Majoranzweig, gequetschte Knoblauchzehe), 500 g rohe Kartoffelwürfelchen, Essig, Zucker, 60 g Butter, 15 g gehackte Petersilie.

Gardauer: Rebhühner 50 – 60 Min., Linsen 30 – 40 Min.

Linsen waschen, mit Wasser bedeckt 3 Std. einweichen.

Rebhühner binden, salzen, pfeffern und zusammen mit dem Röstgemüse und den Wacholderbeeren in einer mit Fett erhitzten Schmorpfanne braun anbraten. Mit Weißwein ablöschen, wenig Wasser dazugießen und im Ofen bei mäßiger Hitze schmoren.

In einer Kasserolle Speck und Zwiebeln anschwitzen. Linsen samt Einweichwasser zugeben. Gemüsebündel einlegen. Ansatz mit dem nötigen Salz und Pfeffer abschmecken. Topf zudecken und 15 Min. garen. Inzwischen Kartoffelwürfel blanchieren, in einen Durchschlag abschütten. Kartoffeln heiß den Linsen beigeben, falls erforderlich noch ein wenig Wasser oder Brühe angießen und das Ganze bei geschlossener Kasserolle garsieden.

Geschmorte Rebhühner aus der Schmorpfanne nehmen, ein wenig abkühlen lassen, danach halbieren und Rippenknochen, Brustbein sowie Schnüre abnehmen. Den Schmorfond durch ein Sieb in das gegarte Linsengericht gießen und alles mit Essig und Zucker pikant abschmecken. – Die Zubereitung soll von leicht sämiger Beschaffenheit sein. Sie wird, nach Entfernen des Gemüsebündels, in einem entsprechend großen Geschirr angerichtet, mit den halbierten Rebhühnern belegt, die noch mit ein wenig brauner Butter zu beträufeln und mit Petersilie zu bestreuen sind.

Thüringer Pflaumenkuchen

Bedarf für Hefeteig: 30 g Hefe, 200 g Milch, 500 g Mehl, 75 g Zucker, 75 g zerlaufene Butter, 1 Ei, 5 g Salz, Zitronenabgeriebenes;
Belag: 1 l Milch, 70 g Zucker, Mark einer halben Vanilleschote, 70 g Grieß, 2 Eigelb, 1,5 kg Pflaumen, 400 g Sahne, 40 g Zucker, 50 g Maisstärke.

Backdauer: 35 Min., Backtemperatur: 190 – 200 °C, Ergebnis: 20 – 24 Stck. (bei 34 x 40 cm Teigfläche).

Hefeteig: Hefe in lauwarmer Milch auflösen. Mehl in eine Schüssel sieben, eine Mulde bilden, aufgelöste Hefe eingießen. Übrige Zutaten beigeben und kneten, bis der Teig Blasen wirft. Teig zum Treiben zugedeckt warmstellen.

Belag: Milch, Zucker und Vanille aufkochen. Grieß einrühren und bei schwacher Hitze ausquellen lassen. Eigelb dazurühren, nochmals aufkochen, dann beiseitestellen. Pflaumen waschen, mit einem Tuch trockenreiben, längs einschneiden, aufklappen und entsteinen. Sahne steifschlagen, mit Zucker und Stärke vermengen.

Teig zu einem Rechteck ausrollen, auf ein gefettetes Blech legen. Abgekühlte Grießmasse auf den Teig streichen. Pflaumen schuppenartig daraufordnen, die Sahnemischung gleichmäßig darüberstreichen. Pflaumenkuchen im vorgeheizten Ofen backen.

NIEDERSACHSEN

Verschiedene Gerichte

Lüneburger Quappensuppe

Bedarf für 2 l: 1,5 kg Quappen, 400 g Gemüsestreifchen (Möhren, weiße Rübchen, Petersilienwurzel, Lauch), Salz, Zucker, 80 g Butter, 2 l Fleischbrühe, 80 g feine Hafergrütze, 1 El gehackte Petersilie.

Die Quappe, auch unter den Namen Aalquappe, Aalrutte und Trüsche bekannt, ist die einzige im Süßwasser lebende Dorschfischart. Der langgestreckte, vorne runde Körper ist zum Schwanzstiel hin seitlich flachgedrückt. Quappen erreichen eine Länge bis zu 80 cm. Das Fleisch und vor allem die Leber ist wohlschmeckend. Der Rogen ist ungenießbar.

Quappen ausnehmen. Die an der Leber befindliche Gallenblase entfernen. Fische filetieren und häuten. Fischfilets und Lebern waschen, mit Küchenkrepp abtrocknen, dann in gleichmäßige Stückchen schneiden.

Gemüsestreifchen mit Salz und etwas Zucker bestreuen, untermischen und in zerlaufener Butter anschwitzen. Ein wenig Brühe angießen und zugedeckt halbgar dünsten. Fisch- und Leberstückchen dazulegen, noch Brühe beifügen, daß die Stückchen gerade bedeckt sind, weitere 6 Min. garen, dann zunächst beiseitestellen.

Übrige Brühe aufkochen, Hafergrütze einrühren und 10 Min. leicht kochen. Danach die bereits gegarten Gemüse- und Fischteilchen sowie die Petersilie dazugeben und die Suppe nochmals stark erhitzen.

Welfensalat

Bedarf für 5 Portionen: 850 g Sellerie (ohne Grün und Wurzeln), Salz, 4 El Essig, 100 g geputzte Brunnenkresse;

100 g frische, in Madeira gedünstete Trüffelstreifchen;

Marinade: 1/2 Knoblauchzehe, 4 hartgekochte Eigelb, 1 El milder Speisesenf, 2 El Weinessig, 5 El Olivenöl, Salz, weißer Pfeffer, Zucker , 6 gehackte Estragonblätter, 1 Tl geschnittener Schnittlauch.

Gardauer: 50 – 60 Min.

Sellerieknolle unter fließendem Wasser gründlich bürsten, in kochendes, gesalzenes Essigwasser legen und darin halb weichgaren. Dann aus dem Kochsud nehmen und zum leichteren Schälen mit kaltem Wasser übergießen. Abgekühlten Sellerie schälen, in Streifen schneiden, auf einer großen, flachen Kristallplatte anrichten und mit Brunnenkresse einfassen. Trüffelstreifchen auf den Sellerie streuen und alles mit Marinade übergießen.

Marinade: Eine Schüssel mit der Schnittfläche der halben Knoblauchzehe ausreiben. Eigelb durch ein feines Sieb in die Schüssel passieren. Senf zugeben, mit einem Schneebesen glattrühren und abwechselnd Weinessig und Olivenöl dazurühren. Marinade leicht salzen, mit frisch gemahlenem Pfeffer und Zucker würzen und die Kräuter sowie den Trüffeldünstfond dazugeben. Zu starke Sämigkeit der Marinade mit ein wenig kalter Brühe (notfalls Wasser) mindern.

Steinhuder Aal in frischen Gartenkräutern

Bedarf für 10 Portionen: 2,3 kg frischer Aal, 30 frische Salbeiblättchen, Salz, Pfeffer, Mehl, 80 g
           Butter, 180 g feingehackte Schalotten, 0,5 l trockener Weißwein, 0,5 l Fischbrühe,
           1 Lorbeerblatt, 1 Majoranzweig, 4 Eigelb, 0,5 l Sahne;
           frische Kräuter: 50 g Kresse, 50 g Sauerampfer, 1 Kerbelzweig, 6 Liebstöckelblät-
           ter, 5 Estragonblätter, 5 g Zitronenmelisse, 10 g Petersilie, Saft einer halben
           Zitrone.

Gardauer: 15 – 20 Min.

Aal enthäuten, Flossensäume mit einer Schere abtrennen. Körper in Stücke von 50 – 60 g schneiden
(Vorsicht, Gallenblase!), Innereien entfernen. Aalstücke zum Entbluten 10 Min. wässern. Danach
mit einem Tuch gründlich trockenreiben. Jedes Aalstück entlang der Mittelgräte einstechen, in die
Öffnung ein Salbeiblättchen stecken. Präparierten Aal salzen, pfeffern, mit Mehl leicht bestäuben
und in einem flachen Schmortopf in erhitzter Butter blond anbraten. Schalotten und Knoblauch
beigeben, durchrühren, mit Weißwein ablöschen, Fischbrühe oder Wasser auffüllen, Lorbeerblatt
sowie Majoranzweig dazulegen und zugedeckt 15 Min. ziehen lassen. – Eigelb mit 5 El Sahne zu einer Liaison rühren. Kräuter auf feucht abgewischtem Brett (vermindert Saugfähigkeit), mit schar-
fem Messer sehr fein hacken. – Gegarte Aalstücke in ein Anrichtegeschirr legen und zugedeckt
warmstellen. Aalfond durch ein Sieb gießen, nötigenfalls entfetten und zusammen mit der übrigen
Sahne bis auf die Hälfte der Flüssigkeitsmenge einkochen. Dann mit der Liaison binden; der Sauce
die Kräuter und den Zitronensaft beifügen und sie über die warmen Aalstücke gießen.

Beilagen: Gedämpfte Kartoffeln und Löwenzahnsalat.

Kalbsleberpudding mit Rosinensauce

Bedarf für 10 Portionen: 100 g feingehackte Schalotten, 200 g Butter, 150 g frische Weißbrotkru-
           me, 75 g Milch, 600 g Kalbsleber, 25 g Salz, 2 g Pfeffer, 3 g Muskatblüte, 1 Msp.
           abgeriebene Zitronenschale, 3 g gerebelter Majoran, 1 Ei, 4 Eigelb, 4 Eiweiß, But-
           ter und Zwiebackbrösel zum Ausfüttern von Formen;
           20 g Sultaninen, 20 g Korinthen, 80 g Portwein, 30 g Zucker, Saft einer halben Zi-
           trone, 0,6 l Demiglace oder Bratenjus, 20 g Butter, Pfeffer, 20 g Mandelstifte.

Gardauer: 60 – 75 Min., Portionsförmchen 25 Min., Ofentemperatur: 150 °C.

Leberpudding: Schalotten in 20 g Butter anschwitzen. Weißbrotkrume in feine Scheibchen schneiden, mit Milch durchfeuchten, Leber in wolfgerechte Stücke schneiden, Salz, Pfeffer, Muskatblüte,
Zitronenschale und Majoran dazugeben, mischen und durch die feinste Scheibe des Fleischwolfs lassen. – 180 g Butter schaumig rühren, Ei und Eigelb nach und nach dazurühren. Die durchgelassenen
Zutaten unter die schaumige Ei-Butter arbeiten und alles gründlich vermengen. Eiweiß, zu steifem
Schnee geschlagen, unter die Masse heben und diese in eine gebutterte und mit Zwiebackbröseln
ausgestreute Puddingform (oder in Portionsförmchen) füllen. Form in ein kochendes Wasserbad
stellen und im vorgeheizten Ofen garen. Die Temperatur darf 150 °C nicht übersteigen, sonst entsteht zuviel Oberhitze und der Pudding gart ungleichmäßig.

Rosinensauce: Sultaninen und Korinthen in Portwein warmstellen. Zucker hellgelb karamelisieren,
mit Zitronensaft ablöschen, bei mäßiger Wärme auflösen. Sauce und Rosinen samt Flüssigkeit dazugeben, kurze Zeit leicht kochen, abseits der Hitze die Butter unterrühren und mit frisch gemahlenem Pfeffer würzen.

Pudding auf eine vorgewärmte Porzellanplatte stürzen, mit gerösteten Mandelstiften bestreuen und
mit ein wenig Sauce umkränzen. Übrige Sauce separat reichen.

Beilage: Gedünstete Schnippelbohnen (Schnittbohnen).

Lüneburger Heidschnuckenbraten mit Mehlklößen

Bedarf für 10 Portionen: 2 Lammbüge ohne Hachse je 1,5 kg, 250 g Röstgemüse, 5 gequetschte
Wacholderbeeren, 2 gequetschte Knoblauchzehen, 1,5 l Buttermilch, 3 El Essig,
Salz, Pfeffer, 90 g Fett, 0,3 l Weißwein, 1 Kräuterbündel (Petersilienstengel,
1 Thymianzweig, 3 Salbeiblätter, 1 Lorbeerblatt), 150 g zerschnittene, ausgedrückte
Tomaten, 0,6 l saure Sahne, Zucker.

Gardauer: 60 – 70 Min.

Die Heidschnucke, eine kleine, widerstandsfähige Schafrasse, wird in der Lüneburger Heide gehalten.
Das Fleisch ist feinfaserig; wegen seiner Zartheit und des wildähnlichen Geschmacks wird es besonders geschätzt.

Lammbüge entbeinen, dünne Haut auf der Außenseite abziehen. Knochen und Parüren zerkleinern
und reservieren. Fleisch in ein Gefäß legen, Röstgemüse, Wacholderbeeren sowie Knoblauch dazulegen, mit Buttermilch und Essig übergießen und zugedeckt 24 Std. kaltstellen. Das Fleisch von
Zeit zu Zeit wenden.

Fleisch samt Beigaben in einen Durchschlag schütten, alles gut abtropfen lassen. Buttermilchmarinade auffangen. Fleisch mit kaltem Wasser abbrausen, mit einem Tuch trockenreiben, salzen, pfeffern,
zur Rolle formen und netzartig umschnüren. Gebundenen Lammbug und reservierte Knochen sowie Parüren in einem mit Fett erhitzten Schmorgeschirr braun anbraten. Abgetropftes Röstgemüse
zugeben und mitbräunen. Dann mit Weißwein ablöschen, etwas Buttermilchmarinade angießen,
Kräuterbündel einlegen und alles im Ofen (180 – 200 °C) schmoren; dabei das Fleisch mehrmals
beschöpfen und, falls erforderlich, noch Buttermilchmarinade beifügen.

Gegarten Braten entnehmen und warmhalten. Schmorfond entfetten, Tomaten beifügen, weichschmoren, saure Sahne dazugießen, kurze Zeit kochen. Sauce durch ein Sieb passieren, mit Salz,
Pfeffer und ein wenig Zucker abschmecken und bei ungenügender Sämigkeit mit angerührter Stärke
noch leicht binden. Nach Beseitigen der Schnüre den Braten tranchieren, anrichten, mit etwas
Sauce umkränzen, übrige Sauce und Mehlklöße separat reichen.

Mehlklöße

Bedarf für 10 Portionen: 240 g abgerindete Brötchen, 750 g Milch, 3 Eier, 375 g Mehl, 30 g Salz,
2 g geriebene Muskatnuß; 20 g Butter.

Ergebnis: 1,5 kg Kloßteig = 30 Klöße je 50 g.

Gardauer: 10 – 12 Min.

Brötchen in dünne Scheiben schneiden und in angewärmter Milch einweichen. Aufgeweichte Scheiben mit einem Schneebesen völlig zerrühren. Eier, Mehl, Salz und Gewürz zugeben, alles vermengen
und den Teig schlagen, bis er Blasen wirft. Mit nassem Eßlöffel etwa 50 g schwere, eiförmige Klöße
abstechen, in kochendes Salzwasser legen und bei wenig geöffnetem Topfdeckel garziehen lassen.

Gegarte Klöße anrichten und mit zerlaufener Butter bestreichen.

Oldenburger Fleischbrote

Bedarf für 10 Portionen: 200 g Weißbrot, 120 g Milch, 300 g Rindfleisch, 400 g Kalbfleisch, 400 g
Schweinefleisch, 100 g angeschwitzte Zwiebelwürfelchen, 30 g Salz, 20 g Edelsüß-
Paprika, 3 Eier, 100 g Fett zum Anbraten;
Sauce: 200 g Gemüsewürfelchen (Möhren, Sellerie, Zwiebeln), 400 g Tomaten-
fleischwürfel, 100 g Butter, 0,8 l Sahne, 0,2 l Fleischbrühe, Salz, Pfeffer, Zucker,
1 El gehackte Petersilie.

Weißbrot in Scheiben schneiden, in eine Schüssel legen und mit Milch übergießen. Fleisch, Zwiebeln, Salz sowie Paprika dazugeben, alles mischen und durch die mittlere Scheibe des Fleischwolfs lassen. Eier über die zerkleinerten Zutaten schlagen und alles rasch zusammengreifen. Aus der Masse 150 g schwere Bratlinge formen.

Sauce: Gemüsewürfel in einem flachen Geschirr mit Butter anschwitzen. Tomaten zugeben, weichschmoren. Sahne und Brühe auffüllen, salzen, mit Pfeffer und Zucker abschmecken und zugedeckt leicht kochen.

Fleischbrote in erhitztem Fett beidseitig braun anbraten, in die Gemüsesahne legen und darin 10 Min. ziehen lassen. Danach anrichten, die Sauce darübergießen und mit Petersilie bestreuen.

Beilage: Kartoffelpüree.

Hannoversche Bregenwurst

Bedarf für 10 Portionen: 450 g Hirn (Gehirn, Bregen, Brägen), 300 g feine Zwiebelwürfel, 150 g gehacktes Kalbsnierenfett, 120 g Weißbrot, 600 g geschrotetes Schweinefleisch, 3 Eier, 35 g Salz, 2 g geriebene Muskatnuß, 3 g frisch gemahlener, weißer Pfeffer, 1 g gemahlene Pimentkörner, Schweinedärme; Milch, 120 g Butter zum Braten.

Ergebnis: etwa 1,5 kg Masse ≙ 20 Würste je 75 g.

Haut und feine Adern des Hirns abziehen. Dann so lange in kaltes Wasser legen, bis das Blut ausgezogen ist. Behandeltes Hirn mit kaltem Wasser bedeckt aufkochen und in einen Durchschlag abschütten. Nach genügendem Abtropfen feinhacken. Zwiebeln in Kalbsnierenfett gardünsten und abkühlen lassen. Weißbrot in Wasser einweichen und leicht ausdrücken.

Alle vorbereiteten Zutaten mit dem Schweinefleisch, den Eiern, dem Salz und den Gewürzen zu einer Farce vermengen. Diese locker in vorbereitete Schweinedärme füllen und zur gewünschten Schwere abbinden. Würste zum Brühen in kochendes Wasser legen, zudecken und abseits der Kochstelle 12 Min. ziehen lassen. — Bregenwurst wird vielfach auch geräuchert, wodurch ein herzhafter Geschmack entsteht. In diesem Fall ist die Wurst vor dem Brühen in Warmrauch zu behandeln. — Abgetropfte heiße Wurst zur Förderung der braunen Außenseite in wenig Milch wenden und bei mäßiger Hitze in Butter braten. Die Bratbutter durch ein kleines Sieb auf die angerichteten Bregenwürste gießen.

Beilagen: Buttermilchkartoffeln oder Kartoffelsalat und Salate der Jahreszeit. — Geschmorter Grünkohl, örtlich auch Braunkohl genannt, ist eine beliebte Beilage zu geräucherter Bregenwurst.

Überbackene Buttermilchkartoffeln

Bedarf für 10 Portionen: 1,8 kg geschälte rohe Kartoffeln, Salz, 120 g feine Zwiebelwürfel, 120 g Butter, 60 g Mehl, 0,8 l Buttermilch, 0,4 l Sahne, 1 Msp. geriebene Muskatnuß, 3 g gemahlener weißer Pfeffer, Saft einer halben Zitrone, Zucker nach Geschmack, 60 g geriebener Emmentaler Käse.

Kartoffeln in Scheiben von 7 mm schneiden, abspülen, mit Salzwasser bedeckt zum Kochen aufstellen und vom Kochpunkt an 16 Min. garen.

Butter erhitzen, Zwiebeln zugeben und bei mäßiger Hitze farblos schwitzen. Nach Verdampfen der Feuchtigkeit Mehl in die Zwiebelbutter streuen, durchrühren, Buttermilch, Sahne, Muskat sowie Pfeffer zugeben und einige Min. leicht kochen. Sauce salzen, mit Zitronensaft und einer Prise Zucker abschmecken.

Gegarte Kartoffeln in einen Durchschlag abgießen; auf eine entsprechend große, mit Butter ausgestrichene Backplatte schütten, mit der Buttermilchsauce übergießen, Käse darüberstreuen und bei starker Oberhitze überbacken.

Ziegenkitz, gebacken

Bedarf für 10 Portionen: 3,5 kg Ziegenkitzkeule und -rücken, Würzmischung: 3 feingehackte Knoblauchzehen, 3 g feingehackter Rosmarin, je 10 g gehackte Basilikumblätter und Petersilie;
180 g Eier, 60 g Mehl, 40 g Salz, 5 g Pfeffer, 200 g geriebene Weißbrotkrume, 10 Zitronenviertel.

Gardauer: 2 1/2 Min., Backfett-Temperatur: 180 °C.

Fleisch entbeinen, Haut und Sehnenbänder entfernen. Ausgebeintes Fleisch in flache, etwa 70 g schwere Stücke schneiden. Die Hälfte der Würzmischung auf ein Blech streuen, die Fleischstücke nebeneinander darauflegen, die übrige Mischung darübergeben und fest anklopfen.

Eier, Mehl, Salz und Pfeffer miteinander vermengen, Fleischstücke darin wenden, dann einzeln entnehmen und geriebenes Brot andrücken.

Panierte Fleischstücke in der Fritüre goldbraun backen und abgetropft mit den Zitronenvierteln anrichten.

Beilagen: Tomatensalat mit frischen Basilikumblättchen und Kartoffelsalat.

Braunschweiger Stangenspargel mit Taubenfrikassee

Bedarf für 10 Portionen: 50 Stangen Spargel I (etwa 3 kg), Salz, 8 g Zucker, 90 g Butter, 10 kochfertige junge Tauben, 150 g Lauch, 100 g Zwiebeln, 50 g Sellerie, 0,2 l Weißwein, 1 Kräuterbündel (Petersilie, Thymianzweig, Lorbeerblatt), 0,6 l Sahne, 3 Eigelb, Cayenne, Saft einer halben Zitrone;
Kalbfleischklößchen: 200 g sehnenfreies Kalbfleisch, Salz, Pfeffer, 40 g Weißbrotkrume, 30 g Eiweiß, 130 g Sahne.

Gardauer: Spargel 15 Min., Tauben 15 Min.

Spargel waschen, schälen, bündeln und die Enden egalisieren. Bündel in soviel wällendes Salzwasser legen, daß sie gerade bedeckt sind, Zucker und 15 g Butter dazugeben und vom Wiederaufkochen an 15 Min. bei wenig geöffnetem Topfdeckel sieden. Danach den Spargel vom Herd auf ein Gitter stellen, den Deckel abnehmen.

Tauben zusammen mit den Wurzelgemüsen in erhitzter Butter anschwitzen, mit Weißwein ablöschen, etwas Spargelbrühe angießen, das Kräuterbündel beifügen und zugedeckt dünsten. Gegarte Tauben mit einem nassen Tuch bedecken (gegen Verfärbung) und abkühlen lassen. Danach ausbrechen, die Knochen im Taubenfond durch Kochen auswerten. Taubenfond passieren, Sahne dazugeben und bis zu leicht dickfließender Konsistenz reduzieren, mit Eigelb binden und mit Cayenne sowie Zitronensaft abschmecken. Taubenfleisch in grobe Stücke schneiden und zusammen mit den folgenden abgetropften Kalbfleischklößchen der Sauce beigeben.

Erhitzten Spargel dem Fond entnehmen, gut abtropfen lassen, auf heiße Teller legen, Schnüre abnehmen und das heiße Taubenfrikassee in die Mitte auf den Spargel häufen.

Weitere Beilage: Kleine (neue) Petersilienkartoffeln.

Kalbfleischklößchen: Fleisch würzen, Brot in Scheiben schneiden, mit Eiweiß und etwas Sahne durchfeuchten und kühlen. Dann fein wolfen, kühlen, nochmals wolfen und auf Eis die übrige Sahne nach und nach kräftig unterrühren. In siedendes Salzwasser mit einem Teelöffel Klößchen

Lüneburger Hammel-Bohnen-Topf

Bedarf für 10 Portionen: 500 g weiße Bohnen, 3,5 kg Hammelbug und -hals, 2,5 kg Stangenbohnen, 1 kg rohe, geschälte Kartoffeln, 50 g Butter, 200 g magere Speckstreifen, 500 g Zwiebelwürfel, 3 gehackte Knoblauchzehen, Salz, Pfeffer, 1 Kräuterbündel (Petersilienstiele, Majoranzweig, Lorbeerblatt), 1 El frische, gehackte Bohnenkrautblättchen, 2 El gehackte Petersilie.

Gardauer: 80 – 90 Min.

Weiße Bohnen waschen und über Nacht einweichen.

Hammelfleisch entbeinen, parieren und in 50 g schwere Stücke schneiden. Knochen und Parüren (ohne das abgeschnittene Fett) mit kaltem Wasser aufsetzen und eine Brühe herstellen.

Stangenbohnen putzen, waschen, in Stücke von 5 cm Länge brechen, blanchieren und abfrischen. – Kartoffeln in Würfel mit 1,5 cm Seitenlänge schneiden und in Wasser bereithalten.

Butter zerlaufen lassen, Speckstreifen zugeben und leicht anbraten. Zwiebeln, Knoblauch und das gewürzte Fleisch beifügen und alles farblos andünsten. Weiße Bohnen samt Einweichwasser in den Ansatz schütten und soviel entfettete Hammelbrühe zugießen, daß sie Fleisch und Bohnen gerade bedeckt. Kräuterbündel einlegen, das Geschirr verschließen und bei mäßiger Hitze 50 Min. garen. Damit der Inhalt nicht ansetzt, zwischen Geschirr und Hitzequelle ein Gitter legen.

Dann vorbereitete Stangenbohnen und Kartoffeln auf der Oberfläche der Zubereitung verteilen, Bohnenkraut darüberstreuen, leicht salzen sowie pfeffern, noch Hammelbrühe angießen, jedoch nur soviel, daß sie die Gemüseschicht erreicht. Inhalt mit Folie abdecken, Geschirr wieder verschließen und weitere 30 Min. garen.

Das fertige Eintopfgericht in einer Terrine anrichten und mit gehackter Petersilie bestreuen.

Süßspeisen

Welfenspeise

Bedarf für 10 Portionen: 90 g Krempulver, 0,75 l Milch, Mark einer Vanilleschote, 50 g feingeriebene, abgezogene Mandeln, 20 g Butter, 6 Eiweiß, 120 g Zucker;
Weinschaumsauce: 0,5 l Weißwein, 8 Eigelb, Saft einer Zitrone, 200 g Zucker, 3 Blatt Gelatine.

Krempulver mit etwas Milch anrühren. Übrige Milch, Vanille, Mandeln und Butter aufkochen. Milch von der Kochstelle nehmen, angerührtes Krempulver hineingeben, unter Rühren aufkochen.

Nach dem Aufsetzen der Milch das Eiweiß zu Schnee schlagen, Zucker nach und nach beigeben. Ein Drittel des Eischnees glatt unter den kochendheißen Krem rühren, übrigen Eischnee rasch unterheben. Krem in 10 größere Portionsschüsseln füllen, daß sie gerade zur Hälfte gefüllt sind, und kaltstellen.

Weinschaumsauce: Weißwein, Eigelb, Zitronensaft, Zucker und eingeweichte Gelatine in einem Kessel, der im kochendheißen Wasserbad steht, zur Schaumsauce schlagen. Danach den Vorgang auf Eis bis zum völligen Erkalten der Schaumsauce fortsetzen und sie auf den erkalteten Krem füllen.

Verdener Rumkrem

Bedarf für 10 Portionen: 0,5 l Sahne, 80 g Makronen, 50 g Rum, 4 Blatt Gelatine, 4 Eigelb, 70 g Zucker;
500 g Sauerkirschen, 120 – 150 g Zucker, 1 Stck. Zimt, 1 Tl Stärke, 3 El Rotwein.

Sahne steifschlagen und kaltstellen. Makronen in Würfelchen schneiden, mit 1 El Rum beträufeln und zudecken. Gelatine einweichen, ausdrücken und in einem Wasserbad auflösen.

Eigelb, Zucker und übrigen Rum gut schaumigrühren. Aufgelöste Gelatine dazugeben, rasch, doch gründlich verrühren und die geschlagene Sahne sowie die aromatisierten Makronenwürfelchen unterheben. Rumkrem in eine Glasschale oder in Portionsschälchen füllen und zugedeckt kaltstellen.

Kirschen waschen, entsteinen, mit Zucker bestreuen. Nachdem sie Saft gezogen haben, Zimt beigeben. Kirschen zum Kochen bringen und bei schwacher Hitze 2 Min. garen. Stärke mit Rotwein anrühren, Kirschen damit binden und zum Erkalten in ein flaches Gefäß ableeren.

Gedünstete Kirschen separat zum Rumkrem reichen; bei Einzelportionen eine entsprechende Menge gleich auf den Krem geben.

Braunschweiger Prilleken

Bedarf für 25 Stück: 500 g Mehl, 30 g Hefe, 0,25 l Milch, 80 g Butter, 100 g Zucker, abgeriebene Schale einer halben Zitrone, 20 g Vanillezucker, 2 Eier, 5 g Salz, 150 g Rosinen; Zimtzucker zum Bestreuen.

Backdauer: 6 Min., Backfett-Temperatur: 170 – 180 °C.

Mehl in eine Schüssel sieben und in der Mitte eine Vertiefung eindrücken. Hefe und 1 Tl Zucker in lauwarmer Milch auflösen, in die Vertiefung geben. Mit einem Teil des Mehls zu einem dünnen Vorteig verrühren und zugedeckt zum Gehen warmstellen. Dann die übrigen Zutaten (außer Rosinen) in die Schüssel zum Vorteig geben, alles vermengen und den Teig solange mit dem Rührlöffel schlagen, bis er sich von der Schüsselwand löst. Zuletzt die Rosinen einarbeiten und den Teig nochmals zugedeckt gehen lassen.

Danach mit einem Eßlöffel Bällchen von 40 g in ein heißes Fettbad abstechen und goldgelb backen. Die gebackenen Bällchen mit einem Fritürelöffel entnehmen, auf Saugpapier legen und noch heiß in Zimtzucker wälzen.

NORDRHEIN-WESTFALEN

Suppen

Rheinische Muschelsuppe

Bedarf für 10 Portionen: 100 g Butter, 150 g Zwiebelwürfel, 10 zerdrückte Pfefferkörner, 2 kg gereinigte Muscheln, 1 Kräutersträußchen (Thymian, Petersilie, Basilikum), 0,5 l trockener Rheinwein, 60 g blanchierte, magere Speckscheiben, 250 g feine Gemüsewürfel (gleiche Anteile: Schalotten, Sellerie, Lauch, Möhren), 150 g rohe Kartoffelwürfelchen, 200 g Tomatenfleischwürfelchen, 1,5 l Fleischbrühe, 2 Eigelb, 0,3 l saure Sahne, 1 El gehackte Kräuter (Dill, Petersilie), 1 El Weinbrand, Cayenne, Salz.

In einem flachen Geschirr 40 g Butter erhitzen, Zwiebeln und Pfefferkörner darin anschwitzen, abgetropfte Muscheln und Kräutersträußchen zugeben, mit Weißwein ablöschen. Topf mit passendem Deckel verschließen und den Inhalt 8 Min. kochen. – Muscheln in einen Durchschlag schütten. Muschelsud auffangen. Muscheln aus den Schalen nehmen, Mantelrand, Fuß und evtl. Byssusfäden abtrennen. Muschelsud behutsam vom Bodensatz (sandig) abgießen und durch ein Tuch passieren. Muschelfleisch und -sud zunächst reservieren.

Blanchierten Speck in feine Würfelchen schneiden und diese zusammen mit 60 g Butter und den Gemüsewürfelchen anschwitzen. Kartoffeln und Tomaten beifügen. Muschelsud und Brühe dazugießen und alles 20 Min. sieden. Danach mit Eigelb und saurer Sahne legieren und mit Kräutern, Weinbrand, einer Spur Cayenne und fehlendem Salz fertigstellen. Muschelfleisch in 10 vorgewärmte Tassen verteilen und die heiße Suppe einfüllen.

Westfälische Buttermilchsuppe

Bedarf für 2 l: 100 g Rosinen, 4 El Weißwein, 0,5 l Sahne, 100 g Zucker, 50 g Stärke, 1,5 l Buttermilch, 1 Msp. Anispulver, 1 Prise Salz, abgeriebene Schale einer viertel Zitrone.

Gewaschene Rosinen mit Weißwein beträufeln und zum Quellen erwärmen. Sahne und Zucker aufkochen und mit in Wasser angerührter Stärke binden. Buttermilch darunterschlagen, unter ständigem Rühren heiß werden lassen, jedoch nicht kochen, und mit Anispulver, Salz und abgeriebener Zitronenschale abschmecken. Die gequollenen Rosinen als Einlage in die Buttermilchsuppe rühren.

Biersuppe mit Schnee-Eiern

Bedarf für 2 l: 0,2 l Milch, 0,3 l Sahne, einen Streifen dünne Zitronenschale, 1 Stck. Zimt, 2 Eigelb, 150 g Eiweiß, 120 g Zucker, 1,5 l dunkles Bier (oder halb dunkles, halb helles Bier);
Schnee-Eier: 60 g Eiweiß, 60 g Zucker, Spritzer Zitronensaft.

Milch, Sahne, Zitronenschale und Zimt aufkochen. Eigelb, Eiweiß und Zucker gut verrühren und die kochendheiße Flüssigkeit unter ständigem Rühren nach und nach dazugießen. Die Mischung in den Topf zurückgeben, das Bier beifügen, unter Rühren mit einem Holzlöffel bis zur Bindung erhitzen. Nicht kochen, sonst gerinnt die Zubereitung. Gebundene Biersuppe durch ein Sieb gießen.

Schnee-Eier: Eiweiß mit Zucker und einem Spritzer Zitronensaft zu steifem Schnee schlagen. Mit einem Teelöffel Klößchen abstechen, in kochendheißes Wasser legen. Geschirr zudecken und die Schnee-Eier während 3 – 4 Min. garziehen lassen. Kochen darf das Wasser nicht, sonst fällt der Eischnee zusammen. Schnee-Eier mit einem Schaumlöffel auf die in Tassen gefüllte Suppe legen. – Die Suppe kann auch kalt gereicht werden.

Verschiedene Zubereitungen

Bergischer Heringstipp

Bedarf für 10 Portionen: 10 Salzheringe, 0,7 l Buttermilch;
 Sauce: 0,5 l saure Sahne, 1 El Speisesenf, 0,1 l helles Bier, 6 gequetschte Wacholderbeeren, 2 Lorbeerblätter, 5 Pimentkörner, 3 Gewürznelken, Pfeffer aus der Mühle nach Geschmack, 10 g Zucker, 120 g Gewürzgurkenstreifchen, 200 g Zwiebelstreifchen.

Heringe abspülen, einige Stunden wässern, das Wasser mehrmals wechseln. Heringe putzen, anfallende Heringsmilcher aufbewahren. Geputzte Heringe über Nacht in Buttermilch legen; anderntags filetieren.

Reservierte Heringsmilcher durch ein Sieb streichen, alle Zutaten der Sauce daruntermengen und, falls erforderlich, die Sauce mit ein wenig von der Buttermilch schärfen. Heringsfilets in Stücke schneiden, unter die Sauce mischen, zum Durchziehen in einen Steintopf füllen und ihn verschlossen kaltstellen.

Beilage: Pellkartoffeln oder Brot.

Siegerländer Kräuterfleisch

Bedarf für 10 Portionen: 2 Lammbüge je 1,5 kg, 4 El gehackte, frische Kräuter (Basilikum, Thymian, Schalotten, Knoblauch), Salz, Pfeffer, 3,5 kg Gemüse (Kohlrabi, Möhren, Bohnen, Staudensellerie), 250 g Zwiebelwürfel, 80 g Butter, Zucker, 20 g gehackte Petersilie.

Gardauer: 60 – 75 Min.

Lammbüge auslösen und parieren. Von Knochen und Parüren (ohne Fett) eine Brühe herstellen. Kräuter, Knoblauch und Schalotten mischen. Fleisch salzen, pfeffern. Kräutermischung auf die Fleischinnenseiten streuen, anklopfen, die Büge von der Seite her zusammenrollen und binden.

Gemüse waschen, putzen und in gefällige, längliche Stücke schneiden.

Zwiebelwürfel mit Butter farblos anschwitzen, Fleischrollen dazulegen und bei schwacher Hitze andünsten. Entfettete Lammbrühe auffüllen, daß die Rollen zur Hälfte in der Flüssigkeit liegen, und zugedeckt 40 Min. garen.

Danach entfetten, die zugeschnittenen Gemüse und, wenn erforderlich, noch ein wenig Brühe beifügen. Salz, Pfeffer und etwas Zucker darüberstreuen, auf die Zubereitung eine Folie legen, das Geschirr zudecken und alles fertigdünsten. – Gegartes Fleisch entnehmen und mit feuchtem Tuch bedeckt warmhalten. Die Petersilie unter die Gemüse schwenken, in einem tiefen Geschirr anrichten und die Lammrollen in Scheiben geschnitten darauflegen.

Beilage: Kleine, gekochte Pellkartoffeln oder Weißbrot.

Himmel und Erde

Bedarf für 10 Portionen: 150 g feine Zwiebelwürfel, 60 g Fett, 1,2 kg rohe Kartoffelscheiben, 1 Lorbeerblatt, 1 Gewürznelke, Salz, 1,5 kg säuerliche Äpfel, Zucker, 300 g Zwiebelstreifchen, Delikateßpaprika, Mehl, 20 Blutwürstchen je 70 g, 80 g Butter.

Gardauer: 30 Min.

Der Apfel, Sinnbild des Himmels, die Kartoffel, Zeichen der Erde, werden hier zu einem schlichten Mus vereint, welches durch gebratene Wurst seinen kräftigen Geschmack erhält.

Zwiebeln in Fett anschwitzen, gut gewaschene Kartoffelscheiben, Lorbeerblatt und Nelke dazulegen, leicht salzen, zu halber Höhe mit Wasser auffüllen und zugedeckt 15 Min. dünsten.

Inzwischen Äpfel schälen, vierteln, vom Kernhaus befreien und die Viertel in Spalten schneiden. Apfelspalten den Kartoffeln beigeben und alles zugedeckt weichgaren. Lorbeerblatt und Nelke herausfischen, gegarte Früchte mit einem Stampfer zu Mus zerdrücken und mit fehlendem Salz und ein wenig Zucker abschmecken.

Zwiebelstreifen salzen, Paprika und Mehl darüberstäuben, mit einer Fleischgabel mischen, in einer heißen Fritüre 2 Min. bräunen und abtropfen lassen. Blutwürstchen mit einer Nadel anstechen, behutsam in Butter anbraten, auf den in eine Schüssel gefüllten Apfel-Kartoffeln anrichten. Die braunen Zwiebeln in der Bratbutter schwenken und über die Würstchen verteilen. – Zu Himmel und Erde können auch Leber- oder Bratwürstchen genommen werden.

Münsterländer Töttchen

Bedarf für 10 Portionen: 600 g ausgebeinter Kalbskopf, 600 g Kalbszunge, 600 g Kalbsherz, 1 Gemüsebündel (300 g Lauch, 200 g Petersilienwurzel), 1 Gewürzbeutel (10 zerdrückte Pfefferkörner, 2 Nelken, 1 Lorbeerblatt, 1 Thymianzweig), Weinessig, Salz, 800 g Hirn, 150 g feine Zwiebelwürfel, 100 g Butter, Pfeffer, Speisesenf.

Gardauer: 60 – 90 Min.

Kalbskopf, -zunge und -herz blanchieren, mit Wasser bedeckt aufsetzen und zum Kochen bringen. Gemüsebündel und Gewürzbeutel einlegen, 0,1 l Weinessig dazugießen, nach Geschmack salzen und bei wenig geöffnetem Topfdeckel garen.

Hirn abziehen, wässern und feinhacken. Zwiebeln in Butter anschwitzen, gehacktes Hirn dazugeben und zusammen dünsten. Mit Essig, Salz, Pfeffer und Senf pikant abschmecken.

Inzwischen gegarten Kalbskopf, -zunge und -herz aus der Brühe nehmen, mit einem nassen Tuch bedecken und abkühlen lassen. Die Zungenhaut abziehen und wegwerfen. Alle gekochten Teile in kleine Würfel schneiden, die pikante Hirnzubereitung beifügen, das Ganze unter Rühren aufkochen und, falls es zu sämig ist, noch ein wenig Kalbsbrühe angießen. Töttchen wird meist mit Brot oder Brötchen verspeist.

Westfälisches Pfefferpotthast

Bedarf für 10 Portionen: 2 kg ausgebeintes Rinderschaufelstück, 1,5 kg Zwiebelstreifen, 100 g Fett, Salz, 1 Gewürzbeutel (30 zerdrückte Pfefferkörner, 10 zerdrückte Pimentkörner, 1 Lorbeerblatt, 1 Nelke, 50 g zerschnittene Petersilienstiele), 150 g Knollensellerie, 150 g Möhren, 60 – 80 g frische, geriebene Krume von Weiß- oder Graubrot, 25 g gehackte Petersilie.

Gardauer: 120 – 130 Min.

Fleisch in Stücke von 60 g schneiden. Zwiebelstreifen in kochendes Wasser geben, aufkochen, in einen Durchschlag schütten und gründlich abtropfen lassen. Fett erhitzen, Fleisch und abgetrocknete Zwiebelstreifen darin farblos anschwitzen. Ansatz mit Wasser bedeckt auffüllen, aufkochen, die Oberfläche abschäumen, Salz beifügen und zugedeckt bei schwacher Hitze garen. Nach einer Stunde den Gewürzbeutel und die zusammengebundenen Gemüse dazulegen.

Wenn das Fleisch weich ist, den Gewürzbeutel entnehmen, ausdrücken und wegwerfen. Das gegarte Gemüse anderer Verwendung zuführen. Geriebenes Brot in die Zubereitung rühren und noch kochen, bis eine leichte Bindung hergestellt ist. Pfefferpotthast, falls erforderlich, nachwürzen und mit Petersilie bestreut zu Tisch geben.

Obligatorische Beilagen: Salzkartoffeln und Gewürzgurkenscheiben.

Westfälisches blindes Huhn

Bedarf für 10 Portionen: 500 g weiße Bohnen, 1 kg entbeinter Rindsbug, Brühe, Salz, 1 kg grüne Bohnen, 1 kg rohe geschälte Kartoffeln, 500 g geputzte Möhren, 500 g Äpfel (oder Birnen), 1 Kräuterbündel (Bohnenkraut, Petersilie, Lorbeerblatt), 30 g Zucker, 80 g Butter, 150 g rohe Schinkenstreifchen, 200 g Zwiebelwürfelchen, 80 g Mehl, 0,1 l Essig, Pfeffer, 30 g gehackte Petersilie.

Gardauer: 80 – 90 Min.

„Blindes Huhn" nennt man originellerweise einen Eintopf aus Sommergemüsen und Obst, der wohl Fleisch enthält, jedoch kein Huhn.

Bohnenkerne waschen und über Nacht einweichen.

Rindfleisch in Stückchen zu 30 g schneiden. Geschnittenes Fleisch und die geweichten Bohnen samt Einweichwasser in einen geräumigen Topf geben. Noch so viel Brühe oder Wasser zugießen, daß alles bedeckt ist. Inhalt zum Kochen bringen, nach gründlichem Abschäumen salzen und zugedeckt bei schwacher Hitze 40 – 50 Min. garen.

Inzwischen grüne Bohnen putzen, waschen, in 4 cm lange Stücke brechen. Kartoffeln und Möhren in Streifen schneiden. Äpfel schälen, vierteln, Kernhausteil entfernen und die Apfelviertel nochmals längs durchschneiden.

Nach der genannten Garzeit die vorbereiteten Zutaten und das Kräuterbündel dem Bohnen-Fleisch beifügen. Leicht nachsalzen, Zucker darüberstreuen und noch soviel Brühe oder Wasser angießen, daß die Flüssigkeit knapp unter der Oberfläche des Ganzen bleibt. Topf wieder schließen und alles fertiggaren.

In einem Sautiergeschirr Butter erhitzen. Schinken und Zwiebeln darin hellgelb werden lassen, das Mehl darüberstäuben, alles hellbraun schwitzen. Dann mit Essig ablöschen, einen Teil der Eintopf-brühe dazugießen, glattrühren, die Bindung dem Eintopf beigeben und noch wenige Minuten kochen lassen. Fertiges Gericht mit frisch gemahlenem Pfeffer vollenden.

Grünkohl mit westfälischer Mettwurst

Bedarf für 10 Portionen: 800 g westfälische Mettwurst, 2,5 kg Grünkohl ohne Strunk, 100 g Schwei-neschmalz, 150 g magere Räucherspeckwürfel, 250 g Zwiebelwürfel, 0,8 l Fleisch-brühe, Salz, Pfeffer, 30 g große Zwiebelringe, Paprika, Mehl, 150 g rohe, geschälte Kartoffeln, geriebene Muskatnuß, Zucker, 20 g Butter.

Gardauer: 60 – 80 Min.

Westfälische Mettwurst gilt als besondere Spezialität. Sie besteht aus reinem Schweinefleisch und wird lufttrocken, also ohne Rauch hergestellt. Die Körnung der Wurst ist grob wie die der Salami.

Grünkohlblätter abstreifen, waschen, blanchieren, in einem Durchschlag abtropfen lassen und grob hacken. Schmalz erhitzen, Speck und Zwiebeln zugeben und anbraten. Gehackten Grünkohl hin-zufügen und kurze Zeit miterhitzen. Brühe angießen, salzen und pfeffern und zugedeckt im Ofen garen.

Mettwurst in dicke Scheiben schneiden. Zwiebelringe salzen, mit Paprika und Mehl bestäuben und im heißen Fettbad goldbraun backen und warmhalten. Kartoffeln auf einen Teller reiben.

Gegarten Kohl mit den geriebenen Kartoffeln binden, unter Rühren kurze Zeit kochen, dann mit Muskatnuß und einer Prise Zucker abschmecken. Fertigen Grünkohl in eine mit Butter ausgestriche-ne Platte füllen. Die Wurstscheiben zum Heißwerden auf das Gemüse legen, dazu die Platte einige Minuten in den Ofen stellen. Abschließend die gebackenen Zwiebelringe auf den Wurstscheiben ge-fällig anordnen.

Beilage: Pellkartoffeln mit Kümmel gekocht.

Dortmunder Schaufelbraten

Bedarf für 10 Portionen: 2,5 kg Rindsbug (Schaufelstück), Salz, 10 g Paprika, 150 g magere Speckwürfel, 300 g Zwiebelwürfel, 150 g Tomatenmark, 15 g Zucker, 0,1 l Essig, 1 l helles Bier, 1 Gewürzbeutel (1 Thymianzweig, 1 Nelke, 1 Lorbeerblatt, 2 Knoblauchzehen, 3 zerdrückte Pimentkörner, 10 zerdrückte Pfefferkörner, 100 g zerschnittene Petersilienstiele), 2 El Weinbrand, 10 g Stärke.

Gardauer: 120 – 150 Min., Ofentemperatur: 160 °C.

Bratenfleisch salzen, mit Paprika bestäuben und zusammen mit den Speckwürfeln allseitig braun
anbraten. Dann das Fleisch entnehmen. Die Zwiebelwürfel in das Bratgeschirr geben, wenn sie braun
sind auch das Tomatenmark sowie den Zucker beifügen. Alles noch kurze Zeit rösten, danach mit
Essig ablöschen, das Bier dazugießen, glattrühren und das Fleisch wieder in den Ansatz zurücklegen.
Noch soviel Wasser angießen, daß der Braten zu einem Drittel in Flüssigkeit liegt. Nach dem Aufkochen die Oberfläche abschäumen, den Gewürzbeutel einlegen und zugedeckt im Ofen schmoren.
Zwischendurch das Fleisch wenden und mit dem Schmorfond beschöpfen.

Den gegarten Schaufelbraten entnehmen, zugedeckt warmhalten, den Gewürzbeutel ausdrücken
und wegwerfen. Sauce entfetten, auf einen Liter einkochen, mit in Weinbrand angerührter Stärke
binden und mit Pfeffer und fehlendem Salz abschmecken. Schaufelbraten in Scheiben schneiden,
leicht saucieren und die übrige Sauce separat reichen.

Beilagen: Kartoffelpüree und Apfelrotkraut.

Dicke Bohnen mit Speck

Bedarf für 10 Portionen: 7,2 kg reife, frische Dicke Bohnen (etwa 1,8 kg Bohnenkerne), 1 kg magerer
Räucherspeck, 1 Gemüse-Kräuter-Bündel (Petersilien- und Bohnenkrautstiele, 2 gequetschte Knoblauchzehen, 2 Möhren, 1 Stange Lauch, 1 Stck. Sellerie), 120 g
Butter, 200 g Zwiebelwürfel, 60 g Mehl, 10 g gehackte, frische Bohnenkrautblättchen, Pfeffer, Salz.

Gardauer: 80 – 90 Min.

Von Juni bis September werden die wohlschmeckenden, reifen, frischen Bohnen geerntet. Die aus-
gepalten Kerne, übrigens eine Leibspeise der nordwestdeutschen Bevölkerung, haben unterschiedliche Bezeichnungen, z.B. Puffbohnen, Ackerbohnen und Große oder Dicke Bohnen. Kleinsamige
Sorten, die man als Kraftfutter für das Vieh anbaut, sind die Pferde- oder Saubohnen.

Bohnenkerne auspalen und waschen. Speck einmal durchschneiden, die Stücke in reichlich kaltem
Wasser aufsetzen, aufkochen und abgießen. Blanchierten Speck erneut mit Wasser bedeckt zum
Kochen bringen und zugedeckt 50 Min. sieden. Nach dieser Zeit Bohnenkerne und noch fehlendes
Wasser beifügen, später ausschäumen, Gemüsebündel dazulegen und zugedeckt fertiggaren.

Nebenher die Butter in einem Sautiergeschirr zerlaufen lassen, die Zwiebeln darin hellgelb rösten,
das Mehl darüberstäuben, es farblos anschwitzen, dann beiseitestellen.

Gegarten Speck und Gemüsebündel entnehmen. Die Schwitze mit den Zwiebeln in die Bohnen rühren, noch 10 Min. leicht kochen lassen. Die Zubereitung mit Bohnenkraut, frisch gemahlenem Pfeffer und vielleicht ein wenig Salz ergänzen.

Bohnen anrichten. Gegarten, heißen Speck ohne die Schwarte in Scheiben schneiden und auf die
Bohnen legen.

Rheinischer Sauerbraten

Bedarf für 10 Portionen: 2 kg entbeinte, zugeschnittene Rinderhüfte;
Marinade: 0,7 l Rotwein, 0,2 l Essig, 200 g Zwiebeln, 80 g Möhren, 40 g Petersilienwurzel, 12 zerdrückte Pfefferkörner, 4 zerdrückte Pimentkörper, 2 Thymianzweige, 2 gequetschte Knoblauchzehen, 1 Lorbeerblatt, 2 Nelken;

Salz, Pfeffer, 80 g Fett, 200 g Parüren der Rinderhüfte, 150 g Tomatenmark, 100 g zerschnittene Speckschwarten, 100 g geriebener, brauner Lebkuchen, 150 g Apfelkraut (reduzierter Saft aus Äpfeln), 0,1 l Rotwein, 200 g Rosinen, 50 g Mandelstifte.

Schmordauer: 120 – 135 Min.

Die Zutaten der Marinade in ein entsprechend großes Gefäß geben, die Rinderhüfte hineinlegen und 2 – 3 Tage beizen. Das Gefäß zugedeckt an kühlem Ort aufbewahren und das Fleisch gelegentlich wenden, damit es gleichmäßig marinieren kann.

Danach Fleisch samt Würzbeigaben in einen Durchschlag schütten, alles gründlich abtropfen lassen; die Flüssigkeit auffangen. Fleisch mit Küchenkrepp abtrocknen, salzen, pfeffern, in erhitztem Fett allseitig kastanienbraun anbraten, dann auf einen Teller legen. Parüren und abgetropfte Würzbeigaben im Bratgeschirr braun anrösten, Tomatenmark zugeben, kurze Zeit mitrösten, mit einem Schuß Marinadeflüssigkeit ablöschen, glacieren und diesen Vorgang zur Farb- und Geschmackgebung noch zweimal wiederholen. Das Fleisch in den Ansatz legen, Schwarten und übrige Marinadeflüssigkeit beifügen und alles zugedeckt im Ofen garschmoren.

Während des Schmorvorgangs Fleisch öfter begießen und wenden, zu starke Verdunstung durch Angießen von Wasser ausgleichen. – Nach einer Stunde geriebenen Lebkuchen und Apfelkraut beigeben.

Sobald sich das Fleisch weich anstickt, ist es zu entnehmen und zugedeckt warmzuhalten. Sauce abfetten, durch ein Sieb gießen, Rückstände kräftig auspressen; die gewaschenen, mit Rotwein aufgekochten Rosinen sowie die Mandelstifte in der Sauce noch 5 Min. leicht kochen. Falls erforderlich, die Sauce nachwürzen; sie soll einen angenehmen, süß-sauren Geschmack haben.

Sauerbraten in Scheiben schneiden, ein wenig saucieren und die übrige Sauce gesondert reichen.

Beilagen: Kartoffelklöße und Löwenzahnsalat mit kroß gebratenen Magerspeckstreifchen.

Pickert

Pickert nennen die Westfalen eine ihrer Leibspeisen, hergestellt aus rohen, geriebenen Kartoffeln. Sie unterscheiden: Lappenpickert, große, dünne Fladen, die auf einer speziellen, eisernen Pickertplatte oder auch gleich auf der gefetteten Herdplatte gebraten werden, und Kasten- oder Dicken Pickert, der in einer Form im Ofen gebacken wird. Für Pickertteig in Plätzchenform gebraten gilt die Bezeichnung Püfferchen.

Lappenpickert

Bedarf für 10 Portionen: 1,5 kg geschälte, rohe Kartoffeln, 10 g Salz, 6 Eier, 400 g Mehl, 100 g Milch, 120 g Sahne;
Speckschwarte zum Einfetten.

Kartoffeln reiben, mit den anderen Zutaten zu einem Teig vereinen. Pickertplatte oder Herdplatte mit Speckschwarte einfetten. Pickertteig dünn aufstreichen und bei mäßiger Hitze braten. Nachdem die Unterseite braun ist, das Gebäck mit einer (gekröpften) Palette wenden und die andere Seite gleichfalls braunbraten. – Gebratene Pickert in Viertel oder Sechstel schneiden und mit Butter bestreichen. Lappenpickert ergänzt man mit Kompott oder reicht ihn als Beilage zu warmen oder kalten Braten.

Kastenpickert oder Dicker Pickert

Bedarf: 550 g geschälte, rohe Kartoffeln, 0,3 l Milch, 65 g Hefe, 670 g Mehl, 4 Eigelb, 5 g Salz, 200 g Sultaninen, 170 g Zucker, 4 Eiweiß;
Ergebnis: 2,1 kg Pickertmasse,
für die Form: 10 g Butter, 20 g Zwiebackbrösel;
zum Braten: 60 g Butter.

Backdauer: 90 Min., Backtemperatur: 170 – 180 °C.

Kartoffeln reiben. Milch aufkochen, in die Kartoffeln rühren. Fein zerbröckelte Hefe, gesiebtes Mehl, Eigelb, Salz, Sultaninen und die Hälfte des Zuckers dazugeben und alles zu einer glatten Masse verarbeiten und sie zugedeckt 30 Min. gehen lassen.

Eiweiß mit der zweiten Hälfte des Zuckers zu steifem Schnee schlagen. Eine Kastenform mit Butter und Bröseln auskleiden.

Eiweißschnee locker unter die aufgegangene Masse heben und sie in die vorbereitete Form füllen. Pickert im vorgeheizten Ofen backen.

Den abgekühlten Pickert in dicke Scheiben schneiden und sie in Butter beidseitig hellbraun anbraten. Der gebratene Kastenpickert wird meistens zu Kaffee gereicht, aber auch mit Kompott verzehrt.

Abwandlung: Die Pickertmasse in gut gefettete Backförmchen etwa 3/4 hoch einfüllen und 20 bis 25 Min. backen. Dann stürzen, mit Puderzucker bestäuben und als Pickert-Törtchen anbieten.

Sauerländer Quarkspeise

Bedarf für 10 Portionen: 6 Blatt Gelatine, 350 g Sahne, 350 g Quark, 85 g Zucker, 2 Becher Joghurt, 700 g verlesene Himbeeren, 70 g Zucker.

Gelatine in kaltem Wasser einweichen. Sahne schlagen. Einen Eßlöffel Quark, den Zucker und die ausgedrückte Gelatine in eine Schüssel geben und im Wasserbad unter Rühren erwärmen, bis sich die Gelatine löst. Außerhalb des Wasserbads übrigen Quark und Joghurt beifügen, rasch glattrühren und, wenn die Gelatine zu stocken beginnt, die geschlagene Sahne unterheben. Krem in Portionsglasschalen füllen und zum Abbinden zugedeckt kaltstellen.

Himbeeren zuckern und eine entsprechende Menge auf jede Quarkspeise häufen.

RHEINLAND-PFALZ – SAARLAND

Suppen

Rheinpfälzer Spargelsuppe

Bedarf für 10 Portionen: 500 g frischer Spargel, 100 g Butter, 180 g weiße Lauchscheibchen, 100 g Reismehl, 2,5 l helle Brühe oder Wasser, Salz, Prise Zucker, 3 Eigelb, 50 g Weißwein, 0,2 l Sahne.

Kochdauer: 25 Min., Spargelstückchen 15 Min.

Spargel waschen, schälen, in Stücke von 1 cm schneiden. Spargelschalen reservieren.

Butter zerlaufen lassen, Lauch darin farblos anschwitzen. Reismehl einstreuen, kurze Zeit mitschwitzen. Brühe oder Wasser auffüllen, unter Rühren aufkochen, abschäumen, Spargelschalen beigeben, wenig salzen und zugedeckt leicht kochen.

Spargelstückchen separat mit 3 El Wasser, 1 Tl Butter, etwas Salz und einer Prise Zucker zugedeckt dünsten.

Suppe durch ein feines Spitzsieb gießen, nochmals aufkochen. Eigelb, Wein und Sahne verrühren, die Suppe damit legieren und die Spargelstückchen samt kurzem Dünstfond als Einlage dazugeben. Wird in Portionen angerichtet, so verteilt man die Spargelstückchen gleich in vorgewärmte Suppenbowlen.

Westricher Metzelsuppe

Bedarf für 10 Portionen: 500 g Schweinebacke, 2 gespickte Zwiebeln, 2 Stiele Majoran, Salz, 150 g frische Hausmacher-Blutwurst, 150 g frische Hausmacher-Leberwurst, 200 g Zwiebelstreifen, 80 g Butter, Pfeffer, Muskatnuß, 20 g geschnittener Schnittlauch.

Gardauer: 90 – 120 Min.

Schweinebacke waschen, bedeckt mit kaltem Wasser aufsetzen. Oberfläche abschäumen, gespickte Zwiebeln, Majoran und Salz beigeben und bei wenig geöffnetem Topfdeckel sieden. Gegarte Backe entnehmen, mit nassem Tuch bedeckt abkühlen lassen. Dann das Fleisch in Würfel schneiden. Brühe durchsieben, entfetten. Die aus den Därmen gedrückte Wurstmasse mit einem Teil Brühe aufrühren und samt Fleischwürfel der Hauptmenge beigeben. Zwiebel in Butter bräunen. Metzelsuppe aufkochen, übermäßiges Fett abschöpfen, Suppe in eine Terrine füllen, die braunen Zwiebeln einrühren und das Ganze noch mit frisch gemahlenem Pfeffer, geriebener Muskatnuß sowie Schnittlauch vollenden.

Beilage: Weißbrot oder Brötchen.

Pfälzer Zwiebelsuppe

Rezept s. Bd. 1, Abschn. Regionalsuppen.

Verschiedene Gerichte

Rheinischer Heringssalat

Bedarf für 10 Portionen: 10 gewässerte Salzheringsfilets, 3 mürbe, säuerliche Äpfel, 500 g gekochte Salatkartoffeln, 4 Gewürzgurken, 200 g gekochte Rote Bete, 150 g gekochtes, kaltes Rindfleisch;
Sauce: 100 g eingekochte Preiselbeeren, 100 g Mayonnaise, 0,4 l saure Sahne, 120 g feine Zwiebelwürfel, 50 g geriebene Walnußkerne, Pfeffer, Zitronensaft, Salz; 80 g Brunnenkresse, gekochte Eier, 1 El geschnittener Schnittlauch.

Die Zutaten der ersten Gruppe in kleinere Würfel schneiden.

Sauce: Preiselbeeren durch ein Sieb streichen und zusammen mit der Mayonnaise und der sauren Sahne glattrühren. Zwiebeln und Nüsse beigeben und mit Pfeffer und Zitronensaft würzen. Die in Würfel geschnittenen Zutaten mit der Sauce anmachen, den Salat kosten und jetzt erst mit evtl. fehlendem Salz ergänzen. Heringssalat in großer Glasschüssel anrichten, mit Kresse einfassen. Der weiteren Garnierung dienen in Scheiben geschnittene Eier sowie Schnittlauch.

Muscheln in Rheinwein

Bedarf für 10 Portionen: 7,5 kg Muscheln (enthalten etwa 1,5 kg Muschelfleisch), 200 g Zwiebelwürfel, 12 Pfefferkörner, 80 g Butter, 0,5 l trockener, weißer Rheinwein, 1 Kräutersträußchen (Petersilie, Thymianzweig, Lorbeerblatt), 40 g Mehlbutter, 1 El feingehackte Schalotten, 0,4 l Sahne, 4 Eigelb, Cayenne, Saft einer Zitrone.

Gardauer: Muscheln 8 Min.

Seepockenbelag an den Muscheln entfernen, gründlich waschen und abtropfen lassen. Zwiebelwürfel und zerdrückte Pfefferkörner in Butter anschwitzen, mit Weißwein ablöschen, Kräutersträußchen und Muscheln beifügen und zugedeckt dünsten. Zum gleichmäßigen Erhitzen Inhalt mehrmals durchrühren. – Gegarte Muscheln aus den geöffneten Schalen nehmen. Mantelrand abziehen, den Fuß und evtl. verbliebene Byssusfäden mit einer kleinen Schere abschneiden. Muschelfond behutsam vom Bodensatz (sandig) durch ein Tuch abgießen, das Kräutersträußchen zur vollen Aromaausnutzung nochmals in den Fond legen und diesen auf die Menge eines halben Liters reduzieren. Fond mit Mehlbutter binden, Schalotten beigeben, 2 Min. kochen, dann mit Sahne sowie Eigelb legieren. Eine Spur Cayenne und Zitronensaft der Sauce zur Vollendung beigeben. Präpariertes Muschelfleisch einschwenken, nochmals erhitzen und anrichten.

Beilage: Stangenweißbrot oder körnig gekochter Reis.

Gefüllter Rheinzander

Bedarf für 10 Portionen: 1 Zander 1,5 kg, Salz, Pfeffer, englisches Senfpulver, 20 g Butter, 50 g Schalottenbutter, 0,7 l Weißwein, 0,5 l Fischbrühe, 3 Eigelb, 0,3 l Sahne, 10 g Stärke;
Füllung: 3 – 4 Eier, 0,2 l Sahne, 50 g gehackte Kräuter (Dill, Estragon, Petersilie), Salz, Pfeffer, 100 g Weißbrotwürfelchen, 200 g frischer Lachs, gewürfelt, 50 g gehackter Räucherlachs, 100 g gehackte, rohe Champignons, 100 g angeschwitzte, feingeschnittene Schalotten.

Gardauer: 40 – 50 Min.

Flossen, Augen und Kiemen des Zanders entfernen. Danach schuppen und zum Füllen vom Rücken aus öffnen. Das Grätengerüst auslösen und dicht am Kopf und nahe des Schwanzendes abtrennen. Freiliegende Eingeweide entnehmen. Den Fisch gründlich waschen und abtrocknen. Den Hohlraum mit Salz, Pfeffer und Senfpulver würzen und die nachstehende Füllung hineingeben. Gefüllten Fisch seitlich leicht zusammendrücken, würzen und ein gebuttertes Pergamentpapier darumhüllen. Gefüllten Zander in einen mit Schalottenbutter ausgestrichenen Fischkocher placieren, mit Wein und Fischbrühe begießen, langsam zum Kochen bringen und zugedeckt dünsten.

Füllung: Eier, Sahne und Kräuter tüchtig verrühren, Salz und Pfeffer nach Geschmack beigeben. Alle anderen Zutaten behutsam untermischen.

Die Papierhülle des gegarten Fisches abnehmen, ihn auf eine vorgewärmte Servierplatte legen und zugedeckt warmhalten.

Fischdünstfond passieren, auf die erforderliche Menge einkochen. Eigelb, Sahne und Stärke quirlen und den Fond damit binden. Gefüllten Zander leicht saucieren und am Tisch tranchieren. Die übrige Sauce gesondert dazugeben.

Beilage: Gedämpfte Kartoffeln, körnig gekochter Reis oder figürlichen Blätterteig.

Gefüllter Saumagen

Bedarf: 1 vorbereiteter Schweinemagen, 10 g Salz, 3 g weißer Pfeffer, 5 g Majoran, 150 g angeschwitzte Zwiebelwürfel;
Füllung: 3 Brötchen, 1 kg entbeinter Schweinebug, 1,2 kg entbeinter Schweinekamm, 40 g Salz, 5 g Pfeffer, 4 Eier, 250 g braun angebratene Zwiebelwürfel, 300 g kleine Würfel gekochter Kartoffeln, 2 El gehackte Petersilie, abgeriebene Schale einer halben Zitrone, 5 g Majoran, 3 g Muskatblüte, 1 Msp. Piment;
zum Glacieren: 80 g Butter, 0,1 l Rotwein, 1 gestrichener Tl Kartoffelstärke, 30 g Zimtzucker.

Gardauer: 90 – 120 Min., Ergebnis: etwa 3 kg gegarter Saumagen.

Gefüllter Saumagen ist eine beliebte Pfälzer Spezialität.

Der vom Fleischer vorbereitete Schweinemagen ist nochmals ausgiebig zu wässern, damit der Darmgeschmack verlorengeht. Danach wird er gründlich abgetrocknet, innen mit einer Mischung aus Salz, Pfeffer, Majoran und feingeschnittener, in Butter angeschwitzter Zwiebel eingerieben und kaltgestellt.

Füllung: Brötchen einweichen. Fleisch in Streifen schneiden, salzen und pfeffern. Brötchen leicht ausdrücken und zusammen mit dem Fleisch durch die Schrotscheibe eines Fleischwolfs lassen. Eier, Zwiebelwürfel, Kartoffeln und sämtliche Gewürze beifügen und alles tüchtig vermischen. Die Füllung in den vorbereiteten Schweinemagen geben, alle Öffnungen zunähen und ihn netzartig umschnüren. Gefüllten Schweinemagen mit Salzwasser bedeckt aufsetzen, langsam zum Kochen bringen und zugedeckt unter dem Kochpunkt garen.

Gegarten Magen behutsam aus der Kochbrühe in ein flaches Geschirr legen und die Schnüre abnehmen. Butter zerlaufen lassen, Rotwein, Stärke und Zimtzucker dazurühren. Mit dieser Mischung den Magen bestreichen, ihn in einen Ofen schieben und bei Oberhitze leicht bräunen und glacieren lassen. Diesen Vorgang so oft wiederholen, bis die Mischung aufgebraucht ist. Der gefüllte Magen wird am Tisch in Scheiben geschnitten.

Beilagen: Weinkraut und Pfälzer Klöße.

Pfälzer Klöße

Bedarf für 10 Portionen: 1,5 kg geschälte Kartoffeln, Salz, 180 g magere Speckwürfelchen, 120 g Zwiebelwürfelchen, 30 g Butter, 250 g Zwiebelstreifchen, Paprika, Mehl, geriebene Muskatnuß, gemahlener Pfeffer;
100 g Butter zum Abschmelzen.

Ergebnis: 1,8 kg Kartoffelmasse ≙ 30 Klöße je 60 g.

Kartoffeln in Salzwasser garkochen. Inzwischen Speck- und Zwiebelwürfel mit Butter blond an-schwitzen und in eine Schüssel schütten. Die Zwiebelstreifen leicht salzen, Paprika und Mehl dar-überstäuben, mit einer Fleischgabel mischen, im heißen Fettbad 2 Min. goldbraun backen und ab-tropfen lassen.

Gegarte Kartoffeln abgießen, gut ausdämpfen und in die Schüssel zu den Speck- und Zwiebelwür-feln schütten. Mit Muskat und Pfeffer würzen und alles grob stampfen.

Von der heißen Kartoffelmasse mit einem Eßlöffel ovale Klöße formen, sie auf einer gefetteten Platte anrichten und mit den goldbraunen Zwiebelstreifchen abschmälzen.

Saurer Schweinekamm

Bedarf für 10 Portionen: 2,8 kg Schweinekamm, Salz, Pfeffer, 1 gestrichener Tl grobgehackter
          Kümmel, 300 g Röstgemüse, 80 g Fett, 0,2 l Weinessig, 0,5 l saure Sahne, 4 Toma-
          ten, 10 g Kartoffelstärke, Zitronensaft.
Schmordauer: 60 − 90 Min.

Schweinekamm ausbeinen. Knochen in kleine Stücke hacken. Fleisch salzen, pfeffern, mit Kümmel bestreuen und zusammen mit dem Röstgemüse und den Knochen in heißem Fett braun anbraten. Dann mit Essig ablöschen und noch soviel Wasser angießen, daß der Braten zu einem Drittel in Flüs-sigkeit liegt, und zugedeckt im Ofen schmoren. Zwischenzeitlich beschöpfen und wenden. Kurz vor dem Garsein das Fleisch mehrfach mit saurer Sahne begießen, um so eine schmackhafte, glänzende Kruste zu bilden.

Glaciertes Fleisch aus der Pfanne nehmen und warmhalten. Zerschnittene, ausgedrückte Tomaten dem Schmorfond beigeben, evtl. auch einen Schöpfer Wasser, und alles noch kurze Zeit leicht ko-chen. Saucenfond durch ein Sieb in einen Topf gießen, aufkochen und abfetten. Übrige saure Sahne und Kartoffelstärke glattrühren, Saucenfond damit binden und mit fehlendem Pfeffer, Salz und Zi-tronensaft fertig abschmecken. Fleisch in Scheiben schneiden, die Sauce separat dazugeben.

Beilagen: „Schneebällcher" (Klöße von gekochten Kartoffeln) und Endiviensalat.

Dampfnudeln mit Hutzeln

Bedarf für 10 Portionen: Teig: 750 g Mehl, 45 g Hefe, 300 g Milch, 60 g Zucker, 2 Eier, 2 Eigelb,
          100 g weiche Butter, abgeriebene Schale einer halben Zitrone;
          zum Garen: 0,5 l Milch, 120 g Butter, 80 g Zucker;
          Beilage: 750 g Trockenbirnen, Saft einer Zitrone, 1 Stck. Zimt, 150 g Zucker, 10 g
          Kartoffelstärke.
Gardauer: Dampfnudeln 30 Min., Birnen 25 Min.

Dampfnudeln: Mehl in eine Schüssel sieben, in die Mitte eine Vertiefung drücken. Hefe in lauwarmer Milch mit 1 Tl Zucker aufgelöst hineingeben und mit einem Teil des Mehls einen Vorteig bilden. Zugedeckt warmstellen und gehen lassen. Später die anderen Zutaten beifügen und alles kneten, bis der Teig Blasen wirft. Zugedeckt gehen lassen, später nochmals kneten und erneut gehen lassen.

In einem stabilen Topf mit gut schließendem Deckel Milch, Butter und Zucker erwärmen. Aus dem Teig 30 Klöße zu je 40 g formen, in die erwärmte Milch legen, zugedeckt ganz langsam an den Kochpunkt bringen und bei weiterer geringer Energiezufuhr garen. Während dieser Zeit muß der Deckel geschlossen bleiben. Wenn die Dampfnudeln gar sind, soll die Flüssigkeit aufgebraucht sein. Die Unterseite der Zubereitung soll goldgelb, oben jedoch weiß sein. Dampfnudeln und Hutzeln werden getrennt angerichtet.

Hutzeln (mundartl. für dörren, schrumpfen) sind in diesem Falle halbierte, mit der Schale getrock-nete Birnen.

Birnen waschen und mit Wasser bedeckt 12 − 24 Std. weichen. Mit Einweichwasser, Zitronensaft, Zimt und Zucker zum Kochen aufstellen und bei wenig geöffnetem Topfdeckel garen. Gegarte Früchte mit angerührter Stärke leicht binden.

Foto: Klinger

Lammfilets auf indische Art

Dish of Lamb with Curry

Rezept s. S. 313

Foto: Klinger

Englische Hühnerpastete

Chicken Pie

Rezept s. S. 317

Süßspeisen

Kirschenmichel

Bedarf für 10 Portionen: 7 Semmeln, 0,6 l Milch;
zum Auskleiden der Form: 10 g Butter und 30 g Zwieback- oder Biskuitbrösel;
5 Eiweiß, 120 g Zucker, 80 g Butter, 5 Eigelb, abgeriebene Schale einer halben Zitrone, 750 g entsteinte Süßkirschen, 50 g Kirschwasser, 60 g Butter zum Belegen, Puderzucker zum Bestäuben.

Backdauer: 35 – 45 Min., Backtemperatur: 180 °C.

Semmeln in feine Scheiben schneiden, warme Milch darübergießen und durchweichen lassen. Eine große Auflaufform mit Butter und Bröseln auskleiden. Eiweiß mit halber Zuckermenge zu steifem Schnee schlagen.

Butter, zweite Zuckerhälfte, Eigelb und Zitronenabgeriebenes schaumigrühren. Durchweichte Semmeln, Kirschen und Kirschwasser dazurühren und Eiweißschnee behutsam unterheben. Kirschmasse in die vorbereitete Auflaufform füllen, Oberfläche mit Butterflöckchen belegen und im vorgeheizten Ofen backen.

Kirschenmichel (mit Zucker bestäubt) kann warm oder kalt gereicht werden.

Haardter Walnußspeise

Bedarf für 10 Portionen: 20 g Butter, 20 g Zwiebackbrösel, 120 g geriebene Walnußkerne, 75 g Mehl, 30 g Biskuitbrösel, 6 Eigelb, 60 g Staubzucker, abgeriebene Schale einer halben Zitrone, 6 Eiweiß, 90 g Zucker;
Weinsauce: 0,25 l Weißwein, 2 Eigelb, 1 Ei, 100 g Zucker.

Gardauer: 40 Min., Einzelportionen 20 Min., Ofentemperatur: 180 °C.

Eine große Pudding- oder Auflaufform mit Butter und Zwiebackbröseln auskleiden. Nüsse, Mehl und Biskuitbrösel mischen.

Eigelb, Staubzucker und abgeriebene Zitronenschale schaumigrühren. Eiweiß zu steifem Schnee aufschlagen, Zucker nach und nach unterschlagen. Ein Drittel des Eischnees und die Nuß-Mehl-Biskuit-Mischung unter die schaumige Eigelbmasse rühren. Übrigen Eischnee locker unterheben, alles in die vorbereitete Form füllen und im Wasserbad im Ofen garen.

Weinsauce: Alle Zutaten glattrühren und im Wasserbad dick-schaumig aufschlagen.

Walnußspeise stürzen oder in der Auflaufform servieren, die Sauce getrennt reichen.

Walnußspeise kann auch in Portionsförmchen fertiggestellt werden.

Hochwälder Äpfel

Bedarf für 10 Portionen: 750 g Äpfel, Saft einer Zitrone, 50 g Zucker;
120 g Butter, 120 g Zucker, 3 g gemahlener Zimt, abgeriebene Schale einer halben Zitrone, Mark einer drittel Vanilleschote, 1 El Rum, 6 Eigelb, 6 Eiweiß, 75 g Zwiebackbrösel, 75 g geriebene Haselnüsse;
Butter und Mehl zum Auskleiden der Form.

Backdauer: 40 – 50 Min., Ofentemperatur: 180 °C.

Äpfel schälen, vierteln, Kernhaus entfernen. Viertel in dünne Spalten schneiden, mit Zitronensaft und Zucker mischen.

Butter mit 60 g Zucker, Zimt, abgeriebener Zitronenschale, Vanille und Rum schaumigrühren. Eigelb nach und nach dazugeben. Eiweiß zu festem Schnee schlagen, 60 g Zucker einschlagen. Eischnee, Brösel und Haselnüsse unter die Eigelbmasse ziehen. Alles in eine mit Butter ausgestrichene und mit Mehl bestäubte feuerfeste Porzellan- oder Steingutform füllen. Oberfläche glattstreichen, mit den vorbereiteten Äpfeln schuppenartig belegen und im vorgeheizten Ofen backen.

Apfelspeise teilen und warm reichen.

Anstelle von Äpfeln können Aprikosen, Birnen, Pfirsiche, Kirschen oder auch eine Mischung aus mehreren Früchten verwendet werden.

Pfälzer Weinkrem

Bedarf für 10 Portionen: 6 Blatt Gelatine, 10 halbe, gedünstete Weinbergpfirsiche, 300 g entsteinte, gedünstete Süßkirschen, 0,5 l Sahne, 4 Eigelb, 150 g Zucker, 0,25 l Weißwein, 1 El Johannisbeergelee.

Gelatine einweichen. Pfirsichhälften in Würfel schneiden und mit den Kirschen in Sektschalen oder Portionsglasschalen verteilen. Sahne steifschlagen. Eigelb, Zucker, Wein und ausgedrückte Gelatine warm aufschlagen bis zur Verdickung, dann kaltschlagen wie eine Biskuitmasse. Knapp vor dem Absteifen der Masse die geschlagene Sahne unterheben, Krem in einen Spritzbeutel füllen, in die vorbereiteten Schalen dressieren und kaltstellen.

Glattgerührtes Johannisbeergelee in ein Papiertütchen füllen, die Spitze abschneiden und jeweils eine feine Spirale auf die Oberfläche des Weinkrems spritzen.

Beilage: Löffelbiskuits.

HESSEN

Suppen

Sachsenhausener Apfelweinsuppe

Bedarf für 10 Portionen: 1 l kräftige Fleischbrühe, 10 Eigelb, 0,2 l saure Sahne, 0,3 l Sahne, 0,7 l
  Apfelwein, 1 Msp. Zimt, Zucker, 150 g Weißbrotwürfel, 30 g Butter.

Fleischbrühe, Eigelb, Sahne, Apfelwein und Zimt in einen Kessel geben. Den Kessel in ein heißes
Wasserbad stellen und den Inhalt mit einem Schneebesen schlagen, bis die Eigelb binden und die
Suppe von kremiger Beschaffenheit ist. Dann die Apfelweinsuppe durch ein feines Sieb gießen und
den Geschmack mit einer Prise Zucker abrunden. Die Suppe warmhalten, jedoch nicht kochen,
sonst gerinnt sie.

Weißbrotwürfel im Ofen hellbraun rösten, Butter in Flöckchen darauflegen und durchschwenken.

Apfelweinsuppe in warme Tassen einfüllen und die Brotwürfelchen daraufgeben.

Oberrheinische Tomatensuppe mit Grießklößchen

Bedarf für 10 Portionen: 1,5 kg Tomaten, 60 g Butter, 40 g feine magere Speckwürfel, 200 g Zwiebelscheiben, 100 g Möhrenscheiben, 150 g Tomatenmark, 2 l Fleischbrühe, 1 Kräuterbündel (1 Thymianzweig, 2 Basilikumzweige, Petersilienstiele, kleines Lorbeerblatt, 2 gequetschte Knoblauchzehen), 25 g Zucker, Pfeffer nach Geschmack;
  Grießklößchen: 80 g Butter, 1 Eigelb, 1 Ei, 100 g Grieß, 2 El kaltes Wasser, 10 g
  Salz, 20 frische Basilikumblättchen, grob gehackt.

Gardauer: Suppe 30 Min., Klößchen 10 Min.

Tomaten waschen, ausstechen, querhalbieren, Kerne ausdrücken, Tomatenfleisch zerschneiden.
Butter erhitzen, Speckwürfelchen darin glasig werden lassen. Zwiebel- und Möhrenscheiben zugeben
und bei schwacher Hitze schwitzen, bis die Zwiebeln lichtgelb sind. Dann Tomatenmark sowie vorbereitetes Tomatenfleisch zum Schmoren beifügen. Wenn das Tomatenfleisch breiig ist, Fleischbrühe auffüllen, das Kräuterbündel dazulegen und die Suppe zugedeckt leicht kochen lassen.

Nach der Kochdauer das Kräuterbündel entfernen, die Suppe durch ein Sieb streichen, durchrühren,
mit Zucker und Pfeffer abschmecken und nochmals erhitzen. Klößchen in vorgewärmte Tassen legen, Suppe einfüllen.

Grießklößchen: Butter schaumigrühren, die anderen Zutaten nacheinander beigeben. Aus der Masse
mit einem Teelöffel Klößchen in kochendes Salzwasser abstechen und darin garziehen lassen.

Verschiedene Gerichte

Linsengemüse und Frankfurter Würstchen

Bedarf für 10 Portionen: 900 g Linsen, Fleischbrühe, 500 g Gemüsewürfel (200 g Lauch, 100 g
  Möhren, 100 g Sellerie, 100 g Petersilienwurzeln), Salz, 120 g magere Speckwürfel,
  250 g feine Zwiebelwürfel, 40 g Mehl, 0,1 l Weinessig, 25 g Zucker, gemahlener
  Pfeffer, 20 g gehackte Petersilie, 10 Paar Frankfurter Würstchen, frisch oder aus
  Dosen.

Gardauer: 30 – 40 Min.

Linsen gründlich waschen und mit Wasser bedeckt 12 Std. einweichen. Danach mit dem Einweichwasser zum Kochen aufsetzen und noch soviel Brühe angießen, daß die Linsen bedeckt sind. Nach
dem Aufkochen den Schaum abnehmen, die Gemüse beigeben, leicht salzen und bei schwacher Hitze garen.

Speckwürfel auslassen. Zwiebelwürfelchen und später auch das Mehl dazufügen. Nachdem es hellbraune Farbe angenommen hat, alles in die inzwischen gegarten Linsen einrühren und damit noch
kurze Zeit kochen lassen. Dann mit Essig, Zucker, Pfeffer und noch fehlendem Salz abschmecken.
Nach dem Anrichten mit Petersilie bestreuen.

Frankfurter Würstchen werden nur aus Schweinefleisch ohne Umrötungsstoffe hergestellt. In einem speziellen Räucherverfahren (Frankfurter Rauch) erhalten die Würstchen ihre typische mes-
singgelbe Farbe und ihren kräftigen Rauchgeschmack; im Innern sind sie nur leicht rosa. Frankfurter Würstchen gelangen ungebrüht zum Verkauf und müssen deshalb 10 Min. in Wasser unter dem
Kochpunkt erhitzt werden. Frankfurter Würstchen aus Dosen erhitzt man in ihrer Konservierungs-
flüssigkeit. Die heißen Würstchen werden separat angerichtet. – Übrigens, die Bezeichnung „Frankfurter Würstchen" ist geschützt und den Produzenten im Frankfurter Raum vorbehalten.

Frankfurter Kartoffelsalat und Rindswürste

Bedarf für 10 Portionen: 1,5 kg Salatkartoffeln, 150 g magere Speckwürfel, 150 g feine Zwiebel-
              würfel, 2 Eigelb, 0,25 l Brühe, 60 g Speiseöl, 80 g Weinessig, Salz, Pfeffer, 1 El ge-
              schnittener Schnittlauch;
              1 Salatgurke, 3 Bund Radieschen;
              zum Marinieren: Salz, Pfeffer, Zucker, Weinessig, Speiseöl;
              10 Rindswürste je 80 – 100 g.

Kartoffeln waschen, kochen, abgießen und noch heiß pellen. Lauwarme Kartoffeln in feine Scheiben schneiden. Speckwürfel braunbraten und samt ausgetretenem Fett über die Kartoffelscheiben
geben. Zwiebelwürfel dazustreuen. Eigelb mit 3 Eßlöffeln Brühe verrühren. Übrige Brühe erhitzen,
mit Öl, Essig, Salz und Pfeffer verquirlen. Die Salatzutaten damit mischen und die Eigelb unterziehen.

Gurken schälen, längshalbieren, die Kerne mit einem Eßlöffel ausschaben. Gurkenhälften in feine
Scheiben schneiden. Radieschen waschen, die Wurzeln abschneiden und in Scheiben hobeln. Gurken und Radieschen, jedes für sich, mit Salz, Pfeffer, einer Prise Zucker, Essig und Öl pikant abschmecken.

Kartoffelsalat in einer geräumigen Schüssel anrichten und abwechselnd mit Häufchen von Gurken
und Radieschen einfassen. Schnittlauch in die Mitte streuen.

Rindswürste, eine Spezialität aus dem süddeutschen Raum, sind wegen ihres kräftigen Geschmackes
beliebt. Die Brühwürste werden aus kernigem Bullenfleisch und Rinderfleischfett hergestellt. Man
erhitzt sie in Wasser unter dem Kochpunkt. Rindswürste müssen heiß verzehrt werden, weil das
Rindsfett rasch steif wird.

Wiesbadener Sauerampferfleisch

Bedarf für 10 Portionen: 2 kg ausgebeinte Kalbsschulter, 150 g Butter, 80 g Mehl, 0,7 l Riesling-
              wein, 1,5 l Wasser, Salz, 250 g frische, gehackte Champignons, 200 g feingehackte
              Schalotten, 250 g Sauerampferblätter, 0,3 l saure Sahne, Pfeffer.

Gardauer: 50 – 60 Min.

Kalbfleisch in Stücke zu 50 g schneiden, mit Wasser bedeckt aufsetzen, rasch aufkochen und abgießen.

Die Hälfte der Butter in einem Topf zerlaufen lassen, Mehl einrühren, hell schwitzen, Wein sowie Wasser dazugießen und aufkochen. Entstandene Sauce leicht salzen. Blanchiertes Kalbfleisch dazugeben und zugedeckt bei mäßiger Hitze garen. Damit sich die Zubereitung am Topfboden nicht anlegt, eine Unterlage zwischen Topf und Herdplatte bringen.

Champignons in der zweiten Hälfte der Butter scharf sautieren. Schalotten und Sauerampfer, in Streifchen geschnitten, dazugeben und alles zugedeckt 6 Min. dünsten.

Sauerampfermischung unter das gegarte Fleisch rühren und mit saurer Sahne, frisch gemahlenem Pfeffer sowie fehlendem Salz fertigstellen.

Beilage: Nudeln.

Hase im Topf

Bedarf für 10 Portionen: 2,4 kg jähriger, vorbereiteter Hase (Läufe, Keulen, Rücken), 800 g Schweinebauch ohne Schwarte und Knorpel;
      Marinade: 1 l Rotwein, 1 Gewürzbeutel (40 g zerschnittene Petersilienwurzel, 12 zerdrückte Pfefferkörner, 4 zerdrückte Pimentkörner, 2 Lorbeerblätter, 12 gequetschte Wacholderbeeren, 2 g Rosmarin, 2 gequetschte Knoblauchzehen, 1 Streifen Zitronenschale);
      Salz, Pfeffer, Mehl, 100 g Fett, 200 g kleine Zwiebelwürfel, 80 g kleine Möhrenwürfel, 0,5 l braune Wildbrühe, 75 g geriebenes Schwarzbrot, 75 g geriebener Mandellebkuchen, Zitronensaft nach Geschmack.

Gardauer: 90 – 100 Min., Ofentemperatur: 160 – 180 °C.

Dippehas (Topfhase), wie dieses Gericht mundartlich genannt wird, ist eine dem Hasenpfeffer ähnliche Zubereitung, die man in einer feuerfesten Steingut- oder Porzellankasserolle fertigstellt. Zur besseren Erhaltung der Aromastoffe wird der Kasserollendeckel mit einem Teigring befestigt. Bei Verwendung von Blut (Hase oder Schwein) ist dieses abschließend in die heiße Sauce der gegarten Zubereitung zu rühren, denn Blut gerinnt beim Kochen.

Hasenteile in Stücke mit gleichem Gewicht zerlegen; die sperrigen Läufe in den Gelenken einschneiden, zusammendrücken und mit Schnur umbinden. Schweinebauch in gleiche, daumengroße Stücke schneiden. Hasenstücke und Schweinefleisch in einen Steintopf geben, Rotwein dazugießen, alles mischen, Gewürzbeutel in die Mitte stecken und zugedeckt bis zum nächsten Tag kühlstellen.

Mariniertes Fleisch in einen Durchschlag mit darunter befindlichem Gefäß schütten und nach genügendem Abtropfen mit einem Tuch abtrocknen. Fleisch salzen, pfeffern, in Mehl wenden, in heißem Fett bei starker Hitze braun anbraten und in eine feuerfeste Porzellankasserolle einordnen; die Schnur an den Läufen abnehmen. Zwiebel- und Möhrenwürfel im Anbratgeschirr braunrösten, mit ein wenig aufgefangenem Marinadewein ablöschen und glacieren. Den übrigen Marinadewein samt Gewürzbeutel und die Brühe dazugießen, Brot und Lebkuchen einstreuen, mit noch fehlendem Salz sowie Zitronensaft würzen und über das Fleisch geben. Aus Mehl und dem nötigen Wasser einen geschmeidigen Teig kneten. Daraus eine Walze formen, sie rundum in den Falz der Porzellankasserolle legen und den Deckel daraufdrücken. Präparierte Zubereitung in einen vorgeheizten Ofen stellen und garen.

Die Kasserolle mit dem fertigen Gericht erst bei Tisch unter Zuhilfenahme eines Messers öffnen, das Gewürzbeutelchen entfernen und das Fleisch vorlegen.

Beilagen: Kartoffelklöße und Apfelkompott.

Vogelsberger Fleischpudding

Bedarf für 10 Portionen: 1 kg Kurzbratfleisch (Anschnitte und Reststücke von Kalbs- und Rinderfilet), Salz, Delikateßpaprika, 100 g Butter, 100 g Schalottenwürfelchen, 300 g rohe
Chamignonstreifchen, 0,15 l Weißwein, 0,6 l Sahne, 6 Eier, Muskatnuß, Pfeffer.

Gardauer: 15 – 20 Min., Ofentemperatur: 130 – 150 °C.

Fleisch in Streifchen schneiden, salzen, mit Paprika bestäuben, in erhitzter Butter rasch farblos anschwitzen und aus dem Geschirr auf ein Blech schieben, daß die Butter zurückbleibt. Ein Stückchen
frische Butter im selben Geschirr zerlaufen lassen, Schalotten und Champignons beifügen und gleichfalls anschwitzen. Mit Weißwein ablöschen, Sahne dazugießen, 2 Min. kochen lassen, dann von der
Kochstelle setzen. Eier in eine Schüssel aufschlagen, tüchtig quirlen und die heiße Weinsahne nach
und nach unter die Eier rühren. Entstandene Royale salzen, mit einem Strich Muskatnuß sowie
frischgemahlenem Pfeffer abschmecken und den ausgetretenen Fleischsaft zugeben. Fleischstreif-
chen in 10 Auflaufförmchen verteilen, mit Royale auffüllen und im Wasserbad im Ofen stocken.

Beilage: Blatt- und Gemüsesalate mit frischen Kräutern.

Garniertes Rindfleisch und Frankfurter grüne Sauce

Bedarf für 10 Portionen: 3,2 kg Querrippe vom Rind, Salz, 1 Gemüsebündel (Lauch, Möhre, Petersilienwurzel, Liebstöckel);
vorbereitete Gemüse: 2 umschnürte Wirsingviertel, 5 Möhren, 5 halbe Kohlrabi,
500 g heller Lauch, 50 g Butter, Zucker;
grüne Sauce: 10 hartgekochte Eier, 1 El scharfer Senf, Salz, Pfeffer, 0,2 l Speiseöl, 0,25 l Joghurt, 0,25 l saure Sahne, 120 g sehr fein gehackte Kräuter (Kresse,
Kerbel, Borretsch, Petersilie, Sauerampfer, Schnittlauch, Dill);
1 Tl grobes Salz, 1 El Petersilie.

Gardauer: 180 Min.

Das kalt abgewaschene Fleisch mit kaltem Wasser bedeckt ansetzen, zum Kochen bringen, abschäumen und garsieden. Die Flüssigkeit leicht salzen; während des Verfahrens mehrfach abfetten und
die Verdunstung durch Angießen von kaltem Wasser ausgleichen. Zur Erhaltung der Aromastoffe
das Gemüsebündel erst 45 Min. vor beendeter Garzeit beigeben.

Das vorbereitete Gemüse gruppiert in ein mit Butter ausgestrichenes, flaches Geschirr ordnen.
Leicht salzen, eine Prise Zucker beigeben, ein wenig von der Fleischbrühe angießen und mit Folie
und Deckel versehen dünsten.

Grüne Sauce: Gekochte Eigelb durch ein feines Sieb passieren, Senf, Salz und Pfeffer zugeben und
alles zu einer glatten Masse verrühren. Abwechselnd Öl und Joghurt dazurühren, dann auch die saure Sahne. Gekochtes Eiweiß von 5 Eiern in feine Streifen schneiden und zusammen mit den sehr
fein gehackten Kräutern der aufgerührten Sauce beifügen.

Die Rippen aus dem gegarten Fleisch ziehen. Das Fleisch, in Scheiben tranchiert, auf einer großen
Platte anrichten und die gedünsteten Gemüse, auch die aus dem Bündel, in gefällige Stücke geteilt
darumlegen. Grobes Salz und Petersilie gemischt über das Fleisch streuen und die Gemüse mit
etwas Butter bestreichen. Grüne Sauce in einer Sauciere reichen.

Beilagen: Schwenkkartoffeln und Rote Bete.

Eingelegte Rote Bete

Bedarf: 3 kg Rote Bete (Rote Rüben), 30 g Salz, 100 g Zucker, 1 El geriebener Meerrettich, 0,8 l
Wasser, 0,4 l Weinessig, 200 g dünne Zwiebelscheiben, 1 Tl Kümmel, 10 Pimentkörner,
3 Nelken, 1 Lorbeerblatt.

Gardauer: 60 – 90 Min. (Junge Rote Bete 25 Min.)

Rote Bete unter fließendem Wasser bürsten. Stielansatz und Saugwurzeln nicht abschneiden, sonst bluten die Rüben beim Kochen aus. Gereinigte Rote Bete in einen Topf legen, kochendes Wasser überstehend auffüllen, rasch wieder zum Kochen bringen und zugedeckt bei schwacher Hitze garen. Garzustand durch Anstechen prüfen.

Gargekochte Rote Bete abgießen. Zum besseren Entfernen der Haut mit kaltem Wasser überbrausen. Dann die Haut mit den Händen abstreifen. Abgestreifte Knollen in Scheiben von 2 mm schneiden und am besten in einen Steintopf legen. Salz, Zucker und Meerrettich dazugeben. Wasser, Essig, Zwiebeln, Kümmel, Pimentkörner, Nelken und Lorbeerblatt zusammen aufkochen und zum Auswerten der Geschmacksträger zugedeckt 5 Min. leicht kochen. Die kochendheiße Marinade durch ein Spitzsieb auf die geschnittenen Rüben gießen und den Rückstand fest auspressen. Rüben gut mischen, Oberfläche glätten, daß die Scheiben mit der Marinade bedeckt sind. Steintopf zum Abkühlen auf ein Gitter stellen, später mit Folie abgedeckt kalt aufbewahren.

Hessisches Zwiebelgemüse

Bedarf für 10 Portionen: 20 Zwiebeln je 100 g, 80 g Butter, 1 Tl Zucker, 0,2 l Apfelwein, 0,3 l Fleischbrühe, Salz, Pfeffer, 100 g Rosinen, 40 g geriebene Weißbrotkrume.

Gardauer: 15 Min.

Zwiebeln abziehen und korrekt vierteln. Wurzelenden nicht zu stark beschneiden, damit die einzelnen Zwiebelblätter zusammenhalten. Zwiebelviertel blanchieren und abtropfen lassen. Dann in Butter anschwitzen, den Zucker dazugeben, mit Apfelwein ablöschen, Fleischbrühe auffüllen, leicht salzen und pfeffern und zugedeckt garen. Gewaschene Rosinen und die Weißbrotkrume 6 Min. vor Garzeitende der Zubereitung beifügen.

Zwiebelgemüse eignet sich als Beilage zu gekochter Zunge, gebratener Leber, Kasseler und zu Bratwurst.

Frankfurter Pudding

Bedarf für 10 Portionen: 40 g Butter und 60 g Zwiebackbrösel zum Auskleiden der Formen; 125 g Butter, 4 g Zimt, abgeriebene gelbe Schale einer halben Zitrone, 125 g Zucker, 1 Ei, 4 Eigelb, 70 g Rotwein, 1 El Kirschwasser, 160 g Brösel (Biskuit und Zwieback), 70 g feingeriebene Nüsse, 4 Eiweiß.

Gardauer: 25 Min., Ofentemperatur: 180 °C.

Zehn Portionsförmchen mit Butter und Brösel auskleiden. Butter, Zimt und Abgeriebenes der Zitrone mit der Hälfte Zucker weißschaumig rühren. Ei und Eigelb nach und nach unterrühren, wie auch die mit Rotwein und Kirschwasser getränkten Brösel und die Nüsse. Eiweiß mit dem übrigen Zucker zu steifem Schnee schlagen und ihn unter die Masse heben. Puddingmasse in die vorbereiteten Förmchen füllen, in ein kochendes Wasserbad stellen und im vorgeheizten Ofen garen. Gegarten Pudding vor dem Stürzen 2 – 3 Min. ruhen lassen.

Ergänzung: Rotweinsauce.

Rotweinsauce

Bedarf für 1 l: 0,8 l Rotwein, 240 g Zucker, 1 Stck. Zimt, 1 Streifen Zitronenschale, 1 Nelke, 20 g Maisstärke, 80 g Rosinen.

Rotwein, Zucker, Zimt, Zitronenschale und die zerdrückte Nelke aufkochen, mit der angerührten Stärke binden. Rotweinsauce durch ein Sieb gießen und heiß gewaschene Rosinen als Einlage in die Sauce rühren.

Eltviller Kirschen

Bedarf für 10 Portionen: 700 – 800 g reife, rohe Sauerkirschen, 150 g Zucker, 30 g Kaltbindemit-
    tel, 0,2 l Rotwein;
    Krem: 3 Blatt Gelatine, 0,3 l Sahne, 0,3 l Weißwein, Saft einer halben Zitrone,
    2 Eigelb, 1 Ei, 100 g Zucker, 10 g Krempulver, 20 g gestiftelte Pistazien.

Kirschen waschen, entsteinen, mit der Hälfte des Zuckers bestreuen. Übrigen Zucker mit dem Kalt-
bindemittel mischen, Rotwein sowie den entstandenen Kirschsaft dazurühren und die nun stockende Flüssigkeit unter die Kirschen ziehen. Abgebundene Kirschen in 10 Portionsschalen verteilen.

Krem: Gelatine einweichen. Sahne steifschlagen. Weißwein und Zitronensaft aufkochen. Eigelb, Ei,
Zucker und Krempulver schaumigrühren. Heißen Weißwein dazurühren, alles in den Topf zurückgeben, aufkochen und durch ein Sieb passieren. Ausgedrückte Gelatine in dem heißen Krem lösen,
dann auf Eis kaltrühren und kurz vor dem Stocken die geschlagene Sahne unterheben. Sahnekrem
mit einem Spritzbeutel auf die vorbereiteten Kirschen dressieren und mit Pistazien bestreuen.

Hanauer Brezeln

Bedarf für 20 Brezeln: 50 g Hefe, 150 g Weißbier, 500 g Mehl, 120 g Butter, 60 g Zucker, 2 Eier,
    2 Eigelb, abgeriebene gelbe Schale einer halben Zitrone, Eistreiche;
    zum Bestreichen: 60 g Butter;
    zum Bestreuen: 100 g feingeriebene Mandeln, 100 g Puderzucker.

Backdauer: 15 Min., Backtemperatur: 200 – 220 °C.

Hefe im lauwarmen Bier auflösen. Mehl in eine Schüssel sieben, eine Mulde bilden, aufgelöste Hefe
eingießen, übrige Zutaten beigeben (Butter pastenartig) und kneten, bis der Teig Blasen wirft. Nach
dem ersten Aufgehen eine Walze formen, diese in Stücke zu 50 g aufteilen. Teigstücke zu 30 cm langen Strängen rollen. Brezeln daraus formen, auf ein gefettetes Backblech legen, 20 Min. gehen lassen, mit Eistreiche bepinseln und im vorgeheizten Ofen backen.

Heiße Brezeln mit zerlaufener Butter bestreichen, mit Mandeln bestreuen und mit Puderzucker bestäuben.

BADEN-WÜRTTEMBERG

Suppen

Leberspätzlesuppe

Bedarf für 2,5 l: 250 g Leber (Kalb oder Rind), 5 g Salz, Pfeffer;
250 g Mehl, 3 Eier, 50 g Wasser, 5 g Salz;
60 g Butter, 80 g sehr feingehackte Zwiebeln, 10 g gehackte Petersilie, 2,5 l kräftige Fleischbrühe.

Leber salzen, pfeffern und fein wolfen. Mehl in eine Schüssel sieben. Eier, Wasser und Salz zugeben. Alles zusammenarbeiten und zu einem sehr glatten Teig schlagen. Durchgelassene Leber und Spätzleteig gründlich vermischen. Leberspätzleteig in kleinen Mengen auf ein angefeuchtetes Spätzlebrett geben, mit einer in Wasser getauchten Palette glattstreichen und feine Streifen in kochendes Salzwasser abschaben. Gekochte, an die Oberfläche steigende Spätzle fortlaufend in kaltes Wasser umsetzen, dann in einem Durchschlag gut abtropfen lassen.

Butter erhitzen, feine Zwiebeln anschwitzen, Spätzle und Petersilie dazugeben, durchschwenken und in eine Terrine leeren. Die kochendheiße Fleischbrühe aufgießen.

Rindssuppe mit gefüllten Flädle(spiralen)

Bedarf für 2,5 l: 0,2 l Milch, 60 g Mehl, 2 Eier, Salz, 30 g Butter zum Backen;
100 g passierter Spinat, 30 g angeschwitzte Schalottenwürfelchen, 200 g Bratwurstbrät, Pfeffer, 2,5 l Rindfleischbrühe.

Milch und Mehl verrühren. Aufgeschlagene, gequirlte Eier und eine Messerspitze Salz dazugeben und alles glattrühren. In einer Stielpfanne (Durchmesser 10 – 12 cm) mit wenig Butter dünne Flädle (Eierkuchen) backen und auf ein Blech nebeneinanderlegen.

Spinat und Schalotten unter das Bratwurstbrät mengen, mit Salz und Pfeffer nachwürzen. Flädle mit der Mischung gleichmäßig bestreichen und locker zusammenrollen. Die Rollen in Folie einwickeln, in kochendes Salzwasser legen und 10 Min. ziehen lassen. Abgekühlte Rollen auswickeln, in 5 mm dicke Scheiben schneiden, in vorgewärmte Suppenbowlen verteilen und die kochendheiße Rindfleischbrühe einfüllen.

Badische Suppe

Rezept s. Bd. 1, Abschn. Regionalsuppen.

Milchknöpflesuppe

Rezept s. Bd. 1, Abschn. Regionalsuppen.

Württembergische Riebelsuppe

Rezept s. Bd. 1, Abschn. Regionalsuppen.

Verschiedene Gerichte

Schwarzwälder Eierkachel

Bedarf für 10 Portionen: 1,2 kg frische, kleine Pfifferlinge, 60 g Speckwürfelchen, 100 g ZwiebelwÜrfelchen, 60 g Butter für die Pilze, Salz, Pfeffer, 0,2 l Sahne;
20 Eier, 0,2 l saure Sahne, 10 Scheiben magerer Speck, 10 g Butter zum Ausstreichen, 50 g Butter zum Backen, 20 g geschnittener Schnittlauch.

Gardauer: Pilze 10 Min., Eier 3 – 5 Min.

Pfifferlinge putzen, waschen und nach genügendem Abtropfen mit einem Tuch trockentupfen.
Speck und Zwiebeln mit Butter scharf anbraten, die Pilze dazugeben, leicht salzen sowie pfeffern
und alles stark sautieren. Nachdem der sich bildende Fond wieder zur Hälfte eingekocht ist, die
Sahne angießen und bis zu leichter Verdickung weiterkochen. Fertige Pfifferlinge zugedeckt warmhalten.

Eier in eine Schüssel aufschlagen. Saure Sahne beifügen, leicht salzen, pfeffern, tüchtig verquirlen
und durchsieben. Speckscheiben in Stücke von 4 cm schneiden und anbraten. Eier am besten in
Einzelportionen fertigstellen. Dazu 10 Keramikplatten (Kacheln), Durchmesser etwa 15 cm, mit
Butter ausstreichen und warmstellen. In Pfannen entsprechender Größe ein wenig Butter erhitzen,
eine angemessene Menge der Eiermasse einfüllen, 3 – 4 angebratene Speckstücke dazulegen und die
Masse im Ofen mit guter Oberhitze stocken und bräunen. Eierfladen in die angewärmten Geschirre
gleiten lassen, einen Anteil Pfifferlinge in die Mitte häufen und Schnittlauch darüberstreuen.

Beilage: Schwarzwälder Bauernbrot.

Zander nach badischer Art

Bedarf für 10 Portionen: 2,5 kg Zander, 50 g Butter für die Form, 80 g feine Schalottenwürfel,
Salz, Pfeffer, 15 g gehackte Petersilie, Saft von eineinhalb Zitronen, 0,3 l saure
Sahne, 30 g geriebener Käse, 20 g geriebene Roggenbrotkrume, 80 g Butter.

Gardauer: 12 – 15 Min.

Flossen der Zander abschneiden. Fische ausnehmen und filetieren. Gewaschene Filets in 20 gleichschwere Stücke teilen. Eine große, irdene Backplatte dick mit Butter bestreichen und mit Schalotten bestreuen. Gesalzene, gepfefferte Zanderstücke darauflegen, Petersilie und Zitronensaft darübergeben. Fische mit Sahne überziehen, mit Käse und Roggenbrot bestreuen, Butter in Stückchen auflegen, im vorgeheizten Ofen garen und gleichzeitig hellbraun überbacken.

Beilage: Salate der Jahreszeit.

Gefüllte Bodenseefelchen

Bedarf für 10 Portionen: 1,2 kg reife Tomaten, 300 g frische Champignons, 60 g Butter, 150 g fein-
gehackte Schalotten, Knoblauchsalz, 1 Tl Zucker, Pfeffer, 50 g gehackte Kräuter
(Basilikum, Kerbel, Kresse, Estragon, Dill);
10 Felchen je 250 g, Senfpulver, Salz, 30 g Schalottenbutter, 0,3 l Weißwein, 0,3 l
Fischfond, Saft einer Zitrone, Stärke, 125 g Butter zum Montieren, 10 g gehackte
Petersilie.

Gardauer: 6 – 8 Min.

Tomaten ausstechen, brühen, abziehen, querhalbieren und die Kerne entfernen. Tomatenfleisch in
kleine Stücke teilen. Champignons waschen, abtropfen lassen und hacken. Butter erhitzen, Schalotten und gehackte Pilze darin kräftig anschwitzen. Tomatenfleischstücke beifügen, mit Knoblauchsalz, Zucker sowie Pfeffer würzen und unter Rühren zu dickem Mus eindünsten. Dann die Kräuter
zugeben und die Füllung abkühlen lassen.

Felchen schuppen, waschen, Flossen, Kiemen und Augen entfernen. Fische vom Rücken aus längs aufschneiden, Gräten und Innereien entnehmen, sauber auswaschen und abtrocknen. Fischinnenraum mit wenig Senfpulver, Salz und Pfeffer würzen, die abgekühlte Füllung hineingeben, leicht zusammendrücken und außen wenig salzen.

Ein flaches Geschirr mit Schalottenbutter ausstreichen, die präparierten Felchen einordnen, mit Wein und Fischfond begießen, mit Zitronensaft beträufeln und aufkochen. Felchen mit Folie abdecken und im vorgeheizten Ofen gardünsten.

Nach dem Dünsten die Haut behutsam abziehen, die Fische auf einer Porzellanplatte anrichten und zugedeckt warmhalten. Den Dünstfond passieren, auf die Hälfte einkochen, mit angerührter Stärke ganz leicht binden und die Butter in Flöckchen unter den kochendheißen Fond schlagen (montieren). Fische damit saucieren und Petersilie darüberstreuen.

Beilagen: (Neue) Schwenkkartoffeln und Gurkensalat.

Hügelsheimer Spargel, Omeletts und Schwarzwälder Schinken

Bedarf für 10 Portionen: 5 kg Spargel, Salz, 10 g Zucker, 10 g Butter, 100 g Butter zum Bräunen; Omelett-Teig: 180 g Mehl, 600 g Milch, 6 Eier, 5 g Salz, 50 g Butter zum Backen; 800 g Schwarzwälder Schinken in dünnen Scheiben, Grünzeug zum Garnieren.

Gardauer: Spargel 18 – 20 Min.

Spargel waschen, schälen, bündeln und die Enden egalisieren. Salzwasser zum Kochen bringen, Zucker und Butter beigeben, die Spargelbündel einlegen und vom Wiederbeginn des Kochens 12 Min. zugedeckt sieden. Dann von der Kochplatte setzen und zum Nachziehen aufgedeckt stehenlassen.

Inzwischen Mehl und Milch glattrühren. Eier separat in eine Schüssel schlagen, Salz zugeben, tüchtig quirlen und mit dem angerührten Mehl mischen. Masse durchsieben und zum Entspannen des Klebers einige Min. ruhen lassen. In mittelgroßen Pfannen mit wenig Butter dünne Eierkuchen backen, einzeln zusammenrollen und anrichten.

Spargelbündel auf eine flache Platte legen, die Schnüre entfernen, Butter hell bräunen. Noch ausgetretenes Spargelwasser abgießen und die gebräunte Butter über die Spargel geben oder separat reichen.

Schwarzwälder Schinken ist knochenloser Hinterschinken mit oder ohne Oberschale. Er wird trocken gepökelt und mit Hölzern des Schwarzwaldes kalt geräuchert. Typisch ist die braunschwarze Außenfarbe des Schinkens sowie die im Anschnitt kräftig rote Fleischfarbe. – Die Schinkenscheiben auf einer Platte gefällig anrichten und mit Kresse, Petersilie oder grünem Salat verzieren.

Junge Wildente nach Art der Weinbauern

Bedarf für 10 Portionen: 5 vorbereitete Wildenten je 700 – 800 g, Salz, Pfeffer, 150 g magere Speckwürfel, 200 g Zwiebelwürfel, 100 g Möhrenwürfel, 300 g weiße Weintrauben, 0,2 l Weißwein, 0,5 l saure Sahne, Kartoffelstärke, 80 g Preiselbeeren (Konserve), Saft einer Zitrone, 60 g Butter.

Bratdauer: 20 – 30 Min., Ofentemperatur: 200 °C.

Wildenten salzen, pfeffern, in erhitzte Speckwürfel legen, auf beiden Seiten anbraten und im vorgeheizten Ofen weiterbraten. Nach halber Bratzeit Zwiebeln und Möhren um die Enten streuen und mitbräunen lassen.

Weintrauben waschen, die Beeren abzupfen, abziehen und mit einer kleinen Drahtschlinge entkernen.

Die inzwischen braungebratenen Enten entnehmen und auf einem Gitter mit untergeschobenem Tropfblech ruhen lassen. Überschüssiges Fett behutsam aus dem Bratgeschirr gießen. Den Bratsatz mit Weißwein ablöschen, einen Schuß Wasser dazugießen und loskochen.

Enten in Brusthälften und Keulen zerlegen, die Knochen ausbrechen und sie zur Kräftigung des Geschmacks im Saucenansatz mitkochen. Die Ententeile in ein Anrichtegeschirr legen und warmstellen.

Kurzgehaltenen Saucenansatz durch ein Sieb gießen, den Rückstand kräftig auspressen. Passierten Ansatz mit saurer Sahne aufkochen und, falls erforderlich, ganz leicht mit angerührter Stärke binden. Sauce mit passierten Preiselbeeren, Zitronensaft und Pfeffer abschmecken. In einer Stielpfanne Butter hell bräunen, präparierte Weinbeeren dazugeben, durchschwenken und alles über die angerichteten Enten leeren. Entenrahmsauce separat reichen.

Beilage: Schupfnudeln.

Schupfnudeln

Bedarf: 2,3 kg Kartoffeln, 3 Eier, 150 g Mehl, 45 g Salz, Msp. geriebene Muskatnuß, 50 g Butter, 20 g Semmelbrösel.

Gardauer: Schupfnudeln 6 – 8 Min.

Kartoffeln waschen, mit Wasser bedeckt aufsetzen und garkochen. Gegarte Kartoffeln abgießen, abdampfen lassen, heiß schälen und pressen. Eier, Mehl, Salz und Muskat den gepreßten Kartoffeln beigeben, alles rasch zu einem Teig verarbeiten. Kartoffelteig auf gemehlter Fläche in fingerdicke Walzen formen, diese schräg in 8 cm lange Stücke aufteilen und in kochendes Salzwasser legen. Wasser schnell wieder zum Kochen bringen und die Schupfnudeln garziehen lassen. Wenn sie an der Oberfläche schwimmen, mit einem Schaumlöffel herausnehmen und mit Butter und Semmelbrösel abschmälzen oder die abgekochten Schupfnudeln erkalten lassen und bei Bedarf in Butter hellbraun anbraten.

Gefüllte Kalbsbrust Markgräfler Art

Bedarf für 10 Portionen: 2,5 kg Kalbsbrust, Salz, Pfeffer, 100 g Fett, 300 g Röstgemüse, 2 zerschnittene Tomaten, 10 g Kartoffelmehl;
Füllung: 30 g Zucker, 100 g Butter, 250 g geschälte Eßkastanien, Salz, 150 g gehackte Schalotten, 0,3 l Weißwein (Gewürztraminer), 300 g ausgebeinten Schweinekamm, Pfeffer, 1 Ei, 1 Eigelb.

Gardauer: 90 – 120 Min.

Rippenknochen der Kalbsbrust entfernen. Längsliegendes Brustbein mit flachem Schnitt abschneiden; die darunterliegenden Knorpel nicht auslösen. Zum Füllen, vom flachen Ende her, zwischen den Fleischschichten das Bindegewebe zertrennen und so eine Tasche zur Aufnahme der Füllung bilden.

Füllung: Zucker karamelisieren; 80 g Butter, Kastanien, eine Prise Salz zugeben, durchrühren, zu halber Höhe des Gargutes Wasser angießen und zugedeckt 25 Min. garen. Später den Deckel abnehmen, Kastanien glasieren und zunächst beiseitestellen. – Schalotten in übriger Butter anschwitzen, mit Gewürztraminer ablöschen und die Flüssigkeit auf ein Drittel einkochen. – Schweinekamm zerkleinern, salzen, pfeffern und feinwolfen. Ei, Eigelb, grob zerdrückte Kastanien und die abgekühlte Reduktion dem Fleisch beigeben, alles zu einer Masse verarbeiten und diese in die vorbereitete Kalbsbrust einfüllen. Die Brust mit einem Faden schließen und die Füllung durch leichtes Drücken gleichmäßig im Brustraum verteilen.

Ein Bratgeschirr mit den zerkleinerten Knochen und Parüren der Brust ausstreuen und mit kaltem Wasser 2 mm hoch untergießen. Gefüllte Kalbsbrust würzen, mit der Hautseite nach unten einlegen, das Fett darübergeben und im Ofen bei 180 °C garen. Brust wiederholt begießen. Nach etwa 45 Min. das Fleischstück wenden, das Röstgemüse beifügen und weiterhin mit dem Bratensaft beschöpfen, bis sich eine braunglänzende Glasur bildet.

Gegarte Brust entnehmen, überschüssiges Fett vom Bratsatz abgießen, zerschnittene Tomaten und ein wenig Wasser zugeben und die sich bildende Jus später mit angerührter Kartoffelstärke ganz leicht binden. Danach durch ein Sieb gießen und separat zum tranchierten Fleisch reichen.

Beilagen: Spätzle und Blattsalate.

Schwäbische Spätzle

Im Schwäbischen spielen Spätzle eine noch bedeutendere Rolle als in anderen Gebieten die Kartoffel. An Feiertagen dürfen Spätzle keinesfalls fehlen. Durch die vielfältigen Abwandlungen ihrer Zubereitung werden sie der heimischen Bevölkerung auch niemals überdrüssig. Um Spätzle recht rationell herstellen zu können, gibt es eine ganze Reihe von mechanischen Geräten. Der Kenner akzeptiert jedoch nur handgeschabte Spätzle vom Brett.

Bedarf für 10 Portionen: 500 g gesiebtes Mehl, 6 Eier, 100 g Wasser, 10 g Salz;
     zum Abschmälzen: 70 g Butter und 30 g Semmelbrösel.

Alle Zutaten in eine Schüssel geben, zusammenarbeiten und zu einem sehr glatten Teig schlagen, damit der Kleber voll zur Entwicklung kommt; die Spätzle lassen sich dann leichter abschaben. Teig in kleinen Mengen auf ein angefeuchtetes Spätzlebrett geben, mit einer in Wasser getauchten Palette glattstreichen und in feinen Streifchen in reichlich kochendes Salzwasser abstreifen.

Die gegarten, an die Oberfläche steigenden Spätzle mit einem Drahtlöffel in einen Durchschlag umsetzen, mit warmem Wasser rasch abbrausen, damit sie nicht zusammenkleben, und abgetropft in flachem Geschirr anrichten. Butter erhitzen, Semmelbrösel einstreuen, durchschwenken und die Spätzle damit abschmälzen.

Käsespätzle

Bedarf für 10 Portionen: 750 g Mehl, 9 Eier, 150 g Wasser oder Milch, 20 g Salz, etwas geriebene Muskatnuß;
     150 g Butter, 200 g feine Zwiebelstreifen, 500 g geriebener Emmentaler Käse;
     zum Beträufeln: 60 g zerlaufene Butter.

Im bayerischen Teil Schwabens ist diese Zubereitung besonders beliebt; dort heißt sie „Allgäuer Kässpatzen".

Aus der ersten Zutatengruppe Spätzle nach vorstehendem Rezept herstellen. – Die abgetropften Spätzle in 80 g Butter anschwenken. Zwiebeln mit der übrigen Butter goldgelb rösten. Spätzle, Zwiebeln und Käse schichtweise in eine Backplatte füllen. Letzte Käseschicht mit zerlaufener Butter beträufeln. Platte in einen Ofen mit starker Oberhitze stellen und braun überkrusten lassen.

Beilage: Blattsalate.

Gaisburger Marsch

Bedarf für 10 Portionen: 2 kg Rinderbug, Salz, 1 gespickte Zwiebel, 400 g Helles vom Lauch, 1 kg Kartoffelwürfel (Seitenlänge 1 cm), 1 kg gekochte Spätzle (s.o.), geriebene Muskatnuß, 80 g Butter, 200 g Zwiebelstreifen, 15 g gehackte Petersilie.

Gardauer: 150 Min.

Dieses typisch schwäbische Eintopfgericht, zusammengestellt aus Kartoffeln und Spätzle, ist auch unter der Bezeichnung „Schnitz und Spätzle" (Schnitz für Kartoffeln) bekannt.

Rindfleisch waschen, mit kaltem Wasser bedeckt zum Kochen bringen. Danach abschäumen, salzen und bei wenig geöffnetem Deckel sieden. Nach einer Stunde die gespickte Zwiebel und den geputzten, in dicke Scheiben geschnittenen Lauch beifügen. Wenig später dann auch die zuvor blanchierten Kartoffelwürfel zugeben und alles zusammen fertigsieden.

Gegartes Fleisch entnehmen, die gespickte Zwiebel entfernen. Abgekühltes Fleisch in Würfel schneiden und diese mit den gekochten Spätzle der Zubereitung beifügen. Alles nochmals erhitzen und mit fehlendem Salz sowie Muskatnuß abschmecken. Die hellbraun gebratenen Zwiebelstreifen und die Petersilie auf den angerichteten Eintopf geben.

Rehrücken nach Württemberger Art

Bedarf für 10 Portionen: 1 vorbereiteter Rehrücken 1,8 – 2 kg, Salz, Pfeffer, 100 g Fett, 10 gequetschte Wacholderbeeren, 150 g Zwiebelwürfel, 60 g Möhrenwürfel, 0,8 l saure Sahne, 10 g Kartoffelstärke, Zitronensaft, 10 Birnen je 120 g, 3 g Zimt, 80 g Butter, 2 El Weinbrand, 600 g Quittengelee, 150 g streifig geschnittene Walnußkerne.

Bratdauer: Rehrücken 25 Min., Birnenhälften 6 – 10 Min.

Rehrücken zwecks gleichmäßigen Bratens an beiden Seiten des aufrechtstehenden Rückgratknochens einschneiden. Ein Metallspieß, durch den Rückenmarkkanal geschoben, verhindert das Durchbiegen des Rückens unter Hitzeeinwirkung.

Rücken salzen, pfeffern, in einem mit Fett erhitzten Bratgeschirr anbraten, mit den Rehrückenparüren umlegen und in einen vorgeheizten Ofen (220 °C) schieben. Während des Verfahrens öfter mit dem Bratfett beschöpfen. 10 Min. vor beendeter Garzeit Wacholderbeeren und Röstgemüse zum Mitbräunen beigeben. Der fertige Rücken soll eine gleichmäßig braune Außenschicht zeigen und im Innern, bei reichlich Fleischsaft, einen rosa Farbton aufweisen.

Gegarten Rücken auf ein Gitter mit Tropfschale legen, später warmstellen. Fett behutsam abgießen, Bratsatz mit Wasser ablöschen, saure Sahne beigeben und noch kurze Zeit kochen. Dann mit angerührter Stärke ganz leicht binden, die Sauce durch ein Sieb gießen und mit Zitronensaft sowie frisch gemahlenem Pfeffer abschmecken.

Birnen schälen, längshalbieren, Kerngehäuse ausbohren. Birnenhälften in eine Schüssel legen, Zitronensaft und Zimt darübergeben, durchschwenken, dann in Butter – am besten im Ofen – mit leichter Farbgebung braten und dabei garen. Abschließend mit Weinbrand flambieren.

Rehrücken tranchieren, anrichten, die Birnenhälften mit den Schnittflächen nach oben darumlegen und zum Durchhitzen noch einen Augenblick in den Ofen stellen. Nun in die Kernhausvertiefung jeder Birnenhälfte einen Löffel Quittengelee füllen und Walnußkerne darüberstreuen. Den Rehrücken leicht mit Sahnesauce überziehen und die übrige Sauce gesondert reichen.

Beilage: Eierhaber.

Eierhaber / Kratzete

Bedarf für 10 Portionen: 400 g Mehl, 0,6 l Milch, 5 Eier, 5 Eigelb, 10 g Salz, 5 Eiweiß, 80 g Butter.

Backdauer: 8 – 10 Min., Backtemperatur: 200 °C.

Mehl sieben, mit Milch glattrühren. Eier, Eigelb und Salz tüchtig quirlen. Eiweiß zu steifem Schnee schlagen. Gequirlte Eier in den Milchteig rühren, Eischnee unterheben. Teig in eine mit Butter erhitzte Pfanne oder in ein mit Butter erhitztes Randblech gießen und im heißen Ofen backen. Hellbraun gebackenen Teig mit 2 Gabeln in Stücke zerreißen, einige Butterflöckchen darübergeben und noch kurze Zeit in den Ofen zurückstellen. Eierhaber auf einer Platte anrichten.

Gefüllte Nudelflecke / Maultaschen

Bedarf für 10 Portionen: 500 g Mehl, 300 g Eier, 10 g Salz, Eistreiche;
zum Abschmälzen: 100 g geröstete Weißbrotbrösel, 100 g Butter;
Füllung: 250 g Weißbrot, 300 g Bratwurstbrät, 4 Eier, 20 g Salz, 5 g Pfeffer, 1 Msp. geriebene Muskatnuß, 150 g angeschwitzte Zwiebelwürfel, 20 g gehackte Petersilie, 250 g grob gehackte, gedünstete Spinatblätter.

Gardauer: 15 – 20 Min.

Aus gesiebtem Mehl, Eiern und Salz einen glatten Nudelteig herstellen, ihn teilen und zur Entspannung des Klebers zugedeckt ruhen lassen. Die Teigteile zu millimeterdünnen gleichgroßen Rechtecken ausrollen. Ein Rechteck mit Eistreiche bepinseln und Quadrate von 6 x 6 cm markieren. In die Mitte der Quadrate ein Häufchen nachfolgender Füllung setzen. Das zweite Teigrechteck korrekt darüberlegen. Mit der wulstigen Rückseite eines runden Ausstechers entsprechender Größe den aufgelegten Teig um die Häufchen fest andrücken. Gefüllte Teigtaschen quadratisch ausrädeln, in kochendes Salzwasser legen und bei wenig geöffnetem Deckel garziehen lassen.

Füllung: Brot einweichen, leicht ausdrücken und mit den übrigen Zutaten zu einer Masse verarbeiten.

Gegarte Nudelflecke mit einem Drahtlöffel in einen Durchschlag legen, abtropfen lassen, auf einer großen, vorgewärmten Platte anrichten und mit brauner Bröselbutter abschmälzen.

Beilagen: Salate der Jahreszeit und Kartoffelsalat.

Süßspeisen

Badische Nocken

Bedarf für 10 Portionen: 180 g Butter, 3 Eier, 6 Eigelb, 250 g Mehl, abgeriebene Schale einer halben Zitrone, 5 g Salz;
100 g Zucker, 30 g Butter, 0,7 l Milch, Mark einer halben Vanilleschote, 3 Eigelb.

Gardauer: 6 – 8 Min., Ergebnis: 20 Nocken je 25 g.

Butter schaumigrühren, Eier, Eigelb und Mehl nach und nach darunterrühren. Nockenmasse würzen und kaltstellen.

In einem flachen Geschirr Zucker schmelzen lassen, Butter beifügen, leicht bräunen, mit Milch aufgießen und langsam zum Kochen bringen, damit sich der zunächst festgewordene Zucker lösen kann. Vanille in die Milch rühren und mit einem Löffel geformte Nockenmasse einlegen. Geschirr zudecken und den Inhalt bei schwacher Hitze garziehen lassen.

Nocken anrichten und die mit Eigelb gebundene Karamelmilch darübergießen.

Kirschenblotzer

Bedarf für 12 Portionen: 1,8 kg Süßkirschen, 200 g Butter, 200 g Zucker, 6 Eigelb, 125 g feingeriebene Haselnüsse, 250 g Brösel (Biskuit und Zwieback), 5 g Zimt, 1 feingehackte Gewürznelke, abgeriebene Schale einer Zitrone, 9 Eiweiß, 2 El Kirschwasser, Puderzucker zum Bestäuben;
zum Auskleiden der Form: 20 g Butter, 30 g Zwiebackbrösel.

Backdauer: 50 – 60 Min., Backtemperatur: 180 °C.

Kirschen waschen, Stiele abnehmen und Kirschen entsteinen.

Butter und die Hälfte Zucker weißschaumig rühren. Eigelbe nacheinander zugeben. Haselnüsse, Brösel, Zimt, Nelken und Zitronenabgeriebenes mischen. Ein Drittel davon in die schaumigen Zutaten rühren. Eiweiß mit der zweiten Hälfte Zucker zu steifem Schnee schlagen und zusammen mit der übrigen Bröselmischung unter die Schaummasse ziehen. Kirschwasser und Kirschen abschließend behutsam einrühren. Eine Tortenform (Springform) mit Butter und Bröseln auskleiden, die Kirschenblotzermasse einfüllen, glattstreichen und im vorgeheizten Ofen backen.

Gebackenen Kuchen auf ein Gitter legen, mit Puderzucker bestäuben und warm oder kalt servieren.

Apfelkunzen

Bedarf für 10 Portionen: 6 Milchbrötchen, 0,3 l Milch, 500 g mürbe Äpfel, Saft einer Zitrone, 150 g
        Butter, 120 g Zucker, 6 Eigelb, abgeriebene Schale einer halben Zitrone, 6 Eiweiß;
        zum Auskleiden der Förmchen: 30 g Butter, 60 g Zwiebackbrösel.

Backdauer: 35 Min., Backtemperatur: 180 °C.

Brötchen in dicke Scheiben schneiden und in Milch einweichen. Äpfel schälen, vierteln, Kernhaus
entfernen, quer in dünne Scheiben schneiden, mit Zitronensaft beträufeln und durchschwenken.
Butter mit halber Zuckermenge schaumigrühren, nach und nach die Eigelb zugeben. Eingeweichte
Brötchenscheiben leicht ausdrücken und zusammen mit der abgeriebenen Zitrone und den Apfelscheibchen den schaumiggerührten Zutaten beifügen. Eiweiß mit der zweiten Zuckerhälfte zu steifem Schnee geschlagen unter die Apfelmasse heben. 10 Auflaufförmchen mit Butter und Bröseln
auskleiden, die Masse einfüllen und im Ofen backen.

Beilage: Rumsauce.

Rumsauce

Bedarf für 1 l: 20 g Krempulver, 0,8 l Milch, 125 g Zucker, 40 g Butter, Mark einer halben Vanil-
        leschote, 1 Msp. Salz, 4 Eigelb, 4 El Rum, 2 gehäufte El geschlagene Sahne.

Krempulver mit ein wenig Milch verquirlen. Zucker in einem Topf hellbraun schmelzen lassen, die
Butter einrühren. Milch, Vanille und Salz dazugeben und alles bei schwacher Hitze aufkochen, damit sich der zunächst festgewordene Zucker wieder lösen kann. Kochende Milch mit dem angerührten Krempulver binden, sie dann unter Schlagen mit einem Schneebesen auf die Eigelb gießen und
durch ein Spitzsieb passieren. Erkaltete Sauce mit Rum aromatisieren und die geschlagene Sahne
unterziehen.

Scherben / Hasenohren

Bedarf: 3 Eigelb, 1 Ei, 40 g saure Sahne, 30 g Zucker, 270 – 300 g Mehl;
        zum Bestäuben: 60 g Puderzucker, 2 g Zimt.

Backdauer: etwa 1 Min., Backfett-Temperatur: 180 °C, Ergebnis: etwa 70 Stck.

Eigelb, Ei, Sahne und Zucker verrühren. Nach und nach das Mehl dazugeben und den Teig leicht zusammenarbeiten. Teig in vier Stücke teilen, jedes auf gemehlter Platte papierdünn ausrollen. Mit einem Backrädchen Rauten mit 6 – 7 cm Seitenlänge ausschneiden. Die Rauten gegen zu starke Bla-
senbildung mit einer Gabel mehrmals durchstechen und dann in heißem Fett schwimmend goldgelb
ausbacken.

Puderzucker und Zimt mischen und das Gebäck damit bestäuben. Scherben werden überwiegend
in der Faschingszeit gebacken.

BAYERN

Suppen

Bayerische Brennsuppe / Einbrennsuppe

Bedarf für 2 l: 70 g geklärte Butter, 80 g Mehl, 2 l Fleischbrühe, 120 g Semmelscheibchen, 20 g Butter, 3 Eigelb, Salz, 2 g feingehackter Kümmel, 1 El geschnittener Schnittlauch.

Geklärte Butter in einem Topf erhitzen, Mehl zugeben und unter Rühren eine braune Schwitze (Einbrenne) herstellen. Kalte Fleischbrühe auffüllen, unter weiterem Rühren aufkochen und bei schwacher Hitze 15 Min. sieden.

Semmelscheibchen im Ofen rösten, Butter in Stückchen auf die Croûtons legen, unterschwenken, in eine Terrine oder in Portionsbowlen geben.

Suppe mit Eigelb legieren, salzen, mit Kümmel würzen, einfüllen und Schnittlauch daraufstreuen.

Brotsuppe mit Ei

Bedarf für 2 l: 200 g Roggenmischbrot (Schwarzbrot), 4 Eier, Salz, 100 g feingeschnittene Zwiebeln, 50 g Butter, 1,8 l Fleischbrühe.

Abgelagertes Brot in dünne Scheibchen schneiden und in eine Terrine legen. Eier aufschlagen, leicht salzen, Muskat dazustreuen und quirlen. Zwiebeln in Butter hellbraun rösten.

Zerquirlte Eier unter Rühren in die kochende Fleischbrühe geben, auf die Brotscheibchen in der Terrine gießen und mit den gebräunten Zwiebeln abschmälzen.

Fleckerlsuppe

Rezept s. Bd. 1, Abschn. Regionalsuppen.

Hirnsuppe mit Bröckerl

Bedarf für 2 l: 200 g heller Lauch in Scheibchen, 80 g Butter, 60 g Mehl, 0,2 l Weißbier, 2 l Brühe, Salz, 800 g vorbereitetes, blanchiertes Kalbshirn, 60 g angeschwitzte Schalottenwürfelchen, 10 g geschnittener Schnittlauch, 2 Eigelb, 0,1 l saure Sahne, Pfeffer; Einlage: 2 altbackene Semmeln, 30 g Butter.

Gardauer: 30 Min.

Lauchscheibchen in Butter farblos anschwitzen, Mehl darüberstäuben, durchrühren, aufschäumen lassen, mit Weißbier ablöschen und Brühe dazugießen. Nach dem Aufkochen leicht salzen und zugedeckt sieden. Am Ende der Garzeit den Suppenansatz durch ein Sieb passieren. – Hirn feingehackt, angeschwitzte Schalotten, Schnittlauch, Eigelb und saure Sahne tüchtig verrühren, die Mischung dem durchgesiebten Suppenansatz beifügen. Die Hirnsuppe bis zum Kochpunkt erhitzen, dann vom Herd setzen, mit frisch gemahlenem Pfeffer und fehlendem Salz ergänzen und warmhalten. In der Zwischenzeit Semmeln in Würfel schneiden, hellbraun rösten, mit Butterflöckchen durchschwenken. Suppe in Tassen füllen und die Bröckerl daraufgeben.

Leberknödelsuppe

Rezept s. Bd. 1, Abschn. Regionalsuppen.

Verschiedene Gerichte

Starnberger Renke mit geschmolzenem Bergkäse

Bedarf für 10 Portionen: 10 Renken je 250 g, Salz, Pfeffer, Saft von 2 Zitronen, Mehl, 100 g Speiseöl, 500 g Tomatenfleischwürfel (Concassées), Knoblauchsalz, Zucker, 120 g
   Schalottenbutter (1:1), 15 g geschnittener Schnittlauch, 180 g geriebener Bergkäse (milder Hartkäse mit nußkernartigem Geschmack).

Bratdauer: 8 – 10 Min.

Flossen der Fische abschneiden, Schwanzflosse stutzen. Dann mit einem Messer vom Schwanzstiel
zum Kopf hin schuppen. Bauchraum öffnen, ausnehmen, Kiemen entfernen. Fische gründlich waschen und den Rücken ziselieren.

Vorbereitete, abgetrocknete Fische salzen, pfeffern, mit Zitronensaft beträufeln, in Mehl wenden
und anklopfen. Öl erhitzen, gemehlte Fische einlegen, beidseitig goldbraun braten und auf einer
feuerfesten Porzellanplatte nebeneinanderliegend anrichten. Tomatenfleisch mit Knoblauchsalz,
Pfeffer und Zucker würzen, in Schalottenbutter kurz sautieren, den Schnittlauch unterschwenken
und die gebratenen Fische damit bedecken. Geriebenen Käse aufstreuen und ihn bei starker Oberhitze (Salamander) schmelzen lassen.

Beilage: Kartoffelsalat mit Kresse.

Kronfleisch

Bedarf für 10 Portionen: 2,5 kg Kronfleisch, 2 l Fleischbrühe, Salz, Pfeffer, Schnittlauch, 200 g geriebener Meerrettich, 10 gleichgroße Kopfsalatblättchen.

Gardauer: 10 – 20 Min.

Mit Kronfleisch wird das Zwerchfell des Rindes bezeichnet. Das Zwerchfell trennt im Brustkorb
Herz und Lunge von den Eingeweiden. – Gekochtes Kronfleisch ist ein beliebtes Münchner Früh-
stücksgericht. Es wird auf speziellem Holzteller angerichtet, in dessen Randvertiefung sich der austretende Fleischsaft sammelt.

Kronfleisch in 10 gleichschwere Stücke schneiden. Fleischbrühe salzen, aufkochen, Kronfleisch-
stücke einlegen und bei schwacher Hitze garen.

Gegartes Fleisch, das im Anschnitt noch leicht blutig sein soll, auf Holztellern anrichten, mit frisch
gemahlenem Pfeffer und Schnittlauch bestreuen. Meerrettich, in ein Salatblatt gefüllt, daranlegen.

Beilagen: Gewürzgurken, eingelegte Rote Bete und Speisesenf. Ferner Schwarzbrot oder Maurer
   Laiberl oder Riemische Weckerln (Brötchen mit Roggenmehlanteil).

Bayrische Rostbratl

Bedarf für 10 Portionen: 10 Scheiben Rinderhüfte je 180 g, 150 g Luftspeck (gepökelt, ohne
   Räucherung luftgetrocknet), 200 g Zwiebelwürfelchen, 1 El Paprika, 0,2 l dunkles
   Bier, 120 g Tomatenmark, 0,4 l Wasser, 0,4 l saure Sahne, Salz, Pfeffer, 80 g Fett,
   2,5 kg Kartoffeln, 15 g gehackte Petersilie.

Schmordauer: 90 – 120 Min.

Fleischscheiben dünn ausklopfen. Speck in kleine Würfel schneiden, anbraten, Zwiebeln dazugeben
und zusammen hellbraun rösten. Paprika darüberstäuben, aufschäumen lassen und mit Bier ablöschen. Tomatenmark, Wasser und saure Sahne in den Ansatz rühren und aufkochen. Fleischscheiben
salzen, pfeffern, rasch beidseitig mit Fett anbraten, in die angesetzte Sauce legen und zugedeckt im
Ofen bei 180 °C schmoren.

Inzwischen Kartoffeln schälen, mit einem Kartoffellöffel Kugeln ausbohren und blanchieren. Die Kartoffelkugeln 20 Min. vor Garzeitende dem schmorenden Fleisch beifügen.

Die Fleischscheiben aus der fertigen Zubereitung mit einer Gabel ausstechen und sie in ein flaches Anrichtegeschirr legen. Überschüssiges Fett auf der Saucenoberfläche abschöpfen. Sauce samt Kartoffeleinlage über das angerichtete Fleisch gießen und mit Petersilie bestreuen.

Beilage: Gurkensalat.

Büchelsteiner oder Pichelsteiner Fleisch

Bedarf für 10 Portionen: 1,5 kg Fleisch (gleiche Anteile: Rinder-, Kalbs- und Schweineschulter), 1,5 kg Wirsing, 500 g Möhren, 500 g Lauch, 500 g Zwiebeln, 300 g Sellerie, 300 g Petersilienwurzeln, 1,2 kg geschälte Kartoffeln, 250 g Rindermarkscheiben, Salz, Pfeffer, 10 g gehackte Petersilie, 5 g geschnittener Schnittlauch.

Gardauer: 90 Min.

Beide Bezeichnungen sind zutreffend. Nach einem Histörchen ist dieses Gericht anläßlich einer Bewirtung im Freien auf dem Gipfel des Büchelsteins verzehrt worden. Pichel dagegen ist mundartlich der Name für einen Kochtopf aus damaliger Zeit, der an einem Haken über der Feuerstelle hing. So entstanden die Benennungen Büchel- und Pichelsteiner.

Fleisch in 30-Gramm-Stückchen teilen. Gemüse waschen, putzen und blättrig schneiden. Geschälte Kartoffeln würfeln. Boden eines Schmorgeschirrs mit Markscheiben auslegen. Fleisch, Gemüse und Kartoffeln einschichten. Die einzelnen Lagen salzen, pfeffern und soviel Wasser angießen, daß es drei Viertel des Eingeschichteten erreicht. Nach dem Ankochen Inhalt mit Folie abdecken, Geschirr verschließen und im vorgeheizten Ofen garen.

Gegarten Eintopf mit Petersilie und Schnittlauch bestreut auftragen.

Beilage: Roggenbrot.

Abgebräunte Kalbshachse

Bedarf für 10 Portionen: 10 zugeschnittene Kalbshachsen je Stck. etwa 300 g, Salz, 0,1 l Essig, 2 gespickte Zwiebeln, 12 zerdrückte Pfefferkörner, 1 Gemüsebündel (Möhren, Sellerie, Petersilienwurzel), Pfeffer, 120 g Eiweiß, 200 g Semmelbrösel, 80 g Butter, 1 Bukett geputzte Brunnenkresse, 10 Zitronenviertel.

Gardauer: 70 – 90 Min.

Kalbshachsen mit kaltem Wasser bedeckt aufsetzen. Nach dem Aufkochen den sich gebildeten Schaum abnehmen. Dann Salz, Essig, gespickte Zwiebeln, zerdrückte Pfefferkörner und das Gemüsebündel den Hachsen beigeben. Wenn der Inhalt erneut kocht, das Geschirr zudecken und nur schwache Hitze wirken lassen, damit das Fleisch unter dem Kochpunkt garziehen kann. Später den Deckel abnehmen und den Topf zum Abkühlen des Inhalts vom Herd auf ein Gitter setzen. (Fleisch zieht in seiner Garbrühe noch nach!)

Hachsen aus dem Fond nehmen, abtropfen lassen, mit einem Tuch trockentupfen. Abgetrocknete Hachsen leicht salzen, pfeffern, mit zerschlagenem Eiweiß bepinseln und Semmelbrösel andrücken. Ein Bratgeschirr mit Butter ausstreichen, die panierten Hachsen einordnen, mit zerlaufener Butter beträufeln und im vorgeheizten Ofen bräunen.

Abgebräunte Kalbshachsen trocken anrichten und mit Kresse sowie Zitronenvierteln umlegen.

Beilagen: Kartoffel- und Blattsalate.

Schweinekotelett nach Münchner Art

Bedarf für 10 Portionen: 1 kg Gemüse (gleiche Anteile: Speiserübchen, Helles vom Lauch, Sellerie, Möhren, Zwiebeln), Salz, Zucker, Pfeffer, 60 g Butter, 10 Schweinekoteletts je 180 g Kümmel, 50 g Schmalz, 100 g Meerrettichbutter (1:2, Gewürze: Salz, Zucker, Zitronensaft).

Gardauer: Gemüsestäbchen etwa 10 Min., Koteletts bei 1,5 cm Dicke 7 − 8 Min.

Gemüse waschen, putzen und in streichholzdicke Stäbchen schneiden. Salz, Zucker und Pfeffer darübergeben, mischen und in erhitzter Butter anschwitzen. Einige Eßlöffel Wasser angießen, mit Folie bedecken und dünsten. Nach dem Garen soll das angegossene Wasser verdunstet sein.

Schweinekoteletts mit Salz, Pfeffer und gehacktem Kümmel bestreuen. Gewürze andrücken, das Fleisch in zerlaufenem Schmalz wenden und auf einem heißen Grillrost beidseitig braunbraten.

Schweinekoteletts auf dem Gemüse anrichten. Jedes Kotelett mit einer Scheibe Meerrettichbutter belegen.

Fränkischer Thymianbraten

Bedarf für 10 Portionen: 2 kg bratfertiges Rinderschaufelstück, Salz, Pfeffer, 6 Petersilienzweige, 6 Zweige (möglichst) frischer Gartenthymian, 2 Lorbeerblätter, 2 große Scheiben Bardierspeck, 60 g Fett, 350 g Röstgemüse (Zwiebeln, Möhren 2:1), 180 g Tomatenmark, 3 gequetschte Knoblauchzehen, 10 zerdrückte Pfefferkörner, 0,3 l fränkischer Rotwein, 150 g blanchierte Speckschwarten, 0,4 l saure Sahne, Kartoffelmehl.

Gardauer: 120 − 150 Min.

Fleischstück salzen, pfeffern, Petersilien- und Thymianzweige sowie Lorbeerblätter darauflegen, mit den eingeschnittenen Speckscheiben bedecken und sie netzartig festbinden. Fett in einer Schmorpfanne erhitzen, das Fleischstück darin kräftig anbraten, dann zunächst aus der Pfanne legen. Röstgemüse im Bratgeschirr bräunen. Tomatenmark zugeben, durchrösten, Knoblauch und Pfefferkörner beifügen, mit Rotwein ablöschen und unter Abspachteln der Bodenfläche einkochen. Wenn der Ansatz glänzt, das Fleisch samt ausgetretenem Saft wieder einlegen, etwa einen Liter Wasser angießen, alles aufkochen, die Schwarten beifügen, das Geschirr zudecken und das Fleisch im Ofen (120 − 150 °C) schmoren. Während des Verfahrens das Fleisch mehrmals wenden und verdunstete Flüssigkeit ergänzen.

Thymianbraten durch Anstechen prüfen. Bei genügender Gare aus dem Schmorgeschirr nehmen und zugedeckt warmhalten.

Sauce durch ein Spitzsieb gießen, den Rückstand kräftig ausdrücken. Passierte Sauce aufkochen, Oberfläche gründlich abfetten. Sahne in die Sauce rühren, nochmals an den Kochpunkt bringen und mit fehlendem Salz und Pfeffer abschmecken. Bei gewünschter dickerer Konsistenz die Bindung der Sauce durch etwas angerührtes Kartoffelmehl verstärken.

Nach Entfernen des Fadens und der Zutatenreste das Fleisch in Scheiben geschnitten anrichten, leicht saucieren und die übrige Sauce separat geben.

Beilagen: Bayrischkraut und Semmelknödel.

Bayrischkraut

Bedarf für 10 Portionen: 3 kg Weißkraut, 250 g magere Speckwürfelchen, 100 g Zucker, 300 g Zwiebelstreifen, Salz, Pfeffer, 1 Tl Kümmel, helle Brühe oder Wasser, Weinessig.

Gardauer: 40 − 50 Min.

Kraut von den unbrauchbaren Außenblättern befreien. Dann vierteln und unter fließendem Wasser waschen. Die Strunkteile abschneiden und das Kraut in feine Streifen hobeln. Speck bei schwacher Hitze auslassen, Zucker darüberstreuen und hellgelb karamelisieren. Zwiebeln beifügen und kurz andünsten. Das gehobelte Kraut dazugeben, leicht salzen und pfeffern, Kümmel darüberstreuen und mit einer geringen Menge Wasser oder Brühe untergießen. Das Geschirr mit einem Deckel verschließen, den Inhalt rasch zum Kochen bringen und bei schwacher Hitze dünsten. Während des Dünstvorgangs ist das Kraut öfter umzurühren und fehlende Flüssigkeit zu ersetzen. Kurz vor dem Garsein soviel Essig angießen, daß ein fein-säuerlicher Geschmack entsteht. Die fertige Zubereitung soll nur noch feucht-glänzend, ohne sichtbare Flüssigkeit sein.

Überbackener Krautbraten

Bedarf für 10 Portionen: 1 Weißkohlkopf 2,5 kg, Salz, 200 g feine Zwiebelwürfel, 20 g Butter, Pfeffer, 1 Tl Kümmel, 700 g Rinderbug, 300 g Schweinekamm, 100 g Weißbrot oder Semmeln, 5 g geriebene Muskatnuß, 2 Eier, 20 g gehackte Petersilie, 120 g magere Speckscheiben, 0,15 l saure Sahne.

Gardauer: 45 – 60 Min., Backtemperatur: 200 °C.

Strunk des Kohlkopfes mit einem Messer ausstechen, unschöne Außenblätter entfernen. Kohlkopf waschen, in überstehend kochendes Salzwasser legen und solange kochen, bis die Blätter biegsam sind. Dann kalt abbrausen und die einzelnen großen Blätter abnehmen. Übrigen Kohl durch die Schrotscheibe des Fleischwolfs lassen. Zwiebeln in Butter andünsten, zerkleinerten Kohl beifügen, salzen, einen Schuß Wasser angießen und zugedeckt weichdünsten.

Eine große ovale Backplatte dick mit Butter ausstreichen, mit den abgenommenen Kohlblättern über den Rand hinaus auslegen, salzen, pfeffern und den Kümmel darüberstreuen.

In Streifen geschnittenes Rind- und Schweinefleisch, eingeweichtes und leicht ausgedrücktes Weißbrot mit Salz, Pfeffer sowie Muskat würzen, mischen und wolfen. Danach mit den Eiern, der Petersilie und dem inzwischen erkalteten Zwiebel-Kohl zu einer Farce verarbeiten. Diese in die mit Kohlblättern ausgelegte Form füllen, glattstreichen und die herausragenden Blattränder auf die Füllung umklappen. Gebratene Speckscheiben auf der Oberfläche verteilen und die saure Sahne darüberstreichen. Zubereitung in einem vorgeheizten Ofen backen. Bei genügender Oberflächenbräunung mit Folie abgedeckt fertiggaren.

Krautbraten kann auch in Einzelportionen hergestellt werden.

Beilage: Kartoffelnudeln.

Kartoffelnudeln

Bedarf für 10 Portionen: 2 kg Kartoffeln, 350 g Mehl, Salz, 1 Msp. geriebene Muskatnuß, 3 – 4 Eier; Kartoffelmehl zum Formen, 80 g Butter zum Backen.

Backdauer: etwa 6 – 8 Min.

Gewaschene Kartoffeln dämpfen oder kochen, schälen, heiß durch eine Presse oder ein Sieb drücken, ausgebreitet auskühlen lassen; oder
gekochte Kartoffeln schälen, erkalten lassen, dann locker reiben.
Mehl, Salz und Muskatnuß darüberstreuen, mit einer Fleischgabel gut vermischen. Danach die Eier zugeben und die Kartoffelmasse kurz durchkneten und sogleich aufarbeiten.

Kartoffelteig auf einer mit Kartoffelmehl bestäubten Fläche in fingerdicke Walzen formen, diese in Stücke von 6 – 7 cm teilen und ein wenig flachdrücken.

Kartoffelnudeln in eine mit Butter ausgestrichene heiße Pfanne einlegen und beidseitig goldgelb backen. Nach dem Wenden vielleicht noch etwas Butter in die Pfanne träufeln.

Münchner Kalbsschäuferl

Bedarf für 10 Portionen: 2 kg ausgebeinte Kalbsschulter, Salz, Pfeffer, Mehl, 80 g Fett zum Anbraten, 300 g Zwiebelwürfel, 150 g Butter, 120 g Tomatenmark, 2 Tl Zucker, 0,3 l Weißwein, 1 l Brühe, 1 Kräuterbündel (Petersilie, Basilikum, Thymian, Streifen Zitronenschale), 30 geputzte, kleine Karotten, 30 geputzte Rosenkohlköpfchen, 30 blanchierte Perlzwiebeln.

Gardauer: Fleisch 50 – 60 Min., Gemüse 12 – 15 Min.

In Stücke zerteilte Kalbsschulter nennt man bayrisch Kalbsschäuferl. – Ausgebeintes Fleisch in 10 kurze, gleichschwere Stücke schneiden. Diese salzen, pfeffern, in Mehl wenden, in einer Bratpfanne allseitig braun anbraten und auf ein Blech legen.

Zwiebelwürfel in einem flachen Schmorgeschirr mit einem Teil der Butter hellbraun anschwitzen, Tomatenmark sowie 1 Tl Zucker einrühren und mit Weißwein ablöschen. Angebratenes Fleisch samt ausgetretenem Saft in den Ansatz geben, Brühe oder Wasser angießen, Kräuterbündel dazulegen und zugedeckt bei schwacher Hitze garen. Verdunstung durch Angießen von Wasser ausgleichen.

Vorbehandelte Gemüse in einem entsprechenden Kochgeschirr mit der übrigen Butter, ein wenig Wasser, dem nötigen Salz und 1 Tl Zucker zugedeckt dünsten und glasieren.

Gegarte Kalbsschäuferl in ein Serviergeschirr legen. Sauce durch ein Sieb passieren, Rückstand auspressen. Sauce nochmals aufkochen, Oberfläche entfetten, gegebenenfalls nachwürzen. Angerichtetes Fleisch leicht saucieren, glasierte Gemüse bukettartig oder wahllos darumlegen. Restliche Sauce separat reichen.

Beilage: Petersilienkartoffeln.

Wammerl in Bier

Bedarf für 10 Portionen: 1,8 kg magerer Schweinebauch mit Schwarte, Salz, Pfeffer, 5 g Kümmel, 300 g kleingehackte Knochen und Parüren, 250 g Röstgemüse, 2 Knoblauchzehen, 0,7 l dunkles Bier, 20 g Butter, 50 g geriebenes Schwarzbrot.

Gardauer: 75 – 90 Min.

Fleisch waschen, abtrocknen, Schwarte rautenförmig durchschneiden, mit Salz, Pfeffer und Kümmel einreiben. Knochen, Parüren, Röstgemüse und Knoblauch in ein Bratgeschirr streuen. Präparierten Schweinebauch mit der Schwarte nach unten darauflegen, mit ein wenig Wasser untergießen, ankochen und in einen vorgeheizten Ofen (200 °C) schieben. Sobald die Flüssigkeit verdunstet ist und das Verfahren in Braten übergeht, den Schweinebauch umdrehen und den Bratsatz nach und nach mit Bier ablöschen. Zwischendurch die Schwarte mehrmals mit Butter bestreichen.

Gegartes Fleisch auf ein Gitter mit untergeschobener Tropfschale legen und warmhalten. In den Schmorfond noch ein wenig Wasser geben und leicht kochen lassen. Dann durch ein Sieb gießen, entfetten, geriebenes Schwarzbrot zur Bindung einrühren und noch eine Weile ziehen lassen. Die Sauce mit Pfeffer, Salz und dem abgetropften Fleischsaft ergänzen.

Beilagen: Semmelknödel und Krautsalat.

Zubereitungen aus Wurst

Bemerkenswert ist, daß in der bayerischen Küche die Fleischspeisen gegenüber anderen Gerichten besonders stark vertreten sind und einen bevorzugten Platz einnehmen.

Küchen, die Wurstspezialitäten anbieten und auf gute Ware mit einer speziellen Würzung Wert legen, beziehen diese Erzeugnisse von einem renommierten Fleischereibetrieb.

Münchner Weißwurst

Weißwurst, eine ausgesprochene Münchner Spezialität, wird wie feine Bratwurst aus Jungrind- und Kalbfleisch sowie frischem, zähem Speck zusammengestellt. Das verwendete Material ist nicht umgerötet, also ohne Nitritpökelsalz, nur mit Kochsalz gewürzt. Dem Weißwurstbrät werden noch sogenannte „Weißwurstsach" (Kalbskopf, Kalbsgekröse, Schwarten gekocht und fein durchgelassen) sowie eine genau dosierte Würzzugabe bestehend aus Pfeffer, Macis, Selleriesalz, gekörnter Fleischbrühe, Petersilie, Schnittlauch, Zwiebeln und abgeriebener Zitronenschale beigemengt. Die Weißwurstmasse wird in enge Schweinedärme gefüllt und paarweise abgedreht. Vor dem Verzehr legt man die Weißwürste in 80 – 90 °C heißes Wasser und läßt sie darin etwa 10 – 12 Min. durchziehen.

Heiße Weißwurst wird zur vormittäglichen Brotzeit verspeist mit dem dazugehörenden Weißwurstsenf, einem Speisesenf mit deutlich wahrnehmbarem mild-süßem, jedoch aromatischem Geschmack.

Da die Bezeichnung „Münchner Weißwurst" in Deutschland geschützt ist, müssen Herstellungen in gleicher Weise, außerhalb des Münchner Raumes angefertigt, als „Weißwurst nach Münchner Art" benannt werden.

Nürnberger Rostbratwürstl

Nürnberger Rostbratwürstl sind ebenfalls als Spezialität bekannt. Sie werden ohne Umrötungsmittel überwiegend mit grober Struktur angefertigt. Das dazu verwendete fettgewebereiche Schweinefleisch wird erbsengroß gekörnt und mit einem entsprechenden Anteil Grundbrät innig verrieben. Für das Grundbrät gelangen Kalb- und/oder Jungrindfleisch zur Verwendung. Neben Salz besteht die dosierte Würzung aus Pfeffer, Muskatnuß, Kümmel und gerebeltem Majoran. Die Wurstmasse wird in Schafssaitlinge oder Schweinedärme gefüllt und in Längen von 5 – 10 cm abgedreht.

Die Würstchen sind einige Minuten zu brühen und danach auf einem geölten Grillrost schön braun zu braten. Eine beliebte Beilage ist Sauerkraut, aber auch Rotkraut, Wirsing, Rosenkohl, Spinat oder Bierzwiebeln verspeist man gern dazu.

Bierzwiebeln

Bedarf für 10 Portionen: 2 kg Perlzwiebeln oder Gemüsezwiebeln, 80 g Butter, 25 g Zucker, Pfeffer, Salz, 30 g Mehl, 0,7 l Bier, 1 Kräuterbündel (2 Thymianzweige, Petersilienstiele, 1 Lorbeerblatt), Saft einer Zitrone, 15 g gehackte Petersilie.

Gardauer: 18 – 20 Min.

Zwiebeln abziehen – Gemüsezwiebeln in dicke Scheiben schneiden –, blanchieren und in einem Durchschlag abtropfen lassen. Zwiebeln in Butter hellbraun anbraten, Zucker darüberstreuen und karamelisieren. Pfeffer und wenig Salz beifügen, mit Mehl bestäuben, durchschwenken, Bier angießen und aufkochen. Kräuterbündel einlegen, Topf zudecken und die Zubereitung bei mäßiger Hitze garen.

Gegarte Zwiebeln mit Zitronensaft und Petersilie sowie fehlendem Gewürz ergänzen.

Geschwollene

Geschwollene, auch unter der Bezeichnung Wollwurst bekannt, entsprechen in ihrer Zusammensetzung feiner Bratwurst. Die Wurstmasse wird durch eine Tülle direkt in kochendes Wasser gespritzt, so daß Würstchen ohne Darm entstehen. Die gegarten Würstchen werden in kaltem Wasser abgeschreckt. Danach wendet man sie in Milch und brät sie in heißem Butterschmalz schön braun.

„Gschwollne" werden mit Bratensauce angerichtet und mit Kartoffelsalat serviert. Mitunter kommt auch noch ein Spiegelei dazu.

Regensburger

Regensburger sind Brühwürstchen, zu deren Herstellung umgerötetes Fleisch verwendet wird.

Die Wurstmasse ist zusammengesetzt aus fein gekuttertem Rindfleischbrät, grobgekörntem Schweinefleisch und Gewürzen, wie Pfeffer, Macis, Kümmel und Majoran. Zur Geschmacksergänzung werden noch feinzerkleinerte Zwiebeln und abgeriebene Zitronenschale beigefügt.

Das Wurstgut wird in Rinderkranzdärme eingespritzt und zu kurzen, etwa 60 g schweren Würstchen abgebunden. Durch die Weite des Darmes entsteht die typische Kugelform. Die Würstchen werden zuerst heiß geräuchert und danach bei Temperaturen um 70 °C gebrüht.

Die saftigen Regensburger verspeist man heiß mit Senf. Beliebt ist aber auch „Wurstsalat von Regensburgern" mit reichlich Zwiebelscheiben, Essig und Öl angemacht.

Abgebräunte Kalbsmilzwurst

Bedarf für 10 Portionen: 500 g Kalbsmilch, 0,3 l Weißwein, 200 g feingehackte Schalotten, 1 Msp.
        Thymian, 80 g Butter, 600 g Kalbsmilz, 500 g Kalbsleber, Salz, Pfeffer, 0,2 l Jus,
        1 Msp. geriebene Muskatnuß, 30 g gehackte Kräuter (Petersilie, Schnittlauch, Liebstöckel), 700 g feines Bratwurstbrät, 1 gewässertes Schweinsnetz, 60 g Eiweiß,
        5 g Senfpulver, 150 g Semmelbrösel, Butter oder Öl zum Braten, 10 Zitronenviertel.

Gardauer: 30 Min.

Kalbsmilch blanchieren, kalt abbrausen und in olivengroße Stückchen zerpflücken. Weißwein, die Häfte der Schalottenbutter und Thymian in einem Sautiergeschirr reduzieren. Wenn der Geschirrboden gerade noch mit Flüssigkeit bedeckt ist, Kalbsmilchstückchen einschwenken, 20 g Butter dazulegen, glasieren und beiseitestellen. — Kalbsmilz sowie Kalbsleber in Stückchen schneiden, die der Größe der zerkleinerten Kalbsmilch entsprechen. Die Stückchen salzen, pfeffern, in heißer Butter rasch anbraten, daß sie innen roh bleiben, und in einen Durchschlag schütten. Übrige Schalotten in das Bratgeschirr geben, mit Jus ablöschen, sie samt Abtropfsaft dickfließend einkochen und über das Angebratene träufeln.

Erkaltete, präparierte Kalbsmilch, -milz sowie -leber, Muskatnuß und Kräuter behutsam, doch innig mit dem Wurstbrät vermengen. Schweinsnetz ausbreiten, trockentupfen, die Wurstmasse in Form einer Walze von 6 – 7 cm Durchmesser darauflegen, einrollen und gitterartig umschnüren. Die Milzwurstmasse kann auch in einen Darm mit entsprechender Weite gefüllt und gegart werden.

Milzwurst in überstehend kochendheißes Salzwasser geben und darin garziehen lassen. Danach umlegen in kaltes Wasser, nach einigen Minuten entnehmen und mit einem nassen Tuch bedeckt völlig durchkühlen lassen.

Milzwurst in zentimeterdicke Scheiben schneiden. Eiweiß zerschlagen, angerührtes Senfpulver unterziehen, die Milzwurstscheiben damit bestreichen, Semmelbrösel andrücken und in Butter oder auf einem geölten Grillrost braunbraten. Zitronenstücke dazugeben.

Beilagen: Kartoffelsalat und Salate der Jahreszeit.

*

Bayrische Dampfnudeln

Bedarf für 24 Stück: 500 g Mehl, 50 g Hefe, 50 g Zucker, 250 g Milch, 2 Eier, 70 g Butter, abgeriebene Schale einer halben Zitrone, 5 g Salz;
        für die Garflüssigkeit: 250 g Milch, 80 g Butter, 40 g Zucker.

Gardauer: 20 – 30 Min.

Mehl in eine Schüssel sieben, in die Mitte eine Vertiefung drücken. Hefe und Zucker in angewärmter Milch auflösen. In die Vertiefung schütten, mit einem Teil des Mehls verrühren. Eier, zerlaufene Butter, Zitronenabgeriebenes und Salz beigeben. Alles zu einem glatten Teig kneten, bis er Blasen wirft. Teig zugedeckt an einem warmen Platz aufgehen lassen. Nochmals durchkneten und nach kurzer Ruhezeit aufarbeiten. Auf bemehlter Fläche den Teig zu einer Walze formen, in Stücke von 40 g teilen. Die Teigstücke zu Bällchen abdrehen und diese zugedeckt nochmals aufgehen lassen.

In einem flachen, gut verschließbaren Geschirr entsprechender Größe Milch, Butter und Zucker aufkochen. Die aufgegangenen Teigbällchen mit der Oberfläche nach unten nebeneinander in die Milch geben. Sie dürfen nur bis zu halber Höhe darinliegen. Das Geschirr zudecken und den Inhalt bei mäßiger Hitze auf der Herdplatte fertiggaren.

Während des Garens den Deckel nicht öffnen, sonst fallen die aufgegangenen Dampfnudeln wieder zusammen. Die beigegebene Milch, die nur zu einem Teil vom Teig aufgenommen wird, verdampft nun nach und nach. Ist die Flüssigkeit verbraucht — man kann das durch ein zischendes Geräusch im Geschirr hören —, so bildet sich am Boden der Zubereitung durch Karamelisieren der Zuckerstoffe eine goldbraune, wohlschmeckende Kruste. Das Geschirr wird dann sogleich vom Herd gestellt.

Die Dampfnudeln mit einer Palette entnehmen, mit dem Krüstchen nach oben anrichten und mit Vanillesauce (Seite 222) oder Weinschaumsauce servieren.

Weinschaumsauce

Bedarf für 1 l: 0,5 l Weißwein, 8 Eigelb, Saft einer Zitrone, 100 g Zucker, 3 Blatt Gelatine.

Durch Aufschlagen steigt das Volumen der Sauce auf einen Liter an.

Weißwein, Eigelb, Zitronensaft, Zucker und eingeweichte, ausgedrückte Gelatine in einem Kessel im heißen Wasserbad bis zur Verdickung aufschlagen. Danach den Vorgang auf Eis bis zum völligen Erkalten fortsetzen.

Für warme Weinschaumsauce, die man längere Zeit bereithalten muß, ist anstelle von Gelatine 30 g Krempulver (Stärke) beizugeben. Das Krempulver wird zusammen mit den anderen Zutaten aufgeschlagen.

Rohrnudeln / Ofennudeln

Bedarf für 24 Stück: 500 g Mehl, 50 g Hefe, 50 g Zucker, 250 g Milch, 2 Eier, 700 g Butter, abgeriebene Schale einer halben Zitrone, 5 g Salz, 50 g Butter für die Form;
zum Bestreichen: 50 g zerlassene Butter, 1 Eigelb.
Backdauer: 30 Min., Backtemperatur: 180 °C.

Im Gegensatz zu den obigen Dampfnudeln werden Rohrnudeln ohne Flüssigkeitsbeigabe im Ofenrohr fertiggestellt.

Aus den Zutaten wird ein Hefeteig bereitet, der in gleicher Weise aufzuarbeiten ist wie für Dampfnudeln. Die geformten Teigbällchen setzt man mit geringem Abstand in eine mit Butter ausgestrichene große Schmorpfanne oder Form. Seitlich umstreicht man die einzelnen Bällchen mit Butter, damit die Berührungspunkte, wenn sie später aufgehen und ihr Volumen vergrößern, gefettet sind und sie sich im gebackenen Zustand leicht voneinander trennen lassen. Mit einem Tuch bedeckt wird der geformte Teig zum Gehen an einen warmen Platz gestellt. Danach bepinselt man die Oberfläche zart mit Eistreiche (Eigelb, 1 El Wasser), schiebt die Rohrnudeln in einen vorgeheizten Ofen und bäckt sie goldbraun.

Die gebackenen Rohrnudeln stürzt man auf ein Gitter. Wenn sie etwas ausgedampft sind, werden sie voneinander getrennt angerichtet und mit gedünstetem Obst gereicht.

Semmelschmarrn

Bedarf für 10 Portionen: 12 altbackene Semmeln, 0,8 l Milch, 6 Eier, Mark einer Vanilleschote, 3 g
Zimt, 3 g Salz, 100 g Butter, 100 g Staubzucker.

Semmeln längs halbieren, die Hälften quer in feine Scheiben schneiden. Milch, Eier, Vanille, Zimt
und Salz tüchtig quirlen. Eiermilch über die Semmelscheibchen gießen, behutsam vermengen und
zum Aufweichen etwa 30 Min. zugedeckt stehen lassen.

Danach zwei Drittel der Butter in einer Pfanne erhitzen, die erweichte Semmelmischung hineingeben, glätten und auf beiden Seiten backen. Wenn sich eine braune Kruste gebildet hat, das Gebäck
in kleine Stücke zerstechen. Übrige Butter in Flöckchen daraufgeben, alles durchschwenken, den
Schmarrn noch ein wenig rösten und mit Zucker bestäubt anrichten.

Zu Semmelschmarrn gibt man Zwetschenkompott.

Kirschknödel

Bedarf für 24 Stück: 1,2 kg Kartoffeln, 230 g Mehl, 5 g Salz, abgeriebene Schale einer halben Zitrone, 3 Eigelb, 50 g Butter;
Füllung: 48 entsteinte Süßkirschen, 24 kleine Zuckerwürfel;
zum Abschmelzen: 160 g feinste Weißbrotwürfelchen, 100 g Butter;
zum Bestreuen: 90 g Zimtzucker.

Gardauer: Kirschknödel 10 Min.

Kartoffeln waschen, kochen und schälen. Völlig erkaltete Kartoffeln locker und fein reiben. Mehl,
Salz und abgeriebene Zitrone mit einer Gabel daruntermischen. Danach Eigelb und weiche Butter
zugeben und die Kartoffelmasse rasch und kurz durchkneten. Kartoffelteig auf bemehlter Fläche
zu einer Walze formen und in 50-g-Stücke teilen. Teigstücke flachdrücken, auf jedes 2 Kirschen und
einen kleinen Zuckerwürfel legen. Kartoffelteig um die Auflage zu einem nahtlosen Knödel formen.
Knödel in reichlich kochendes Salzwasser legen, rasch wieder zum Kochen bringen, damit die Knödel nicht am Geschirrboden anhaften. Dann bei schwacher Hitze garziehen lassen. Inzwischen Brotwürfelchen im Ofen hellbraun rösten. Butter bräunen und die Röstbrotwürfelchen dazugeben.

Gegarte Knödel mit einem Sieblöffel aus dem Kochwasser nehmen und auf einer saugfähigen Unterlage abtropfen lassen. Kirschknödel in ein flaches Anrichtegeschirr legen, die Butter mit den Röstbrotwürfelchen darübergeben und mit Zimtzucker bestreuen.

NATIONALGERICHTE

Unterteilung nach Ländern

SCHWEDISCHE KÜCHE

Einleitung

Das Klima und die Naturprodukte Schwedens beeinflussen auch die Zubereitung der Speisen in diesem Lande. Die schwedische Küche neigt zu derber, fetthaltiger Kost, was sich, je nördlicher man reist, immer stärker geltend macht.

Die schwedische Küche ist aber wie jede andere auch bestimmt vom Althergebrachten. An solchen Überlieferungen hält sie fest und erhebt sie zu kulinarischer Tradition. Nach schwedischer Sitte werden innerhalb der Familie, an bestimmten Tagen der Woche, fast immer die gleichen traditionellen Gerichte verzehrt. Das Fest des wiederbeginnenden Krebsfanges in der Nacht vom 8. zum 9. August, an dem die begehrten „Krebse in Dill" verspeist werden, oder an Martini die „Schwarze Suppe" sowie die „Martingans" sind gleichfalls Kennzeichen erhaltenen Brauchtums der schwedischen Küche.

Vorspeisen

Smörgåsbord

Man sagt, der Ursprung des heutigen Smörgåsbords geht vom früheren Brännvinbord (Branntweintisch) aus, wo nach altem Bauernbrauch zu festlichen Anlässen neben Spirituosen auch Butter, Brot und Appetithappen – in Form von Käse und Hering – bereitstanden. Man labte sich zunächst einmal, bevor man sich in bekannter Runde zusammenfand.

Der Smörgåsbord (wörtlich: Butter-Gans-Tisch) ist ein Büfett mit kalten Vorspeisen und kleinen warmen Gerichten, hergestellt aus den Produkten des Landes. Neben einer reichen Auswahl von würzigen Beigaben sind auch Käse, Früchte, Brot, Butter sowie Spirituosen zu finden.

Durch die überwiegend naturell belassenen Zubereitungen und die Vielfalt des Dargebotenen zeigt sich ein farbenfrohes appetitliches Bild, das zum Speisen anregt.

Der Smörgåsbord bietet eine dauernde Auswahl saisonbedingter Delikatessen in diversen Zusammensetzungen.

Naturalien	Zubereitungen	
	kalt	warm
Schaltiere	Austern mit Käsebrötchen Ostron med ostbröd Muscheln Vinaigrette Marinerad musslor	
Fische	Maränenkaviar Löjrom Marinierter Lachs Gravlax Sardinen in Tomaten Sardiner i tomat Fischrogen in Öl Fiskrom i olja	Lachspudding Laxpudding Heringsgratin Sillgratin Überbackene Strömlinge Norrlandslåda Jansson's Versuchung Jansson's frestelse

Naturalien	Zubereitungen	
	kalt	warm
	Strömlinge in Champignonmarinade Marinerad champinjonströmmling Glasbläserhering Glasmästarsill Matjesfilets in Sherry Matjessil in sherry Pfefferhering Sill med peppar Gabelbissen Skivsill	
Krustentiere	Krabbencocktail Räkcocktail Krebse in Dillsud Kräftor i dill Langustenschwänze Languststjärtar Kleine Delikatessen von Hummer Små Hummerläckerheter Salat von Meeresfrüchten Västkustsallad	
Eier	Eier mit pikanten Beigaben Ägg med aromatisk bilaga Pochierte Eier in Würzgelee Pocherad ägg i kryddargelé	Gefüllte Eierkuchen mit Krabben in Dill Crêpes med dillstuvade räkor Eierkuchen Romaine Crêpes med rökt lax och ägg
Schlachtfleisch	Gepökelte Rinderbrust Hemrimad oxbringa Gefülltes Schweinekarree Plommon späckad fläskcarree Spanferkelaspik Spångris och gelé Rauchschinken Rökt skinka Gebratene Schweinekeule Helstekt fläsklår Rinderpökelzunge Hemrimad oxtunga Gekochter Schinken Kokt skinka Leberpastete Leverpastej	Gebratene Tatarmedaillons Biff Lindström Mischgeröstetes Pytt i Panna Fleischklößchen in Sahnesauce Små köttbular i graddsås Kalbsröllchen mit Kranbeeren Kalvskykling med lingon Schwedischer Blutpudding Svensk blodpudding

Naturalien	Zubereitungen	
	kalt	warm
Wild- und Wildgeflügel	Geräucherte Renkeule Rökt renlår Garnierte Renfilets Renfilé garnerat Renzunge in Portweingelee Rentunga i portvingelé Wildpastete Viltpastej Schneehuhn mit Walnüssen Snöripa med valnöt Haselhuhn Järpe Birkhuhngalantine Orrgalantine Krickente in Weingelee Vildand i vingelé	
Geflügel	Gänsespickbrust Hemrimad gåsbringa Entenbraten Stekt anka Gebratene Hühner mit Spargel Stekt kyckling med sparris Gänseweißsauer Gas i vingelé	
Dessert	Schwedischer Apfelkuchen Svensk aepplekaka Schwedenfrüchte Svenska frukt Sahnetütchen mit Himbeeren Fyllda strutar Baiser mit Schokoladensauce Nov dessert	Schwedischer Pudding (brennend serviert) Svensk pudding Waffeln mit Moosbeeren gefüllt Voffla filda med mossbär
Käse	Hartkäse: Svecia, Herrgard, Kaggost, Prätost Weichkäse: Adelost (Blauschimmel), Tilci, Graddost, Mysost, Schwedischer Port Salut, Getost (Ziegenkäse)	
Diverses	Schwedische Sauce, Essigsauce mit Sardellen, Preiselbeersauce, Schwedische Senfsauce, Sahnemeerrettich; Rote Bete, Essiggemüse, Dalarner Gurken; Weiß-, Schwarz-, Grau-, Anis- und Knäckebrot; Radieschen, Tomaten, Rettiche, grüne Gurken, Blattsalate; Frische Früchte entsprechend der Jahreszeit.	

Verschiedene Gerichte

Köttsoppa med klimp   Fleischsuppe mit Klößchen

Bedarf für 2 l Fleischbrühe: 750 g Suppenfleisch vom Rind, 1 kg Rinderknochen, Salz, 200 g Möhren, 150 g Sellerieknolle, 250 g Lauch, 1 El gehackte Petersilie;
für Klößchen: 0,125 l Milch, 40 g Butter, 6 g Salz, 125 g Mehl, 3 Eier, 1 Msp. geriebene Muskatnuß.

Aus Fleisch, Knochen und Gemüse ist eine Fleischbrühe herzustellen.

Milch, Butter, Muskat und Salz aufkochen. Das gesiebte Mehl auf einmal hinzufügen, glattrühren und abbrennen, bis sich die Masse vom Topf löst. Sie dann in eine Schüssel geben und die Eier nach und nach unterrühren. Mit einem Kaffeelöffel Klößchen in siedendes Wasser abstechen und etwa 5 Min. ziehen lassen.

Das gegarte Gemüse in grobe Streifen schneiden, das Rindfleisch in Würfel schneiden und beides zusammen mit den Klößchen in die Suppe geben; die Petersilie daraufstreuen.

Fillbunke   Saure Satte

Bedarf für 10 Portionen: 1,5 l rohe Milch, 0,5 l Sahne, 2 El Joghurt.

Milch, Sahne und Joghurt gut vermengen, in Portions-Glasschalen füllen und zum Dickwerden aufstellen.

Saure Satte wird mit gestoßenem Knäckebrot, Zimtzucker und gestoßenem Ingwer zu Tisch gegeben.

Fiskpudding med smält smör   Fischpudding mit geschmolzener Butter

Bedarf für 10 Portionen: 1,5 kg blanchierte Kartoffelscheiben, 1,2 kg Dorschfilets, 200 g feingeschnittene angeschwitzte Zwiebeln, 150 g Butter, Salz, Pfeffer, Muskat, 0,75 l Milch, 6 ganze Eier, 50 g gestoßener Zwieback.

Eine große Auflaufform leicht einfetten, mit Pergamentpapier auslegen und das Papier mit Butter bepinseln. Dann die blanchierten Kartoffelscheiben, Fischfiletstücke und angeschwitzte Zwiebeln gut gewürzt lagenweise in die Backform ordnen. Die Milch mit den Eiern verquirlen, über das Gericht geben, mit dem Zwieback bestreuen und einige Butterflöckchen darübergeben. Den Pudding im Wasserbad 40 Min. bei 200 °C im Ofen backen. Danach stürzen und wie eine Torte aufschneiden. Dazu geschmolzene Butter reichen.

Lax pudding med skirat smör   Lachspudding mit zerlassener Butter

Bedarf für 10 Portionen: 1,2 kg blanchierte Kartoffelscheiben, 1,2 kg Lachsfiletstücke, 40 g Dill, 150 g Butter, Salz, Pfeffer, Muskat, 0,75 l Milch, 6 Eier.

Lachspudding wird unter Verwendung von Dill wie Fischpudding hergestellt. Zwiebackbrösel sowie Zwiebeln gibt man nicht dazu.

Sillgratin   Überbackene Heringsfilets

Bedarf für 10 Portionen: 80 g Butter, 1 kg Pellkartoffeln, 10 Matjesfilets, 100 g Zwiebelstreifen, 0,5 l Sahne, 60 g geriebener Käse, 60 g Semmelbrösel.

Pellkartoffeln in dünne Scheiben schneiden; Matjesfilets in Streifen teilen. Kartoffeln, Matjesfilets und Zwiebeln lagenweise flach in eine gebutterte Backplatte einordnen. Sahne darübergießen, mit Käse und Semmelbrösel bestreuen sowie mit zerlassener Butter beträufeln. Das Ganze etwa 45 Min. bei 180 °C im Ofen backen.

Strömmingslåda   **Überbackene Strömlinge (Stinte)**

Bedarf für 10 Portionen: 120 g Butter, 2,5 kg frische Strömlinge, 100 g Sardellenfilets, 50 g Semmelbrösel, 80 g geriebene Weißbrotkrume, 1 El Petersilie, 80 g zerlassene Butter.

Die Stinte vom Kopf befreien, vom Rücken aus entgräten und säubern, dann aufklappen. Auf jede Fischhälfte ein Sardellenfilet legen und der Länge nach zusammenrollen. Die Rollen in eine ausgebutterte, mit Bröseln ausgestreute Backform stellen. Dann mit Reibbrot und Petersilie bedecken, Butterflocken daraufsetzen, im Ofen (180 °C) etwa 30 Min. garen und dabei hellbraun überbacken.

Jansson's frestelse   **Janssons Versuchung**

Bedarf für 10 Portionen: 150 g Butter, 2,5 kg Kartoffeln, 400 g Zwiebeln, 30 Sardellenfilets, 1,5 l Sahne, 2 g Pfeffer, 100 g Semmelbrösel.

Eine große, ovale Porzellan-Backform mit Butter ausstreichen. Kartoffeln in Streifchen schneiden. Zwiebeln in Streifen schneiden und mit Butter hellgelb anbraten. Kartoffeln, Zwiebeln und Sardellenfilets schichtweise in die Form geben, mit einer Kartoffelschicht abschließen, 0,5 l Sahne darübergießen und 15 Min. im Ofen anbacken. Die restliche Sahne mit dem Pfeffer verquirlen, sie über das angebackene Gericht geben, die Semmelbrösel daraufstreuen und das Ganze weitere 50 Min. bei 220 °C backen.

Sillbullar med korintsås   **Gehackte Heringsbratlinge mit Korinthensauce**

Bedarf für 10 Portionen: 1,2 kg frischgekochtes Rindfleisch, 300 g kalte gekochte Kartoffeln, 150 g gewässerte Salzheringsfilets, 150 g feingeschnittene Zwiebeln, 4 Eigelb, Pfeffer, 150 g Butter;
1 El Zucker, Essig, 1 l kräftige Brühe, 80 g Butter, 3 El Mehl, 50 g Korinthen.

Rindfleisch, Kartoffeln und Heringe mit den zuvor angeschwitzten Zwiebeln fein wolfen. Die Masse mit den Eigelben und etwas Pfeffer vermengen, zu 50 g schweren Bratlingen formen und in Butter braten.

Inzwischen Zucker zu Karamel bräunen, mit etwas Essig ablöschen und mit der Brühe auffüllen. Aus Butter und Mehl eine braune Mehlschwitze bereiten, sie mit der vorbehandelten Brühe zu einer Sauce verkochen und danach passieren. Die Korinthen als Einlage in die Sauce geben und sie zu den Bratlingen servieren.

Crêpes Prinz Bertil   **Kleine Eierpfannkuchen, gefüllt mit Krevetten in Dillrahm**

Bedarf für 10 Portionen: 240 g Milch, 200 g Mehl, 1 El Zucker, Salz, 2 Eier, 2 Eigelb, 2 El zerlassene Butter, 40 g Butter zum Backen;
0,3 l Rahmsauce, 400 g Krevetten, 2 El Dill, 1 El Zitronensaft, 30 g Butter, 100 g geriebener Käse.

Aus Milch, Mehl, Zucker, Salz, Eiern, Eigelb und zerlassener Butter einen Pfannkuchenteig bereiten. In einer Pfanne von 12 cm Durchmesser aus dem Teig 20 dünne Crêpes bereiten und warmstellen.

Die Rahmsauce erhitzen, die abgetrockneten Krevetten und den Dill unterheben und mit Zitronensaft abschmecken.

Anschließend die Pfannkuchen damit füllen, rollen und in eine Backplatte ordnen. Mit Butter bestreichen, mit geriebenem Käse bestreuen und im Salamander überbacken.

Foto: Klinger

Gefüllte junge Tauben, gebraten

Pigeonneaux roti farci

Rezept s. Bd. 1, S. 596

Hühnerbrüstchen Toreador

Brest of Chicken Toreador

Rezept s. S. 464

Fläskpannkaka — Speckpfannkuchen

Bedarf für 10 Portionen: 200 g gekochter Schweinebauch; 300 g Mehl, 6 Eier, 0,25 l Milch, 0,25 l saure Sahne, 1 El Zucker, 1 El Schnittlauch, 80 g Butter zum Backen.

Schweinebauch in dünne Scheiben schneiden, diese in Rauten teilen und in einer Pfanne schnell hellbraun anbraten.

Aus den übrigen Zutaten einen Pfannkuchenteig herstellen. Jeweils einige Rauten angebratenen Bauchs und wenig Butter in eine Pfanne geben, etwas Teig darüberlaufen lassen und die Pfannkuchen wie üblich backen.

Rimmad lamm med rotmos — Gepökeltes Lammfleisch mit Rübenmus

Bedarf für 10 Portionen: 2,5 kg Lammfleisch (Brust, Bug und Hals), 1,5 kg Kohlrüben, 750 g Mohrrüben, 750 g Kartoffeln, Pfeffer, 50 g Butter.

Das Lammfleisch 3 Tage in eine 6 %ige Salzlake legen. – Das abgewaschene Fleisch mit Wasser bedeckt garkochen. Das gesäuberte Gemüse und die Kartoffeln mit einem Teil der Pökelbrühe weichkochen. Danach abgießen, die Brühe auffangen. Das Gemüse durchstreichen, mit Pfeffer sowie Butter und ein wenig von der aufgefangenen Brühe zu einem Mus rühren. Das Fleisch in Portionen teilen und mit etwas Brühe in Servierkasserollen anrichten. Das Mus gesondert reichen.

Biff Lindström — Hacksteak Lindström

Bedarf für 10 Portionen: 1,2 kg Rindfleisch aus der Keule, 10 Eigelb, 200 g feingeschnittene Zwiebeln, 1 El gehackte Kapern, Salz, Pfeffer, 200 g Würfel eingelegte Rote Bete, 80 g Butter.

Fleisch in Stücke schneiden, würzen, fein wolfen. Eigelb, Zwiebeln, Kapern, Rote Bete daruntermengen. Falls Masse zu fest, mit kaltem Wasser geschmeidig machen. 30 g schwere, flache Medaillons formen, diese in Butter braten.

Beilage: Bratkartoffeln.

Svensk Panna — Schwedische Pfanne

Bedarf für 10 Portionen: 600 g Kalbsfrikandeau, 600 g Schweinehals, 400 g Kalbsnieren, Salz, Pfeffer, 150 g Fett, 250 g blanchierte Zwiebelstreifen, 1,8 kg dünne, rohe Kartoffelscheiben, 1,5 l Kalbsbrühe, 1 Gewürzbeutel (1/2 Lorbeerblatt, 10 zerdrückte Pfefferkörner, 5 Gewürzkörner), 1 El gehackte Petersilie.

Das Kalb- und Schweinefleisch in 1 cm dicke, kleine Scheiben und die Kalbsnieren in 1/2 cm dicke Scheiben schneiden. Fleisch und Nieren würzen, anbraten und mit den Zwiebeln und Kartoffeln in eine gebutterte Backform einschichten, wobei eine Kartoffelschicht den Abschluß bilden muß. Dann so viel Brühe auffüllen, daß die Oberfläche knapp erreicht wird. Den Gewürzbeutel beifügen und das Ganze gut verschlossen im Ofen etwa 90 Min. garen. Währenddessen, wenn nötig, Brühe nachgießen. Das fertige Gericht mit der gehackten Petersilie bestreuen.

Pytt i Panna — Mischgeröstetes aus der Pfanne

Bedarf für 10 Portionen: 400 g Kalbsbraten, 300 g gekochter Schinken, 300 g gekochte Pökelrinderbrust, 1,8 kg Pellkartoffeln, 100 g feingeschnittene Zwiebeln, Salz, Pfeffer, 80 g Butter, 10 Eier, 1 El Petersilie.

Kalbsbraten, Schinken, Pökelbrust und Kartoffeln in 1 cm große Würfel schneiden. Die Zwiebeln in etwas Butter andünsten, die Kartoffeln beifügen und zusammen hellbraun rösten. Danach auf eine Platte geben und beiseitestellen.

In derselben Pfanne das Fleisch anbraten, die Kartoffeln hinzugeben, würzen und das Ganze durchschwenken.

Das Mischgeröstete portionsweise in flachen feuerfesten Schalen anrichten, mit Petersilie bestreuen und mit je einem Spiegelei belegen.

Dobbsko   **Dobbsko**

Dobbsko wird wie Pytt i Panna (s. oben) zubereitet. Vor dem Auflegen des Spiegeleies überzieht man das Geröstete mit brauner Sahnesauce (s. Bd. 1, S. 226).

Biff Rydberg   **Rydberg-Platte**

Bedarf für 10 Portionen: 1,3 kg Rinderfiletspitzen, Salz, Pfeffer, 120 g Butter, 1,2 kg Pellkartoffeln, 1 El gehackte Petersilie, 0,5 l gebundene Kalbsjus.

Filetspitzen und Kartoffeln in Würfel von 1 cm Seitenlänge schneiden. Beides salzen sowie pfeffern und getrennt braun braten. Das Fleisch muß innen noch rosa sein. Es wird auf einer flachen Platte angerichtet, mit den gebratenen Kartoffelwürfeln umgeben und mit Petersilie bestreut. Die Sauce reicht man gesondert.

Svensk blodpudding   **Schwedischer Blutpudding**

Bedarf für 6 Portionen: 0,5 l Schweineblut, 150 g Kalbsnierenfett, 200 g Roggenmehl, 0,3 l dunkles Bier, 500 g Speckwürfel, 2 El Honig, 1 Tl gemahlener Ingwer, 6 g gerebelter Majoran, 100 g feingeschnittene, angeschwitzte Zwiebeln, 30 g zerlassene Butter, Salz, Pfeffer.
Für die Form: 30 g Butter, 60 g gestoßener Zwieback.

Nierenfett mit Mehl feinhacken, in das Blut schütten und rühren, bis ein glatter Teig entstanden ist. Unter diesen die übrigen Zutaten mischen und mit Salz und Pfeffer abschmecken. Die Masse in eine gebutterte, mit gestoßenem Zwieback ausgestreute Pudding- oder Kastenform füllen. Diese zugedeckt im Wasserbad im Ofen (180 °C) etwa 90 Min. garen. Den Pudding danach stürzen und mit geschmolzener Butter und Preiselbeeren servieren.

Kalvskyckling med lingon   **Kalbsröllchen mit Preiselbeeren**

Bedarf für 10 Portionen: 10 Scheiben Kalbsfrikandeau à 160 g, Salz, Pfeffer, 150 g Butter, 2 El grobgehackte Petersilie, 50 g Fett, 0,75 l Sahnesauce, 0,1 l Weißwein, 0,15 l Sahne.

Die Kalbfleischscheiben flach klopfen und würzen. Butter und Petersilie vermengen, auf die Schnitzel streichen und zusammenrollen. Mit einem Zahnstocher durchstechen und rasch braun anbraten.

Die Röllchen in die Sahnesauce legen, den Bratensatz mit dem Weißwein ablöschen, der Sauce beifügen und das Fleisch zugedeckt garschmoren. Gegarte Röllchen in ein Anrichtegeschirr legen. Die Sauce passieren, mit dem Rahm aufkochen und darübergießen.

Beilagen: Kartoffelpüree und Preiselbeerkompott.

Köttbullar   **Fleischklopse**

Bedarf für 10 Portionen: 300 g Rindfleisch, 500 g Schweinebug, Salz, Pfeffer, 6 Stck. Zwieback,
        0,2 l Sahne, 4 Eier, 80 g feingeschnittene Zwiebeln, 4 g Ingwerpulver, 0,2 l Mineral-
        wasser, 180 g Butter zum Braten.

Rind- und Schweinefleisch in Stücke schneiden, salzen sowie pfeffern und fein wolfen. Zwieback
in Sahne einweichen. Zwiebeln mit 50 g Butter anschwitzen. Eier aufschlagen. Vorbereitete Zutaten mit Ingwer und Mineralwasser zu einer Masse zusammenmengen und daraus 50 g schwere Klöße
formen. In schwarzer Stielpfanne Butter erhitzen, die Klöße einlegen und bei kreisenden Bewegungen etwa 10 Min. braten.

Smo Köttbullar i gräddsos   **Fleischklopse in Sahnesauce**

Zubereitung der Fleischklopse wie oben. Sie werden in brauner Sahnesauce (s. Bd. 1, S. 226) aufgetragen. Die am meisten verlangte Beilage ist Kartoffelpüree und Preiselbeerkompott.

Sjomannsbiff   **Seemannstopf**

Bedarf für 10 Portionen: 10 Scheiben Rinderhüfte je 160 g, Salz, Pfeffer, 80 g Fett, 1,8 kg geschäl-
        te, rohe Kartoffeln, 150 g Zwiebelstreifen, 40 g Butter, 0,5 l Fleischbrühe, Bruch-
        stück Lorbeerblatt.

Fleisch würzen und von beiden Seiten anbraten. Kartoffeln in 2 mm dicke Scheiben schneiden.
Zwiebeln in Butter anschwitzen. Fleisch, Zwiebeln und Kartoffeln lagenweise in eine Schmorpfanne einsetzen. Lorbeerblatt zufügen, mit Fleischbrühe untergießen und zugedeckt im Ofen etwa
2 Std. garschmoren. Zu starke Flüssigkeitsverdunstung durch Angießen von ein wenig Wasser ausgleichen.

Plommon späckad fläskcarree   **Gebratenes Schweinsrippenstück mit Pflaumen**

Bedarf für 8 Portionen: 1,8 kg zugeschnittenes Schweinsrippenstück, 200 g entsteinte, ungekochte
        Dörrpflaumen, Salz, Pfeffer, 60 g Fett.

Das Schweinsrippenstück der Länge nach mit einem Schleifstahl durchstechen. Den geschaffenen
Hohlraum mit den Pflaumen füllen, indem man sie mit einem Holzlöffelstiel in die Öffnung schiebt.
Dann das Rippenstück würzen und im erhitzten Fett im Ofen 40 – 50 Min. braten.

Beilagen: Rotmos (schwedische Dickrüben), Rotkohl, gedünstete Äpfel und Karamelkartoffeln
        (gebratene Kartoffelkügelchen, gewälzt in karamelisiertem, mit Butter versetztem Zucker).

Schwedische Martinimahlzeit

Traditionell wird in Schweden am 11. November
die Martinsgans gegessen. Hierzu ist folgendes
typische Martins-Menü zu erwähnen:

Smörgåsbord s. S. 284.

Rezepte zu den weiteren Speisen auf den
folgenden Seiten.

Smörgåsbord
*
Svartsoppa
*
Stekt Mårtengås
*
Svensk Aepplekaka

Svartsoppa   **Schwarze Suppe**

Die „Svartsoppa" wird drei bis vier Wochen im November zur Zeit der schlachtreifen Gänse angeboten.

Bedarf für 5 l: 300 g Backpflaumen, 1,2 kg Äpfel, Zucker;
                  Klein von 3 Gänsen (Hälse, Flügel, Herzen, Mägen), 1 Gemüsebündel (Lauch, Möh-
                  re, Sellerie), 1 gespickte Zwiebel;
                  3 l kräftige Kalbsbrühe, 2 g Ingwerpulver, 2 g gemahlener Zimt, 3 Nelken, 6 Ge-
                  würzkörner, 0,1 l Rotwein, 0,1 l Weißwein, 0,7 l Gänse- und Schweineblut, 150 g
                  Mehl, Cognac, Madeira, Salz, Zucker;
                  300 g Gänseleber, 120 g Reis, 20 g Butter, 0,4 l Milch, 120 g Rosinen, 120 g ange-
                  schwitzte Zwiebelwürfelchen, 2 g Majoran, Salz, Pfeffer, 1 gespickte Zwiebel, 3 un-
                  verletzte Häute von Gänsehälsen.

Backpflaumen in Wasser einweichen. Äpfel schälen, vierteln, Kernhaus entfernen, Viertel nochmals
teilen. Pflaumen sowie Apfelspalten — jede für sich — mit Wasser und Zucker garen, dann beiseitestellen.

Geputztes Gänseklein — Halshäute reservieren — in gefällige Stücke zerteilen, blanchieren, mit Wasser bedeckt aufsetzen; Gemüsebündel, gespickte Zwiebel sowie Salz beigeben und in 35 — 60 Min.
garkochen.

Kalbsbrühe, 1,5 l Gänsekleinbrühe, je 0,2 l Saft der gekochten Früchte, die Gewürze sowie Rot-
und Weißwein zusammen in einen Topf gießen und 15 Min. leicht kochen. Blut und Mehl glattrühren, langsam unter kräftigem Rühren in die Brühe gießen und auch unter Rühren einmal aufkochen.
Dann die Suppe durch ein Spitzsieb laufen lassen und mit Cognac, Madeira, Salz sowie Zucker abschmecken.

Gänseleber fein hacken. Milch aufkochen, Reis und Butter zugeben, im Ofen 20 Min. garen. Dann
auf ein Blech stürzen, zum Auskühlen flach auseinanderbreiten. Leber, Reis, Rosinen, Zwiebeln
und Majoran zu einer Masse zusammenmengen. Diese mit Salz und Pfeffer abschmecken, in einen
Spritzbeutel geben und in die einseitig zugebundenen Halshäute füllen. Die Füllseite der Halshaut
zubinden. Die Gänseleberwürste in Salzwasser mit der gespickten Zwiebel an den Kochpunkt bringen und bei angelegtem Deckel 50 — 60 Min. ziehen lassen. Danach entnehmen, zwischen nasse
Tücher legen und ganz leicht pressen. Die erkaltete Wurst in dicke Scheiben schneiden.

Die Suppe wird mit Apfelstückchen, Backpflaumen, Stücken des Gänsekleins und Gänseleberwurst-
scheiben aufgetragen.

Stekt gås   **Schwedischer Gänsebraten**

Bedarf für 8 Portionen: 1 Gans von 4 — 4,5 kg, Salz, Pfeffer, 5 große Äpfel, 200 g Backpflaumen,
                        1 l braune Brühe von dem Gänseklein.

Die vorbereitete Gans innen und außen würzen. Äpfel schälen, vierteln und vom Kernhaus befreien.
Backpflaumen in Wasser kochen, bis sie beginnen weich zu werden. Dann aus dem Fond nehmen,
abkühlen lassen und die Steine entfernen.

Den Körper der Gans mit Äpfeln und Pflaumen füllen und die Öffnung zunähen. Die Gans mit der
Keulenseite nach unten in eine Bratpfanne legen, deren Boden mit Wasser bedeckt ist, und sie im
Ofen bei 170 — 180 °C etwa 2 Std. braten. Währenddessen öfter wenden und mit dem inzwischen
ausgetretenen Fett begießen.

Die gegarte Gans aus der Pfanne nehmen. Das ausgebratene Fett vorsichtig abgießen, den zurückgebliebenen Bratsatz mit Brühe loskochen, auf 0,5 l reduzieren, leicht mit angerührter Stärke binden, passieren und warmhalten.

Aus der Gans den Faden entfernen, die Füllung entnehmen und auf eine Platte legen. Die Gans
tranchieren und auf der Füllung anrichten. Die Bratensauce gesondert reichen.

Beilagen: Rotkohl und Kartoffelpüree.

Hönsleverspett pa svensk satt   **Geflügelleberspießchen auf schwedische Art**

Bedarf für 2 Portionen: 250 g Geflügelleber, 60 g gekochter Schinken in Rauten geschnitten, 4
    große Champignons, Salz, Pfeffer, 2 Äpfel, 2 El Weißbrotwürfelchen, 80 g Butter,
    4 El Jus.

Auf 2 Spießchen reiht man abwechselnd Geflügelleberstücke, Schinkenrauten und in dicke Scheiben
geteilte Champignons. Die vorbereiteten Spießchen werden gewürzt und in Butter gebraten. Inzwischen sticht man von den Äpfeln die Kerngehäuse aus, schält sie, schneidet sie in bleistiftdicke
Scheiben und brät diese in Butter braun und gar. Die Weißbrotwürfelchen läßt man in einer Pfanne
im Ofen goldgelb bräunen und schwenkt Butterflöckchen darunter.

Beim Anrichten dienen die Apfelscheiben als Unterlage für die Spießchen. Sie werden mit der Jus
umgeben und mit den Croûtons bestreut. Die braune Bratbutter gießt man durch ein Sieb auf die
Zubereitung.

Beigabe: Rahmkartoffeln mit Parmesan überbacken, Chicorée-Rote Bete-Salat.

Svensk aepplekaka   **Schwedischer Apfelkuchen**

Bedarf für 5 Portionen: 750 g säuerliche Äpfel, 150 g Zucker, 75 g Mandeln, 1 bittere Mandel, 75 g
    Zwieback, 150 g Butter, 30 g Mehl, 50 g Mandelstifte.

Äpfel schälen, vierteln, Kernhausteile entfernen, in Spalten schneiden und mit wenig Wasser weichdünsten. Entstandenen Fond abgießen, sirupartig einkochen, den Äpfeln beimengen, sie zerdrücken
und mit 50 g Zucker süßen. — Mandeln brühen, abziehen. Zwieback sowie Mandeln reiben und
mischen.

Butter und 100 g Zucker schaumigrühren. Geriebene Mischung und das Mehl darunterheben.

In eine runde Form mit 18 cm Durchmesser zwei Drittel des Teiges als Boden einstreichen. Die
erkalteten Äpfel daraufschichten und die ganze Fläche mit kleinen Batzen des restlichen Teiges
besetzen. Die Mandelstifte darüberstreuen.

Apfelkuchen bei 250 °C etwa 30 Min. backen. Der Kuchen wird in der Form, noch warm aufgetragen und mit einem Löffel vorgelegt. Kalte Vanillesauce ist die obligatorische Beigabe.

Voffla filda med mossbär   **Waffeln mit Moosbeeren gefüllt**

Bedarf für 25 — 30 gefüllte Waffeln: 250 g Butter, 100 g Zucker, 4 Eigelb, Abgeriebenes einer vier-
    tel, unbehandelten Zitrone, Mark einer drittel Vanilleschote, 1 Msp. Salz, 125 g
    Mehl, 125 g Speisestärke, 6 g Backpulver, 125 g Sahne, 4 Eiweiß;
    zum Backen: geklärte Butter, zum Füllen: Moosbeeren oder Preiselbeeren, zum Be-
    stäuben: Puderzucker, zum Garnieren: geschlagene Sahne.

Butter schaumig rühren. Zucker, Eigelb, Zitronenabgeriebenes, Vanillemark und Salz nach und
nach beigeben. Das mit Speisestärke, Backpulver und Salz gemischte und gesiebte Mehl abwechselnd
mit der Sahne unterrühren. Zuletzt das zu steifem Schnee geschlagene Eiweiß darunterheben.

Waffeleisen vorheizen. Innenflächen einfetten. Entsprechende Teigmenge einfüllen, Waffeleisen
schließen. Backdauer je Waffel etwa 4 — 5 Min. Gebackene Waffeln zum Abdampfen auf ein Gitter legen.

Auf die Hälfte der gebackenen Waffeln je ein Löffelchen Moosbeeren oder Preiselbeeren häufen.
Die zweite Hälfte der Waffeln darauflegen, leicht andrücken, mit Puderzucker bestäuben und mit
einem Tupfen Sahne garnieren.

DÄNISCHE KÜCHE

Einleitung

Die Halbinsel Jütland mit ihren vorgelagerten Inseln bilden den Staat Dänemark, zu dem noch die weit draußen in der Nordsee liegenden Färöer-Inseln (Schafinseln) gehören.

Dänemark ist ein Bauernland und das erste Butterausfuhrland Europas; von dort kommen auch Milchprodukte, Speck, Eier, Schinken und Schlachtfleisch. Bedingt durch seine geographische Lage bringt die dänische Küsten- und Hochseefischerei Seefische aller Arten, Krebstiere und Muscheln auf den Markt. Als Spezialität gelten in den Wintermonaten auch die bekannten Limfjord-Austern.

Da man stets reichlich Fisch zur Verfügung hat, ist es verständlich, daß die dänische Küche auch verhältnismäßig viel Fisch zu Farce verarbeitet und davon Fischpudding, Fischklöße und sonstige schmackhafte Gerichte herstellt. Äußerst beliebt sind auch die Reyer (Krabben), die in Mengen angelandet werden und frisch verarbeitet eine Delikatesse darstellen. Verspeist werden sie in allen möglichen Variationen.

Dänemarks bekannteste Besonderheit sind die diversen Smørrebrøds, Butterbrote, die appetitlich mit verschiedenartigstem Belag versehen angeboten werden. Anhand eines Smørrebrødsettel — der vorgedruckt und sozusagen eine Spezialspeisekarte für sich ist — wählt man seine gewünschten Brötchen aus und trägt sie durch Ankreuzen in die dafür vorgesehenen Rubriken ein. Jede Bestellung wird schnell ausgeführt. Mit den Brötchen erhält man den Butterbrotzettel wieder zurück. Er dient als Bestätigung des Bestellten und als Rechnung.

Der Däne hat für belegte Brötchen eine ungewöhnliche Vorliebe und stellt an deren Vielseitigkeit und phantasievolle Aufmachung recht hohe Anforderungen.

Suppen

Dansk Øllebrød   Dänische Biersuppe

Bedarf für 2 l Suppe: 250 g Pumpernickel, 250 g dunkles Roggenbrot, 1 l Wasser, 5 g Stangenzimt,
       1 l Malzbier (Hvidt-Øl), 100 g Zucker, Salz, abgeriebene Schale einer viertel Zitrone,
       1 Eigelb, 0,3 l Sahne.

Pumpernickel und Roggenbrot in kleine Stücke brechen und einige Stunden im Wasser weichen. Danach mit dem Einweichwasser aufsetzen, den Zimt beigeben und kochen, bis das Brot breiig ist. Die Suppe dann durch ein Sieb streichen, mit Braunbier auffüllen, Zucker, Salz und abgeriebene Zitrone beifügen und nochmals aufkochen lassen. Dann vom Feuer nehmen und das Eigelb unterziehen. Die Suppe soll dickflüssig sein und wird mit Sahne zu Tisch gegeben.

Kraasesuppe   Dänische Gänsekleinsuppe

Bedarf für 2 l Suppe: 500 g Gänseklein (Hals, Flügel, Magen, Herz), Salz, Pfefferkörner, 1 Kräu-
       tersträußchen, 80 g Mehl, 60 g Butter, Zucker, Zitronensaft, 150 g gedünstete Bru-
       noise;
       Einlage: 100 g kleine gedünstete Apfelstückchen, 100 g gekochte, entsteinte Dörr-
       pflaumen, 16 Mehlklößchen (Rezept s. S. 241).

Das vorbereitete Gänseklein mit 2,5 l Wasser zum Kochen bringen, abschäumen, und etwa 40 Min. sieden. Nach halber Garzeit das Kräutersträußchen beifügen. Von Mehl und Butter inzwischen eine helle Schwitze herstellen. Gegartes Gänseklein ausstechen, die Brühe passieren und mit der Mehlschwitze binden. Die Brunoise in die Suppe rühren und sie mit Zitronensaft und Zucker süßsäuerlich abschmecken.

Das Gänseklein entknöcheln, in Stücke schneiden und mit den Einlageteilen in die Suppe rühren.

Wird die Gänsekleinsuppe einzeln angerichtet, so verteilt man zweckmäßig die Einlage in die Tassen und gießt die kochendheiße Suppe auf.

Kaernemaelkskoldskaal   **Kalte Buttermilchsuppe**

Bedarf für 2 l Suppe: 3 Eigelb, 120 g Vanillezucker, 2 l Buttermilch, Saft einer Zitrone, 0,2 l Sahne.

Die Eigelbe mit dem Zucker schaumig rühren. Dann mit der Buttermilch gut vermischen und mit dem Zitronensaft abschmecken. Die Sahne schlagen und beim Anrichten die Buttermilchmischung mit der Schlagsahne bedecken.

Fischgerichte

Kogt Rødspaette med smeltet smør   **Gekochte Scholle mit geschmolzener Butter**

In den dänischen Gaststätten erhält man bei Bestellung einer Portion gekochter Scholle meist einen Portionsfisch. Dieses einfache Gericht wird traditionsgemäß dort mit Sorgfalt behandelt. – Nur Schollen, die lebendfrisch geliefert wurden, werden dazu verwendet.

Der Scholle wird die schwarze Haut abgezogen – oftmals aber wird der Fisch überhaupt nicht abgezogen, sondern nur geschuppt. Gut gesäubert, wird er direkt in Portionsgeschirren in ganz wenig Wasser mit Salz gedünstet und auch darin aufgetragen.

Beilagen: Salzkartoffeln, zerlassene Butter, geriebener Meerrettich und gehackte Petersilie.

Stegt Rødspaette med brunet Smør   **Gebratene Scholle mit brauner Butter**

Bedarf für 10 Portionen: 10 vorbereitete Schollen je 400 g, Salz, Pfeffer, 2 El Mehl, 350 g Butter, 10 Zitronensechstel.

Die Schollen abtrocknen, salzen und pfeffern. In Mehl wenden, überflüssiges Mehl abschütteln, in 250 g heiße Butter legen und auf beiden Seiten goldbraun braten. Die Bratdauer beträgt 8 – 10 Min.

Die fertigen Fische auf flacher Platte anrichten, die Zitronenstücke darumlegen. Die übrige Butter zur Bratbutter geben, schäumen lassen, durch ein Sieb in eine Sauciere gießen und dazureichen.

Beilagen: Salzkartoffeln und Blattsalat.

Kogt Torsk med Sennep-Sauce   **Gekochter Dorsch mit Senfsauce**

Bedarf für 10 Portionen: 2,5 kg vorbereiteter Dorsch, anfallende Dorschrogen oder -milcher, 2 l Fischsud, 1 l Senfsauce, 150 g zerlassene Butter, 75 g gehackte Petersilie, 5 hartgekochte, grobgehackte Eier.

Den gesäuberten Dorsch in Portionsstücke teilen und diese mit Rogen oder Milcher in kochenden Sud legen. Das Garziehen erfolgt bei mäßiger Hitze und dauert etwa 10 – 15 Min. Den gekochten Fisch samt Rogen oder Milcher in einen Kessel legen, etwas Sud dazugießen und mit der heißen Senfsauce, der zerlassenen Butter, der Petersilie und den Eiern zu Tisch geben. – Die dänische Küche verwendet zu Fischsenfsauce einen speziellen Fiskesennep (Fischsenf).

Stegt Torskerogn   Gebratener Dorschrogen

Bedarf für 10 Portionen: 1,5 kg Dorschrogen, Salz, Essig, Pfeffer, 3 El Mehl, 200 g Butter, 10 Zitronensechstel, 200 g gezupfte Petersilie.

Rogen in Salzwasser mit einem Schuß Essig vorsichtig garziehen und erkalten lassen. Dann abtrocknen, in dicke Scheiben schneiden, würzen, in Mehl wenden und in Butter braun braten. Den Rogen anrichten und warmhalten. Rasch die Petersilie in einer heißen Friteuse backen, leicht salzen und über die Rogenstücke legen. Die Zitronensechstel dazugeben.

Danske Fiskeboller med Reyer   Dänische Fischklöße mit Krabben

Bedarf für 3 Portionen: 60 g Zwiebelscheiben, 250 g Zander, 40 g entrindetes frisches Weißbrot, 1 Eiklar, Salz, Pfeffer, 30 g Butter, 0,75 l Fischfond oder helle Brühe (darin anfallende Zandergräten auskochen), 40 g helle Mehlschwitze (20 g Butter, 20 g Mehl), 2 Eigelb, 0,1 l Sahne, 150 g gedünstete Gurkenstücke, 200 g Grönlandkrabbenschwänze, 6 Fleurons, 1 El gehackter Dill.

Die Zwiebelscheiben in 20 g erhitzter Butter anschwitzen. Den Zander waschen, auslösen, häuten, in Stücke zerteilen und mit Salz und Pfeffer würzen. Das Brot in dünne Scheiben schneiden, mit dem Eiklar und 2 El Sahne durchfeuchten und zusammen mit dem vorbereiteten Fisch und den Zwiebelscheiben durch die feine Scheibe des Fleischwolfs lassen. Das Durchgelassene kaltstellen, dann nochmals in einer Schüssel auf Eis tüchtig durcharbeiten und nach und nach die Hälfte der Sahne untermengen. Die restliche Sahne geschlagen unter die Farce bringen. Mit 2 Eßlöffeln daraus Klöße formen, in ein mit 10 g Butter ausgestrichenes Geschirr setzen, den heißen Fischfond dazugeben, mit Alu-Folie abdecken und in mittelheißem Ofen 10 Min. garen. Danach die Klöße anrichten und zugedeckt warmhalten.

Den passierten Fond auf 0,3 l einkochen, mit der Mehlschwitze binden, 10 Min. langsam kochen, dann mit Eigelb und Sahne legieren und die Fischklöße mit der Sauce überziehen. Den Rest gesondert reichen.

Die erwärmten Krabbenschwänze auf die Klöße legen. Die erhitzten, mit Dill geschwenkten grünen Gurkenstückchen und die Fleurons gefällig dazuordnen.

Dansk Fiskepudding   Dänischer Fischpudding

Bedarf für 10 Portionen: 800 g Dorschfilets, Salz, Pfeffer, Muskat, 150 g Butter, 3 Eier, 120 g Mehl, 5 Sardellenfilets, 0,5 l Sahne, 150 g Krabben, 100 g Spargelstücke, 10 Blätterteighalbmonde.

Die Dorschfilets würzen und durch die feine Scheibe des Fleischwolfs geben. 80 g Butter hinzufügen und ein weiteres Mal durch den Wolf lassen. Die Eier, das Mehl und die gehackten Sardellen kräftig darunterarbeiten und die Masse durch ein Sieb streichen. Danach auf Eis nochmals gut zusammenarbeiten und die Sahne in kleinen Mengen unter die durchgekühlte Masse rühren.

Portionsförmchen mit Butter ausstreichen und mit der Fischfarce ausfüttern. Dann Krabben und Spargelstückchen in die Mitte einfüllen und mit der restlichen Farce zustreichen. Die Förmchen in ein passendes flaches Geschirr stellen und soviel heißes Wasser hineingießen, daß sie zu halber Höhe darin stehen, und zugedeckt im Ofen (160 °C) etwa 30 – 40 Min. pochieren. Die gegarten Fischpuddinge auf ein angewärmtes Anrichtegeschirr stürzen, mit Weißwein-, Austern-, Krevetten- oder Hummersauce (s. Bd. 1, Abschn. Saucen) bedecken und mit Blätterteighalbmonden zu Tisch geben.

Beilage: Reis.

Kogt Klippfisk med Sennep-Sauce   **Gekochter Klippfisch mit Senfsauce**
og smeltet Smør   **und geschmolzener Butter**

Bedarf für 10 Portionen: 2,5 kg Klippfisch, 0,75 l Senfsauce, 150 g Butter, 10 Zitronensechstel.

Den Klippfisch (vgl. Bd. 1, Abschn. Fische) 20 Min. einweichen, abschaben und in Portionen teilen. Dann mit reichlich kaltem Wasser aufsetzen, zum Sieden bringen und sehr langsam garen. Den Klippfisch mit Senfsauce, geschmolzener Butter und Zitronensechsteln reichen.

Beilage: Gedämpfte Kartoffeln.

Fleischgerichte

Bankekød   **Klopffleisch**

Bedarf für 10 Portionen: 2 kg dickes Bugstück vom Rind, Salz, Pfeffer, 100 g Mehl, 150 g Fett, 100 g feingeschnittene Zwiebeln, 1 Lorbeerblatt, 10 zerdrückte Pfefferkörner, 0,75 l Brühe.

„Bankekød" ist eine dänische Frühstücksplatte.

Das Fleisch in kleine Scheiben schneiden, dünn ausklopfen, würzen und in Mehl wenden. Dann in einer Pfanne Fett erhitzen, die Scheibchen von beiden Seiten anbraten und in ein Schmorgeschirr geben. Die Zwiebeln in der gleichen Pfanne bräunen und zusammen mit Lorbeerblatt und Pfefferkörnern den Fleischscheibchen beifügen und mit der Brühe auffüllen. Das Geschirr zudecken und das Klopffleisch im Ofen etwa 60 – 90 Min. schmoren.

Beilage: Kartoffelpüree.

Lamme-Frikasse med Reyer og Asparges   **Weiß eingemachtes Lamm mit Krabben und Spargel**

Bedarf für 10 Portionen: 3 kg Lammschulter, 80 g Butter, 0,1 l Weißwein, 80 g Mehl, 0,8 l weiße Brühe, Salz, 2 Eigelb, 0,3 l Rahm, Zitronensaft, 200 g Krabbenfleisch, 200 g Spargelstücke.

Die Lammschulter ausbeinen und in 50 g schwere Stücke schneiden. Butter erhitzen, das Fleisch darin andünsten, mit etwas Weißwein ablöschen und den Ansatz farblos glacieren. Mehl darüberstäuben und kurz anschwitzen. Den restlichen Weißwein angießen, mit Brühe auffüllen, unter Rühren aufkochen, leicht salzen und bei mäßiger Hitze 80 Min. garen. Danach das Fleisch in ein anderes Geschirr ausstechen, die Sauce passieren, mit Eigelb und Sahne legieren und mit etwas Zitronensaft vollenden.

Als Garnitur dienen das erhitzte Krabbenfleisch und die erhitzten Spargelstücke.

Beilage: Reis oder Petersilienkartoffeln.

Spraengt And med Gemyser   **Gepökelte Ente mit Gemüsen**

Bedarf für 4 Portionen: 1 gepökelte Ente von 2 kg, 1 große, gespickte Zwiebel, das Weiße von 2 Lauchstauden, 4 kleine Zwiebeln, 1 Weißkohlkopf von 600 g, Pfeffer, 500 g Rosenkohl, Butter zum Ausstreichen.

Für dieses Gericht muß zunächst eine frische Ente ausgenommen und drei Tage in Pökellake gelegt werden.

Die Ente gründlich waschen, mit Wasser aufsetzen. Zum Kochen bringen, abschäumen, die gespickte Zwiebel beigeben und 60 – 70 Min. bei wenig geöffnetem Topfdeckel sieden.

Den Strunk des Kohlkopfs ausstechen und den Kohl 15 Min. in Wasser kochen. Danach abkühlen, die einzelnen Blätter abnehmen, zu acht Häufchen übereinanderlegen, pfeffern und mit einem Tuch Köpfchen formen. Den Rosenkohl putzen und blanchieren. Den Lauch halbieren, waschen und putzen. Die Schalen der Zwiebeln abziehen. Die präparierten Gemüse gruppiert in ein ausgebuttertes Geschirr ordnen, mit Entenbrühe angießen, daß der Boden gut bedeckt ist, und mit Folie und Deckel verschlossen, bei mäßiger Hitze, 50 Min. im Ofen dünsten.

Die etwas abgekühlte Ente in Brusthälften und Keulen tranchieren, die Knochen bis auf Flügelknochen und Unterschenkelknochen ausbrechen und die einzelnen Teile nochmals schräg durchschneiden. Die tranchierte Ente in der Mitte einer großen Platte gefällig anordnen und mit den fertigen Gemüsen umlegen. Ein wenig Brühe darübergießen und alles im Ofen nochmals gut erhitzen.

Das Gericht kann auch mit gepökelter Gans hergestellt werden.

Beilage: Sahnemerrettich und geschmolzene Butter.

Spraengt Lammekød med Gemyser   **Gepökeltes Lamm mit Gemüse**

Bedarf für 10 Portionen: 3,5 kg Lammfleisch von Bug oder Kamm, 2 gespickte Zwiebeln, 5 Lauchstauden, 10 kleine Zwiebeln, 1 Weißkohlkopf von 1,5 kg, Pfeffer, 1,2 kg Rosenkohl.

Die Zubereitung ist die gleiche wie im Rezept „Gepökelte Ente mit Gemüsen" erläutert. Gepökeltes Lamm wird in Dänemark auch als Frühstücksplatte gereicht.

*

Rødgrød med fløde   **Rote Grütze mit Sahne**

Bedarf: 300 g rote Johannisbeeren, 200 g schwarze Johannisbeeren, 250 g Himbeeren, 250 g Holunder, 0,25 l Wasser, Orangen- und Zitronenschale von je einer halben Frucht.
Je Liter Fruchtsaft: 200 g Zucker und 50 g Mondamin.

Beeren verlesen, waschen, mit Wasser aufsetzen und leicht kochen, bis die Beeren breiig sind. Den Saft durch ein Tuch drücken und auslitern.

Entsprechend der Litermenge Zucker beigeben, aufkochen. Abgewogene Mondaminmenge mit etwas kaltem Wasser anrühren, unter Rühren in den Fruchtsaft gießen und nochmals aufkochen. Rote Grütze in eine kalt ausgespülte Serviceschüssel oder in kalt ausgespülte Portionsschälchen abfüllen.

Beigabe: Flüssige Sahne.

HOLLÄNDISCHE KÜCHE

Einleitung

Mit seiner Lage hinter der Nordsee, zwischen Dollart und Scheldemündung, hat Holland ein ausgesprochenes Meeresklima, das sich auf die landwirtschaftliche Nutzung günstig auswirkt. Mehr als ein Drittel der weiten Ebene liegt tiefer als der Meeresspiegel. Gewaltige Deiche schützen das Land und verhindern das Eindringen des Meeres. Auf den dahinterliegenden saftigen Wiesen weiden die schwarzweiß gescheckten Niederungsrinder. Die bedeutenden Agrargüter sind, neben Blumenzwiebeln und Getreide, die bekannten holländischen Frühgemüse und Kartoffeln. Die Käseerzeugung des Landes ist erheblich, sie beträgt jährlich etwa 230000 t. Unter vielen Sorten sind Gouda- und Edamer Käse weltbekannt. In den grünen Niederungen leben auch die Kiebitze, deren Eier gesammelt werden dürfen und im Frühjahr als besondere Delikatesse für kurze Zeit das Angebot der Küche bereichern. Fischfang, Muschel- und Austernzucht dürfen nicht unerwähnt bleiben. Mit der Qualität der unter dem Namen Imperial berühmten Austernart behauptet Holland eine Monopolstellung. Die holländische Küche ist kräftig, derb und solide, bemerkenswert ist die reiche Verwendung von Heringen, Muscheln und Krebstieren, an regionalen Spezialgerichten weist sie eigentlich nur wenige auf.

Suppen

Hollandsche Palingsoep   **Holländische Aalsuppe**

Bedarf für 2 l Suppe: 800 g Suppenaale, 150 g helle Lauchstreifchen, 100 g Selleriestreifchen, 100 g Zwiebel- und Lauchscheiben, 60 g Butter, 50 g Mehl, 1,75 l Fischbrühe, 1 Tl gehackter Kerbel, 1 El gehackter Sauerampfer, 3 Eigelb, 0,25 l Sahne, Muskat, Salz.

Die kleinen Aale töten, abhäuten und in gleichmäßige Stücke schneiden. Dann gut säubern, mit kochendem Salzwasser überbrühen und beiseitestellen. Lauch- und Selleriestreifchen mit etwas Fischbrühe halb gardünsten.

40 g Butter erhitzen, Zwiebel- und Lauchscheiben darin andünsten, das Mehl beifügen und hell schwitzen. Mit der Fischbrühe auffüllen, unter Rühren an den Siedepunkt bringen und die leichtgebundene Suppe 25 Min. bei geringer Hitze kochen.

Dann die Suppe passieren, die Aalstücke, die Gemüsestreifen und die gehackten Kräuter beifügen. Alles zusammen noch 15 Min. ziehen lassen. Abschließend mit Eigelb und Sahne legieren, mit restlicher Butter montieren und mit Muskat und Salz würzen.

Hollandsche Groentesoep met Balletjes   **Holländische Gemüsesuppe mit Klößchen**

Bedarf für 2 l: 300 g mageres Rindfleisch, 2,3 l Fleischbrühe, 250 g hellen Lauch, 200 g Möhren, 200 g Sellerie, 150 g Kalbfleischfarce (s. Bd. 1, Abschn. Farcen), Salz, Muskat, 80 g Fadennudeln.

Das Rindfleisch in kleine Würfel schneiden und mit der Brühe zum Kochen bringen. Unterdessen das Gemüse säubern und in Streifen schneiden. Die Brühe nach dem Aufkochen abschäumen und 40 Min. kochen. Danach die Gemüsestreifen beifügen und alles zusammen noch weitere 30 Min. garen. Abschließend aus der Farce Klößchen direkt in die Suppe abstechen. Die fertige Suppe nachwürzen, die gekochten Fadennudeln als Einlage zugeben und sie vor dem Servieren nochmals erhitzen.

Hollandsche Erwtensoep   **Holländische grüne Erbsensuppe**
met Kluif en Saucysjes   **mit Schweinsfüßen und Bratwürstchen**

Bedarf für 2 l: 220 g grüne, geschälte Erbsen, 1,5 l Brühe, 2 frische Schweinsfüße, 200 g frischen,
durchwachsenen Speck, 200 g Wurzelgemüse, 40 g Fett, 16 Bratwürstchen je 20 g.

Erbsen waschen und eine Stunde einweichen. Dann mit dem Einweichwasser, der Brühe, den teilweise entknöchelten, in kleine Teile zerlegten Schweinsfüßen und dem Speck zusammen in etwa 90 Min. weichkochen.

Zwiebeln, Möhren, Lauch und Sellerie in kleine Würfel schneiden, in Fett andünsten und der Suppe 30 Min. vor Beendigung der Garzeit beigeben.

Den gegarten Speck in Würfel schneiden, die Würstchen braten, beides in die Suppe geben und noch 10 Min. ziehen lassen. Die Suppe mit Salz und frisch gemahlenem Pfeffer würzen.

Fischgerichte

Leepaal ook Leep Paling   **Aalschnitten auf altholländische Art**

Bedarf für 10 Portionen: 2,5 kg grünen Aal, 0,7 l holländische Sauce (s. Bd. 1, Abschn. Saucen).

Die Aale töten, abhäuten und von den Flossen befreien. Dann ausnehmen, gut waschen und mit der Bauchseite nach unten auf ein Tranchierbrett legen. Den Aal schräg in einen halben Zentimeter dünne Scheiben schneiden. Die Aalscheiben in kochendes Salzwasser legen, nochmals aufkochen und garziehen lassen.

Beim Anrichten den Fisch portionsweise und trocken auf eine erwärmte Platte geben und mit der holländischen Sauce überziehen. Der Aal kann auch mit Butter- oder Petersiliensauce gereicht werden.

Beilagen: Salzkartoffeln und Gurkensalat.

Gestoofde Schelvisch   **Schellfisch überbacken**

Bedarf für 10 Portionen: 10 Scheiben Schellfisch je 250 g, 100 g Butter, 60 g Zitronensaft, Salz,
Pfeffer, Muskat, 10 geschälte Zitronenscheiben, 40 g geriebener Zwieback, 0,5 l
Fischbrühe.

Ein flaches Geschirr mit 50 g Butter ausstreichen. Die Schellfischscheiben einordnen, mit Zitronensaft beträufeln, salzen, pfeffern und mit geriebener Muskatnuß bestreuen.

Auf jede Fleischscheibe eine Zitronenscheibe legen und das Ganze mit Zwieback bestreuen. Die Brühe seitlich in die Pfanne gießen, auf dem Herd zum Kochen bringen und im Ofen garen. Während der Garzeit den Fisch mit der restlichen Butter beträufeln.

Der fertige Fisch soll eine hellbraune Farbe haben und die Sauce soll leicht sämig sein.

Schelvisch gekookt met Botersauce   **Gekochter Schellfisch**
en versche Aardappelen   **mit Butter und Kartoffeln**

Bedarf für 10 Portionen: 10 Scheiben Schellfisch je 250 g, 500 g Schellfischmilcher, Salz, Pfeffer,
200 g Butter, 10 Scheiben Pumpernickel.

Fisch und Milcher in kochendes Salzwasser legen, aufkochen, abschäumen und 10 Min. ziehen lassen. Die gegarten Fischscheiben auf großer, flacher Platte anrichten, die Fischmilcher seitlich daranlegen und reichlich Pfeffer daraufmahlen. Butter schmelzen lassen und extra anrichten. Auch den Pumpernickel gesondert reichen. — Bei Tisch werden die Schellfischmilcher auf den Pumpernickel gestrichen und diese zum Fisch verspeist.

Weitere Beilage: Salzkartoffeln.

Versche Zalm gekookt
met gesmolten Pieterselieboter

Frischer Lachs gekocht
mit geschmolzener Petersilienbutter

Bedarf für 10 Portionen: 10 Scheiben Lachs je 250 g, Salz, 200 g Butter, 2 El gehackte Petersilie, 30 g Zitronensaft.

Der Lachs wird wie der Schellfisch gegart.

Butter schmelzen lassen, Petersilie sowie den Zitronensaft zugeben. Gegarten Lachs und Petersilienbutter getrennt anrichten.

Beilagen: Salzkartoffeln und grüne Salate.

Der Lachs wird auch in Butter gedünstet und mit Gemüsen aufgetragen.

Die Zubereitung „gebraten" oder „vom Grill" wird in Holland sehr wenig angewandt.

Waterbaars hollandsch met zwart Roggenbrot   **Barsch auf holländische Art**

Bedarf für 10 Portionen: 10 vorbereitete Portionsbarsche je 350 – 400 g, 5 l kräftig gewürzter Fischsud, 500 g Gemüsestreifchen (Lauch, Möhren, Sellerie, Petersilienwurzeln), 30 g Butter, 0,1 l Fleischbrühe.

Sud kochen, Barsche einlegen; aufkochen, abschäumen und 15 Min. ziehen lassen. Die Gemüsestreifchen in Butter und Fleischbrühe weichdünsten. Den Fisch trocken anrichten und das Gemüse darübergeben. Der Fisch wird ohne Sauce sehr heiß aufgetragen.

Beilagen: Roggenbrotscheiben mit Butter bestrichen. Salzkartoffeln werden nur auf Wunsch gereicht.

Spezialgerichte

Hollandsche Biefstuk   **Holländisches Rindsstück**

Bedarf für 10 Portionen: 10 Rindfleischscheiben je 180 g, Salz, Pfeffer, 100 g Fett.

„Hollandsche Biefstuks" gelten als Spezialität, sie werden aus der „Bil", einer genügend gereiften Blume des Rindes, geschnitten.

Fleischscheiben gut plattieren, dann wieder in die Ausgangsform zusammendrücken. Fett stark erhitzen, Fleischscheiben salzen sowie pfeffern und rasch auf beiden Seiten braun braten; innen sollen sie noch rosa sein.

Beilagen: Gebackene Kartoffeln und Gemüse oder Salat.

Gestoofde Kalfscotelette met Aardappelen   **Geschmortes Kalbskotelett**

Bedarf für 10 Portionen: 10 Kalbskoteletts je 180 g, 60 g Butter, Salz, Pfeffer, Muskat, 30 g Zitronensaft, 10 Zitronenscheiben, 0,7 l Brühe, 50 g geriebener Zwieback.

Kalbskoteletts leicht anbraten und in ein flaches, gebuttertes Geschirr ordnen. Dann mit Salz, Pfeffer sowie Muskat bestreuen, Zitronensaft darüberträufeln und auf jedes Kotelett eine Zitronenscheibe legen. Mit der Brühe untergießen und mit dem gestoßenen Zwieback bestreuen, im mittelheißen Ofen garschmoren und zugleich hellbraun überbacken. Durch den Zwieback bindet die angegossene Brühe leicht ab.

Beilagen: Salzkartoffeln und Gemüse oder Salat.

Gestoofde Varkenscotelette   **Geschmortes Schweinskotelett**

„Geschmortes Schweinskotelett" wird wie „Geschmortes Kalbskotelett" zubereitet.

Hollandsche Rolpens   **Gefüllter Rindermagen nach holländischer Art**

Bedarf: 1,5 kg Rinderschulter, 500 g frischer Speck, 60 g Salz, 6 g Pfeffer, 3 g Muskat, 3 g Nelkenpfeffer, 1 El gerebelter Majoran, 1 Tl gerebelter Thymian, 2 kg vorbereitete Rindermagenstücke, Rinderbrühe, Weinessigmarinade; Äpfel, Butter.

Rindfleisch in Würfel zu 40 g, Speck in Würfel zu 20 g schneiden. Fleisch- und Speckwürfel mit den Gewürzen mischen. Rindermagenteile in zwei gleichgroße rechteckige Flächen zusammennähen. Auf jede eine Hälfte des Fleischgemisches legen. Die Magenhälften mit der Füllung zu Walzen formen, deren Ende und Längsseiten sorgfältig zunähen. Die geschlossenen Walzen überstehend mit Brühe bedecken und darin sieden. Die Rindermägen sind gar, wenn sie sich weich anstechen und müssen in der Brühe erkalten. – Danach 3 – 4 Tage mit leichter Marinade bedeckt an einen kalten Platz stellen.

Von den verarbeitungsfertigen, gefüllten Mägen dicke Scheiben schneiden und sie mit Apfelscheiben zusammen auf beiden Seiten in Butter braun braten. Beim Anrichten auf jede Rindermagenscheibe eine Apfelscheibe legen und die Bratbutter darübergießen.

Beilagen: Rotkraut und Kartoffelpüree.

Anmerkung: Nach holländischem Geschmack kocht man Rotkraut mit „roode Bessensap" (ausgegorenem, rotem Johannisbeersaft), Rotwein oder Essig werden nicht verwendet.

Konijn hollandsch   **Kaninchen holländisch**

Bedarf für 10 Portionen: 4 kg Kaninchen, Salz, Pfeffer, 200 g Schmalz, 200 g magere, blanchierte Speckwürfel, 300 g Zwiebelscheiben, 50 g feingeschnittene Schalotten, 200 g Tomatenfleischwürfel, 150 g Pilze in Scheiben, 1 Kräutersträußchen, 750 g geschälte Kartoffeln, 0,5 l Weißwein, 0,75 l Kalbsbrühe.

Kaninchen zerlegen, von den Häuten befreien, in 60 – 80 g schwere Stücke schneiden und würzen. In einem flachen Geschirr Schmalz erhitzen, die Kaninchenstücke und den Speck darin anbraten. Die Zwiebelscheiben und die Schalotten zugeben und alles noch kurze Zeit weiterbraten. Pilze, Kräutersträußchen und zur späteren Bindung 250 g in Scheiben geschnittene Kartoffeln zum Fleischansatz geben. Das Ganze mit Weißwein und Kalbsbrühe auffüllen und zugedeckt im Ofen etwa 1 Std. garen. Die restlichen Kartoffeln in grobe Würfel schneiden, blanchieren und 20 Min. vor Beendigung der Kochzeit beifügen. Wenn alles gar ist, das Kräutersträußchen entfernen.

Asperges   **Stangenspargel**

Bedarf für 10 Portionen: 5 kg Spargel, 250 g Butter, 10 Eier, Muskat, Salz.

Den Spargel schälen, bündeln und in Salzwasser kochen.

Die Butter zerlaufen lassen und die Eier hart kochen.

Den Spargel, die Butter, die geschälten, warmen Eier und geriebene Muskatnuß getrennt anrichten und zu Tisch geben.

Das harte Ei zerdrückt sich der Gast auf dem heißen Teller mit der Gabel. Dann würzt er das Ei mit etwas Muskatnuß und Salz und rührt es mit der heißen, flüssigen Butter zu einer dicklichen Sauce, worin er den Spargel eintaucht.

*

ENGLISCHE KÜCHE

Einleitung

Die landeseigenen Gerichte der englischen Küche sind unkompliziert und herzhaft. Im Vergleich zur französischen Küche ist sie geradezu von klassischer Einfachheit. Besonders darauf bedacht nichts vorzutäuschen, stellt sie deshalb Ansprüche an die Güte der Naturalien. So ist beispielsweise das englische Rindfleisch von bester Qualität und auch das Hammelfleisch hält einem Vergleich mit dem französischen Pré-salé stand. Besonders hervorzuheben sind der schottische Lachs und die schottischen Moorhühner (Grouses).

Die englische Küche und die Küche der Vereinigten Staaten von Amerika haben wechselseitige Beziehungen. In vielen Fällen sind die Zubereitungen die gleichen. Das englische Frühstück zeichnet sich ebenso wie das der USA durch besondere Reichhaltigkeit aus, doch gibt es Zahlreiches, das typisch englisch ist. So sind Tee und Toast obligatorisch; auch die Orangenmarmelade fehlt nie und der Porridge ist eine beliebte Ergänzung.

Zum Mittagessen, dem sogenannten Lunch, begnügt man sich mit einer kleinen Speisenfolge, bei der eine Tasse Tee oder Kaffee den Abschluß bildet.

Bei dem bekannten Five o'clock tea handelt es sich um einen kleinen erholsamen Imbiß in den späten Nachmittagsstunden. Die englische Hauptmahlzeit, das Dinner, wird jedoch — wie auch bei den Amerikanern — abends eingenommen.

Suppen

Real Turtle Soup   Echte Schildkrötensuppe

Lebende Schildkröten stehen den europäischen Küchen nicht mehr zur Verfügung. Sie werden bereits in den Produktionsländern geschlachtet. Das Schildkrötenfleisch gelangt größtenteils gefroren oder getrocknet auf unseren Kontinent.

Die Produktion von Schildkrötensuppe liegt heute völlig in den Händen der Feinkostkonserven-Industrie. Zu verhältnismäßig angemessenen Preisen und guter Qualität wird die Suppe als Kleinkonserve auf den Markt gebracht. Aus wirtschaftlichen Gründen machen gewerbliche und auch private Küchen davon Gebrauch. — Die Suppe wird nur noch erhitzt und in speziellen Tassen gereicht.

Zur Orientierung folgt dennoch ein Rezept bei Verwendung von getrocknetem Schildkrötenfleisch.

Bedarf für 2,5 l: 300 g getrocknetes Schildkrötenfleisch, 3 l Fleischbrühe, 1 kg zerkleinerte Knochen von Rind und Kalb, 60 g Fett, 400 g Röstgemüse, 0,3 l Weißwein, 1 ausgebeinter Kalbsfuß, 300 g Steinbuttgräten, 300 g Klärfleisch, 150 g Lauch- und 50 g Selleriewürfel, 20 zerdrückte Pfefferkörner, 100 g Petersilienstiele, 90 g Eiweiß, 8 g Schildkrötenkräuter, gelbe Schale einer viertel Zitrone.

Schildkrötenfleisch in reichlich Wasser 48 Std. einweichen. Erneut in kaltem Wasser aufsetzen und blanchieren, in einen Durchschlag abgießen. Blanchiervorgang noch zweimal wiederholen, da das Fleisch sonst seifig schmeckt. Dann Schildkrötenfleisch in der Hälfte der Brühe weichkochen. Verdunstung durch kaltes Wasser ausgleichen. — Schildkrötenfleisch entnehmen, pressen; Brühe passieren und reservieren.

Knochen und Röstgemüse in Fett braun anbraten, mit Weißwein ablöschen, Kalbsfuß und Fischgräten dazulegen, restliche Brühe auffüllen. Dann aufkochen, abschäumen und 2 1/2 — 3 Std. sieden. Auch hier Verdunstung durch kaltes Wasser ausgleichen. — Nach Kochzeit Brühe passieren und erkalten lassen.

Klärfleisch mit Gemüsewürfeln und Eiweiß gründlich vermengen. Kalte entfettete Brühe und reservierten Schildkrötenfond zugeben. Zum Klären unter dauerndem Rühren aufkochen und bei wenig geöffnetem Deckel geklärte Schildkrötensuppe 2 Std. ziehen lassen.

Danach durch ein Tuch passieren. Schildkrötenkräuter und Zitronenschale mit 4 Eßlöffeln Suppe zum Ausziehen zugedeckt warmsetzen. Suppe mit dem Auszug abschmecken und das Schildkrötenfleisch als kleinwürfelige Einlage dazugeben.

Vor dem Anrichten in jede heiße Tasse 1 Tl Madeira gießen.

Beilage: Kleine Käsestangen.

Clear Oxtail Soup   **Klare Ochsenschwanzsuppe**

Bedarf für 2,5 l: 800 g Ochsenschwanz, 1,5 kg zerkleinerte Rinder- und Kalbsknochen, 400 g Röstgemüse, 80 g Fett, 1 El Tomatenmark, 0,3 l Weißwein, 1 Gewürzbeutel: 2 Nelken, 1 Lorbeerblatt, 2 Salbeiblätter, je 1 Zweig Thymian, Majoran, Basilikum, 3 zerdrückte Knoblauchzehen, 20 zerdrückte Pfefferkörner; 300 g Klärfleisch, 100 g Eiweiß, 250 g Gemüsewürfel: Lauch, Möhren, Sellerie, 50 g Petersilienstiele; Sherry, Cayenne.

Ochsenschwanz in den Gelenken durchschneiden und zusammen mit Knochen und Röstgemüse in Fett braun anbraten. Tomatenmark zugeben, durchrösten, mit Weißwein ablöschen und 4 l Wasser oder Brühe auffüllen. Aufkochen, abschäumen und 4 Std. leicht kochen. Eine Std. vor Kochzeitende Gewürzbeutel einlegen.

Ochsenschwanzbrühe passieren und kaltsetzen. Ochsenschwanz ausstechen, Fleisch abnehmen, pressen und auch kaltstellen.

Klärfleisch, Eiweiß, Gemüsewürfel, Petersilienstiele gründlich zusammenmengen, kalte fettfreie Brühe dazugießen und zum Klären unter Rühren aufkochen. Bei wenig geöffnetem Topfdeckel 2 Std. am Siedepunkt halten. Danach Ochsenschwanzsuppe durch ein Tuch passieren, mit Sherry, Cayenne und Salz abschmecken.

In Würfelchen geschnittenes Ochsenschwanzfleisch mit wenig Brühe erhitzen und als Einlage in jede Tasse geben.

Ochsenschwanzsuppe kann mit in Sherry angerührtem Kartoffelmehl ganz leicht gebunden werden.

Thick Oxtail Soup   **Gebundene Ochsenschwanzsuppe**

Bedarf für 2,5 l: 1,5 kg Ochsenschwanz, Salz, Pfeffer, 60 g Fett, 400 g Röstgemüse, 100 g Mehl, 4 l braune Brühe, 200 g zerkleinerte Tomaten, Gewürzbeutel: Thymian, Lorbeerblatt, Majoran, Basilikum, Petersilienstiele; 0,2 l Sherry.

Ochsenschwanz in den Gelenken durchschneiden, mit Salz und Pfeffer würzen. Fett erhitzen und darin Gemüse sowie den Ochsenschwanz leicht anbraten. Dann das Mehl beifügen und das Ganze Farbe nehmen lassen. Anschließend mit der Brühe auffüllen, unter Rühren aufkochen und ausschäumen. Die Tomaten und das Kräutersträußchen nach 3 Std. Kochzeit in die Suppe legen und alles eine weitere Std. kochen. – Ochsenschwanz entnehmen, Fleisch ablösen und erkalten lassen, dann in kleine Würfel schneiden und als Einlage verwenden. Die Suppe passieren und mit Sherry vollenden.

Mutton-Broth   **Hammelfleischsuppe**

Der Mutton-Broth ist der „Pot-au-feu" der Schotten, von vielen daher auch „Scotch Broth", d.h. „Schottische Brühe" genannt.

Die Bereitungsart ist verschieden, doch ist die Grundlage (Hammelfleisch, Gemüse und Graupen) immer die gleiche.

Bedarf für 2,5 l: 1,5 kg Hammel-Halsstück, 3 l mild gesalzene Fleischbrühe, 150 g Perlgraupen, 50 g Zwiebeln, 30 g Fett, 100 g Würfelchen von weißen Rüben, 100 g Möhrenwürfelchen, 50 g Lauchwürfelchen, 50 g Würfelchen von Staudensellerie, Pfeffer, 1 El gehackte Petersilie.

Ausgelöstes Halsstück und blanchierte Hammelknochen mit der Brühe zum Kochen aufstellen und nach dem Aufkochen gut abschäumen. Nach halbstündiger Kochzeit die Perlgraupen zugeben.

Die feingeschnittenen Zwiebeln und das Gemüse kurz andünsten, in die zuvor entfettete Suppe geben und alles bei mäßiger Hitze garen. Vor dem Anrichten das Fleisch in 1 cm große Würfel schneiden und der Suppe beifügen. Mit Salz und Pfeffer abschmecken und die gehackte Petersilie einrühren.

Scotch Hotch-Potch   Schottisches Allerlei

Bedarf für 2,5 l: 1,2 kg ausgelöste Hammelschulter, 3 l Fleischbrühe, mild gesalzen, 50 g Möhren, 100 g weiße Rüben, 100 g Lauch, 100 g Staudensellerie, 50 g Blumenkohlröschen, 50 g grüne Bohnen, 50 g Grünkohl, 100 g frische Erbsen, Salz, Pfeffer, 2 El grobgehackte Petersilie.

Das Fleisch in Stücke schneiden, blanchieren und mit der Brühe zum Kochen aufstellen. Aufkochen lassen und gut abschäumen. Nach halbstündiger Garzeit das geputzte und zum Teil zerkleinerte Gemüse beigeben und weichkochen. Mit Salz und Pfeffer abschmecken und mit Petersilie bestreuen.

Giblet Soup   Geflügelkleinsuppe

Bedarf für 10 Portionen: 300 g Hühnermägen, 300 g Hühnerherzen, 150 g Hühnerleber, 2 l kräftige Hühnerbrühe, Salz, Muskat, 1 El gehackte Petersilie.

Hühnermägen und Hühnerherzen weichkochen, abspülen und in Scheiben schneiden. Die Hühnerleber kurz abbrühen, mit kaltem Wasser abspülen und in kleine Stücke schneiden. Die Hühnerbrühe erhitzen und mit Salz und etwas Muskat abschmecken. Die geschnittenen Innereien beifügen und mit der Petersilie bestreuen.

Beeftea   Fleischtee

S. Bd. 1, Abschn. Suppen.

Fisch

Boiled Cod   Gekochter Kabeljau

Bedarf für 10 Portionen: 2,5 kg vorbereiteter Kabeljau, 2,5 l Fischsud zum Kochen (s. Bd. 1, Abschn. Fische), 10 Zitronenviertel.

Den portionierten Kabeljau in den kochenden Fischsud legen. Sobald der Fischsud aufstößt, zieht man das Geschirr zurück und läßt den Fisch an der Seite des Herdes etwa 10 Min. garziehen.

Boiled Turbot   Gekochter Steinbutt

Bedarf für 10 Portionen: 2,5 kg vorbereiteter Steinbutt, 2,5 l Fischsud zum Kochen, 10 Zitronenviertel.

Steinbutt wird mit kaltem Fischsud aufgesetzt und nach dem Aufkochen abgeschäumt. Dann läßt man die Scheiben etwa 12 Min. garziehen.

Zu gekochten Fischen reicht man neben Kartoffeln und Zitrone eine der nachstehend verzeichneten Saucen. Es ist zu beachten, daß diese nicht zu scharf gewürzt werden, da sonst der Wohlgeschmack des Fisches verlorengeht.

Smelted Butter	Zerlassene Butter	Egg Sauce	Eiersauce
Oyster Sauce	Austernsauce	Parsley Sauce	Petersiliensauce
Lobster Sauce	Hummersauce	Soft Clam Sauce	Clamsauce
Shrimp Sauce	Garnelensauce	Oyster-Crab-Sauce	Austern-Krabben-Sauce
Dutch Sauce	Holländische Sauce	Scallop Sauce	Kammuschelsauce

Die an dieser Stelle nicht beschriebenen Saucenrezepte sind im Bd. 1, Absch. Saucen aufgeführt.

Egg Sauce   Eiersauce

Bedarf für 10 Portionen: 5 hartgekochte Eier, 100 Butter, 40 g Mehl, 1 l Milch, 2 El Zitronensaft, Salz, Pfeffer.

Das Eiweiß fein hacken und die Eigelbe passieren und beiseitestellen. Aus 50 g Butter und Mehl eine Mehlschwitze bereiten. Mit Milch aufgießen und unter Rühren aufkochen. Die Sauce etwa 15 Min. kochen lassen, das gehackte Eiweiß und Eigelb beifügen und mit Zitronensaft, Salz und Pfeffer abschmecken. Vor dem Auftragen die restliche Butter unter die Sauce montieren.

Egg and Butter Sauce   Eier-Butter-Sauce

Bedarf für 10 Portionen: 300 g Butter, Salz, Pfeffer, 2 Tl Zitronensaft, 2 Tl gehackte Petersilie, 3 hartgekochte Eier.

Die Butter schmelzen lassen und mit Salz, Pfeffer und Zitronensaft würzen. Die Petersilie und die gehackten Eier beifügen und heiß auftragen.

Grilled Halibut   Gegrillter Heilbutt

Bedarf für 10 Portionen: 2,5 kg vorbereiteter Heilbutt, 0,1 l Olivenöl, Salz, Pfeffer, eine halbe Zitrone, 10 Zitronenscheiben, 200 g Kräuterbutter.

Den in Scheiben portionierten Heilbutt waschen und trocknen. Mit Zitronensaft marinieren, mit Salz und Pfeffer würzen und in Öl wenden. Dann auf den geölten Grill legen und bei mittlerer Hitze garen. Dabei wenden und des öfteren mit Öl bestreichen. Abgetropft auf eine Platte mit Papierserviette geben und mit Zitronenscheibe und Kräuterbutter belegen.

In England ist es üblich, daß gegrillter Fisch leicht in Mehl gewendet, mit Öl bestrichen und dann auf den heißen Grill gelegt wird.

Beilagen: Butterkartoffeln, Kopf- und Gurkensalat.

Nach dem gleichen Verfahren werden auch die beliebten Dover-Seezungen und die in Scheiben geschnittenen berühmten irischen und schottischen Lachse zubereitet.

Deviled Whitebaits   Weißfischchen nach Teufelsart

Bedarf für 10 Portionen: 2,5 kg Weißfisch, Mehl, Salz, Cayennepfeffer, 100 g abgezupfte Petersilie zum Fritieren, 10 Zitronenviertel.

Die kleinen sardellenartigen Weißfische waschen und abtrocknen. Die Fischchen — in kleineren Mengen nacheinander — mit Mehl gut bestäuben, zum Abschütteln des überflüssigen Mehls in ein Sieb legen und sofort fritieren. Die Fische sollen knusprig, aber nicht zu dunkel gebacken sein. Abtropfen lassen und mit einem Gemisch von Salz und Cayennepfeffer bestreuen. Auf eine Platte mit Papierserviette anrichten, mit gebackener Petersilie und Zitronenvierteln garnieren.

Beilage: Mit Butter bestrichene dünne Schwarzbrotschnitten.

Curried Whitebaits Weißfischchen mit Curry

Die Zubereitungsweise ist die gleiche wie beim vorhergehenden Rezept. Anstelle von Cayennepfeffer-Salz werden die gebackenen Fischchen mit einer Curry-Salz-Mischung bestreut.

Haddock on Toast Geräucherter Schellfisch auf Toast

Bedarf für 10 Portionen: 1,2 kg geräucherter Schellfisch, 50 g Olivenöl, 10 Scheiben Weißbrot, 50 g Butter, 10 Salatblätter, 10 Tomatensechstel.

Den Schellfisch filieren und davon 1 cm dicke, schräge Tranchen schneiden. Die Fischscheiben in Öl wenden und kurz grillieren. Die Weißbrotscheiben toasten, mit Butter bestreichen und mit dem gegrillten Schellfisch belegen. Die Salatblätter und Tomatensechstel als Garnitur anlegen.

Epicurean Haddie Geräucherter Schellfisch Feinschmeckerart

Bedarf für 10 Portionen: 1,5 kg geräucherter Schellfisch, Milch, 150 g Butter, 50 g Schalottenwürfelchen, 10 g Delikateßpaprika, Salz, 180 g Würfelchen von roter und grüner Paprikaschote, 3 El Béchamelsauce, 0,6 l Sahne, Cayenne, 80 g hellgelb geröstete Weißbrotwürfelchen.

Geräucherten Schellfisch eine Std. in Milch einweichen. Danach in ein gebuttertes Geschirr legen, etwas von der Milch angießen und zugedeckt 10 Min. im Ofen dünsten. — Schalotten mit Butter anschwitzen, mit Paprika bestäuben, leicht salzen, Paprikaschotenwürfelchen beifügen und zugedeckt bei schwacher Hitze 6 Min. garen. — Béchamelsauce und Sahne zusammen aufkochen und um etwa die Hälfte reduzieren. Gedünstete Paprikaschotenwürfelchen einrühren, mit Cayenne und Salz nachwürzen. Ein wenig Paprikasahne auf eine Backplatte geben, entgräteten Schellfisch in Stückchen flach darauflegen und mit übriger Paprikasahne überziehen. Weißbrotwürfelchen auf die Oberfläche streuen, mit Butter beträufeln und im Salamander goldbraun überbacken.

Geflügel

Grilled Squab Chicken Gegrilltes Küken

Bedarf für 10 Portionen: 10 Küken je 400 g, Salz, Pfeffer, 0,1 l Öl, 100 g Kräuterbutter.

Die ausgenommenen Küken längs neben dem Rückgratknochen durchschneiden. Körper flach auseinanderdrücken und die Wirbelsäule abtrennen. Flügelspitzen nach unten verschränken, die Keulenenden durch einen Einschnitt in die dünne Rumpfhaut stecken und den aufrechtstehenden Brustknochen herausziehen. — Flache Tierkörper auf beiden Seiten würzen, mit Öl bestreichen, auf den heißen, geölten Grill legen und 10 — 15 Min. garen. Dabei dreimal wenden, damit die dunkelbraunen Grillkaros entstehen. — Die gegrillten Küken anrichten und mit Kräuterbutterscheiben belegen.

Beilagen: Gegrillte Tomaten, Butterbohnen und gebackene Kartoffeln.

Boneless Squab Chicken Küken nach Teufelsart

Bedarf für 10 Portionen: 10 Küken je 400 g, Salz, Pfeffer, 0,15 l Olivenöl, 50 g englischer Senf, 3 El Weißwein, Worcestershire Sauce, 100 g Weißbrotkrume.

Die Küken wie vorstehend behandeln. Zusätzlich Rippen- und Oberschenkelknochen entfernen. Die Küken dann mit Salz und Pfeffer würzen und mit Öl bestreichen. Anschließend auf den geölten Grill legen, bei starker Hitze von beiden Seiten halbfertig braten. Dann aus 1 El Öl, Senf, Weißwein und einigen Tropfen Worcestershire Sauce eine Mischung herstellen, die Küken damit bestreichen, in der Weißbrotkrume wenden und bei schwacher Hitze fertiggrillen. Des öfteren mit Öl beträufeln. Die Garzeit beträgt etwa 20 Min.

Beilagen: Geschmorter Staudensellerie und gebackene Kartoffeln.

Roast Chicken Gebratenes Huhn

Bedarf für 10 Portionen: 5 junge Hühner je 800 g, Salz, Pfeffer, 100 g Butter, 200 g grobe Zwiebelwürfel, 1 Tl Tomatenmark.

Die bratfertigen Hühner würzen und im Ofen bei etwa 180 °C mit Butter etwa 25 – 30 Min. recht knusprig braten. 10 Min. vor Ende der Bratzeit die Zwiebeln zugeben. Vom Bratsatz unter Verwendung des Tomatenmarks einen halben Liter Jus ziehen.

Weitere Saucen, die zu gebratenem Geflügel gereicht werden:

Bread Sauce   **Englische Brotsauce**

S. Bd. 1, Abschn. Saucen.

Chicken Gravy   **Hähnchensauce**

Bedarf für 10 Portionen: 200 g Geflügelleber, 50 g Schalottenbutter, 0,5 l gebundene Hähnchenjus. Die Geflügelleber fein hacken, in Schalottenbutter anschwitzen und mit der Hähnchenjus aufgießen.

Cream Gravy   **Geflügelcremesauce**

Bedarf für 10 Portionen: 0,5 l gebundene Hähnchenjus, 0,2 l Sahne.

Die Hähnchenjus mit der Sahne gut verkochen.

Boiled Fowl with Oyster Sauce   **Gekochtes Huhn mit Austernsauce**

Bedarf für 10 Portionen: 2 Suppenhühner je 2,5 kg, 1 Kräutersträußchen (weißer Lauch, 1 kleines Lorbeerblatt, Petersilienstiele), Salz, 20 ausgebrochene, entbartete Austern, Pfefferkörner, Saft einer halben Zitrone, 50 g Butter, 80 g Mehlbutter, 2 Eigelb, 0,25 l Sahne, 1 El Fleischextrakt.

Die Hühner zum Kochen bringen und abschäumen. Dann das Kräutersträußchen und Salz beifügen und die Hühner etwa 60 – 75 Min. garen. Danach die Brusthälften und die Keulenstücke abtrennen, die Haut entfernen und die Geflügelstücke in flachem, gebuttertem Gefäß abgedeckt warmstellen.

Die Austern im eigenen Saft mit frisch gemahlenem Pfeffer, Zitronensaft und Butter an den Kochpunkt bringen und beiseitestellen.

Den Geflügelfond passieren und auf 1 l einkochen. Mit der Mehlbutter binden und mit Eigelb und Sahne legieren. Die Austern vorsichtig beifügen. Beim Anrichten das geschnittene Hühnerfleisch mit der Sauce bedecken und mit Fleischextrakt beträufeln.

Beilagen: Gedünsteter Reis und grüne Salate.

Boiled Fowl with Pork, Parsley Sauce   **Gekochtes Huhn mit Speck, Petersiliensauce**

Bedarf für 10 Portionen: 2 Suppenhühner je 2,5 kg, 1 Kräutersträußchen (weißer Lauch, Sellerie, Möhre, 1 kleines Lorbeerblatt, Petersilienstiele), Salz, 750 g gepökelte Wamme, 80 g Mehlbutter, 2 Eigelb, 0,25 l Sahne, 2 El gehackte Petersilie, eine halbe Zitrone.

Die Hühner wie im vorstehenden Rezept garkochen und präparieren.

Die gepökelte Wamme getrennt kochen, da das Pökelsalz die Hühner rötlich färben würde.

Den erhaltenen Geflügelfond passieren und auf 1 l reduzieren. Mit der Mehlbutter binden, mit Eigelb und Sahne legieren. Die Petersilie beifügen und mit etwas Zitronensaft und Salz abschmekken. Beim Anrichten das geschnittene Hühnerfleisch mit der Sauce bedecken. Zu jeder Portion Huhn eine Scheibe der gekochten Wamme reichen.

Beilagen: Reis oder Butterkartoffeln und Blattsalate.

Curried Chicken   Schmorhähnchen in Curry

S. Bd. 1, Abschn. Geflügel.

Boiled Turkey with Celery Sauce   Gekochter Truthahn mit Selleriesauce

Bedarf für 10 Portionen: 1 vorbereiteter Truthahn von 4 kg, 1 Gemüsebündel (weißer Lauch, Möhre, Sellerie), Salz, 2 Staudensellerieherzen in feinen Streifchen, 50 g Butter, 80 g
 Mehlbutter, 2 Eigelb, 0,25 l Sahne, 1 Tl Zitronensaft.

Den Truthahn setzt man zum Kochen auf und schäumt nach dem Aufkochen ab. Dann fügt man
das Gemüsebündel und das Salz bei und läßt den Truthahn während 90 Min. garsieden. Nach dem
Garen die Brusthälften und Keulen abtrennen, die Haut entfernen und die Geflügelstücke abgedeckt warmhalten.

Die Selleriestreifen in Butter weichdünsten und beiseitestellen. Anschließend die Truthahnbrühe
auf 1 l einkochen. Dann mit Mehlbutter binden und mit Eigelb und Sahne legieren. Nun die Selleriestreifchen der Sauce beifügen und mit Zitronensaft vollenden.

Beilagen: Reis oder Nudeln.

Weitere Truthahn-Rezepte im Abschnitt „Küche der Vereinigten Staaten von Amerika".

Roast Grouse with Mushrooms   Gebratenes Moorhuhn mit Champignons

Bedarf für 10 Portionen: 5 Moorhühner je 800 g, Salz, Pfeffer, 150 g Butter, 10 zerdrückte Wacholderbeeren, 0,1 l Weißwein, 1,5 l kräftige Wildbrühe, 10 Croûtons, 50 g Magerspeck, 1 El feingeschnittene Zwiebeln, 1 kg Champignons, 1 El gehackte Petersilie.

Die Moorhühner binden und mit Speck umwickeln. Mit Salz und Pfeffer würzen und in Butter etwa 30 Min. von beiden Seiten recht saftig braten. Anschließend die Moorhühner warmhalten. Dem
Bratensatz die Wacholderbeeren beifügen. Das Ganze mit Weißwein ablöschen und mit kräftiger
Wildbrühe aufgießen. Danach die Sauce auf die Menge eines halben Liters einkochen, passieren
und gesondert reichen. Die Moorhühner tranchieren und auf die Croûtons legen. Die mit Speckstreifen und Zwiebeln sautierten Champignons über die Hühner geben und mit der Petersilie bestreuen.

Beilagen: Brunnenkresse und Rissoléekartoffeln.

Schlachtfleisch

Roast Sirloin of Beef   Gebratenes Roastbeef

Bedarf für 10 Portionen: 3,5 — 4 kg Roastbeef mit Knochen, Salz, Pfeffer, 120 g Fett.

Bratdauer: etwa 90 Min. für Garstufe rosa (medium rare).

Englisches und schottisches Rindfleisch ist wegen seiner vorzüglichen Beschaffenheit bekannt. —
Vom Roastbeef wird nur der Rückgratknochen sowie die Bandsehne an der Schnittkante entfernt. Die flachen Rippen und die dicke Fettauflage bleiben am Fleisch. Letztere ist übrigens
besonders beliebt, wenn sie recht knusprig gebraten wird.

Das Roastbeef mit Salz und Pfeffer würzen und mit der Fettseite nach oben in ein passendes,
mit Fett erhitztes Bratgeschirr legen. Die Verwendung eines Rostes erübrigt sich, da die Rippen einen natürlichen Rost bilden. Das Fleisch bei 200 °C in den Ofen schieben und etwa 30 Min.
bei dieser Temperatur braten. Nach dieser Zeit die Hitze vermindern und das Roastbeef, ohne es
zu begießen, weiterbraten, bis es den gewünschten Garpunkt erreicht hat. Den Braten vor dem
Aufschneiden wenigstens 15 Min. ruhen lassen, damit der Saft nicht ausläuft.

Beilagen: Frisch geschabten Meerrettich oder Meerrettichsauce und Yorkshire Pudding.

Yorkshire Pudding

Bedarf für 10 Portionen: 175 g Mehl, 60 g enthäutetes Rindernierenfett, 1 Msp. Backpulver, 350 g
Milch, 170 g Eier, Salz, Muskat, 30 g Schweineschmalz.

Nierenfett mit einem Eßlöffel Mehl bestreuen und sehr fein hacken. Mehl, Backpulver, Nierenfett
und Milch mit einem Schneebesen glattrühren. Eier und Gewürze gesondert schlagen und dann unter den Teig rühren. Das Schmalz in einer flachen Bratpfanne erhitzen. Den Teig nochmals durchrühren und dann in die Pfanne gießen. Im Ofen bei 180 – 200 °C backen, bis der Pudding aufgegangen und knusprig braun ist. – Den Pudding in 4 cm lange Rauten oder Vierecke schneiden und
als Beilage geben.

Roast Ribs of Beef   Gebratenes Rindsrippenstück

Das Rindsrippenstück, die eigentliche Hochrippe, ist der Teil des Rinderrückens mit den langen
Rippen. Dieser kompakte Rückenteil ist bedeutend höher als das Roastbeef. Er kann in seiner
Länge bis zu 7 Rippen umfassen. Durch seine Form ist die Bratzeit gegenüber der des Roastbeefs
fast doppelt so lang. – Auch an diesem Stück wird der hohe Rückgratknochen abgeschlagen und
die starke Bandsehne entfernt. Das Garverfahren entspricht dem des Roastbeefs. Die bevorzugte
Garstufe ist auch für das Rindsrippenstück rosa (medium rare).

Steaks

Das Roastbeef (Sirloin) sowie das Rippenstück (Ribs) werden roh tranchiert auch zu Steaks verwendet. In Einzelportionen oder in Stücken für mehrere Portionen gart man sie auf dem Grill oder
in der Pfanne zur gewünschten Garstufe.

Ein Schema im Abschnitt „Küche der Vereinigten Staaten von Amerika" Seite 000 gibt Aufschluß
über Einteilung und Bezeichnung.

Beigaben zu Steaks

Bevorzugt werden: Buttermischungen, Béarner Sauce, Meerrettichsauce, Champignonsauce, Ketchup oder geschabter Meerrettich. Ferner Beilagen von fritierten oder gebratenen Kartoffeln und
naturell zubereiteten Gemüsen.

Beefsteak with somthered Onions   Rindersteak mit geschmorten Zwiebeln

Bedarf für 10 Portionen: 10 Rindersteaks je 150 g aus der Hüfte, 0,1 l Olivenöl, Salz, Pfeffer,
100 g Butter, 400 g in feine Scheiben geschnittene Zwiebeln, 0,2 l kräftige Bratenjus.

Die Rindersteaks von beiden Seiten mit Öl bestreichen, mit Salz und Pfeffer würzen. Entweder brät
man sie auf dem Rost oder in der Stielpfanne und richtet sich bei der Garstufe nach dem Wunsch
des Gastes.

Die Zwiebelscheiben ganz langsam in Butter dünsten, ohne Farbe nehmen zu lassen. Sobald sie
weich sind, den Bratensaft hinzufügen, einmal aufkochen und über die angerichteten Steaks geben.

Beilagen: Staudensellerie oder Fenchel und gebackene Kartoffeln.

Beefsteak with Oysters   Rindersteak mit Austern

Bedarf für 10 Portionen: 10 Rindersteaks je 130 g aus der Hüfte, 0,1 l Olivenöl, Salz, Pfeffer,
30 Stück ausgebrochene und entbartete Austern, 50 g Butter, 1 Tl Zitronensaft,
0,2 l Kraftsauce.

Die Rindersteaks bereitet man wie im vorhergehenden Rezept zu. Die Austern mit Butter, Zitronensaft und ihrem eigenen Saft an den Kochpunkt bringen. Dann die Kraftsauce beifügen und vorsichtig unterschwenken. Die Sauce mit Salz und frisch gemahlenem Pfeffer abschmecken und über die angerichteten Rindersteaks gießen.

Beilagen: Brokkoli und Bratkartoffeln.

Veal Cutlet   **Kalbskotelett**

Bedarf für 10 Portionen: 10 Scheiben rohen Schinken je 25 g, 10 zugeschnittene Kalbskoteletts je
        180 g, 100 g Butter, Salz, Pfeffer, 0,25 l Kalbsjus.

In England ist es üblich, mit dem Kalbfleisch entweder Speck, Schinken oder Räucherzunge zu servieren.

Den Schinken und die gewürzten Kalbskoteletts in geklärter Butter braten. Beim Anrichten die Koteletts so anordnen, daß ein jedes auf eine Scheibe Schinken zu liegen kommt. Dabei ist darauf zu achten, daß die Schinkenscheiben dieselbe Größe wie die Koteletts haben.

Dann den Bratensatz mit der kräftigen Kalbsjus ablöschen, gut einkochen und über die Koteletts gießen.

Beilagen: Erbsen und Herzoginkartoffeln.

Roast Veal   **Kalbsbraten**

Zu Kalbsbraten werden der Rücken, die Nuß, das Frikandeau, die ausgelöste Schulter sowie die Brust verarbeitet.

Es werden pro Portion 250 g Rohgewicht mit Knochen berechnet.

Das Fleisch würzen, in eine Bratenpfanne geben und mit etwas Fett übergießen. Dann im Ofen bei etwa 200 °C durchbraten. Von dem Bratensatz mit etwas Röstgemüse eine Kalbsjus ziehen, passieren und separat reichen.

Die Garzeit beträgt bei einem Kalbsbraten von 2,5 kg etwa 80 – 90 Min.; die Menge an Bratfett 75 g und an Röstgemüse 150 g.

Zum Kalbsbraten kann eine Brot- oder Champignonfüllung gereicht werden. Diese gart man gesondert in einer entsprechenden Kastenform.

Beilagen: Blumenkohl polnisch, glacierte Karotten oder Erbsen; Herzogin- oder Annakartoffeln.

Fried Calfs Liver and Bacon   **Gebratene Kalbsleber mit Speck**

Bedarf für 10 Portionen: 20 Scheiben Kalbsleber je 60 g, Salz, Pfeffer, Mehl, 100 g Butter, 20 Scheiben magerer Speck, 0,25 l Kalbsjus.

Kalbsleber salzen, pfeffern, in Mehl wenden. Einen Teil der Butter erhitzen, die Leber einlegen und auf beiden Seiten rasch braten, daß sie innen noch rosa bleibt. Nach dem Wenden der Leber, die übrige Butter in die Pfanne geben. Die Speckscheiben separat knusprig-braun braten. Gebratene Leber anrichten, mit dem knusprigen Speck belegen und die Bratbutter durch ein kleines Sieb daraufgießen. Kalbsjus in einer Sauciere reichen.

Beilagen: Kartoffelpüree und Blattsalate.

Broiled Calfs Liver and Bacon   **Gegrillte Kalbsleber mit Speck**

Bedarf für 10 Portionen: 1,3 kg Kalbsleber, 50 g Olivenöl, Salz, Pfeffer, 250 g mageren Speck in
        Scheiben.

Die Kalbsleber in Scheiben schneiden, würzen, mit Öl beträufeln und auf den heißen Grill legen, ebenso den in Scheiben geschnittenen Speck. Es ist darauf zu achten, daß die Kalbsleber in kurzen Zeitabständen gewendet wird, damit sie die Grillkaros erhält und innen trotzdem rosa bleibt. Die Kalbsleber und den knusprig gegrillten Speck auf einer vorgewärmten Platte anrichten.

Beilagen: Grüne Bohnen und überbackene Süßkartoffeln oder fritierte Kartoffeln.

Saddle of Mutton   Hammelrücken

Bedarf für 10 Portionen: 1 vorbereiteter Hammelrücken von 3 kg, 90 g Fett, Salz, Pfeffer, feinge-
riebener Thymian.

Den Hammelrücken an der Fettseite in einem Abstand von 2 cm leicht einritzen. Dann mit Salz, Pfeffer und Thymian würzen. Den Rücken mit der Fettseite nach oben in eine Bratpfanne legen und mit heißem Fett begießen. Dann im Ofen bei etwa 200 °C unter öfterem Begießen 20 Min. braten. Der Engländer bevorzugt größere Bratenstücke vorwiegend durchgebraten.

Der Hammelrücken kann auch gespalten in Karrees gebraten werden.

Beilagen: Minzsauce oder Johannisbeergelee, grüne Bohnen und gebratene Kartoffeln.

Boiled Leg of Mutton, Caper Sauce   Gekochte Hammelkeule mit Kapernsauce

Bedarf für 10 Portionen: 3 kg vorbereitete Hammelkeule, Salz, 1 gespickte Zwiebel, 1 Gewürzbeutel (10 zerdrückte Pfefferkörner, 1 kleiner Thymianzweig, 1 zerdrückte Knoblauchzehe), 50 g Butter, 60 g Mehl, 0,1 l Weißwein, 0,3 l Sahne, 50 g Kapern.

Die Keule in kochendes Wasser legen, daß sie bedeckt ist. Nach dem Aufkochen abschäumen, sal-
zen, die gespickte Zwiebel und den Gewürzbeutel beifügen und bei wenig geöffnetem Topfdeckel langsam weiterkochen. Die Kochzeit beträgt etwa 90 Min. – Die gegarte Keule aus der Brühe nehmen und mit feuchtem Tuch belegt warmstellen.

Die Zwiebel und den Gewürzbeutel entfernen und die Brühe auf 1 Liter einkochen. Währenddes-
sen bereitet man aus Butter und Mehl eine Schwitze und läßt diese kurz abkühlen. Den Weißwein hinzugeben, mit der Brühe auffüllen und unter Rühren aufkochen. Nach einer halbstündigen Kochzeit die Sauce passieren, mit Salz abschmecken und mit Sahne verfeinern.

Kapern beifügen und die in Scheiben tranchierte Keule mit der fertigen Sauce überziehen.

Beilagen: Erbsen mit blanchierten Minzblättern und Reis.

Boiled Shoulder of Mutton, Oyster Sauce   Gekochte Hammelschulter mit Austernsauce

Bedarf für 10 Portionen: 2,5 kg ausgelöste Hammelschulter, Salz, 1 gespickte Zwiebel, 30 ausgebrochene Austern, Pfeffer, 1 Tl Zitronensaft, 80 g Butter, 60 g Mehl, 0,1 l Weißwein, 0,25 l Sahne.

Die Hammelschulter zusammenrollen und binden. Die gerollte Schulter wie die Hammelkeule im vorhergehenden Rezept zubereiten.

Die Austern im eigenen Saft mit frisch gemahlenem Pfeffer und einem Stückchen Butter an den Siedepunkt bringen. Die Sauce erhält die Austern als Einlage.

Beilagen: Weiße Rübchen und Schmelzkartoffeln.

Dish of Lamb with Curry   **Lammfilets auf indische Art**

Bedarf für 2 Portionen: 300 g Lammfilets, Salz, Curry, 1 El Öl, 1 El gehackte Schalotten, 50 g
   Butter, 1 Msp. Tomatenmark, 1 Tl Curry, 0,1 l Kalbsjus, 0,1 l Sahne, 1 El Mango
   Chutney, feingehackt, 1 El Apfelmus, 2 Bananen, 2 Tomaten, Knoblauchsalz,
   Pfeffer, Petersilie.

Die Lammfilets werden in nußgroße Stücke geschnitten, mit Salz und Curry gewürzt, in einer Stielpfanne in Öl flott englisch gebraten und auf einen Teller geschüttet. Im Bratsatz läßt man die gehackten Schalotten mit Butter angehen, gibt das Tomatenmark und den Curry dazu, gießt mit der
Jus auf und läßt sie zur Hälfte reduzieren. Danach wird die Sahne beigefügt, mit der Jus verkocht
und die Sauce mit dem Mango Chutney und Apfelmus geschmacklich vollendet. Das Fleisch mit
dem ausgetretenen Saft ist in die Sauce einzuschwenken und zu erhitzen; kochen darf es nicht
mehr, sonst wird es zäh.

Als Garnitur werden die Bananen geschält, quer halbiert, leicht mit Curry gepudert und in Butter
gebraten. Außerdem sind die Tomaten abzuziehen, von den Kernen zu befreien, in Stücke zu
schneiden und, mit Pfeffer und Knoblauchsalz gewürzt, in Butter zu sautieren und mit grobgehackter Petersilie zu bestreuen.

Lammfilets und Sauce werden am besten in einer Servier-Kasserolle angerichtet und mit den Bananen und Tomaten garniert.

Irish Stew   **Irisches Eintopfgericht**

Bedarf für 10 Portionen: 2 kg Hammelhals und -brust, 2 kg mittlere Zwiebeln, 4 kg Kartoffeln,
   Salz, 1 Lorbeerblatt, 1 Tl Thymian, Pfeffer.

Zur Zubereitung des eigentlichen „Irish Stew" verwendet man gleichviel Zwiebeln und doppelt soviel Kartoffeln wie Fleisch. In Hotel- und Gaststättenküchen wird dieses Leibgericht üblicherweise
etwas verfeinert. Statt zweimal soviel Kartoffeln nimmt man bedeutend weniger und rundet sie
schön ab oder gibt ihnen eine andere gefällige Form. Ebenso wird Weißkohl beigegeben.

Das Fleisch in 50-g-Stücke schneiden und mit den geschälten Zwiebeln und mit Wasser bedeckt
zum Kochen aufstellen. Die gesamte Gardauer beträgt etwa 80 – 90 Min. Nach dem Aufkochen
abschäumen, mit Salz und Pfeffer würzen, Lorbeerblatt und Thymian beifügen.

Die geschälten, in Stücke geschnittenen Kartoffeln nach 45 Min. Kochzeit hinzugeben und das
Ganze miteinander garen. Die Oberfläche entfetten. Einige Kartoffeln entnehmen, zerdrücken und
zur leichten Bindung des Gerichtes wieder beigeben. Falls erforderlich noch nachwürzen.

Breast of Spring Lamb, diviled   **Milchlammbrust nach Teufelsart**

Bedarf für 10 Portionen: 3 kg zugeschnittene, entbeinte Lammbrust, Salz, Pfeffer, 0,15 l Olivenöl, 1 Tl Worcestershire Sauce, 3 El scharfer Senf, 200 g geriebene Brotkrume.

Die Lammbrust leicht einschneiden, mit Salz und Pfeffer würzen, ölen, auf den heißen Grill legen
und 20 Min. garen. Worcestershire Sauce mit dem Senf vermengen, damit die gegarte Brust bestreichen, mit Weißbrotkrume bestreuen und Öl beträufeln und sie auf dem Grill knusprig bräunen.

Beilagen: Grüne Bohnen, gebackene Kartoffeln und Pfefferminzsauce.

Roast Lamb with Mint Sauce   **Lammbraten mit Pfefferminzsauce**

Bedarf für 10 Portionen: 2,5 – 3 kg ausgelöste, gerollte Lammschulter oder Lammkeule, Salz,
   Pfeffer, 1 Tl feingehackter Rosmarin, 80 g Fett.
   Mintsauce: 0,25 l Wasser, 20 g brauner Zucker, 2 El feingehackte Pfefferminzblät-
   ter, 0,1 l Malzessig.

Wasser und Zucker aufkochen, die Pfefferminzblätter und den Essig beifügen, Topf von der Herdplatte nehmen und zugedeckt stehen lassen, bis die Mintsauce kalt ist.

Das Lammfleisch mit Salz, Pfeffer und Rosmarin würzen. Das Fett in einer Bratpfanne erhitzen, das gewürzte Lammfleisch hineinlegen und im Ofen bei 200 °C 60 Min. schön braun braten. Mintsauce getrennt zum Lammbraten reichen.

Beilagen: Grüne Bohnen und Savoyardkartoffeln.

Lambshoulder en Casserole   **Lammschulter in der Kasserolle**

Bedarf für 10 Portionen: 2,5 kg ausgelöste Lammschulter, Salz, Pfeffer, 80 g Fett, 1 l Kraftsauce,
500 g kleine Karotten, 500 g kleine ausgebohrte Kartoffeln, 300 g glacierte Perlzwiebeln, 500 g gekochte grüne Bohnen, 1 El gehackte Petersilie.

Die unausgelösten Lammschultern mit Salz und Pfeffer würzen. Das Fett in einer entsprechend großen Kasserolle erhitzen und die Schultern hineingeben. Zugedeckt von beiden Seiten etwa 20 Min. langsam braten. Mit wenig Wasser ablöschen und mit Kraftsauce auffüllen. Die Karotten und die Kartoffeln beifügen und alles zusammen in der Sauce schmoren. Auf den Garpunkt des Fleisches achten und zu starke Verdunstung der Sauce durch Angießen von Wasser ausgleichen.

Die gegarten Schultern aus der Kasserolle nehmen, portionieren und in ein hohes Anrichtegeschirr legen. Zwiebeln und Bohnen der Sauce beifügen, noch einmal aufkochen, alles über das tranchierte Fleisch geben und mit Petersilie bestreuen.

Lammchops

Da die Lammfleischteile klein sind, werden je Portion Lammchops drei Stücke Fleisch geschnitten. Das Portionsgewicht beträgt durchschnittlich 200 g.

Fleischteil	Art	Erläuterung
Keule	Sirloin Chops	Scheiben aus der Hüfte mit Knochen und Filetkopf
Sattel	Loin Chops	Stücke des gespaltenen Sattels mit Knochen und Filet
	English Chops	wie oben, jedoch ohne Knochen, gerollt und mit Spieß zusammengehalten
Rippenstück	Rib Chops	Stücke des gespaltenen Rippenstücks mit Knochen, also Koteletts wie gewachsen
	French Chops	wie oben, jedoch Kotelettknochen geputzt
Kamm	Blade Chops	Scheiben des gespaltenen Kamms mit Knochen
	Boneless Blade Chops	wie oben, jedoch ohne Knochen, gerollt und mit Spieß zusammengehalten
Schulter	Shoulder Chops	Stücke quer über die Schulter geschnitten mit Knochen
	Saratoga Chops	wie oben, jedoch ohne Knochen, gerollt und mit Spieß zusammengehalten

Die Chops werden auf dem Grill oder in der Pfanne gebraten. Die Gardauer entspricht der Dicke des Fleisches und der gewünschten Garstufe; sie kann 7 –12 Min. betragen.

Beilagen zu Chops: Gebratene Speck- oder Schinkenscheiben; Kräuterbutter, Zwiebelsauce, Mintsauce, Mint Jelly; Kresse, Tomaten oder Champignons; weitere Beilagen sind naturelle Gemüse oder Salate, fritierte Kartoffeln sowie Reis.

Roast Pork with Apple Sauce   **Schweinebraten mit Apfelsauce**

Bedarf für 10 Portionen: 2,5 kg vorbereitetes Fleisch von Schulter, Nacken oder Rücken, Salz,
        Pfeffer, 50 g Fett, 200 g Zwiebeln, 0,75 l braune Brühe.

Ist das Fleisch von jungen Tieren, so läßt man die Schwarte am Braten. In schräger Richtung leicht
einschneiden, so daß kleine Vierecke entstehen, die, wenn sie recht knusprig gebraten sind, als
„Crackling" sehr geschätzt werden.

Das Schweinefleisch mit Salz und Pfeffer würzen. Mit der Fettseite nach unten in eine Bratpfanne
legen und mit heißem Fett übergießen. Dann im Ofen bei 180 – 200 °C unter öfterem Begießen
braten, bis sich das Fleisch weich ansticht. Den gegarten Braten warmstellen; dem Bratensatz die
in grobe Würfel geschnittene Zwiebel beifügen und leicht bräunen. Das Fett abgießen, mit der
braunen Brühe auffüllen und alles gut verkochen. Die Sauce passieren und getrennt reichen. – Apfelsauce s. Bd. 1, Abschn. Saucen.

Beilagen: Bohnen, Erbsen oder Karotten und Ofenkartoffeln.

Pork Chops with fried Apples   **Schweinekotelett mit Bratäpfeln**

Bedarf für 10 Portionen: 10 Schweinekoteletts je 180 g, Salz, Pfeffer, 50 g Olivenöl, 10 mittlere
        Äpfel, 50 g Butter.

Die Schweinekoteletts salzen, pfeffern und ölen. Dann auf einen erhitzten, geölten Grill legen und
von beiden Seiten bräunen. Die Bratzeit beträgt etwa 8 – 10 Min.

Die Äpfel waschen und das Kernhaus ausstechen. Die Schale mit einem kleinen Messer rundherum
einritzen, in eine Pfanne setzen, mit der zerlassenen Butter beträufeln und im Ofen bei 200 °C braten, bis sie braun und gar sind. Die Koteletts auf einer heißen Platte anrichten und mit den Äpfeln
umlegen.

Beilagen: Bratensauce, grüne Bohnen und Kartoffelpüree.

Pork Chops with Curry Sauce   **Schweinekotelett mit Currysauce**

Bedarf für 10 Portionen: 10 Schweinekoteletts je 180 g, Salz, Pfeffer, 50 g Olivenöl, 0,75 l Curry-
        sauce, 100 g Mango-Chutney.

Die Schweinekoteletts wie im vorhergehenden Rezept zubereiten. Auf einer vorgewärmten Platte
mit der Sauce anrichten. Das angewärmte Chutney obenauf geben. – Currysauce s. Bd. 1, Abschn.
Saucen.

Beilagen: Gedünsteter Reis und verschiedene Salate.

Pork Curry   **Schweinefleisch in Curry**

Bedarf für 10 Portionen: 2 kg Schweinehals oder -schulter, Salz, 100 g Fett, 100 g kleingeschnit-
        tene Zwiebeln, 15 g Curry, 60 g Mehl, 500 g Äpfel.

Das Schweinefleisch in 50 g schwere Stücke schneiden und mit Salz würzen. In heißem Fett leicht
anbraten, die Zwiebeln hinzugeben und zusammen andünsten. Dann den Curry beifügen. Nach weiterem kurzen Dünsten mit dem Mehl bestäuben, durchrühren und mit Wasser knapp bedeckt auffüllen. Unter Rühren aufkochen, Topf zudecken und bei schwachem Feuer schmoren. Etwa 20 Min.
vor dem Garpunkt die geschälten, in kleine Würfel geschnittenen Äpfel hinzugeben. Die Sauce abfetten und, wenn erforderlich, nachwürzen.

Beilagen: Reis, Chicoréesalat oder Blattsalate.

Boiled Ham in Cider   **Gekochter Schinken in Apfelwein**

Bedarf für 20 Portionen: 3,5 – 4 kg zum Kochen vorbereiteter Rollschinken, 1,5 l Apfelwein,
          1 Kräutersträußchen: Lauch, Petersilienstiele, Lorbeerblatt, Thymianzweig; 1 ge-
          spickte Zwiebel, 50 g Butter, 250 g Röstgemüse, 20 g Staubzucker, 0,75 l Kraftsau-
          ce, 35 g Johannisbeergelee.

1 l Wasser und 1 l Wein zusammen zum Kochen bringen. Den Schinken einlegen und 90 Min. bei
leicht geöffnetem Deckel sieden. Der Schinken muß von der Flüssigkeit bedeckt sein. Während des
Verfahrens die Oberfläche mehrmals abschäumen. Nach halbstündiger Siededauer das Kräutersträußchen und die gespickte Zwiebel einlegen. Das Röstgemüse mit der Butter in einer Schmorpfanne anschwitzen. Den Schinken in die Pfanne umsetzen, restlichen Wein und 0,25 l von der
Schinkenbrühe dazugießen und ihn zugedeckt im Ofen (180 °C) eine weitere Stunde garen. Danach
den Schinken auf ein Blech mit Gitter setzen, Schwarte entfernen, mit dem Zucker bestäuben und
im Salamander braun glacieren.

Kraftsauce und Johannisbeergelee in die Schmorpfanne zum Fond gießen und alles gut durchkochen. Dann die Sauce passieren und gesondert reichen. Den glacierten Schinken am Gästetisch
tranchieren.

Beilagen: Blattspinat oder Rosenkohl sowie Kartoffelpüree oder Kartoffelkroketts.

Baked Ham   **Gebackener Schinken**

Bedarf für 20 Portionen: 3 – 3,5 kg zum Kochen vorbereiteter Rollschinken, 1 El scharfer Senf,
          100 g brauner Zucker, 0,5 l Apfelwein.

Die Schinkenschwarte entfernen. Den Schinken, mit der fetten Seite nach oben, auf den Rostein-
satz einer Backpfanne legen. Mit Senf bestreichen und mit braunem Zucker bestreuen. Die Backpfanne in einen Ofen stellen und bei 150 bis 160 °C etwa 2 3/4 Std. backen. Während des Backens
ist der Schinken öfter mit Apfelwein zu bepinseln.

Beilagen: Braisierter Staudensellerie oder Kopfsalat und Fondantkartoffeln.

Saucen zu gebackenem Schinken

Raisin Sauce   **Weintraubensauce**

Bedarf für 1 l: 125 g brauner Zucker, 10 g englisches Senfmehl, 15 g Weizenstärke, 150 g kern-
          lose Rosinen, 3 El Essig, 0,7 l Wasser.

Zucker, Senfmehl und Stärke mischen. Essig, Rosinen und Wasser beifügen und unter Rühren aufkochen. Wird kalt serviert.

Grape-Juice-Sauce   **Traubensaftsauce**

Bedarf für 1 l: 20 g Weizenstärke, 0,25 l kaltes Wasser, 0,5 l heißes Wasser oder Schinkenbrühe,
          0,25 l Traubensaft.

Weizenstärke mit kaltem Wasser anrühren und in das kochende Wasser einrühren. Dann den Traubensaft beifügen und heiß servieren.

Spiced-Fruit-Sauce   **Würzige Fruchtsauce**

Bedarf für 1 l: 0,6 l Rotwein, 300 g Traubengelee, 1 Msp. Salz, Pfeffer, 3 g Zimt, 1 g Muskat,
          4 Orangen.

Rotwein aufkochen, Gelee, Salz, Pfeffer, Zimt und Muskat beigeben und alles zusammen 1 Min.
kochen. Aus der gelben Schale der Orange Julienne bereiten und blanchieren. Die Orangen filieren
und die Filets mit der Julienne in die abgekühlte Sauce geben.

Pies

Pies sind flache Pasteten überwiegend in Tortenform mit Fleisch-, Frucht- oder Cremefüllungen und entstammen der englischen Küche. – Über die Pie-Formen, den Pie-Teig und das Auslegen ist im Abschnitt „Küche der Vereinigten Staaten von Amerika" Seite 478 alles Wesentliche erläutert.

Bei warmen Fleisch-Pies, zu denen feuerfeste Porzellan-Geschirre Verwendung finden, deckt man nur die Oberfläche der gefüllten Form mit einer Teigplatte ab. Um sie seitlich am äußeren Rand mit Eistreiche festlegen zu können, muß die Teigplatte größer sein als die Oberfläche.

Bei großen Formen kann man die Teigdecke an einer oder zwei Stellen mit einem kleinen, runden Ausstecher durchstechen. Durch die erhaltene Öffnung kann der Dampf entweichen und während des Backens Flüssigkeit nachgefüllt werden.

Chicken Pie   Englische Hühnerpastete

Bedarf für 2 Portionen: 1 Hähnchen, 60 g Butter, 1 feingehackte Schalotte, 0,1 l Weißwein, 0,1 l gebundene Kalbsjus, 12 Perlzwiebeln, 12 kleine Champignons, 1 hartgekochtes Ei, 40 g magere Speckscheiben, 200 g Blätterteig oder Pie-Teig (S. 478). Eistreiche (Eigelb und Wasser), Salz, Pfeffer, Zucker, gehackte Petersilie.

Dem Hähnchen werden die Keulen abgelöst und daraus die Oberschenkelknochen entfernt. Das Gelenk am Unterschenkelknochen ist abzuhacken und das Fleisch zurückzudrücken. Der Oberschenkel wird am äußeren Rand durchstochen. In diese Öffnung steckt man den freigelegten Teil des Unterschenkelknochens. Beide Brusthälften sind vom Knochengerüst abzulösen und die Flügel im ersten Gelenk abzutrennen. Das vorbereitete Geflügel wird mit Salz und Pfeffer gewürzt und in einem flachen Topf mit Butter allseitig langsam angebraten. Danach legt man es in eine mit Butter ausgestrichene ovale, feuerfeste Porzellanplatte oder Pieschüssel. Der Bratfond ist mit dem Weißwein abzulöschen, Schalotten, Champignons und die Kalbsjus dazuzugeben und die Flüssigkeitsmenge auf 0,1 l einzukochen. Während dieser Zeit werden die mit Salz, Zucker und Pfeffer gewürzten Perlzwiebeln braun angebraten, 2 El Wasser dazugegossen und glaciert. Die Speckscheibchen sind zu braten. Nun gibt man die reduzierte Sauce mit den Pilzen, die halbgegarten, glacierten Zwiebeln, den gerösteten Speck und das in Sechstel geteilte Ei zu den Hähnchenstücken, verteilt alles gleichmäßig in der Platte und streut Petersilie darauf.

Abschließend ist der Teig, in Figur der Platte, 3 cm stark auszurollen. Der Plattenrand wird mit Eistreiche bepinselt, der ausgerollte Teig darübergelegt und seitlich fest angedrückt. Zu lang überhängende Teigenden sind abzuschneiden. Nachdem Eistreiche dünn aufgetragen und die Teigfläche gestupft wurde, ist der Pie 30 – 40 Min. im Ofen bei 180 °C zu backen.

Pigeon Pie   Tauben-Pie

Bedarf für 2 Portionen: 30 g Butter, 50 g rohen Schinken in Scheiben, 2 junge Tauben, Salz, Pfeffer, Worcestershire Sauce, 1 El feingeschnittene Schalotten, 1 El Olivenöl, 100 g kleine Champignons, 1 Tl gehackte Petersilie, 2 hartgekochte Eier in Sechstel, 300 g ausgebohrte Kartoffelkugeln, 0,3 l Geflügeljus, 150 g Pie-Teig, Eistreiche.

Eine Form mit Butter ausstreichen und mit dem rohen Schinken auskleiden. Tauben halbieren, mit Salz, Pfeffer sowie etwas Worcestershire Sauce würzen und in die Form legen. Öl erhitzen, Schalotten und Champignons darin sautieren und dann zusammen mit der Petersilie, den Eiern und der Jus um die Tauben geben. Die Kartoffeln blanchieren, halb fertig braten und in der Form verteilen. Pie-Teig ausrollen, die Form damit verschließen und im Ofen bei 180 °C etwa 40 – 45 Min. backen.

Beefsteak Pie   **Rindfleisch-Pie**

Bedarf für 2 Portionen: 500 g Rinderhüfte, Salz, Pfeffer, 30 g Mehl, 1 El Olivenöl, 50 g feinge-
          schnittene Schalotten, 200 g Champignons in Scheiben, 1 Tl gehackte Petersilie,
          0,5 l Fleischbrühe, 1 Ei, 200 g Pie-Teig.

Rindfleisch in Würfel mit 2 cm Seitenlänge schneiden, salzen, pfeffern und mit dem Mehl vermengen. Das Öl in einer Stielpfanne erhitzen und die Fleischwürfel darin anbraten. Das angebratene
Fleisch in eine Pastetenschüssel geben. Dann die Schalotten, die Champignons und die gehackte Petersilie in derselben Pfanne bei gelinder Hitze dünsten und über die Fleischstücke verteilen. Die
Fleischbrühe darübergießen, mit dem Pie-Teig verschließen und etwa 90 Min. bei 180 °C im Ofen
backen.

Beefsteak and Kedney Pie   **Rindfleisch und Nieren-Pie**

Bedarf für 2 Portionen: 300 g Rinderhüfte, 200 g Kalbsniere, Salz, Pfeffer, 30 g Mehl, 1 El Oliven-
          öl, 50 g feingeschnittene Schalotten, 200 g Champignons in Scheiben, 1 Tl gehack-
          te Petersilie, 0,5 l Fleischbrühe, 200 g Pie-Teig.

Pie nach obigem Verfahren unter Verwendung der angebratenen Kalbsnierenscheiben herstellen.

Beefsteak and Oyster Pie   **Rindfleisch- und Austern-Pie**

Bedarf für 2 Portionen: 300 g Rinderhüfte, 10 ausgebrochene Austern, Salz, Pfeffer, 30 g Mehl,
          1 El Olivenöl, 50 g feingeschnittene Schalotten, 200 g Champignons in Scheiben,
          1 Tl gehackte Petersilie, 0,5 l Fleischbrühe, 200 g Pie-Teig.

Wie Rindfleisch-Pie vorbereiten, jedoch noch die rohen Austern in der Füllung verteilen, dann
schließen und 90 Min. backen.

Veal and Ham Pie   **Kalbfleisch- und Schinken-Pie**

Bedarf für 2 Portionen: 30 g Butter, 60 g Scheiben von rohem Schinken, 400 g Kalbsnuß oder -fi-
          let, Salz, Pfeffer, 1 El Olivenöl, 1 El feingeschnittene Schalotten, 100 g frische, ge-
          schnittene Champignons, 1 Tl gehackte Petersilie, 0,3 l Kalbsjus, 200 g Pie-Teig,
          0,2 l Fleischgelee.

Eine Pastetenschüssel mit Butter ausstreichen. Das Kalbfleisch in Scheiben schneiden, würzen, in
erhitztem Öl anbraten und dann auf einen Teller legen. In gleicher Pfanne Schalotten, Champignons und Petersilie anschwitzen. Die gebutterte Form nun schichtweise mit den Zutaten füllen.
Mit dem Schinken beginnen und auch als Abschluß der Füllung Schinken auflegen.

Die Jus und den ausgelaufenen Kalbfleischsaft auf dem Teller über die Füllung träufeln. Die Ober-
fläche mit Teig bedecken, in dessen Mitte mit einem kleinen Ausstecher eine Öffnung anbringen.
Den Pie im Ofen (180 °C) etwa eine Stunde backen. Nach Erkalten das aufgelöste Gelee durch die
Öffnung in den Pie gießen.

Pork Pie   **Schweinefleisch-Pie**

Bedarf für 2 Portionen: 30 g Butter, 60 g rohen Schinken in Scheiben, 400 g Schweinefilet, Salz,
          Pfeffer, 1 El Olivenöl, 1 El feingeschnittene Schalotten, 100 g Champignons, 2 fein-
          gehackte Salbeiblätter, 0,3 l Schweinebratenjus, 150 g Pie-Teig, 0,2 l Fleischgelee.

Die Zubereitung entspricht der des Veal and Ham-Pie. Auch diese Pastete wird kalt gegessen.

Hare Pie   **Hasen-Pie**

Bedarf für 4 Portionen: 1 junger Hase, 60 g Spickspeck, Salz, Pfeffer, 80 g Fett, 100 g blanchierte, magere Speckwürfel, 50 g feingeschnittene Zwiebeln, 1/2 El gehackte Petersilie, 200 g Pie-Teig.
Sauce: 60 g Fett, 150 g Röstgemüse, 30 g Mehl, 1 l braune Brühe.

Den Hasen zerlegen. Beide Keulen sowie Läufe und den Rücken häuten, spicken und in gefällige Stücke teilen.

Hasenparüren in heißem Fett zusammen mit dem Röstgemüse braun braten. Mehl darüberstäuben, leicht Farbe nehmen lassen, braune Brühe auffüllen und zur Sauce auskochen.

Eine Form mit Butter ausstreichen. Speckwürfel und leicht gewürzte Hasenstücke anbraten. Zwiebeln dazugeben, ein wenig weiterbraten, dann beiseite stellen.

Das Angebratene in die gebutterte Form legen, die Petersilie daraufstreuen und die passierte Sauce dazugeben. Nun die Form mit Teig schließen und im Ofen bei 180 °C etwa 90 Min. backen.

Rezepte für Pies, die mit Früchten und Zucker hergestellt werden, sind im Abschnitt „Küche der Vereinigten Staaten von Amerika" behandelt.

*

Plum Pudding   **Plumpudding**

Bedarf für 10 Portionen: 250 g gehäutetes Kalbsnierenfett, 230 g geriebene Weißbrotkrume, 100 g brauner Zucker (Cassonade), 350 g kernlose Rosinen (Sultaninen, Korinthen), 100 g gehackte Feigen, 50 g Zitronatwürfelchen, 30 g Mehl, 4 g geriebene Muskatnuß, 4 g Zimt, 1 Msp. gemahlene Nelken, 1 Msp. Mazis, 1 Msp. Salz, 125 g Milch, 3 El Traubensaft, 130 g Weinbrand, 4 Eier.

Nierenfett durch die feinste Scheibe des Fleischwolfs lassen und mit einem Holzlöffel rühren bis es geschmeidig ist. Weißbrotkrume, Zucker, Rosinen, Feigen, Zitronat, Mehl und die Gewürze mischen. Milch, Traubensaft, Weinbrand sowie Eier nach und nach unter das geschmeidige Nierenfett rühren, die Mischung dazugeben und alles zu einer Masse verarbeiten. Mit einem feuchten Tuch und einer Folie bedeckt 12 Std. im Kühlschrank aufbewahren.

Die Masse in eine entsprechend große Plumpuddingform füllen, daß bis zum Formrand 5 cm freibleiben. Auf die Puddingmasse ein Stück Alufolie legen. Ein feuchtes Tuch über die Form hängen, mit Schnur umbinden und die Tuchzipfel, nach oben, also über der Form verknoten.

Plumpuddingform in ein Wasserbad stellen, daß sie zu drei Viertel ihrer Höhe darinsteht, aufkochen, das Wasserbad mit einem Deckel versehen und unter dem Kochpunkt etwa 6 – 8 Std. garen.

Fertigen Pudding ausgekühlt 12 – 14 Tage zur Geschmacksreifung in einem Kühlschrank aufbewahren.

Vor dem Auftragen wird der Pudding erneut im Wasserbad erhitzt. Er kann im Ganzen oder portioniert serviert werden. Im Ganzen wird er mit angewärmtem Weinbrand übergossen und flambiert. Portioniert, belegt man die einzelnen Stücke mit in Rum getränkten Zuckerwürfeln und zündet sie an. Weinbrandbutter oder Weinbrandsauce oder auch Vanillesauce reicht man dazu.

Brandy Butter   **Weinbrandbutter**

Bedarf für 10 Portionen: 100 g Butter, 100 g feiner Zucker, 4 El Weinbrand, eine halbe Stange
        Vanille.

Butter mit Zucker schaumig rühren; Weinbrand und das ausgeschabte Mark der Vanille beigeben
und verrühren. Die Butter wird gekühlt gereicht.

Brandy Sauce   **Weinbrandsauce**

Bedarf für 10 Portionen: 100 g brauner Zucker, 10 g Weizenstärke, 1 Msp. Salz, 0,5 l Wasser, 2 El
        Zitronensaft, 5 El Weinbrand.

Zucker, Weizenstärke und Salz vermischen, mit Wasser und Zitronensaft anrühren. Das Ganze unter
Rühren aufkochen, beiseitestellen und den Weinbrand beifügen. Die Sauce wird heiß gereicht.

Sandwiches

Sandwiches und ihre Herstellung sind im Abschnitt „Küche der Vereinigten Staaten von Amerika"
umfassend erläutert.

Fritiertes verschiedener Art

Fritto misto

Rezept s. S. 356

Foto: Klinger

Kalbshachse auf italienische Art

Osso buco

Rezept s. S. 356

SPANISCHE KÜCHE

Einleitung

Spanien wird von Randgebirgen eingegrenzt. Die Küsten sind bis auf wenige schmale Streifen steil. Das Innere des Landes ist erfüllt von der riesigen, trockenen Meseta-Hochebene. Hier wächst kaum etwas, denn es fehlt der milde, feuchte Einfluß des Meeres; die Temperaturen sind unausgeglichen.

Das Klima Spaniens zeigt bedeutende Gegensätze, es ist im Innern kontinental, im landwirtschaftlich genutzten Norden maritim und an den fruchtbaren Küstenstrichen des Südens mediterran. Dort, wo die Flüsse das Land durchschneiden, werden landwirtschaftliche Erträge hauptsächlich über Bewässerungssysteme erzielt. Der Weinbau Spaniens spielt keine untergeordnete Rolle. Er ist allein schon bedeutend durch die bekannten goldgelben Sherry-Weine.

Die regionale spanische Küche ist durch die ungleichen Landschaften geprägt; daraus erklärt sich die bunte Palette ihres Angebots und die oftmals recht eigenwillige Zusammensetzung ihrer Gerichte. Die Seefischerei bereichert mit ihren Fängen das Repertoire der spanischen Küche. Aus ihren Netzen gelangen unter anderem Gambas, Langusten, mehrere Muschelarten, Tintenfische und Seespinnen zur Verarbeitung.

Vorspeisen

Ensalada de alcachofas   Artischockensalat

Bedarf: 20 zarte, kleine Artischocken, Saft einer halben Zitrone, 2 El Öl, 20 Perlzwiebeln in Essig; Spanische Marinade (escabeche): 50 g Zwiebelstreifchen, 60 g Öl, 500 g Tomaten, 4 El Chillisauce, 1 feingehackte Knoblauchzehe, 1 Lorbeerblatt, 6 g Salz, Pfeffer nach Geschmack.

Artischocken zuschneiden, waschen, in Viertel teilen und blanchieren. In kochendes Salzwasser geben, Zitronensaft und Öl beifügen und so lange garen, daß sie noch krokant sind. Artischockenviertel im Kochwasser erkalten lassen. Dann zusammen mit den Perlzwiebeln abgetropft in eine Salatschüssel legen und mit nachfolgender Marinade überziehen.

Zwiebeln in Öl anschwitzen. Gewaschene, ausgestochene, geviertelte Tomaten beigeben sowie Ketchup, Chillisauce, Knoblauch und Lorbeerblatt. Das Ganze gut verkochen. Anschließend passieren, mit Salz und Pfeffer würzen; zum Abkühlen beiseitestellen.

Ensalada de filete de rape   Pikanter Salat von Fischfilet

Bedarf für 8 Portionen: 1 kg Seeteufelfilets, 10 gefüllte Oliven, 10 Silberzwiebeln, 4 hartgekochte Eier, 8 Sardellenfilets, 15 Kapern, 10 g Estragon, 10 g Petersilie, 100 g Olivenöl, 40 g Essig, Pfeffer nach Geschmack.

Seeteufelfilets in große Stücke schneiden, in Salzwasser garen, beiseite ziehen und darin abkühlen lassen. Den Fisch dann entnehmen und abgetropft in eine Salatschüssel geben.

Eier sowie Sardellenfilets passieren. Kapern, Estragon und Petersilie fein hacken und alles mit Öl, Essig und Pfeffer zu einer Sauce rühren. Die Sauce über den Fisch gießen und zum Durchziehen etwa 1 Std. stehen lassen.

Suppen

Gazpacho andaluz   **Rohe Gemüsesuppe andalusische Art**

Rezept s. Bd. 1, Abschn. Kalte Suppen.

Sopa de ajo   **Knoblauchsuppe**

Bedarf für 2 l: 300 g Weißbrot vom Tage zuvor, 6 Knoblauchzehen, 0,1 l Olivenöl, 1 Tl Paprika,
2 l Fleischbrühe, 2 Eier.

Das Brot dünn schneiden und den Boden einer Suppenschüssel damit belegen. Knoblauchzehen
fein hacken, in Öl anschwitzen, Paprika beifügen und kurz abkühlen lassen. Angeschwitztes über
die Brotscheiben träufeln und die kochende Fleischbrühe darübergießen, zudecken, heiß stellen
und kurz ziehen lassen. Die Eier quirlen, leicht unter die Suppe rühren und sie servieren.

Olla podrida   **Spanischer Suppentopf**

Bedarf für 10 Portionen: 750 g Rinderkamm, 300 g ausgebeinte Kalbshachse, 300 g Hammelbug,
200 g Schweinebauch, 1,5 kg Suppenhuhn, 250 g rohen Schinken, 1 gespickte
Zwiebel, Salz, 500 g Kichererbsen, Safran, 1 kg Weißkraut, 300 g weiße Rüben,
3 Lauchstauden, 300 g kleine Karotten, 100 g Semmelscheibchen.

Für den Suppentopf müssen die gewaschenen Kichererbsen abends zuvor oder mindestens sechs
Stunden in überstehendem Wasser eingeweicht werden.

Frisches Fleisch und Suppenhuhn blanchieren. Rindfleisch mit 5 l Wasser aufsetzen und 50 Min.
kochen. Das andere blanchierte Fleisch, das Huhn und den Schinken zum Rindfleisch legen; desgleichen die zuvor abgegossenen Erbsen. Wenn der Inhalt jetzt aufkocht, Oberfläche abschäumen.
Dann die Zwiebeln sowie eine Messerspitze Safran und mäßig Salz zugeben und bei wenig geöffnetem Deckel und schwacher Hitze etwa weitere 90 Min. garen.

Inzwischen Strunk und Rippe des Weißkrauts entfernen. Das Kraut blättrig schneiden. Rüben, Lauch
und Karotten putzen, waschen und ebenfalls blättrig bzw. in Scheiben schneiden. Gerichtete Gemüse 50 Min. vor beendeter Garzeit dem Fleischtopf beigeben, eventuell fehlende Flüssigkeit angießen, erneut zum Kochen bringen und das Ganze fertigsieden.

Gegartes Fleisch, Huhn und Schinken entnehmen, etwas abkühlen lassen, das Huhn dann ausbrechen. Fleisch, Schinken und Huhn in gefällige Stücke schneiden und in den Gemüsetopf zurücklegen. Semmelscheibchen in eine große Terrine geben und den Suppentopf daraufschöpfen.

Eierspeisen

Huevos revueltos con tomate   **Rührei mit Tomatenmark**

Bedarf für 2 Portionen: 1 El feingeschnittene Zwiebeln, 1 zerriebene Knoblauchzehe, 3 El Olivenöl, 2 Tl Tomatenmark, 6 Eier, Salz, 1 Tl gehackte Petersilie.

Zwiebeln und Knoblauch in Öl anschwitzen. Tomatenmark beifügen und etwas dünsten. Dann die
gewürzten, geschlagenen Eier zugeben, sie unter Rühren mit einem Holzlöffel zu zarter Konsistenz
abbinden lassen und auf eine angewärmte, mit Butter bestrichene Porzellanplatte absetzen.

Tortilla española   **Spanisches Omelett**

Bedarf für 2 Portionen: 200 g gekochte Kartoffeln, 30 g Zwiebelstreifen, 3 El Olivenöl, 5 Eier, Salz,
Pfeffer.

Kartoffeln in dünne Scheiben schneiden und sie zusammen mit den Zwiebeln in Öl anbraten. Die
gewürzten, gequirlten Eier darübergießen und auf beiden Seiten so backen, daß die Eier innen noch
saftig sind. Die Tortilla wird flach auf angewärmter Platte angerichtet.

Muschel- und Fischgerichte

Almejas gratinados   **Venusmuscheln überbacken**

Bedarf: 100 g feingeschnittene Zwiebeln, 80 g Olivenöl, Salz, Zitronensaft, 20 Venusmuscheln,
0,75 l Béchamelsauce, 50 g geriebener Parmesan, 60 g Butter.

Zwiebeln in Öl anschwitzen, Salz und Zitronensaft beifügen. Die sauber gebürsteten, abgetropften
Venusmuscheln in den Ansatz schütten, zugedeckt 10 Min. dünsten, dabei des öfteren umrühren.
Muscheln entnehmen, flachen Deckel abtrennen und wegwerfen. Häute und Kiemen der Muscheln
entfernen, sie in die tiefe Schale zurücklegen, auf eine Platte setzen und warmhalten. Dünstfond
passieren und zusammen mit der Béchamel zu dickfließender Sauce verkochen. Muscheln mit der
Sauce überziehen, Käse darüberstreuen, Butter in Flöckchen daraufsetzen und im Salamander
überbacken.

Mejillones à la española   **Muscheln nach spanischer Art**

Bedarf für 5 Portionen: 150 g Zwiebelstreifchen, 80 g Olivenöl, 350 g Tomatenfleischwürfel, Salz,
2 zerriebene Knoblauchzehen, 1 El Petersilie, 2,5 kg Miesmuscheln.

Zwiebeln in Öl goldgelb rösten, Tomaten, Salz, Knoblauch und Petersilie beifügen und 5 Min. kochen. Die sauber gebürsteten, abgetropften Muscheln in den Ansatz schütten und zugedeckt 10 bis
15 Min. dünsten, dabei des öfteren umrühren. Muscheln entnehmen, die leeren Schalenhälften abtrennen, die Schalenhälften mit den Muscheln auf eine Platte häufen, den Dünstfond darübergeben.

Merluza en salsa verde   **Schellfisch in grüner Sauce**

Bedarf für 10 Portionen: 10 Schellfischscheiben je 200 g, Mehl, 80 g Olivenöl, 0,5 l kräftige Fischbrühe, Salz, 2 El gehackte Petersilie.

Den abgetrockneten Schellfisch in Mehl wenden, in ein Dünstgeschirr flach einordnen und mit Öl
beträufeln. Die Fischbrühe dazugießen, salzen und mit einer gefetteten Folie abdecken. Das Ganze
im Ofen 12 Min. dünsten. Danach anrichten und den leicht gebundenen Fond mit der Petersilie
vollendet über den Fisch geben.

Bacolao à la vizcaina   **Stockfisch auf biskayische Art**

Bedarf für 10 Portionen: 1,8 kg Stockfisch, 100 g Zwiebelstreifchen, 80 g Olivenöl, 200 g rote Paprikaschotenstreifchen, 250 g Tomatenfleischwürfel, 2 gepreßte Knoblauchzehen,
50 g Chillisauce, 1 feingehackte Pfefferschote, 1 El gehackte Petersilie, 50 g geriebene Weißbrotkrume.

Den Stockfisch in gleichmäßige Stücke schneiden und wässern. – Fischstücke in kaltem Wasser aufsetzen, bis zum Siedepunkt bringen. Dann sofort herausnehmen, vorsichtig die Haut abziehen, entgräten und warmstellen. Die Zwiebeln in Öl anschwitzen. Paprikaschoten, Tomaten, Knoblauch,

Chillisauce, Pfefferschote und Petersilie beifügen und alles zusammen kurze Zeit verkochen. Die Hälfte des Ansatzes in ein gefettetes Backgeschirr geben, Stockfischstücke daraufordnen und mit dem restlichen Ansatz bedecken. Die Weißbrotkrume darüberstreuen und 10 – 15 Min. im Ofen backen, dabei bräunen lassen.

Sardinas fritas con limon   **Sardinen gebacken mit Zitronensaft**

Bedarf für 10 Portionen: 30 – 40 frische Sardinen, Salz, Pfeffer, 90 g Zitronensaft, Mehl, Eier.

Die frischen Sardinen so von den Gräten befreien, daß beide Filets am Kopf zusammenbleiben. Dazu die Filets, vom Schwanz beginnend, bis hin zum Kopf entlang der Mittelgräte ablösen und die Mittelgräte abtrennen. Präparierte Fische waschen und gründlich abtrocknen. Flach ausbreiten, salzen sowie pfeffern. Zitronensaft darüberträufeln, dann Mehl andrücken. Eier gut quirlen, Fische darin wenden und in heißem Öl fritieren, bis sie braune Farbe haben. Zum Abtropfen auf ein Tuch legen und auf einer Platte mit Papiermanschette anrichten.

Tintenfische

Tintenfische sind Kopffüßler die zu den höher entwickelten Weichtieren gehören. Sie werden an den Küsten Süd- und Westeuropas gefangen und sind bis zu 30 cm lang.

Vom plattgedrückten Rumpf setzt sich deutlich ein Kopf ab. An ihm befinden sich zwei große Augen und 10 sehr bewegliche, mit Saugnäpfen ausgestattete Körperfortsätze, sogenannte Arme, die einen Mund umstehen. Der Rumpf ist von zwei häutigen Flossen umsäumt und von einem Mantel umgeben. Kann der Fisch seinen Verfolgern nicht entfliehen, so entleert er aus einem Tintenbeutel schwarzbraunen Farbstoff. Eingehüllt in die um ihn entstandene Farbwolke, ist er den Blicken seiner Verfolger entzogen.

Verzehrt werden Arme, Mantelteil sowie Flossen. Das Fleisch des Tintenfisches ist fest, trotzdem nicht zähe. Mit der Farbflüssigkeit des Tintenbeutels verleiht man den Saucen der Zubereitung einen arteigenen Geschmack.

Calamares en su tinta   **Tintenfische im eigenen Saft**

Bedarf für 8 Portionen: 2 kg frische Tintenfische, Salz, Muskat, frisch gemahlenen, schwarzen
              Pfeffer, 150 g Olivenöl, 200 g feingeschnittene Zwiebeln, 10 g feingehackte Knob-
              lauchzehen, 2 El gehackte Petersilie, 0,3 l Wasser, 25 g Mehl.

Vorbereitung: Kopf und Arme des Tintenfisches fassen, sie aus dem kartuschenähnlich ausgebildeten Mantel ziehen und ihn zunächst beiseite stellen. Den silbergrauen Tintenbeutel vorsichtig aus den herausgezogenen Innereien herauslösen, abspülen und in ein Sieb legen. Danach die Arme über den Augen des Kopfes abtrennen. Die kleinen, runden Knorpel an den Abtrennstellen der Arme abschneiden und die sie umgebende Haut beim Spülen entfernen. Übriges Augenteil und daranhängende Innereien wegwerfen. Nun noch das durchsichtige, unbrauchbare Rumpfskelett aus dem reservierten Mantel ziehen. Die rote Außenhaut, die Flossensäume und Mantel umgibt, unter fließendem Wasser mit den Fingern abstreifen, den Mantel umstülpen und gründlich waschen. Fangarme in drei, Flossen in zwei Stücke teilen und Mantelteil in 1 cm dicke Streifen schneiden, gut abtrocknen und würzen.

Zubereitung: Öl erhitzen, Tintenfischstücke darin etwa 5 Min. unter häufigem Rühren braten. Zwiebeln, Knoblauch sowie Petersilie zugeben und bei schwacher Hitze fest zugedeckt 20 Min. schmoren.

Tintenbeutel im Sieb zerdrücken und soviel Tinte wie möglich durch das Sieb streichen. Den zerdrückten Beutel mit dem Wasser übergießen und ihn nochmals gründlich auspressen.

Das Mehl mit der Farbflüssigkeit anrühren, in den gegarten Tintenfisch gießen, unter ständigem Rühren nochmals zum Kochen bringen und zugedeckt weitere 5 Min. ziehen lassen.

Spezialgerichte

Cocido castellano   Kastilischer Eintopf

Bedarf für 10 Portionen: 1 kg Rinderbug, 500 g Beinscheibe mit Knochen und Mark (Hesse), 500 g luftgetrockneter Speck, 1,2 kg vorbereitetes Suppenhuhn, Salz, 1,5 kg Gemüsestäbchen (gleiche Teile Möhren, Sellerie, weiße Rüben, Lauch), 500 g blättrig geschnittener Wirsingkohl, 200 g Zwiebeln (geviertelt), 10 g feingehackte Knoblauchzehen, 300 g Chorizo, 1 kg kleine geschälte Kartoffeln, 160 g Fadennudeln, 60 g Olivenöl.

Chorizo ist eine aus Schweine- und Rindfleisch hergestellte spanische Wurst, die stark mit Pimento, Knoblauch sowie Ajowan (Samengewürz, intensiv nach Thymian schmeckend) gewürzt ist. Anstelle von Chorizo lassen sich Landjäger oder eine ähnliche Wurst verwenden.

Fleisch, Huhn und Speck blanchieren. Mit Wasser bedeckt aufsetzen, zum Kochen bringen, abschäumen, leicht salzen und 150 Min. bei wenig geöffnetem Topfdeckel sieden. Zwischenzeitlich Speck durch Anstechen auf Gare probieren. Geschnittene Gemüse, Zwiebeln, 6 g des gehackten Knoblauchs sowie Kartoffeln und Wurst in die Brühe zum Fleisch legen, eventuell Wasser nachfüllen.

Das Ganze wieder zum Kochen bringen und weitere 30 Min. sieden. Gegartes Fleisch, Huhn sowie Wurst entnehmen, feucht zudecken und warmhalten. Brühe durch ein Sieb abgießen, Gemüse und Kartoffeln ebenfalls warmhalten.

In der nachgewürzten Brühe die Fadennudeln garen und als Suppe zuerst servieren. Fleisch und Gemüse folgen als Hauptgericht.

Öl erhitzen, restlichen Knoblauch und die warmgehaltenen Gemüse sowie Kartoffeln darin anschwenken. Dann in einer Schale locker anrichten, die Kartoffeln umlegen.

Fleisch sowie Speck in gefällige Scheiben schneiden und zusammen mit dem ausgebrochenen, tranchierten Huhn und der in Stücke geteilten Wurst auf flacher Platte anrichten.

Obligatorische Beigaben zu Cocido sind Weißbrot und Rotwein.

Paella a la valenciana   Valencianisches Reisgericht

Bedarf für 10 Portionen: 1 kg Fleischwürfel (gleiche Teile Rind, Kalb, Schwein, Hammel), 800 g entbeinte Hähnchenstücke, 100 g feine Zwiebelwürfel, 150 g Olivenöl, 300 g Chorizo (vgl. oben), 300 g frische Erbsen, 300 g geputzte, kleine grüne Bohnen, 1 gehackte Pfefferschote, 250 g Tomatenfleischstücke, 500 g gebürstete Muscheln, 800 g Reis, 2 g Safran, 2,4 l Fleischbrühe, Salz.

Zwiebeln in Öl anrösten, das Fleisch beifügen und dünsten. Nach 15 Min. das Geflügelfleisch dazutun, auch die in Scheiben geschnittene Wurst, die Erbsen, die Bohnen, die kleingeschnittene Pfefferschote und die Tomaten. Obenauf die gut abgetropften Muscheln geben und das Ganze weiterdünsten. Sobald sich die Muscheln öffnen, sie herausnehmen und ausbrechen.

Den sich gebildeten Dünstfond einkochen, den Inhalt glacieren. Jetzt Reis und Safran beifügen, etwas angehen lassen, die ausgebrochenen Muscheln zugeben, mit der Brühe auffüllen und würzen. Alles aufkochen, das Geschirr zudecken und im Ofen (180 °C) 20 Min. gardünsten.

In anderen Gegenden Spaniens fügt man auch kleine Fischstückchen, kleine Krebse oder Gambas und Schnecken bei.

Callos a la Rigana   Pansen auf spanische Art

Bedarf für 10 Portionen: 2,5 kg kochfertiger Pansen, 250 g Zwiebelstreifchen, 1 Knoblauchzehe, 100 g Olivenöl, 200 g roher Schinken, 50 g Tomatenmark, 2 rote Pfefferschoten, Salz, 1 Glas Weißwein.

Pansen in Streifen schneiden. Zwiebeln und gepreßte Knoblauchzehe in Olivenöl anrösten. Pansen-streifen beifügen und weiterrösten. Dazu den in grobe Würfel geschnittenen Schinken geben, ferner das Tomatenmark und die feingeschnittenen Pfefferschoten. Gut würzen, das Gericht mit dem Weißwein untergießen und im verschlossenen Geschirr im Ofen (170 °C) 2 Std. garen. Den Garvor-gang von Zeit zu Zeit kontrollieren und zu starke Verdunstung durch Angießen von leichter Brühe ausgleichen.

Torrijas

Torrijas sind mit Spirituosen aromatisierte Toastscheiben, die in Öl fritiert oder im Ofen gebacken werden.

Torrijas al ron   **Rum-Torrijas**

Bedarf für 10 Portionen: 20 Toastscheiben, 4 Eigelb, 150 g Rum, 6 Eier, 150 g Olivenöl, 200 g
          Zucker.

Toastscheiben nebeneinander auf ein Blech ordnen. Eigelb rühren, Rum langsam dazurühren, die Toastscheiben mit der Mischung beträufeln und 15 Min. durchziehen lassen. Dann die Eier verquir-len, die Scheiben darin wenden und in heißem Öl goldgelb backen. Abgetropfte Torrijas mit Zuk-ker bestreuen und im Salamander glacieren.

FRANZÖSISCHE KÜCHE

Einleitung

In den vergangenen Jahrhunderten spielten die französischen Restaurants eine beherrschende Rolle in der Entwicklung der klassischen Küche. Der Ursprung der Restaurants geht zurück bis in die Jahre nach der Französischen Revolution. Um diese Zeit kamen die Restaurants zur Blüte, insbesondere deshalb, weil es die Franzosen verstanden, gut zu dinieren. Ebenso brachten die französischen Restaurants eine Reihe weltberühmter Köche hervor, welche der französischen Küche ihre Souveränität gaben. Eine Vielfalt von Gerichten der klassischen Küche gründet auf ihren Ideen.

Hierbei ist es erwähnenswert, daß die „grande cuisine", obwohl sie aus der echten Provinzküche viel übernahm, doch eigentlich wenig mit ihr gemein hat. Der Unterschied zwischen der echten Landesküche und der „grande cuisine" besteht darin, daß die meisten Gerichte der Provinzküche den eigenen Saft (Fond) direkt in den Töpfen produzieren, in denen sie gegart werden, während die „grande cuisine" sich im wesentlichen kräftiger Grundbrühen und hervorragend zubereiteter Grundsaucen bedient. Der eigentliche Ursprung aller westlichen Kochkünste liegt jedoch in der italienischen Küche.

Das Frühstück (le petit déjeuner) besteht aus

Kaffee mit Milch, Tee mit Milch oder Tee mit Zitrone;
Butter, Konfitüre, Honig, eventuell Ei;
Weißbrot, kleinen Brötchen, Hörnchen (Croissants) und Hefeteiggebäck (Brioches).

Es ist merkwürdig, daß die bei den Mittags- und Abendmahlzeiten so anspruchsvollen Franzosen im Gegensatz zu den Engländern und Amerikanern dem ersten Frühstück keine besondere Bedeutung beimessen.

Suppen

Bisque de hommard **Hummersuppe**

S. Bd. 1, Abschn. Suppen, Seite 201.

Bouillabaisse **Provenzialische Fischsuppe**

Die Bouillabaisse ist an der französischen Mittelmeerküste bodenständig; in der Provence wird sie mit besonderer Sorgfalt zubereitet. Dort werden die im Mittelmeer lebenden Fische wie Rougets, Rascasses, St. Pierre, Lotte u.a. sowie kleine Langusten und Muscheln verwendet. Es kommt darauf an, möglichst frische Fische zu verarbeiten.

In mitteleuropäischen Ländern ist es schwierig, die genannten Fische zu jeder Jahreszeit zu beschaffen. Deshalb kann man auch auf See- und Flußfische, Hummer, Garnelen und Muscheln ausweichen.

Bedarf für 6 – 8 Portionen: 80 g franz. Olivenöl, 500 g Hummer, lebend, 200 g Garnelen, 0,1 l Cognac, 2 Zwiebeln, 1 Fenchelknolle, 2 Lauchstauden, 4 Tomaten, 4 Knoblauchzehen, 1 Kräutersträußchen (Sellerie, Thymian, Lorbeerblatt), 1 Gewürzbeutel (1 El Fenchel, dünne Schale einer Zitrone und einer halben Orange), 500 g Muscheln, Pfeffer, Salz, 2 l Fischbrühe, 300 g Aal, 500 g Seezunge, 400 g Rotbarsch, 400 g Merlan, 5 Schalotten, 1 Msp. Safran, 2 El Pernod, 100 g Petersilie, 1 Stangenbrot.

Vorbereiten: Fische waschen; Aal abziehen und in 1 1/2 cm dicke Scheiben schneiden. Alle anderen Fische auslösen, häuten und in 50 g schwere Stücke teilen. Schalotten fein hacken. Fischstücke mit Safran und den Schalotten würzen. Aus den Gräten und 2 l Wasser oder Brühe Fischfond herstellen.

Den Hummer in kochendem Wasser töten, dann roh zerteilen: Schwanz in 4, Scheren in je 2 Stücke, Kopfbruststück querhalbieren. Muscheln gründlich waschen, Seepockenbelag entfernen. Zwiebeln abziehen, in Würfelchen schneiden. Fenchelknolle und Lauch zurichten und in feine Streifen schneiden. Tomaten brühen, abziehen, Kerne ausdrücken, Fleisch in grobe Stücke zerteilen. Schließlich noch die Knoblauchzehen und die Petersilie, jedes für sich, fein hacken.

Zubereiten: In flacher Kasserolle Öl erhitzen, Hummerstücke und Garnelen darin sautieren und mit Cognac flambieren. Zwiebeln, Gemüsestreifen, Tomaten (concassées), Knoblauch, Kräutersträußchen, Gewürzbeutel, Muscheln und frisch gemahlenen Pfeffer dazugeben und bei starker Hitze, unter mehrmaligem Durchrühren, alles gut anlaufen lassen. Nun die Kasserolle mit einem Deckel verschließen und den Inhalt 5 Min. dünsten lassen.

Danach die vorgewürzten Fischstücke und die fertiggestellte, passierte Fischbrühe der Zubereitung beifügen, evtl. noch etwas salzen und alles 15 Min. langsam kochen.

Die gegarten Hummer- und Fischstücke aus dem Fond nehmen und bedeckt warmhalten. Von den Muscheln eine Schalenhäfte und den Bart entfernen, die Garnelen ausbrechen, entdärmen und beides gleichfalls bis zum Anrichten warmstellen. Die Suppe mit Pernod und Petersilie geschmacklich vollenden.

Die Bouillabaisse in einer Terrine und die Hummer- und Fischstücke sowie die Muscheln und Garnelen auf einer Platte gesondert anrichten. Das Stangenbrot, in Scheiben geschnitten, dient als Beigabe. Vielfach werden die Scheiben auch zart mit Knoblauchbutter eingerieben.

Eine weitere typische Beigabe ist die **Rouille**, eine aufgeführte Knoblauch-Öl-Sauce, die gesondert gereicht wird. Bei Tisch würzt man sich damit die aufgetane Bouillabaisse nach eigenem Geschmack.

Bedarf: 120 g entkernte, rote Paprikaschoten, 1 Kartoffel (100 g), 10 g geschälte Knoblauchzehen, 1 Msp. Safran, 5 Tropfen Tabasco, 0,1 l Olivenöl, Salz, Zitronensaft.

Paprikaschoten mit etwas Wasser weichdünsten. Die Kartoffel garkochen. Paprikaschoten in einem Sieb abtropfen lassen, Kartoffeln schälen und beides heiß durch ein Sieb passieren. Knoblauch durch die Knoblauchpresse drücken und dazugeben. Alles kräftig vermengen. Das Öl langsam dazurühren, mit Safran, Tabasco, Salz und einem Spritzer Zitronensaft abschmecken und mit ein wenig Bouillabaisse-Brühe zu dickflüssiger Konsistenz bringen.

Petite marmite   **Kleiner Suppentopf**

S. Bd. 1, Abschn. Suppen, Seite 179.

Crème de mousserons   **Mousseroncremesuppe**

Bedarf für 1 l: 60 g getrocknete Mousserons, 25 g Butter, 1 Tl gehackte Schalotten, 50 g Butter, 150 g helle Suppengemüse (Lauch, Sellerie), 40 g Mehl, 1 l entfettete Geflügelbrühe, 0,2 l Sahne.

Mousserons waschen und mit Wasser bedeckt 1 Std. weichen lassen. Butter und Schalotten ohne Farbe anschwitzen. Mousserons in ein Sieb schütten, Einweichwasser auffangen. Pilze zu den Schalotten geben, mit dem vom Bodensatz abgegossenen Einweichwasser auffüllen und zugedeckt etwa 30 – 40 Min. kochen.

Butter erhitzen, Suppengemüse darin andünsten, Mehl darüberstäuben, kurze Zeit farblos schwitzen und die Brühe zugießen. Unter Rühren zum Kochen bringen und den Ansatz 20 Min. langsam kochen.

Danach durch ein feines Sieb gießen.

Gekochte Mousserons mit ihrem Fond durch ein Sieb streichen; dieses leichte Püree in den Suppenansatz rühren, alles an den Kochpunkt bringen und mit der Sahne vollenden. Wenn erforderlich, etwas Salz beifügen.

Soupe à l'oignon   **Französische Zwiebelsuppe**

S. Bd. 1, Abschn. Suppen Seite 197.

Spezialgerichte

Salade Niçoise   **Nizzaer Salat mit Thunfisch**

Bedarf für 10 Portionen: 1 Kopfsalat in groben Streifen, 10 abgezogene Tomatensechstel, 5 hartgekochte Eier in Scheiben, 600 g frische, gekochte Prinzeßbohnen, Herz einer rohen Selleriestaude in Streifchen, je 10 entsteinte, halbierte grüne und schwarze Oliven, 2 grüne Paprikaschoten in Streifen, 1 Dose Thunfisch (200 g) in Stückchen, 6 kleine, gekochte Kartoffeln, als Salat angemacht, 10 Sardellenfilets in Streifchen, 1 El Kapern.
Vinaigrette: 4 El Essig, 8 El Olivenöl, 1 El Dijonsenf, Salz und Pfeffer nach Geschmack, 3 El Tomatensaft, 2 El Petersilie.

Kopfsalatstreifen in großer flacher Salatschüssel kranzförmig anordnen, die anderen Zutaten — außer Sardellen und Kapern — bukettartig hineinsetzen. Kapern und Sardellen darüberstreuen.

Die Zutaten zur Vinaigrette gut verrühren und gesondert anrichten.

Der Salat wird am Tisch mit der Vinaigrette angemacht und vorgelegt.

Coquilles Saint-Jacques à la provençale   **Jakobsmuscheln auf provenzalische Art**

Bedarf für 10 Portionen: 2 kg vorbereitete Jakobsmuscheln, Mehl, 50 g Butter, 0,1 l Olivenöl, Knoblauchsalz, frisch gemahlener Pfeffer, 2 El gehackte Petersilie, 4 El erwärmter Fleischextrakt, 400 g Tomatenfleischwürfel (concassées), 0,125 l kräftige Kalbsjus, 1 El feingehackte Schalotten.

Die Muscheln gründlich waschen und trockenlegen. In einem geräumigen flachen Topf Öl mit der Butter erhitzen. Die gewürzten und mehlierten Muscheln in das Fett legen, ganz kurz bräunen. Die feingeschnittenen Schalotten sowie die vorbereiteten Tomatenfleischwürfel dazugeben und alles gardünsten. Danach den Fleischextrakt und die Hälfte der Kalbsjus beifügen, gut durchschwenken und auf einer angewärmten Platte anrichten.

Die restliche Kalbsjus reduzieren, bis sie dickfließend ist, über die angerichteten Muscheln träufeln und mit der gehackten Petersilie bestreuen.

Beilage: Reis oder Petersilienkartoffeln.

Escargots à la bourguignonne   **Schnecken nach Burgunder Art**

Bedarf für 10 Portionen: 60 vorbereitete Schnecken, 0,5 l Geflügelbrühe, 0,2 l Chablis; 1 Kräutersträußchen: weißer Lauch, Petersilienstiele, Thymianzweig; 1 Gewürzbeutel: 15 Pfefferkörner, 10 Gewürzkörner, 1/2 Lorbeerblatt, 3 Knoblauchzehen, 1 Nelke.

Schneckenbutter: 50 g feingehackte Schalotten, 0,25 l Rotwein, 300 g Butter, 1 El Fleischextrakt, 1 Tl Zitronensaft, 1 Msp. Knoblauchsalz, Pfeffer.

Schnecken mit Geflügelbrühe und Chablis 30 Min. zugedeckt sieden, dann Kräutersträußchen und Gewürzbeutel einlegen und weichgaren. Gesamtkochzeit etwa 3 Std. Danach die Schnecken in ihrem Fond erkalten lassen.

Bei Verwendung von Schneckenkonserven diese in kurzem, kräftigem Fond mit Kräutersträußchen und Gewürzbeutel zugedeckt 30 Min. sieden.

Schneckenbutter: Schalotten und Rotwein fast gänzlich reduzieren, abkühlen lassen und die Butter darin glattrühren. Mit Fleischextrakt, Zitronensaft, Knoblauchsalz und Pfeffer würzen.

Schnecken mit daranhaftendem Gallert in die Häuschen verteilen und mit der Butter zustreichen.

Zum Erhitzen Schnecken mit Öffnung nach oben in Schneckenpfannen setzen und 8 Min. in den Ofen (200 °C) stellen.

Beigabe: Weißbrot.

Grenouilles à la provençale   Froschschenkel auf provenzalische Art

Bedarf für 10 Portionen: 6 – 8 Froschschenkel je Portion, Mehl, Knoblauchsalz, frisch gemahlener Pfeffer, 50 g Butter, 0,2 l Olivenöl, 2 El feingehackte Schalotten, 2 El gehackte Petersilie, 4 El erwärmter Fleischextrakt, Tomatenwürfel von 6 großen, festen Tomaten, 0,25 l kräftige Kalbsjus.

Die abgetrockneten Froschschenkel würzen, mehlieren und in einer entsprechend großen Stielpfanne mit Öl, Butter und den feingeschnittenen Schalotten sautieren. Die Tomatenwürfel, den Fleischextrakt und die Petersilie beifügen, kurz und schnell verkochen und gut schwenken. Alles auf einer vorgewärmten Platte anrichten. Die Pfanne mit der Kalbsjus ablöschen, zur Hälfte reduzieren und über die angerichteten Froschschenkel gießen.

Beigabe: Französisches Stangenbrot.

Ragout aux fruits de mer   Fischragout mit Meeresfrüchten

Bedarf für 10 Portionen: 1,5 kg ausgelöstes Fleisch von verschiedenen Seefischen; 150 g gedünstete, ausgebrochene Muscheln; 100 g Fischklößchen (s. Bd. 1, Abschn. Farcen), 250 g gekochte, ausgebrochene Crevetten- oder Langustinenschwänze; 20 ausgebrochene Austern; 500 g gedünstete, kleine Champignons; 0,125 l Weißwein, 1 l Fischbrühe, 160 g Mehlbutter, 0,25 l Rahm, 3 Eigelb, Salz, eine halbe Zitrone, 1 El feingeschnittene Schalotten, 100 g Butter, Cayenne, 10 Blätterteighalbmonde (Fleurons).

Schalotten in Butter angehen lassen. Die in Stücke zu 40 g geschnittenen Fische hinzugeben, den Weißwein und etwas Zitronensaft beifügen, würzen und zugedeckt dünsten. Wegen unterschiedlicher Gardauer ist der Fisch mit festerem Fleisch zuerst, der von weicher Struktur etwas später einzulegen.

Dann die Austern im eigenen Saft mit frischgemahlenem Pfeffer und einem Stückchen Butter an den Kochpunkt bringen und beiseite stellen.

Die anderen Ragoutbestandteile in flachem, gebuttertem Gefäß warmstellen und den inzwischen gegarten Fisch dazulegen.

Den Fischdünstfond und die Fischbrühe etwa auf die Hälfte einkochen, mit der Mehlbutter binden und mit Sahne und Eigelb legieren. Nachdem die Fischsauce mit Zitronensaft, Salz und Cayenne abgeschmeckt ist, schwenkt man die abgetropften Ragoutbestandteile vorsichtig darunter und garniert das angerichtete Ragout mit den Austern und den Fleurons.

Beilage: Gedünsteter Reis.

Quenelles de brochet à la lyonnaise **Hechtklöße nach Lyoner Art**

Bedarf für 10 Portionen: 800 g Hechtfilet, 2 Eier, 0,6 l Sahne, Salz, Pfeffer, Muskat; 50 g Butter, 0,3 l Weißwein, 0,5 l Fischbrühe; 10 Blätterteighalbmonde (Fleurons).
Milchpanade: 125 g Milch, 35 g Butter, 75 g Mehl, Salz.

Für die Panade Milch, Butter und eine Prise Salz zum Kochen bringen, abseits des Herdes das gesiebte Mehl dazuschütten und glattrühren. Topf auf den Herd zurückstellen und mit der Holzkelle die Masse bearbeiten, bis sie sich vom Topf löst. Dann die Panade ausbreiten, damit sie schnell kalt wird.

Das Hechtfleisch würzen und zusammen mit der kalten Panade durch die feine Scheibe des Fleischwolfs in eine Schüssel lassen. Das Eiweiß kräftig darunterarbeiten und die Masse durch ein Sieb streichen. Danach auf Eis nochmals alles gut zusammenarbeiten und die Sahne in kleinen Chargen unter die durchkühlte Masse rühren.

Ein flaches Geschirr mit der Butter ausstreichen. Aus der Hechtfarce 80 g schwere Klöße mit einem Eßlöffel formen, in das Geschirr ordnen. Weißwein und Fischfond dazugießen und mit Folie abgedeckt im Ofen (150 °C) 8 − 10 Min. garen.

Aus dem Dünstfond eine Nantuasauce (s. Bd. 1, Abschn. Saucen) herstellen, die Hechtklöße damit anrichten und die Blätterteighalbmonde (Fleurons) daransetzen.

Beilage: Salz-, Petersilienkartoffeln oder Reis.

Filets de sole Prince Albert **Seezungenfilets Prinz Albert**

Bedarf für 4 Portionen: 8 Seezungenfilets (aus 500 g schweren Fischen), 70 g Butter, 2 gehackte Schalotten, 0,3 l Fischfond, 0,1 l Weißwein, 0,2 l Sahne, 2 Eigelb, 1 El Curaçao, Cayenne, 200 g weiße Weintrauben, 4 Fleurons, 40 g Beluga-Kaviar.

Die Seezungenfilets werden leicht plattiert, eingesteckt und in ein flaches, mit Butter ausgestrichenes Geschirr gelegt, das zuvor mit gehackten Schalotten ausgestreut wurde. Fischfond sowie Weißwein gibt man über die Seezungenfilets und deckt sie zu, um sie im vorgeheizten Ofen etwa 6 Min. zu dünsten. Danach werden die Filets dem Dünstfond entnommen, auf einer Servierplatte angerichtet und warmgehalten. Der Fond ist zur benötigten Menge zu reduzieren, mit einer Liaison − bestehend aus Eigelb und übriger Sahne − zu legieren und mit Butterflöckchen, Curaçao sowie einer Spur Cayenne zu vollenden.

Inzwischen werden die Weintrauben entstielt, abgezogen, entkernt und in Butter erwärmt.

Die Fleurons schneidet man quer auf, füllt sie mit Kaviar und legt die Oberteile leicht schräg darauf.

Die Weinbeeren streut man auf die angerichteten Seezungenfilets, gibt die Sauce darüber und garniert die Platte mit den gefüllten Fleurons.

Truite farci au chablis et homard **Gefüllte Forelle in Chablis mit Hummer**

Bedarf für 10 Portionen: 10 Forellen je 180 − 200 g, Salz, Pfeffer, 1 El gehackte Petersilie, engl. Senfpulver, 400 − 500 g leichte Hummerfarce (s. Bd. 1, S. 272), 80 g Butter, 60 g Schalottenbutter, 0,3 l Chablis, 0,8 l Fischfond, 0,4 l Sahne, 3 − 4 Eigelb, Saft einer halben Zitrone, Cayenne;
Garnitur: 10 Medaillons von gekochtem Hummer je 20 g, 10 Trüffelscheiben, 10 Blätterteig-Fleurons.

Damit das Fleisch der Forellen beim Garen nicht einreißt, schlachtet man sie tags zuvor. Die Bauchseite bleibt geschlossen. Das Ausnehmen und Auswaschen der Fische erfolgt, nachdem Mittel- und Bauchgräten vom Rücken aus entfernt wurden. Die hierzu erforderliche Öffnung wird durch einen Längsschnitt zwischen Kopf und Schwanzstiel der Forelle vollzogen.

Gewaschene Forellen auf die Bauchseite legen. Den entstandenen Hohlraum trockentupfen. Dann salzen, pfeffern, Petersilie und sehr wenig Senfpulver einstreuen und die Hummerfarce einfüllen. Filetseiten der Forellen behutsam an die Füllung drücken und die gesalzenen Fische einzeln in mit Butter bestrichene Pergamentpapiere einrollen. Ein flaches Geschirr mit Schalottenbutter ausstreichen, präparierte Forellen einlegen, Chablis und Fischfond angießen und zugedeckt 10 Min. im Ofen dünsten.

Dünstfond durch ein Sieb in ein anderes Geschirr abgießen und mit halber Sahnemenge auf etwa 0,5 l einkochen. Danach mit Eigelb und übriger Sahne legieren. Zitronensaft und Cayenne zum Vollenden der Sauce beigeben.

Forellen häuten, anrichten, mit erwärmtem Hummerfleisch und Trüffelscheiben garnieren, die Sauce darübergeben und mit Fleurons umlegen.

Turbot à la gastronome   Steinbutt nach Gastronomenart

Bedarf für 6 Portionen: 1,2 kg Steinbuttrücken, Bouquet garni (Lauch, Sellerie, Möhre, Thymian, Lorbeerblatt), 4 gehackte Schalotten, 40 g Butter, 0,25 l Weißwein, 0,25 l Champignonfond, 0,25 l Fischfond, 3 Eigelb, 125 g Butter, Saft einer halben Zitrone, Cayenne, 6 Blätterteigpastetchen ϕ 5 cm, 18 Krebsschwänze, 200 g gedünstete Champignons, 0,25 l Hummersauce (Bd. 1, S. 240), 1 El Schlagsahne, 300 g getrüffelte Fisch-Mousseline-Farce (Bd. 1, S. 272), 18 gekochte grüne Spargelspitzen.

Den Steinbuttrücken und das Bouquet garni in ein mit Butter bepinseltes und mit Schalotten ausgestreutes Geschirr legen. Hierauf die Fonds sowie den Wein dazugießen und alles zum Kochen bringen. Dann den Fisch mit einer Folie abdecken und ihn im Ofen bei Mittelhitze 25 − 30 Min. garen. Nach dieser Zeit den Fischrücken vorsichtig herausheben, die dunkle Haut abziehen und ihn bedeckt warmhalten.

Den Dünstfond passieren, ihn auf 0,1 l einkochen, ein wenig abkühlen lassen, die Eigelb dazugeben, an der Herdseite bis zur Verdickung aufschlagen und noch die Butter in Flöckchen darunterschlagen. Die Sauce mit Zitronensaft und Cayenne abschmecken und warmhalten, jedoch nicht mehr stark erhitzen, da sie leicht gerinnt.

Aus der Fischfarce 6 Löffelklöße formen, diese in ein ausgebuttertes Geschirr setzen, mit etwas Weißwein untergießen, zugedeckt im Ofen 8. Min. dünsten und sie danach ebenfalls warmhalten.

Nun die Hummersauce aufkochen, die Krebsschwänze sowie die geviertelten Champignons darin erhitzen und die geschlagene Sahne unter das Ragout heben.

Kurz vor dem Anrichten die schwarze Haut des Fisches abziehen, ihn in die Mitte einer mit Butter bestrichenen Platte legen, leicht mit Sauce überziehen und die warmen Spargelspitzen darauflegen. Die Fischklöße und die erwärmten, mit dem Ragout gefüllten Pastetchen rechts und links des Steinbutts anordnen.

Den Rest der Fischsauce gesondert reichen.

Quiche lorraine   Lothringische Specktorte

Bedarf für 8 Portionen: 250 g Schnellblätterteig oder ungezuckerter Mürbeteig, 160 g dünne Scheiben geräucherter magerer Speck, 150 g geriebener Greyerzer Käse, 3 Eier, 0,3 l Milch und 0,1 l Sahne (oder 0,4 l Sahne), Prise Salz, Pfeffer, Muskat, Paprika.

Eine Kuchenform von 25 cm Durchmesser und 3 cm Tiefe mit dem Teig auslegen, ihn mit einer Gabel stupfen und 6 Min. vorbacken (200 °C).

Der Speck wird blanchiert, in 1 cm breite Streifen geschnitten und kurz angebraten.

Eier, Milch, Sahne und Gewürze mit einem Schneebesen gut zerklopfen, den geriebenen Käse dazurühren. Den ausgekühlten Speck auf dem Teigboden verteilen, die Käsemischung darüberfüllen und im Ofen bei 200 °C 20 − 25 Min. backen.

Die Specktorte wird in 8 Stücke geschnitten und warm verspeist.

Cassoulet à la Castelnaudary

Castelnaudary-Topf

Bedarf für 10 Portionen: 1 kg weiße Bohnen, 200 g blanchierte Speckschwarten, 1 große Zwiebel, 2 Knoblauchzehen; 250 g blanchierter frischer Schweinebauch, 250 g rohe Knoblauchwurst; 1 Gans von 4 kg, 1 El Schweinefett, 300 g Zwiebelwürfel, 2 zerdrückte Knoblauchzehen, 0,25 l Tomatensauce, 1 Kräutersträußchen, gerebelten Beifuß, Salz, Pfeffer, 50 g geriebene Weißbrotkrume (Mie de pain).

Weiße Bohnen gründlich waschen, über Nacht einweichen. Die Bohnen mit dem Einweichwasser, wenig Salz, den Speckschwarten, der Zwiebel und den Knoblauchzehen zum Kochen bringen. Nach 1/2 Std. den Schweinebauch und die Wurst beifügen und alles langsam garkochen.

Inzwischen die Gans in 10 Teile zerlegen, würzen, im Schweinefett braun braten und die Zwiebeln dazugeben. Wenn die Zwiebeln zu bräunen beginnen mit Bohnensud und Tomatensauce auffüllen, die Knoblauchzehen, das Kräutersträußchen und etwas Beifuß darangeben und alles zugedeckt im Ofen schmoren. Der Garpunkt der einzelnen Stücke ist zu überwachen und zu starke Verdunstung durch Angießen von etwas Wasser auszugleichen.

Die Bohnen auf irdener Platte anrichten. Das in Scheiben geschnittene Fleisch und die Wurst zusammen mit den geschmorten Gänsestücken gruppiert darauf anordnen und den kurzen Schmorfond darübergeben. Das Ganze mit dem Weißbrot bestreuen und im Salamander gratinieren.

Jambon à la bourguignonne

Schinken nach Burgunder Art

Bedarf für 20 Portionen: 3 – 3,5 kg vorbereiteter Kochschinken (vom Fleischer), 60 g Butter, 0,5 l Burgunder Wein, 300 g Röstgemüse, 1 Kräutersträußchen, 0,25 l Kraftsauce, 30 g geriebene Weißbrotkrume, 1 El gehackte Petersilie, 1 gehackte Knoblauchzehe.

Der Schinken wird in einer Schmorpfanne mit Butter, Röstgemüse und dem Kräutersträußchen angedünstet, mit Burgunder abgelöscht und im Ofen bei mäßiger Hitze (90 °C) etwa 2 3/4 Std. gedünstet. Danach nimmt man ihn heraus und bestreut ihn mit der geriebenen Weißbrotkrume, die man mit der gehackten Petersilie und der gehackten Knoblauchzehe vermengt hat. Der Schinken wird dann im Salamander gebräunt. Den Fond mit der Kraftsauce gut verkochen und passieren.

Den Schinken im Ganzen auftragen und am Tisch tranchieren. Die Sauce getrennt reichen.

Beilagen: Rosenkohl, Blumenkohl, Chicorée, Schwarzwurzeln, Spargel oder Blattsalate und Kartoffelzubereitungen von passierten Kartoffeln.

Tripes à la mode de Caen

Kutteln auf Caener Art

Bedarf für 10 Portionen: 2,5 kg kochfertige Kutteln, 2 blanchierte Kalbsfüße halbiert ohne Knochen, 3 halbierte Zwiebeln, 3 geschälte Möhren, das Weiße von 2 Lauchstangen, 1 l Apfelwein oder herben Weißwein, 0,5 l kräftige weiße Brühe, 0,1 l Calvados, 1 Kräutersträußchen, 1 Gewürzbeutel: 10 Pfefferkörner, 4 Nelken, 3 Knoblauchzehen; 1 El gehackte Petersilie.

Die Kutteln werden leicht überwällt, dann in 4 cm große Vierecke geschnitten und in ein gut schließendes Schmorgeschirr gegeben. Zuvor hat man den Boden dieses Geschirrs mit den ausgelösten blanchierten Kalbsfüßen sowie den Möhren und den halbierten Zwiebeln ausgelegt. Den Kutteln sind ferner der Lauch, das Kräutersträußchen, der Gewürzbeutel, ein wenig Salz, der Apfelwein, der Calvados und die Brühe beizufügen. Nach dem Aufkochen läßt man das Gericht im Ofen bei gelinder Hitze (100 °C) etwa 10 Std. gut verschlossen schmoren. Die Kutteln sind sehr heiß aufzutragen, am besten in einer ovalen Kokotte, und mit der Petersilie zu bestreuen.

Beilage: Salzkartoffeln.

Fricassée de volaille à l'ancienne   **Frikassee von Geflügel nach alter Art**

Bedarf für 8 Portionen: 4 junge Hühner je 800 g, 80 g Butter, 0,1 l Weißwein, 3 El Mehl, 0,75 l
        weiße Brühe, 1 kleine gespickte Zwiebel, Salz, 0,25 l Rahm, Zitronensaft, 200 g
        frische Perlzwiebeln, 200 g gekochte kleine Champignons, 10 Blätterteighalbmon-
        de (Fleurons).

Die Hühner zerlegen, wie es für „Poulet sauté" üblich ist. Dann in Butter andünsten, mit etwas
Weißwein untergießen und reduzieren, ohne Farbe nehmen zu lassen. Mit dem Mehl bestäuben und
kurz schwitzen. Den restlichen Weißwein hinzugeben, mit der Brühe auffüllen und unter Rühren
aufkochen; dazu gibt man die gespickte Zwiebel und etwas Salz. In dieser Sauce sind die Hühnerteile ungefähr 30 Min. zu garen. Danach werden sie entnommen, um die passierte Sauce mit dem
Rahm zu verfeinern und mit etwas Zitronensaft zu vollenden.

Als Garnitur dienen die inzwischen weißgedünsteten Perlzwiebeln, die erhitzten Champignons und
die Fleurons.

Beilage: Reis oder Nudeln.

Poulet sauté bordelaise   **Schmorhähnchen auf Bordelaiser Art**

Bedarf für 8 Portionen: 4 junge Hühner je 800 g, Salz, Pfeffer, Mehl, 0,1 l Öl, 50 g Butter, 1 El fein-
        geschnittene Schalotten, 1 Msp. Knoblauchsalz, 0,25 l Bordeaux, 0,25 l kräftige
        braune Brühe, 0,25 l Kraftsauce, 3 El Öl, 1/1 Dose Steinpilze, 1 El frische Brotkru-
        me, 1 Tl gehackte Petersilie und Basilikum.

Die Hühner werden zum Sautieren in Keulen und Brüstchen zerlegt, mit Salz und Pfeffer gewürzt
und mehliert. In einer passenden Kasserolle läßt man Öl und Butter heiß werden, brät die Geflügelstücke goldgelb an und fügt die feinen Schalottenwürfel und eine Messerspitze Knoblauchsalz bei.
Die Schalotten dürfen dabei nicht bräunen. Anschließend mit Bordeaux, Kraftsauce und Brühe
auffüllen und zugedeckt im Ofen 15 Min. garen. Danach die Geflügelstücke herausnehmen, die Sauce auf die gewünschte Menge einkochen und mit einem Stück frischer Butter aufziehen. Die geschmacklich vollendete Sauce gibt man über die angerichteten Hühnerteile.

Inzwischen läßt man die in Stücke geschnittenen Steinpilze in etwas Öl und Butter sautieren und
bestreut sie mit der frischen Brotkrume. Sobald dies schöne Farbe angenommen hat, schwenkt
man die Kräuter darunter und gibt die Pilze über die Hühner.

Beilage: Butternudeln.

Poularde tablier bleu   **Poularde mit Kräutersahne**

Bedarf für 8 Portionen: 2 Poularden je 1,5 kg, Salz, Pfeffer, Mehl, 3 Eier, 50 g Fett, 8 Scheiben
        gekochter Schinken (240 g), 8 Scheiben Schweizer Käse (240 g), 0,25 l frische Sahne,
        Saft einer halben Zitrone, gehackte Petersilie, Estragon, Zitronenmelisse, 0,25 l
        Kalbsjus, 30 g Kräuterbutter.

Die in Brust und Keulen zerlegten Poularden sind völlig zu entbeinen, zu würzen und zu mehlieren.
Nachdem sie in den zerklopften Eiern gewendet wurden, brät man sie in dem heißen Fett langsam
goldbraun und gar.

Danach die Poulardenstücke aus dem Fett nehmen und abgetropft auf den Boden eines feuerfesten
Anrichtegeschirrs legen, so daß die Hautseite nach unten kommt. Auf jedes Stück eine Scheibe
leicht angebratenen Schinken sowie eine Scheibe Käse geben.

Die Sahne mit dem Zitronensaft vermengen und die gehackten Kräuter beimischen. Die belegten
Geflügelstücke damit überziehen und unter dem Salamander einige Minuten anschmelzen lassen.

Die Jus etwas reduzieren, vom Feuer nehmen, mit der Kräuterbutter aufschlagen und gesondert
dazugeben.

Weitere Beilagen: Curryreis und Blattsalate.

Caneton à l'orange   **Junge Ente mit Orangen**

Bedarf für 4 Portionen: 1 bratfertige Ente von 1,8 kg, 200 g Röstgemüse, 1 l braune Brühe, 0,2 l
  Portwein, 10 g Kartoffelmehl, 2 El Grand Marnier, 3 Orangen, 1 Zitrone, 30 g Butter, Salz, Pfeffer, Zucker.

Die Ente ist zu binden und die Haut an den fetten Stellen von Keulen und Brust mit einer Nadel
mehrfach zu durchstechen. Beim Garen kann das Fett dann besser austreten.

Den Boden einer entsprechend großen Bratpfanne bedeckt man mit Wasser, bringt es zum Kochen,
legt die gewürzte Ente hinein, so daß sie seitlich auf der Keule liegt, und schiebt sie in den vorgeheizten Ofen (180 °C). Während das Wasser verdunstet, brät die Ente im alsbald austretenden
eigenen Fett.

Die Bratdauer beträgt 50 Min. Während dieser Zeit ist sie mehrmals zu wenden und öfter zu begießen. Nach 35 Min. wird das Röstgemüse in der Pfanne verteilt und mitgebräunt. Kurz bevor der
Garpunkt erreicht ist, stellt man die Ente auf den Rücken, damit die Brust vollends knusprig
bräunen kann.

Mit einem Sparschäler sind die Schalen einer Orange und einer halben Zitrone abzunehmen, in
feine Streifen zu schneiden und zu blanchieren. Dann läßt man in einem Töpfchen einen Eßlöffel Zucker karamelisieren, gießt die Hälfte des Portweins an, gibt die Schalenstreifchen dazu,
kocht sie in der sirupartigen Mischung weich und reserviert sie.

Die Filets von 2 Orangen werden aus Schalen und Häuten geschnitten und warmgestellt.

Nun wird die Ente aus dem Ofen genommen. Das Fett ist durch ein Sieb vorsichtig abzugießen und
zu anderen Zubereitungen aufzuheben. Den Bratsatz füllt man mit der braunen Brühe auf und
kocht ihn los. Die beim Tranchieren der Ente anfallenden Knochen sind noch in dem Saucenfond
geschmacklich auszuwerten.

Danach wird der Saucenfond passiert und zusammen mit dem Saft einer Orange und einer halben
Zitrone auf 0,25 l reduziert. Der restliche Portwein, mit der Kartoffelstärke verrührt, dient als
Bindung für die Entensauce, die mit Grand Marnier und den Orangenschalenstreifchen vollendet
wird.

Das Entenfleisch wird, in 4 Keulen- und 4 Bruststücke zerlegt, gefällig angerichtet, mit den erwärmten Orangenfilets umgeben, mit Butter beträufelt, recht heißgestellt und dann leicht sauciert
aufgetragen. Eine Sauciere mit Orangensauce wird gesondert serviert.

Navarin de mouton   **Hammelragout auf französische Art**

Bedarf für 2 Portionen: 600 g Hammelfleisch (Ragoutstücke, etwa 80 g, von Bug, Brust oder Hals),
  1 El Fett zum Anbraten, 150 g Röstgemüse (Zwiebeln, Möhren, 10 zerdrückte Pfefferkörner), 10 g Zucker, 1 Tl Tomatenmark oder 2 Tomaten, 20 g Mehl, 0,75 l
  braune Brühe oder Wasser, 1 Kräutersträußchen (Petersilienstiele, Thymian, Lorbeerblatt), 2 zerdrückte Knoblauchzehen, 100 g tournierte Möhren, 100 g tournierte
  weiße Rüben, 100 g ausgebohrte Kartoffeln, 100 g Perlzwiebeln, 40 g Butter, 1 El
  grüne Erbsen, frisch oder tiefgekühlt, Petersilie.

Ragoutfleisch mit Salz und Pfeffer würzen. In einem großen, flachen Topf das Fett erhitzen und
Fleisch und Röstgemüse darin braun anbraten. Den Zucker darüberstreuen und karamelisieren lassen; das rundet den Geschmack der Zubereitung ab. Topfinhalt mehrmals durchrühren. Tomatenmark beifügen und noch kurze Zeit mitrösten. Danach einen Schuß Wasser angießen, den Bratsatz
loskochen und die Flüssigkeit einkochen. Diesen Vorgang: deglacieren – glacieren –, zur Ge-
schmacks- und Farbbildung zweimal wiederholen. Nun das Mehl darüberstäuben und nach kurzer
Zeit die Brühe auffüllen, Kräutersträußchen und Knoblauchzehen einlegen, alles zum Kochen
bringen und das Ragout zugedeckt im Ofen bei mäßiger Hitze (150 °C) 1 Stunde garen.

Inzwischen Möhren, Rüben, Kartoffeln und Perlzwiebeln kurz blanchieren. Kartoffeln und Zwiebeln anbraten. Die Erbsen in Butter mit je einer Prise Salz sowie Zucker gardünsten und separat warmhalten. Das beinahe weiche Ragout in einen Durchschlag schütten. Die Sauce in einen sauberen Topf passieren, aufkochen und entfetten. Die Fleischstücke ausstechen, sie zusammen mit den blanchierten Gemüsen und den angebratenen Perlzwiebeln und Kartoffeln in die Sauce geben, und alles zugedeckt im Ofen während weiteren 25 Min. fertiggaren.

Auf das angerichtete Navarin die gedünsteten Erbsen und die gehackte Petersilie streuen.

Côtelettes d'agneau Soubise   Lammkoteletts Soubise

Bedarf für 4 Portionen: 8 Lammkoteletts je 80 g, Salz, Pfeffer, Bratfett, 60 g Butter, 250 g Zwiebelpüree, 30 g geriebener Parmesan, 0,2 l Lammjus.

Die Lammkoteletts salzen, pfeffern, in erhitztem Fett beidseitig braun anbraten und in Butter nachbraten, daß sie im Innern noch voll rosa sind. Danach anrichten und mit einem Spritzbeutel Zwiebelpüree auf die Oberflächen der Koteletts dressieren. Griebenen Parmesankäse darüberstreuen, mit Butter beträufeln und bei starker Oberhitze rasch braun überbacken. Lammjus separat reichen. – Zubereitung von Zwiebelpüree (Purée Soubise) s. S. 97.

Côte de mouton Champvallon   Hammelkoteletts Champvallon

Bedarf für 10 Portionen; 20 Hammelhalskoteletts je 80 g, 1 mittlere Zwiebel, 2 El Öl, 30 g Butter, 600 g Tomaten, 1 Kräutersträußchen, 1 Knoblauchzehe, 0,75 l helle Brühe, 1,5 kg geschälte rohe Kartoffeln, Salz, Pfeffer.

Die gewürzten Koteletts brät man in Öl und Butter beidseitig an und legt sie dann in ein tiefes irdenes Gefäß. Auf die Koteletts gibt man die in Scheiben geschnittenen, in Butter angedünsteten Zwiebeln und die abgezogenen, in große Stücke geschnittenen Tomaten. Ebenfalls legt man das Kräutersträußchen und die zerdrückte Knoblauchzehe hinzu. Nun ist die Brühe anzugießen, das Gefäß zu verschließen und 30 Min. im Ofen (180 °C) zu dünsten. Danach werden die rohen, in 2 mm dicke Scheiben geschnittenen Kartoffeln dazugeordnet und alles zusammen weitere 30 Min. gegart. Es ist üblich, das Gericht in dem gleichen Geschirr aufzutragen, in dem es zubereitet wurde.

Epaule d'agneau aux pistaches   Lammschulter mit Pistazien

Bedarf für 10 Portionen: 3,5 kg Lammschulter, Salz, Pfeffer, 50 g Fett, 1 Knoblauchzehe, 2 frische Tomaten, 1 große Zwiebel, 0,1 l Madeira, 0,2 l Weißwein, 0,125 l braune Brühe, 0,5 l Demiglace.
Farce: 250 g sehnenfreies Kalbfleisch, 50 g Weißbrot ohne Rinde, 1 Eiweiß, 0,2 l Sahne, 200 g Gänseleber, 75 g Pistazien, Salz, Pfeffer.

Weißbrot in dünne Scheiben schneiden, mit dem Eiweiß und etwas Sahne durchfeuchten. Dazu gibt man das Kalbfleisch, würzt mit Salz und Pfeffer und stellt alles gut kühl. Die Vorbereitung durch die feinste Scheibe des Fleischwolfes lassen. Im vorgekühlten Kutter wird die Sahne in die Fleischmasse gearbeitet. Die Beigabe der Sahnemenge hängt von der verwendeten Fleischqualität ab. Durch eine Probe stellt man die Konsistenz der Farce fest und ändert sie, falls nötig. Die Farce erhält als Einlage die in Würfel geschnittene Gänseleber und die Pistazien.

Die Lammschulter ausbeinen, die Farce auftragen, das Fleisch rollen und vorsichtig binden. In einem angemessen großen Geschirr das Fett erhitzen, die gewürzte Schulter einlegen und von allen Seiten braun anbraten. Die grobgeschnittene Zwiebel sowie die geviertelten Tomaten und die ganze Knoblauchzehe dazugeben. Nach kurzer Schmorzeit mit Madeira ablöschen, Weißwein und die braune Brühe hinzufügen und im Ofen (180 °C) bei mehrmaligem Übergießen garen. Danach die Schulter entnehmen, den Fond mit der Kraftsauce verkochen und passieren.

Beilagen: Rosenkohl, grüne Bohnen, Fenchelknollen oder Karotten, Macairekartoffeln oder Kartoffeln nach Savoyer Art.

Tendron de veau aux olives   **Kalbsbrustknorpel mit Oliven**

Als Kalbsbrustknorpel (Tendron) bezeichnet man Querstücke kleiner Kalbsbrüste mit Rippenknochen und Knorpel, die, bereits vor der Zubereitung in Portionen geteilt, ein festgelegtes Gewicht haben.

Bedarf für 2 Portionen: 2 Kalbsbruststücke je 350 g, Salz, Pfeffer, Mehl, 2 El Fett zum Anbraten, 50 g Butter, 100 g Schalotten- oder Zwiebelscheiben, 150 g Tomaten, 0,75 l braune Brühe, 0,1 l Weißwein, 12 entsteinte Oliven, 100 g Tomaten (concassées).

Die Fleischteile werden gewürzt, in Mehl gewendet und in Fett langsam beidseitig angebraten. Dann setzt man sie in ein flaches, mit 20 g Butter ausgestrichenes und mit den Schalotten ausgelegtes Geschirr nebeneinander, bestreicht die Fleischteile mit Butter und gibt die in Stücke geschnittenen Tomaten darum. Das Ganze läßt man bei starker Hitze angehen, füllt ein Viertel der Brühe auf, deckt den Topf zu und schmort das Fleisch unter häufigem Beigießen im Ofen bei 180 °C. Sobald der Fond eingekocht ist, wird erneut Brühe aufgegossen, so daß das Fleisch immer bis zur Hälfte im Fond liegt. Nach 45 Min. ist der Deckel zu entfernen, um die Fleischstücke mit dem stark eingekochtem Fond zu begießen und in der Ofenhitze zu glacieren.

Die Kalbsbrustknorpel werden dann herausgenommen und warmgestellt. Mit der restlichen Brühe und dem Weißwein wird der Fond verkocht, in einen anderen Topf passiert und mit den Oliven zur benötigten Saucenmenge sämig eingekocht. Mit der restlichen Butter und frischgemahlenem Pfeffer ist die Sauce geschmacklich zu vollenden und über die Kalbsbrustknorpel zu geben. Die gewürzten, in Butter sautierten Tomatenfleischstücke sind obenauf zu streuen.

Côte de veau rennaise   **Kalbskotelett Renneser Art**

Bedarf für 10 Portionen: 1 kg kleine, gleichmäßige Karotten, 1 frische Gurke, 80 g Butter zum Glacieren, 3 El Öl, 60 g Butter, Salz, Pfeffer, Mehl, 10 Kalbskoteletts je 180 g, 0,125 l Weißwein, Saft einer halben Zitrone, 0,5 l helle Brühe, 80 g Mehlbutter, 0,25 l Rahm.

Karotten putzen, waschen und glacieren. Die Gurke schälen, längs in Viertel teilen, die Kerne abnehmen und schräg in Stücke schneiden, die der Karottengröße entsprechen. Danach die Gurkenstücke ebenfalls glacieren. In einem flachen Geschirr Öl und Butter erhitzen, die gewürzten und mehlierten Koteletts darin braten und warmstellen. Den Bratsatz mit dem Weißwein und dem Zitronensaft ablöschen, mit der Brühe auffüllen und zur Hälfte einkochen.

Danach die Mehlbutter und die Sahne dazugeben und unter Rühren die Sauce kurz aufkochen. Die glacierten Karotten und Gurken der Rahmsauce beifügen und die angerichteten Koteletts damit bedecken.

Côte de veau à la crème   **Kalbskotelett in Rahm**

Bedarf für 10 Portionen: 10 Kalbskoteletts je 180 g, Salz, Mehl, 80 g Butter, 2 Tl feingeschnittene Schalotten, 250 g rohe Champignons, 0,1 l Weißwein, 0,25 l Sahne, 0,5 l Kalbsjus, 80 g Mehlbutter, Zitronensaft.

Die Kalbskoteletts werden gesalzen, mehliert und in Butter gebraten, herausgenommen und warmgestellt. In die Bratbutter gibt man die rohen, in Scheiben geschnittenen Champignons sowie die feingeschnittenen Schalotten, dünstet dieses ein wenig an und löscht mit Weißwein ab. Dann wird mit frischem Rahm und Kalbsjus aufgefüllt und mit der Mehlbutter gebunden. Die Sauce ist mit Salz und etwas Zitronensaft noch geschmacklich zu vollenden.

Beilage: Kartoffelzubereitungen von pürierten Kartoffeln oder Reis mit Erbsen (Risipisi).

Ris de veau aux marrons   **Kalbsmilch mit Maronen**

Bedarf für 10 Portionen: 1,2 kg gekochte Kalbsmilch, Salz, Pfeffer, Mehl, 100 g Butter, 0,1 l Weißwein, 3 El Madeira, 0,25 l Kalbsjus, 200 g magere Speckscheiben, 500 g glacierte
 Maronen, 150 g Blätterteig.

Die in Scheiben geschnittene Kalbsmilch leicht würzen, mehlieren und in Butter braten. Den Bratsatz mit Weißwein und Madeira ablöschen und mit der Kalbsjus verkochen. Nun sind die Kalbsmilchscheiben mit ihrer Sauce nebst gewällten, angebratenen Speckscheiben und den glacierten
Maronen in ein tiefes irdenes Geschirr zu geben. Es wird mit Blätterteig oder Pie-Teig wie eine
englische Schüsselpastete (s. Küche der Vereinigten Staaten von Amerika) geschlossen und in
den Ofen (180 °C) gestellt. Das Gericht ist fertig, sobald der Teigdeckel gut ausgebacken ist.

Beilage: Blattsalate.

Ris de veau au vin blanc   **Kalbsmilchschnitten in Weißwein**

Bedarf für 2 Portionen: 200 g Kalbsmilch, 60 g Butter, 1 feingehackte Schalotte, 0,1 l Rheinwein,
 0,1 l Hühnerbrühe, 2 Eigelb, 2 El Sahne, 1 Tl geschlagene Sahne, Zitronensaft,
 Cayenne, 12 Spargelspitzen, 2 Trüffelscheiben, 4 Blätterteighalbmonde.

Gewässerte, helle Kalbsmilch mit kaltem Wasser aufsetzen, 10 Min. langsam kochen und darin abkühlen lassen. Einen flachen Topf mit 10 g Butter ausstreichen, die feingehackten Schalotten hineinstreuen. Kalbsmilch in 6 Scheiben schneiden, unnötige Bindegewebe entfernen. Die Scheiben
leicht salzen, in den Topf legen, Rheinwein und Hühnerbrühe dazugießen und, mit einer Folie bedeckt, im Ofen (150 °C) 10 Min. dünsten. – Spargelspitzen mit einer Prise Salz im eigenen Fond
erhitzen.

Die Kalbsmilch auf einer mit Butter bestrichenen, erwärmten Platte nebeneinander anrichten, je
2 Spargelspitzen darauflegen und mit der Folie bedeckt warmhalten.

Den Kalbsmilchfond stark einkochen, so daß er gerade zur Saucenbildung ausreicht. Danach mit
Eigelb und Sahne binden, nicht mehr kochen lassen, 50 g Butter in Flöckchen darunterschlagen,
mit Zitronensaft und Cayenne würzen und mit der Schlagsahne vollenden. Die Sauce über die angerichteten Kalbsmilchscheiben geben und das Gericht im Salamander leicht überbacken. Blätterteighalbmonde und Trüffelscheiben darauflegen.

Civet de Lièvre à la bonne femme   **Hasenpfeffer nach Hausfrauenart**

Bedarf für 10 Portionen: 4 kg Hase, Salz, Pfeffer, 200 g Butter, 300 g Zwiebelscheiben, 2 El Mehl,
 1 Kräutersträußchen, 4 Knoblauchzehen, 0,5 l Burgunder, 0,75 l Wildbrühe, 30 Perlzwiebeln, 200 g magere Speckstreifen, 0,2 l Sahne, 0,2 l Hasen- oder Schweineblut,
 40 g Cognac, 20 dreieckige Croûtons.

Die Hasen zerlegen, von den Häuten befreien, in 60 – 80 g schwere Stücke schneiden und würzen.

In einem flachen Geschirr Butter erhitzen, die Hasenstücke darin anbraten und die Zwiebelscheiben dazugeben. Wenn alles gebräunt ist, das Mehl einstäuben und kurze Zeit mitrösten. Danach das
Kräutersträußchen und die Knoblauchzehen dazulegen, mit dem Wein und der Brühe auffüllen und
unter mehrfachem Rühren alles zum Kochen bringen. Nun ist das Gericht zugedeckt (150 °C)
1 1/4 Std. zu schmoren.

Inzwischen werden die kleinen, geschälten Zwiebeln und die Speckstreifen in etwas Butter braun
angebraten. Die Hasenstücke sind jetzt aus der Sauce zu nehmen und in ein anderes Geschirr zu legen. Die Sauce wird um ein Viertel ihrer Menge eingekocht und über die Hasenstücke passiert. Jetzt
gibt man noch die angebratenen Zwiebeln und den Speck dazu und gart alles bei gelinder Hitze
weitere 15 Min.

Blut und Sahne werden vermischt und nach beendeter Kochzeit abseits des Feuers in den Hasenpfeffer gerührt. Das Gericht wird noch mit dem Cognac verfeinert und darf jetzt nicht mehr kochen, damit die Sauce nicht gerinnt.

Nach dem Anrichten ist der Hasenpfeffer mit den Croûtons zu garnieren.

Beilage: Nudeln, Grießnocken oder Kartoffelklöße.

Pointe de bœuf à la bourguignonne   Rinderschwanzstück in Rotwein

Bedarf für 10 Portionen: 2 kg Rinderschwanzstück, 250 g Kalbsknochen, 2 ausgebeinte Kalbsfüße, 300 g Röstgemüse, 100 g Schweinefett, 0,2 l Burgunder, 0,2 l braune Brühe, 1 El Tomatenmark, 1 Knoblauchzehe, Salz, 1 Kräutersträußchen, 10 Pfefferkörner.
Garnitur: 300 g gebratene magere Speckstreifen, 300 g glacierte Schalotten, 300 g sautierte kleine Champignons, 2 El Petersilie.

Das Fleisch ist zu würzen und zusammen mit den Knochen in eine mit Fett erhitzte Schmorpfanne zu legen, um alles gleichmäßig braun anzubraten. Dann löscht man mit wenig Flüssigkeit ab und kocht den Bratsatz los. Die Flüssigkeit wird eingekocht, damit das Schmoren erneut in Braten übergeht. Dieser Vorgang wird zweimal wiederholt; hierdurch erreicht man Geschmackswerte sowie Farbe und verhindert das Austrocknen der Kruste.

Während des letzten Bratabschnitts kommen die Röstgemüse dazu und nach deren Bräunung das Tomatenmark, das zur Verbesserung des Geschmacks kurze Zeit mitgeröstet wird. Dann wird mit dem Burgunder abgelöscht, mit der braunen Brühe aufgegossen und das Kräutersträußchen, die zerdrückten Pfefferkörner, die Knoblauchzehe und die gebrühten Kalbsfüße beigegeben. Danach das Geschirr zudecken und im Ofen, bei wiederholtem Wenden des Fleisches, dieses garschmoren (Gardauer etwa 2 1/2 Std.).

Ist das Fleisch weich, wird es der Sauce entnommen. Die passierte Sauce entfetten und auf 1 l einkochen. Inzwischen die Kalbsfüße in Streifchen schneiden und sie der fertigen Sauce beigeben. Der Braten wird in Scheiben geschnitten, leicht sautiert und mit der Garnitur umgeben. Die restliche Sauce ist gesondert zu reichen.

Beilagen: Karotten, Schwarzwurzeln oder Rosenkohl, Teigwaren, Klöße oder Kartoffelbrei.

Filetsteak au poivre flambée   Flambiertes Pfeffersteak

Bedarf für 10 Portionen: 10 Filetsteaks je 180 g, 10 g weiße Pfefferkörner, 80 g geklärte Butter, 40 g frische Butter, 4 El Cognac, 0,25 l Bratenjus, 1 El Fleischextrakt.

Die gesalzenen Filetsteaks mit den zerdrückten Pfefferkörnern bestreuen und diese mit der Hand eindrücken. In einer Stielpfanne die geklärte Butter erhitzen. Die Steaks hineinlegen und von beiden Seiten bis kurz vor den gewünschten Garpunkt braten. Den Cognac beifügen und mit einem Streichholz anzünden. Die Pfanne behutsam schwenken, bis die Flamme erloschen ist. Daraufhin die Pfeffersteaks herausnehmen und auf eine vorgewärmte Platte legen. Die Bratenjus in die Pfanne gießen, um die Hälfte reduzieren, den Fleischextrakt dazugeben und schnell die frische Butter einrühren. Die Steaks mit der fertigen Sauce überziehen und sofort servieren.

Beilagen: Bohnen oder Chicorée und gebackene Kartoffeln.

Caneton rouennaise, farci   **Gefüllte Rouener Ente**

Bedarf für 4 Portionen: 1 vorbereitete Rouener Ente 1,8 kg, 60 g Fett, 0,1 l trockenen Sekt, 0,2 l
    Rotwein, 1 Schalotte, Thymianzweig, Lorbeerblatt, 0,25 l Kraftsauce, 1 Entenle-
    ber, 50 g Butter.
    Füllung: 100 g frischer fetter Speck, 2 gehackte Schalotten, 200 g Geflügelleber,
    2 El Cognac, Salz, Pfeffer, Pastetengewürz.

Rouener Enten werden nicht geschlachtet wie anderes Geflügel, sondern erstickt. Dadurch bleibt
das Blut im Tierkörper.

Für die Füllung den Speck mit den Schalotten kurze Zeit braten, die Geflügelleber dazugeben,
leicht anbraten und mit dem Cognac flambieren. Das Ganze fein hacken und würzen.

Die Farce in die vorbereitete Ente füllen, diese schließen, binden und würzen. In entsprechend großem Gefäß das Fett erhitzen, die Ente darin wenden und im Ofen (180 °C) 25 Min. braten. Danach etwas abkühlen lassen.

Der noch blutigen Ente die Keulen abtrennen, und diese in einer kleinen Pfanne fertigbraten.

Die Füllung auf eine gebutterte Platte geben, das Brustfleisch in dünnen Tranchen vom Tierkörper
schneiden, auf die Füllung legen, zudecken und warmstellen.

Die Karkasse zerhacken, mit dem Sekt begießen, in eine Spezialpresse geben und auspressen. Den
Saft zur Saucenbereitung reservieren.

Rotwein, Schalotten, Thymian und ein Bruchstück Lorbeerblatt zur Hälfte einkochen. Die Kraftsauce und den ausgepreßten Saft dazugießen, alles gut verkochen, danach passieren.

Die sehr fein gehackte Entenleber und die Butter mit einem Schneebesen unter die heiße Sauce
rühren und wenn nötig nachwürzen. – Die Sauce darf nicht mehr kochen, sonst verliert sie den feinen Geschmack und wird grießig.

Die Entenkeulen entbeinen, in Stücke teilen, auf die Platte zu der Entenbrust legen, alles leicht
saucieren und die restliche Sauce gesondert reichen.

Beilagen: Feine Erbsen und Kartoffelchips oder Waffelkartoffeln.

Crêpes Suzette   **Kleine Pfannkuchen Suzette**

Bedarf für 10 Portionen: 240 g Milch, 200 g Mehl, 3 El Zucker, Salz, 2 Eier, 2 Eigelb, 2 El zerlas-
    sene Butter, 40 g Butter zum Backen.
    10 Stck. Würfelzucker (Normalwürfel), 2 Zitronen, 4 Orangen, 125 g Butter, 6 El
    Grand Marnier, 4 El Cognac.

Aus Milch, Mehl, Zucker, Salz, Eiern, Eigelb und zerlassener Butter einen Pfannkuchenteig bereiten. In einer Pfanne mit 12 cm Durchmesser aus dem Teig 20 hauchdünne Crêpes bereiten und
warmstellen.

Die Zuckerwürfel, mit denen die Zitronen- und Orangenschalen abgerieben wurden, zusammen
mit der Butter in einer entsprechend großen Flambierpfanne erwärmen. Gelegentlich rühren, damit alles schnell flüssig wird ohne zu bräunen. Den ausgepreßten Saft der Orangen und Zitronen
dazugeben und unter mehrmaligem Rühren kochen, bis die Sauce auf ein Drittel ihrer Menge reduziert ist. Die Pfannkuchen nacheinander in die Sauce legen, wenden und zu einem Dreieck
falten. Die gefalteten Crêpes reihenweise in der Pfanne anordnen. Den Grand Marnier und den
Cognac darübergießen und flambieren. Die Pfanne vorsichtig schütteln, bis die Flamme erloschen
ist.

Die Crêpes auf warmen Tellern anrichten und mit der Sauce begießen.

SCHWEIZERISCHE KÜCHE

Einleitung

Die Schweiz, im Herzen Europas gelegen, ist ein beliebtes Ferienland. Mehr als die Hälfte ihrer Fläche ist Hochgebirge mit den gewaltigen Bergen der Westalpen. Der Fremdenverkehr bildet die Grundlage für einen bedeutenden Teil ihrer Wirtschaft. Er beeinflußt auch das kulinarische Angebot. Gut geführte Hotels bieten eine erstklassige Küche, deren Internationalität die Küche Frankreichs und die Küche Italiens widerspiegelt. Auch die schweizerischen Regionalküchen mit ihrer bunten Vielfalt an volkstümlichen Gerichten nehmen eine beachtliche Stellung ein. Eine ganze Reihe ihrer Spezialgerichte ist in den Gasthöfen des Landes anzutreffen. Die auf den Gebirgsalmen und Hochtälern blühende Viehzucht und Milchwirtschaft sowie die in den klaren Gebirgsseen betriebene Fischerei kommt auch in der Küche des Landes zum Ausdruck. Für viele Zubereitungen spielt der Käse eine übergeordnete Rolle. Die trefflich schmeckenden Fische, das berühmte, luftgetrocknete Bündnerfleisch bereichern die Tafel und die in den günstigen Hang- bzw. Tallagen gedeihenden Weine, Früchte und Gemüse erweitern das kulinarische Angebot der schweizerischen Küche.

Verschiedene Gerichte

Berner Chrutsupp (Krautsuppe) Potage santé à la bernoise

Auf dem Berner Gemüsemarkt erscheint zu Beginn des Frühlings ein Gemisch von frühen Kräutern: Spinat, Kerbelkraut, Minze, Zwiebellauch, aus dem die Berner Frauen eine vorzügliche Suppe zu bereiten verstehen. Die Bauernfrauen bringen diese Kräuter in großen Gemüsekörben zu Markt, mischen vorweg die Kräuter in kleine flache Körbchen, die verkauft werden. Auf Wunsch wird auch Sauerampfer beigemischt.

Bedarf für 2 l: 100 g Kräuter (Kerbel, Minze, junges Zwiebelkraut und Petersilie); 50 g Butter, 1,75 l Fleischbrühe, Salz, Pfeffer, Muskat, 4 Eigelb, 0,25 l Sahne, 10 geröstete Mischbrotscheiben, 1 El Schnittlauch.

Die Kräuter waschen, in einem Tuch abtrocknen und fein hacken. Butter erhitzen, die Kräuter darin andünsten und mit der Fleischbrühe auffüllen. Etwa 10 Min. leicht kochen. Mit Salz, Pfeffer und Muskat würzen. Eigelb und Sahne verrühren und die Brühe damit legieren. Die Brotscheiben in Teller oder in eine Terrine legen, die Suppe einfüllen und mit Schnittlauch bestreuen.

Mangold, überbacken Côtes de bettes au gratin

Bedarf: 1 kg weiße Mangoldstiele, 0,3 l Béchamelsauce, 50 g geriebener Parmesan, 30 g geriebene Weißbrotkrume, 50 g Butter.

Die Mangoldstiele schälen, in fingerlange Stücke schneiden und in leicht gesäuertem Salzwasser garen. Danach abschütten, abtropfen lassen und in eine gebutterte, feuerfeste Platte legen. Das Gemüse mit Béchamelsauce überziehen, Käse und Weißbrotkrume daraufstreuen, mit Butterflocken belegen und im Ofen hellbraun überbacken.

Sauerrüben Compôte de raves

Sauerrüben sind streifig geschnittene weiße Rüben, die wie Sauerkraut gesalzen werden und während drei Wochen eine Milchsäuregärung durchmachen.

Bedarf für 10 Portionen: 1,2 kg Sauerrüben, 120 g Schweinefett, 200 g Zwiebelscheibchen, 200 g Apfelscheibchen, 5 g Zucker, Pfeffer, Salz, Kümmelbeutel (3 g).

Schweinefett erhitzen, Zwiebeln farblos darin schwitzen. Äpfel, Sauerrüben und Zucker dazugeben, pfeffern, minimal salzen und soviel kochendes Wasser angießen, daß der Boden gut bedeckt ist. Geschirr mit Folie und Deckel verschließen und die Rüben bei mäßiger Hitze 30 Min. garen.

Zu Sauerrüben werden Pökelrippli, Gnagi (gesalzene Schweinswädli) oder geräucherte heiße Wurst gereicht. Der Kochfond des Fleisches kann zum Angießen der Rüben Verwendung finden.

Rotkraut mit Kastanien   Chou rouge aux marrons

Bedarf für 10 Portionen: 1 kg geschälte Edelkastanien, 100 g Zucker, 80 g Butter, 0,2 l Rotwein; 2 kg streifig geschnittenes Rotkraut, Essig, 100 g Schweinefett, 200 g Zwiebelscheibchen, 100 g Apfelscheibchen, 1 Gewürzbeutel (2 Nelken, 1 Stck. Zimtrinde, 10 zerdrückte Pfefferkörner), Salz.

Zucker hell karamelisieren, mit einem Schuß Wasser ablöschen, leicht kochen lassen, bis der Zucker gelöst ist. Butter, Rotwein und Kastanien in den dickfließenden Karamelzucker geben, umrühren, kurze Zeit kochen und beiseite stellen.

Rotkraut mit einigen Spritzern Essig und wenig Salz marinieren. Schweinefett erhitzen, Zwiebel- und Apfelscheibchen darin andünsten. Rotkraut zugeben, Wasser untergießen, aufkochen und durchrühren. Die angesetzten Kastanien dazurühren, den Gewürzbeutel in die Mitte stecken, Topf mit Folie und Deckel versehen und unter zeitweiligem Rühren 1 Std. garen. Während des Garens soll der sich bildende Fond verkochen, damit das fertige Kraut appetitlich glänzt. Beim Anrichten den Gewürzbeutel entfernen.

Berner Platte   Plat bernois (choucroute à la bernoise)

Dieses Gericht ist eine Nationalspeise der Berner, insbesondere der Emmentaler Bauern. Sein Ursprung ist im Emmental, dem Land des urwüchsigsten Bauerntums, zu suchen; es hat sich aber längst die ganze Schweiz erobert. Hauptbestandteile sind, je nach der Jahreszeit: Sauerrüben, frische Bohnen oder weiße Rüben, umlegt oder bedeckt mit gesalzenem, mit der Schwarte gekochtem Speck oder gekochtem geräuchertem Bauchspeck, geräucherten Pökelrippli (Kasseler), Berner Zungenwurst oder Bauernwurst (Schübling); und gekochte Rinderquerrippe (Siedfleisch), die gesondert auf einer Platte angeboten wird.

Bedarf für 10 Portionen: 1 kg Rinderquerrippe, 1 Gemüsebündel, Salz, 750 g Pökelrippchen, 500 g geräucherter Bauchspeck, 500 g Berner Zungenwurst oder Schübling, 1 gespickte Zwiebel, 120 g Schweinefett, 250 g Zwiebelscheibchen, 200 g Apfelscheibchen, 1,5 kg Sauerkraut, 1 Gewürzbeutel (Kümmel, Wacholder, Lorbeerblatt, Nelken).

Rindfleisch blanchieren, mit Wasser aufsetzen, aufkochen, abschäumen und 150 Min. sieden. Gemüsebündel sowie Salz 40 Min. vor beendeter Garzeit beigeben. Gleichzeitig Pökelrippchen, geräucherten Speck und Zungenwurst mit Wasser bedeckt aufsetzen, aufkochen, abschäumen, gespickte Zwiebel dazulegen und 60 – 75 Min. garziehen lassen. Gare durch Anstechen prüfen.

Fett erhitzen, Zwiebeln und Äpfel andünsten, Sauerkraut aufgelockert zugeben, leicht salzen, kochendes Wasser untergießen. Gewürzbeutel in die Mitte stecken, Topf mit Folie und Deckel schließen und 30 Min. garen. Dann Gewürzbeutel entfernen.

Kraut in die Mitte einer Platte legen, Schweinefleisch und Wurst in Scheiben geschnitten darauflegen. Gekochtes Rindfleisch tranchiert für sich auf einer Platte anrichten.

Beilagen: Salzkartoffeln oder Kartoffelpüree und Preiselbeeren.

Leberspiessli   Brochettes de foie de veau

Bedarf für 10 Portionen: 1,8 kg Kalbsleber, Pfeffer, Salbeiblätter, 200 g geräucherte Magerspeck-
    scheibchen.

Kalbsleber in 4 cm lange, fingerdicke Stäbe schneiden und pfeffern. An jedes Leberstück ein Salbeiblatt drücken oder sehr wenig gerebelten Salbei aufstreuen und noch mit einem Speckscheibchen umhüllen. Die präparierten Leberstäbe auf 10 Spieße verteilt aufstecken und in der Pfanne
oder auf dem Grill braten.

Leberspiessli, eine Zürcher Besonderheit, wird vorwiegend auf gedünsteten grünen Bohnen, aber
auch auf gedünstetem Wirsingkohl oder Blattspinat angerichtet.

Adrio   Crépinettes

Bedarf für 10 Portionen: 150 g feingeschnittene Zwiebeln, 1 El gehackte Petersilie, 60 g Butter,
    300 g fettes Schweinefleisch, 300 g Kalbfleisch, 1 kg Kalbslunge, 1 El Mehl, 4 Eier,
    Salz, Pfeffer, 1 Schweinsnetz, 60 g Fett.

Zwiebeln und Petersilie in Butter andünsten und beiseitestellen. Fleisch und Lunge fein wolfen,
mit Mehl, Eiern, angedünsteter Zwiebel-Petersilie gut vermengen und mit Salz und Pfeffer würzen.

Mit einem El eigroße Stücke abstechen, flachrund formen und in passend zugeschnittene Stücke
von Schweinsnetz einschlagen.

Fett in einer Stielpfanne erhitzen und die Crépinettes von beiden Seiten braun- und durchbraten.

Beilage: Bohnen, Spinat oder gedünsteter Kohl.

Bohnentopf   Cassoulet

Bedarf für 8 Portionen: 1 kg kleine weiße Bohnen, Salz, 200 g frische Speckschwarten, 300 g blan-
    chierter, geräucherter Magerspeck, 2 zerdrückte Knoblauchzehen, 1 gespickte Zwie-
    bel, 1 Gemüsebündel, 1,5 kg Schaffleisch von Hals oder Schulter, 50 g Fett, 100 g
    feingeschnittene Zwiebeln, 0,25 l Brühe, 1 Kräutersträußchen, Pfeffer.

Weiße Bohnen waschen, über Nacht einweichen. Die Bohnen mit dem Einweichwasser, wenig Salz,
den in Wurstform gerollten, gebundenen Speckschwarten, dem Magerspeck, den Knoblauchzehen,
der Zwiebel und dem Gemüsebündel zum Kochen bringen, abschäumen und zugedeckt garen.

Das Schaffleisch in Stücke (50 g) schneiden, würzen, in heißem Fett anbraten. Die Zwiebeln beifügen und wenn sie zu bräunen beginnen, die Brühe auffüllen. Dann das Kräutersträußchen und
frisch gemahlenen Pfeffer darangeben und zugedeckt 90 Min. im Ofen schmoren.

Gegarte Schwarten und Magerspeck sowie Zwiebel und Gemüsebündel den Bohnen entnehmen,
ebenso dem geschmorten Schaffleischragout das Kräutersträußchen. Bohnen und Ragout zusam-
menschütten, durchschwenken, in einem Porzellangeschirr (Pruntruter Kachel) anrichten und die
Schwarten sowie den Magerspeck in Scheiben geschnitten darauflegen.

Ragout von Innereien   Grick

Bedarf: 1 Kalbsherz, 1 Kalbslunge, 1 Kalbsmilz, Salz, Pfeffer, 80 g Fett, 60 g Mehl, 0,25 l Weiß-
    wein, 1,2 l Fleischbrühe, 1 gespickte Zwiebel, 1 Kräutersträußchen, 2 geputzte Möhren.

Herz, Lunge und Milz zu Ragout schneiden, blanchieren und abtropfen lassen. Dann würzen,
Fett erhitzen, rasch darin anbraten und das Mehl darüberstäuben. Zusammen noch etwas rösten,
mit Weißwein ablöschen, mit Fleischbrühe auffüllen und unter Rühren aufkochen. Zwiebel, Kräutersträußchen, Möhren und Fleisch in die Sauce geben und darin garschmoren.

Vor dem Anrichten Zwiebel, Kräutersträußchen und Möhren entfernen.

Grick kann auch aus Innereien von Schaf und Schwein hergestellt werden.

Gitzi (Ziegenlamm), gebraten   Cabri rôti

Bedarf für 10 Portionen: 3,5 kg Ziegenlamm, 250 g Zwiebelscheiben, 100 g Möhrenscheiben, Salz, Pfeffer, 100 g Butter, 0,7 l Jus.

Fleisch in Schulter, Keulen und Rücken zerlegen und würzen. Ein Bratgeschirr mit Butter ausstreichen, Zwiebel- und Möhrenscheiben auf der Bodenfläche verteilen. Das Fleisch nebeneinander darauflegen, mit Butter bepinseln, in den heißen Ofen schieben und 20 – 25 Min. rasch braten. Fleisch und Gemüse mehrmals wenden bzw. durchrühren. – Dann das gebratene Fleisch entnehmen, ein Teil des Bratfettes abgießen, mit Jus auffüllen, den Bratsatz loskochen und passieren. Die Fleischstücke aufteilen, anrichten und nachwürzen. Bratenjus gesondert dazugeben.

Beilagen: Spargel und gebackene Kartoffeln.

Gitzi-Würzfleisch   Sauté de cabri

Bedarf für 10 Portionen: 2,5 kg ausgebeintes Fleisch und Innereien (Herz, Lunge, Leber, Milz) von Ziegenlamm, Salz, Pfeffer, 100 g Butter, 150 g feingeschnittene Zwiebeln, 50 g Mehl, 1 El Tomatenmark, 0,2 l Weißwein, 0,7 l Fleischbrühe, Salbei, 1 Kräutersträußchen.

Fleisch und Innereien in grobe Würfel zerteilen und würzen. Dann in geklärter Butter auf mäßigem Feuer zugedeckt schmoren. Nach 20 Min. das Fleisch herausnehmen. Im Bratsatz die Zwiebeln leicht rösten, Mehl darüberstäuben und anschwitzen. Das Tomatenmark beifügen, mit Weißwein ablöschen und Fleischbrühe auffüllen. Unter Rühren aufkochen, Salbei und Kräutersträußchen beifügen und das Fleisch in dieser Sauce noch 15 Min. schmoren.

Beilage: Rösti (Rezept siehe folgende Seite).

Gemspfeffer   Civet de chamois

Bedarf für 10 Portionen: 4 kg Gemsfleisch, Salz, Pfeffer, 200 g Butter, 300 g Zwiebelscheiben, 30 g Mehl, 1 Kräutersträußchen, 0,5 l Weißwein, 0,8 l Wildbrühe, 30 geschälte Perlzwiebeln, 200 g magere Speckstreifen, 0,2 l Schweineblut, 0,2 l Sahne, 20 dreieckige Croûtons.

Das Gemsenfleisch von Häuten, Sehnen und Gelenken befreien, in 60 – 80 g schwere Stücke schneiden und würzen.

Die Gemsstücke in Butter anbraten und die Zwiebelscheiben dazugeben. Wenn alles gebräunt ist, das Mehl einstäuben und kurze Zeit mitrösten. Danach das Kräutersträußchen dazulegen, mit dem Wein und der Brühe auffüllen und unter mehrfachem Rühren alles zum Kochen bringen. Das Gericht zudecken und im Ofen (150 °C) etwa 1 Std. schmoren.

Inzwischen Speck und Perlzwiebeln blanchieren und braun anbraten.

Die Gemsstücke ausstechen und in ein anderes Geschirr legen. Die Sauce auf 0,7 l reduzieren und über das ausgestochene Fleisch passieren. Die angebratenen Zwiebeln und Speckstreifen beigeben und alles weitere 15 Min. leicht garen. Blut und Sahne vermischen und sie abseits des Feuers in den Gemspfeffer rühren. Das Gericht darf nicht mehr kochen, damit die Sauce nicht gerinnt.

Nach dem Anrichten ist der Gemspfeffer mit den Croûtons zu garnieren.

Beilagen: Pilze und Spätzle oder Nudeln.

Geschnetzelt Leberli   Foie de veau sauté à la suisse

Bedarf für 2 Portionen: 350 g Kalbsleber, 1 El feingeschnittene Zwiebeln, 40 g Fett, 1 Tl Mehl, 0,2 l Fleischbrühe, Salz, Pfeffer.

Die Kalbsleber von den Blutadern befreien und in kurze Scheibchen schneiden. In einer Stielpfanne die Zwiebeln in heißem Fett gelb anrösten. Die gewürzte Leber dazugeben, unter ständigem Rühren mit einer Gabel rasch rosa braten und dann auf einen Teller schütten. Den Bratsatz mit Mehl bestäuben, die Fleischbrühe zugeben, glattrühren, aufkochen, mit Salz und Pfeffer nachwürzen und etwas reduzieren.

Die Leber in die kochendheiße Sauce schwenken und sogleich zu Tisch geben.

Beilagen: Reis oder Nudeln und gemischter Salat.

Geschnetzelt Nierli   Rognon de veau sauté à la suisse

Bedarf für 2 Portionen: 350 g Kalbsnieren, 1 El feingeschnittene Zwiebeln, 40 g Fett, 1 Tl Mehl, 0,2 l Fleischbrühe, Salz, Pfeffer.

Die Kalbsnieren werden aus dem Fett geschält, längshalbiert und feinblättrig geschnitten.

Geschnetzelte Nieren werden wie „Geschnetzelt Leberli" zubereitet.

Geschnetzelt Kalbfleisch   Emincé de veau à la suisse

Bedarf für 4 Portionen: 600 g sehnenfreies Kalbfleisch aus Filet oder Keule, 70 g Butter, 40 g feingeschnittene Zwiebeln, trockener Weißwein, 0,3 l Rahm, Salz, Pfeffer.

Das Kalbfleisch in Scheibchen schneiden und würzen. In einer entsprechend großen Stielpfanne 50 g Butter erhitzen. Wenn die Butter ausgeschäumt hat, das Kalbfleisch zugeben und einige Minuten unter ständigem Wenden mit einer Gabel sautieren. Sobald das Kalbfleisch leicht gebräunt ist, in eine Schüssel leeren. Übrige Butter in die Pfanne geben und die Zwiebeln darin hell anrösten. Mit einigen Spritzern Wein ablöschen, die Sahne sowie den inzwischen gebildeten Saft des sautierten Fleisches hinzugeben. Unter ständigem Rühren die Sauce kochen lassen, bis sie leicht angedickt ist. Mit Salz und Pfeffer nachwürzen, das Fleisch in die Sauce schwenken, sofort anrichten und zu Tisch geben.

Beilagen: Rösti und Salat.

Berner Rösti   Pommes à la bernoise

Bedarf für 10 Portionen: 2 kg gekochte, abgezogene Pellkartoffeln, 100 g blanchierte Speckwürfelchen, 150 g Butter, Salz, Pfeffer.

Kartoffeln mit einer groben Raspel zerkleinern. Speckwürfelchen in etwas Butter anrösten. Einige Butterstückchen und die Kartoffelraspel dazugeben. Salzen, pfeffern und unter zeitweiligem Schwenken hellgelb rösten. Geröstete Kartoffeln in zwei mit Butter erhitzte Pfannen verteilen, mit einer Schaumkelle flachdrücken, einseitig bräunen und auf Platte stürzen. – Rösti kann man auch mit zuvor weichgedünsteten Zwiebelwürfelchen zubereiten.

Eierrösti oder Vogelheu   Œufs brouillés au pain

Bedarf: 2 Milchbrötchen, 60 g Butter, 5 Eier, 50 g Rahm, Salz.

Die Milchbrötchen halbieren und in dünne Scheiben schneiden. Etwas Butter ausschäumen lassen und darin die Weißbrotscheiben goldgelb rösten.

Eier und Rahm schlagen und mit Salz würzen. Die restliche Butter dem Weißbrot beigeben und die Eier darüberschütten. Auf gelindem Feuer rühren, bis die Eier locker abbinden. Sofort anrichten und auftragen.

Guy-Schnitten   **Tranches Guy**

Bedarf: 5 Toastbrotscheiben, 50 g Senfbutter (englisches Senfpulver), 5 Scheiben gekochter
       Schinken, 5 Scheiben Greyerzer Käse, Pfeffer, 5 Eier, 30 g Butter.

Die Weißbrotscheiben mit Senfbutter bestreichen. Dann mit Schinken und Käse belegen und mit
frisch gemahlenem Pfeffer bestreuen. Die belegten Brotscheiben auf ein Backblech ordnen und im
Ofen oder Salamander fondieren lassen. Gleichzeitig Spiegeleier bereiten, rund ausstechen und auf
jede Weißbrotschnitte ein Ei legen.

Käsespezialitäten

Schweizer Käsetörtchen   **Ramequins**

Bedarf: 250 g Blätterteig, 50 g Butter, 300 g geriebener Greyerzer oder Emmentaler Käse, 3 Eier,
       0,2 l Milch, 0,3 l Sahne, Salz, Pfeffer, Muskat.

Blätterteig 2 mm dick ausrollen und mit Butter ausgestrichene Törtchenformen damit auslegen.
Käse, Eier, Milch, Sahne sowie Gewürze vermischen, die Törtchen damit halbvoll füllen und sie im
heißen Ofen (170 °C) ungefähr 20 Min. backen. Danach auf ein Gitter stürzen, damit die Füllung
nicht einsinkt.

Kratzete, Chäsbrätel   **Raclette**

Kratzete (Raclette) ist eine aus dem Wallis stammende Käsespezialität, die im französischen Sprachgebrauch mit „La raclette", im Berner Oberland hingegen mit „Chäsbrätel" bezeichnet wird.

Der hierzu benötigte Raclette-Käse wird aus Vollmilch erzeugt. Es ist ein runder Fettkäse, mit
42 – 45 cm Durchmesser und 7 – 8 cm Höhe, von schnittfähiger, weicher Konsistenz, der nach
dreimonatiger Reifung genußfertig ist.

Der Käse wird in Viertel oder Hälften geteilt. Zum Rösten bzw. Schmelzen der Käseschnittflächen
bedarf es eines speziellen Ofens. An die Gluthitze gelegt, rösten die Schnittflächen und beginnen
zu schmelzen und flüssig zu werden. In diesem Augenblick wird das Käsestück genommen und die
verflüssigte Masse mit einem Messer auf einen warmen Teller abgestreift; unterdessen röstet bereits
ein anderes Käsestück. Um mehrere Personen fortlaufend bedienen zu können, werden zwei Käse-
stücke abwechselnd geröstet.

Raclette wird heiß mit frisch daraufgemahlenem Pfeffer verzehrt. Man ißt dazu Schwarzbrot,
Mischbrot oder Weißbrot, auch Ofen- oder Pellkartoffeln sowie frischen Salat.

Fondue

Fondue ist eine aus den welschen Kantonen stammende Käsespeise, die überall in der Schweiz angeboten wird. Wenn auch die Zusammensetzung des Fondue je nach Gebiet und Landesteil variabel sein kann, so ist das Grundprinzip der Herstellung jedoch gleich. Alle Zubereitungen haben
gemeinsam und setzen voraus:

● Fondue wird in feuerfesten, glacierten Tonkacheln (Caquelons) mit dickem, hohlem Stiel zubereitet.

● Fondue wird bei mäßiger Hitze bereitet, der zerkleinerte Käse muß unter andauerndem Rühren
  schmelzen.

● Fondue soll von rahmig-sämiger Konsistenz sein; der Geschmack wird rezenter durch Beigabe
  von etwas geriebenem Sbrinz (Hartkäse mit nußartigem Aroma).

● Fondue wird in der Kachel, in der es zubereitet wurde, zu Tisch gegeben.

● Fondue wird, wenn es abkühlt, schnell fest und verliert seinen Wert, deshalb muß es auf einem Kocher mit regulierbarer Wärmezufuhr stehen.

Beim Fondue essen alle Beteiligten aus einer Kachel, indem sie vorbereitete, nußgroße Brotstücke auf eine Gabel spießen, diese unter Rühren in die Käsemasse tauchen und die mit Fondue überzogenen Brotstücke zum Munde führen. – Zum Fondue wird allgemein Weißwein getrunken. Es wird aber auch Tee dazu genommen, was gastronomisch absolut als stilrein gilt.

Fondue ist also keine Platte im Rahmen einer Speisenfolge, es eignet sich auch nicht als Nachtisch. Fondue ist ein selbständiges Gericht für Kenner und Liebhaber.

Neuenburger Fondue   Fondue à la neuchâteloise

Bedarf für 2 Portionen: 250 g Vacherin à fondue (Weichkäse), 1 Knoblauchzehe, 0,2 l Neuenburger Weißwein, 6 g Stärkemehl, 20 g Kirschwasser.

Käse in feine Würfel schneiden. Die Fondue-Kachel mit Knoblauch ausreiben. Stärkemehl mit 2 El Wein anrühren. Weißwein in der Kachel erwärmen. Sobald der Wein dampft, den Käse beifügen und unter leichtem Rühren zum Kochen bringen. Dann die angerührte Stärke und das Kirschwasser unter die geschmolzene Käsemasse geben, die nun leicht abbindet.

Waadtländer Fondue   Fondue à la vanet

Bedarf für 2 Portionen: 300 g geriebener, frischer Greyerzer Käse, 1 Stck. geräucherte Speckschwarte, 1 Knoblauchzehe, 0,2 l Weißwein, 12 g Mehl, 20 g Kirschwasser.

Die Fondue-Kachel mit der Speckschwarte und dem Knoblauch ausreiben. Die anderen Zutaten werden wie im vorangehenden Rezept verarbeitet.

Freiburger Fondue   Fondue à la fribourgoise

Bedarf für 2 Portionen: 30 g Butter, 400 g Freiburger Vacherin à fondue-Käse, 2 Eier, 0,2 l Sahne, Muskat.

Die Butter in einer Fondue-Kachel warm machen. Den feingeschnittenen Käse und 3 El Wasser dazugeben und unter Rühren schmelzen lassen. Die mit Sahne und etwas Muskat gequirlten Eier zufügen und weiterrühren, bis sich die Masse leicht verdickt, dann sofort auftragen.

Genfer Fondue   Fondue à la genévoise

Bedarf für 2 Portionen: 30 g Butter, 200 g geriebener Emmentaler Käse, 150 g geriebener Greyerzer Käse, Muskatnuß, Pfeffer, 6 Eigelb, 0,2 l Sahne.

Die Butter in einer Fondue-Kachel erhitzen, den Käse beifügen und unter Rühren schmelzen lassen. Mit Muskat und Pfeffer würzen. Eigelb und Sahne quirlen, der Käsemasse beigeben und unter weiterem Rühren nochmals stark erhitzen. Auf einem Rechaud auftragen.

Beigabe: mit Butter geröstete Brotstücke.

Gomser Fondue   Fondue à la valaisane

Bedarf für 2 Portionen: 0,3 l Milch, 30 g Butter, 30 g Mehl, 300 g frischer Gomser Käse, Muskat, Pfeffer.

Milch zum Kochen aufstellen. Butter und Mehl vermengen und die kochende Milch damit binden. Die Milchsauce und den feingeschnittenen Käse in eine Kachel geben und das Ganze unter Rühren schmelzen lassen. Die Gewürze werden erst vor dem Auftragen in das Fondue gegeben.

ITALIENISCHE KÜCHE

Einleitung

Innerhalb Europas entwickelte sich die Kochkunst zuerst in Italien. Das überaus reichhaltige und vielfältige Angebot an Obst und Gemüse, gereift in einem milden, sonnigen Klima, waren eine wesentliche Voraussetzung. Hinzu kamen die „Früchte des Meeres" von vorzüglicher Qualität. In dem Bemühen, ihre Herren aus der Schicht des römischen Adels zufriedenzustellen, entwickelten die römischen Köche Rezepte, die darauf ausgerichtet waren, Eigenart, Geschmack und Farbe der Rohstoffe zu verfeinern, den eigentlichen Charakter aber zu erhalten.

Mit dem Niedergang des Römischen Reiches und dem Aufkommen des französischen Hofes wanderten später die berühmten italienischen Köche nach Frankreich und entwickelten dort die Küche in eine andere Richtung.

Italiens Küche ist so temperamentvoll wie seine Bewohner; die Palette reicht von gehaltvollen Suppen und pikanten Vorspeisen (Antipasti) über raffiniert zubereitete Fisch-, Geflügel- und Fleischgerichte bis zu einem Angebot von hervorragendem Käse und Speiseeis. Die Bereitung von Speiseeis, worin sich die Italiener als Könner beweisen, erlernten sie von den Arabern.

In den italienischen Restaurants ist es ähnlich wie in Frankreich. Sobald der Gast seine Bestellung aufgegeben hat, kann er, bis die Gerichte zubereitet sind, von den stets vorrätigen Vorspeisen essen. Innerhalb einer reichhaltigen Auswahl sind fast immer Salami, Sardinen, Radieschen, Oliven, Thunfisch sowie Artischocken zu finden.

Suppen

Pesto genovese   **Gemüsesuppe mit Nudeln**

Bedarf für 2 l: 150 g Weißkohl, 100 g Weißrüben, 100 g Sellerie, 150 g Lauch, 100 g Karotten, 50 g Butter, 1,75 l Fleischbrühe, 150 g Suppennudeln, Salz;
feinstes Gehacktes aus: 100 g fettem Räucherspeck, 50 g Petersilie, 5 Basilikumblättern, 1 Knoblauchzehe; vermischt mit 100 g geriebenem Parmesan.

Die geputzten Gemüse in Scheibchen schneiden, in Butter andünsten, mit der Fleischbrühe auffüllen und garsieden. Die Suppennudeln 10 Min., bevor das Gemüse gar ist, beigeben.

Vor dem Anrichten das Gehackte unter die Suppe montieren und, falls nötig, mit Salz würzen.

Mille fanti   **Weißbrotsuppe**

S. Bd. 1, Abschn. Suppen.

Zuppa alla pavese   **Pavesen-Suppe**

Bedarf für 2 l: 2 l kräftige Fleischbrühe, 10 geröstete, dünne Weißbrotscheiben, 10 Eier, 100 g geriebener Parmesan.

Die Weißbrotscheiben in vorgewärmte Suppentassen legen. Darauf je ein Ei schlagen und die kochende Brühe einfüllen, ohne den Dotter zu verletzen. Dann mit Parmesan bestreuen, schnell überbräunen und unverzüglich zu Tisch geben, da sonst das Ei zu fest und das Brot zu stark aufgeweicht wird.

Minestrone **Gemüsesuppe**

Bedarf für 2 l: Scheibchen von 150 g Lauch, 100 g Sellerie, 100 g Möhren, 100 g Wirsing, 100 g weiße Rüben.
1 El feingeschnittene Zwiebel, 50 g Butter, 1,75 l Fleischbrühe, Salz, Pfeffer, 30 g Makkaroni, 20 g Langkornreis, 100 g Kartoffelwürfelchen, 200 g Tomatenfleischwürfel (concassées), 1 Knoblauchzehe, 50 g fetter Räucherspeck, 1 El gehackte Petersilie, 100 g geriebener Parmesan.

Das Gemüse in feine Scheibchen schneiden. Die Zwiebel in Butter anschwitzen, das Gemüse beifügen und etwa 15 Min. dünsten. Dann mit der Fleischbrühe auffüllen, es mit Salz und Pfeffer würzen und langsam garen. Bevor die Gemüse gar sind, noch die in Stückchen gebrochenen Makkaroni, den Reis, die Kartoffeln sowie die Tomaten hinzufügen und alles zusammen fertig garen. Knoblauch und Speck – sehr fein gehackt – und die Petersilie in der Suppe aufkochen und sie anrichten. Den Parmesan extra reichen.

Busecca **Mailänder Gekrösesuppe**

Bedarf für 2 l: 100 g Lauch, 50 g Sellerie, 50 g Karotten, 100 g Weißkohl, 80 g Butter, 1,75 l Fleischbrühe, 300 g blanchiertes Kalbsgekröse (Kutteln), 100 g eingeweichte blanchierte weiße Bohnen, 50 g fetten Räucherspeck, 1 Knoblauchzehe, 50 g Petersilie, 2 Salbeiblätter, 100 g geriebener Parmesan.

Gemüse und Gekröse in Streifen schneiden, in Butter anschwitzen, mit Fleischbrühe auffüllen, die Bohnen dazugeben und alles garkochen.

Inzwischen Räucherspeck, Knoblauchzehe, Petersilie und Salbeiblätter recht fein hacken. Nach Beendigung der Kochzeit das Gehackte der Suppe beifügen, sie nochmals aufkochen, mit Salz sowie Pfeffer abschmecken und anrichten. Den Parmesan gesondert zur Suppe reichen.

Zwischengerichte

Ravioli genovese **Genueser Ravioli**

Bedarf für 10 Portionen: 900 g Ravioliteig: 500 g Mehl, 3 El Olivenöl, 10 g Salz, 0,25 l Wasser.
Füllung: 100 g feingeschnittene Zwiebeln, 50 g Butter, 500 g Schmorbraten, 1 abgezogenes Kalbshirn, 500 g frischer Spinat oder 200 g tiefgekühlter Spinat, Knoblauch, Salz, Pfeffer, Muskat, 0,2 l Schmorbratensauce.
0,6 l Tomatensauce, 100 g Parmesan, 50 g Butter.

Teig: Mehl auf Backbrett sieben, in die Mitte eine Vertiefung drücken, Eier, Öl, Salz und Wasser hineingeben. Alles zu einem glatten Teig verarbeiten, ihn mit einer Folie abdecken und 20 Min. ruhen lassen.

Füllung: Zwiebeln in Butter andünsten, feingehackten oder durchgedrehten Schmorbraten sowie gehacktes Kalbshirn beifügen und dünsten, bis das Hirn gar ist. Dann den gekochten, pürierten Spinat zugeben, mit Knoblauch, Salz, Pfeffer und Muskat würzen, die Schmorbratensauce einrühren und alles gut verkochen.

Herstellung: Den Teig teilen. Eine Hälfte 2 mm dünn zu einem Rechteck ausrollen und die Fläche mit Wasser bepinseln. Darauf Quadrate mit 4 cm Seitenlänge markieren, in diese Häufchen der Füllung setzen. Den restlichen Teig ebenfalls gleich groß und dünn ausrollen und ihn genau über die mit den Häufchen besetzte Teigplatte legen. (Dies läßt sich leichter durchführen, wenn man das Teigrechteck mit dem langen Stiel eines Holzlöffels aufrollt und es, an einer Seite der behäuften Teigfläche beginnend, wieder auf diese abrollt.) Den Teig mit der Rückseite eines runden Ausstechers (Durchmesser 2,5 cm) fest andrücken, die Quadrate ausrädeln und sie auf Papiere absetzen.

Zubereitung: Die Ravioli in reichlich kochendes Salzwasser gleiten lassen, sie 10 Min. leicht kochen und dann zum Abtropfen auf ein Gitter legen. Eine Backplatte ausbuttern, die Ravioli einordnen, sie mit heißer Tomatensauce (s. Bd. 1, Abschn. Saucen) bedecken und Parmesan darüberstreuen. Noch mit zerlaufener Butter beträufeln, um sie im Salamander zu überbacken.

Cannelloni   Gefüllte Nudelröllchen überbacken

Für Cannelloni bedarf es der gleichen Zutaten wie für Ravioli, denen sie ähnlich sind. Lediglich die
Herstellung unterscheidet beide.

Den dünn ausgerollten Nudelteig in Rechtecke von 5 x 8 cm schneiden, sie einzeln in kochendes
Salzwasser legen und 5 – 8 Min. kochen. Dann abgetropft nebeneinanderlegen, die Füllung darauf
verteilen, die Teigflecke zusammenrollen und sie wie Ravioli weiterbehandeln.

Lasagne al forno   Überbackene grüne Nudeln

Bedarf für 10 Portionen: 800 g Nudelteig: 500 g Mehl, 200 g Eier, 1 El Olivenöl, 10 g Salz, 100 g
       gekochter, gut ausgedrückter, fein passierter Spinat;
       Fleischsauce: 100 g feingeschnittene Zwiebeln, 50 g Möhrenwürfelchen, 100 g Selle-
       riewürfelchen, 80 g Butter, 2 El Olivenöl, 200 g roher Schinken, 400 g Rindfleisch,
       200 g mageres Schweinefleisch, 0,1 l Weißwein, 0,5 l Fleischbrühe, 2 El Tomaten-
       mark, 200 g Hühnerleber, 0,25 l süße Sahne, Muskat, Salz, Pfeffer.
       0,5 l Béchamelsauce (s. Bd. 1, Abschn. Saucen), 150 g Parmesan, 50 g Butter.

Nudeln: Mehl auf ein Backbrett sieben, eine Grube bilden, die anderen Zutaten hineingeben und
alles zu einem Teig zusammenwirken. Nudelteig zudecken, damit er nicht trocknet, und zum Entspannen eine halbe Stunde ruhen lassen. Dann davon vier Teile schneiden, sie zu dünnen Rechtek-
ken ausrollen. Nach kurzem Übertrocknen jedes Teigstück zusammenrollen, es zu Nudeln schneiden und diese in kochendem Salzwasser 8 – 10 Min. garen. Danach abschütten und trockenlegen.

Fleischsauce: Zwiebeln, Möhren und Sellerie in Butter und Öl andünsten. Den Schinken feinhak-
ken, das Rind- und Schweinefleisch grob wolfen, beides dem Gemüse beifügen und alles gut anbraten. Dann den Wein zugießen und die Flüssigkeit einkochen. Die Fleischbrühe und das Tomatenmark beigeben und das Ganze noch 30 Min. schmoren.

Abschließend die in Würfel geschnittene Hühnerleber scharf anbraten, sie zusammen mit der Sahne
in die Fleischsauce einrühren und sie mit den Gewürzen abschmecken.

Fertigstellen: Nudeln, Fleischsauce sowie Béchamelsauce in eine gebutterte Backform schichtweise
einfüllen. Parmesan darüberstreuen, Butter in Flöckchen auflegen und das Gericht im Ofen
überbacken.

Tagliatelle   Bologneser Nudelgericht

Bedarf für 10 Portionen: 750 g Nudelteig: 500 g Mehl, 5 Eier, 1 El Olivenöl, 10 g Salz;
       Fleischsauce: 800 g Anschnitte vom Rinderfilet, Salz, Pfeffer, 80 g Butter, 150 g
       feingehackte Zwiebeln, 40 g Olivenöl, 400 g Tomatenfleischwürfel (concassées),
       0,5 l Tomatensauce, Knoblauchsalz, 3 g Oregano, 100 g geriebener Parmesan.

Teig und daraus Nudeln herstellen und sie „al dente" kochen, wie bereits im vorstehenden Rezept
erläutert.

Fleisch in kleine Würfel schneiden, sie würzen, in erhitzter Butter rasch rosa braten und beiseitestellen. Zwiebeln mit dem Öl anschwitzen, Tomaten dazugeben und sie kurze Zeit mitschwitzen. Tomatensauce auffüllen, alles gut verkochen, mit Oregano sowie Knoblauchsalz abschmekken und das gebratene Fleisch in der Sauce erhitzen, ohne es kochen zu lassen.

Nun die Nudeln in Butter anschwenken, sie anrichten, die Sauce darübergeben und den geriebenen Käse gesondert dazu reichen.

Spaghetti alla carbonara   **Spaghetti nach Köhlerart**

Bedarf für 10 Portionen: 750 g Spaghetti, 150 g blanchierte Bauchspeckstreifchen, 50 g Butter,
3 Eigelb, 80 g geriebener Parmesan, 0,4 l Sahne, Muskat, Salz.

Spaghetti „al dente" kochen und abschütten. Speck mit Butter anschwitzen, 0,3 l Sahne dazugießen, aufkochen, Spaghetti in die Sahne geben, würzen, an den Kochpunkt bringen. Restliche Sahne, Parmesan und Eigelb vermischen, Spaghetti damit binden und sofort anrichten.

Spaghetti alla ghiotta   **Spaghetti auf delikate Art**

Bedarf für 10 Portionen: 5 junge, ausgenommene Tauben, das Helle einer Lauchstaude, 1 Blattstiel
Bleichsellerie, Salz, 30 Krebse je 80 g, 100 g Olivenöl, 40 g Butter, 100 g feine
Brunoise, 0,2 l Weißwein (Orvieto, trocken), 300 g Tomatenfleischwürfel, 1 Zweig
Basilikum, 1 Zweig Thymian, 0,5 l helle Brühe, 0,4 l Sahne, Mehlbutter, 60 g Scha-
lottenbutter, 200 g blanchierter, in Streifen geschnittener Spinat, Msp. geriebene
Muskatnuß, 1 – 1,5 kg gekochte Spaghetti; geriebener Parmesan.

Tauben unter Beigabe von Lauch, Sellerie und ein wenig Salz 18 Minuten kochen. Krebse in
kochendem Wasser töten und abtropfen lassen. Olivenöl und Butter erhitzen, Brunoise und Krebse
zugeben, anschwitzen, mit Wein ablöschen; Tomaten, Basilikum- und Thymianzweig beifügen,
Brühe angießen und zugedeckt 6 – 8 Min. garen. Krebse danach entnehmen, das Fleisch ausbrechen,
Schwänze entdärmen und die zerstoßenen Krusten noch einige Zeit im Krebsfond auswerten. –
Die gargekochten Tauben halbieren, nach genügendem Auskühlen entbeinen und das Taubenfleisch
in Streifen schneiden. Ausgebrochene Scheren und Schwänze der Krebse sowie das Taubenfleisch
reservieren.

Tauben- und Krebsfond passieren und auf die Hälfte der Menge einkochen. Sahne beigeben, gut
durchkochen, mit sehr wenig Mehlbutter binden.

Schalottenbutter in flachem Geschirr erhitzen, gewürzten Blattspinat und bereitgehaltenes Tauben-
und Krebsfleisch darin erwärmen. Sahnesauce aufgießen, die heißen, abgetropften Spaghetti darunterschwenken und alles auf einer flachen Porzellanplatte anrichten. Geriebenen Parmesankäse
separat reichen.

Spaghetti al sugo   **Spaghetti mit Fleischsaft**

Bedarf für 10 Portionen: 200 g Zwiebelwürfelchen, 100 g Butter, 50 g Tomatenmark, 300 g Tomatenfleischwürfel, 15 g feinzerriebener Knoblauch, 1,5 l Kalbsjus, 3 g Rosmarin, 5 g
Oregano, Pfeffer, 0,1 l Olivenöl, 800 g feinste Kalbfleischwürfelchen, 1 – 1,5 kg
gekochte Spaghetti, 50 g Butter in Stückchen, 3 – 6 El Sahne; geriebener Parmesan.

Zwiebelwürfel in Butter anbraten. Tomatenmark, Tomatenfleischwürfel und Knoblauch zugeben
und anschwitzen. Jus auffüllen, Sauce mit Rosmarin, Oregano und Pfeffer würzen.

In einer geräumigen, schwarzen Stielpfanne Olivenöl erhitzen, Kalbfleischwürfelchen beifügen, mit
einer Gabel auf der Bodenfläche verteilen und scharf sautieren, damit sich keine Flüssigkeit bildet.
Sautiertes Fleisch in den Ansatz geben, durchrühren und zugedeckt bei schwacher Hitze 30 Minuten garen.

Heiße, abgetropfte Spaghetti mit Butterstückchen und heißer Sahne durchschwenken, bis ein Butter-
Sahne-Schmelz die Teigwaren umgibt, dann auf flacher Porzellanplatte kranzförmig anrichten.

Oberfläche der Kalbfleischjus entfetten. Sauce durchrühren, evtl. nachwürzen und in die angerichteten Spaghetti geben oder gesondert anrichten. Geriebenen Parmesan separat anbieten.

Spaghetti con caponata   **Spaghetti mit Gemüseragout**

Bedarf für 10 Portionen: 200 g Streifen von grünen Paprikaschoten, 300 g Auberginenwürfel, 150 g
        feingeschnittene Zwiebeln, 0,1 l Olivenöl, 700 g Tomatenfleischwürfel, Basilikum,
        Oregano, 15 g feinzerriebener Knoblauch, Salz, Pfeffer, 10 g Zucker, 1 – 1,5 kg ge-
        kochte Spaghetti, 80 g Butter, 120 g geriebener Parmesan.

Paprikaschoten, Auberginen und Zwiebeln in stark erhitztem Olivenöl sautieren. Tomaten, Kräuter
und Knoblauch dazugeben, mit Salz, Pfeffer und Zucker würzen und zugedeckt 25 Minuten schmoren.

Heiße, abgetropfte Spaghetti mit Butterstückchen belegen, das geschmorte Gemüse dazugeben,
alles mischen, flach anrichten und mit geriebenem Parmesan bestreuen.

Spaghetti alla marèttimo   **Spaghetti nach Marettimo-Art**

Bedarf für 10 Portionen: 200 g Steinpilze, 100 g Fenchelknolle, 100 g Schalotten, 0,1 l Olivenöl,
        60 g Butter, 80 g Tomatenmark, 0,2 l Weißwein (Corvo di Casteldaccio), 1 kg Toma-
        tenfleischwürfel, 400 g Thunfisch (Konserve), 20 g feinzerriebener Knoblauch, Basi-
        likum, Pfeffer, Salz, Salbei, 0,5 l Brühe, 1 Tl gehackte Petersilie, 1 Tl gehackter Ker-
        bel, 1 – 1,5 kg Spaghetti, 80 g Butter, geriebener Parmesan.

Steinpilze, Fenchel und Schalotten feinhacken. Olivenöl und Butter erhitzen und die gehackten
Zutaten darin anschwitzen. Danach das Tomatenmark zugeben, ebenfalls anschwitzen und mit
Weißwein ablöschen. Tomatenfleischwürfel und zerkleinertes Thunfischfleisch dem Ansatz beifügen, mit Knoblauch, Basilikum, Pfeffer, ein wenig Salz sowie Salbei würzen. Brühe angießen und
alles während 30 Min. zu einer sämigen Sauce verkochen. Kerbel und Petersilie in die fertige Sauce
rühren.

Heiße, abgetropfte und mit Butter vermischte Spaghetti anrichten und die Sauce sowie geriebenen
Parmesan separat dazu servieren.

Spaghetti con tartuffi di piemontese   **Spaghetti mit Piemonter Trüffeln**

Bedarf für 10 Portionen: 1,5 kg gekochte Spaghetti, 100 g Butter, 150 g geriebener Käse (Parme-
        san oder Fontina), 1 geschälte, weiße Trüffel etwa 20 g.

Heiße, abgetropfte Spaghetti mit Butterstückchen belegen und mit geriebenem Käse bestreuen. Die
rohe Trüffel mit einem Trüffelhobel in feinsten Scheibchen auf die Spaghetti hobeln. Alles mischen,
in ein vorgewärmtes, mit Butter ausgestrichenes irdenes Serviergeschirr füllen und zugedeckt zu
Tisch geben.

Spaghetti alla romana   **Spaghetti auf römische Art**

Bedarf für 10 Portionen: 600 g geputzte Champignons, Salz, 60 g Butter, 2 El Zitronensaft, 0,5 l
        Sahne, 400 g Tomatenfleischwürfel, Pfeffer, 80 g Schalottenbutter, 1 – 1,5 kg ge-
        kochte Spaghetti, 1 El gehackte Petersilie, geriebener Parmesan.

Champignons in Scheiben schneiden, salzen, in Butter und Zitronensaft andünsten, Sahne dazugießen und zu schwacher Bindung einkochen. Tomaten salzen, mit Pfeffer bestreuen, in Schalottenbutter rasch sautieren und den Sahnechampignons beifügen.

Die Pilzzubereitung über heiße, abgetropfte Spaghetti geben, durchschwenken, auf flacher, vorgewärmter Porzellanplatte anrichten und mit Petersilie bestreuen. Geriebenen Käse dazureichen.

Spaghetti gratinati   **Gratinierte Spaghetti**

Bedarf für 10 Portionen: 0,4 l Sahne, 1,5 kg gekochte Spaghetti, 180 g geriebener Käse (Parmesan
        und Fontina gemischt), 1 Msp. geriebene Muskatnuß, Salz, 100 g Butter.

Sahne um die Hälfte einkochen, heiße, abgetropfte Spaghetti und die halbe Käsemenge zugeben,
durchschwenken, mit Muskatnuß und Salz abschmecken. Spaghetti auf einer mit Butter bestrichenen, geräumigen Backplatte flach anrichten. Verbliebenen Käse darüberstreuen und die Butter in
Flöckchen auflegen. Spaghetti bei starker Oberhitze braun gratinieren.

Foto: Teubner

Kirschenmichel

Rezept s. S. 257

Foto: Teubner

Quarkkeulchen

Rezept s. S. 231

Maccheroni alla milanese   **Makkaroni auf Mailänder Art**

Bedarf für 10 Portionen: 1 kg Tomatenfleischwürfel, Salz, Pfeffer, 1 kleine, feinzerriebene Knoblauchzehe, 100 g Schalottenbutter, 0,5 l Kalbsjus, 1 – 1,5 kg gekochte Makkaroni,
   80 – 100 g Butter, 150 g geriebener Parmesan, 300 g Streifchen von gekochtem
   Schinken, Pökelzunge und Champignons, 30 g Trüffelstreifchen.

Tomaten mit Salz, Pfeffer und Knoblauch würzen, in Schalottenbutter anschwitzen, Kalbsjus dazugießen und alles zu einer sämigen Sauce verkochen.

Heiße, abgetropfte Makkaroni mit Butter und Käse mischen, auf einer vorgewärmten Porzellanplatte flach anrichten. Die in wenig Butter erwärmten Streifchen auf die Makkaroni streuen. Tomatensauce separat dazugeben.

Maccheroni gratinati con prosciutto   **Makkaroni mit Schinken überbacken**

Bedarf für 10 Portionen: 0,2 l Sahne, 120 g Butter, 1 –1,5 kg gekochte Makkaroni, 500 g Streifchen von gekochtem Schinken ohne Fett, Salz, geriebene Muskatnuß, 100 g geriebener Parmesan.

Sahne und die Hälfte der Butter aufkochen, heiße, abgetropfte Makkaroni zugeben und kurz
durchkochen. Schinkenstreifchen unter die Makkaroni mischen, mit Salz und Muskatnuß abschmecken und in eine mit Butter ausgestrichene Backplatte flach einfüllen. Käse aufstreuen, mit
zerlaufener Butter beträufeln und im Salamander goldbraun überbacken.

Gnocchetti piemontesi   **Piemonteser Kartoffelnocken**

Bedarf für 10 Portionen: 1 kg geschälte Kartoffeln, 2 Eier, 2 Eigelb, 120 g Butter, 150 g Mehl,
   Salz, Muskat, 100 g geriebener Parmesan, 0,5 l Tomatensauce.

Kartoffeln kochen, abgießen, ausdämpfen, passieren; in die heißen Kartoffeln schnell Eier, Eigelb,
60 g Butter, Mehl und Gewürze einarbeiten. Backbrett mit Kartoffelmehl bestäuben, darauf die
heiße Masse zu Walzen formen, diese in Scheiben schneiden und mit den Zinken einer Tischgabel
markieren. Sofort in bereitstehendes kochendes Salzwasser einlegen, aufkochen und 10 Min. ziehen lassen. Sie mit einem Drahtlöffel in eine Backplatte setzen, den Käse darüberstreuen, die restliche Butter gebräunt darüberträufeln und mit Tomatensauce umkränzen.

Gnocchi romani   **Römische Nocken**

Bedarf für 10 Portionen: 1,5 l Milch, 80 g Butter, 200 g Hartweizengrieß, Salz, Muskat, 5 Eigelb,
   3 Eier, 150 g geriebener Parmesan.

Milch, 60 g Butter, Salz und Muskat aufkochen. Grieß einlaufen lassen, unter Rühren 6 Min. ausquellen. 4 Eigelb und Eier nach und nach dazugeben, durchkochen, auf gefetteter Platte 2 cm stark
ausstreichen. Abkühlen lassen, mit Eigelb bestreichen, Parmesan daraufstreuen und mit der restlichen Butter beträufeln. Mit rundem Ausstecher (Durchmesser 6 cm) Halbmonde ausstechen, sie
auf eine gebutterte Backplatte ordnen und im heißen Ofen braun überbacken.

Risotto alla milanese   **Reis nach Mailänder Art**

Bedarf für 10 Portionen: 100 g Butter, 50 g Olivenöl, 50 g gehackte Zwiebeln, 0,1 l Weißwein,
   500 g italienischer Reis, Msp. Safran, 1,5 l Fleischbrühe, 50 g Parmesan.

Olivenöl und 50 g Butter erhitzen, Zwiebeln darin farblos anschwitzen, Wein zugießen und einkochen. Reis und Safran zu den Zwiebeln geben, die Hälfte der Brühe auffüllen und ihn bei mäßiger
Hitze auf dem Herd 18 Min. garen. Währenddessen Rest der Brühe nach und nach einrühren. Gegarten Reis umleeren, geriebenen Parmesan und restliche Butter mit einer Gabel untermengen. Risotto muß feucht-schlüpfrig sein.

Risotto alla piemontese   **Reis auf piemontesische Art**

Bedarf für 10 Portionen: 50 g feingeschnittene Zwiebeln, 100 g Butter, 50 g Olivenöl, 500 g italienischer Reis, 1,5 l Fleischbrühe, Salz, 50 g geriebener Parmesan, 50 g feingeschnittene italienische Trüffeln, 0,5 l Bratenjus.

Zwiebeln in 50 g Butter und Öl anschwitzen. Reis darin angehen lassen, Hälfte der Fleischbrühe auffüllen, salzen und den Ansatz aufkochen. Während der Garzeit von 18 Min. die restliche Fleischbrühe in kleineren Mengen in den Reis rühren. Ihn danach umleeren und mit restlicher Butter, Parmesan sowie Trüffeln vermengen. – Die Bratenjus gesondert reichen.

Risotto alla torinese   **Turiner Reisgericht**

Bedarf für 10 Portionen: 50 g feingeschnittene Zwiebeln, 100 g Butter, 50 g Olivenöl, 200 g roher Schinken, 100 g Peperoni, 200 g Champignons, 1 Msp. Safran, 500 g italienischer Reis, 1,5 l Fleischbrühe, Salz, Muskat, 50 g geriebener Parmesan, 250 g Tomatenfleischwürfel.

Zwiebeln in 50 g Butter und Olivenöl dämpfen. Den rohen Schinken, die Peperoni und die Champignons in Streifchen schneiden, den Zwiebeln beifügen und etwas mitdünsten. Danach Safran, Reis und Fleischbrühe dazugeben und 20 Min. garen. Zuletzt den Parmesan, die Tomatenfleischwürfel und die restliche Butter daruntermischen und anrichten.

Polenta   **Italienischer Maisbrei**

Bedarf für 10 Portionen: 1,5 l Wasser, Salz, 300 g Maismehl, 150 g Butter, 150 g Parmesan.

Wasser mit etwas Salz zum Kochen bringen. Maismehl einrühren und unter häufigem Rühren etwa 15 Min. kochen, bis die Polenta dick ist. Danach 75 g Butter sowie 75 g Parmesan einrühren, den Brei auf einem gefetteten Blech fingerdick verteilen und erkalten lassen.

Die Polenta in schräge Vierecke schneiden, sie in Olivenöl braten und auf einer ausgebutterten Backplatte anrichten. Mit restlichem Parmesan bestreuen sowie mit gebräunter Butter abschmelzen. Polenta kann auch mit Tomatensauce gereicht werden.

Gemüse

Peperonata   **Geschmorter Paprika mit Tomaten**

Bedarf für 10 Portionen: 50 g Butter, 0,1 l Olivenöl, 500 g Zwiebelscheiben, 1,5 kg Paprikaschotenstreifen, 500 g Tomatenfleischwürfel, 1 El Weinessig, 1 El Zucker, Salz, Pfeffer, 1 El gehackte Petersilie.

In einem Schmorgeschirr Butter und Öl erhitzen. Zwiebeln hinzufügen und darin braten, bis sie leicht braun sind. Blanchierte Paprikaschoten den Zwiebeln beigeben und zugedeckt 10 Min. langsam schmoren. Dann Tomaten, Essig, Zucker, Salz sowie Pfeffer beifügen und das Ganze unbedeckt unter zeitweiligem Rühren 10 weitere Min. kochen, dabei die Flüssigkeit beinahe reduzieren. Peperonata anrichten und mit der Petersilie bestreuen.

Melanzane alla parmigiana   **Überkrustete Auberginen**

Bedarf für 10 Portionen: 1,5 kg Auberginen, Salz, Pfeffer, 50 g Mehl, 0,15 l Olivenöl, 1 El feingeschnittene Zwiebeln, 100 g Butter, 500 g Tomatenfleischwürfel, 3 g Basilikum, 250 g Mozzarellakäse, 50 g geriebener Parmesan.

Eierfrüchte waschen, in 1 cm dicke Scheiben schneiden; diese salzen, pfeffern sowie in Mehl wenden, von beiden Seiten in Öl braten, herausnehmen und abtropfen lassen. Zwiebeln in Butter andünsten, gewürzte Tomaten sowie Basilikum zu den Zwiebeln geben und alles 6 Min. kräftig kochen. Tomaten in ein feuerfestes Geschirr legen und darauf die Eierfrüchte ordnen. Gemüse mit grobgewürfeltem Mozzarellakäse belegen, den Parmesan darüberstreuen und das Gericht im heißen Ofen überkrusten. Die restliche Butter bräunen und darübergießen.

Zucchini all'italiana   **Zucchini italienisch**

Bedarf für 10 Portionen: 1,5 kg Zucchini, 100 g Mehl, 5 Eier, 0,15 l Olivenöl, Salz, Pfeffer.

Zucchini waschen, schräg in 1 cm dicke Scheiben schneiden, erst in Mehl, dann in zerschlagenen Eiern wenden und in heißem Öl auf beiden Seiten braun braten. Die abgetropften Zucchini mit Salz und Pfeffer würzen und sie auf einer Platte mit Papiermanschette anrichten.

Pizza napolitana   **Pizza neapolitanische Art**

Bedarf für 4 Pizza Durchmesser 30 cm: 500 g Mehl, 30 g Hefe, Prise Zucker, 0,2 l lauwarmes Wasser, Salz, 50 g Olivenöl;
        Belag: 4 El Olivenöl, 200 g Tomatenfleischwürfel, 3 g Thymian, 6 g Oregano, 16 Sardellenfilets, 20 entsteinte Oliven, 200 g Mozzarella.

Mehl in eine Schüssel sieben und in der Mitte eine Mulde bilden. Hefe und Prise Zucker mit etwas Wasser auflösen, in die Mulde geben sowie restliches Wasser, Salz und Olivenöl.

Alles zu einem glatten Teig kneten, ihn zugedeckt an einen warmen Platz stellen und 25 Min. gehen lassen. Teig in vier gleichgroße Stücke teilen. Diese zu Kugeln formen. Jede zur Platte ausziehen und zu dünnen Fladen von 30 cm Durchmesser ausrollen. Auf ein gefettetes Backblech legen, mit Öl bestreichen, mit einer Gabel mehrfach stupfen und die Ränder etwas hochdrücken, damit Saft der Auflage nicht abläuft. Tomaten darauf verteilen, Thymian sowie Oregano darüberstreuen. Sardellen in Streifchen, halbierte Oliven und zerbröckelten Käse auch noch auf die Fladen geben und sie im heißen Ofen (220 °C) 15 – 20 Min. backen. – Pizza werden heiß gereicht.

Fleischgerichte

Stufato di chinghiale alla cacciatore   **Gedünstete Wildschweinskeule auf Jägerart**

Bedarf für 10 Portionen: 3 kg Wildschweinskeule.
        Marinade: 0,25 l Rotwein, 100 g Zwiebelwürfel, 100 g Möhrenwürfel, 1 Lorbeerblatt, 10 zerdrückte Pfefferkörner, 2 Knoblauchzehen.
        Salz, Pfeffer, 0,75 l Fleischbrühe, 0,15 l Rotwein, 500 g Tomaten.

Wildschweinkeule häuten, eventuelle Schußknochenteile ablösen, Parüren reservieren. Keule mit den Zutaten der Marinade in ein säurebeständiges Gefäß legen, zudecken und 1 – 2 Tage beizen. Das Fleisch währenddessen mehrmals wenden.

Mariniertes Fleisch würzen und samt Marinade sowie Parüren in eine Schmorpfanne legen, in den mäßig heißen Ofen stellen und dünsten. Mehrfach mit der Flüssigkeit übergießen, also gleichzeitig glacieren. Nach Reduzieren der Flüssigkeit Fleischbrühe, Rotwein sowie zerschnittene Tomaten zugeben und die Keule zugedeckt gardünsten. Dann Fleisch entnehmen, die Sauce passieren und, falls erforderlich, zu leichter Sämigkeit einkochen. Fleisch tranchieren, mit etwas Sauce begießen. Die größere Menge gesondert dazu reichen.

Typische Beilagen: Glacierte Perlzwiebeln, Oliven, Funghi (Pilze), Kartoffelnocken oder -krusteln.

Polpetine alla milanese   **Mailänder Kalbsröllchen**

Bedarf für 10 Portionen: 10 Scheiben Kalbsfrikandeau je 130 g, Salz, Pfeffer, 2 El feingeschnittene Zwiebeln, 80 g Butter, 200 g durchgelassenes Kalbfleisch, 100 g feingehackter, roher Schinken, 1 El gehackte Petersilie, 1 gehacktes Salbeiblatt, 1 gehackte Knoblauchzehe, Mehl, 0,1 l Weißwein, 0,1 l weiße Brühe, 100 g Tomatenfleischwürfel (concassées), 0,5 l Kraftsauce.

Fleischscheiben dünn ausklopfen, nebeneinanderlegen und würzen. Die Hälfte der Zwiebeln mit etwas Butter anschwitzen und ausgekühlt samt Schinken, Petersilie, Salbei, Knoblauch, Salz und Pfeffer dem gehackten Kalbfleisch beigeben und das Ganze gut vermengen. Die Masse gleichmäßig auf die Schnitzel verteilen, sie zusammenrollen und binden.

In flachem Geschirr restliche Butter erhitzen und die mehlierten Röllchen von allen Seiten anbraten. Die restlichen Zwiebeln beifügen, kurz anschwitzen, ohne sie Farbe nehmen zu lassen, mit Weißwein ablöschen. Danach Brühe sowie Tomaten zufügen und die Röllchen zugedeckt im Ofen 1 1/2 Std. langsam garen. Sie dann in eine Servierschüssel umsetzen und die Bindfäden entfernen. Die Kraftsauce mit dem Schmorfond kurz verkochen und alles über die Röllchen leeren.

Beilage: Risotto alla Milanese.

Osso buco   Kalbshachse auf italienische Art

Bedarf für 8 Portionen: 2 Kalbshachsen je 1,5 kg, Salz, Pfeffer, Mehl, 125 g Fett, 50 g Butter, 100 g feingeschnittene Zwiebeln, 100 g Möhrenwürfelchen, 50 g Selleriewürfelchen, 400 g Tomatenfleischwürfel, 1 zerdrückte Knoblauchzehe, 0,1 l Weißwein, 0,75 l Kalbsbrühe, 1 Kräuterbündel: Thymian, Majoran, Rosmarin.

Jede Kalbshachse in 4 Teile sägen, würzen und mehlieren. In einer flachen Kasserolle das Fett erhitzen und die Kalbshachsen auf beiden Seiten braun braten. Sie danach aus dem Fett nehmen und beiseitestellen.

Butter dem Fett beifügen und darin Zwiebeln sowie Gemüse angehen lassen, Tomaten, Knoblauchzehe und angebratene Hachsen dazugeben und alles dünsten, bis es glänzt. Dann mit Weißwein ablöschen, mit der Brühe auffüllen, das Kräuterbündel dazulegen und das Ganze aufkochen. Die Hachsen zugedeckt 1 1/4 Std. garschmoren. Sie dann anrichten und mit der Sauce bedecken.

Beilagen: Spaghetti, geriebener Parmesan und Salate.

Fritto misto   Fritiertes verschiedener Art

Bedarf für 2 Portionen: Je 2 Scheiben von Rinds-, Kalbs-, Hammelfilet à 30 g, je 2 Scheiben von Kalbskopf, -hirn, -zunge und -bries à 20 g (alle Bestandteile gekocht), 4 gekochte Blumenkohlröschen, 6 Auberginenscheiben, 6 Zucchinischeiben, 2 Tomaten, 2 rohe Kartoffelwalzen, längsgerieft, in Scheiben geschnitten, 1 Zitrone, 50 g Petersilie, Salz, Pfeffer, Paprika, Curry, Mehl, Ei, Panierbrot, Milch.

Mit Ausnahme der Filetscheiben, die gewürzt und gemehlt wahlweise in Butter gebraten oder fritiert werden können, sowie der Tomaten, die ausgestochen, gewürzt und gebuttert im Ofen zu bakken sind, werden alle anderen Bestandteile fritiert. Dazu ist die Vorbehandlung der Naturalien unterschiedlich. So werden alle gekochten Teile von Kalb leicht gesalzen, gepfeffert, in Mehl gewendet und mit Ei und Panierbrot eingebröselt. Die Blumenkohlröschen taucht man direkt vor dem Fritieren in dickgehaltenen Eierkuchenteig (Ei, Milch, Mehl, Salz, Pfeffer), wogegen Auberginen- und Zucchinischeiben in einer Mischung aus Mehl, Delikateß-Paprika, Curry und Salz gewendet werden. Die ziselierten Kartoffelscheiben wiederum sind nur gut abzutropfen und nach dem Fritieren mit Paprikasalz zu würzen; in gleicher Weise behandelt man die Petersilie, die fritiert, jedoch nur leicht gesalzen wird.

Die Kartoffeln können kurze Zeit zuvor bereitet werden. Die Backdauer beträgt etwa 3 – 5 Min. Fleisch und Gemüse sind erst bei Bedarf zu fritieren. Ihre Backzeit ist kurz, wenn sie gebräunt sind, sind sie auch gar. Die Temperatur des Fettbades beträgt 180 °C.

Die fritierten Teile der Fritto misto legt man erst auf einer saugfähigen Unterlage ab und richtet sie dann auf einer Platte mit Serviette an. Tomaten und Zitronenviertel werden darangarniert. Das Gericht nicht zudecken, sonst weichen die röschen Backkrusten durch den sich bildenden Niederschlag auf.

Fritto di pollo   **Backhuhn**

Bedarf für 8 Portionen: 4 bratfertige Hähnchen je 800 g, Salz, Pfeffer, Mehl, 4 Eier, 1 El Olivenöl,
        150 g geriebene Weißbrotkrume, 50 g geriebener Parmesan, 50 g Petersilie, 0,5 l
        Tomatensauce (s. Bd. 1, Abschn. Saucen).

Hähnchen in Brusthälften und Keulen zerlegen. Die Teile würzen, dann in Mehl wenden. Eier, Öl,
Weißbrotkrume und Käse mit einem Schneebesen kräftig verrühren. Hähnchenteile einzeln in diesem Brei wälzen und in die heiße Friteuse (120 °C) legen. Etwa 10 Min. goldbraun fritieren, danach abtropfen lassen. Gewaschene, ganze, von dicken Stengeln befreite Petersilie in Sekundenschnelle in heißer Friteuse (180 °C) fritieren und leicht salzen. Hähnchen und Petersilie auf einer
Platte mit Papierdeckchen anrichten. Die Tomatensauce gesondert reichen.

Beilagen: Gebackene Auberginen oder Zucchini sowie Reis oder Teigwaren.

Frittura piccata   **Pikantes Kalbslendchen**

Bedarf für 10 Portionen: 1,5 kg Kalbsfiletscheiben je 30 g, Salz, Pfeffer, Mehl, 50 g Olivenöl, 100 g
        Butter, Saft einer halben Zitrone, 0,5 l Kalbsjus;
        2 El Gremolata (Würzmischung): 1 feingehackte Knoblauchzehe, 15 g gehackte Pe-
        tersilie, abgeriebene Schale einer Zitrone.

Filetscheiben salzen, pfeffern und in Mehl wenden. Öl und 50 g Butter erhitzen, Filetscheiben darin rasch braun braten. Auf vorgewärmter Platte anrichten, mit Gremolata (Würzmischung) bestreuen
und mit Zitronensaft beträufeln. Die Bratpfanne mit der Kalbsjus ablöschen, sie zur Hälfte reduzieren und über die Filets geben. Die restliche Butter bräunen und abschließend darübergießen.

Beilage: Spaghetti oder Risotto.

Piccata alla milanese   **Piccata nach Mailänder Art**

Bedarf für 10 Portionen: 1 kg Kurzbratfleisch von Kalb, Salz, Pfeffer, Mehl, 2 Eier, 200 g gerie-
        bener Parmesan, 150 g Butter zum Braten, 1 – 1,5 kg gekochte Spaghetti, 80 g
        Butterstückchen, 1/2 Tl abgeriebene Zitronenschale, 1/2 Tl feingehackte Scha-
        lotten, 1 El gehackte Petersilie; Tomatensauce.

Kalbfleisch in dünne Schnitzelchen schneiden und plattieren. Fleischscheibchen leicht salzen,
pfeffern, mehlen, durch die zerschlagenen Eier ziehen, Parmesan andrücken und in heißer Butter
behutsam braten.

Spaghetti in kochendem Salzwasser erhitzen, abgießen, abtropfen lassen, Butterstückchen unterziehen und flach anrichten. Gebratene Piccata gefällig auf die Spaghetti legen. Zitronenabgeriebenes, Schalotten und Petersilie mischen und auf das Fleisch streuen.

Beigabe: Tomatensauce.

Arrostino annegato   **Italienisches Kalbsnierenstück**

Bedarf für 10 Portionen: 1,2 kg ausgelöstes, zugeschnittenes Kalbssattelfleisch, 2 Kalbsnieren,
        1 Tl gehackter Salbei, 1 Tl gehackter Rosmarin, Salz, Pfeffer, 50 g Olivenöl, 80 g
        Butter, 2 El Gremolata (s. o.), 0,1 l Weißwein, 0,5 l Kalbsjus.

Kalbfleisch und Nieren in dünne Scheiben schneiden, sie auf 10 Spieße stecken, Salbei und Rosmarin darüberstreuen und sie würzen.

Öl und 50 g Butter in einer Stielpfanne erhitzen und die Spießchen darin braten. Während des Bratens das Fleisch mehrmals mit Bratfett übergießen. Fertige Spieße anrichten und mit Gremolata
bestreuen. Restliche Butter in der Pfanne bräunen und über das Fleisch gießen. Dann den Bratsatz
mit Weißwein ablöschen, die Kalbsjus zufügen, sie zur Hälfte reduzieren und wenig davon über die
Spieße träufeln; den Rest separat reichen.

Beilage: Spaghetti, Nudeln oder Risotto.

Costellete alla milanese   **Kalbskotelett auf Mailänder Art**

Bedarf für 10 Portionen: 10 Kalbskoteletts je 160 g, Salz, Pfeffer, Mehl, 2 Eier, 50 g geriebene
      Weißbrotkrume, 100 g geriebener Parmesan, 150 g Butter, 500 g Makkaroni, Mus-
      kat, 100 g Streifchen von gekochtem Schinken, 100 g Champignonstreifchen, 20 g
      Trüffelstreifchen.

Koteletts würzen, in Mehl, dann in zerklopften Eiern wenden und mit Weißbrot-Parmesan-Mi-
schung panieren. In einer Stielpfanne 100 g Butter erhitzen und die Koteletts darin während
15 Min. goldbraun braten.

Makkaroni 20 Min. in Salzwasser kochen, sie abschütten, die restliche Butter sowie Schinken,
Champignons und Trüffeln mit einer Gabel daruntermischen und mit einem Strich Muskat abschmecken. Die Teigwaren auf eine vorgewärmte Platte geben und die fertigen Kalbskoteletts darauf anrichten.

Saltimbocca   **Gefülltes Kalbsschnitzel**

Bedarf für 10 Portionen: 20 Kalbsschnitzelchen je 60 g, 10 frische Salbeiblätter, Salz, Pfeffer,
      10 sehr dünne Scheiben Parmaschinken, 100 g Butter, 0,5 l Bratenjus, 3 El Weißwein.

Salbeiblätter auf 10 Schnitzelchen verteilen, die anderen Fleischscheibchen daraufl egen und sie
leicht würzen. Jedes Paar mit einer Schinkenscheibe umgeben und mit einem Hölzchen (Zahnstocher) zusammenstecken. Die präparierten Schnitzel in erhitzter Butter etwa 6 Min. braten, sie
auf Risotto anrichten und die Hölzchen entfernen. Den Bratsatz mit Wein ablöschen, die Bratenjus dazugießen und alles zur Hälfte einkochen. Etwas Jus über die angerichteten Schnitzel träufeln, den Rest gesondert reichen.

Beilage: Blattsalate.

Stecchini Carlos   **Kalbsschnitzel Carlos**

Bedarf für 10 Portionen: 10 Kalbsschnitzel je 100 g, Salz, Pfeffer, 10 Scheiben rohen Schinken,
      Mehl, 50 g Parmesan, 5 Eier, 150 g Butter;
      Duxelles: 150 g feingehackte Schalotten, 100 g Butter, 500 g feingehackte Cham-
      pignons, 50 g Petersilie.

Duxelles: Schalotten in Butter anschwitzen, Pilze dazugeben. Entstehenden Pilzsaft einkochen, Petersilie daruntermischen, mit Salz und Pfeffer würzen.

Kalbsschnitzel leicht würzen, Duxelles daraufstreichen, Schinken darüberlegen, leicht andrücken
und sie vorsichtig in Mehl wenden. Eier und Parmesan tüchtig zerschlagen. Schnitzel in die Mischung tauchen, sie goldgelb – zuerst auf der Schinkenseite – in heißer Butter braten und anrichten.

Beilagen: Breite Nudeln mit Tomaten, Salate und kräftige Bratenjus.

Süßspeisen

Crema die vino con frutta candita   **Weinkrem mit kandierten Früchten**

Bedarf: 6 Blatt Gelatine, 0,5 l Sahne, 4 Eigelb, 150 g Zucker, 0,25 l Weißwein, 1 – 2 El Zitronensaft, kandierte Früchte.

Gelatine einweichen. Sahne schlagen und zunächst kaltstellen. Eigelb, Zucker, Wein, Zitronensaft
und die ausgedrückte Gelatine warm aufschlagen bis zur Verdickung. Dann kaltschlagen, wie eine
Biskuitmasse. Knapp vor dem Absteifen der Masse die geschlagene Sahne unterheben. Weinkrem
in gekühlte Gläser füllen und zum völligen Absteifen in den Kühlschrank stellen. Danach mit
kandierten Früchten garnieren. – Beigabe: Waffeln.

Soufflé all' aranca   **Orangenauflauf**

Bedarf: 4 Orangen je 250 g, 4 Eigelb, 90 g Zucker, 60 g feingehackte Mandeln, 30 g Speisestärke,
1 El Zitronensaft, 120 g Orangensaft, Orangenabgeriebenes, 1 El Grand Marnier, 5 Eiweiß.

Die Stielseite der Orangen zu einem Drittel abschneiden. Das Fruchtfleisch unmittelbar am weißen
Teil der Schale mit der Laffe eines Eßlöffels lösen und das Fleisch entnehmen, ohne die Schale zu
verletzen. Die Schalenkörper auf ein Gitter stellen. Abgeschnittene Orangenkappen und das ent-
nommene Fruchtfleisch auspressen. Schale einer Orangenkappe abreiben. – Eigelb und 60 g Zuk-
ker schaumigrühren, feingehackte Mandeln, Speisestärke, Zitronensaft, 120 g des ausgepreßten
Orangensaftes und die abgeriebene Schale sowie den Grand Marnier dazurühren. – Eiweiß mit
übrigem Zucker zu steifem Schnee schlagen und behutsam unter die Eigelbmasse heben. – Schalenkörper mit der Auflaufmasse zu 3/4 füllen, damit die Masse zum Aufgehen Platz hat. Im vorgeheizten Ofen bei 200 °C 25 Min. goldgelb backen. Orangenauflauf aus dem Ofen nehmen und
direkt servieren.

Cassata napolitana   **Cassata neapolitanische Art**

Bedarf für 10 Portionen: 300 g Vanilleeis, 250 g Erdbeereis, 200 g Schokoladeneis; 30 g Eiweiß,
50 g Zucker; 20 g Makronenwürfelchen, 1 El Maraschino, 20 g kleinwürfelige
kandierte Früchte, 10 g grob gehackte Pistazien; 100 g Schlagsahne.

Eine vorgekühlte Bombenform – Inhalt 1 l – nacheinander mit den Eissorten, jeweils bleistift-
stark, ausstreichen und sie im Tiefkühlschrank halten.

Eiweiß und Zucker in einem Kessel im heißen Wasserbad aufschlagen. Die steife Masse danach außerhalb des Wasserbades weiterschlagen, bis sie kalt ist. Die mit Maraschino getränkten Makronen,
die Fruchtwürfelchen sowie die Pistazien unter die Eiweißmasse heben. Dann die Schlagsahne darunterziehen, alles in die ausgekleidete Bombenform füllen und sie zum Frieren wieder in den Tiefkühlschrank zurückstellen.

Die gestürzte Cassata auf vorgekühlter Platte anrichten und mit Sahnetupfen sowie Hippenblättern,
Pistazien oder ähnlichem garnieren.

Spoom   **Schaum-Eispunsch**

Bedarf für 10 Portionen: 400 g Zucker, 0,25 l Wasser, abgeschnittene Schale einer Orange und einer Zitrone, 1/2 Stange Vanille; 0,25 l Portwein, Säfte einer Zitrone sowie einer
Orange, 120 g Eiweiß.

Zucker und Wasser aufkochen, Orangen- und Zitronenschale sowie Vanille darin ausziehen lassen.
Wenn erkaltet, Wein, Zitronensaft sowie Eiweiß dazugeben. Die Mischung in die Eismaschine gießen und gefrieren. Das Schaumeis wird in vorgekühlten, hohen Gläsern angerichtet.

Anstelle von Portwein können auch andere Sorten wie Samos, Marsala, Sauternes, Chablis, Cham-
pagner usw. verwendet werden.

ÖSTERREICHISCHE KÜCHE

Einleitung

Die österreichische Küche, eine der farbigsten Küchen Europas, wurde durch vielfältige kulinarische Elemente aus den ehemaligen Ländern der k. u. k. Monarchie geprägt. Die feine Wiener Küche weist eine beträchtliche Reihe weltberühmter Spezialitäten auf. Hervorzuheben sind die beliebten Mehlspeisen, die eine Besonderheit darstellen und zu einem Begriff dieser Küche geworden sind. Aber auch die bodenständigen herzhaften Gerichte der regionalen Küchen mit ihren heimischen Produkten bereichern die Auswahl und setzen die bunte Palette der österreichischen Küche fort.

Suppen

Eine gute Rindssuppe, aus Fleisch und Knochen zubereitet, muß klar sein, eine bernsteinähnliche Farbe haben und darf im Gegensatz zur Kraftbrühe nicht vollkommen entfettet werden. Die Fleischsuppe wird vorwiegend mit kräftigen, fast derben Einlagen gereicht und mit Schnittlauch oder Petersiliengrün optisch sowie geschmacklich verbessert.

Milchbrotschöberlsuppe

Bedarf: 200 g Weißbrot, 0,25 l Milch, 80 g Butter, 4 Eidotter, 4 Eiklar, Salz nach Geschmack.

Weißbrot in dünne Scheiben schneiden, die angewärmte Milch darübergießen und einziehen lassen. Butter schaumig rühren, nach und nach die Eidotter daruntermischen und schließlich auch das Milchbrot. Die Eiklar mit Salz zu steifem Schnee schlagen und diesen vorsichtig unter die Mischung heben. Die Masse auf ein mit Papier ausgelegtes Blech streichen und im vorgeheizten Ofen (200 °C) 12 Min. backen. Die erkalteten Schöberl in Rauten schneiden und erst vor dem Servieren 10 g in jede Suppe legen.

Markschöberlsuppe

Bedarf: 200 g Weißbrot, 0,25 l Milch, 80 g ausgelassenes Rindermark, 4 Eidotter, 4 Eiklar, Muskat und Salz nach Geschmack, 50 g Rindermarkwürfelchen.

Weißbrot in dünne Scheiben schneiden, die angewärmte Milch darübergießen und einziehen lassen. Mark schaumig rühren, nach und nach die Eidotter daruntermischen und schließlich auch das Milchbrot. Die Eiklar mit Salz und etwas Muskat zu steifem Schnee schlagen und diesen sowie die Markwürfelchen vorsichtig unter die Mischung heben. Die Masse auf ein mit Papier ausgelegtes Blech streichen und im vorgeheizten Ofen (200 °C) 12 Min. backen. Die erkalteten Schöberl in Rauten schneiden und erst vor dem Servieren 10 g in jede Suppe legen.

Hirnschöberlsuppe

Bedarf: 150 g Kalbshirn, 50 g feingeschnittene Zwiebeln, 120 g Butter, 1 Tl feingehackte Petersilie, 200 g Weißbrot, 0,25 l Milch, 4 Eidotter, 4 Eiklar, Salz nach Geschmack.

Hirn abziehen und wässern. Anschließend feinhacken und mit den Zwiebeln in einem Drittel der Buttermenge anschwitzen, die Petersilie zufügen. Weißbrot in dünne Scheiben schneiden, die angewärmte Milch darübergießen und einziehen lassen. Butter schaumig rühren, nach und nach die Dotter daruntermischen und schließlich auch das Milchbrot und das Hirn. Die Eiklar mit Salz zu steifem Schnee schlagen und diesen vorsichtig unter die Mischung heben. Die Masse auf ein mit Papier ausgelegtes Blech streichen und im vorgeheizten Ofen (200 °C) 12 Min. backen.

Die erkalteten Schöberl in Rauten schneiden und erst vor dem Servieren 15 g in jede Suppe legen.

Leberschöberlsuppe

Bedarf: 180 g Rinds- oder Kalbsleber, 50 g feingeschnittene Zwiebeln, 120 g Butter, 1 Tl Petersilie, Msp. Majoran, Msp. Pfeffer, 200 g Weißbrot, 0,25 l Milch, 4 Eidotter, 4 Eiklar, Salz nach Geschmack.

Leber fein hacken. Zwiebeln in 40 g Butter anschwitzen, Petersilie, Majoran und Pfeffer zugeben.

Weißbrot in dünne Scheiben schneiden, die angewärmte Milch darübergießen und einziehen lassen. Butter schaumig rühren, nach und nach die Dotter daruntermischen und schließlich auch das Milchbrot, die Leber und die Zwiebeln.

Die Eiklar mit Salz zu steifem Schnee schlagen und diesen vorsichtig unter die Mischung heben. Die Masse auf ein mit Papier ausgelegtes Blech streichen und im vorgeheizten Ofen (200 °C) 15 Min. backen. Die erkalteten Schöberl in Rauten schneiden und erst vor dem Servieren 15 g in jede Suppe legen.

Lungenstrudelsuppe

Bedarf: 450 g Strudelteig: 250 g Mehl, 50 g Eier, 1 El Olivenöl, 5 g Salz, 0,15 l Wasser.
Füllung: 50 g feingehackte Zwiebeln, 50 g Butter, 500 g gekochte Kalbslunge, 150 g gekochte Rindfleischreste, 1 El Petersilie, Msp. Pfeffer, Msp. Majoran, 3 Eier, 0,1 l saure Sahne.

Teig: Mehl auf Nudelbrett sieben, in die Mitte eine Vertiefung drücken; Eier, Öl, Salz und Wasser hineingeben. Alles zu einem glatten Teig verarbeiten, dann mit einer Folie abdecken und 20 Min. ruhen lassen.

Füllung: Zwiebeln in Butter anschwitzen, feingehackte oder durchgelassene Lunge sowie Rindfleisch beifügen und kurz andünsten. Petersilie, Pfeffer, Majoran, 2 Eier und die Sahne einrühren, alles gut vermengen und nach Geschmack salzen.

Herstellung: Den Teig auf einem bemehlten Tuch zu einem Rechteck ausrollen, dann mit den bemehlten Handrücken papierdünn ausziehen und die dicken Ränder rundherum abschneiden. Die Teigfläche – bis auf einen 3 cm breiten Streifen an der gegenüberliegenden Seite – gleichmäßig mit der Fülle bestreichen. Die freie Fläche mit zerschlagenem Ei bepinseln. Den Teig durch Anheben des Tuches nach dem freien Streifen hin einrollen, die entstandene Rolle mit schmalem Holzstiel in 2 cm breite Stücke abdrücken und dann abrädeln.

Die Lungenstrudelstücke in Salzwasser 12 Min. leicht kochen und mit einem Schaumlöffel jeweils 2 Stücke in jede Portion Suppe geben.

Grießnockerlsuppe

Bedarf: 100 g Butter, 2 Eier, 1 Dotter, 200 g Grieß, 3 El Wasser, Salz nach Geschmack.

Die Butter schaumig rühren, nach und nach Eier, Dotter, Grieß, Wasser sowie Salz darunterarbeiten und die Masse kurze Zeit anziehen lassen. Dann mit einem Eßlöffel Nockerln in siedendes Salzwasser legen, 10 Min. leicht kochen und weitere 10 Min. zugedeckt ziehen lassen.

Beim Anrichten jeweils 2 Nockerln in jede Portion Suppe geben.

Tiroler Knödelsuppe

Bedarf: 5 Semmeln, 0,25 l Milch, 2 Eier, 100 g feingehackte Selchfleischreste, 50 g feingehackte Zwiebeln, 2 El gehacktes Petersiliengrün, 50 g Butter, 1 El Mehl.

Semmeln in Würfel schneiden. Milch mit Eiern verquirlen und über die Semmelwürfel geben. Selchfleischreste, Zwiebeln sowie Petersilie in Butter anschwitzen. Angeschwitztes, Mehl und eingeweichte Semmeln zusammenrühren. Aus der Masse Knödel mit 2 cm Durchmesser formen, diese in kochendes Salzwasser einlegen und bei angelegtem Deckel 10 Min. sieden.

Drei Knödel jeder Portion Suppe beigeben.

Aufgeschlagene Weinsuppe

Bedarf für 2 l: 1 l kräftige Fleischsuppe, 9 Eidotter, 0,5 l Rahm, 0,5 l Weißwein, 150 g Weißbrot-
                   würfel, 20 g Butter, Zimt.

Die Fleischsuppe, die Eidotter, den Rahm sowie den Weißwein und 2 g Zimt in einem Edelstahl-
topf bei kleiner Flamme oder im heißen Wasserbad mit einer Schneerute schlagen, bis die Eigelb
binden und die Suppe dadurch von kremiger Konsistenz ist. Dann die Weinsuppe durch ein feines
Sieb gießen und warmstellen.

Die Brotwürfel in schwarzer Stielpfanne im Ofen (200 °C) goldgelb rösten und mit Butter abschmälzen. Die mit etwas Zimt bestäubten Röstbrotwürfel werden getrennt zur Suppe gereicht.

Fischbeuschelsuppe

Bedarf für 2 l: 500 g Fischgräten (auch von Karpfen), 2 l Fisch- oder Knochenbrühe, 3 El Essig,
                   1/2 Lorbeerblatt, 10 zerdrückte Pfefferkörner, 1/2 Tl Thymian, 2 Gewürznelken,
                   Salz;
                   50 g Zwiebeln, 150 g Wurzelwerk (Sellerie, Petersilienwurzeln, Möhren), 80 g But-
                   ter, 10 g Zucker, 50 g Mehl, 0,15 l Rotwein,
                   150 g Karpfenrogen, 0,1 l Wasser, 1 El Essig, 100 g Weißbrotwürfel, 20 g Butter.

Fischgräten waschen und zusammen mit der Brühe dem Essig und den Gewürzen unter Zugabe von
wenig Salz 25 Min. kochen; danach passieren.

Zwiebeln sowie Wurzelwerk fein reiben, zusammen mit der Butter und dem Zucker anschwitzen.
Dann Rotwein und passierte Fischbrühe auffüllen, unter Rühren aufkochen und weitere 15 Min.
kochen.

Inzwischen Rogen in Wasser und Essig aufkochen. Mit einem Schneebesen rühren, bis die Ro-
genkörnchen fein verteilt sind. Die Brotwürfel im Ofen goldgelb rösten und mit der Butter abschmälzen.

Rogen samt Flüssigkeit in die Suppe geben und Röstbrotwürfel daraufstreuen.

Fischgerichte

Karpfen mit Wurzeln

Bedarf für 10 Portionen: 10 Karpfenstücke je 400 g, 600 g Wurzelwerk (Sellerie, Karotten, Petersi-
                         lienwurzel, Lauch), 1 Zwiebel, Essig, Zucker, Salz, 10 zerdrückte Pfefferkörner,
                         1 Lorbeerblatt, 1/3 Tl Thymian.

Das gesäuberte Wurzelwerk und die Zwiebel in feine Streifen schneiden. Alles zusammen in ein flaches Geschirr geben, Wasser dazugießen, mit Essig, Zucker sowie Salz abschmecken, die Gewürze
beigeben und 15 Min. kochen.

Währenddessen die Karpfenstücke reinigen, sie dann in den Wurzelsud legen und 15 – 20 Min. garen. Beim Anrichten die Streifchen über den Fisch geben.

Beilagen: Salzkartoffeln und geriebener Meerrettich.

Karpfen in Bier

Bedarf für 10 Portionen: 4 kg Karpfen, Salz, Pfeffer, 1,5 l dunkles Bier, 100 g Zwiebelwürfelchen,
                         100 g Würfelchen von Petersilienwurzeln, 2 El Zitronensaft, 1 Gewürzbeutel (3 cm
                         Zimtstange, 2 Nelken, 1 Msp. Muskatnuß, 1 Lorbeerblatt, 2 Knoblauchzehen, gelbe
                         Schale einer halben Zitrone), 80 g Mehl, 1 El Honig.

Die halbierten, gesäuberten Karpfen von Kopf und Schwanz trennen. Dann in 3 cm breite Stücke schneiden, in ein flaches Geschirr ordnen, salzen, pfeffern und mit dem Bier übergießen. Die Gemüsewürfelchen, den Zitronensaft und den Gewürzbeutel beigeben, alles zum Kochen bringen und etwa 20 Min. garen. Unterdessen das Mehl ohne Fett braun darren, sieben und beiseitestellen. Gegarte Fischstücke in ein Anrichtegeschirr umsetzen, den Fond durchschieben. Anschließend das gebräunte Mehl in die passierte Bierbrühe einrühren, mit Honig süßen und zu einer sämigen Sauce verkochen. Die Karpfenstücke mit der Sauce bedecken.

Beilage: Salzkartoffeln.

Paprikakarpfen

Bedarf für 10 Portionen: 100 g feingeschnittene Zwiebeln, 150 g Butter, 20 g Rosenpaprika, 60 g Mehl, 0,5 l Fleischbrühe, 0,75 l saurer Rahm, Salz, Pfeffer, 10 Karpfenstücke je 300 g, 100 g Butter.

Die Zwiebeln in Butter anschwitzen, mit Paprika bestäuben, Mehl beifügen und kurz angehen lassen. Dann mit der Brühe und dem Rahm auffüllen und unter Rühren aufkochen lassen. Die Sauce mit Salz und Pfeffer würzen und gut auskochen.

Währenddessen die Fischstücke säubern, zweimal einschneiden und würzen. Anschließend in Butter anbraten und danach in der Sauce fertiggaren.

Beilage: Kartoffeln.

Karpfen mit Sardellen

Bedarf für 10 Portionen: 10 Karpfenstücke je 400 g, 1 Zitrone, Salz, Pfeffer, Mehl, 200 g Fett, 150 g Butter, 10 Stück Sardellenfilets, 1 El gehackte Petersilie.

Die Karpfenstücke säubern und einmal einschneiden. In den Einschnitt eine halbe dünne Zitronenscheibe stecken. Den Fisch mit Salz und Pfeffer würzen, in Mehl wenden und in dem Fett ca. 20 Min. langsam braten.

Dann das Fett abgießen und die Butter zugeben. Die Sardellenfilets feinhacken, dem Karpfen beifügen und zusammen 5 Min. nachbraten.

Beim Anrichten die schäumende Sardellenbutter und die Petersilie über den Karpfen geben.

Beilage: Salzkartoffeln.

Fogosch vom Rost

Bedarf für 10 Portionen: 1,5 kg Fogoschfilets, Salz, Pfeffer, Paprika, 80 g Semmelbrösel, 120 g Olivenöl, 10 Zitronenscheiben, 150 g Kräuterbutter.

Die Fogoschfilets waschen und trockenlegen. Dann in Portionen teilen, würzen und mit der Außenseite in Semmelbrösel drücken. Mit Öl gut beträufeln und auf dem Grill von beiden Seiten rösten. Der Fisch kann auch in einer Stielpfanne gebraten werden. Den Fogosch auf einer angewärmten Platte anrichten, jedes Filet mit einer Zitronenscheibe belegen und darauf je eine Scheibe Kräuterbutter legen.

Beilage: Petersilienkartoffeln.

Huchenschnitzel Wiener Art

Bedarf für 10 Portionen: 1,8 kg Huchenfilets, Salz, Pfeffer, Paprika, 80 g Mehl, 3 Eier, 200 g Semmelbrösel, 2 Zitronen, 1 kleines Bund Petersilie.

Huchenfilets in 10 Portionen teilen, mit Salz, Pfeffer und Paprika würzen und panieren. Die Huchenschnitzel in schwimmendem Fett backen und abgetropft auf einer Silberplatte mit Papiermanschette anrichten. Mit Zitronenstücken und Petersilie garnieren.

Hecht mit Sardellen

Bedarf für 10 Portionen: 1,8 kg Hechtfilets, 15 Sardellenfilets, 150 g Butter.

Die portionierten Hechtfilets in Fischsud garen. Die Sardellen in kleine Würfel schneiden, in Butter etwas angehen lassen und über den angerichteten Fisch geben.

Beilage: Salzkartoffeln.

Fleischgerichte

Gekochter Tafelspitz

Tafelspitz ist der spitz zulaufende Muskelteil des Schwanzstücks vom Rind.

Bedarf für 10 Portionen: 2,5 kg Tafelspitz, Salz, 1 Gemüsebündel (1 Möhre, 1 Petersilienwurzel, 100 g Sellerie, 150 g Lauch).

Das gewaschene Fleisch in kochendes Wasser legen, daß es bedeckt ist, und etwa 3 Std. sieden. Aufsteigender Schaum und aufsteigendes Fett sind abzuschöpfen. Das Gemüsebündel und Salz etwa 1 Std. vor Ende der Garzeit beigeben. Verdunstung durch Nachgießen von Wasser ausgleichen.

Spezielle Beigaben zu gekochtem Rindfleisch

Essigkren

Bedarf für 10 Portionen: 200 g geriebener Meerrettich, Essig, Zitronensaft, Öl, Salz, Zucker, etwas klare Fleischsuppe.

Den geriebenen Meerrettich mit den Gewürzen harmonisch abschmecken. Essigkren ist leicht suppig zu halten, er kann mit Semmelbröseln ein wenig verdickt werden.

Oberskren

Bedarf für 1 l Sauce: 60 g Mehl, 50 g Butter, 0,75 l Milch, Salz, Zucker, 0,25 l Sahne, 150 g geriebener Meerrettich, Essig, Zitronensaft.

Mehl in Butter anschwitzen, mit Milch auffüllen und etwa 15 Min. kochen lassen. Mit Salz und Zucker würzen, die Sauce durchseihen und die Sahne und den Meerrettich beifügen. Mit etwas Essig und Zitronensaft abschmecken.

Semmelkren

Bedarf für 10 Portionen: 5 Milchbrote, 0,5 l helle Fleischbrühe, Salz, Zucker, 0,1 l Sahne, 150 g geriebener Meerrettich, Essig, Zitronensaft.

Die Milchbrote abrinden, in eine Kasserolle geben, mit der Fleischbrühe aufgießen, mit Salz und Zucker würzen und gut verkochen. Das Ganze durch ein Sieb streichen, die Sahne und den Meerrettich zugeben und mit etwas Essig und Zitronensaft vollenden. Falls nötig, den Semmelkren mit etwas Fleischbrühe bis zur gewünschten Konsistenz bringen.

Warme Saucen

Zwiebelsauce

Bedarf für 1 l Sauce: 1 Tl Zucker, 100 g Butter, 200 g feingeschnittene Zwiebeln, 60 g Mehl, 1 l
      kräftige Fleischbrühe, Salz, Paprika, Essig.

Zucker und Butter leicht karamelisieren. Die in Würfel geschnittenen Zwiebeln dazugeben und etwas andünsten. Dann mit Mehl stäuben, kurz anschwitzen und mit der Fleischbrühe auffüllen. Würzen mit Salz, Paprika, Essig und das Ganze zu sämiger Sauce verkochen.

Dillsauce

Bedarf für 1 l Sauce: 50 g feingeschnittene Zwiebeln, 50 g Butter, 50 g Mehl, 0,75 l Fleischbrühe,
      Salz, Pfeffer, 2 El feingehackten Dill, 0,25 l Sauerrahm, Zitronensaft.

Zwiebeln in Butter andünsten, Mehl dazugeben und eine helle Schwitze bereiten. Mit der Brühe auffüllen und zu einer dicklichen Sauce verkochen. Mit Salz und Pfeffer würzen, Dill und Rahm beigeben und alles zusammen kurz aufkochen. Mit Zitronensaft nachwürzen.

Gurkensauce

Bedarf für 1 l Sauce: 1 frische Gurke, 50 g feingeschnittene Zwiebeln, 40 g Butter, 1 El gehackter
      Dill, 0,5 l Fleischbrühe, 0,5 l Sauerrahm, 80 g Mehlbutter, Salz, Pfeffer, Zitronensaft.

Die Gurke schälen, Kerne entfernen und in Würfelchen schneiden.

Zwiebeln in Butter anschwitzen, die Gurkenwürfel und den Dill beifügen und zusammen dünsten. Währenddessen von der Brühe und der Sahne mit Mehlbutter eine weiße Sauce bereiten. Diese mit Salz, Pfeffer und Zitronensaft würzen, dann zu den gedünsteten Gurkenwürfeln geben und alles zusammen kurz aufkochen.

Pilzlingsauce

Bedarf für 1 l Sauce: 300 g Pilze, 50 g feingeschnittene Zwiebeln, 60 g Butter, 50 g Mehl, 0,75 l
      Fleischbrühe, 0,25 l Sauerrahm, 1 El gehackte Petersilie, Salz, Zitronensaft.

Die Pilze gut säubern und blättrig schneiden.

Zwiebeln in Butter andünsten, die vorbereiteten Pilze beifügen und weiterdünsten. Dann das Mehl dazutun, mit der Fleischbrühe und dem Rahm auffüllen und zu einer Sauce verkochen. Die Petersilie zugeben und mit Salz und Zitronensaft abschmecken.

Sardellensauce

Bedarf für 1 l Sauce: 8 Sardellenfilets, 50 g Zwiebeln, 1 El Petersilie, gelbe Schale einer viertel Zitrone, 60 g Mehl, 50 g Butter, 0,5 l Fleischbrühe, 0,5 l Sauerrahm, Salz, Pfeffer.

Sardellenfilets, Zwiebeln, Petersilie und Zitronenschale fein hacken. Das Mehl in Butter goldgelb rösten. Das Gehackte beigeben und kurz angehen lassen. Dann mit Fleischbrühe und Sahne auffüllen und gut verkochen. Abschließend die Sauce passieren und mit Salz und Pfeffer abschmecken.

Kalte Schnittlauchsauce

Bedarf für 8 Portionen: 2 alte Semmeln, 4 hartgekochte Eigelb, 1 rohes Eigelb, 0,25 l Olivenöl, etwas entfettete Rindssuppe, Salz, Zucker, Pfeffer, 2 El feingeschnittener Schnittlauch.

Die Semmeln entrinden und in kaltem Wasser einweichen. Dann gut ausdrücken und zusammen mit den hartgekochten Eigelben durch ein Sieb drücken. Das rohe Eigelb zufügen und wie eine Mayonnaise mit dem Öl aufrühren. Die Sauce mit etwas Fleischbrühe zur gewünschten Konsistenz bringen. Mit Salz, Zucker und Pfeffer abschmecken und den Schnittlauch einrühren.

Kartoffeln

Eingebrannte Kartoffeln

Bedarf für 10 Portionen: 60 g Mehl, 50 g Butter, 50 g feingeschnittene Zwiebeln, 0,75 l Fleischbrühe, Salz, Essig, Pfeffer, 1 kleines Lorbeerblatt, 1,8 kg gekochte Pellkartoffeln.

Mehl in Butter braun rösten. Dann die Zwiebeln zufügen und kurz anschwitzen. Danach mit der kalten Fleischbrühe auffüllen, glattrühren und etwa 15 Min. kochen. Mit Salz, Essig und Pfeffer würzen; das Lorbeerblatt hinzugeben.

Die Kartoffeln abziehen, in 2 mm dicke Scheiben schneiden, der Sauce beifügen und alles gut durchkochen lassen. Das Lorbeerblatt entfernen.

Dillkartoffeln

Bedarf für 10 Portionen: 50 g Mehl, 50 g Butter, 1 El feingeschnittene Zwiebeln, 0,5 l Fleischbrühe, Salz, Pfeffer, 0,2 l Sauerrahm, 1 El gehackter Dill, 1,8 kg gekochte Pellkartoffeln.

Die Zwiebeln in Butter angehen lassen, das Mehl darüberstäuben, kurze Zeit anschwitzen. Dann mit der Fleischbrühe auffüllen und gut verkochen lassen. Die Sauce mit Salz und Pfeffer würzen, Rahm und Dill beifügen. Danach die abgezogenen, in Scheiben geschnittenen Kartoffeln vorsichtig darunterschwenken und einmal aufkochen.

Majorankartoffeln

Majorankartoffeln werden mit 4 g gerebeltem Majoran wie eingebrannte Kartoffeln (s. oben) hergestellt.

Gestürzte Kartoffeln

Bedarf für 10 Portionen: 2 kg gekochte Pellkartoffeln, 100 g feingeschnittene Zwiebeln, 150 g Schweinefett, Salz, 80 g Semmelbrösel.

Die abgezogenen Kartoffeln grob raspeln. Dann die Zwiebeln in Schweinefett anschwitzen, die vorbereiteten Kartoffeln beigeben, salzen und unter öfterem Schwenken braun braten. Eine Pfanne von 12 cm Durchmesser mit Schweinefett ausstreichen, mit den Semmelbröseln bestreuen, die gerösteten Kartoffeln vorsichtig hineingeben, damit die Bröselschicht nicht zerstört wird, fest zusammendrücken und bräunen. Danach auf eine runde Platte stürzen.

Die gebräunte Bröselschicht gibt den Kartoffeln ein appetitliches Aussehen und verleiht ihnen einen guten Geschmack.

Ferner werden zu gekochtem Rindfleisch angeboten:

Gemüse wie: Spinat, Kohl, grüne Fisolen (Bohnen), Rotkraut, Kürbiskraut (geschnittener Kürbis gedünstet) und gedünstetes Kraut.

Salate wie: Häuptesalat, Gurken-, Tomaten-, Sellerie- und Krautsalat; rote Rüben, Gewürz- und Senfgurken.

Rostbraten

Mit Rostbraten bezeichnet die österreichische Küche Fleischscheiben aus der Hochrippe, unabhängig von der Zubereitungsart. Rostbraten können gebraten, gegrillt, geschmort, gedünstet, auch gefüllt, paniert und fritiert werden.

Esterhazy-Rostbraten

Bedarf für 10 Portionen: 10 Rostbraten je 180 g, Salz und Pfeffer nach Geschmack, 150 g Fett, 200 g Zwiebeln, 100 g Möhren, 120 g Mehl, 25 g Delikateßpaprika, 1 l Fleischsuppe oder Wasser, 5 Zitronenscheiben, 2 g Majoran, 1 Tl feingehackte Kapern, 400 g Zwiebel-, Möhren- und Selleriestreifchen, 50 g Butter, 0,5 l saurer Rahm.

Der Bindegeweberand der Rostbraten wird mehrmals eingeschnitten, damit sich die Fleischscheiben beim Braten nicht wölben. Dann werden sie geklopft, gewürzt, in dem Fett angebraten und in eine Kasserolle gelegt. Im gleichen Fett sind auch die in Scheiben geschnittenen Zwiebeln und Karotten anzubraten, mit dem Mehl zu bestäuben und dieses hellbraun anzuschwitzen. Dann wird Paprika hinzugefügt, mit Suppe oder Wasser aufgefüllt, Lorbeerblatt, Zitronenscheiben, Majoran sowie Kapern beigegeben und alles durchgekocht. Diese Sauce gibt man über die Rostbraten und gart sie darin.

Die Gemüsestreifchen werden in Butter angeschwitzt, gesalzen, mit einer Prise Zucker versehen und mit ein wenig Wasser gargedünstet. Sobald die Rostbraten gar sind, legt man sie in eine saubere Kasserolle, passiert die Sauce darüber, fügt die gedünsteten Gemüsestreifchen sowie den sauren Rahm hinzu und läßt das Ganze, gut abgeschmeckt, nochmals aufkochen.

Beilage: Nudeln, Reis oder Nockerln.

Wiener Rostbraten mit Zwiebeln

Bedarf für 10 Portionen: 10 Rostbraten je 180 g, Salz und Paprika nach Geschmack, 150 g Fett, 300 g Zwiebeln, 50 g Butter, 0,25 l Bratensauce.

Der Fettrand der Rostbraten wird mehrmals eingeschnitten, damit sich die Fleischscheiben beim Braten nicht wölben. Dann werden sie geklopft, gewürzt und in heißem Fett rasch von beiden Seiten rosa gebraten.

Das Fleisch warmstellen; im gleichen Fett die in Scheiben geschnittenen Zwiebeln goldbraun braten und über die angerichteten Rostbraten geben. Dann das Fett abgießen, die Butter dazugeben, etwas bräunen und mit der Bratensauce ablöschen. Alles zusammen kurz verkochen und die Rostbraten damit umgießen.

Beilagen: Kartoffeln, breite Nudeln und Salate.

Zigeuner-Rostbraten

Bedarf für 10 Portionen: 10 Rostbraten je 180 g, 150 g dünne Scheiben geräucherter, magerer Speck, 200 g Zwiebeln, 1,5 kg geschälte rohe Kartoffeln, Salz, Paprika, 20 g Tomatenmark, 0,75 l Fleischbrühe.

Den Bindegeweberand der Rostbraten mehrmals einschneiden, damit sich die Fleischscheiben nicht wölben.

Den Boden einer Kasserolle mit den Speckscheiben belegen. Die in feine Scheiben geschnittenen Zwiebeln beifügen. Anschließend die Fleischscheiben und die 3 mm dicken, rohen Kartoffelscheiben dachziegelförmig einordnen. Mit Salz und Paprika würzen, das Tomatenmark gleichmäßig verteilen und die Rostbraten mit der Brühe untergießen. Die Kasserolle abdecken und alles zusammen weichdünsten.

Beilage: Nudeln oder Nockerln, die mit Butterbröseln abgeschmolzen werden.

Maschinrostbraten

Bedarf für 10 Portionen: 10 Rostbraten je 180 g, 100 g feingeschnittene Zwiebeln, Salz, Pfeffer,
Paprika, 0,6 l Fleischbrühe, 1,2 kg rohe, geschälte Kartoffeln, 500 g frische Champignons in Scheiben.
Gewürzmischung: 3 g Majoran, 50 g Petersilie, 2 kleine Essiggurken, gelbe Schale einer viertel Zitrone, 5 Kapern.

Eine flache Kasserolle mit Butter ausstreichen und mit den Zwiebeln bestreuen. Den Bindegeweberand der Rostbraten einschneiden, mit Salz und Paprika würzen und in einer Stielpfanne von beiden Seiten rasch anbraten. Dann in die Kasserolle legen, mit der Hälfte der Brühe untergießen und zugedeckt im Ofen etwa 15 Min. schmoren. Danach die in 2 mm dicke Scheiben geschnittenen Kartoffeln sowie die Champignons dazugeben. Die restliche Brühe beifügen und alles zugedeckt im Ofen garschmoren. Abschließend die feingehackte Gewürzmischung einschwenken.

Beilagen: Röstkartoffeln und grüner Salat.

Steirischer Rostbraten

Bedarf für 10 Portionen: 10 Rostbraten je 180 g, 100 g Zwiebeln, 50 g Petersilie, 50 g Butter, 10 feingehackte Sardellenfilets, 200 g geräucherter magerer Speck in Scheiben, Salz, Pfeffer, 60 g Fett, 40 g Mehl, 20 g Rosenpaprika, 0,75 l Fleischbrühe, 0,5 l Sauerrahm.

Zwiebel und Petersilie zusammen fein hacken, in Butter anschwitzen und die Sardellenfilets beifügen. Die Rostbraten klopfen, würzen und mit dem Feingehackten bestreichen. Dann mit den Speckscheiben belegen, einrollen und binden.

Die Rostbraten in eine mit Fett erhitzte Schmorpfanne legen und gleichmäßig von allen Seiten braun anbraten, dann aus der Pfanne nehmen. Das Mehl in das Bratenfett stäuben und hellbraun anschwitzen. Den Paprika hinzufügen, mit der Brühe auffüllen und alles gut durchkochen. Die angebratenen Rostbraten in die Sauce geben und darin schmoren. Danach den sauren Rahm hinzufügen und das Ganze nochmals aufkochen.

Beilage: Nockerln oder Bandnudeln.

Tiroler Rostbraten

Bedarf für 10 Portionen: 10 Scheiben Rostbraten je 180 g, Salz, Paprika, 60 g Fett, 60 g Mehl, 0,75 l Fleischbrühe, 0,5 l Sauerrahm;
Füllung: 400 g Pellkartoffeln, 5 hartgekochte Eier, Salz, Paprika, 60 g Fett, 60 g Mehl, 0,75 l Fleischbrühe, 0,5 l Sauerrahm.

Die Kartoffeln und die Eier in kleine Würfel schneiden, mit Salz, Pfeffer sowie Paprika würzen; dann Petersilie und Béchamelsauce daruntermengen.

Die Rostbraten dünn ausklopfen, würzen, die Füllung daraufgeben und flach verteilen. Dann zusammenrollen und mit Bindfaden festhalten.

Tiroler Rostbraten werden zubereitet wie Steirische Rostbraten (s. oben).

Beilage: Bandnudeln oder Nockerln.

Znaimer Braten

Bedarf für 10 Portionen: 2,5 kg Tafelspitz, Salz, Pfeffer, 100 g Schweinefett, 200 g Röstgemüse, 1 El Tomatenmark, 60 g Mehl, 1,5 l braune Brühe, 1 Kräutersträußchen, 1 Tl Senf, 1 Knoblauchzehe;
100 g in Streifen geschnittene Zwiebeln, 40 g Butter, 5 Znaimer Gurken oder Salzgurken.

Das Fleisch würzen, in eine mit Fett erhitzte Schmorpfanne legen und alles gleichmäßig braun anbraten.

Dann mit wenig Wasser ablöschen, den Bratensatz loskochen und die Flüssigkeit einkochen. Die Röstgemüse dazugeben und nach deren Bräunung das Tomatenmark. Den Ansatz mit Mehl bestäuben, kurz anrösten und mit der Brühe auffüllen. Das Kräutersträußchen, den Senf und die Knoblauchzehe beigeben. Unter Rühren alles aufkochen und das Fleisch zugedeckt im Ofen während 3 Std. garschmoren.

Die Zwiebeln in Butter goldgelb anschwitzen und sie der fertigen Sauce beigeben. Den Braten in Scheiben schneiden, leicht saucieren und mit den blättrig geschnittenen Gurken umgeben.

Beilage: Breite Nudeln.

Wiener Gulyás (Rindsgulasch)

Bedarf für 10 Portionen: 2 kg ausgebeinte Wadschunken (Hesse), 180 g Fett, 800 g feine Zwiebelwürfel, 15 g Delikateßpaprika, 15 g Rosenpaprika, 50 g Essig, 1 l Wasser, 80 g Tomatenmark, 90 g Mehl oder 40 g Stärke oder 250 g roh geriebene, mit 4 El Wasser glattgerührte Kartoffeln, Salz und Pfeffer nach Geschmack;
Gewürzmischung: 4 Knoblauchzehen, 3 g Kümmel und 3 g Majoran, fein gehackt.

Das Fleisch in Würfel oder in Scheiben von 50 g schneiden. Im flachen Topf das Fett erhitzen, die Zwiebeln darin braun rösten, Paprika darüberstäuben, schnell durchrühren, mit dem Essig ablöschen, 0,25 l Wasser und das Tomatenmark beifügen und 10 Min. dünsten. Dann das mit Salz und Pfeffer gewürzte Fleisch zu den Zwiebeln geben und alles zugedeckt garen. Währenddessen mehrmals durchrühren und nötigenfalls etwas Wasser nachgießen, um ein Ansetzen zu vermeiden. Wenn das Fleisch beinahe weich ist, den Deckel beiseite legen und den Saft einkochen, bis nur das Fett sichtbar ist. Dabei das Gulasch mit einem Spachtel einige Male vorsichtig vom Boden losrühren. Nun das Mehl in das klare Fett stäuben, durchrühren, kurz anziehen lassen, das restliche Wasser und die feingehackte Gewürzmischung dazugeben und alles 5 Min. gut durchkochen lassen.

Das Gulasch kann auch mit der oben angegebenen, mit etwas Wasser angerührten Stärke oder mit den roh geriebenen Kartoffeln gebunden werden. Für diese beiden Arten der Bindung braucht man den Gulaschsaft nicht einzukochen, achtet aber darauf, daß zur Saucenbildung genügend Saft beim Fleisch ist. Andernfalls mit etwas Wasser ergänzen.

Beilage: Semmelknödel.

Karlsbader Gulasch

Karlsbader Gulasch ist ein Rindsgulasch mit saurem Rahm. Als typische Beilage gibt man Mehlnockerln.

Zwiebelfleisch

Bedarf für 10 Portionen: 1,6 mageres Rindfleisch aus der Keule, 400 g feine Zwiebelwürfel, 150 g Schweinefett, Essig, Salz, Pfeffer, 2 El Mehl, 0,75 l Wasser, 1 Knoblauchzehe, kleines Lorbeerblatt.

Das Rindfleisch in dünne Scheiben schneiden. Dann die Zwiebeln in Schweinefett goldgelb anrösten und mit einem Schuß Essig ablöschen. Das mit Salz und Pfeffer gewürzte Fleisch zu den Zwiebeln geben und mit etwas Wasser untergießen. Das Ganze zudecken und solange dünsten, bis der Saft eingekocht und nur das Fett sichtbar ist. Nun das Mehl einstäuben, durchrühren und kurz anziehen lassen. Dann mit Wasser auffüllen, Knoblauch und Lorbeerblatt dazugeben und das Ganze zugedeckt garschmoren.

Beilage: Kartoffeln.

Majoranfleisch

Es wird wie Zwiebelfleisch bereitet, mit einer Zugabe von 1 Tl gerebeltem Majoran.

Matrosenfleisch

Es wird wie Zwiebelfleisch bereitet, dem noch ein feines Gehäck von 5 Sardellenfilets, 1 mittleren Essiggurke, 10 Kapern, 50 g Petersilie und das Abgeriebene einer viertel Zitrone beigemengt wird.

Wiener Schnitzel

Man schneidet aus dem Naturteil (Oberschale) zwei dünne Scheiben so ab, daß sie am breitesten Teil zusammenhängen. Das Fleisch wird auseinandergeklappt und plattiert, dann gewürzt und in Mehl, zerschlagenem Ei und Semmelbröseln paniert.

Das eingebröselte Fleisch wird in reichlich reinem, heißen Schweinefett goldgelb und knusprig gebraten. Danach auf einer Platte mit Papierdeckchen angerichtet und mit Zitronenstückchen umlegt. Saft oder Sauce reicht man dazu nicht.

Naturschnitzel

Man richtet das Fleisch ebenfalls aus dem Naturteil (Oberschale) und bereitet es wie zum Wiener Schnitzel vor, schneidet es jedoch etwas dicker und klopft es nicht so dünn aus. Man würzt es mit Salz, wendet es in Mehl und läßt es in heißem Fett braune Farbe nehmen; dann gießt man das Fett ab, fügt ein Stückchen Butter hinzu und brät das Schnitzel vollends fertig. Die Bratbutter gießt man über das angerichtete Schnitzel.

Gespickte Kalbsvögerl

Bedarf für 10 Portionen: 4 hintere Kalbshachsen, 200 g Spickspeck, Salz und Paprika nach Geschmack, 100 g Butter, 150 g Zwiebelscheiben, 100 g Karottenscheiben, 1 El Tomatenmark, 0,1 l Weißwein, 0,4 l saurer Rahm, 400 g Champignons, 60 g Butter.

Die Kalbsstelzen werden ausgelöst; das Fleisch der Länge nach in 20 gleichgroße Stücke geschnitten und gespickt. Die gewürzten Kalbsvögerl ordnet man in ein entsprechend großes Geschirr, das zuvor mit Butter ausgestrichen und mit den Zwiebel- und Möhrenscheiben belegt wurde, und läßt sie im heißen Ofen (250 °C) etwa 20 Min. braten, bis sie leicht gebräunt sind. Dann ist das Tomatenmark beizugeben, mit dem Weißwein abzulöschen und vielleicht ein wenig Wasser zu untergießen. Die Temperatur wird auf 180 °C reduziert, um das Fleisch langsam garzuschmoren. Dabei wird es öfter begossen. Schließlich sind die Champignons in Scheiben zu schneiden, mit der Butter zu dünsten und mit dem passierten Fleischsaft und dem Rahm zu einer Sauce zu verkochen. Die Kalbsvögerl werden angerichtet und mit der Champignonsauce bedeckt.

Beilage: Risipisi (Reis mit Erbsen).

Reisfleisch

Bedarf für 10 Portionen: 800 g Kalbfleisch, 400 g Schweinefleisch, 200 g feingeschnittene Zwiebeln, 150 g Schweinefett, 1 El Rosenpaprika, 30 g Tomatenmark, 50 g Wasser, Salz, kleine zerdrückte Knoblauchzehe, 0,5 l Langkornreis, 1 l Fleischbrühe oder Wasser, 100 g Parmesan.

Die Zwiebeln in Schweinefett goldgelb anrösten, Paprika und Tomatenmark dazugeben und mit Wasser ablöschen. Dann das Kalb- und Schweinefleisch in 1 cm dicke Würfel schneiden, mit Salz und Knoblauch würzen und dem Zwiebelansatz beifügen. Das Fleisch zugedeckt im eigenen Saft halbweich dünsten. Dann den trockenen Reis beifügen, alles zusammen gut vermengen und mit der Flüssigkeit auffüllen. Nach einmaligem Aufkochen das Reisfleisch zudecken und im Ofen weichdämpfen, bis der Reis die Flüssigkeit aufgenommen hat und jedes Reiskorn locker für sich liegt. Das Reisfleisch einige Minuten ausdämpfen lassen, dann mit einer Gabel auflockern. Hierbei mischt man die Hälfte des Parmesans darunter. Zum Anrichten das Reisfleisch in eine nasse Form pressen, stürzen und mit dem restlichen geriebenen Parmesan bestreuen.

Beilage: Grüner Salat.

Eingemachtes Kalbfleisch

Bedarf für 10 Portionen: 1,5 kg Kalbsschulter, Salz, 1 Gemüsebündel (1 kleine Möhre, 1 Petersilienwurzel, 100 g Sellerie, 200 g weißer Lauch); 1 Gewürzbeutel (10 Pfefferkörner, 2 Nelken, 1 kleines Lorbeerblatt); 60 g Butter, 80 g Mehl, 1 kg Blumenkohl, 0,3 l saure Sahne, 1 El Zitronensaft, 20 Markklößchen (s. Bd. 1, S. 171).

Kalbfleisch in 50 g schwere Stücke schneiden, blanchieren, mit Wasser bedeckt aufsetzen, zum Kochen bringen und bei angelegtem Topfdeckel etwa 75 Min. sieden. Währenddessen die Oberfläche öfter abschäumen und abfetten. Nach 40 Min. Gardauer Gemüsebündel, Gewürzbeutel und Salz beigeben.

Nun von Butter und Mehl eine helle Schwitze bereiten und beiseitestellen. Den Blumenkohl in Röschen teilen und in Salzwasser kochen, daß er noch einen Biß hat.

Das inzwischen gegarte Fleisch in ein anderes Geschirr ausstechen. Gemüsebündel sowie Gewürzbeutel entfernen. Den Kalbsfond auf 1 1/4 l reduzieren, ihn mit der abgekühlten Mehlschwitze zur Sauce binden und 15 Min. leicht kochen. Danach mit saurer Sahne und Zitronensaft verfeinern und die fertige Sauce über die Fleischstücke passieren.

Gegarte Markklößchen sowie Blumenkohlröschen extra angerichtet zum angemachten Kalbfleisch reichen.

Beilage: Butterreis.

Salonbeuschel

Bedarf für 10 Portionen: 2 kg Kalbsbeuschel (Lunge), Salz, 2 El Essig, 1 Gemüsebündel (Lauch, Möhre, Sellerie); 1 gespickte Zwiebel, 100 g Fett, 100 g Mehl, 100 g feingeschnittene Zwiebeln, Zucker nach Geschmack, 1 El Zitronensaft, 1 El Senf; 50 g Petersilie, gelbe Schale einer viertel Zitrone, 10 Kapern, 2 Sardellenfilets, 1 Essiggurke.

Beuschel in Salzwasser mit Essig, Gemüsebündel und gespickter Zwiebel fast weich kochen. Danach herausnehmen, abkühlen und in große Streifen schneiden.

Zwiebeln in Fett ohne Farbe schwitzen, damit die Feuchtigkeit verdunstet. Mehl und Zucker zugeben und nun eine hellbraune Einbrenne bereiten. Vom Beuschelsud 1 1/2 l aufgießen, unter Rühren zur Sauce binden und 15 Min. leicht kochen. Dann die geschnittenen Beuschel, Senf sowie Zitronensaft beifügen und alles noch kurze Zeit kochen. Petersilie, Zitronenschale, Kapern, Sardellenfilets und Essiggurke sehr fein hacken und damit die Beuschel geschmacklich vollenden.

Beilage: Semmelknödel.

Schweinsjungfernbraten

Bedarf für 10 Portionen: 1,5 kg vorbereitete Schweinefilets, 300 g Spickspeck, Salz, 100 g Fett, 80 g feingeschnittene Zwiebeln, 1 El Mehl, 0,75 l kräftige braune Brühe, kleine zerdrückte Knoblauchzehe, etwas Kümmel.

Die österreichische Küche bezeichnet das Schweinefilet als Jungfernbraten.

Die Filets in Schnitten zu je 70 g schneiden, sie mit 4 mm dicken Speckstreifen durchziehen, salzen und in heißem Fett anbraten. Angebratene Schweineschnitten in ein flaches Geschirr ordnen. Zwiebeln im Bratfett anschwitzen, mit Mehl bestäuben und die Brühe aufgießen. Die Sauce gut verkochen, Gewürze beifügen, über die angebratenen Schnitten gießen und alles zusammen gardünsten. Sie danach in ein Anrichtegeschirr ausstechen und die Sauce darüberpassieren.

Beilage: Teigwaren.

Schweinekotelett mit Kümmel

Bedarf für 10 Portionen: 10 Schweinekoteletts je 180 g, Knoblauchsalz, 80 g Fett, 50 g Butter, 1 Tl Kümmel, 0,3 l Bratenjus.

Die Koteletts mit Knoblauchsalz würzen und auf beiden Seiten braun braten. Dann das Fett abgießen und die frische Butter zufügen. Die Koteletts mit Kümmel bestreuen, in der Butter nachbraten und anrichten. Den Bratensatz mit der Bratenjus ablöschen, aufkochen und über die Koteletts geben.

Beilagen: Rotkraut, Weinkraut oder Salate sowie Bratkartoffeln.

Krenfleisch mit Wurzeln

Bedarf für 10 Portionen: 2 kg Schweinebrust oder Schweinebauch, Salz, Essig, 1 Gewürzbeutel (10 Pfefferkörner, 2 Nelken, 1 Lorbeerblatt, 1 Thymianzweig, 1 Knoblauchzehe); 500 g Streifchen von Zwiebeln, Möhren und Sellerie, 500 g geschälte Kartoffeln, 300 g geriebener Meerrettich (Kren).

Das Fleisch mit heißem Wasser knapp bedecken und mit etwas Salz zum Kochen aufstellen. Nach dem Aufkochen abschäumen, etwas Essig und den Gewürzbeutel dazutun und das Fleisch 40 Min. kochen. Inzwischen die Kartoffeln in Würfel mit 1 cm Seitenlänge schneiden. Die Gemüsestreifchen und die Kartoffelwürfel dem Fleisch beigeben und alles weitere 35 Min. garen.

Das gegarte Fleisch in Scheiben schneiden und auf den Gemüse-Kartoffeln anrichten. Den geriebenen Meerrettich (Kren) gesondert anrichten.

Schweinsnieren mit Hirn

Bedarf für 10 Portionen: 1,2 kg vorbereitete Schweinsnieren, 400 g gekochtes Kalbshirn, 120 g Butter, 100 g feingeschnittene Zwiebeln, Salz, Pfeffer, 1 Tl gerebelter Majoran, 0,2 l Bratenjus.

Die Nieren in dünne Scheibchen schneiden und das Hirn grob hacken.

Die Zwiebeln in Butter anschwitzen, die gewürzten Nieren dazugeben und zusammen rasch rösten. Dann das gewürzte Kalbshirn zufügen, alles durcheinanderschwenken, im letzten Augenblick auch noch den Majoran und den Bratensaft beifügen und das Ganze in einer Kasserolle anrichten.

Beilage: Salzkartoffeln.

Steirisches Schöpsernes

Bedarf für 10 Portionen: 2 kg mageres Hammelfleisch, Salz nach Geschmack, 1 Gewürzbeutel (15 zerdrückte Pfefferkörner, 2 Zehen Knoblauch, 2 Lorbeerblätter, 1 Thymianzweig), 0,1 l Essig, je 200 g Karotten-, Sellerie-, Petersilienwurzel- und Zwiebelstreifen, 30 rund ausgebohrte Kartoffelkugeln oder zugeschnittene Kartoffelstücke, 2 El gehacktes Petersiliengrün.

Das Fleisch schneidet man in Würfel von 50 g, setzt es mit Wasser bedeckt auf, fügt Salz, Gewürzbeutel und Essig zu und läßt es langsam 1 1/4 Std. kochen. Danach gibt man die Gemüsestreifen und die rohen Kartoffeln zum Fleisch und läßt alles zusammen noch 20 Min. garen.

Das Fleisch mit den Gemüsen wird auf flacher Platte angerichtet, die Kartoffeln seitlich angeordnet, der kurze kräftige Fond dazugegossen und alles mit der Petersilie bestreut.

Hasenjunges mit Semmelknödel

Unter Hasenjunges versteht man das Vordere des Feldhasen, also Kopf, Hals, Läufe, Brust, Lunge, Herz, Leber und das aufgefangene Blut. Die Teile werden vor dem Zubereiten gründlich gewaschen.

Bedarf für 10 Portionen: Junges von 5 Hasen, 0,1 l Essig, 0,3 l Rotwein, Salz nach Geschmack, 1 Gewürzbeutel (1 Thymianzweig, 3 Lorbeerblätter, 25 zerdrückte schwarze Pfefferkörner); 500 g Wurzelwerk, 300 g Zwiebelscheiben, 120 g Butter, 30 g Zucker, 150 g Mehl, Saft einer halben Zitrone, 3 El passierte Preiselbeeren, 1 El Senf, 4 El Rotwein.

Die Hasenteile werden mit dem Essig, 0,3 l Rotwein, Salz, Gewürzbeutel, Wurzelwerk sowie den Zwiebelscheiben und Wasser bedeckt, zugesetzt und nicht zu weich gekocht. Inzwischen hat man in der erhitzten Butter den Zucker gelb werden lassen, fügt das Mehl hinzu und bräunt es. Dann wird es mit dem Kochsud aufgegossen und zu einer Sauce verkocht, die mit dem Hasenblut vermischt wird. Die Sauce passiert man über die von den Knochen ausgelösten Hasenstücke, bringt sie an den Kochpunkt und hebt sie geschmacklich mit den zur Mischung verrührten Zutaten aus Zitronensaft, Preiselbeeren, Senf und Rotwein.

Wiener Backhendl

1 Hähnchen 800 g, Gewürze (Delikateßpaprika, Senfpulver, Salz, Zitrone, gehackte Petersilie), Panierung (Mehl, Ei, geriebene Weißbrotkrume), 50 g Petersilie zum Backen, Salatplatte (1/2 Kopfsalat, 4 Spargelstangen, 1/4 grüne Gurken), 2 Tomaten, 1 kleine Staude Chicorée, 1/2 Paprikaschote, Marinade (Essig, Öl, Salz, Pfeffer, gehackte Zwiebeln, gehacktes Ei), Kräuter (Petersilie, Dill, Schnittlauch).

Zum Backhendl werden Magen, Herz und Leber des Geflügels paniert und fritiert mit dazugegeben. Wenn vorhanden, auch Hals und Kopf. Das Hähnchen selbst wird in Keulen und Brusthälften zerlegt. Die Knochen an den Brustteilen werden abgenommen, die kleinen Flügelknochen bleiben darin. Auch von den Keulen entfernt man die Schlußknochen und löst die Oberschenkelknochen aus. Am oberen dicken Teil des Unterschenkels ist das Fleisch bis auf den Knochen einzuschneiden. Dadurch ist ein gleichmäßigeres Durchbacken gegeben und das Keulenfleisch bleibt an allen Stellen saftig.

Alle Geflügelteile werden mit Paprika und 1 Msp. Senfpulver eingerieben, mit Salz gewürzt, mit Zitronensaft beträufelt und mit Petersilie bestreut. Nachdem sie dann paniert wurden, sind sie im auf 150 °C erhitzten Fettbad etwa 12 Min. knusprig braun zu fritieren. Man läßt die Backhendlstücke auf einer saugfähigen Unterlage abtropfen, fritiert schnell die Petersilie, salzt sie leicht und richtet alles gefällig auf flacher Platte mit Manschette an; Zitronenviertel werden dazugelegt.

Beigabe: Salatplatte mit feinen Kräutern.

Die einzelnen Bestandteile sind — je für sich — mit Essig, Öl, Salz und Pfeffer zu würzen und in gefälliger Anordnung auf einer Glasplatte anzurichten. Die Tomaten werden mit Zwiebelwürfelchen, die Gurken mit feingeschnittenem Dill, der Kopfsalat mit Schnittlauch, der Chicorée mit gehackter Petersilie und der Spargel mit gehacktem Ei und gehackter Petersilie bestreut.

Schinkenfleckerln

Bedarf für 10 Portionen: 500 g Mehl, 250 g Eier und 10 g Salz für den Teig – 150 g Butter, 5 Ei-
dotter, 350 g feingehackter Schinken, Salz und Muskat nach Geschmack, 0,25 l saurer Rahm und 5 Eiklar für die Masse – 20 g Butter und 50 g Semmelbrösel für die Form.

Mehl, Eier und Salz zu einem festen Nudelteig verarbeiten. Diesen 30 Min. rasten lassen. Danach messerrückendick ausrollen, in kleine Vierecke schneiden und sie in Salzwasser 15 Min. kochen. Die gegarten Fleckerln in ein Sieb schütten, warm abbrausen und zum Abtrocknen auf ein Tuch legen.

Die Butter mit einer Schneerute schaumig rühren, nach und nach die Dotter, etwas Salz und Muskat sowie den Schinken und den sauren Rahm beifügen. Zuletzt die Eiklar zu steifem Schnee schlagen, diesen darunterheben und die Masse mit den Fleckerln mischen. Das Ganze in eine ausgebutterte, mit den Bröseln ausgestreute Form füllen und im vorgeheizten Ofen (180 °C) 30 – 40 Min. goldbraun backen.

Zu Schinkenfleckerln serviert man Salat.

Krautfleckerln

Für diese Fleckerln bedarf es der gleichen Zutaten wie für den vorhergehend beschriebenen Nudelteig der Schinkenfleckerl. Auch die Herstellung der Fleckerln ist dieselbe.

Weiterer Bedarf für 10 Portionen: Fleckerln von 500 g Mehl (s. oben), 100 g feingeschnittene Zwiebeln, 125 g Fett, 1 kg Weißkraut, Salz, Pfeffer, Paprika, 0,1 l Brühe.

Die Zwiebeln in Fett anschwitzen. Das Kraut vierteln, von den Rippen befreien, in feine Streifchen schneiden und den Zwiebeln beigeben. Das Ganze goldbraun rösten, mit Salz, Pfeffer und Paprika würzen, die Brühe zugießen, den Topf mit einem Deckel verschließen und bei mäßiger Hitze weichdünsten.

Die gekochten, abgetrockneten Fleckerln unter das Kraut mischen, anrichten und heiß servieren.

Erdäpfelnudeln

Bedarf für 10 Portionen: 1,5 kg geschälte Kartoffeln, 2 Eier, 150 g Mehl, Salz, Muskat, 80 g Butter, 100 g Semmelbrösel.

Kartoffeln kochen, abgießen, ausdämpfen und passieren. In die heißen Kartoffeln die Eier, 20 g Butter, Mehl und Gewürze schnell einarbeiten. Backbrett mit Kartoffelmehl bestäuben, die Masse darauf zu fingerdicken Rollen formen und hiervon 5 – 6 cm lange Stückchen abschneiden. Sofort in bereitstehendes, kochendes Salzwasser einlegen, aufkochen und 6 – 8 Min. ziehen lassen, dann zum Abtropfen in einen Durchschlag schütten.

Die Brösel in der restlichen Butter bräunen, die Erdäpfelnudeln dazugeben, durchschwenken und anrichten.

Mehlspeisen

Palatschinken

Bedarf für 10 Portionen: 300 g Mehl, 0,5 l Milch, 4 ganze Eier, 60 g Zucker, Msp. Salz; 100 g Butter zum Backen, 250 g Aprikosenmarmelade zum Bestreichen.

Palatschinken nennt die österreichische Küche dünne Eierkuchen (Pfannkuchen).

Aus den Zutaten einen Teig bereiten und daraus 20 dünne Eierkuchen von 18 cm Durchmesser backen. Diese mit Aprikosenmarmelade bestreichen, zusammenrollen, mit Puderzucker bestäuben und warm servieren.

Topfenpalatschinken

Bedarf für 10 Portionen: 150 g Mehl, 0,25 l Milch, 2 Eier, 30 g Zucker, Msp. Salz, 50 g Butter;
150 g Butter, 100 g Zucker, 100 g Vanillezucker, abgeriebene Schale einer viertel Zitrone, 4 Eier, 500 g passierten Topfen (Quark), 150 g Rosinen, 0,25 l saure Sahne;
250 g Zucker, 4 Eier, 1 l Milch.

Mehl, Milch, Eier, Zucker und Salz zu einem Teig rühren und davon 10 dünne Eierkuchen, Durchmesser 18 cm, in Butter backen.

Butter, Zucker, Vanillezucker und abgeriebene Zitronenschale schaumig rühren. Dann nach und nach die Eier darunterrühren; den Quark und die Rosinen hinzufügen, gut vermengen und mit der sauren Sahne vollenden.

Herstellung: Die Masse auf den Palatschinken gleichmäßig verteilen und diese zusammenrollen. Die Rollen in Stücke von 4 cm schneiden, sie aufrecht nebeneinander in eine gebutterte Backplatte stellen.

Eier und Zucker schlagen, die Milch aufkochen und unter Rühren langsam dazugeben. Entstandene Eiermilch über die eingesetzten Palatschinken gießen und sie im Ofen bei 150 °C etwa 40 Min. backen.

Dukatennudeln (Dukatenbuchteln)

Bedarf für 30 Dukatennudeln: 500 g Mehl, 0,2 l Milch, 50 g Hefe, 70 g Zucker, 1 Ei, 70 g Butter, abgeriebene Schale einer halben Zitrone, 1 Msp. Salz;
für die Form und zum Bestreichen: 150 g Butter.

Mehl in eine Schüssel sieben, in die Mitte eine Mulde drücken. Milch erwärmen, Hefe sowie Zucker darin auflösen und in die Mulde gießen. Ei, weiche Butter, Zitronenabgeriebenes und Salz ebenfalls dem gesiebten Mehl beigeben und alles zu einem geschmeidigen Teig schlagen. Den Teig zudecken und an einem warmen Platz treiben lassen. Wenn er sein Volumen verdoppelt hat, ihn auf einer bemehlten Fläche zu einer Walze formen. Die Walze in Stücke zu 30 g teilen, diese zu Bällchen abdrehen und flachdrücken.

Eine Backpfanne entsprechender Größe dick mit Butter ausstreichen. Die geformten Teigteilchen einlegen, mit einem Tuch zudecken und nochmals gehen lassen. Danach behutsam mit Butter bepinseln und im vorgeheizten Ofen bei 180 °C während 30 – 35 Min. braun backen.

Gebackene heiße Dukatennudeln nochmals mit Butter bestreichen, dann einzeln lockern und noch warm mit Vanillesauce reichen.

Mohnnudeln

Mohnnudeln sind Erdäpfelnudeln (Rezept s. S. 374), die in einer Mohnmischung geschwenkt werden.

Bedarf für die Mischung: 200 g geriebener Mohn, 50 g Zucker, 100 g Butter.

Mohn und Zucker in Butter leicht anrösten. Die frisch gekochten, gut abgetropften Kartoffelnudeln mit der Mohnmischung schwenken und anrichten.

Nußnudeln

Erdäpfelnudeln (S. 374) werden unter Verwendung von 150 g geriebenen Nüssen, 50 g Zucker und 80 g Butter wie Mohnnudeln behandelt.

Germknödel

Bedarf für 20 Germknödel: 300 g Mehl, 50 g Fett, 1 Eigelb, Prise Salz, abgeriebene Schale einer halben Zitrone, 20 g Hefe, 0,125 l Milch;
Füllung: 260 g Pflaumenmus (Powidl), 40 g Zucker, 3 g Zimt, 3 El Rum;
Fertigstellung: 200 g geriebener Mohn, 100 g Butter, 100 g Zucker.

Aus der ersten Zutatengruppe einen Hefeteig bereiten. (Arbeitsanweisung siehe Dukatennudeln.)

Pflaumenmus, Zucker, Zimt und Rum zusammenrühren und als Füllung bereithalten.

Den Hefeteig in 20 gleichschwere Stücke schneiden, zu Kugeln formen, dann handtellergroß ausrollen und in deren Mitte jeweils 15 g Pflaumenmus häufen. Teigränder seitlich aufnehmen, über
der Füllung verschließen, kugelig formen, mit der Verschlußseite nach unten auf ein gemehltes Tuch
legen, an einen warmen Ort stellen und gehen lassen.

Sobald sie aufgegangen sind, in siedendem Salzwasser (zugedeckt) 12 Min. garen. Nach halber Garzeit die Knödel wenden.

Die gegarten Knödel auf flacher Platte anrichten, mit zerlassener Butter bestreichen, mit Mohn und
Zucker bestreuen und heiß servieren.

Topfenknödel

Bedarf für 10 Portionen: 120 g Butter, 100 g Zucker, abgeriebene Schale einer halben Zitrone,
4 Eier, 400 g Topfen, 4 Semmeln, 0,15 l saure Sahne, 50 g Mehl, 125 g Semmel-
bräsel, 100 g Staubzucker.

Butter, Zucker und abgeriebene Zitronenschale schaumigrühren, nach und nach die Eier sowie den
Topfen dazurühren. Die in kleine Würfel geschnittenen Semmeln und die Sahne fügt man bei, streut
das Mehl darüber und vermengt alles gut. Die Masse läßt man 30 Min. durchziehen und formt dann
daraus 30 Knödel von etwa 4 cm Durchmesser. Die Knödel werden in siedendes Salzwasser gelegt,
worin sie 15 Min. garen müssen. Nach dieser Zeit legt man sie zum Abtropfen auf ein Tuch und
wälzt sie danach in den mit der Butter gerösteten Semmelbröseln. Die angerichteten Topfenknödel
werden mit dem Zucker bestäubt und warm aufgetragen.

Als Beilage gibt man vorwiegend Zwetschenröster (Pflaumenkompott) dazu.

Obersscheiterhaufen

Bedarf für 10 Portionen: 10 altbackene Milchsemmeln, 50 g Rosinen, 120 g Butter, 2 Eier, 60 g
Zucker, 20 g Vanillezucker, 0,2 l Sahne, 0,1 l Milch, 3 Eiweiß, 75 g Zucker.

Die Semmeln in dünne Scheiben schneiden und mit den Rosinen in ein gut ausgebuttertes, flaches
Backgeschirr ordnen. Dann die Eier mit dem Zucker und Vanillezucker verschlagen, die Sahne und
die Milch hinzugießen und verrühren. Die Flüssigkeit über die Semmeln geben und gut weichen lassen. Dann die restliche Butter in Stückchen darauflegen und das Ganze im Ofen bei 180 °C 40 Min.
backen. 5 Min. vor Ende der Backzeit eine aus Eiweiß und Zucker geschlagene Schaummasse über
die Oberfläche der Mehlspeise streichen und goldbraun backen.

Beigabe: Fruchtsaft.

Arme Ritter

Bedarf für 10 Portionen: 20 Scheiben Toastbrot, 0,5 l Milch, 4 Eier, 100 g Zucker, 150 g Semmel-
bräsel, 200 g Butter, 100 g Zimtzucker.

Von den Toastbrotscheiben die Rinde abnehmen. Milch, Eier und Zucker verschlagen und das Brot
darin weichen. Anschließend in Bröseln wenden und in heißer Butter goldgelb backen. Vor dem
Anrichten mit Zimtzucker bestreuen.

Beigabe: Pflaumenmus oder Apfelmus.

Apfelstrudel

Bedarf für 15 Portionen: 400 g Mehl, 1 Ei, Salz, 1 El Öl, 0,2 l lauwarmes Wasser, 100 g Mehl;
80 g Semmelbrösel, 60 g Butter, 2 kg dünnblättrig geschnittene Äpfel, 100 g Rosinen, 150 g Zimtzucker, 120 g Butter.

Mehl auf ein Backbrett sieben und in die Mitte eine Vertiefung machen. Ei, Salz, Öl und Wasser
hineingeben und einen glatten, geschmeidigen Teig bereiten, den man so lange abarbeitet, bis er
sich von Hand und Brett löst. Darauf den Teig zu einer Kugel formen, mit Öl bepinseln, abdecken
und eine halbe Stunde ruhen lassen.

Ein großes Tuch ausbreiten, mit Mehl bestäuben und den Teig etwa 2 mm dick ausrollen. Dann mit bemehlten Handrücken unter den Teig greifen und diesen von der Mitte aus gleichmäßig zu einem Rechteck papierdünn ausziehen. Die dicken Teigränder abschneiden. Brösel in Butter goldgelb rösten, abkühlen lassen und auf dem ausgezogenen Teig verteilen. Desgleichen die Äpfel und die Rosinen. Dann den Zimtzucker darüberstreuen.

Die belegte Teigfläche durch einseitiges Hochheben des Tuches einrollen und die Rolle mit dem Teigschluß nach unten auf ein gebuttertes Backblech heben. Den Strudel mit zerlassener Butter bestreichen und bei 180 °C im Ofen 30 – 40 Min. goldbraun backen. Während der Backzeit die Oberfläche öfter mit zerlaufener Butter bestreichen.

Der Strudel wird mit Puderzucker bestäubt; er kann warm oder kalt serviert werden.

Topfenstrudel

Bedarf für 15 Portionen: Strudelteig aus 400 g Mehl (siehe Apfelstrudel);
Füllung: 50 g Butter, 120 g Zucker, 5 Dotter, 5 Eiklar, 500 g passierter Topfen (Quark), 0,1 l saure Sahne, Prise Salz, abgeriebene Schale einer Zitrone, 100 g Rosinen.

Butter, 60 g Zucker und Eidotter schaumig rühren. Nach und nach Quark und Sahne beifügen, dann Salz, Zitronenschale und Rosinen. Eiweiß und restlichen Zucker zu Schnee schlagen und vorsichtig unter die Quarkmasse heben. Die Masse auf ausgezogenem Strudelteig verteilen und wie den Apfelstrudel weiterbehandeln.

Beigabe: Vanillekremsauce.

Kaiserschmarren

Bedarf für 10 Portionen: 500 g Mehl, 0,7 l Milch, 15 Eier, Mark einer halben Vanilleschote, 3 g Salz, 100 g Zucker, 150 g Rosinen, 2 El Rum, 250 g Butter, 80 g Staubzucker.

Milch und Mehl gut verrühren, 5 Eier und 10 Eigelb, Mark der Vanilleschote sowie das Salz dazugeben und alles zu einem glatten Teig vereinigen. Die 10 Eiklar mit dem Zucker zu Schnee schlagen und unter den Teig heben. In zwei großen Pfannen erhitzt man Butter, füllt jeweils die Hälfte des Teiges ein, verteilt die mit dem Rum aromatisierten Rosinen auf die Oberflächen und erhitzt bei kleiner Flamme, bis der Teig aufgegangen und die Unterseite leicht gebräunt ist. Dann dreht man den Teig um und bäckt im Ofen (200 °C) fertig. Kaiserschmarren soll goldgelb und leicht aufgebläht sein. Er wird mit zwei Gabeln in Stücke gerissen, auf flacher Platte angerichtet und mit dem Staubzucker gepudert.

Beigabe: Preiselbeeren.

Salzburger Nockerln

Bedarf für 10 Portionen: 10 Eidotter, Mark einer halben Vanilleschote, 10 Eiklar, 80 g Zucker, 70 g Mehl, 0,2 l Milch, 40 g Butter, 20 g Staubzucker.

Eidotter und Vanille werden gut verrührt und die Eiklar mit dem Zucker zu einem steifen Schnee geschlagen. 2 Eßlöffel vom Eischnee rührt man mit den Dottern glatt, streut das gesiebte Mehl darüber und zieht dieses, zusammen mit der ganzen restlichen Menge des Eischnees, behutsam darunter. In einem Töpfchen kocht man Milch und Butter schnell auf, gießt die Milchbutter auf eine große, ovale Porzellanplatte und setzt die Masse zu 10 Nocken geformt hinein. Im vorgeheizten Ofen (180 °C) sind die Nocken etwa 12 Min. zu backen, um sie danach mit dem Staubzucker bestreut zu Tisch zu geben. Die Nocken sollen im Innern noch leicht kremig sein und müssen gleich serviert werden, denn sie fallen leicht zusammen.

Weinkoch

Die österreichische Küche bezeichnet Aufläufe mit „Koch".

Bedarf für 8 Portionen: 8 Eidotter, 8 Eiklar, 200 g Zucker, abgeriebene Schale einer viertel Zitrone, 160 g feingeriebene Nüsse, 50 g Semmelbrösel, 50 g Mehl, Msp. Zimt, 40 g Butter, 1 Tl Mehl, 0,125 l Weißwein.

Die Eigelbe mit 100 g Zucker schaumig rühren. Das Eiweiß mit dem restlichen Zucker zu festem Schnee schlagen und vorsichtig unter die Eigelbmasse heben. Dann Nüsse, Bröseln, Mehl und Zimt zusammen vermengen und unter die Eiermasse ziehen.

Das Ganze in eine gebutterte, mit Mehl bestäubte flache Backform füllen und im Ofen bei etwa 170 °C backen.

Die Süßspeise in viereckige Stücke teilen und mit heißem Weißwein reichen.

Sachertorte

Bedarf: 140 g Butter, 140 g Zucker, Mark einer viertel Vanilleschote, 140 g Schokolade, 6 Eidotter, 6 Eiklar, 140 g gesiebtes Mehl, 170 g Marillenmarmelade, Schokoladenglasur.

Die Butter wird mit der Hälfte des Zuckers schaumig gerührt und dann mit der aufgelösten Schokolade verarbeitet. Nach und nach sind die Dotter unter die Masse zu rühren sowie die mit dem restlichen Zucker zu steifem Schnee geschlagenen Eiklar und das Mehl behutsam darunterzuheben. Die Sachermasse wird nun in eine ausgebutterte, mit Mehl bestäubte Tortenform eingefüllt und bei mäßiger Hitze etwa 1 Std. gebacken.

Linzer Torte

Bedarf: 200 g Mehl, 160 g gehackte Mandeln oder Haselnüsse, 1 Msp. Backpulver, 180 g Butter, 120 g Zucker, 3 Eigelb, abgeriebene Schale einer halben Zitrone, 3 g Zimt, 1 Msp. gemahlene Nelken, 200 g Ribiselmarmelade (Johannisbeermarmelade), Eistreiche.

Die erkaltete Torte wird nun auf der Oberfläche dick mit passierter Marillenmarmelade bestrichen, mit feiner gekochter Schokoladenglasur dick überzogen und übertrocknet. Eine Garnierung wird nicht angelegt. Schokoladenglasur: 150 g Zucker mit 4 El Wasser bis zum Faden kochen. Den Zucker nach und nach über 150 g erwärmte Schokolade gießen und ständig mit einem Spachtel rühren, bis die Glasur die notwendige Konsistenz zum Glasieren aufweist.

Das gesiebte Mehl mit Mandeln und Backpulver in eine Schüssel geben. Butter, Zucker, Eigelb, Zitronenschale, Zimt und Nelken in die Mitte geben und das Ganze schnell zu einem Teig verarbeiten. Im Kühlschrank eine halbe Stunde abgedeckt ruhen lassen.

Die Hälfte des Teiges auf einem Springformboden (Durchmesser 26 cm) ausrollen. Die Marmelade so auf den Teig streichen, daß ein halber cm vom Rand freibleibt. Aus der anderen Teighälfte eine Scheibe gleichen Durchmessers ausrollen. Diese in 7 mm breite Streifen rädeln und sie gitterartig auf die Marmelade legen. Formring um den belegten Formboden spannen. Von den Teigresten dünne Walzen formen, sie als Rand um die Torte legen und leicht andrücken. Die Oberfläche mit Eistreiche bepinseln und die Torte 30 Min. im 180 °C heißen Ofen backen.

Wiener Omelett

Bedarf für 4 Personen: 4 Dotter, 4 Eiklar, 80 g Zucker, 40 g Mehl, 40 g Weizenpuder, 40 g Butter, 10 g Mehl, 100 g Marillenmarmelade, Puderzucker.

Die Dotter mit 50 g Zucker schaumig rühren. Das Eiweiß mit dem restlichen Zucker zu Schnee schlagen und unter die Eigelbmasse heben. Anschließend Mehl und Weizenpuder zusammen sieben und unter die Eiermasse ziehen. Die Masse in eine gebutterte, mit Mehl bestäubte Stielpfanne (Durchmesser 30 cm) geben. Bei mäßiger Hitze backen. Das Omelett ist gar, wenn ein eingestochenes Hölzchen beim Herausziehen keine Teigreste zeigt.

Dann die angewärmte Marillenmarmelade daraufstreichen. Das Omelett zur Hälfte zusammenklappen, auf eine gebutterte Platte stürzen, mit Puderzucker bestäuben und sofort servieren.

TSCHECHOSLOWAKISCHE KÜCHE

Einleitung

Böhmen, Mähren und die Slowakei bilden die heutige Tschechoslowakische Volksrepublik. Ihre Hauptstadt ist Prag. Der wirtschaftliche Kernraum ist das Böhmische Becken. Es wird von Böhmerwald, Erzgebirge und Sudeten umschlossen. Jenseits der Böhmischen- Mährischen Höhen erstreckt sich die Mährische Senke. In der Slowakei, die im Süden Anteil an der Ungarischen Tiefebene hat, steigen die Karpaten zu Hochgebirgshöhen auf. Die größtenteils bewaldeten Gebirgswälle schützen die Beckenlandschaften vor Kaltlufteinbrüchen.

Der ertragreiche Anbau in den fruchtbaren, teilweise von Löß bedeckten Becken liefert Getreide, Hopfen, Zuckerrüben, Gemüse und Obst. An den sanften Hängen im Süden des Landes gedeihen in Rebenkulturen mehrere Traubensorten. Die umfangreiche Viehwirtschaft befaßt sich intensiv mit der Aufzucht von Schweinen und Rindern. Überall begegnet man den bekannten böhmischen Fischteichen, in denen Karpfen, Schleien und Forellen heranwachsen.

Die Produkte des Landes bestimmen auch seine Tafel. In Pilsen und Budweis werden aus Gerste und Hopfen die weltbekannten Biere gleichen Namens gebraut. Der Sliwowitsch, ein feiner Zwetschenbranntwein, sorgt nicht nur für eine spezielle Geschmacksprägung so mancher Zubereitung, sondern auch für die bessere Bekömmlichkeit üppiger Gerichte.

Tokayer-Weinqualitäten, die mit ihrem einzigartigen Bukett und ihrer hohen Fruchtsüße bestechen, halten die Kellereien, neben anderen Weinen, für die festliche Tafel bereit.

Unter den tschechoslowakischen Landesküchen, die im allgemeinen eine natürliche aber derbe Kost pflegen, steht auch heute noch die traditionsreiche böhmische Küche obenan. Ihre Spezialitäten werden von den Feinschmeckern geschätzt. Die hochwertigen Erzeugnisse der Agrarwirtschaft sind letztlich mitbestimmend für die Güte der böhmischen Küche, denken wir nur an die Prager Schinken, die Prager Frühmastgänse und die böhmischen Karpfen. Unverkennbar bleibt jedoch der Einfluß der österreichischen Küche, der noch stärker bei der Herstellung von Süß- bzw. Mehlspeisen in Erscheinung tritt. So sind z.B. in den Küchen beider Länder Buchteln und Zwetschenknödel anzutreffen.

Suppen

Bramborová polévka   Kartoffelsuppe

Bedarf für 2 l: 80 g Schinkenspeckwürfelchen, 40 g Schweinefett, 50 g feingeschnittene Zwiebeln, 40 g Mehl, 1,75 l Fleischbrühe, 150 g Gemüsestreifen (Möhren, Sellerie, Petersilienwurzeln), 500 g Kartoffeln, 30 g getrocknete Steinpilze, Salz, Pfeffer, Majoran, kleine, feingeriebene Knoblauchzehe, 1 El Petersilie.

Schinkenspeckwürfelchen in Schweinefett leicht anbraten. Die Zwiebeln beifügen, wenn sie glasig sind, das Mehl darüberstäuben und eine lichtbraune Schwitze bereiten. Danach mit Brühe auffüllen, unter Rühren aufkochen und die Gemüsestreifen hinzugeben. Das Ganze etwa 10 Min. kochen lassen. Nun fügt man die in Würfel geschnittenen Kartoffeln und die zuvor eingeweichten Steinpilze bei, würzt mit Salz, Pfeffer, Majoran sowie Knoblauch und läßt die Suppe weitere 30 Min. kochen. Zur Geschmacksvollendung die Petersilie darüberstreuen und die fertige Suppe anrichten.

Drštkova polévka   Kuttelflecksuppe

Bedarf für 2 l: 400 g vorbereitete Kuttelflecke, Salz, 1 Gemüsebündel (kleine Möhre, Petersilienwurzel, Sellerie, Weißes einer Lauchstaude), 1 Kräutersträußchen, 1 Knoblauchzehe, 50 g feingeschnittene Zwiebeln, 40 g Fett, 40 g Mehl, 5 g Paprika, 1 El gehackte Gewürze (Kümmel, Majoran, gelbe Schale einer viertel Zitrone), Pfeffer, 1 El Petersilie.

Blanchierte Kuttelflecke mit 2,5 l kaltem Wasser zum Kochen aufstellen. Nach dem Aufkochen abschäumen, salzen, Gemüsebündel, Kräutersträußchen und Knoblauch beigeben und leicht weiterkochen, bis die Kutteln weich sind. Die Brühe abseihen und einstweilen beiseitestellen. Die Kutteln zwischen zwei Holzbretter legen und bis zu ihrem vollständigen Erkalten leicht pressen. Sie danach in feine Streifen schneiden.

Zwiebeln in Fett anschwitzen, mit Mehl bestäuben und hell bräunen, Paprika beifügen, Kuttelbrühe auffüllen und unter Rühren zum Kochen bringen. Gehacktes Gewürz zugeben und die Suppe 30 Min. kochen. Danach durchseihen, feingeschnittene Kutteln hineingeben und nochmals aufkochen. Mit Salz und Pfeffer abschmecken und, mit Petersilie bestreut, zu Tisch geben.

Husi drubková polévka   Gänsekleinsuppe

Bedarf für 2 l: 500 g Gänseklein (Hals, Flügel, Magen, Herz), Salz, 150 g Gemüsewürfelchen (Möhren, Petersilienwurzeln, Sellerie), 150 g Blumenkohlröschen, 1 El feingeschnittene Zwiebeln, 40 g Fett, 40 g Mehl, Salz, Muskat, 1 El Petersilie, 1 El Schnittlauch.

Gänseklein blanchieren, mit 2,5 l Wasser zum Kochen bringen, abschäumen, leicht salzen und während 60 – 90 Min. garen. Gemüsewürfelchen und Blumenkohlröschen in etwas Gänsekleinbrühe 15 Min. dünsten.

Währenddessen Zwiebeln in Fett angehen lassen, mit Mehl bestäuben und eine lichte Einbrenne bereiten. Danach mit der abgegossenen Gänsekleinbrühe auffüllen und 15 Min. kochen lassen. Die Suppe danach passieren, mit Salz und Muskat würzen. Das Gänsekleinfleisch von den Knochen streifen, schneiden und alles zusammen noch einmal aufkochen. Mit Petersilie und Schnittlauch bestreuen, anrichten und servieren.

Beigabe: Markklößchen (s. Bd. 1, Abschn. Suppen).

Verschiedene Gerichte

Husi krev   Gänseblut

Bedarf für 5 Portionen: 1 l Gänseblut, 20 g Grieß, 0,1 l Milch, Salz, Pfeffer, Majoran, 120 g Zwiebelwürfelchen, 50 g Gänsefett.

Gänseblut, Grieß und Milch verquirlen. Mit Salz, Pfeffer und Majoran würzen. Zwiebeln in Gänsefett bräunen, Blutmischung beigeben, unter Rühren stocken lassen und leicht abrühren.

Beilagen: Sauerkraut sowie Pellkartoffeln oder Kartoffelpüree.

Husi stehynka   Gansbigel

Bedarf für 10 Portionen: 10 Gänsekeulen je 300 g, Salz, Pfeffer, Majoran, 20 g Fett, 400 g Rollgerste, 1 El Petersilie, 0,2 l Brühe, 0,5 l Jus.

Gänsekeulen mit Salz und Pfeffer würzen und mit Majoran einreiben. In entsprechend großem Geschirr das Fett erhitzen, die Keulen darin wenden und im Ofen (180 °C) 35 Min. braun braten. Während des Bratvorgangs mit etwas kaltem Wasser ablöschen, damit zu starke Verkrustung vermieden wird.

Die Rollgerste in reichlich Wasser halb weichkochen, das Wasser abschütten und die Gerste in eine gefettete Schmorpfanne geben. Die gebratenen Gänsekeulen mitsamt dem Bratsaft zu der Rollgerste geben. Brühe hinzufügen und das Gericht im Ofen bei mäßiger Hitze fertiggaren. Danach muß die Rollgerste locker sein und darf nicht kleben.

Die Gänsekeulen auf der Gerste anrichten, mit Petersilie bestreuen und die Jus separat dazu reichen.

Beigabe: Geschälte Salzgurken oder Gewürzgurken.

Husi guláš   **Gänsegulasch**

Bedarf für 8 Portionen: 1 vorbereitete, 4 kg schwere Gans, 600 g Zwiebeln, 80 g Schweinefett, 15 g Rosenpaprika, Essig, 50 g Wasser, Salz, Pfeffer, feingehacktes Gulaschgewürz (1 Knoblauchzehe, 3 g Kümmel, 3 g Majoran, gelbe Schale einer viertel Zitrone), 0,75 l Wasser.

Die Gans – Brusthälften und Keulen – zerlegen, diese in Stücke zu 60 g teilen. Zwiebeln in Streifen schneiden und in Schweinefett goldgelb anschwitzen. Paprika zufügen, mit einigen Spritzern Essig ablöschen und mit dem Wasser auffüllen.

Die Gänsestücke mit Salz und Pfeffer würzen, dem Ansatz beifügen und im geschlossenen Topf bei mäßiger Hitze dünsten, bis der Saft eingekocht ist. Dann das Gulaschgewürz zugeben, mit Wasser auffüllen, daß der Inhalt bedeckt ist, und zugedeckt garen. Falls nötig, etwas Wasser nachgießen, damit das Fleisch von der Flüssigkeit knapp bedeckt ist.

Das gegarte Fleisch in eine andere Kasserolle umstechen. Die Sauce durch ein feines Sieb streichen, über das Gänsefleisch geben, nochmals aufkochen und anrichten.

Beilage: Knödel, Nockerln oder Petersilienkartoffeln.

Maso s pivni omáčkou   **Bierfleisch**

Bedarf für 10 Portionen: 1,8 kg ausgelöste Schweineschulter, Salz, Pfeffer, 40 g Mehl, 120 g Fett, 300 g feingeschnittene Zwiebeln, 0,2 l dunkles Bier, 80 g Tomatenfleischwürfel, 1 kleine, zerdrückte Knoblauchzehe, 0,75 l Brühe, 1 El Petersilie.

Schweinefleisch in 50 g schwere Würfel schneiden, mit Salz und Pfeffer würzen, mit Mehl bestäuben und in einer Pfanne mit etwas Fett rasch anbraten. Gleichzeitig in einem Schmortopf die Zwiebeln im restlichen Fett goldgelb anschwitzen, mit Bier ablöschen, das angebratene Schweinefleisch hinzugeben und etwa 10 Min. dünsten. Nun die Tomaten und die Knoblauchzehe beifügen, die Brühe auffüllen und zugedeckt etwa 1 Std. schmoren. Das gegarte Fleisch in ein anderes Geschirr umstechen und die Sauce darüberpassieren. Das Ganze abschmecken, nochmals aufkochen, mit Petersilie bestreuen und heiß servieren.

Beilage: Knödel oder gekochte Kartoffeln.

Řečkovické ve rřové hrudi   **Retschkovitzer Schweinsbrust**

Bedarf für 10 Portionen: 2,5 kg magere Schweinebrust mit Schwarte, Kümmel, Salz, Pfeffer, 150 g Röstgemüse, 0,5 l Bratenjus;
Füllung: 50 g Weißbrot ohne Rinde, 1 Eiweiß, 0,1 l Sahne, 200 g mageres Schweinefleisch, 100 g sehnenfreies Kalbfleisch, 100 g Schweineleber, Salz, Pfeffer, Majoran.

Füllung: Weißbrot in kleine Würfel schneiden, mit Eiweiß und Sahne durchfeuchten. Schweinefleisch, Kalbfleisch und Leber mit Salz, Pfeffer sowie Majoran würzen und kaltstellen. Die gekühlten Zutaten durch die feine Scheibe des Fleischwolfs lassen, kurz durchgreifen und, falls nötig, noch nachwürzen.

Die Rippen der Schweinebrust herausnehmen, vom flachen Ende her eine Tasche einschneiden und die Farce in die Brust einfüllen und zunähen.

Die gefüllte Brust überbrühen und danach die Schwarte längs und quer, in etwa 3 cm Abständen, mit einem scharfen, spitzen Messer einritzen. Sie dann mit Kümmel, Salz und Pfeffer würzen und in einem mit Röstgemüse ausgestreuten Geschirr auf die Knochenseite legen. Etwa einen halben Liter Wasser unter die Brust gießen und sie im Ofen (180 °C) bei mehrmaligem Beschöpfen 90 bis 120 Min. garen und bräunen. Danach die Brust entnehmen, den Fond mit der Bratenjus verkochen und passieren.

Beilage: Knödel und Krautsalat mit Speck.

Drštky zadělávané se šunkou   **Eingemachte Kutteln mit Schinken**

Bedarf für 10 Portionen: 2,5 kg vorbereitete Kuttelflecke, 100 g feingeschnittene Zwiebeln, 60 g
Fett, 80 g Mehl, 1 l Kuttelbrühe, Salz, Zitronensaft, etwas geriebener Knoblauch,
1 El Petersilie, 150 g gekochter Schinken in Streifen.

Die Kutteln wie für die Kuttelflecksuppe (s. S. 379) kochen, pressen und schneiden. Zwiebeln in
Fett anschwitzen, das Mehl beifügen und eine helle Schwitze bereiten. Dann mit Kuttelbrühe auffüllen und unter Umrühren 10 Min. kochen. Der entstandenen Sauce Salz, Zitronensaft und Knoblauch beigeben, sie passieren und über die geschnittenen Kutteln gießen. Alles nochmal aufkochen,
abschmecken und die Petersilie einschwenken. Die Kutteln anrichten und mit den Schinkenstreifen bestreuen.

Beigabe: Petersilienkartoffeln.

Drštky smažené s bramborovz m salatem   **Fritierte Kutteln mit Kartoffelsalat**

Bedarf für 10 Portionen: 2,5 kg vorbereitete Kutteln, Salz, Pfeffer, 80 g Mehl, 3 Eier, 250 g Semmelbrösel, 2 Zitronen, 1 Petersiliensträußchen.

Die Kutteln behandeln wie für Kuttelflecksuppe (s. S. 379) und in 5 cm große Vierecke schneiden.
Dann würzen, in Mehl und geschlagenem Ei wenden und Brösel andrücken. Die Kutteln goldgelb
fritieren und abgetropft auf einer Silberplatte mit Papiermanschette anrichten. Die Zitronen, in
Stücke geschnitten, und das Petersiliensträußchen daranlegen.

Beilage: Kartoffelsalat mit sauren Gurken oder mit Sellerie gemischt.

České knedliky   **Böhmische Knödel**

Bedarf für 10 Portionen: 1 kg Mehl, 2 Eier, Salz, 370 g Wasser, 7 Semmeln, 80 g Butter, 60 g Semmelbrösel.

Aus Mehl, Eiern, Salz und Wasser einen Mehlteig bereiten. Die Semmeln in Würfel schneiden, in etwas Butter goldgelb rösten, unter den Teig mischen und ihn eine halbe Stunde stehen lassen. Auf
einem mit Mehl bestäubtem Nudelbrett etwa 20 cm lange und 8 cm dicke Rollen formen. Diese sofort in kochendes Salzwasser legen und 25 – 30 Min. sieden. Die gegarten Rollen in 2 cm
dicke Scheiben schneiden und sie beim Anrichten mit in Butter gerösteten Semmelbröseln bestreuen.

Bramborové knedliky   **Kartoffelknödel**

Bedarf für 10 Portionen: 1,3 kg Kartoffeln, 1 Ei, 190 g Mehl, Salz, Muskat, 1 Tl Petersilie, 3 alte
Semmeln, 50 g Butter.

Die Kartoffeln kochen, schälen, heiß durchpressen und auskühlen lassen. Danach Ei, Mehl, Salz,
Muskat und Petersilie darübergeben. Die Semmeln in kleine Würfel schneiden, in Butter rösten und
auch noch beigeben. Alles zusammen rasch zu einem Teig verarbeiten. Die Kloßmasse wird weiter-
behandelt wie „Böhmische Knödel" (s. oben).

Kartoffelknödel passen zu Schweine- und Gänsebraten und zu Rauchfleisch mit Sauerkraut.

Špekové knedliky se zelim   **Speckknödel mit Sauerkraut**

Kartoffelknödel nach obigem Rezept herstellen. 200 g magere Speckwürfelchen und 150 g Zwiebelwürfelchen zusammen bräunen und über die geschnittenen, angerichteten Kartoffelnknödel geben. Dazu Sauerkraut reichen oder die Knödel auf Sauerkraut anrichten.

Süßspeisen

Škubánky   Skubanki

Bedarf für 10 Portionen: 1 kg rohe, geschälte Kartoffeln, Salz, 150 g Mehl, 60 g Schweinefett, 200 g
geriebener Mohn, 150 g Zucker, 50 g Butter, 0,5 l Milch.

Die Kartoffeln vierteln, mit kaltem Wasser knapp bedecken, leicht salzen und zum Kochen aufstellen. Nach dem Aufkochen sorgfältig abschäumen und das Mehl gleichmäßig auf die Oberfläche
streuen. Mit einem Kochlöffelstiel in die Mehldecke ein paar Löcher stechen und die Kartoffeln
langsam weichkochen. Danach das restliche Wasser durch Neigen des Geschirrs restlos abgießen.
Die Kartoffeln mit sehr heißem Schweinefett begießen, mit einem Kochlöffel gut verrühren und
die Kartoffelmasse zugedeckt einige Minuten ziehen lassen. Danach mit geöltem Eßlöffel nockerl-
ähnliche Gebilde ausstechen, in Mohn wälzen und in eine gebutterte Pfanne ordnen. Den Zucker
darüberstreuen und so lange in einen heißen Ofen stellen, bis sich eine leichte Kruste gebildet hat.

Die Skubanki mit heißer Milch zu Tisch geben.

Švestkové knedliky   Zwetschenknödel

Bedarf für 16 Zwetschenknödel: 1 kg Kartoffeln, 150 g Mehl, Salz, 1 Ei, 20 g Butter;
16 große Zwetschen, 16 Zuckerwürfel, 50 g Zwetschenwasser, 100 g Semmelbrösel,
80 g Butter, 120 g Zucker.

Die Kartoffeln garkochen, schälen und heiß passieren. Kartoffeln mit Mehl, Salz, Ei und Butter
rasch zu einem Teig zusammengreifen.

Aus dem Teig eine Walze formen, diese in 16 gleichgroße Scheiben teilen. Die Scheiben leicht breit-
drücken und in die Mitte eine Zwetsche legen. — Zuvor den Kern entfernen und ihn durch einen in
Zwetschenwasser getränkten Zuckerwürfel ersetzen. — Den Teig um die Zwetschen zu Knödeln
formen, sie sogleich in kochendes Salzwasser legen und etwa 10 Min. sieden. Die an die Oberfläche
gestiegenen Knödel mit einem Schaumlöffel entnehmen, abtropfen lassen, in mit Butter gerösteten
Bröseln wälzen und überzuckert servieren.

Auf die gleiche Art zubereitet werden: Marillen-, Kirschen- und Sauerkirschknödel.

Povidlové buchty   Powidelbuchteln

Bedarf für 18 Buchteln: 40 g Hefe, 0,2 l Milch, 600 g Mehl, 100 g Zucker, 140 g zerlassene Butter,
2 ganze Eier, 4 Eigelb, 5 g Salz, 1 El Rum, abgeriebene Schale einer halben Zitrone;
Füllung: 200 g Pflaumenmus, 3 g Zimt, 1 El Rum;
100 g Butter zum Backen, Puderzucker zum Bestäuben.

Aus den Zutaten einen Hefeteig herstellen.

Teig zu einer rechteckigen Platte von 30 x 60 cm ausrollen. Daraus 18 Quadrate von 10 x 10 cm
schneiden. Das mit Rum und Zimt verbesserte Pflaumenmus als Füllung auf die Teigstücke verteilen. Jeweils die vier Enden über das Pflaumenmus legen, gut verschließen, mit den Rändern nach
unten in eine ausgebutterte Backpfanne legen, mit restlicher zerlassener Butter beträufeln und an
einem warmen Platz 20 Min. gehen lassen. Die Buchteln im mittelheißen Ofen 40 — 45 Min. goldbraun backen, aus der Backpfanne stürzen und ausgekühlt mit Zucker bestäubt zu Tisch geben.

Buchteln können auch mit Marmelade, Zwetschen, Kirschen, Aprikosen, Mohn oder Quark gefüllt
werden; die Bezeichnung richtet sich nach der Füllung.

Žemlovka   Semmelbabe

Bedarf für 10 Portionen: 10 Semmeln, 0,5 l Milch, 2 ganze Eier, 50 g Butter, 5 g Zimt, 100 g Zuk-
ker, 150 g Rosinen, 500 g geschälte, in Scheiben geschnittene Äpfel;
Aufstrich: 150 g Butter, 80 g Zucker, 3 Eigelbe; Staubzucker zum Bestäuben.

Semmeln in 1 cm starke Scheiben schneiden und trocken rösten. Eine Backpfanne mit Butter ausstreichen. Geröstete Semmelscheiben einmal in die Eiermilch tauchen. Zimt, 100 g Zucker, Rosinen mischen. – Schichtweise in die Pfanne füllen: befeuchtete Semmelscheiben, Rosinenmischung,
Apfelscheiben; erneut Schichten in dieser Reihenfolge. Abschluß bilden befeuchtete Semmelscheiben.

Für den Aufstrich Butter und Zucker schaumig rühren, die Eigelb nach und nach dazugeben. Masse
gleichmäßig auf die Einfüllung streichen. Backpfanne in 200 °C heißen Ofen schieben und 30 Min.
backen, dabei die Oberfläche bräunen.

Zum Anrichten Stücke heraussteehen und sie mit Staubzucker bestäuben.

Vololky   Dalken

Bedarf für etwa 60 Stück: 20 g Hefe, 0,75 l Milch, 500 g Mehl, 60 g Butter, 60 g Zucker, 5 Eier,
    1 Msp. Salz;
    100 g Butter zum Braten, 150 g Zimtzucker zum Bestreuen.

Hefe in 3 El lauwarmer Milch auflösen, 2 El Mehl dazugeben, glattrühren und den Vorteig zugedeckt zum Gären warmstellen. Butter und Zucker schaumig rühren, Eier, restliche Mehlmenge und
restliche Milch nach und nach mit dem Schaumiggerührten vermengen. Vorteig darunterarbeiten,
den gesamten Teig nochmals gehen lassen.

Dalkenpfanne – Pfanne mit runden, flachen Vertiefungen – erhitzen. In jede Vertiefung ein Stückchen Butter geben und einen Eßlöffel Teig und ihn beidseitig goldgelb braten. Dalken mit Zimtzucker bestreuen und zu Tisch geben.

Die gebratenen Dalken kann man auch mit Marmelade, Pflaumenmus oder geriebenem Quark bestreichen und je zwei Stück zusammensetzen.

Kolatschen   Böhmisches Hefegebäck

Bedarf für 12 Kolatschen: 20 g Hefe, 0,1 l Milch, 300 g Mehl, 50 g Zucker, 70 g zerlaufene Butter,
    1 Ei, 2 Eigelb, 1 Msp. Salz, 1 Tl Rum, abgeriebene Schale einer viertel Zitrone;
    Füllung: 60 entsteinte, rohe Weichselkirschen, 2 Eigelb, 2 Eiklar, 50 g Zucker, 20 g
    Hobelmandeln.

Mehl in eine Schüssel sieben. In der Mitte eine Vertiefung bilden. Hefe hineinbröckeln. Mit einem
Teelöffel des Zuckers, der Hälfte der erwärmten Milch und einem Drittel des Mehls zu einem Vorteig rühren. Zugedeckt an einen warmen Ort treiben lassen. Restliche Milch, zerlaufene Butter, 1 Ei,
2 Eigelb, Salz, Rum und abgeriebene Zitronenschale in die Mehlschüssel zum Vorteig geben und
alles zu einem glatten Teig kneten.

Teig auf bemehltem Brett zu einer Walze formen, diese in 12 gleichgroße Stücke teilen. Kugeln daraus formen, mit entsprechendem Abstand auf ein gefettetes Backblech legen. Jede Teigkugel flachdrücken, mit einem in Butter getauchten Löffel in jedes Teigstück eine Mulde drücken. Je fünf
Kirschen in die Mulde legen. Die Kolatschen an einen warmen Platz nochmals 15 Min. treiben
lassen.

Inzwischen zwei Eigelb mit der Hälfte des Zuckers schaumig rühren. Die Eiklar mit dem übrigen
Zucker zu steifem Schnee schlagen. Eischnee unter die schaumigen Eigelb heben. Je ein Löffelchen
Eierschaum auf die Kirschen häufen. Hobelmandeln daraufstreuen und im vorgeheizten Ofen bei
200 °C etwa 20 Min. backen. – Die fertigen Kolatschen zum Abkühlen vom Backblech auf ein Gitter absetzen.

Foto: Teubner

Weinkrem mit kandierten Früchten

Crema di vino con frutti candita

Rezept s. S. 359

Foto: Teubner

Orangenauflauf

Soufflé all' aranca

Rezept s. S. 359

UNGARISCHE KÜCHE

Einleitung

Die drei südosteuropäischen Großlandschaften Transdanubien, die Donau-Theißplatte und Alföld bilden die Volksrepublik Ungarn. Sie wird auf drei Seiten von den Karpaten eingeschlossen. Das Klima ist kontinental gemäßigt, doch recht trocken. – Die moderne Viehzucht Ungarns erzeugt Exportüberschüsse. Riesige Steppenflächen, zu Ackerland umgewandelt, dienen heute neben dem Getreidebau, der Anpflanzung von Gemüsen. Tomaten, Paprika, Zwiebeln und Melonen gehören mit zu den Haupterträgen. An den Flußufern der Theiß reifen süße Tokayertrauben und aus Donau und Plattensee stehen u.a. Huchen, Fogosch, Wels und Karpfen zur Verfügung. Die Erzeugnisse des Landes bestimmen den Charakter der ungarischen Küche. Dominierend, jedoch abwechslungsreich, ist die Verarbeitung von Paprika, Tomaten und Zwiebeln. Die ungarische Küche teilt die Vielzahl ihrer Paprikagerichte in Kategorien ein. Sie unterscheidet: Gulyás-, Pörkölt-, Paprikás- und Tokany-Gerichte. Tarhonya, ein Produkt aus Nudelteig, ist eine beliebte Beilage dazu.

Suppen

Gulyásleves   Gulaschsuppe

Bedarf für 2 l: 250 g Zwiebelwürfelchen, 100 g Schweineschmalz, 15 g Rosenpaprika, Salz, 600 g Rinderbug in kleinen Würfeln, 3 El Wasser, 100 g Tomatenfleischwürfel, 50 g grüne Paprikaschotenwürfel, 300 g Kartoffeln, 2 El Wasser, 100 g gekochte, kleine Teigflecken (Csipetke) (Nudelteig s. Bd. 1, Abschn. Suppen);
Gulaschgewürz: Fein Gehacktes von Knoblauchzehe, 3 g Kümmel, 5 g Majoran, gelbe Schale einer viertel Zitrone.

Zwiebeln in Schweineschmalz anschwitzen. Rosenpaprika sowie Rindfleisch zufügen, kurz anziehen lassen. Dann mit der kleinen Menge Wasser untergießen und zugedeckt bei öfterem Umrühren 20 Min. dünsten. Tomatenfleisch beigeben und solange weiterdünsten, bis die Flüssigkeit vollkommen reduziert ist. Nun die Paprikaschoten und die in 1 cm große Würfel geschnittenen Kartoffeln dazutun, mit dem Wasser auffüllen und alles zusammen weichkochen. Das Gulaschgewürz kurze Zeit vor dem Garsein beifügen und die Teigflecken (Csipetke) kurz vor dem Servieren.

Korhelyleves   Krautsuppe

Bedarf für 2 l: 500 g Sauerkraut, 200 g Kasseler Rippchen, 100 g magerer geräucherter Speck, 2 l Wasser;
80 g feingeschnittene Zwiebeln, 50 g Schweinefett, 300 g Schweineschulter, Salz, Pfeffer, 0,1 l Brühe, kleine geriebene Knoblauchzehe, 1 Tl Paprika, 40 g Mehl; 80 g Debrecziner Wurst, 0,2 l saure Sahne.

Sauerkraut, Rippchen und Speck mit Wasser aufsetzen und weichkochen. Das Fleisch entnehmen und in kleinere Stücke teilen. Zwiebeln in Schweinefett andünsten. Die Schweineschulter in 1 cm große Würfel schneiden, würzen und den Zwiebeln beigeben. Mit Brühe untergießen und zugedeckt dünsten, bis die Flüssigkeit eingekocht ist. Dann Knoblauch, Paprika und Mehl hinzufügen, kurz angehen lassen, mit der Krautsuppe auffüllen und zusammen kurze Zeit kochen.

Abschließend Rippchen- und Speckstücke, in Scheibchen geschnittene Wurst und den Sauerrahm hinzugeben. Das Ganze nochmals aufkochen und heiß servieren.

Bableves **Bohnensuppe**

Bedarf für 2 l: 400 g weiße Bohnen, 3 l Wasser, 200 g gepökelte Schweinshachse, 150 g magerer, geräucherter Speck, Salz, 150 g Wurzelwerk, 1 Tl Paprika, kleine zerdrückte Knoblauchzehe, 1 El feingeschnittene Zwiebeln, 30 g Butter, 40 g Mehl, 0,2 l Sahne.

Weiße Bohnen gründlich waschen, über Nacht mit Wasser bedeckt einweichen.

Die Bohnen mit dem Einweichwasser, wenig Salz, der Schweinshachse und dem Speck zum Kochen bringen. Nach 30 Min. das geputzte, in feine Scheibchen geschnittene Wurzelwerk, den Paprika und den Knoblauch beifügen und alles langsam garkochen. Währenddessen aus Zwiebeln, Butter und Mehl eine Schwitze bereiten, sie mit einem Teil Bohnensud auffüllen und glattrühren. Diese Bindung dem Bohnenansatz beifügen und alles zusammen 10 Min. kochen. Dann die in Würfel geschnittene Schweinshachse und den Speck sowie die in Scheibchen geschnittene Wurst in die Bohnensuppe geben und vollenden.

Fischgerichte

Halászlé **Szegediner Fischersuppe**

Bedarf für 10 Portionen: 5 kg Fische (Sterlet, Schill, Fogosch, Karpfen, Hecht und Wels), 500 g feingeschnittene Zwiebeln, 60 g Fett, 25 g edelsüßer Paprika, 2,5 l kräftige Fleischbrühe, 40 g Butter, 100 g grüne Paprikaschoten in Streifchen, 150 g Tomatenfleischwürfel, Salz, 100 g gekochte Teigfleckerln (Csipetke).

Fische vorbereiten, auslösen, in 50 g schwere Stücke schneiden. Milcher säubern. Zwiebeln in Fett hellgelb anschwitzen, Paprika hinzufügen und kurz angehen lassen. Mit der Fischbrühe auffüllen und einige Minuten kochen.

Die Fischstücke in ein gebuttertes, feuerfestes Geschirr ordnen, die Paprikaschoten und die Tomaten zugeben. Anschließend die angesetzte Fischbrühe auffüllen, würzen und etwa 10 – 15 Min. zugedeckt sieden. Dann die Fleckerln zugeben.

Die Fischsuppe im Kochgeschirr zu Tisch geben. Zu diesem Nationalgericht reicht man das landesübliche Weißbrot.

Pörkölt-Ponty **Karpfenpörkölt**

Bedarf für 10 Portionen: 5 kg lebendfrische Karpfen, Salz, 600 g Zwiebelstreifen, 100 g Fett, 25 g edelsüßer Paprika, 1,5 l kräftiger Fischfond, 140 g Butter, 100 g Paprikaschotenstreifen, 150 g Tomatenfleischwürfel.

Die getöteten Karpfen von den Flossen befreien, schuppen und ausnehmen. Dann längshalbieren und in 200 g schwere Stücke schneiden, waschen und salzen. Rogen und Milcher säubern und beiseitelegen.

Zwiebeln in Fett goldgelb anschwitzen, Paprika zugeben, mit der Fleischbrühe auffüllen, etwa 25 Min. auskochen und anschließend passieren.

Fischstücke samt Rogen und Milcher in ein gebuttertes, irdenes Geschirr legen. Paprikaschoten und Tomaten darübergeben, mit angesetzter Fischbrühe übergießen und zugedeckt im Ofen etwa 20 bis 25 Min. gardünsten.

Beilage: Salzkartoffeln.

Paprikás gombás süllö szelet   **Paprikazander mit Champignons**

Bedarf für 10 Portionen: 5 kg frischer Zander, Salz, 600 g Zwiebelstreifen, 100 g Fett, 25 g edelsüßer Paprika, 1,5 l Fischfond, 40 g Butter, 500 g frische Champignons in Scheiben, 0,25 l saure Sahne.

Zander vorbereiten, auslösen und in 10 gleichschwere Stücke teilen; Fischgräten reservieren.

Zwiebeln in Fett anschwitzen, Paprika darüberstäuben, aufschäumen lassen, mit Fischbrühe auffüllen, Gräten dazulegen und 20 Min. auskochen. Angesetzte Fischbrühe durch ein Sieb gießen.

Flaches Geschirr ausbuttern, Zanderstücke einsetzen, salzen, Champignonscheiben auf dem Fisch
verteilen. Brühe und Sahne darübergießen und eingesetzten Fisch zugedeckt im Ofen 10 Min. garen.

Zander samt Pilzen und dem kurzgehaltenen Sahnefond auf entsprechend großer Porzellanplatte
anrichten.

Beilage: Butterreis.

Alföldi Harcsa Szeletrék   **Wels auf Bauernart**

Bedarf für 10 Portionen: 4 kg Wels, Salz, 50 g Butter, 250 g geräucherter Speck, 600 g Zwiebeln,
20 g edelsüßer Paprika, 1,5 l Fischbrühe, 180 g grüne Paprikaschoten in Streifen,
150 g Tomatenfleischwürfel, 600 g Pellkartoffelscheiben, 300 g saure Sahne.

Fisch vorbereiten, in Tranchen schneiden, würzen und in ein gebuttertes, geräumiges Geschirr ordnen.

Speck mit der Schwarte in 10 gleichstarke Scheiben teilen, diese bis an die Schwarte hin einschneiden, daß eine Hahnenkammform entsteht. Präparierten Speck anbraten und auf den Fisch legen.

Zwiebelstreifen im ausgetretenen Speckfett goldgelb anschwitzen, mit Paprika bestäuben, mit der
Fischbrühe auffüllen und 5 Min. kochen.

Abschließend auch noch den geschnittenen Paprika, die Tomaten sowie die Kartoffelscheiben über
den Fisch ordnen. Alles leicht salzen, Brühe und saure Sahne darüberschöpfen und das Ganze im
Ofen 15 Min. garen.

Gemüse

Kukuruz   **Maiskolben**

Bedarf pro Portion: 2 Maiskolben, Salz, 20 g Butter.

Blätter und Fäden der noch nicht ausgereiften Maiskolben ablösen. Die beiden Enden abschneiden
und die Kolben in Salzwasser 15 – 25 Min. kochen.

Die gegarten Maiskolben werden naturell mit frischer Butter aufgetragen.

Töltött paprika   **Gefüllte Paprikaschoten**

Bedarf für 10 Portionen: 20 mittelgroße, grüne Paprikaschoten, 700 g fettes Schweinefleisch, 300 g
gekochter Reis, 1 Ei, 100 g feingeschnittene, angeschwitzte Zwiebeln, Salz, Pfeffer,
Majoran, kleine geriebene Knoblauchzehe, 20 g Fett, 1 l Tomatensauce.

Stielansatz der Paprikaschoten ausschneiden. Durch die Öffnung sämtliche Kerne und die Scheidewände entfernen und die Schoten auswaschen.

Das mit Pfeffer gewürzte Schweinefleisch durch eine 3-mm-Scheibe des Fleischwolfs lassen. Reis,
Ei, Zwiebeln, Majoran, Salz, Knoblauchzehe dazutun und alles zusammen gut vermischen. Mischung
in die Paprikaschoten füllen, diese in ein ausgefettetes Schmorgeschirr ordnen und mit der Tomatensauce untergießen.

Das Schmorgeschirr verschließen und im Ofen schmoren. Starken Flüssigkeitsverlust durch Angießen von ein wenig Wasser ausgleichen. Beim Anrichten etwas Sauce auf eine Platte geben und die Schoten daraufsetzen. Die restliche Sauce extra reichen.

Csirág magyarosan   **Spargel auf ungarische Art**

Bedarf für 10 Portionen: 5 kg frischer Spargel, 0,75 l saure Sahne, 150 g Butter, 250 g Semmelbrösel, 5 g edelsüßer Paprika.

Spargel waschen, schälen, bündeln und die Enden abschneiden. Anschließend in Salzwasser 20 Min. kochen.

In ein Backgeschirr die Hälfte der Sahne und die Hälfte der gerösteten Semmelbrösel geben. Darauf den gut abgetropften Spargel legen, mit der restlichen Sahne überziehen und mit den übrigen Semmelbröseln bestreuen. Paprika darüberstäuben, zum Erhitzen noch einige Minuten in den heißen Ofen stellen und dann sofort zu Tisch geben.

Kaprostök   **Kürbis mit Dill**

Bedarf für 10 Portionen: 3 kg Kürbis, Salz, 60 g Fett, 50 g feingeschnittene Zwiebeln, 60 g Mehl, 0,2 l saure Sahne, 0,2 l Fleischbrühe, Essig, 1 El Dill.

Kürbis schälen, Kerne entfernen, Fasern abschaben und mit einem Universalhobel 3 – 4 cm lange Stäbe schneiden. Stücke einsalzen und stehen lassen.

Inzwischen aus Fett, Zwiebeln und Mehl eine helle Schwitze bereiten.

Ausgedrückten Kürbis, saure Sahne und Brühe in die Schwitze geben, unter Rühren aufkochen und bei schwacher Hitze etwa 15 – 20 Min. garen. Fertigen Kürbis mit einem Schuß Essig und Dill abschmecken.

Zöldbabfözelék   **Spargelbohnen**

Bedarf für 10 Portionen: 1,5 kg grüne Bohnen, 50 g feingeschnittene Zwiebeln, 60 g Butter, 20 g Mehl, 5 g Paprika, 0,3 l saure Sahne, Salz, Pfeffer, Essig, 1 El gehackte Petersilie.

Bohnen putzen und waschen und in 2 cm lange Stücke schneiden. Dann in kochendes Salzwasser geben und 15 – 20 Min. garen.

Zwiebeln in Butter etwas andünsten, Mehl und Paprika beigeben, kurz anschwitzen, mit Sahne und 0,2 l Bohnenwasser auffüllen und unter Rühren 5 Min. kochen lassen. Die Bohnen in die Sauce geben und zusammen mit Salz, Pfeffer, einem Schuß Essig und Petersilie durchschwenken.

Tarhonya   **Eiergraupen**

Bedarf für 10 Portionen: 500 g Weizenmehl, 150 g Eier, Salz, Muskat, 50 g Wasser;
50 g Zwiebeln, 100 g Fett, 1,5 l Wasser, Salz, 5 g edelsüßer Paprika, 100 g grüne Paprikaschoten in Streifchen, 150 g Tomatenfleischwürfel.

Mehl auf ein Nudelbrett sieben, in die Mitte eine Vertiefung drücken. Eier, Salz, Muskat und Wasser hineingeben. Alles zu einem glatten Teig verarbeiten. Eine Rolle formen, davon 1 cm dicke Scheiben schneiden, nebeneinanderlegen, öfter wenden und etwa 20 Min. abtrocknen lassen. Danach mit einem Messer zerkleinern und mit der Hand durch ein großes Drahtsieb drücken, damit kleinste Klümpchen entstehen. Das Ganze flach auseinanderziehen und trocknen lassen. Getrocknete Tarhonya in ein feines Sieb geben und den Mehlstaub abschütteln.

Fett in einer flachen Kasserolle erhitzen, Tarhonya und Zwiebeln darin anschwitzen. Mit Paprika bestäuben, Paprikaschotenstreifchen sowie Tomaten beifügen, 1,5 l kochendes Wasser daraufgießen und zugedeckt im Ofen etwa 15 – 20 Min. garen.

Turósesusza   **Gezupfter Teig mit Quark**

Bedarf für 10 Portionen: 500 g gesiebtes Mehl, 300 g Eier, 10 g Salz, Msp. Muskat;
250 g magere Speckwürfelchen, Salz, 200 g Speisequark, 0,3 l saure Sahne.

Mehl, Eier, Salz und Muskat zu glattem Teig verarbeiten, ihn teilen und zur Entspannung des Klebers zugedeckt ruhen lassen. Die Teile zu papierdünnen Platten ausrollen, sie übertrocknen lassen und davon beliebig große Fleckchen abzupfen.

Fleckchen in kochendes Salzwasser geben, 8 Min. kochen, dann abgießen, abspülen und abtrocknen lassen.

Speckwürfelchen anbraten, aus dem Fett nehmen und beiseitestellen. Das Speckfett in eine Backplatte gießen, die Teigfleckchen dazugeben, flach auseinanderziehen, würzen und etwa 10 Min. im Ofen anschwitzen. Den passierten Quark und die Speckwürfelchen auf die Teigfleckchen verteilen und alles zusammen nochmals kurz erhitzen. Zum Abschluß die angewärmte Sahne darübergießen und sogleich servieren.

Fleischgerichte

Lecsó kolbásszal   **Letscho mit Wurst**

Bedarf für 10 Portionen: 150 g Zwiebelstreifchen, 120 g Fett, 500 g grüne Paprikaschotenstreifchen, 50 g Wasser, 500 g Tomatenfleischwürfel, 600 g Debracziner Wurst in Scheiben, Salz, 5 g Paprika.

Zwiebeln in Fett andünsten, die Paprikastreifchen hinzufügen, mit 50 g Wasser untergießen und weichdünsten. Dann die Tomaten und die Wurst hinzugeben, würzen und abgedeckt das Ganze 15 Min. schmoren.

Beilage: Gedünsteter Reis.

Gulyás   **Ungarisches Rindsgulasch**

Bedarf für 10 Portionen: 600 g Zwiebelstreifen, 1 zerdrückte Knoblauchzehe, 80 g Schweinefett, 10 g Paprika, 2 kg Rindfleisch (Wade oder Bug), Salz, 50 g Tomatenmark, 50 g Wasser, 50 g Tomatenfleischwürfel, 100 g grüne Paprikaschotenstreifen, 10 g Gulaschgewürz (4 g Majoran, 3 g Kümmel, abgeriebene Schale einer drittel Zitrone), 0,75 l Wasser, 500 g blanchierte Kartoffelwürfel.

Zwiebeln und Knoblauchzehe in Schweinefett hellgelb anschwitzen und den Paprika zufügen. Das Rindfleisch in 50 g schwere Stücke schneiden, würzen und zu den Zwiebeln geben.

Fleisch und Zwiebeln vermengen, Tomatenmark und 50 g Wasser beifügen und im geschlossenen Topf bei mäßiger Hitze dünsten, bis der Saft eingekocht ist. Dann Tomaten, Paprikaschoten und Gulaschgewürz zugeben, mit Wasser auffüllen, daß der Ansatz knapp bedeckt ist, und zugedeckt etwa 120 – 150 Min. schmoren.

Die Kartoffeln etwa 20 Min. bevor das Gulasch gar ist beifügen. Verdunstete Flüssigkeitsmenge durch Angießen von Wasser ausgleichen.

Székely-Gulyás   **Szekeler Gulasch**

Bedarf für 10 Portionen: 200 g Zwiebelscheiben, 125 g Schweinefett, 5 g Rosenpaprika, 50 g Wasser, 1,5 kg Schweinefleisch (Kamm oder Schulter), Salz, 1 Gewürzbeutel (2 zerdrückte Knoblauchzehen, Bruchstück Lorbeerblatt, 2 g Kümmel), 50 g grüne Paprikaschotenstreifchen, 100 g Tomatenfleischwürfel, 0,5 l Wasser, 1,5 kg Sauerkraut, Pfeffer, 0,5 l saure Sahne.

Zwiebeln in Schweinefett anschwitzen, Paprika beifügen und mit Wasser ablöschen.

Das Fleisch in 50 g große Stücke schneiden, würzen und den Zwiebeln beigeben, den Gewürzbeutel dazulegen. Das Ganze etwas andünsten. Dann die Paprikaschoten und die Tomaten dazugeben, mit dem Wasser auffüllen und das Sauerkraut locker auf der Oberfläche verteilen. Den Topf verschließen und alles 75 – 90 Min. schmoren. Den gegarten Gulasch mit saurer Sahne und frisch gemahlenem Pfeffer vollenden.

Pörkölt

Das Eigentümliche des Pörkölts liegt in der Verwendung von mehr Paprika und mehr Zwiebeln als beim Gulasch. Der Saft soll im Gegensatz zu Gulasch dick, also saucenartig sein.

Pörkölt kann von Schlachtfleisch, Hausgeflügel und Haarwild zubereitet werden; die Herstellung ist immer die gleiche.

Borjúpörkölt   Geschmortes Kalbfleisch

Bedarf für 10 Portionen: 800 g Zwiebelstreifen, 200 g Schweineschmalz, 30 g Rosenpaprika, 2 kg Kalbfleisch (Schulter), Salz, 50 g Wasser, 100 g Tomatenfleischwürfel, 100 g grüne Paprikaschotenstreifchen, 0,75 l Wasser.

Geschmortes Kalbfleisch wird wie Rindsgulasch angesetzt und fertiggestellt. Die Gardauer beträgt 75 – 90 Min.

Beilage: Tarhonya (s. S. 388).

Kolozsvári káposzta   Kolozsvarer Kraut

Bedarf für 10 Portionen: 750 g Schweinefleisch (Schulter), 350 g angekochter Reis, 1 Ei, 100 g magere Speckwürfelchen, 100 g feingeschnittene, angeschwitzte Zwiebeln, 100 g Fett, 1 Tl Majoran, kleine zerdrückte Knoblauchzehe, Salz, Pfeffer, Paprika, 10 große, blanchierte Weißkrautblätter, 150 g Rauchfleisch in Scheiben, 500 g Sauerkraut, 1 El Mehl, Wasser, 0,5 l saure Sahne, 10 Debracziner Würstchen, 10 Schweinerippchen je 100 g.

Schweinefleisch grob wolfen. Reis, Ei, Speck und Zwiebeln beifügen, mit Majoran, Knoblauch, Salz, Pfeffer und etwas Paprika würzen und alles zusammen gut vermengen. Die Masse auf die Krautblätter häufen und mit einem Tuch zu Kohlköpfchen formen.

Eine flache Kasserolle ausfetten und den Rand mit den Rauchfleischscheiben belegen. Den Boden mit der Hälfte des Sauerkrauts bedecken. 15 g Mehl und 5 g Paprika darüberstäuben. Die Kohlköpfchen nebeneinander auf das Sauerkraut setzen und das übrige Sauerkraut locker auf die Köpfchen legen. Anschließend mit Wasser untergießen und das Ganze zugedeckt im Ofen 1 Std. garen. Danach 0,3 l Sahne, mit 10 g Mehl verrührt, über das Kraut gießen und alles nochmals kurz durchkochen.

Sauerkraut und Kohlköpfchen auf einer Backplatte anrichten. Das Rauchfleisch, die heißen Debracziner und die inzwischen gebratenen Schweinerippchen daranlegen. Mit der restlichen Sahne das Angerichtete überziehen und noch einige Minuten in den Ofen stellen; dann sofort auftragen.

Tokány

Die „Tokány"-Arten haben innerhalb der vier Hauptgruppen der ungarischen Kleingerichte – Gulyás, Pörkölts, Paprikás und Tokánys – den kürzesten Saft und kleiner geschnittenes Fleisch. Grüne Erbsen, Pilze oder Sahne können diese Gerichte vervollständigen.

Majoran-Tokány

Majoran-Tokány

Bedarf für 10 Portionen: 750 g Zwiebeln, 150 g Schweinefett, 1,5 kg Rinderbug, 1 Tl Majoran, 20 g Rosenpaprika, Salz, 0,25 l Weißwein, 350 g magere Speckstreifchen, 1 zerdrückte Knoblauchzehe, 0,3 l saure Sahne.

Die feingeschnittenen Zwiebeln in Fett andünsten. Das Rindfleisch in Streifen schneiden und mit Majoran, Paprika und Salz würzen. Den Zwiebeln beigeben und einige Minuten angehen lassen. Danach mit Weißwein ablöschen, zudecken und dünsten.

Den Speck anbraten und zusammen mit dem Knoblauch und der Sahne nach etwa 30 Min. dem Fleisch zusetzen und das Ganze noch 2 Std. garen.

Beilage: Tarhonya oder gekochter Reis.

Paprikás-Csirke

Paprikahuhn

Bedarf für 8 Portionen: 4 junge Hühner je 800 g, 120 g Schweineschmalz, 250 g kleingewürfelte Zwiebeln, Salz, 15 g Paprika, 100 g Tomatenfleischwürfel, 100 g Paprikaschotenstreifchen, 0,2 l weiße Brühe, 0,5 l saure Sahne, 20 g Mehl, 0,1 l braune Kraftsauce.

Hühner wie für Poulet sauté richten. Fett erhitzen, Zwiebeln darin leicht anbraten. Paprika darüberstäuben, mit zwei Eßlöffel Wasser ablöschen. Gesalzene Hühnerteile dazulegen, kurze Zeit angehen lassen, dann Paprikaschoten und Tomaten, Brühe und Sauce in den Ansatz geben. Das Geschirr zudecken und die Hühnerteile 30 Min. garen. Danach in ein Anrichtegeschirr umsetzen, Sahne und Mehl verrühren und damit den Fond binden, ihn noch 5 Min. leicht kochen, dann über die angerichteten Hühner gießen.

Beilage: Nockerln.

Paprikás szelet

Gedünstete Paprikaschnitzel

Bedarf für 10 Portionen: 10 Kalbsschnitzel je 160 g, Salz, Pfeffer, Mehl, 100 g Schweineschmalz, 60 g kleingewürfelte Zwiebeln, 10 g Rosenpaprika, 0,5 l weiße Brühe, 50 g Tomatenfleischwürfel, 0,3 l saure Sahne, 15 g Mehl.

Die Kalbsschnitzel würzen und in Mehl wenden. In einer Stielpfanne Schweineschmalz erhitzen und die Schnitzel darin goldbraun anbraten. Dann in eine flache Kasserolle legen.

In dem Bratfett die Zwiebeln anschwitzen, mit Paprika bestäuben und mit der Brühe auffüllen. Die Tomaten dazugeben, kurz verkochen, um dann alles über die Schnitzel zu gießen und sie 30 Min. garzudünsten.

Die Sahne mit dem Mehl verrühren und der Sauce zufügen. Das Ganze nochmals aufkochen, passieren und nachwürzen. Die Schnitzel damit saucieren, den Rest getrennt reichen.

Beilage: Tarhonya, gekochter Reis oder Nockerln.

Esterházy-rostélyos

Esterházy-Rostbraten

Bedarf für 10 Portionen: 10 Rinderrippenstücke je 150 g, Salz, Pfeffer, 120 g Schweineschmalz, 150 g Zwiebeln, 40 g Mehl, 5 g Paprika, 1 l Fleischbrühe, 300 g Gemüse (Karotten, Sellerie, Lauch und Petersilienwurzeln) in Streifen (Julienne) schneiden, 1 kleines Lorbeerblatt, 0,3 l saure Sahne, Zitronensaft.

Fleischscheiben dünn ausklopfen, würzen, in Schweineschmalz anbraten und in eine flache Kasserolle legen.

Die Zwiebeln in Streifen schneiden, mit etwas Fett dem Fleisch beigeben und zugedeckt etwa 15 Min. dünsten. Dann die Rostbraten herausnehmen, den Dünstsatz mit Mehl bestäuben und hellbraun anschwitzen. Anschließend den Paprika beigeben, mit der Brühe auffüllen und unter Rühren aufkochen lassen. Die Rostbraten wieder dazutun, ebenso die Gemüsejulienne und das Lorbeerblatt, und alles 90 Min. garen. Danach werden die Rostbraten angerichtet, die Sauce mit dem Rahm verfeinert, mit etwas Zitronensaft vollendet und das Fleisch damit sauciert.

Beilage: Nudeln, Reis oder Nockerln.

Süßspeisen

Izes-Derelye   Pflaumenmustaschen

Bedarf für 10 Portionen: 900 g Nudelteig (s. Bd. 1, Abschn. Suppen), 400 g Pflaumenmus, 1 Ei, 100 g Semmelbrösel, 150 g Butter, 125 g Zucker.

Den Teig teilen. Eine Hälfte 2 mm dünn zu einem Rechteck ausrollen und die Flächen mit verschlagenem Ei bepinseln. Darauf Quadrate mit 5 cm Seitenlänge markieren, in diese Pflaumenmus-Häufchen setzen. Den restlichen Teig ebenfalls gleich groß und dünn ausrollen und ihn genau über die mit den Häufchen besetzte Teigplatte legen. Dies läßt sich leichter durchführen, wenn man das Teigrechteck mit dem langen Stiel eines Holzlöffels aufrollt und es, an einer Seite der behäuften Teigfläche beginnend, wieder auf diese abrollt. Den Teig mit der Rückseite eines runden Ausstechers andrücken, die Quadrate ausrädeln und sie auf Papiere absetzen.

Die Taschen in reichlich kochendes Salzwasser gleiten lassen, sie etwa 8 Min. leicht kochen. Mit einem Schaumlöffel herausnehmen und zum Abtropfen auf ein Gitter legen. Die Semmelbrösel in Butter goldgelb rösten und die Taschen darin schwenken. In eine Backplatte einordnen und mit Zucker bestreuen.

Szegedi-Turóslepeny   Szegediner Topfenschnitten

Bedarf für 12 Schnitten: 100 g Mehl, 75 g Butter, 1 Eigelb, Salz;
         Füllung: 20 g Butter, 150 g Quark, 0,5 l Sahne, 80 g Zucker, 4 Eigelb, 4 Eiweiß, Salz.

Mehl auf ein Brett sieben, in die Mitte eine Vertiefung drücken. Butter, Eigelb und Salz hineingeben. Das Ganze schnell unter das Mehl arbeiten, ohne den Teig stark zu kneten. Mit einer Folie abdecken und im Kühlschrank 20 Min. ruhen lassen.

Eine flache Kuchenform mit einem 5 cm hohen Rand ausbuttern und den Boden mit dem Teig bedecken. Dann mit einer Gabel stupfen und anbacken.

Den Quark passieren, mit Sahne, der Hälfte des Zuckers, Eigelb und ein wenig Salz gut vermengen. Das Eiweiß mit dem restlichen Zucker zu Schnee schlagen und vorsichtig unter die Quarkmasse heben. Diese dann in die Form einfüllen und etwa 35 – 40 Min. bei 180 °C backen. Die Süßspeise vorsichtig in Stücke teilen und warm auftragen.

Dobos torta   Dobostorte

Bedarf für 1 Torte (16 Stück): 7 Eigelb, 7 Eiweiß, 160 g Zucker, 160 g Mehl;
         Füllung: 200 g Kuvertüre, 2 El Milch, 50 g Kakao, 250 g Butter, 200 g Staubzucker,
         1 Ei;
         200 g Zucker für den Karamelüberzug.

Eigelb und 60 g Zucker schaumig rühren. Eiweiß mit dem restlichen Zucker zu Schnee schlagen und unter die Eigelbmasse heben. Dann das gesiebte Mehl unterheben und von dieser Masse dünne Biskuitblätter (Durchmesser 26 cm) backen.

Schokolade und Milch anwärmen und mit dem Kakao zu einem glatten Brei verrühren. Butter, Zucker und Ei schaumig rühren und mit dem Schokoladenbrei gut vermischen.

Das ebenmäßigste Biskuitblatt zum Überziehen beiseitelegen. Jeweils ein Fünftel des Schokoladenkrems auf ein Blatt häufen, glattstreichen, das nächste Blatt darauflegen, es leicht andrücken und so fortfahren, bis 5 Blätter mit Kremschichten bestrichen aufeinanderliegen. Den beim Zusammensetzen ausgetretenen Krem an der Seitenfläche der entstandenen Torte ringsherum glattstreichen.

Abschließend den für den Überzug vorgesehenen Zucker karamelisieren; ihn auf das zurückgehaltene Blatt gießen und schnell mit einem geölten Messer gleichmäßig verteilen. Das glasierte Blatt rasch in 16 gleichgroße Teile schneiden und diese dann auf die Torte setzen. Sollte die Zuckerschicht vor dem Schneiden schon zu fest geworden sein, so hält man das glasierte Biskuitblatt eine Weile in ein heißes Backrohr, wodurch der Zucker sofort wieder weicher wird.

Dobostorten erhalten keine Garnierung.

RUMÄNISCHE KÜCHE

Einleitung

Die rumänische Küche, die im allgemeinen stark an ihren heimatlichen Speisen festhält, wurde auch von der französischen und auch stark von der türkischen Küche beeinflußt.

Durch das üppige Angebot an Wild aus den waldreichen Karpaten, dem Bihargebirge sowie dem Banater Gebirge und durch den Fischreichtum des großflächigen Donaudeltas ist es der rumänischen Küche möglich, auch ihren ausländischen Besuchern eine Vielzahl an köstlichen Gerichten anzubieten.

Vorspeisen

Nisetru marinat   Gebeizter Stör

Bedarf für 10 Portionen: 10 Scheiben Stör je 200 g, Salz, Paprika, 50 g Mehl, 150 g Olivenöl;
Beize: 150 g feingeschnittene Zwiebeln, 3 El Sonnenblumenöl, 0,8 l Weißwein, 1 El Tomatenmark, 1 Lorbeerblatt, 20 zerdrückte Pfefferkörner, Saft einer Zitrone, 20 g Salz, 10 g Zucker.

Den Stör mit Salz und Paprika würzen, in Mehl wenden und in Öl von beiden Seiten braun braten, daß er innen noch saftig ist. Dann in ein flaches Geschirr nebeneinander legen und mit nachfolgender Beize übergießen.

Zwiebeln in Öl anschwitzen, mit Weißwein auffüllen, die restlichen Zutaten beigeben und aufkochen.

Dieses Fischgericht ist kalt, mit Zitrone garniert, als Vorspeise aufzutragen.

Saramura de biban   Gebeizter Barsch

Bedarf für 10 Portionen: 10 vorbereitete Barsche je 250 g, Pfeffer, 100 g Olivenöl;
Beize: 1 l Wasser, 50 g Salz, 3 Pfefferschoten.

Die vorbereiteten Barsche pfeffern, in Öl wenden und auf dem Grill von beiden Seiten bräunen. Dann in ein breites Geschirr legen.

Wasser und Salz aufkochen, die zerkleinerten Pfefferschoten beigeben und die Barsche damit übergießen.

Beilage: Maisbrei (Mamaliga) (s. S. 398).

Plachie de crap   Gebeizter Karpfen

Bedarf für 10 Portionen: 4 kg vorbereiteter Karpfen, Salz, Paprika, 100 g Mehl, 80 g Olivenöl;
Beize: 200 g Zwiebeln, 200 g Olivenöl, 150 g Tomatenfleischwürfel, 1 l Weißwein, Saft einer halben Zitrone, 1 Lorbeerblatt, 25 g Salz, 3 g Pfeffer.

Zwiebeln in Scheiben schneiden und in Öl hellgelb rösten. Dann Tomatenwürfel, Weißwein, Zitronensaft und Lorbeerblatt beigeben, mit Salz und Pfeffer abschmecken und aufkochen.

Den Karpfen halbieren und in 20 gleichmäßige Stücke schneiden. Danach mit Salz und Paprika würzen, in Mehl wenden und in Öl rasch anbraten.

Die Fischstücke in ein flaches Geschirr ordnen, mit der Beize übergießen und im Ofen noch 15 Min. dünsten.

Das Gericht wird kalt mit Zitronenscheiben zu Tisch gegeben.

Pana de somn   **Gesalzener Waller**

Bedarf für 10 Portionen: 10 Scheiben Waller je 200 g, 2 Zitronen, 1 feingehackte Knoblauchzehe,
          100 g Olivenöl.

Den gewässerten Waller in Fischsud kochen. Den abgekühlten Fisch in Zitronensaft, Knoblauch
und Öl einlegen und des öfteren wenden. Der Waller wird mit der Beize aufgetragen.

Salata de vinete   **Auberginensalat**

Bedarf für 10 Portionen: 1,5 kg Auberginen, Zitronensaft, Salz, 1 geriebene Zwiebel, reichlich Oli-
          venöl, 20 Zitronenschnitze.

Die Auberginen auf der heißen Herdplatte oder im Ofen backen und die Haut abziehen. Das Fruchtfleisch feinhacken; damit es weiß bleibt, zuvor mit Zitronensaft beträufeln. Das Gehackte mit Salz,
Zwiebeln und Öl zu einem Salat anmachen. Den Salat anrichten und mit Zitronenscheiben garnieren.

Salata de icre negre   **Kaviarsalat**

Bedarf für 10 Portionen: 100 g frisch abgezogene Mandeln, 250 g Preßkaviar, 100 g Milchbrotkru-
          me, 1 l Sonnenblumenöl, Saft von 2 – 3 Zitronen.

Die abgezogenen Mandeln mit etwas Wasser feinreiben. Den Kaviar sowie das in Wasser eingeweich-
te, ausgedrückte Milchbrot hinzufügen. Alles zusammen zu einem feinen Brei verarbeiten. Diesen
Brei nun mit Öl, Zitronensaft und etwas Eiswasser wie eine feste Mayonnaise aufrühren und beim
Anrichten mit Oliven und Zitronenscheiben umlegen.

Verschiedene Gerichte

Dovlecei umpluti   **Gefüllte kleine Walzenkürbisse**

Bedarf für 10 Portionen: kleine, geschälte, ausgehöhlte Walzenkürbisse, 100 g Mehl, 0,1 l Öl, 0,5 l
          kräftige Brühe, 0,75 l Rahmsauce, 1 Tl Dill;
          Füllung: 200 g Schweinefleisch, 200 g Kalbfleisch, 200 g Lammfleisch, 100 g fri-
          schen Speck, 2 eingeweichte, ausgedrückte Semmeln, 50 g feingeschnittene ange-
          schwitzte Zwiebeln, 2 Eier, 2 Eigelb, Salz, Pfeffer, 1 Tl Dill, 1 El Petersilie.

Fleisch und Speck salzen sowie pfeffern und zusammen mit den Semmeln und den Zwiebeln fein
wolfen. Eier, Eigelb und Petersilie beifügen und alles zu einer Farce verarbeiten. Die Farce in einen
Spritzsack geben und sie in die zuvor innen ausgetrockneten, gewürzten Kürbisse füllen.

Die Kürbisse in Mehl wälzen, in Öl goldgelb anbraten und in ein flaches Geschirr ordnen. Brühe untergießen und zugedeckt im heißen Ofen 50 Min. schmoren.

Die gegarten Kürbisse in geräumiger, tiefer Schüssel anrichten und warmhalten. Den Schmorfond
passieren, dickfließend reduzieren, die Rahmsauce und den Dill zugeben, aufkochen und die Kürbisse damit saucieren.

Mussaka de vinete   **Auberginen-Mussaka**

Bedarf für 10 Portionen: 2 kg Auberginen, Salz, 50 g Mehl, 0,1 l Olivenöl;
          Füllsel: 200 g feingehackte Zwiebeln, 50 g Olivenöl, 250 g sehnenfreies Rindfleisch,
          250 g mageres Schweinefleisch, 250 g Kalbfleisch, 80 g Butter, 25 g Mehl, 4 El
          Kraftsauce, Salz, Pfeffer, 4 Eier, 10 abgezogene Tomaten;
          Eiermilch: 4 Eier, 0,5 l Milch, Muskatnuß, Salz, Pfeffer.

Die Auberginen vom Stiel befreien, schälen und in 1/2 cm dicke Scheiben schneiden. Diese salzen, in Mehl wenden, auf beiden Seiten hellbraun braten und auf einem Gitter oder Tuch abtropfen lassen.

Zwiebeln in Öl hellgelb rösten und zusammen mit den drei Fleischarten zweimal fein wolfen. 40 g Butter in eine Pfanne geben, das Durchgelassene dazutun und es unter Rühren garen. Abgekühlt erneut fein wolfen. Das Fleischpüree in einer Kasserolle mit dem Butterrest, dem Mehl und der Kraftsauce heiß abrühren. Dann salzen und pfeffern und mit 4 zerschlagenen Eiern binden.

Boden und Rand einer ausgebutterten Auflaufform mit den präparierten Auberginenscheiben auslegen. Die Hälfte des Fleischpürees darin gleichmäßig verteilen, mit restlichen Auberginenscheiben bedecken und das übrige Fleischpüree darüberstreichen. Noch Tomatenscheiben auf die Oberfläche legen und die gefüllte Form im Ofen bei 200 °C zunächst 40 Min. backen.

Danach abgesondertes Fett mit einem Löffel abnehmen, die Eiermilch auffüllen und das Gericht erneut bei reduzierter Hitze backen bis die Eiermilch gestockt ist.

Ochiuri românesti pe mamaliguta   Eier mit Maisbrei auf rumänische Art

Bedarf für 4 Portionen: 0,5 l Wasser, Salz, 40 g Butter, 100 g Maisgrieß, 8 Eier, 60 g zerlassene Butter.

Wasser, Salz und Butter aufkochen, unter fortwährendem Rühren mit einem Schneebesen den Maisgrieß einlaufen lassen und ihn an der Seite des Herdes eine halbe Stunde lang ausquellen. Währenddessen verlorene Eier zubereiten. Den ausgequollenen Maisbrei auf flacher Platte anrichten, die Eier daraufsetzen und die Butter darübergießen.

Beigabe: Dicke saure Sahne.

Papanasi cu smantâna   Käsefrikadellen mit saurer Sahne

Bedarf für 4 Portionen: 250 g Quark, 130 g Butter, 2 Eier, 2 Eigelb, 1 El saure Sahne, 150 g Mehl, 15 g Zucker, Msp. Salz, abgeriebene Schale einer viertel Zitrone.

Quark durch ein Haarsieb streichen. 50 g Butter, Eier, Eigelb, Rahm, 75 g Mehl, Zucker, Salz und abgeriebene Zitrone darunterarbeiten.

Aus der Käsemasse mit Mehl flache Frikadellen formen, sie in Butter lichtbraun backen und heiß zu Tisch geben.

Beigabe: Dicke saure Sahne.

Coltunasi cu brânza   Rumänische Maultaschen

Bedarf für 10 Portionen: 500 g Mehl, 3 Eier, 3 El Olivenöl, 10 g Salz, 0,25 l Wasser;
Füllung: 100 g Butter, 30 g Zucker, Msp. Salz, 2 Eier, 4 Eigelb, 500 g passierten Quark, 2 El Rahm, 150 g Mehl, abgeriebene Schale einer halben Zitrone;
0,6 l Tomatensauce, 100 g Parmesan, 50 g Butter.

Mehl auf ein Backbrett sieben, in die Mitte eine Vertiefung drücken, Eier, Öl, Salz und Wasser hineingeben. Alles zu einem glatten Teig verarbeiten, mit Folie abdecken und 20 Min. ruhen lassen.

Füllung: Butter, Zucker und Salz schaumig rühren. Die anderen Zutaten nach und nach dazurühren.

Aus Teig und Füllung Maultaschen herstellen (siehe Ravioli, Italienische Küche.)

Die gegarten Maultaschen in eine gebutterte flache Backform legen, Parmesankäse darüberstreuen, mit Butter beträufeln und im heißen Ofen überbacken. Tomatensauce gesondert geben.

Ardei Umpluti   **Gefüllte grüne Paprikaschoten**

Bedarf für 10 Paprikaschoten: 10 zum Füllen vorbereitete grüne Paprikaschoten, Mehl, 50 g Olivenöl, 0,75 l Tomatensauce, 0,25 l Sauerrahm;
Füllung: 250 g Rindsbug, 750 g Schweinekamm, 3 Eier, 150 g gekochter Reis, 150 g
feingeschnittene, angeschwitzte Zwiebeln, Muskat, Salz, Pfeffer, 1 El gehackte Petersilie, 1 Tl gehackter Dill.

Rind- und Schweinefleisch würzen und wolfen. Eier, Reis, Zwiebeln, Petersilie und Dill dazutun
und alles zusammen gut vermengen. Paprikaschoten mit der Masse füllen. Die gefüllte Seite in Mehl
tauchen und die Schoten in Öl anbraten. Danach in ein flaches gefettetes Geschirr ordnen, mit etwas Wasser untergießen und zugedeckt im Ofen zunächst 30 Min. dünsten. Dann die Tomatensauce
dazugießen, auffüllen und weitere 30 Min. schmoren. Gegarte Paprikaschoten mit der Schmorsauce
anrichten, den Sauerrahm gesondert reichen.

Sarmale in foi de spanac   **Spinatwickel**

Bedarf für 10 Portionen: 1,5 kg große, frische Spinatblätter, 100 g Butter, 100 g feingehackte Zwiebeln, 3 El Mehl, 0,8 l kräftige Brühe, Salz, 0,3 l saure Sahne;
Füllung: 750 g Schweinefleisch, 2 Eier, 150 g feingeschnittene, angeschwitzte Zwiebeln, 1 Tl gehackte Petersilie, 1 Tl Dill, Muskat, Salz, Pfeffer.

Füllung: Das Schweinefleisch fein würzen, wolfen und mit den Eiern, den angedünsteten Zwiebeln,
der Petersilie und dem Dill zu einer Füllung verarbeiten.

Spinatblätter gut waschen, Stiele entfernen, leicht überbrühen und abkühlen. Spinat blattweise zu
30 Häufchen nebeneinander auf Tüchern ausbreiten und leicht würzen. Je 30 g der Füllung auf die
Blätter häufen, länglich einwickeln und in ein flaches, mit Butter ausgestrichenes Geschirr einordnen.
Ein Stück Alu-Folie darüberlegen, das Geschirr zudecken und die Spinatwickel im mittelheißen Ofen
etwa 15 Min. dünsten.

Inzwischen Zwiebeln in Butter andünsten, mit Mehl bestäuben und leicht anschwitzen. Die Brühe
aufgießen und unter Rühren zum Kochen bringen, leicht salzen, den Rahm dazurühren und 10 Min.
kochen. Dann durch ein Spitzsieb auf die Spinatwickel passieren und in der Sauce weitere 10 Min.
garen. Die Spinatwickel mit der Sauce anrichten.

Beilage: Kartoffelpüree.

Sarmale nationale   **Rumänische Sauerkrautwickel**

Bedarf: Ganz eingelegte Sauerkrautblätter, 150 g feingeschnittene Zwiebeln, 100 g Schweinefett,
30 g Tomatenmark, Sauerkrautsaft, Speckschwarten zum Abdecken.

Für Sauerkrautwickel bedarf es der gleichen Füllung wie für „Gefüllte Paprikaschoten".

Die Sauerkrautblätter von den Rippen befreien, in etwa 7 cm breite und 12 cm lange Teile schneiden und auf einer Arbeitsplatte ausbreiten. Die Blattrippchen fein hacken und beiseitestellen.
Dann die Sauerkrautblätter mit je 40 g Fleischfüllung belegen und sorgfältig schließen.

Die Krautwickel in ein gefettetes Dünstgeschirr legen. Danach die in Schweinefett goldgelb gerösteten Zwiebeln, die gehackten Blattrippen und das Tomatenmark in die Mitte geben. Das Ganze mit
Sauerkrautsaft untergießen und mit Speckschwarten abdecken. Das Gericht zugedeckt im Ofen
gardünsten.

Beilage: Maisbrei.

Perisoare cu verdeturi   Kräuterklößchen

Bedarf für 10 Portionen: 250 g Rindfleisch, 750 g Schweinefleisch, 3 Eier, 150 g feingeschnittene,
angeschwitzte Zwiebeln, Muskat, Salz, Pfeffer, 50 g Butter, 0,5 l Kraftsauce;
Kräutermischung: 60 g frische Spinatblätter, 30 g Petersilie, 30 g Dill, 10 g Estragon.

Aus Fleisch, Eiern, Zwiebeln und Gewürzen eine Hackfleischmasse herstellen. Daraus Klößchen zu
60 g formen. Ein verschließbares, flaches Geschirr mit Butter ausstreichen. Kräuter waschen, abtrocknen und miteinander hacken. Die Klößchen darin wälzen und in das vorbereitete Geschirr legen. Den Deckel daraufsetzen und im Ofen (180 °C) 15 Min. garen.

Die Klößchen mit dem eigenen Saft anrichten und die Sauce separat dazureichen.

Chiftelute marinate   Frikadellen

Bedarf für 10 Portionen: 250 g Rindfleisch, 750 g Schweinefleisch, 3 Eier, 150 g feingeschnittene,
angeschwitzte Zwiebeln, Muskat, Salz, Pfeffer, 1 El Petersilie, 1 Tl Dill;
1 El Mehl, 50 g Olivenöl, 1 Lorbeerblatt, 0,75 l Kraftsauce, Weinessig.

Aus Fleisch, Eiern, Zwiebeln, Gewürzen und Kräutern eine Hackfleischmasse bereiten.

Daraus 60 g schwere, flache Frikadellen formen, diese in Mehl wenden und in Öl anbraten. Die
Frikadellen und das Lorbeerblatt in die heiße Kraftsauce geben, mit Weinessig leicht säuern und
zugedeckt gardünsten.

Tocana cu mamaliga   Schweinsgulasch mit Maisbrei

Bedarf für 10 Portionen: 1,5 kg durchwachsenes Schweinefleisch, Salz, Pfeffer, Paprika, 0,15 l Olivenöl, 1,5 kg feingehackte Zwiebeln, 0,5 l weißen Landwein, 1 Tl Thymian.

Das Schweinefleisch in 3 cm große Würfel schneiden, mit Salz, Pfeffer und Paprika würzen und in
einer Stielpfanne in Öl rasch anbraten. Die Zwiebeln in einem Schmortopf goldgelb rösten, das
Fleisch dazugeben und mit Weißwein ablöschen. Den geriebenen Thymian über das Fleisch streuen
und es zugedeckt im Ofen während 70 – 90 Min. garschmoren. Die Zwiebeln geben dem Gericht
die entsprechende Bindung. Starke Verdunstung durch Wasserbeigabe ausgleichen.

Beilage: Dicke, saure Sahne und Mamaliga.

Mamaliga   Maisbrei

Bedarf für 10 Portionen: 200 g Maisgrieß, 1 l Wasser, 50 g feingeschnittene Zwiebeln, 50 g Olivenöl,
100 g geriebener Käse, Salz, 1 Tl Paprika, 2 Eier.

Maisgrieß in Wasser unter Rühren zum Kochen bringen. So lange weiterrühren, bis der Brei gequol-
len ist und sich vom Topf löst. Die Zwiebeln in Öl goldbraun anschwitzen, zusammen mit dem
Käse unter die Masse rühren und mit Salz sowie Paprika würzen. Die Eigelb rasch in den kochendheißen Maisbrei einrühren und das zu Schnee geschlagene Eiweiß unterziehen.

Rata pe varza   Ente auf Sauerkraut

Bedarf für 4 Portionen: 250 g feingeschnittene Zwiebeln, 80 g Schweinefett, 1 kg Sauerkraut,
1 vorbereitete Ente von 1,8 kg, Salz, Pfeffer.

Die Zwiebeln in einem geräumigen Schmortopf in Schweinefett hellgelb anrösten. Das Sauerkraut
beifügen, mit Sauerkrautsaft untergießen und etwa 15 Min. zugedeckt dünsten. Inzwischen die Ente würzen, braun anbraten und auf das Sauerkraut legen. Den Topf wieder schließen, in den Ofen
stellen und bei 180 °C etwa 1 Std. garen. Öfter kontrollieren und wenig Wasser angießen, damit
sich das Kraut nicht an den Topfboden anlegt.

Die gegarte Ente in acht Stücke zerlegen und auf das angerichtete Kraut setzen.

Boboc de rata cu castrveti   **Geschmorte Ente mit sauren Gurken**

Bedarf für 4 Portionen: 1 vorbereitete Ente von 1,8 kg, Salz, 20 g Schweinefett, 100 g feingeschnittene Zwiebeln, 50 g Butter, 0,4 l Kraftsauce, 1 Tl Tomatenmark, 1 kg saure Gurken.

Die Ente roh vierteln, salzen und in Schweinefett anbraten. Unterdessen die Zwiebeln in Butter andünsten, mit der Kraftsauce auffüllen, Tomatenmark hinzugeben und kurz verkochen. Die angebratenen Entenstücke dazugeben und zugedeckt im Ofen 50 Min. schmoren.

Die Gurken schälen, in Stückchen schneiden und anbraten. Nach halber Garzeit die Gurkenstückchen beifügen und alles zusammen fertiggaren.

Epure cu masline   **Hasenpfeffer mit Oliven**

Bedarf für 10 Portionen: 4 kg abgezogene, ausgenommene Hasen, Salz, 0,2 l Olivenöl, 300 g feingeschnittene Zwiebeln, 30 g Mehl, 1 Kräutersträußchen, 15 zerdrückte Pfefferkörner, 0,7 l Rotwein, 0,5 l Wildbrühe, 30 Perlzwiebeln, 30 schwarze entsteinte Oliven, 0,2 l Hasen- oder Schweineblut.

Die Hasen zerlegen, häuten, in 80 g schwere Stücke schneiden und würzen. In einem flachen Geschirr Öl erhitzen, die Hasenstücke darin braun anbraten und die Zwiebeln dazugeben. Wenn auch diese leicht gebräunt sind, das Mehl einstäuben, anschwitzen, mit Wein ablöschen, die Brühe auffüllen und unter Umrühren alles zum Kochen bringen. Dann abschäumen, Kräutersträußchen und Pfefferkörner beifügen und das Gericht zugedeckt im Ofen 90 Min. schmoren.

Inzwischen die kleinen geschälten Zwiebeln glacieren und mit den Oliven mischen.

Die gegarten Hasenstücke ausstechen und in ein anderes Geschirr legen. Die Sauce durch ein Sieb auf die Hasenstücke gießen. Zwiebeln und Oliven dazugeben, alles zusammen aufkochen und das Blut, abseits des Feuers, in den kochendheißen Hasenpfeffer rühren.

Das Gericht, das gut gewürzt sein muß, zum Abkühlen beiseitestellen; es wird kalt serviert.

BULGARISCHE KÜCHE

Einleitung

Viele Gerichte der bulgarischen Küche sind türkischen Ursprungs, es sind Überbleibsel aus der 500jährigen Herrschaft der Türken.

Bulgarien ist ein Agrarland; fast die Hälfte der Bulgaren sind kleine Bauern. An den Feldfrüchten, die sie anbauen, wird die Zugehörigkeit zum südosteuropäischen Raum erkennbar. Neben Reis, Mais und anderem Getreide gedeihen hier unter kräftiger Sonne Tabak, Ölfrüchte, Zuckerrohr und Obst. Die Gemüseprodukte des Landes wie Auberginen, Melonen, Paprikaschoten, Tomaten, Kürbisse und Kraut reifen auf fruchtbarem Lößboden und sind in üppiger Fülle am Markt. Charakteristisch ist deren Zubereitung sowie die Vielschichtigkeit ihrer Zusammenstellung. Im Ofen, mit Fett und Fleisch geschmort, erhalten sie ihren würzigen Geschmack, der durch die reichliche Verwendung von Zwiebeln, Knoblauch, Paprika, Dill und anderen Kräutern intensiviert wird. Die Beigabe von Joghurt oder saurer Sahne zu derart deftigen Speisen unterstreicht die Eigenart der bulgarischen Küche.

Verschiedene Gerichte

Mussaka   **Mussaka**

Bedarf für 10 Portionen: 700 g Rindfleisch, 700 g Kalbfleisch, 100 g feingeschnittene Zwiebeln,
     50 g Butter, Salz, Pfeffer, 2 El Petersilie, 0,2 l Sahne, 2 Eier, 2 kg Kartoffeln;
     Royal: 2 Eier, 0,3 l Milch.

Dieses Gericht kann man zu den beliebtesten Speisen der Bulgaren rechnen.

Rind- und Kalbfleisch fein hacken oder wolfen. Zwiebeln mit Butter in einer Kasserolle anschwitzen, Fleisch beifügen, würzen und zugedeckt dünsten. Während des Dünstvorgangs das Fleisch des öfteren auflockern. Danach zum Abkühlen beiseitestellen, um es nachher mit Petersilie, Rahm und Eiern zu vermengen. Kartoffeln schälen, in 1/2 cm dicke Scheiben schneiden und in Fett schwimmend ausbacken. Die Kartoffeln leicht salzen. Nun die Hälfte des Fleisches in ein ausgebuttertes Backgeschirr geben, glattstreichen und mit einer Schicht der vorbereiteten Kartoffeln bedecken. Dann das übrige Fleisch und die restlichen Kartoffeln in gleicher Weise einschichten und im heißen Ofen 30 Min. backen. Danach mit Royal (Eiermilch) übergießen und zum Stocken in den Ofen zurückstellen.

Zu Mussaka wird Bratensaft gereicht. Weitere Beigabe: Salate.

Mussaka kann anstelle von fritierten Kartoffeln auch mit anderen vorbehandelten Naturalien hergestellt werden, z.B.

mit fritierten Auberginen,   mit halbgegarten Makkaroni,
mit blanchiertem Blumenkohl,   mit angeschwitzten Paprikaschoten,
mit halbgegarten, angebratenen Bohnen,   mit sautierten Pilzen,
mit fritiertem Kürbis,   mit blanchiertem Spinat.

Čufte   **Kleine Frikadellen**

Eine weitere Besonderheit sind die Čufte (Tschufte), mittelgroße Fleischklöße (s. Hackfleischmasse-Rezept „Sarma"), die in Tomaten-, Dill-, Rahm- oder Knoblauchsauce gedünstet werden.

Sarma   Krautwickel

Eine eigenartige Speise ist Sarma, gefüllte Kohlblätter. Die hierfür benötigten ganzen Sauerkrautblätter kann man auf folgende Weise erhalten:

Weißkohlköpfen die Strünke herausstechen, in ein Holzfaß, einen Steinkrug oder ein großes Ein-
machgeschirr legen. Dann kochendes 5 − 7 %iges Salzwasser überstehend aufgießen und sie darin 6 − 7 Tage beizen; Dillkraut und etwas Meerrettich erhöhen den Geschmack.

Bedarf für 10 Portionen: 250 g Rindfleisch, 750 g Schweinefleisch, 100 g angebratene, magere
         Speckwürfelchen, 150 g angebratene Zwiebelwürfelchen, 3 Eier, 50 g blanchierter
         Reis, 1 El gehackte Petersilie, Muskat, Salz, Pfeffer;
         2 große, gebeizte Kohlköpfe, 250 g Rauchspeckscheiben, 3 Lorbeerblätter, 0,3 l
         Brühe, 0,1 l Sauerkrautbeize, 0,3 l saure Sahne, 50 g Mehlbutter, 5 g Rosenpaprika.

Aus Rind- und Schweinefleisch, Speck, Zwiebeln, Eiern, Reis, Petersilie und Gewürzen eine Hackfleischmasse herstellen.

Von den gebeizten Kohlköpfen die 20 größten Blätter abnehmen und nebeneinanderlegen. Die
Kohlreste hacken und beiseitestellen. Die Blätter pfeffern und die Fleischmasse in Häufchen darauf
verteilen. Sie dann zusammenrollen und die Enden nach innen einstecken. Ein flaches Geschirr ausfetten, den gehackten Kohl auf die Bodenfläche streuen, die geformten Krautwickel daraufordnen. Sie mit den Räucherspeckscheiben belegen, Brühe, Sauerkrautbeize sowie Lorbeerblätter beigeben und im Ofen etwa 2 Std. garen. Zu starke Verdunstung durch Angießen von Wasser ausgleichen.

Gegarte Wickel und Speckscheiben anrichten. Den Garfond mit saurer Sahne und Mehlbutter binden, mit Paprika abschmecken und über die angerichteten Krautwickel geben.

Anstelle von gebeizten Weißkohlblättern können für Sarma auch Spinat- oder ungespritzte Wein-
blätter verwendet werden.

Djuveč (Dschuvetsch)   Mischgemüse

Bedarf: 1 kg Zwiebeln, 150 g Schweinefett, 5 g Rosenpaprika, 500 g geschälte, rohe Kartoffeln,
         500 g Auberginen, 500 g Tomaten, 500 g Paprikaschoten, 2 Peperoni, 50 g Reis, 100 g
         feingeschnittene Selleriewürfel, 10 g Petersilienblätter, 0,2 l Brühe, Salz, Pfeffer, 1,5 kg
         Lammschulter in 60 g schweren Würfeln.

Zwiebeln in Schweinefett goldgelb anschwitzen, mit Paprika bestäuben und mit etwas kaltem Wasser abschrecken.

Unterdessen die Kartoffeln und Auberginen in 3 mm dicke Scheiben schneiden, die Tomaten vierteln und die Paprikaschoten in grobe Streifen schneiden. Die Peperoni von den Kernen befreien
und grob hacken; den Reis waschen.

Die vorbereiteten Kartoffeln, Gemüsearten, Reis und Petersilie zu den Zwiebeln geben, mit der
Brühe mischen und mit Salz und Pfeffer würzen. Anschließend das Ganze in ein ovales, tiefes Ton-
geschirr (Römertopf) umfüllen, das gewürzte Fleisch auf der Oberfläche verteilen und im heißen
Ofen (180 °C) zugedeckt garschmoren.

Djuveč kann auch mit Kalb- oder Schweinefleisch oder mit Geflügel zubereitet werden.

Podvarak   Geröstetes Sauerkraut

Bedarf für 10 Portionen: 300 g feingeschnittene Zwiebeln, 300 g Schweinefett, 1,8 kg feingehacktes
         Sauerkraut, Pfeffer, Salz, 1,5 kg Schweinerippchen.

Zwiebeln in Fett hell anschwitzen. Das Sauerkraut beifügen, etwas Wasser angießen, leicht salzen sowie pfeffern und zugedeckt auf dem Herd kochendheiß werden lassen. Danach das gewürzte Schweinerippchen auf das Kraut legen und alles zusammen ohne den Deckel im Ofen etwa 70 bis 90 Min. garen.

Podvarak kann auch mit Ente, Gans oder Pute zubereitet werden; es ist ein nationales Sonntags- und Festtagsessen.

Papasjanya   Fleischtopf mit Knoblauch

Bedarf für 10 Portionen: 1,5 kg magere Rinderbrust in Würfel zu 50 g, 25 g gehackten Knoblauch, 100 g Schalottenscheibchen, 500 g Selleriestäbchen, 250 g Petersilienwurzelstäb- chen, 750 g Möhrenstäbchen, 500 g grüne Paprikaschotenstreifen, 500 g feste To- maten, 750 g Kartoffelscheiben, 0,3 l Weißwein, Salz, 15 ganze Pfefferkörner, 1 Lor- beerblatt, 5 g Rosenpaprika, Brühe und Salz nach Bedarf.

Alle Zutaten in einen fest verschließbaren Topf geben. Brühe auf Zutatenhöhe dazugießen und sal- zen. Ein über den Rand hinausstehendes Stück Alufolie auf den Topf legen, den passenden Deckel daraufsetzen und den überstehenden Folienrand rundherum nach unten umfalten. Den festver- schlossenen Topf 3 Std. lang in einen 170 °C heißen Ofen stellen. Der Topfinhalt bleibt während des Garvorganges unbeobachtet. – Erst am Tisch wird der Topf geöffnet, um Aroma und Inhalt zu genießen.

Lanac   Schaffleischtopf mit Gemüseallerlei

Bedarf für 10 Portionen: 1 kg Hammelschulter, 500 g Rinderschulter (beides in Würfel zu 50 g), 10 g Knoblauch, 100 g Zwiebelstreifen, 1 kg geschnittene Weißkohlblätter, 500 g geputzte, grüne Bohnenstücke, 500 g kleine, geputzte Karotten, 500 g grüne Papri- kaschotenstreifen, 300 g Tomatensechstel, 500 g Kartoffelscheiben, 0,3 l Weiß- wein, 15 ganze Pfefferkörner, 1 Lorbeerblatt, Brühe und Salz nach Bedarf.

Lanac wird wie die vorstehend beschriebene „Papasjanya" behandelt. Die Gardauer beträgt eben- falls 3 Std.

Janya   Fleischpörkölt

Bedarf für 10 Portionen: 1,5 kg Lammfleisch, Salz, Pfeffer, 500 g feingeschnittene Zwiebeln, 100 g Fett, 15 g gehackten Knoblauch, 1 kg grüne Paprikaschoten, 500 g feste Tomaten, 1,5 kg geschälte Kartoffeln, 1 Bündel Sellerieblätter, Brühe nach Bedarf.

Lammfleisch in 50 g schwere Würfel schneiden und würzen. Zwiebeln in Fett anschwitzen, das vor- bereitete Fleisch und den Knoblauch dazutun, wenig Flüssigkeit beifügen und das Ganze zugedeckt 60 – 70 Min. dünsten.

Nun die Paprikaschoten reinigen, in grobe Streifen schneiden und die Tomaten je nach Größe vier- teln oder sechsteln. Die Kartoffeln in 3 mm dicke Scheiben schneiden und waschen.

Etwa 25 – 30 Min. vor beendeter Kochzeit die vorbehandelten Gemüse und das Bündel Sellerieblät- ter zugeben und nach Bedarf auch etwas Brühe. Vor dem Anrichten das Bündel entfernen. Janya muß saftreich sein, die Bindung wird nur durch die Zwiebeln und die mehligen Kartoffeln erreicht.

Kapama   Würzfleisch von Lamm mit Spinat und grünen Zwiebeln

Bedarf für 10 Portionen: 1,6 kg Lammfleisch, Salz, 2 El Mehl, 100 g Fett, 300 g Zwiebelstreifen, 5 g Rosenpaprika, Brühe, 500 g junge, grüne Zwiebeln, 1,5 kg verlesene Spinatblät- ter, Olivenöl, Pfeffer, Muskat.

Lammfleisch in 40 g schwere Stücke schneiden, salzen und in Mehl wenden. In einem flachen Geschirr Fett erhitzen, die Fleischstücke darin anbraten, die Zwiebelstreifen dazugeben und goldgelb bräunen. Dann den Paprika beifügen, mit etwas Brühe ablöschen und das Fleisch darin halbgar dünsten.

Anschließend die grünen Zwiebeln und noch ein wenig Brühe dazugeben und alles zusammen fertigdünsten. Die Gardauer beträgt 60 – 70 Min.

Den Spinat mit Öl im eigenen Saft garen, mit Salz, Pfeffer und Muskat würzen und warmstellen.

Das Fleisch mit den Zwiebeln anrichten, den Spinat locker darübergeben und alles mit dem Fleischsaft beträufeln.

Saure Sahne oder Joghurt gesondert dazu reichen.

Süßspeisen

Sarailie   **Nußstrudel**

Bedarf für 15 Portionen: 400 g Mehl, 1 Ei, Msp. Salz, 1 El Öl, 0,2 l lauwarmes Wasser, 100 g Mehl
        zum Ausrollen;
        200 g zerlassene Butter, 250 g feingeriebene Nüsse, 150 g Zucker, 3 g Zimt, 40 g
        Honig.

Mehl auf ein Backbrett sieben und in die Mitte eine Vertiefung machen. Ei, Salz, Öl und Wasser hineingeben, zu einem glatten, geschmeidigen Teig wirken und ihn so lange bearbeiten, bis er sich von Hand und Brett löst. Den Teig zu einer Kugel formen, mit Öl bepinseln, abdecken und zum Entspannen ruhen lassen.

Den Strudelteig in vier gleichschwere Teile schneiden, sie nacheinander vorsichtig ausrollen und zu Quadraten von 50 cm ausziehen.

Die ausgezogenen Strudelblätter mit Butter bestreichen, genau aufeinanderlegen, auf die Oberfläche Zimtzucker und Nüsse streuen und das Ganze mit dem Strudeltuch straff zusammenrollen. Die Rolle mit dem Verschluß nach unten auf ein gefettetes Blech legen, sie mit Butter bestreichen und im Ofen bei 180 – 200 °C 30 – 40 Min. backen.

Den gebackenen Strudel mit Honig bestreichen und schräg in Stücke schneiden.

Bachava   **Nußstrudel auf besondere Art**

Bedarf für 25 Portionen: 800 g Mehl, 2 Eier, Salz, 2 El Öl, 0,4 l lauwarmes Wasser, 150 g Mehl zum
        Ausrollen;
        350 g Butter, 500 g feingeriebene Nüsse, 250 g Zimtzucker, 40 g Honig.

Aus den ersten Zutaten einen Strudelteig wie vorstehend beschrieben herstellen und in gleicher Weise 8 Strudelblätter (50 x 50 cm) ausrollen und ausziehen.

Ein Strudelblatt auf ein gefettetes Backblech legen, mit Butter bestreichen und mit Nüssen sowie Zimtzucker bestreuen. Das nächste Blatt genau darauflegen, gleichfalls mit Butter, Nüssen sowie Zimtzucker versehen. Die weiteren fünf Strudelblätter, in gleicher Weise behandelt, folgen lassen. Das achte und letzte Strudelblatt nur mit Butter bestreichen.

Das Ganze bei mittlerer Hitze im Ofen 25 – 30 Min. backen. Dann mit Honig bestreichen und in 25 gleichmäßige Stücke schneiden.

Trigvane   **Nußdreiecke**

Bedarf für 16 Nußdreiecke: 400 g Mehl, 1 Ei, Msp. Salz, 1 El Öl, 0,2 l lauwarmes Wasser, Mehl zum
        Ausrollen, Butter zum Bestreichen;
        Füllung: 0,3 l Milch, 40 g Zucker, 2 Eigelb, 15 g Krempulver, 100 g geriebene Haselnüsse, 0,1 l Vanillesirup.

Aus den ersten Zutaten einen Strudelteig wie vorstehend beschrieben herstellen. Daraus in gleicher Weise vier 50 x 50 cm große Strudelblätter fertigen und mit Butter bestrichen genau aufeinanderlegen. Den geschichteten Teig in 16 Quadrate, Seitenlänge etwa 12 cm, schneiden. Diese mit Nußkremhäufchen versehen, zu Dreiecken zusammenklappen, auf ein gebuttertes Backblech legen und 30 Min. backen. Danach mit Vanillesirup bestreichen.

Nußkrem: Zwei Drittel der Milch kochen. Zucker, Eigelb und Krempulver mit restlicher Milch anrühren. Unter Rühren in die kochende Milch gießen, aufkochen, Haselnüsse dazugeben, ausleeren und mit Zucker bestreut erkalten lassen. Dann verarbeiten.

RUSSISCHE KÜCHE

Einleitung

Durch die überaus große Ausdehnung des Landes von den fruchtbaren subtropischen Gebieten um das Schwarze Meer bis hin zum Eismeer im Norden gibt es sehr unterschiedliche Klimazonen; entsprechend verschieden ist das, was der Boden für die Küche liefert. Üppige Vielfalt, vergleichbar der Vegetation im Mittelmeerraum, und die Kargheit im Norden, stehen sich gegenüber; dazwischen der Waldgürtel mit seinem Wildreichtum. Bedingt durch die vielen Flüsse und Seen stehen Fische in großer Zahl und vielen Arten zur Verfügung; man sagt, Rußland sei das fischreichste Land Europas.

Von diesem Segen der Natur leben über 250 Millionen Menschen der unterschiedlichsten Volksgruppen: An der Ostsee die Letten und Litauer, Armenier und Georgier entlang des Kaukasus, in Zentral- und Weißrußland sowie in der Ukraine die Slawen mit dem Hauptanteil. Und wie berichtet wird, pflegen diese Volksgruppen auch heute noch ihre Tradition und die Besonderheiten ihrer Küche.

Was soll nun aus dieser Fülle ausgesucht werden? Wir sind ausgegangen vom „Rußland der alten Zeit" mit seinen kulturellen Mittelpunkten Moskau und Leningrad sowie den angrenzenden Gebieten um die Ostsee. Die Küche dieses Bereiches ist gehaltvoll: reichlich Schweineschmalz und Smetane, eine besondere dicke Sahne, findet man in den Rezepturen, um dem Körper genügend Energie zum Schutz gegen die Kälte zu geben.

Daneben bringen wir Spezialitäten aus Zentralrußland, der Ukraine, Armenien und Georgien.

Zu erwähnen wäre noch die Monopolstellung Rußlands in der Kaviarerzeugung. Man muß jedoch bedenken, daß Kaviar heute ein bedeutender Devisenbringer ist und darum bevorzugt exportiert wird.

Vorspeisen

Sakuski

Sakuski heißt wörtlich übersetzt: Zubiß. Nach Landessitte ist es üblich, vor dem Essen Schnaps zu trinken, zu dessen besserer Bekömmlichkeit der Zubiß dient.

Ähnlich einem Büfett werden kalte wie auch warme Vorspeisen auf einem Tisch bereitgehalten. Die Auswahl ist mehr oder weniger üppig.

Nachstehend folgt eine Zusammenstellung von Vorspeisen für den Sakuska-Tisch.

Ikra   Kaviar

Das seit Jahrhunderten unter der Bezeichnung Kaviar in den Handel kommende Genußmittel ist der zubereitete Rogen verschiedener Störarten. Sie leben heute noch im Kaspischen, Schwarzen und Asowschen Meer sowie in der Aralsee. Zum Laichen steigen die Störe in die dort einmündenden Flüsse auf. Der Hauptexporteur von echtem Kaviar ist die Sowjetunion.

Auch aus gesalzenem Lachsrogen wird Kaviar bereitet. Ikra ist die russische Bezeichnung für Kaviar. Das Wort „Malossol" bedeutet wenig Salz.

Beluga-Kaviar	Beluga ist die größte Störart. Der Rogen ist grobkörnig, zartschalig, doch sehr empfindlich. Je größer das Korn, desto heller ist die Farbe. Stahlgrauer Malossol gilt als der feinste Kaviar.
Schipp-Kaviar	stammt von kleineren Stören. Der Rogen ist mittelgroß. Die Farbe variiert in allen Grau- und Brauntönen.
Sevruga-Kaviar	Sevruga ist die kleinste, aber häufigste Störart. Der Rogen ist besonders kleinkörnig, jedoch von feinem aromatischem Geschmack.
Preßkaviar	ist ein bei der Herstellung beschädigter oder zu weicher Rogen. Er wird gesalzen und in Leinensäcken gepreßt.
Keta-Kaviar	ist der gesalzene Rogen von Lachsen. Er ist großkörnig, lachsrot und wird nicht gefärbt.

Spezialitäten von Fisch

Sjemka	Gesalzener, luftgetrockneter Lachs. Er wird in Scheiben geschnitten und beim Anrichten leicht mit Öl bepinselt.
Lossossina	Gespaltener, von den Gräten befreiter frischer Lachs. Mit Salz, Zucker und weißem Pfeffer bestreut, werden die Hälften zum Marinieren einige Tage in den Kühlraum gestellt.
Lossossina kaptschornaja	Räucherlachs wie allgemein zubereitet.
Balik ossetrowoe	Kleine Störe. Nach dem Entfernen der Bauchteile werden sie beim Pökeln vierkantig gepreßt und dann an der Luft getrocknet.
Balik bjeloribitza	Weißlachse von 5 − 10 kg, werden wie vorstehend beschrieben behandelt.
Djerschka	Bauch vom Weißlachs, der gesalzen und kalt geräuchert wird. Er gilt als hochfeine Delikatesse.
Sevruga koptschornaja	Mild gesalzener, geräucherter Sternhausen. Er kommt in Stücke geteilt in den Handel.
Sigi koptschornaja	Großer Süßwasserfisch. Er wird ausgenommen, vom Maul zum Schwanz hin auf einen Holzspieß aufgesteckt, festgebunden und im ganzen geräuchert.

Marinaden für Sakuska-Fischgerichte

Kijewski Marinade   **Kiewer Marinade**

Bedarf für 1 l Marinade: 0,5 l Olivenöl, 400 g Tomatenmark, 0,2 l herben Weißwein, Salz, Pfeffer, Zucker, Weinessig.

Olivenöl langsam in das Tomatenmark rühren, Weißwein zugeben und mit Salz, Pfeffer, Zucker und Weinessig abschmecken.

Marinade für Salate aus gekochtem Fisch in Verbindung mit Gemüsen und Dill.

Bjely Marinade   **Weiße Marinade**

Bedarf für 1 l Marinade: 150 g Zwiebeln, 150 g Möhren, 100 g Petersilienwurzeln, 1 Lorbeerblatt, 30 g Pfefferkörner, 5 g Salz, 5 g Zucker, 0,7 l Essig, 0,4 l Wasser.

Zwiebeln in Ringe, ziselierte Möhren und ziselierte Petersilienwurzeln in Scheiben schneiden. Geschnittene Zutaten zusammen mit den Gewürzen und den Flüssigkeiten aufkochen und erkalten lassen.

Marinade für panierte, fritierte Fische.

Krassny Marinade   Rote Marinade

Bedarf für 1 l Marinade: 150 g Möhren, 100 g Sellerie, 100 g Lauch, 150 g feingeschnittene Zwiebeln, 30 g schwarze Pfefferkörner, 1 Lorbeerblatt, 100 g Olivenöl, 120 g Tomatenpüree, 0,5 l Wasser, 0,4 l Essig, 5 g Salz, 30 g Zucker.

Gemüse in Streifen schneiden. Zwiebeln, Gemüse, Pfefferkörner und Lorbeerblatt im Olivenöl anschwitzen, Tomatenpüree beifügen und kurz dünsten. Restliche Zutaten zugeben, alles aufkochen und 15 Min. unter dem Kochpunkt garen.

Marinade für in Öl gebratene Fische.

*

Sjelodka   Hering

Bedarf für 10 Portionen: 20 Matjesfilets, 2 l Milch, 0,2 l Olivenöl, 250 g Salzgurken, 250 g gekochte rote Bete, 200 g Zwiebeln.

Matjesfilets 6 Std. in Milch legen. Dann gut abtrocknen und über Nacht in Olivenöl aufbewahren.

Salzgurken, Rote Bete und Zwiebeln in Streifen schneiden und zusammen mit den Heringsfilets anrichten.

Sjelodka w Gortschiza   Hering in Senfsauce

Bedarf für 10 Portionen: 20 Matjesfilets; 150 g scharfen Senf, 0,2 l Olivenöl, 1 Tl Zitronensaft, 1 Tl Weinessig, 1 El gehackter Dill, Salz, Pfeffer, Zucker, 2 gekochte Eier, 1 große Zwiebel.

Senf in eine Schüssel geben und Öl mit einem Schneebesen darunterschlagen. Dann Zitronensaft, Weinessig und Dill einrühren und mit Salz, Pfeffer und Zucker abschmecken.

Die in 2 cm breite Streifen geschnittenen Heringsfilets mit der Senfsauce überziehen und mit den in Scheiben geteilten Eiern und in Ringe geschnittenen Zwiebeln garnieren.

Sjelodka w Smetane   Hering in Schmantsauce

Bedarf für 10 Portionen: 20 Matjesfilets; 0,25 l saure Sahne (Schmant), 1 Tl scharfer Senf, Zucker, Pfeffer, 2 gekochte Eier, 10 frische Gurkenscheiben, 1 Tl frisch gehackter Dill.

Saure Sahne und Senf verrühren, mit Zucker und frischgemahlenem Pfeffer abschmecken. Die angerichteten Heringsfilets mit der Senfsauce überdecken, mit in Scheiben geschnittenen Eiern und Gurkenscheiben garnieren und mit Dill bestreuen.

Zarski-Studjen   Gelee auf Zarenart

Bedarf für 10 Portionen: 10 Scheiben Sterlet je 200 g, 2 l Fischbrühe, 10 Tomatenscheiben, 2 gekochte Eier in Scheiben, 50 g Sevruga-Kaviar;
Fischsülze: 125 g Preßkaviar, 4 Eiweiß, 12 Blatt eingeweichte Gelatine, 0,1 l Weißwein, Salz, 2 El Weinessig.

Sterletscheiben gut säubern, in die kochende Fischbrühe legen, einmal aufkochen, dann zugedeckt 8 Min. ziehen und in der Brühe abkühlen lassen. Danach den Fisch herausnehmen, von Knorpeln und schwarzen Teilen befreien, auf vertiefter Platte anrichten, mit Tomaten- und Eischeiben sowie Kavierhäufchen garnieren und kaltstellen.

Preßkaviar, Eiweiß, ausgedrückte Gelatine, Weißwein und Essig gut vermengen. Den entfetteten, kalten Fischfond dazugießen und alles unter Rühren zum Kochen bringen. Den Topf vom Feuer nehmen, zugedeckt 5 Min. beiseitestellen; den Inhalt dann langsam durch ein Passiertuch laufen lassen. Das Gelee auf Eis kaltrühren und im Moment des Stockens über den garnierten Fisch geben. Das Gelee soll von leichter Konsistenz sein und hellgrünen Schimmer zeigen.

Beigabe: Essigmeerrettich.

Gribui marinownije   **Marinierte Steinpilze**

Bedarf für 10 Portionen: 800 g frische geputzte Steinpilze, 0,3 l Weinessig, 2 Gewürznelken, kleines Stück Zimtstange, 1/2 Lorbeerblatt, 0,15 l Wasser, 5 schwarze Pfefferkörner, 10 Perlzwiebeln, 1 zerdrückte Knoblauchzehe, 10 g Salz, 50 g Zucker, 2 El Olivenöl.

Steinpilze in gefällige Stücke schneiden, in leicht gesäuertem Wasser abbrühen, abschütten und zum Erkalten auf einem Tuch ausbreiten.

Die anderen Zutaten, ausgenommen das Olivenöl, aufkochen, die Steinpilze zugeben und unbedeckt 5 Min. sieden. Dann das Ganze abkühlen lassen, in einen irdenen Topf füllen, das Olivenöl auf die Oberfläche träufeln und das Gefäß mit Plastikfolie fest verschließen. Im Kühlschrank müssen die Steinpilze eine Woche durchziehen.

Zum Marinieren kommen ferner in Betracht:

Bjeli Gribui   —   Steinpilze mit fuchsrotem Kopf
Grusdje   —   hellgrüne Grünlinge
Rüshiki   —   rehbraune Reizker

Marinierte Pilze werden in Glasschalen angerichtet und mit Schmant (dicker Sahne) gereicht.

Sjelien marinownije   **Marinierte Gemüse**

Blumenkohl, Bohnen, Rüben, Sellerie und Möhren putzen, waschen, in gefällige Stücke teilen und blanchieren. Abgekühlt in Steintöpfe legen, mit frischen Estragonblättern belegen und mit der oben beschriebenen Steinpilzmarinade übergießen.

Pro Portion berechnet man ca. 150 – 180 g vorbereitetes Gemüse.

Frukti marinownije   **Marinierte Früchte**

Früchte wie Äpfel, Birnen, Melonen — geschält und geschnitten —, Stachelbeeren, Kirschen, Weintrauben u.a. roh in einen Steintopf legen, mit frischem Estragon bedecken und mit erkalteter Steinpilzmarinade übergießen.

Salate

Salate sind Lieblingsgerichte aller Russen. Bei dem unermeßlichen Reichtum des Landes an Fischen, Wild, Früchten usw. sind viele Möglichkeiten für variable Salatzusammenstellungen gegeben. Zum Abschmecken werden auch Würzsaucen wie Kabulsauce und OK-Sauce verwendet, die im Handel erhältlich sind.

Salatsauce I

Bedarf für 10 Portionen: 200 g Mayonnaise, 100 g Smetane, 1 Tl scharfer Senf, Zucker, Kabulsauce oder OK-Sauce.

Mayonnaise, Sahne und Senf gut vermengen, mit Zucker und Würzsaucen nach Geschmack verfeinern.

Salatsauce II

Bedarf für 10 Portionen: 5 hartgekochte Eier, 2 Tl scharfer Senf, 3 Tl Weinessig, 100 g saure Sahne, Zucker, Pfeffer, Salz, 1 El gehackter frischer Dill.

Eigelb passieren, Senf und Weinessig zufügen und die Sahne langsam unterrühren, damit die Sauce glatt wird. Mit Zucker, Pfeffer und wenig Salz abschmecken. Dill und gehacktes Eiweiß zugeben.

Salat is Rjebtschik   Salat von Haselhühnern

Bedarf für 10 Portionen: 800 g gekochtes Haselhuhnfleisch, 1/2 Salatgurke, 150 g Salzgurken, 20 Krebsschwänze, 200 g gekochte Kartoffeln, 4 hartgekochte Eier.

Haselhuhnfleisch, Gurken und Kartoffeln in Scheiben schneiden, die Eier in Sechstel teilen. Alle Zutaten mit Salatsauce I anmachen und auf grünen Salatblättern anrichten.

Kawkaski Salat   Kaukasischer Salat

Bedarf für 10 Portionen: 5 kleinere Auberginen, 5 große Tomaten, 300 g Speisekürbis, Salz, Paprika, 1/2 Knoblauchzehe, 0,1 l Olivenöl, 50 g geriebener Hartkäse, 30 g Semmelbrösel, Saft einer halben Zitrone, 1 Tl Dill.

Ungeschälte Auberginen und Tomaten sowie Speisekürbis in Scheiben schneiden, mit Salz, Paprika und zerdrücktem Knoblauch würzen. Alles in ein geöltes Geschirr geben, mit Käse und Brösel bestreuen und dem restlichen Öl beträufeln. Mit Silberfolie abdecken und im Ofen bei 180 °C backen. Sobald die Auberginen und Kürbisse gar sind, aus dem Ofen nehmen und auskühlen lassen.

In einem passenden Geschirr anrichten, mit Zitronensaft beträufeln und mit Dill bestreuen.

Porosjonok   Spanferkel

Bedarf für 15 Portionen: 6 kg Spanferkel, 0,5 l Weißwein, 1 gespickte Zwiebel, 1 Kräutersträußchen, 1 Gemüsebündel (2 geschälte Möhren, 200 g Lauch, 100 g Sellerie), Salz, 3 Zitronen, krause Petersilie.

Das gesäuberte Spanferkel in größere Stücke zerlegen, mit kaltem Wasser bedecken, aufkochen, abschäumen und etwa 30 Min. sieden. Weißwein, Zwiebel, Kräutersträußchen und Gemüsebündel beifügen und weitere 20 Min. garen. Danach den Fond salzen und das Spanferkel darin auskühlen lassen. Später aus dem Fond Gelee bereiten (genaue Anweisung s. Bd. 1, Abschn. Gelees).

Das Spanferkel mit Wasser abspülen, abtrocknen und in gefällige Stücke schneiden. Die gekühlten, portionierten Stücke mit Gelee überglänzen und beim Anrichten mit Zitronenecken und Petersilie umlegen.

Beigabe: Sahnemeerrettich.

Galantine is Porosjonok   Galantine von Spanferkel

Bedarf für 15 Portionen: 5 kg Spanferkel; 200 g Weißbrot ohne Rinde, 2 Eier, 0,5 l Sahne, 500 g Schweinefleisch, 500 g sehnenfreies Kalbfleisch, Salz, Pfeffer, 150 g Schinkenwürfel, 50 g Pistazien, 30 g Trüffeln, 5 hartgekochte Eier, 8 l weiße Brühe, 1 Kräutersträußchen.

Das in flache Scheiben geschnittene Weißbrot mit Eiern und etwas Sahne durchfeuchten, das klein-geschnittene Fleisch beifügen, mit Salz und Pfeffer würzen und gut kühlen. Alles zusammen fein wolfen, in Eis einsetzen und die restliche Sahne einarbeiten. Dann Schinkenwürfel, Pistazien und Trüffeln mit einem Holzlöffel daruntermengen.

Spanferkel von der Bauchseite her vollständig auslösen, die Schwarte nicht verletzen. Die Innen-seite würzen, mit der Farce füllen, die hartgekochten, halbierten Eier in die Mitte der Füllung drük-ken und das Spanferkel zunähen. In ein Tuch rollen, netzartig umbinden, in die kochende Brühe le-gen und etwa 90 Min. sieden. Eine 1/2 Stunde vor Ende der Kochzeit das Kräutersträußchen bei-fügen. Die Galantine über Nacht im Fond erkalten lassen.

Aus dem Fond ein Gelee bereiten und die in Scheiben geschnittene Galantine damit überglänzen.

Roulade is Porosjonok   Roulade von Spanferkel

Bedarf für 15 Portionen: 5 kg Spanferkel, Salz, Pfeffer;
                       350 g gekochten Schinken, 350 g Pökelzunge, 400 g fetten Speck, 50 g Trüffelwür-fel, 100 g Pistazien, 5 hartgekochte Eier in Sechstel, 0,75 l grobgehacktes festes Ge-lee, 6 l weiße Brühe.

Spanferkel vollständig von den Knochen lösen, auf einem Tuch ausbreiten und würzen. Schinken, Pökelzunge und Speck in 1 cm große Würfel schneiden, letztere blanchieren. Trüffeln, Pistazien, Eier und Gelee hinzufügen. Alles vermengen und gleichmäßig auf das Spanferkel verteilen. Mit dem Tuch straff einrollen und wie eine Wurst abbinden. Rolle in die kochende Brühe legen, etwa 2 Std. sieden und im Fond erkalten lassen. Die Roulade auspacken, abspülen und dann aufschneiden.

Suppen

Die russischen Nationalsuppen wie Borschtsch, Schtschi und Pochljepka sind ungebundene Gemü-sesuppen. Sie werden stets mit Fleischeinlage, zur Fastenzeit mit Fischeinlage serviert. Zu Borschtsch und Schtschi wird Smetane gereicht. Pochljepka wird jedoch mit Eigelb und Sahne legiert. Alle Ge-müsesuppen werden reichlich mit feingeschnittenem Dill bestreut. Außer Fleisch- oder Fischpirog-gen (Teigtaschen) werden stets Watruschki (Käseküchlein) dazu gereicht.

Borschtsch malorussiski   Kleinrussische Gemüsesuppe

Bedarf für 2 l: 300 g Rote Bete, 100 g Lauch, 50 g Sellerieknolle, 50 g Petersilienwurzeln, 100 g weiße Rüben, 100 g Möhren, 100 g Weißkohl, 1 El feingeschnittene Zwiebeln, 50 g Butter, 1 kleines Lorbeerblatt, 1 El Tomatenmark, 2 El Essig, 1,75 l Fleischbrühe, 300 g gekochte Rinderbrust, 100 g gekochter Schinken, 150 g Frankfurter Würst-chen, Salz, Pfeffer, 50 g Dill.

Die geputzten Gemüse in grobe Streifen schneiden. Zwiebeln und Gemüse in Butter andünsten, Lorbeerblatt und Tomatenmark hinzufügen, mit Essig ablöschen, Fleischbrühe auffüllen und garsie-den. Rinderbrust und Schinken in 1 cm große Würfel, Frankfurter in Scheibchen schneiden und der Suppe beigeben. Falls nötig, mit Salz und Pfeffer nachwürzen und mit Dill bestreuen.

Schtschi Linjewui   Faulenzerinsuppe

Bedarf für 2 l: 500 g Rinderbrust, 400 g Weißkohl, 150 g Lauch, 100 g weiße Rüben, 100 g Möh-ren, 100 g Petersilienwurzeln, 80 g feine Zwiebelwürfel, 60 g Butter, 1 kleines Lor-beerblatt, Salz, Pfeffer, 1 El Dill.

Rinderbrust blanchieren, dann mit 2,5 l Wasser bedeckt aufsetzen, aufkochen, abschäumen und 90 Min. sieden. Inzwischen Weißkohl teilen, Strünke entfernen, blanchieren, danach blätterig schneiden. Die anderen Gemüse putzen, waschen und auch blätterig schneiden wie für Paysanne. Zwiebelwürfel in Butter leicht anschwitzen, das Gemüse dazugeben — ausgenommen den Kohl — und andünsten. — Alle vorbehandelten Gemüse sowie das Lorbeerblatt in die Brühe zum Rindfleisch geben. Abschmecken mit Salz und Pfeffer und alles bei angelegtem Topfdeckel weitere 30 Min. sieden. — Das Rindfleisch entnehmen, mit nassem Tuch bedeckt etwas abkühlen lassen, es dann in Scheibchen schneiden und der Gemüsesuppe beigeben. Nach dem Anrichten die Suppe mit Dill bestreuen.

Russkije Schtschi   Russische Kohlsuppe

Bedarf für 2 l: 150 g Lauch, 100 g weiße Rüben, 100 g Möhren, 100 g Petersilienwurzeln, 300 g Sauerkraut, 50 g feingeschnittene Zwiebeln, 80 g Butter, 100 g durchwachsener, geräucherter Bauchspeck, 2 l Fleischbrühe, 400 g gekochtes Rindfleisch, Salz, Pfeffer, 1 El Dill.

Das geputzte Gemüse in feine Würfelchen schneiden. Sauerkraut fein hacken und mit dem Gemüse und den Zwiebeln in Butter dünsten. Den Bauchspeck in grobe Würfel schneiden, dem Gemüse beigeben, mit der Brühe auffüllen und 50 Min. kochen. Das gewürfelte Rindfleisch hinzufügen, nochmals aufkochen lassen, mit Salz und Pfeffer würzen und mit Dill bestreuen.

Schtschi Nikolajewski   Nikolaiische Suppe

Bedarf für 2 l: 1 kg Schweineknochen, 600 g Schweineschulter, 40 g Fett, 2,5 l Brühe, 150 g Lauch, 100 g weiße Rüben, 100 g Möhren, 100 g Petersilienwurzeln, 400 g Weißkohl, 50 g feingeschnittene Zwiebeln, 100 g durchwachsener Räucherspeck, 40 g Schweineschmalz, Salz, Pfeffer, 1 El Dill.

Die gehackten Knochen und die Schweineschulter scharf anbraten, mit der Brühe auffüllen und während 75 Min. garen. Inzwischen das Gemüse in feine Würfel schneiden, mit den Zwiebeln und den Speckwürfeln in Schmalz etwa 20 Min. dünsten. — Das Schweinefleisch entnehmen, in Würfel schneiden und die Schweinefleischbrühe passieren. Gemüse und Fleisch in die Brühe geben, mit Salz und Pfeffer würzen, den Dill darüberstreuen.

Sollen die vorerwähnten Suppen als Fastensuppen gereicht werden, so setzt man sie mit Sonnenblumenöl an, füllt mit guter Fischbrühe sowie dem Fond getrockneter Pilze auf, letztere gut weichgekocht. Die Pilze werden feingeschnitten, in Öl angeröstet und in die Suppe gegeben. Braisierte Fischstücke reicht man gesondert. Smetane wird in diesem Fall nicht verwendet, da sie ein Tierprodukt ist. Auch zu servierende Piroggen müssen „possnuy" (fastengemäß) sein, d.h. es dürfen dazu weder Fleisch, Butter noch Eier verwendet werden.

Pochljebka   Löffelgericht

Bedarf für 2 l: 100 g Lauch, 100 g weiße Rüben, 100 g Möhren, 50 g Petersilienwurzeln, 300 g Weißkohl, 100 g Butter, 300 g Kartoffelwürfel, 1,5 l Fleischbrühe, Salz, Pfeffer, 150 g Bandnudeln, 50 g feingeschnittene Zwiebeln, 1 Eigelb, 125 g Sahne, 1 El Dill, 500 g gekochtes Rindfleisch.

Das gesäuberte Gemüse in Scheiben schneiden und mit der Hälfte der Butter etwa 10 Min. dünsten. Dann die blanchierten Kartoffeln beifügen, mit der Brühe auffüllen, mit Salz und Pfeffer würzen und langsam garen.

Die gekochten, abgespülten Nudeln in die Suppe geben, sie mit den goldbraun gebratenen Zwiebeln abschmälzen, nochmals aufkochen und anrichten. Die Liaison (Eigelb mit Sahne) auf die angerichtete Suppe geben, ohne sie unterzurühren, und mit Dill bestreuen. Das Rindfleisch in Scheiben schneiden und heiß gesondert reichen.

Pochljebka po kurlandski   **Kurländisches Löffelgericht**

Bedarf für 2 l: 600 g geräuchertes Ziegenfleisch, 1 Gemüsebündel (2 Möhren, 1 Lauchstange,
1 kleineres Stück Sellerie), Salz;
100 g Lauch, 50 g weiße Rüben, 50 g Möhren, 50 g Petersilienwurzeln, 50 g Zwiebeln in Scheiben, 80 g Butter, 200 g blanchierte Kartoffelwürfel, 100 g gekochte
Graupen, 1 Eigelb, 125 g Sahne, 50 g Petersilie.

Gewässertes Ziegenfleisch mit Wasser ansetzen, zum Kochen bringen, abschäumen, Gemüsebündel
beifügen und in 90 Min. garsieden. Die geputzten Gemüse in Scheibchen schneiden, mit den Zwiebeln in Butter andünsten, mit der Brühe auffüllen und 10 Min. kochen. Dann die Kartoffeln beigeben und weitere 15 Min. kochen. Die Graupen in die fertige Suppe geben, nochmals erhitzen, mit
Eigelb und Sahne legieren und mit Petersilie bestreuen. Das Fleisch in Stücke schneiden und heiß
dazu reichen.

Rassolnik is Potracha s risom   **Gurkensuppe mit Geflügelklein und Reis**

Bedarf für 2 l: 500 g blanchiertes Geflügelklein, 1,5 l Fleischbrühe, 0,3 l Salzdillgurkenlake, 50 g
Zwiebeln in Streifen, 50 g Sellerie, 50 g Petersilienwurzeln, 100 g Lauch, 50 g Butter, Salz, 200 g blanchierte Kartoffelwürfel, 100 g Salzdillgurken in Scheiben, 100 g
gekochter Reis, 1 Eigelb, 125 g Sahne, 10 g Dill, 20 g Petersilie.

Geflügelklein in Fleischbrühe und Gurkenlake behutsam garen. Gemüse in nicht zu feine Streifen
schneiden.

Die Zwiebeln in Butter anschwitzen, das Gemüse beifügen und etwa 10 Min. dünsten. Dann mit der
Geflügelkleinbrühe auffüllen, die Kartoffeln beifügen und alles zusammen fertig garen. Das gekochte Geflügelklein entbeinen, in Stückchen schneiden und mit dem Reis in die Suppe geben. Sie nochmals aufkochen und in einer Terrine anrichten. Eigelb und Sahne (Liaison) auf die Suppe gießen
und sie mit Dill und Petersilie bestreuen.

Soljanka schidkaja s mjasom   **Soljanka-Suppe mit Fleisch**

Bedarf für 2 l: 200 g Zwiebelscheiben, 50 g Butter, 50 g magere Speckscheibchen, 100 g Scheibchen von rohem Schinken, 100 g Scheibchen von Schweinebraten, 100 g sautierte
Kalbsnierenscheibchen, 100 g geschnittene Steinpilze, 1 El Tomatenmark, 1 kleines Lorbeerblatt, Pfeffer, 2 l Pökelbrühe, 10 schwarze, entsteine Oliven, 20 g Kapern, 100 g geschälte Gewürzgurkenscheiben, 0,25 l Gewürzgurkenlake, Zitronenscheiben, Dill.

Zwiebeln in Butter sautieren, Speck, Schinken, Schweinebraten, Nieren und Steinpilze zugeben
und kurze Zeit weitersautieren. Dann Tomatenmark, Lorbeerblatt und Pfeffer beifügen, alles
durchrühren, mit der Brühe auffüllen und einige Minuten kochen. Oliven, Kapern, Gurken und Lake zufügen, nochmals aufkochen lassen und anrichten.

Mit Dill bestreute Zitronenscheiben gesondert reichen.

Soljanka schidkaja is riba   **Soljanka-Suppe mit Fisch**

Bedarf für 2 l: 100 g Zwiebelscheiben, 50 g Butter, 400 g Fischfiletstückchen von Knorpelfischen,
100 g geschnittene Steinpilze, 1 El Tomatenmark, 1 kleines Lorbeerblatt, Pfeffer,
1,5 l kräftige Fischbrühe, 10 schwarze, entsteinte Oliven, 20 g Kapern, 100 g geschälte Gewürzgurkenscheiben, 0,25 l Gewürzgurkenlake.

Die Zubereitung ist die gleiche wie beim vorhergehenden Rezept. Anstelle von Fleisch werden
Fischfiletstückchen verwendet.

Ucha is Sterlet   **Klare Fischsuppe von Sterlet**

Bedarf für 2 l: 100 g Selleriestreifchen, 100 g weiße Lauchstange in Streifchen, 80 g Butter, 600 g Sterletfilets, 1,5 l Fischkraftbrühe (s. Bd. 1, Abschn. Suppen), 1 Tl Dill, Salz, Pfeffer;
Möhrenbutter: 100 g Möhren, 50 g Butter.

Gemüsestreifchen in Butter 15 Min. dünsten. Die Sterletfilets in 2-cm-Würfel schneiden, würzen und dem Gemüse beigeben. Mit etwas Brühe untergießen und mit Folie bedeckt 5 Min. pochieren. Dann mit der restlichen Brühe auffüllen, alles nochmals aufkochen und anrichten. Die Möhrenbutter darüberträufeln und mit Dill bestreuen.

Möhrenbutter: Möhren fein reiben, in zerlaufene Butter geben, zart anschwitzen und danach mit einem Tuch fest auspressen.

Beilage: Kulibjaka oder Fischpiroggen.

Fischgerichte

Koruschka po ribatzki   **Stinte nach Fischerart**

Bedarf für 10 Portionen: 80 g Butter, Salz, Pfeffer, 20 — 30 frische Stinte, 300 g blanchierte, dünne Zwiebelringe, 1 kg rund ausgebohrte Kartoffeln, 50 g gezupfte Petersilie, 0,75 l Fischfond.

Eine große Backplatte ausbuttern, die gesäuberten, gewürzten Stinte einordnen, die Zwiebelringe darübergeben. Die Kartoffeln 10 Min. vorkochen, in einen Durchschlag abgießen und zusammen mit der Petersilie auf dem Fisch verteilen, den Fischfond dazugießen, mit Folie abdecken und im Ofen 15 Min. garen. Das fertige Gericht in der Backplatte zu Tisch geben.

Karass w smetane   **Karausche in Rahmsauce**

Bedarf für 10 Portionen: 10 Scheiben Karausche je 200 g, Salz, Pfeffer, 100 g Mehl, 150 g Fett, 40 g Butter, 1,5 kg gekochte Kartoffeln, 50 g Weißbrotkrume, 100 g geriebener Käse;
Schmantsauce: 40 g Butter, 50 g Mehl, 0,5 l Sahne, 0,5 l Milch, 2 El Fischglace, eine halbe Zitrone, Salz.

Sauce: Aus Butter, Mehl, Milch und Sahne eine Rahmsauce herstellen (s. Abschn. Saucen). Sie mit Fleischglace, Zitronensaft und Salz abschmecken.

Fischscheiben waschen, würzen, in Mehl wenden und von beiden Seiten braun anbraten. Eine Backplatte ausbuttern, angebratene Fischscheiben einordnen und mit den in dicke Scheiben geschnittenen Kartoffeln umlegen. Das Ganze mit der heißen Sauce bedecken, Weißbrotkrume und Käse darüberstreuen, Butter in Flöckchen auflegen, im Ofen 15 Min. backen und dabei die Oberfläche bräunen lassen.

Sudak po russki na skoworodki   **Zanderschnitte russisch in der Pfanne**

Bedarf für 10 Portionen: 1,5 kg Zanderfilets, Salz, Pfeffer, 50 g Butter, 1,2 kg Pellkartoffeln, 300 g geschälte Gewürzgurken, 40 g Mehl, 0,75 l Fischbrühe, 50 g geriebene Weißbrotkrume, 50 g geriebener Käse, 50 g Butter, 1 El gehackte Petersilie, 1 El gehackter Dill.

Portionierte Zanderfilets würzen und in gebutterte Backpfanne ordnen. Mit dick geschnittenen Kartoffelscheiben und Gewürzgurkenscheiben abwechselnd belegen. Mehl darüberstäuben, mit Fischbrühe übergießen und mit Weißbrotkrume und Käse bestreuen. Restliche Butter zerlassen darüberträufeln und im Ofen 15 Min. überbacken, dabei zugleich garen. Das fertige Gericht mit Petersilie und Dill bestreuen.

Karp farschirownije po odesski   **Gefüllter Karpfen Odessaer Art**

Bedarf für 8 Portionen: 2 Karpfen je 1,5 kg, Salz, Pfeffer, 60 g Mehl, 150 g Butter, 1/2 halbe Zitrone, 1 El gehackte Petersilie;
Füllung: 250 g Reis, 50 g Butter, 0,5 l Fleischbrühe, 30 g gekochte, gehackte Trok-
kenpilze, Rogen und Milcher der Karpfen, 100 g Zwiebelwürfel, 50 g Butter, 1 Tl
gehackte Petersilie, 1 El gehackter Dill.

Flossen und Schuppen entfernen, Kiemen entnehmen. Die Karpfen vom Rücken aus öffnen. Zu
beiden Seiten des Rückgrats einen Schnitt anbringen; von hier aus genau an der Gräte entlang das
Gerüst vollständig auslösen und dicht am Kopf und nahe des Schwanzendes abtrennen. Die freiliegenden Eingeweide von der geöffneten Rückenseite entnehmen und die Karpfen gründlich auswaschen.

Füllung: Reis mit Butter anschwitzen, bis er glasig ist. Danach mit kochender Fleischbrühe auffüllen, Pilze, sautierte Milcher und Rogen beifügen, Topf zudecken und den Reis 18 Min. im Ofen
garen.

Zwiebeln in Butter bräunen und mit Petersilie und Dill unter den gegarten Reis mengen.

Abgetrocknete Karpfen innen und außen würzen, Reis einfüllen, zur ursprünglichen Form zusam-
mendrücken und mit Schnur umbinden. Karpfen in Mehl wenden und in einer mit Butter erhitzten
Bratpfanne unter öfterem Übergießen mit dem Bratfett von beiden Seiten bräunen und garen.
Ofentemperatur 150 °C, Gardauer etwa 25 – 30 Min.

Vor dem Anrichten der Karpfen die Schnur entfernen. Dann mit Zitronensaft beträufeln, mit gehackter Petersilie bestreuen und mit der durchgesiebten Bratbutter übergießen.

Störe

Störe werden in den Fanggebieten tiefgefroren und gelangen auch in gefrorenem Zustand in den
Handel. Sie werden dann langsam aufgetaut und weiterverarbeitet. Für die industrielle Verwendung
wird in Deutschland der Hausen (Beluga) bevorzugt.

Die Störe sind von lederartiger, kräftiger Haut umgeben. Ihr Knorpelgerüst – Störe haben keine
Gräten – ist dagegen äußerst weich. Das Fleisch hat eine appetitliche weiße Farbe und ist sehr
wohlschmeckend.

Die abgelösten starken Partien des Rückens werden in Stücke von 2 – 3 kg geteilt und meistens
geräuchert.

Wjasiga (Vesiga) sind die Rückensaiten der Störfische. Die Saiten werden mit stabiler Nadel ausge-
rissen, gesäubert und dann zum Trocknen aufgehängt. Die Wjasiga (Vesiga) ist eine beliebte Zutat
zum Herstellen von Kulibjaka, Piroggen und zu Suppen.

Ragout is riba   **Fischragout nach Polozow**

Bedarf für 10 Portionen: 50 g Schalottenwürfelchen, 60 g Butter, 250 g Champignons oder Steinpilze, 2,5 kg vorbereitete Fische (Aal, Sterlet, Rutte), 150 g Ruttelebern, 0,5 l
Fischbrühe, 0,25 l Rotwein, 100 g Tomatenfleischwürfel, Salz, Pfeffer, 0,7 l holländische Sauce, 30 g Kaviar, 1 El Petersilie, 10 Blätterteighalbmonde.

Schalotten in Butter angehen lassen. Die in Stücke zu 50 g geschnittenen Fische hinzugeben, ebenso Scheibchen von Pilzen und Ruttelebern. Fischbrühe, Rotwein und Tomatenwürfel beigeben,
würzen und zugedeckt 15 Min. dünsten. Den gegarten Fisch in flachem, gebuttertem Anrichtegeschirr warmstellen. Den Fischfond passieren und fast zu Glace einkochen. Reduktion und Kaviar
der holländischen Sauce beimengen und den angerichteten Fisch damit saucieren. Mit Petersilie bestreuen und mit Blätterteighalbmonden umstellen.

Sterlet po russki   **Sterlet auf russische Art**

Bedarf für 10 Portionen: 30 g Butter, 2,5 kg Sterlet, 0,1 l Gewürzgurkenlake, 0,5 l Fischbrühe, 0,1 l
      Weißwein, 200 g kleine, gleichmäßige Karotten, 200 g Sellerie, 60 g Butter, 100 g
      Gewürzgurken, 10 entsteinte, halbierte grüne Oliven, 100 g geschnittene Steinpilze,
      1 El Kapern, 40 g Butter zum Glacieren, 0,6 l Tomatensauce, 30 g Butter, 10 Zitro-
      nenscheiben mit Petersilie bestreut, 10 Blätterteighalbmonde (Fleurons).

Ein flaches Geschirr mit Butter ausstreichen. Den vorbereiteten Sterlet in das Geschirr legen, Gurkenlake (oder Zitronensaft nach Geschmack), Fischbrühe und Weißwein dazugießen und mit Folie
abgedeckt im Ofen garen. Nach dem Garen die Haut abziehen.

Karotten putzen und waschen. Gesäuberten Sellerie in Stücke schneiden, die der Karottengröße
entsprechenden Selleriestücke und Karotten glacieren. Gewürzgurken schälen, halbieren, Kerne entfernen, schräg in Stücke schneiden und dünsten. Dann Karotten, Sellerie, Gurken, Oliven, Steinpilze
und Kapern zusammen schwenken und über den angerichteten Fisch geben.

Den Fischfond vollständig einkochen und mit der frischen Butter unter die Tomatensauce montieren. Den angerichteten Fisch damit saucieren, mit Zitronenscheiben belegen und Blätterteighalbmonde daransetzen.

Sterlet porowoi po astrachanski   **Gedünsteter Sterlet Astrachaner Art**

Bedarf für 10 Portionen: 30 g Butter, 2,5 kg Sterlet, 0,1 l Salzgurkenlake, 0,5 l Fischbrühe, 0,15 l
      Weißwein, 100 g Beluga-Kaviar, 200 g Sellerie, 200 g Weißrüben, 100 g Petersilien-
      wurzeln, 100 g Salzgurken, 80 g Mehlbutter, 0,25 l Sahne, 50 g Butter, Salz, 1/2 Zi-
      trone, Cayenne, 10 Blätterteighalbmonde (Fleurons).

Den Sterlet, Gemüse und Gurken wie im vorhergehenden Rezept zubereiten. Den angerichteten
Fisch mit den ausgebohrten, gedünsteten Gemüsen und Salzgurken umgeben.

Den Fischfond etwa um die Hälfte einkochen, mit Mehlbutter binden und mit Sahne und frischer
Butter aufschlagen. Nach Bedarf mit Salz, Zitronensaft und Cayenne würzen.

Den Sterlet mit der Sauce bedecken, den Kaviar in Häufchen daraufsetzen und die Blätterteighalbmonde um den Fisch legen.

Schaschlik is osetrina ili beluga   **Schaschlik von Stör oder Hausen**

Bedarf für 10 Portionen: 1,5 kg Störfilet, 0,2 l Olivenöl, 1/2 Zitrone, 200 g dünne Scheiben von ge-
      räuchertem Bauchspeck, 250 g Zwiebelscheiben, 10 kleine Tomaten, 20 Champi-
      gnonköpfe, Salz, Pfeffer, 2 El scharfen Senf, 40 g geriebene Weißbrotkrume, 200 g
      Kräuterbutter.

Fisch in 1/2 cm dicke Scheibchen schneiden und in Öl und Zitronensaft marinieren. Folgende Zutaten auf 10 Spieße stecken: eine halbe Tomate, einen Champignon, abwechselnd Fisch, Speck
und Zwiebeln, abschließend einen Champignon und eine halbe Tomate.

Spieße würzen, in Öl wenden, auf einem heißen, geölten Grill 6 Min. rösten. Kurz vor dem Garpunkt dann mit Senf bestreichen, mit Weißbrotkrume bestreuen und auf beiden Seiten nochmals
bräunen. Die Spieße auf Pilawreis anrichten und mit Kräuterbutterscheiben belegen.

Beigabe: Feingeschnittene Tomaten, grüne Zwiebeln, gehackter Dill und gehackte Petersilie.

Osetrina spetschornoe Metropole   **Gebratener Stör Metropol**

Bedarf für 10 Portionen: 1 vorbereiteter Stör von 2,8 – 3 kg, 60 g Butter, Salz, Pfeffer, 0,5 l saure
      Sahne, 150 g Kräuterbutter.

Den vorbereiteten Stör in ein flaches ausgebuttertes Geschirr mit dem Rücken nach oben legen. Ihn würzen, mit der sauren Sahne überziehen, im heißen Ofen (200 °C) garen und zugleich überbräunen.

Den gegarten Stör anrichten und mit Kräuterbutterscheiben belegen.

Beilagen: Béarner Sauce, gebackene Tomaten, Butterbohnen, Chipskartoffeln.

Warme Vorgerichte und Pasteten

Blinis   **Plinsen**

Blinis, eine Eigenart der russischen Küche, sind kleine Hefepfannkuchen aus Buchweizenmehl oder einer Mischung aus Mehl und Buchweizenmehl. Zu Blinis werden u.a. Kaviar, marinierter oder geräucherter Lachs, Balik-Arten (gesalzene Trockenfische) und Heringe verspeist. Hartgekochte, gehackte Eier und Stückchen der genannten Fische können aber auch gleich in die Blinis mit eingebacken werden. In welcher Zusammenstellung man die Blinis auch immer anbieten mag, die Beigaben von frischer oder zerlassener Butter und saure Sahne dürfen nicht fehlen.

Gebackene Blinis sollen porös sein und die Konsistenz von Waffeln haben. In Rußland serviert man sie vielfach in Blinipfännchen.

Bedarf für 30 Blinis, Durchmesser etwa 6 – 7 cm: 210 g Milch, 15 g Hefe, 60 g saure Sahne, 7 g Zucker, 7 g Salz, 300 g Buchweizenmehl, 50 g Eiweiß; zum Backen: 100 g Butter.

Milch erwärmen, Hefe einbröckeln und auflösen. Saure Sahne, Zucker sowie Salz dazugeben. Buchweizenmehl unter die Mischung rühren. – Nicht länger als nötig bearbeiten, denn Buchweizenteige werden sonst zäh. – Teig zugedeckt 15 Min. gehen lassen. Eiweiß zu steifem Schnee schlagen und unter den Teig heben.

Butter in Blinipfännchen oder in einer großen Pfanne erhitzen, den Teig löffelweise hineingeben und auf beiden Seiten goldbraun backen. Um die waffelähnliche Beschaffenheit der gebackenen, heißen Blinis zu bewahren, darf man sie nicht zugedeckt zu Tisch bringen.

Beilagen: Zerlassene Butter und saure Sahne.

Vatruschki   **Käseküchlein**

Bedarf für 20 Stück: 300 g Mehl, 5 g Backpulver, 3 g Salz, 1 Ei, 125 g saure Sahne, 80 g Butter; Füllung: 500 g Quark, 1 El saure Sahne, 2 Eier, 5 g Zucker, 3 g Salz, 30 g Butter; Eistreiche.

Mehl mit Backpulver auf Nudelbrett sieben, in die Mitte eine Vertiefung drücken, Salz, Ei, Sahne und Butter hineingeben. Alles zu einem glatten Teig verarbeiten. Mit einer Folie abdecken und 30 Min. ruhen lassen.

Füllung: Quark, Sahne, Eier, Zucker, Salz und Butter gut verarbeiten und beiseitestellen.

Den Teig 2 mm dünn ausrollen. Mit einem Ausstecher (Durchmesser 7 cm) Scheiben ausstechen. Den Teig rundherum etwa 1/2 cm nach innen umschlagen, damit ein Rand entsteht, in diesen noch kleine Falten kneifen. Gerändelte Scheiben auf ein Backblech setzen, je einen großen Tupfen Käsemasse daraufspritzen, ihn leicht flachdrücken und die ganze Oberfläche dünn mit Eistreiche bepinseln.

Die Küchlein im Ofen (180 °C) etwa 20 Min. backen; sie sollen eine goldgelbe Farbe haben und werden warm serviert.

Vatruschki gehören zu jedem Borschtsch oder Schtschi.

Piroschki

Bedarf für 20 Stück: 300 g Mehl, Msp. Salz, 70 g Butter, 70 g Schmalz, 70 g saure Sahne, 90 g Wasser, Eistreiche;

Füllung: 400 g feingehackte Zwiebeln, 100 g Butter, 800 g Rinderhack, 2 hartgekochte Eier, 50 g Dill, Salz, Pfeffer.

Mehl auf ein Nudelbrett sieben, Salz, Butter und Schmalz beifügen und mit den Händen zu Streusel reiben. Einen Kranz bilden, Sahne und kaltes Wasser in die Mitte geben und alles schnell zu einem Teig zusammengreifen. In Folie wickeln und im Kühlschrank ruhen lassen.

Füllung: Zwiebeln in Butter andünsten, Rinderhack beifügen und mit einem Holzlöffel über starker Hitze rösten, bis sich das Hack gelöst hat und gar ist. In eine Schüssel geben, gehackte Eier und Dill dazutun, mit Salz und Pfeffer würzen und gut vermengen.

Den Teig 2 mm dünn ausrollen, mit einem Ausstecher von 7 cm Durchmesser Scheiben ausstechen und die Ränder mit Eistreiche befeuchten. Auf jede ein Häufchen Füllung setzen. Die Scheiben zu halbrunden Taschen zusammenklappen, die Ränder mit den Zinken einer Gabel fest andrücken und auf ein gebuttertes Backblech setzen. Die Taschen mit Eistreiche bepinseln und sie im Ofen (180 °C) 30 Min. goldbraun backen.

Zur Füllung kann jedes Salpikon von Fleisch, Fisch, Geflügel, Wild und Gemüse verwendet werden. Alle Füllungen müssen möglichst trocken, aber fettreich gehalten werden. Auch auf dem Sakuska-Tisch sind Piroschki gern gesehen.

Pirogg rewelski

Bedarf für 8 Stück: 500 g Mehl, 30 g Hefe, Salz, 70 g zerlassene Butter, 6 g Zucker, 1 Ei, 200 g lauwarmes Wasser;

Füllung: 300 g ausgelöstes Fleisch von verschiedenen Fischen, Salz, Pfeffer, 20 g Petersilie, 4 El Weißwein, 50 g Zwiebelstreifchen, 40 g Butter, 1 hartgekochtes, gehacktes Ei, 1 Tl Dill, 100 g fein gehackte, gekochte Champignons.

Aus den ersten Zutaten einen geschmeidigen Hefeteig herstellen und ihn an einem warmen Platz zugedeckt 30 Min. gehen lassen.

Die in Stückchen geschnittenen Fische würzen, mit der Petersilie bestreuen und in Weißwein 5 Min. dünsten. Dann die in Butter weichgedünsteten Zwiebelstreifen, feingehackten Eier, Dill und Champignons beigeben und behutsam vermischen.

Teig in 8 gleichschwere Stücke teilen, diese zu Kugeln formen und jede zu einer Scheibe mit 12 cm Durchmesser und 2 cm Dicke ausrollen. Die Füllung in Häufchen daraufsetzen, den Rand mit Eistreiche befeuchten und zu einer Tasche zusammendrücken. Die Piroggen auf einem mehlbestäubten Tuch gehen lassen. Dann in der Friteuse von beiden Seiten braun backen, mit zerlassener Butter bestreichen und heiß servieren.

Pirogg moskowski s riboi

Die Zubereitung ist die gleiche wie im vorhergehenden Rezept. Als Füllung ist die unter Kulibjaka erläuterte Füllung anzuwenden (s. S. 418).

Pirogg s kapusstoi

Für Kohl-Piroggen bedarf es der gleichen Menge an Wasserhefeteig wie für Revaler Fisch-Piroggen.

Füllung: 500 g Weißkohl, 35 g feingeschnittene Zwiebeln, 20 g Butter, 70 g magere Speckwürfelchen, 50 g Sahne oder Milch, 20 g Butter, 1 hartgekochtes Ei, 1 Tl Petersilie, 1 Tl Dill.

Den geviertelten, von Strunk und Rippen befreiten Weißkohl in Salzwasser 5 Min. kochen. Dann abkühlen und fein hacken. Währenddessen die Zwiebeln in Butter und Speck anschwitzen, den Kohl beigeben und kurze Zeit mitschwitzen.

Sahne dazugießen und mit Folie abgedeckt im Ofen garen, bis die Sahne vollständig eingekocht und der Kohl trocken ist. Dann Butter, gehackte Eier, Petersilie und Dill daraufgeben, mit Salz, Pfeffer und Muskat würzen und alles zusammen vermischen. Kohl-Piroggen werden wie Revaler Piroggen fertiggestellt.

Kromeskis   **Krusteln**

Kromeskis sind eine Art Kroketts aus beliebigem feinen Ragout hergestellt. Das erkaltete, zu Walzen geformte Ragout wird mit Pfannkuchenstreifen oder Speckscheibchen umhüllt, in Ausbackteig getaucht und fritiert. (Vgl. Herst. Geflügelkroketts Bd. 1, Abschn. Vorgerichte.)

Kulibjaka   **Russische Pastete**

Bedarf für 10 Portionen: 850 g Wasserhefeteig (s. S. 417), 8 kleine Pfannkuchen (Crêpes);
        Füllung: 150 g feingeschnittene Zwiebeln, 200 g gekochte Champignons, 50 g Fett,
        200 g getrocknete Wjasiga (Vesiga), 1 kg gekochtes, grob zerbröckeltes Störfleisch,
        250 g gekochter Reis, 50 g Butter, Salz, Pfeffer, 4 hartgekochte Eier, 1 El Dill.

Füllung: Zwiebeln und Champignons in Butter andünsten. Die über Nacht eingeweichte Wjasiga waschen und nicht zu weich kochen. Dann auskühlen und fein hacken. Die behandelten Zutaten mit dem Störfleisch und dem trockenen Reis vorsichtig vermengen. Die Füllung mit zerlassener Butter, Salz, Pfeffer, gehackten Eiern und Dill vollenden.

350 g Teig zu einem Rechteck (16 x 40 cm) ausrollen, auf ein gebuttertes Backblech legen. 4 Pfannkuchen so darauflegen, daß an allen Seiten ein schmaler Rand freibleibt. Diesen mit Eistreiche befeuchten. Auf die belegte Fläche die Füllung gleichmäßig aufhäufen, glattstreichen und mit den übrigen Pfannkuchen belegen. 500 g Teig zu rechteckiger Platte (26 x 48 cm) ausrollen, sie — vorsichtig um einen dicken Holzlöffelstiel gerollt — aufnehmen und auf der Füllung — beginnend an einer schmalen Seite — wieder abrollen. Die nun aufeinanderliegenden Ränder beider Teigplatten mit einem Lineal fest andrücken. Zum Abzug der sich während des Backens bildenden Dämpfe in der Mitte der Teigdecke ein Loch (Durchmesser 2 cm) ausstechen. Die ganze Oberfläche mit Eistreiche bepinseln und die Pastete im Ofen (180 °C) etwa 1 Std. backen.

Kulibjaka wird warm gereicht. Man serviert dazu saure Sahne, Fischkraftbrühe oder Dillsauce.

Kulibjaka s mjasom   **Russische Fleischpastete**

Die Fleischpastete wird wie die „Russische Pastete" angefertigt. Bei den Zutaten zur Füllung verarbeitet man anstelle von Fisch und Wjasiga (Vesiga) 1,5 kg geschmortes, zerkleinertes Fleisch. Als Beigabe wird Madeirasauce gereicht.

Moldawska Kulibjaka   **Moldauer Fischpastete**

Bedarf für 10 Portionen: 750 g Blätterteig, Füllung der „Russischen Pastete" (s.d.), 250 g dünne,
        marinierte Lachsscheiben (Lossossina, Seite 406), Eistreiche.

350 g Blätterteig zu einem Rechteck (60 x 12 cm) ausrollen. Fischfüllung aufhäufen, glattstreichen und Lachsscheiben darauflegen. Rest Blätterteig ausrollen, in 1 cm breite Streifen schneiden, sie gitterartig über die Füllung legen und am freigelassenen Rand der Bodenplatte festdrücken. Weitere Behandlung wie die der „Russischen Pastete".

Drogamirowski Kascha   Buchweizengrütze mit Champignons

Bedarf für 10 Portionen: 500 g Buchweizengrütze, 1 l Wasser, Salz, 150 g Butter, 300 g feingeschnittene Zwiebeln, 500 g feingehackte Champignons, 250 g dicke, saure Sahne, 50 g geriebener Käse.

Buchweizengrütze in Salzwasser zugedeckt garen, bis das Wasser aufgesogen ist und die Körner der Grütze locker nebeneinanderliegen. Die gedünsteten Zwiebeln und Champignons beifügen und alles vorsichtig mischen. Die Mischung in einem feuerfesten Gefäß anrichten, mit Sahne bedecken, Käse darüberstreuen und im Salamander überbacken.

Bei jeder Kascha kommt es darauf an, daß sie gut trocken, weich, aber nicht breiig ist.

Rachmanowski Kascha   Gerstengrütze mit Haselhuhn

Bedarf für 10 Portionen: 500 g Gerstengrütze, 1 l Wasser, Salz, 200 g Butter, 50 g feingeschnittene Zwiebeln, 500 g feingehackte Steinpilze, 1 frisch gebratenes Haselhuhn.

Gerstengrütze vorbehandeln wie die Buchweizengrütze. Dann die angedünsteten Zwiebeln, die Steinpilze und das ausgebrochene, feingehackte Haselhuhn der Gerstengrütze beigeben und vorsichtig unterheben. In einem feuerfesten Gefäß anrichten und heiß servieren.

Fleischgerichte

Bitok po russki   Hacksteak nach russischer Art

Bedarf für 10 Portionen: 1 kg mageres Rindfleisch, 125 g abgerindetes Weißbrot, 150 g Butter, 80 g feingeschnittene Zwiebeln, Salz, Pfeffer, 2 kg Kartoffeln, 0,8 l Sauce Smetane (s. Bd. 1, Abschn. Saucen), 50 g geriebener Käse, 50 g geriebene Weißbrotkrume.

Bitok (Einzahl), Bitki (Mehrzahl) sind kleine runde Hacksteaks. Die Masse darf nicht gekuttert, sondern nur leicht vermengt werden. Ferner soll der Bitok, mit der Gabel zerteilt, innen noch weich und saftig sein. Zum Einweichen von Weißbrot verwendet man bei dunklem Fleisch Wasser oder Fleischbrühe, bei weißem Fleisch Milch oder Sahne.

Rindfleisch zweimal fein wolfen. Das eingeweichte Weißbrot beim zweiten Mal zugeben. Die in 50 g Butter angeschwitzten Zwiebeln zufügen, mit Salz und Pfeffer würzen und leicht durcharbeiten. Von der Masse 20 gleichschwere, runde Steaks formen. Diese in Butter braten, auf einer gebutterten Backplatte anrichten und mit gekochten heißen Kartoffelscheiben umlegen. Danach mit Sauce Smetane bedecken, geriebenen Käse und Weißbrotkrume darüberstreuen und das Ganze im Salamander rasch überbacken.

Bitok tatarski   Hacksteak nach Tatarenart

Bedarf für 10 Portionen: 1,5 kg Tatarfleisch, 10 Eigelb, Salz, Pfeffer, 200 g Butter, 50 g Olivenöl.

Das Tatarfleisch würzen, Eigelb daruntergreifen und 100 g Butter leicht einmengen, so daß noch Butterflöckchen sichtbar sind. Davon 30 kleine Steaks formen. Butter und Öl erhitzen, Steaks darin rasch braten, daß sie innen noch rosa sind, und auf vorgewärmter Platte anrichten.

Die Bitki können auch auf dem Grill zubereitet werden.

Beilagen: Salzkartoffeln und Kopfsalat.

Bitki tscherkesski   Tscherkessenhacksteaks

Bedarf für 10 Portionen: 1 kg Hammel- oder Lammfleisch, 0,5 kg körnig gekochter Reis, 50 g feingeschnittene Zwiebeln, 50 g Butter, 1 El Petersilie, 1 El Dill, 1 feingehackte Knoblauchzehe, Salz, Pfeffer, Paprika, 80 g Olivenöl, 0,8 l Pilzsauce (s. Bd. 1, Abschn. Saucen), 100 g Gemüsewürfel (Brunoise).

Hammelfleisch grob wolfen, Reis, angedünstete Zwiebeln, Petersilie, Dill und Knoblauch zugeben. Mit Salz, Pfeffer und Paprika würzen und vermengen. Die Masse zu 40 kleinen, runden Steaks formen, in Öl anbraten und in der Pilzsauce mit den angedünsteten Gemüsewürfeln garen.

Die Bitki um ein Timbale von Pilawreis anrichten und mit der Pilzsauce überziehen.

Beilagen: Fritierte Scheiben von Auberginen und Kürbiskompott.

Kurinuy Koteletki Pojarski   Hühnerkoteletts Pojarski

Bedarf für 10 Portionen: 1,5 kg rohes, enthäutetes Hühnerbrustfleisch, Salz, Pfeffer, Muskat, 200 g Weißbrot ohne Rinde, 0,3 l Sahne, 50 g Butter, 5 Eigelb, 100 g geriebene Weißbrotkrume, 50 g Olivenöl, 50 g Butter, 0,5 l Demiglace.

Hühnerfleisch würzen und grob wolfen. Weißbrot in Sahne einweichen. Eingeweichtes Brot, Butter sowie Eigelb zum gewürzten, durchgelassenen Fleisch geben und alles gut vermengen. Aus der Masse 10 Koteletts formen und in Weißbrotkrume wenden. Öl und Butter erhitzen, Koteletts darin braten, auf vorgewärmter Platte anrichten und mit der Bratbutter begießen. Die Kraftsauce getrennt reichen.

Beilagen: Verschiedene Gemüse und Bratkartoffeln.

Kurinuy Koteletki po Kijewski   Hühnerkoteletts Kiewer Art

Bedarf für 10 Portionen: 10 Poulardenbrüstchen, 300 g Butter, 125 g Mehl, Salz, Pfeffer, 2 Eier, 100 g geriebene Weißbrotkrume, 100 g geklärte Butter, 10 geröstete Weißbrotscheiben, 0,5 l Trüffelsauce (s. Bd. 1, Abschn. Saucen).

Die ausgelösten Poulardenbrüstchen enthäuten, die Filets entnehmen und beides dünn ausklopfen. Die Stummel der Geflügelknochen nicht entfernen.

Butter mit 30 g Mehl verkneten, sie zu 10 Zapfen formen, Länge 7 cm, und gut kühlen.

Die präparierten Brüstchen nebeneinanderlegen, Butterzapfen daraufgeben, die plattierten Filets darüberlegen, sie seitlich zusammenrollen, würzen und panieren. Rasch in heißer Friteuse (160 °C) fritieren und in geklärter Butter im Ofen durchziehen lassen.

Die gerösteten Weißbrotscheiben in Figur der Brüstchen zuschneiden, auf eine flache Platte legen, die fritierten Brüstchen auf die Toaste setzen und die Bratbutter darübergießen. Trüffelsauce gesondert reichen.

Beilagen: Verschiedene Gemüse und Strohkartoffeln.

Koteletki is Rjebtschik   Haselhuhnkotelett

Bedarf für 10 Portionen: 10 Haselhuhnbrüstchen, 0,5 l dicke getrüffelte Béchamelsauce, Salz, Pfeffer, 2 Eier, 100 g geriebene Weißbrotkrume, 100 g Butter, 10 geröstete Weißbrotscheiben, 0,5 l Trüffelsauce (s. Bd. 1, Abschn. Saucen).

Die Vorbereitung ist die gleiche wie im vorhergehenden Rezept. Kalte, dicke Béchamelsauce auf die plattierten Haselhuhnbrüstchen geben, die Filets darüberlegen und durch Zusammenrollen von der Seite her schließen. Danach panieren und fertigstellen wie obige Hühnerkoteletts.

Schaschlik is baranuy ili barascheck po kawkaski   Schaschlik von Hammel oder Lamm kaukasisch

Bedarf für 10 Portionen: 1,2 kg ausgelöstes Hammelsattelfleisch, 10 Hammelnieren, 250 g geräucherte, magere Speckscheiben, 5 mittelgroße Zwiebeln in Scheiben, 20 kleine, halbe Tomaten, 20 Champignons, Salz, Pfeffer, Saft einer halben Zitrone, 100 g Olivenöl, 200 g Kräuterbutter.

Fleisch in Scheiben zu je 20 g schneiden, Nieren vierteilen und zusammen mit den anderen Zutaten in folgender Weise auf 10 Spieße stecken: Eine halbe Tomate, ein Pilz, dann abwechselnd eine entsprechende Menge Fleisch, Nieren, Speck und Zwiebel und abschließend wieder ein Pilz sowie eine halbe Tomate.

Die besteckten Spieße nebeneinanderlegen, mit Salz sowie Pfeffer würzen, mit Zitronensaft und Olivenöl beträufeln und auf dem heißen Grill bei mehrmaligem Wenden 10 Min. garen.

Die gegarten Spießchen auf Pilawreis anrichten und mit Kräuterbutterscheiben belegen.

Beilagen: Geschnittene Tomaten, grüne Zwiebeln, Dill und Petersilie.

Seljanka sbornaja na skoworodki po moskowski   Moskauer Pfännchen

Bedarf für 10 Portionen: 600 g Bratenreste, 100 g gekochter Schinken, 300 g Bratwürstchen, 200 g Nieren, 200 g Gribuis (Steinpilze), 100 g Butter, 150 g Gewürzgurken, Salz, Pfeffer, 600 g gekochtes Sauerkraut, 1 El Tomatenpüree, 50 g geriebener Käse, 50 g zerlassene Butter, 0,5 l Madeirasauce;
Garnitur: 10 Zitronenscheiben, 10 halbierte Oliven, 1 El Kapern, 150 g Essigfrüchte (süßsauer).

Alle Zutaten in Scheibchen schneiden und in Butter sautieren. Dann in Rauten geschnittene Gewürzgurke und 0,2 l Madeirasauce zugeben. Das pikant gewürzte Ragout in eine Backschüssel füllen. Das heiße Sauerkraut mit Tomatenpüree vermengen, es locker über das Ragout verteilen, die Oberfläche glattstreichen. Käse darüberstreuen, mit Butter beträufeln und im Salamander überbacken. Abschließend die Garnitur, entlang des Randes, gefällig anordnen. Madeirasauce gesondert reichen.

Xotsch potsch Lubuschkina   Gebrühter Ochsenschwanz nach Lubuschkin

Bedarf für 10 Portionen: 4 kg gebrühter Ochsenschwanz, 400 g Zwiebelstreifen, 50 g Olivenöl, 2 l weiße Brühe, 2 kg Weißkohl, 1,5 kg rund ausgestochene Kartoffeln, 1 Kräutersträußchen, Salz, Pfeffer, 1 El Dill, 1 El Petersilie.

Den Ochsenschwanz an den Gelenken in Querstücke schneiden und blanchieren.

Zwiebeln in Öl anschwitzen, Ochsenschwanz dazugeben, mit der Brühe auffüllen, zugedeckt in mäßig heißen Ofen stellen und 90 Min. kochen.

Inzwischen den Weißkohl vierteln, Strunkteile entfernen, in grobe Stücke schneiden und Kohl sowie Kartoffeln blanchieren. Beides dem Ochsenschwanz beifügen, auch das Kräutersträußchen dazulegen, mild würzen und weitere 90 Min. zugedeckt im Ofen garen.

Danach die Oberfläche entfetten, das Kräutersträußchen entfernen, den Ochsenschwanz anrichten und mit den Kräutern bestreuen.

Beef Stroganow   Filet Stroganow

S. Bd. 1, Abschn. Schlachtfleisch S. 439.

Potschki po russki   Nieren auf russische Art

Bedarf für 10 Portionen: 1,2 kg Kalbsnieren, Salz, Pfeffer, 50 g Mehl, 1 El feingehackte Schalotten, 80 g Butter, 0,5 l Tomatensauce;
Garnitur: 200 g kleine, glacierte Karotten und rund ausgestochener, glacierter Sellerie, 10 halbierte Oliven, 100 g scharf sautierte Steinpilze, 50 g Gewürzgurkenscheibchen.

Nieren in dünne Scheiben schneiden, salzen, pfeffern und mehlieren. Butter erhitzen, Nierenscheiben darin rasch braun braten. Auf vorgewärmter Platte anrichten. Schalotten in der Bratpfanne anschwitzen, mit der Tomatensauce ablöschen, etwas reduzieren und über die Nieren geben. Das Gemüse erhitzen und als Garnitur um die angerichteten Kalbsnieren ordnen.

Schaschlik na Körry-rissu   **Schaschlik auf Curryreis**

Bedarf für 2 Portionen: 250 g zartes Hammelfleisch ohne Fett und Haut, 2 Hammelnieren, 60 g
       magere Speckscheiben, 8 große Zwiebelscheiben, Pfefferminzblätter, Zitronensaft,
       Olivenöl, 2 Tomaten, 100 g Reis, 1 El feingehackte Zwiebeln, 40 g Butter, 0,3 l
       Brühe, 1 Tl Curry, Salz, Pfeffer.

Das in kleine Stücke geschnittene Hammelfleisch wird leicht plattiert und zusammen mit den gevierteilten Nieren, Speck- und Zwiebelscheiben abwechselnd auf Spieße gesteckt. So hergerichtet, werden sie mit frischen oder getrockneten Pfefferminzblättern, Zitronensaft und Olivenöl mariniert. Kurz vor dem Zubereiten wird mit Salz und Pfeffer gewürzt und bei intensiver Hitze 10 Min. gegrillt.

Zunächst ist jedoch der Curryreis zuzubereiten. Butter läßt man im Topf erhitzen, schwitzt die Zwiebeln darin an, gibt Reis und Curry dazu, gießt mit der kochenden Brühe auf, verschließt mit einem Deckel und gart den Reis 18 Min. im Ofen. Während dieser Zeit werden die ausgestochenen, eingeschnittenen Tomaten gewürzt, mit Butter bestrichen und 10 Min. im Ofen gebacken.

Die gegrillten Schaschlikspieße sind auf dem Curryreis anzurichten und mit den gebackenen Tomaten sowie mit etwas frischem Grün zu garnieren.

Bratensauce ist gesondert zu reichen.

Rjebtschik w smetane   **Haselhuhn in Sahnesauce**

Bedarf für 10 Portionen: 5 vorbereitete, bardierte Haselhühner, Salz, Pfeffer, 80 g Butter, 100 g
       grobe Zwiebelwürfel, 0,5 l saure Sahne, 0,5 l kräftige Wildbrühe, 80 g Mehlbutter,
       Zitronensaft.

Die vorbereiteten Haselhühner würzen und etwa 25 Min. in Butter braten. 10 Min. vor Beendigung des Bratens Zwiebeln zugeben und mitbräunen. Dann die Hühner herausnehmen und warmstellen. Die Bratbutter mit saure Sahne und Wildbrühe auffüllen, kurze Zeit kochen und mit der Mehlbutter binden. Die Sauce mit Salz und Zitronensaft noch geschmacklich vollenden. Die Haselhühner halbieren, ausbrechen und anrichten. Die Sauce und den geschnittenen Bardierspeck über die angerichteten Hühner geben.
Die obligatorischen Beilagen sind Kartoffelpüree und Preiselbeeren.

Bjely kuropatki Praga   **Schneehuhn auf Prager Art**

Bedarf für 10 Portionen: 5 vorbereitete, bardierte Schneehühner, Salz, Pfeffer, 60 g Butter, 100 g
       Zwiebelwürfel, 10 zerdrückte Wacholderbeeren, 0,25 l kräftige Geflügelbrühe, 0,5 l
       Schmant, 60 g Mehlbutter, Zitronensaft, 750 g Kartoffelkrokett-Masse, 1 kg gekochtes Sauerkraut, 150 g magere Speckscheibchen.

Schneehühner leicht würzen und in Butter 20 Min. braten. Zwiebelwürfel und Wacholderbeeren kurze Zeit mitbraten.

Die Brüstchen auslösen und warmstellen. Das Knochengerüst und die Keulen grob hacken, zum Bratsatz geben und mit der Geflügelbrühe auffüllen. Kurze Zeit auskochen, dann durchsieben, Schmant beifügen und mit der Mehlbutter binden. Die Sauce nach Geschmack mit Salz und Zitronensaft vollenden und die Brüstchen zum Heißwerden hineinlegen.

Die heiße Kartoffelmasse als gefälligen Rand um eine entsprechend große Platte spritzen. In dessen Mitte das Sauerkraut füllen, darauf die Schneehuhnbrüstchen ordnen und die gebratenen Speckscheibchen dazulegen. Die Sauce gesondert reichen.

Scharkoi is rjenn ili olen w smetane   **Braten von Ren oder Hirsch**

Bedarf für 10 Portionen: 3 kg Rentierkeule, 200 g Spickspeck, 1 l Buttermilch, Salz, Pfeffer, 100 g Speckreste, 200 g Röstgemüse, 0,5 l Wildfond, 0,5 l saure Sahne, 80 g Mehlbutter.

Rentierkeule häuten und die Parüren reservieren. Die Keule reichlich spicken, in ein Gefäß legen, die Buttermilch dazugießen und zugedeckt 2 Tage beizen. Das Fleisch des öfteren wenden.

Das eingelegte Fleisch entnehmen, abspülen, abtrocknen, würzen und mit den Parüren, den Speckresten und dem Röstgemüse in einer Schmorpfanne braten. Dann mit Wildfond untergießen und weichschmoren.

Das gegarte Fleisch entnehmen und den Fond passieren, mit saurer Sahne und Mehlbutter zu einer sämigen Sauce verkochen. Das Fleisch tranchieren und leicht saucieren. Die restliche Sauce gesondert reichen.

Beilagen: Gemüse, Kartoffelklöße oder Kartoffelbrei und Preiselbeeren.

Süßspeisen

Kascha sa pikanta   **Pikante Grießgrütze**

Bedarf für 10 Portionen: 1 l Milch, 100 g Zucker, 150 g Grieß, 2 Eier, 5 g Zitronenabgeriebenes, 100 g Johannisbeergelee, 300 g entsteinte, gedünstete Sauerkirschen, 50 g Zucker.

Milch und Zucker zum Kochen bringen. Den Grieß unter Rühren langsam einlaufen lassen und etwa 5 Min. kochen, bis er breiig dick ist. Dann die Eier und Zitronenschale einrühren. In eine gebutterte Auflaufform ein Drittel der Masse einfüllen und glattstreichen. Johannisbeergelee und Sauerkirschen vermengen, auf den glattgestrichenen Grieß geben und den Rest des Grießbreies darüberstreichen. Mit Zucker bestreuen und im Ofen backen, bis der Zucker karamelisiert ist.

Gurjewski Kascha   **Gurjewski-Grütze**

Bedarf für 10 Portionen: 1 l Milch, 100 g Zucker, eine halbe, längs aufgeschnittene Vanillestange, 25 g Butter, 1 Msp. Salz, 150 g Grieß, 3 Eigelb, 3 Eiweiß, 150 g Aprikosenmark, 300 g Kompottfrüchte, 100 g gehackte Mandeln, 50 g Zucker.

Milch mit 50 g Zucker, Vanillestange, Butter und Salz zum Kochen bringen, anschließend die Vanillestange wieder entnehmen. Den Grieß einrühren, gut quellen lassen und abseits des Feuers die Eigelb unterrühren. Das mit dem restlichen Zucker geschlagene Eiweiß unter den Grieß heben und ein Drittel davon in eine gebutterte Auflaufform füllen. Das Aprikosenmark und die grobwürfelig geschnittenen Kompottfrüchte vermengen und auf dem eingefüllten Grieß verteilen. Mit dem restlichen Grieß bedecken, glattstreichen, mit Mandeln und Zucker bestreuen und im heißen Ofen braun überbacken.

Beigabe: Aprikosensauce.

Kissel   Fruchtgrütze

Kissel wird in Rußland vorwiegend mit Klukwa, einer großen Kranzbeere, hergestellt.

Bedarf für 10 Portionen: 1,5 kg Früchte (Himbeeren, Johannisbeeren, Erdbeeren, Preiselbeeren oder Rhabarber), 0,5 l Wasser, 150 – 200 g Zucker, 50 – 75 g Kartoffelstärke, 0,1 l kaltes Wasser.

Früchte mit Wasser und Zucker weichkochen, durch ein Sieb streichen. Das Passierte zum Kochen bringen. Die Kartoffelstärke mit kaltem Wasser anrühren und den kochenden Saft damit binden. Nach dem Aufkochen die Grütze in Glasschalen füllen und erkalten lassen.

Fruchtgrütze wird mit flüssiger Sahne, geschlagener Sahne oder kalter Milch gereicht.

Sambuk   Geschlagenes Fruchtgelee

Bedarf für 10 Portionen: 1,5 l Fruchtmark (Aprikosen, Erdbeeren, Himbeeren), 100 – 150 g Zucker je nach Frucht, 12 Blatt Gelatine, 0,25 l Sahne.

Das Fruchtmark je nach Bedarf süßen. Die eingeweichte Gelatine in etwas erwärmtem Fruchtmark völlig lösen, dann der Hauptmenge beigeben, kräftig verrühren und auf Eis schlagen, bis es zu stokken beginnt. In kalt ausgespülte Formen füllen und in den Kühlschrank stellen.

Das Fruchtgelee stürzen und mit geschlagener Sahne garnieren.

Beigabe: Trockenes Gebäck.

Sirniki   Käseplätzchen

Bedarf für 10 Portionen: 1,5 kg Quark, 6 Eigelb, 150 g Mehl, Salz, 75 g Zucker, 200 g Butter.

Quark passieren, nacheinander die Eigelbe einrühren, anschließend Mehl, Salz und Zucker dazurühren. Die Masse zu 4 cm dicken Rollen formen, 30 Min. kühlstellen und dann in 2 cm dicke Scheiben schneiden. Die Scheiben auf beiden Seiten in Butter etwa 10 Min. braten, bis sie braune Farbe haben, dann anrichten und heiß servieren.

Beigabe: Saure Sahne und Puderzucker.

ARABISCHE KÜCHE

Einleitung

In den Ländern Nordafrikas und des Nahen Ostens ist die arabische Küche vorherrschend. Eine Ausnahme bildet Israel, dessen Küche von rituellen Merkmalen bestimmt wird.

Die Vegetation dieser Länder entspricht im wesentlichen den einzelnen Klimagürteln. In der schmalen, gut beregneten, fruchtbaren Küstenebene des Mittelmeeres gedeihen Zitrus- und Ölfrüchte, Datteln, Feigen, Tomaten sowie Frühgemüse verschiedener Art. Dahinter beginnen die Ketten des gewaltig ansteigenden Atlasgebirges. An den sanften, milden Hängen und in durchsonnten Tälern reifen Wein und Melonen. Der Anbau von Getreide wie Weizen, Gerste, Mais, Hirse und Reis ist vielfach nur auf künstlich bewässertem Land möglich. Bei der zum größten Teil nomadisch betriebenen Viehzucht haben Schafe und Ziegen neben Kamelen, Rindern, Eseln und Pferden den Hauptanteil.

Die heimische Bevölkerung Nordafrikas und auch die der angrenzenden vorderasiatischen Länder, Araber und Juden, essen nur Fleisch von geschächteten Tieren. Mit Schächten bezeichnet man die religiöse, vorschriftsmäßige Schlachtung der zum Verzehr freigegebenen Tiere. Das Tier wird durch einen Schnitt getötet, der durch die Weichteile des Halses bis zur Wirbelsäule geht, die Halsschlagader durchtrennt und völliges Ausbluten bewirkt. Im heißen Klima dieser Länder hält sich geschächtetes Fleisch besser frisch. Auch christlich-europäische Metzger nehmen hier wie ihre mohammedanischen und jüdischen Berufsgenossen alle Schlachtungen durch Schächten vor.

Mit Vorliebe verspeist der Einheimische das Fleisch von Schaf und Ziege sowie das preisgünstigere Kamelfleisch, das von jungen Tieren besonders schmackhaft ist. Auch Rind- und Schweinefleisch ist am Markt. Letzteres wird jedoch nur von Europäern gegessen. Juden ist der Genuß von Kamel- und Schweinefleisch verboten, Araber dagegen dürfen Kamelfleisch essen, Schweinefleisch allerdings auch nicht. – Die krassen sozialen Unterschiede der Bevölkerung sind auch in der arabischen Küche spürbar, denn Eßgewohnheit und Zubereitung gleicher Gerichte weichen mitunter stark voneinander ab.

Die Heimat des immergrünen Kaffeebaumes ist Afrika oder der Nahe Osten. Der Kaffee ist nicht nur als Ausfuhrartikel ein bemerkenswerter Wirtschaftsfaktor, er gilt auch als Nationalgetränk der arabischen Völker.

Verschiedene Zubereitungen

Moluhija · Sauerampfersuppe

Bedarf für 2 l Suppe: 2 l fette Hammelbrühe, Salz, Pfeffer, 300 g Sauerampfer, 150 g feingehackte Zwiebeln, 30 g feingehackter Knoblauch, 50 g Olivenöl.

Die Hammelbrühe aufkochen, mit Salz und Pfeffer würzen. Den Sauerampfer gut waschen, die Stiele entfernen, die Blätter fein hacken. Die Zwiebeln mit den zerdrückten Knoblauchzehen in Öl hell andünsten, sie zusammen mit dem Sauerampfer in die kochendheiße Brühe geben und mit einem Schneebesen glattrühren. Die Suppe sofort servieren, ohne sie nochmals kochen zu lassen.

Garbanzos · Kichererbsen

Bedarf: 1 kg Kichererbsen, 1 Mohrrübe, 1 gespickte Zwiebel, 1 Kräutersträußchen, 50 g Salz, 50 g Olivenöl.

Kichererbsen abends zuvor waschen und einweichen. Erbsen mit dem Einweichwasser und der Mohrrübe zum Kochen bringen. Dann abschäumen, gespickte Zwiebel, Kräutersträußchen, Salz und Öl beifügen und etwa 3 Std. kochen. Zu starke Verdunstung durch Angießen von etwas Wasser ausgleichen.

Die gegarten Garbanzos werden gewöhnlich mit Essig, Öl, Salz und Pfeffer als Salat zubereitet, aber auch als Einlagen für Suppen und zu Ragouts verwendet.

Choukchouka   **Exotisches Gemüsegericht**

Bedarf für 10 Portionen: 200 g Zwiebelstreifen, 150 g Olivenöl, 1,5 kg Auberginen, 1,5 kg Courgettes, 1 kg Paprikaschoten, 1 kg Tomaten, 2 gehackte Knoblauchzehen, Salz, Cayenne, 10 Eier.

Die Zwiebeln in 50 g Öl anschwitzen. Dazu lagenweise die geschälten, in dicke Scheiben geschnittenen Auberginen und Courgettes, die halbierten, entkernten Paprikaschoten und die in dicke Scheiben geschnittenen Tomaten geben.

Knoblauchzehen, Salz und etwas Cayenne darüberstreuen, mit dem restlichen Öl begießen und zugedeckt etwa 1 Std. im Ofen dünsten. Das Gemüse in flachen Backplatten anrichten, mit Vertiefungen versehen, in jede ein Ei schlagen und im Ofen backen, bis die Eier zart gestockt sind.

Keufta   **Gebackene Fischklößchen**

Bedarf für 10 Portionen: 1 kg ausgelöstes Merlanfleisch, 100 g Zwiebeln, 500 g gekochte Kartoffeln, 1 El Petersilie, 8 Eier, Salz, Pfeffer.

Fischfleisch mit den Zwiebeln fein wolfen. Kartoffeln passieren und mit der Petersilie und 5 Eiern
dem Fisch beifügen. Dann mit Salz und Pfeffer würzen und alles zusammen gut vermischen. Aus
der Masse 50 g schwere Klößchen formen, sie in die restlichen verquirlten Eier tauchen und in heißem Olivenöl backen. Die Fischklößchen heiß servieren.

Couscous   **Kuskus**

Kuskus ist eine nordafrikanische Nationalspeise, aus gedämpftem, grobem Hartweizengrieß hergestellt. Manchmal wird sie auch aus Hirse oder Bruchreis zubereitet. Zum Garen benutzt man ein
spezielles Geschirr, den Kuskustopf (Couscousiere). Es ist ein Dämpftopf mit festschließendem,
durchlöchertem Dämpfaufsatz.

Bedarf für 10 Portionen: 500 g grober Hartweizengrieß, 1 l kaltes Wasser; 50 g Olivenöl, 0,5 l lauwarmes Wasser, Salz, Pfeffer, 50 g Butter.

Grieß mit 1 l kaltem Wasser durchfeuchten. Den Dämpfaufsatz eines Kuskustopfes mit einem groben Tuch auslegen, den durchfeuchteten Grieß hineinschütten. Den Kuskustopf mit Wasser zum
Kochen bringen, den vorbereiteten Dämpfaufsatz daraufsetzen und den Inhalt 40 Min. dämpfen,
ohne ihn zuzudecken. Danach den Grieß auf eine flache Platte leeren, eventuelle Knollen leicht
zerreiben. Öl, 0,5 l lauwarmes Wasser sowie Salz und Pfeffer nach Geschmack über den Grieß geben und alles gut vermischen. Den behandelten Grieß wieder in den mit einem Tuch ausgelegten
Dämpfaufsatz zurückschütten, ihn erneut auf den Dämpftopf setzen und weitere 20 Min. dämpfen.
Dann den gegarten Grieß aus dem Tuch in ein angewärmtes, flaches Anrichtegeschirr schütteln und
die Butter in Stückchen mit einer Fleischgabel unterziehen.

Kuskus wird als selbständiges Gericht gegessen, als Beilage zu verschiedenen Zubereitungen gegeben oder auch mit Früchten (Datteln, Feigen, Trauben) gemischt verzehrt.

Couscous Chittra   Kuskus mit Hammelfleisch

Bedarf für 10 Portionen: 1,8 kg Hammelkeule, 1 El Paprika, 1 Msp. Cayenne, Salz, 25 g gehackter
Knoblauch, 1 El gehackter Kerbel, 1 El gehackte Petersilie, 0,5 l Wasser, 60 g Butter.

Hammelfleisch in 40 g schwere Würfel schneiden. Das Fleisch zusammen mit den Gewürzen, Knoblauch und Kräutern in eine Kasserolle geben. Mit Wasser auffüllen und zugedeckt etwa 2 Std. garen. Das gegarte Fleisch um angerichteten Kuskus (s. S. 426) legen. Den kurzgehaltenen Fond mit
der Butter aufrühren und dazu servieren.

Couscous de Chamelon   Kuskus mit Kamelfleisch

Bedarf für 10 Portionen: 2 kg junges, mageres Kamelfleisch, Salz, Pfeffer, 1 Msp. Cayennepfeffer,
0,1 l Olivenöl, 200 g Zwiebelstreifen, 500 g Tomatenfleischwürfel, 200 g Paprikaschotenstreifen.

Kamelfleisch in 40 g schwere Würfel schneiden, mit Salz, Pfeffer und Cayenne würzen und etwas
ziehen lassen. Das Öl in einem flachen Geschirr erhitzen, das Fleisch darin anbraten und die Zwiebeln dazugeben. Wenn alles gebräunt ist, Tomaten und Paprikaschoten zufügen und das Ganze fest
zugedeckt etwa 150 Min. schmoren. Falls erforderlich, während des Garens etwas Wasser angießen.

Beigabe: Kuskus, Rezept s. S. 426.

Tagine   Arabisches Eintopfgericht

Bedarf für 10 Portionen: 1,5 kg ausgelöste Hammelschulter, 1,5 kg Suppenhuhn, Salz, 80 g Fett,
800 g Möhrenwürfel, 200 g Zwiebelwürfel, 2 gehackte Knoblauchzehen, 1 Tl Paprika, 1,5 l helle Brühe, 350 g Tomatenfleischwürfel, 1 Kräutersträußchen, 1 Gewürzbeutel (10 zerdrückte Pfefferkörner, 2 Nelken, etwas Kümmel, Zimt und Safran),
10 frische Artischockenböden, 800 g Courgettes, 600 g weiße Rübchen, 300 g vorgekochte Kichererbsen (Garbanzos).

Die Hammelschulter und das ausgebeinte Suppenhuhn in 50 g schwere Würfel schneiden. Hammelfleisch und Huhn salzen und zusammen in einer flachen Kasserolle anbraten.

Möhren und Zwiebeln dem Fleisch beigeben und leicht rösten. Dann Knoblauch und Paprika beifügen, mit Brühe auffüllen und aufkochen lassen. Dann die Tomatenwürfel, das Kräutersträußchen
und den Gewürzbeutel dazutun und alles etwa 30 Min. zugedeckt kochen. Danach die geviertelten
Artischockenböden, die in Würfel geschnittenen Courgettes, die gesäuberten weißen Rübchen und
die vorgekochten Kichererbsen dazugeben und das Ganze garkochen.

Tagine wird nicht entfettet und zu Kuskus aus Reis, Hirse oder Grieß gereicht.

Dolma   Gefüllte Kohlvierecke

Bedarf für 10 Portionen: 1 kg Weißkohl, 1 kg Hammelfleisch, 100 g feingeschnittene Zwiebeln,
50 g Olivenöl, 50 g Butter, 1 El gehackte Petersilie, 2 gehackte Knoblauchzehen,
200 g körnig gekochter Reis, Salz, Paprika, 0,2 l Bratensauce, Saft einer halben Zitrone, 0,5 l Rahmsauce.

Vom Kohlkopf den Strunk herausschneiden und den Kopf etwa 15 Min. in Salzwasser kochen.
Dann herausnehmen, zum Auskühlen in kaltes Wasser legen und auf einem Sieb abtropfen lassen.

Das Fleisch hacken; die Zwiebeln in Öl und Butter anschwitzen, das Gehackte beifügen, auflockern
und zusammen andünsten. Danach Petersilie, Knoblauch und Reis zufügen, mit Salz und Paprika
würzen und alles vermengen.

Zehn große Blätter vom Kohlkopf abnehmen und auslegen. Alle anderen Blätter auf die ausgelegten verteilen. Die Fleisch-Reis-Füllung zu gleichgroßen, flachen Kugeln formen, diese auf die Kohlblätter setzen. Kohlblattränder zur Mitte hin einschlagen, Vierecke formen und sie in ein flaches, gebuttertes Schmorgeschirr nebeneinandersetzen. Bratensauce sowie 0,1 l Wasser untergießen und die gefüllten Kohlvierecke zugedeckt etwa 1 Std. im Ofen schmoren. – Den gegarten Kohl dann anrichten, mit Zitronensaft beträufeln und die heiße Rahmsauce darübergeben.

Filet de Chamelon aux aubergines   **Kamelsteak mit Auberginen**

Bedarf für 10 Portionen: 1,8 kg junge Kamellende, Salz, Pfeffer, 30 g Zitronensaft, 150 g Olivenöl, 100 g feingehackte Schalotten, 20 g gehackter Knoblauch, 0,1 l Weißwein, 300 g Tomatenfleischwürfel, 1 Msp. Cayenne, 4 große Auberginen, 1 El Mehl, 80 g Butter.

Die Kamellende parieren und in 20 kleine Steaks zu 75 g schneiden. Mit Salz und Pfeffer würzen und mit Zitronensaft sowie 50 g Öl einige Zeit marinieren. Das übrige Öl in einer Pfanne erhitzen und die Steaks darin braten, daß sie innen noch rosa sind. Dann auf einer angewärmten Platte anrichten.

Schalotten und Knoblauch in den Bratsatz der Pfanne geben, anschwitzen, mit Weißwein ablösen und etwas reduzieren. Dann die Tomaten und den Cayenne zufügen und alles zusammen gut verkochen.

Die Auberginen quer in 20 gleichmäßige Scheiben schneiden, mit Salz und Pfeffer würzen, in Mehl wenden und in Butter von beiden Seiten braten.

Die Sauce über die Kamelsteaks geben, auf jedes Steak eine Auberginenscheibe legen und rasch servieren.

El-Mekchter   **Hühnerragout mit Kichererbsen und Perlzwiebeln**

Bedarf für 8 Portionen: 4 junge Hühner je 800 g, 80 g Butter, 1 l helle Brühe, Salz, 250 g frische, abgezogene Perlzwiebeln, 40 g Mehlbutter, 0,3 l Rahm, Zitronensaft, 1 Msp. Cayenne, 500 g gekochte Kichererbsen.

Hühner in Brustteile und Keulen zerlegen. Die Knochen bis auf den kleinen Flügelknochen und den Unterschenkelknochen entfernen. Dann in grobe Stücke schneiden und zusammen mit den Perlzwiebeln in Butter andünsten. Die Brühe aufgießen, leicht salzen und zugedeckt 20 Min. garen. Danach die Brühe abgießen, sie mit Mehlbutter binden, mit Sahne verfeinern und mit Zitronensaft sowie Cayenne abschmecken. Die fertige Sauce über das Hühnerragout gießen, die Kichererbsen einschwenken und das Ganze nochmals erhitzen.

M'darbel   **Geschnitzelte Ochsenlende mit Courgettes**

Bedarf für 10 Portionen: 1,5 kg Ochsenlende, Salz, 1 Msp. Cayenne, 0,15 l Olivenöl, 2 kg Courgettes, 50 g Mehl, 0,3 l kräftige Kalbsjus, Essig.

Das Fleisch in Würfel mit 1 cm Seitenlänge schneiden. Die Courgettes waschen und ungeschält in doppelt so große Würfel schneiden. Letztere salzen, mit dem Mehl bestäuben, in heißem Öl scharf sautieren und in flachem, gebuttertem Gefäß warmstellen. Anschließend das Fleisch mit Salz und Cayenne würzen und in heißem Olivenöl saftig braten. Die sautierten Courgettes dazugeben, vorsichtig mischen und auf einer vorgewärmten Platte anrichten. Die Pfanne mit Kalbsjus ablöschen, kurz verkochen und das Gericht damit beträufeln. Kurz vor dem Servieren einige Spritzer Essig darübergeben.

Rhebab   **Lammschnitten mit Pilawreis**

Bedarf für 10 Portionen: 1,2 kg ausgelöstes Hammelrückenfleisch, Salz, Pfeffer, 0,1 l Olivenöl,
       10 Portionen Pilawreis (S. 160), 0,3 l kräftige Hammeljus, 80 g Butter.

Die Rückenfilets in kurze Scheibchen schneiden. Diese mit Salz und Pfeffer würzen und in heißem
Olivenöl rasch braten. Das Lammfleisch, heißen Pilawreis sowie 0,1 l Hammeljus mischen, auf einer angewärmten Platte anrichten und mit brauner Butter übergießen. Das Gericht sofort servieren,
damit der Reis körnig bleibt. Die restliche Hammeljus in einer Sauciere reichen.

Süßspeisen

Bakaloua   **Nußtörtchen**

Bedarf für 10 Törtchen: 300 g Blätterteig, 100 g Aprikosenmarmelade, Puderzucker;
       Füllung: 150 g geriebene Nußkerne, 300 g Zucker, 210 g Eiweiß, Abgeriebenes einer
       Zitronenschale, 70 g Mehl.

Tortelettförmchen mit 2 mm dünnem Blätterteig auslegen, auf den Boden die Marmelade geben
und beiseitestellen.

Füllung: Geriebene Nußkerne, Zucker, 120 g Eiweiß und Zitronenabgeriebenes zu einer feinen
Masse verarbeiten. Dann das Mehl darunterziehen, das restliche, zu festem Schnee geschlagene Eiweiß unter die Masse heben und mittels Spritzsack in die ausgelegten Tortelettförmchen füllen. Sie
danach im vorgeheizten Ofen bei 170 °C 30 Min. backen. Die Törtchen aus den Förmchen stürzen
und vor dem Servieren mit Puderzucker bestreuen.

Caimak   **Caimak**

Bedarf: 0,25 l Rahm, 250 g Zucker, 50 g Schokolade.

Rahm, Zucker und Schokolade unter ständigem Rühren zum Ballen kochen. Dann auf eine geölte
Marmorplatte gießen und mit Folie so einrändeln, daß die Masse einen 1 cm hohen Stand behält.
Nach dem Erstarren die Folie entfernen und die Masse in 2 cm große Vierecke schneiden. Zur Auf-
bewahrung den Caimak zwischen leicht geöltes Papier legen.

Rogagues   **Honigpfannkuchen**

Bedarf für 10 Portionen: 240 g Milch, 200 g Mehl, 3 El Zucker, Salz, 2 Eier, 2 Eigelb, 2 El zerlasse-
       ne Butter, 40 g Butter zum Backen, 150 g Honig.

Aus Milch, Mehl, Zucker, Salz, Eier, Eigelb und zerlassener Butter einen Pfannkuchenteig bereiten.
In Pfannen mit 12 cm Durchmesser 20 dünne Pfannkuchen backen, sie mit Honig bestreichen, zusammenklappen und auf warmen Tellern anrichten.

Koschaf   **Gemischte Früchte**

Bedarf: Je 500 g getrocknete Aprikosen, getrocknete Feigen und getrocknete Datteln, 125 g Ro-
       sinen, 125 g Korinthen, 200 g abgezogene Mandeln, 100 g abgezogene Pistazien, 200 g
       Zucker, 2 El Orangenblütenwasser (Fleurs d'oranges).

Alle Zutaten waschen, mit Wasser bedeckt einweichen und zuckern. An der Seite des Herdes aufquellen lassen, jedoch nicht kochen. Die Früchte mit Orangenblütenwasser abschmecken und kalt
servieren.

CHINESISCHE KÜCHE

Einleitung

China, der volkreichste Staat der Erde, ist seit 1949 Volksrepublik in Ostasien. Der subkontinentale, an Bodenschätzen reiche Raum ist äußerst vielfältig und kontrastreich in landschaftlicher wie klimatischer Hinsicht.

Die Landwirtschaft ist die wichtigste Lebensgrundlage der Bevölkerung. Während im Norden des Landes Weizen, Hirse, Gerste, Sojabohnen und Baumwolle angebaut werden, gedeihen im suptropischen Klima des 300 – 400 Meter hohen südchinesischen Berglandes Zitrusfrüchte (China ist die Urheimat des Orangenbaumes), Reis, Tee sowie Zuckerrohr und werden mehrmals im Jahr geerntet. Bemerkenswert ist auch eine umfangreiche Fischerei, die in den Flüssen und an den Küsten des Ost- und Südchinesischen Meeres betrieben wird.

Die Chinesen haben eine uralte, traditionsgebundene Kultur; das gilt auch für ihre gastronomischen Belange. An ihren Eßgewohnheiten hat sich deswegen auch bis heute kaum etwas geändert. Im Norden des Landes wird Hirse und Weizen gegessen – das ist klimatisch bedingt –, sonst bildet Reis die Grundlage ihrer Ernährung. Aber auch die spaghettiähnlichen Erzeugnisse aus Weizen, wie Mie oder Mie Tan, sowie aus Reismehl hergestellte Nudeln sind beliebt. Kartoffeln werden kaum verzehrt, dafür reichlich Gemüse und Pilze, die jedoch im Gegensatz zu unserer Gepflogenheit nicht gedünstet, sondern vorwiegend in heißem Fett gebraten werden. Entsprechend der chinesischen Viehzucht – es werden viermal so viel Schweine als Rinder gehalten, Schafe und Ziegen stehen an zweiter Stelle – ist der Verbrauch an Schweinefleisch sehr hoch. Als Brat- und Backfett gilt allgemein das Schweineschmalz, daneben wird auch reichlich Erdnußöl und für manche Speisen Sesamöl gebraucht. Milch, Sahne und Butter sind in der chinesischen Küche so gut wie unbekannt. Geflügel ist ein geschätzter Artikel und gleichzeitig ein wichtiger Wirtschaftsfaktor für den Export.

Die Chinesen verstehen ihre Speisen schmackhaft zuzubereiten, indem sie die heimischen Gewürze, wie Kassia, Ingwer, Kurkuma, Gewürzblätter, Sternanis, Lotussaat, Nachtlilien und die aus Sojabohnen hergestellten Pasten und Saucen sinnvoll dosiert anwenden und dadurch sehr reizvolle Ergebnisse erzielen. Vergessen seien auch nicht die chinesischen Pudergewürze, z.B. Pie Hie, kleine Plattfischchen, die getrocknet und fein gemahlen beigemischt werden, oder Ngo Hiang, ein Gewürzpuder aus Kräutern und Senfkörnern.

Die Hauptmahlzeiten der Chinesen sind: Tjauw Tjan – Frühstück, Wü-Chan – Mittagessen und Wan-Chan – Abendessen. Bei einer Hauptmahlzeit wird alles heiß gegessen. Suppe ißt man erst am Schluß einer Mahlzeit; sie wird mit Porzellanlöffeln eingenommen. Anstelle von Bestecks bedient man sich 20 cm langer Eßstäbchen, die aus Holz, Horn, Bambus, Elfenbein oder Silber bestehen. Süßspeisen, abgesehen von gesüßtem Gebäck, sind in der chinesischen Küche weniger vertreten.

Das Volksgetränk der Chinesen ist der Tee. Das Wichtigste ist der Wasserkessel, den sie nur für Teewasser gebrauchen. Das Gefäß zum Aufbrühen des Tees – es ist aus Ton oder Porzellan hergestellt – wird vor jedem Aufbrühen vorerst mit heißem Wasser gefüllt, nach einigen Minuten entleert, dann erst wird der Tee in dem erhitzten Geschirr mit kochendem Wasser aufgebrüht. Tee wird in China ohne Zucker gereicht.

Die in den folgenden Rezepten angeführten chinesischen Lebensmittelprodukte und Gewürze sind in Feinkostgeschäften erhältlich.

Suppen

Yü Ch'ih Tang   **Haifischflossensuppe**

Rezept s. Bd. 1, Abschn. Spezialsuppen.

Yen Wo T'ang   Schwalbennestersuppe

Rezept s. Bd. 1, Abschn. Spezialsuppen.

Hay Hong Lo Soen   Spargelsuppe mit Krabbenfleisch

Bedarf für 2 l: 100 g Möhren, 100 g hellen Lauch, 50 g Staudensellerie, 10 g gehackte Ingwerwurzel, 2 l kräftige Hühnerbrühe, 5 g gehackter Knoblauch, 30 g Schweinefett, 2 El
Sojasauce, 30 g Pfeilwurzelmehl oder Maisstärke, 250 g Wollkrabbenfleisch in Würfelchen (ersatzweise Scampi- oder Garnelenfleisch), 300 g gedünstete Spargelstückchen, 150 g gedünstete feine grüne Erbsen, Salz, Pfeffer, passiertes Mark eines rohen
Hummers.

Wurzelgemüse zerkleinern und zusammen mit dem Ingwer etwa 20 Min. in der Hühnerbrühe auskochen. Knoblauch in Schweinefett anschwitzen und mit der Sojasauce ablöschen. Die Hühnerbrühe durch ein Sieb dazugießen, aufkochen und mit dem angerührten Pfeilwurzelmehl oder der
Maisstärke binden. Das Wollkrabbenfleisch, die Spargelstückchen sowie die Erbsen mit ihren kurzen Dünstfonds als Einlage in die Suppe geben, alles nochmals aufkochen und, wenn erforderlich,
mit Salz und Pfeffer abschmecken. Abschließend das Hummermark mit ein wenig Suppe glattrühren, der Hauptmenge beifügen und nicht mehr kochen.

Verschiedene Zubereitungen

Tong Chou Yü   Karpfen, süßsauer

Bedarf für 10 Portionen: 4 kg Karpfen, Salz, Pfeffer, 0,1 l trockener Sherry, 200 g Mehl, 5 Eier,
1 kg Schweineschmalz;
200 g Zwiebelstreifen, 50 g frischer, feingehackter Ingwer, 150 g Streifchen von
süßen Gurken, 2 El Honig, 1 El Sojasauce, 0,6 l Tomatensauce, 2 El Essig, 0,1 l Wasser, 20 g Tapioka, Salz, Pfeffer, 200 g Streifen von gekochtem Schinken, 10 kleine
Kopfsalatblätter, 3 El feingeschnittene, süße Chillischoten.

Karpfen schuppen, ausnehmen, längs halbieren, in Portionsstücke schneiden, waschen, gut abtrocknen und mit Salz sowie Sherry marinieren. Danach in Mehl und gequirlten Eiern wenden, in Schweineschmalz backen und warmhalten.

Zwiebelstreifen in Schmalz anschwitzen, Ingwer sowie Gurkenstreifen dazugeben und zusammen
kurz verkochen. Dann den Honig, die Soja- und Tomatensauce sowie Essig und Wasser dem Zwiebelansatz beifügen, das Ganze aufkochen, mit Tapioka binden und die Sauce mit Salz und Pfeffer
geschmacklich ergänzen.

Gebackene Karpfenstücke auf geräumiger, flacher Platte anrichten, sie leicht mit Sauce überziehen
und die Schinkenstreifchen darüberstreuen. Seitlich auf der Platte die Salatblätter anordnen und in
jedes ein Häufchen geschnittener Chillischoten füllen.

Beilagen: Reis oder Nudeln und die restliche Sauce.

Ten Tjiun Yu   Gedünsteter Fisch mit Schinken, Pilzen und Ingwer

Bedarf für 10 Portionen: 10 Lachsforellen je 300 g, Salz, Pfeffer, 300 g roher Schinken in groben
Streifen, 10 blanchierte Weißkohlblätter, 300 g Champignonscheibchen, 100 g Ing-
werscheibchen, 5 El helle, gesalzene Sojasauce, Prise gemahlener Sternanis, 20 g
Stärkemehl, 100 g Schweineschmalz, Saft von 2 Zitronen.

Die Fische schuppen ohne die Flossen abzuschneiden, sie ausnehmen und unter fließendem Wasser
waschen. Dann innen und außen mit Küchenkrepp abtrocknen. Auf beiden Seiten in kurzen Ab-

ständen diagonale Einschnitte anbringen, die Fische würzen und Schinkenstreifchen in die Einschnitte drücken. Die Kohlblätter auslegen, auf jedes einen Fisch setzen, ihn mit Champignon- und Ingwerscheibchen bestreuen und die Blattenden darüberschlagen. Die eingehüllten Fische in ein flaches Geschirr ordnen, Sojasauce und Anis dazugeben, etwas Wasser untergießen und zugedeckt etwa 15 Min. im Ofen dünsten. Die gegarten Fische anrichten und warmhalten. Den Dünstfond mit der angerührten Stärke binden. Das Schmalz erhitzen, über die angerichteten Fische geben, den Zitronensaft darüberträufeln und den gebundenen Dünstfond gesondert dazu reichen.

Kit Liat Twa Hee   **Gebackene Krebsschwänze mit Schinken und Ingwersauce**

Bedarf für 10 Portionen: 80 frisch ausgebrochene, große Krebsschwänze, 200 g kurze, grobe Streifen von rohem Schinken;
2 Eiweiß, 250 g Mehl, 0,2 l Wasser, 40 g Öl, 10 g Zucker, Prise Salz, 2 Eigelb;
50 g frischer, gehackter Ingwer, 3 El Chillisauce, 0,3 l Wasser, 2 El helle, gesalzene Sojasauce, 0,3 l Tomatensauce, 20 g Tapioka, Salz, Pfeffer, Zucker.

Den Einschnitt auf dem Rücken der Krebsschwänze (Darmentfernung) vertiefen. In jeden Einschnitt einen Schinkenstreifen drücken und die präparierten Krebsschwänze zunächst kaltstellen.

Aus der zweiten Zutatengruppe einen Ausbackteig anfertigen: Eiweiß zu Schnee schlagen, alle anderen Zutaten zu einem glatten Teig verarbeiten, Eischnee unterziehen.

Ingwer, Chillisauce und Wasser 10 Min. kochen. Danach Sojabohnen und Tomatensauce sowie Tapioka zugeben, nochmals aufkochen und alles sieden lassen, bis die Sauce Bindung erhält. Den Geschmack noch mit Salz, Pfeffer und Zucker abrunden.

Reservierte Krebsschwänze durch den Ausbackteig ziehen und in einer heißen Fritüre backen. Zu den gebackenen Krebsschwänzen die Ingwersauce reichen.

Swee Kee Tja   **Gedünstete Froschschenkel**

Bedarf für 10 Portionen: 2 Knoblauchzehen, 8 Scheiben frischer Ingwer, 60 g Schmalz, 4 El Tauw Tjo (ein Sojabohnenprodukt, das von weißen oder schwarzen Sojabohnen mit braunem Zucker und Palmenzucker der Aranpalme ausgegoren wird), 4 El helle Sojasauce, 0,2 l Wasser, 60 Froschschenkel, Salz, Pfeffer, Zucker, 3 Zitronen, Pfeffer.

Die feingehackten Knoblauchzehen und die Ingwerscheiben in Schmalz scharf angehen lassen. Das Sojabohnenprodukt, die Sojasauce sowie die Froschschenkel beigeben und mit andünsten. Anschließend mit Wasser untergießen, mit Salz, Pfeffer und Zucker würzen und zugedeckt etwa 5 Min. dünsten. Vor dem Auftragen die angerichteten Froschschenkel mit Zitronenscheiben umlegen und frisch gemahlenen Pfeffer darübergeben.

Fu Yong Hay   **Omelett mit Krebsen und Tomatensauce**

Bedarf für 10 Portionen: 150 g feingeschnittene Zwiebeln, 30 g junge Sellerieblätter, 250 g Sojabohnensprossen, 40 g Olivenöl, 500 g Krebs- oder Krabbenfleisch, 5 Eier, Salz, Pfeffer, 100 g Schmalz, 0,4 l Tomatensauce.

Zwiebeln, Sellerieblätter und Sojabohnensprossen in Öl andünsten und beiseitestellen. Krebsfleisch in 1 cm große Würfel schneiden. Eier aufschlagen, quirlen, salzen und pfeffern und zusammen mit den vorbehandelten Zutaten vermengen.

In einer mit Fett erhitzten Pfanne bäckt man aus der Masse runde, 1 – 2 cm dicke Küchlein und reicht sie zusammen mit Tomatensauce.

Beilagen: Feine Erbsen und Reis.

Tomatensauce

Bedarf für 0,4 l: 2 zerdrückte Knoblauchzehen, 50 g Schmalz, 100 g Zwiebelstreifen, 1,5 kg Tomaten, 3 El chinesische Chillisauce, 10 g Zucker, 5 El helle, gesalzene Sojasauce.

Zerdrückten Knoblauch in heißem Schmalz anbraten, Zwiebeln zugeben und kurze Zeit dünsten. Gewaschene, zerschnittene Tomaten und Chillisauce den Zwiebeln beifügen und zugedeckt etwa 20 Min. leicht kochen. Danach passieren und die Sauce mit Zucker und Sojasauce fertigstellen.

Fu Yong Kee   **Omelett mit Hühnerfleisch und Tomatensauce**

Bedarf für 10 Portionen: 150 g feingeschnittene Zwiebeln, 30 g junge Sellerieblätter, 250 g Sojabohnensprossen, 40 g Olivenöl, 500 g gekochtes, in Würfel geschnittenes Hühnerfleisch, 5 Eier, Salz, Pfeffer, 100 g Schmalz, 0,4 l Tomatensauce.

Die Zubereitung ist die gleiche wie im Rezept „Fu Yong Hay". Anstelle des Krebsfleisches wird Hühnerfleisch verwendet.

Tjau Chui Min   **Gebratene Nudeln mit Schweinefleisch**

Bedarf für 5 Portionen: 250 g Schweinefilet, 100 g Schmalz, 250 g Garnelen, 100 g Bambussprossen, 30 g getrocknete Champignons, 2 El dunkle Sojasauce, 100 g frischer Spinat, 10 g Tapioka, 2 Eiweiß, Salz, Pfeffer, Sherry, 400 g chinesische Nudeln oder schmale Eiernudeln, 50 g Sesamöl.

Das Schweinefilet in kleine Stücke schneiden und in heißem Schmalz scharf anbraten. Dann die Garnelen, die Bambussprossen und abschließend die Champignons beifügen, mit der Sojasauce ablöschen. In einer anderen Pfanne den gewaschenen, in Streifen geschnittenen Spinat in Fett dünsten, dem Schweinefilet zugeben, alles zusammen vermengen, den Tapioka unterrühren und weiterdünsten, bis eine leichte Bindung entsteht. Dann noch mit einem Spritzer Sherry verbessern und zwecks lockerer Konsistenz 2 zu Schnee geschlagene Eiweiß unter die Zubereitung geben.

Die Nudeln in 2 l Wasser ohne Deckel nur 5 Min. sprudelnd kochen, dann in einen Durchschlag gießen, abtropfen lassen und in Sesamöl knusprig braten.

Das Ragout wird auf den Nudeln angerichtet.

Beigabe: Süße Gurkenstückchen.

Tjau Pauw Yü Pin   **Meerschnecken gebraten mit Schweinefleisch**

Bedarf für 5 Portionen: 100 g Schweinefilet, 2 El Schmalz, 250 g Seeohren (Pauw Hie), 1 El feingeschnittener Schnittlauch, 0,1 l kräftige Schweinefleischbrühe, 2 El helle Sojasauce, Salz, Pfeffer, 200 g Champignons, 200 g vorgekochte Bambussprossen, 4 El Erdnußöl, 100 g Zuckerschoten, Zitrone, 5 blanchierte Blumenkohlblätter.

Seeohren sind Meeresschnecken (amerikanisch Abalone), die in den verschiedensten Gebieten der Meere leben. Die größten Arten werden bis zu 2 kg schwer. Durch die winzige Schneckenwindung am Ende ihrer Schale ähnelt das Seeohr eher einer Muschel. Seeohren haben einen großen, flachen Fuß, der gebraten, gedämpft, frisch verzehrt oder auch zu Konserven verarbeitet wird.

Das Schweinefilet in kleine Würfel schneiden und in heißem Schmalz unter Rühren braten. Das Muschelfleisch, in Scheibchen geschnitten, dem Schweinefleisch beigeben und kurz mitbraten.

Nun den Schnittlauch, die Brühe, die Sojasauce zufügen, mit Salz sowie Pfeffer würzen und diesen Ansatz 15 Min. kochen.

Danach die Champignons in Scheiben, die Bambussprossen in Streichholzgröße schneiden und beides zusammen mit den Zuckerschoten in Öl scharf anbraten und dem Ansatz beifügen. Das Ganze noch 6 Min. kochen, mit Zitronensaft abschmecken und dann auf den Blumenkohlblättern anrichten.

Beilage: Gekochter, trockener Reis.

Cau Tjü Juk   Schweinebauch, gebraten

Bedarf für 10 Portionen: 800 g magerer Schweinebauch mit Schwarte, 2 Knoblauchzehen, Salz,
    Anispuder, 2 El dunkle Sojasauce, 1 El Sesamöl;
    chinesische Paprikasauce: 200 g rote Pfefferschoten, 200 g Aprikosen, abgeriebene
    Zitronenschale, 1 zerdrückte Knoblauchzehe, 3 l Wasser.

Die Schwarte des Schweinebauchs einkerben, daß Rechtecke entstehen, mit feingeriebenem Knoblauch, Salz, Anispuder, Sojasauce und Sesamöl einreiben. Dann unter häufigem Begießen im Ofen etwa 50 Min. knusprig braten.

Pfefferschoten vierteln, Stielansätze, Scheidehäute und Kerne entfernen. Aprikosen halbieren, Kerne entnehmen. Vorbereitete Früchte, Zitronenschale, Knoblauchzehe und 0,2 l Wasser etwa 30 Min. kochen. Danach durch ein Sieb streichen. Zu dicke Sauce mit ein wenig Wasser verdünnen.

Das Fleisch wird kurz vor dem Essen in Würfel geschnitten und mit der Paprikasauce serviert. Es kann aber auch Ingwersauce (s. S. 432) dazu gereicht werden. Bei der Mahlzeit werden die Fleischwürfel mit Eßstäbchen aufgenommen und in die Sauce getaucht.

Ngo Hiang Kap   Gebratene Taube auf chinesische Art

Bedarf für 5 Portionen: 5 junge Tauben je 350 — 400 g, Salz, Pfeffer, Zucker, 2 El Sojasauce, 1 Tl
    Ngo Hiang (Gewürzpuder aus Kräutern und Senfkörnern), 80 g Schmalz, 2 Zitronen.

Zum Spalten der ausgenommenen Tauben schiebt man von der hinteren Öffnung ein scharfes Messer in den Rumpf und trennt den Taubenkörper neben der Wirbelsäule. Der Körper ist flach auseinanderzudrücken und die Wirbelsäule vollends abzuschlagen. Die Flügelspitzen werden nach unten verschränkt und die Keulenenden durch einen Einschnitt in die dünne Rumpfhaut gesteckt. Beim Braten bleibt der Körper flach und kann sich nicht verziehen.

Dann werden die Tauben mit Salz, Pfeffer, Zucker, Sojasauce und dem Gewürzpuder eingerieben. In einem großen, flachen Geschirr läßt man Schmalz heiß werden, legt die Tauben nebeneinander hinein, begießt jede mit ein wenig von dem heißem Fett und stellt sie zum Braten in einen Ofen mit 220 °C. Während des Bratens sind sie des öfteren mit dem Bratfett zu begießen, bis sie schön braun sind. Die Bratdauer beträgt etwa 15 Min.

Die Tauben sind nun mit Zitronenvierteln anzurichten. Nach chinesischer Manier werden sie aus der Hand gegessen.

Tjap Kam Fo Kuo   Mongolen-Mahlzeit

Dieses Gericht ist für ostasiatische Tischgebräuche charakteristisch.

Ähnlich wie beim Fleisch-Fondue-Essen bereiten die Teilnehmer zerkleinerte Naturalien verschiedenster Art an der Tafel eigenhändig zu. Durch das Kleinschneiden verringert sich die Garzeit erheblich. Die vorbereiteten Lebensmittel werden jedoch nicht in erhitztem Fett, sondern in kochender Brühe gegart.

In der Mitte der Tafel steht eine beheizbare, ringförmige Kasserolle, der sogenannte Feuertopf, in dem während der Mahlzeit kräftige Brühe kocht. Für jeden Teilnehmer werden eingedeckt: ein leeres Porzellanschüsselchen zum Ablegen von Speisen, ein Porzellanlöffelchen, zwei Eßstäbchen sowie eine Platte, auf der vorbereitete, bissengroße Scheibchen und Streifchen ausgewählter Lebensmittel gruppiert und gefällig arrangiert sind. Außerdem befindet sich bei jedem Gedeck noch ein Porzellanschälchen mit einer aufgerührten Spezialsauce, in welche die bissengroßen Details getaucht werden. Wahllos verteilt stehen auf der Tafel Porzellannäpfchen mit Würzsaucen wie Fisch-, Soja- und Chillisauce, auch dunkler Essig und süß eingelegte Gurkenstückchen, womit man die eigens gegarten Leckerbissen noch geschmacklich variieren kann.

Bedarf für 4 Portionen: 200 g ausgebeinte Hühnerbrüstchen, 150 g pariertes Schweinefleisch, 150 g Seezungenfilets, 150 g vorbereiteter Tintenfisch, 100 g Glasnudeln, 150 g Hühnerlebern, 16 frisch ausgebrochene Krebsschwänze, 20 kleine, schwarze Champignons, 200 g frische Spinatblätter, 100 g Zwiebelscheiben, 150 g Bambussprossen (Konserve), 150 g Bohnenkeimlinge, 100 g blanchierte Weißkohlstreifen, 150 g Tomatenfleischstücke, 150 g Sojakäsewürfelchen, 50 g feingeschnittener, frischer Ingwer; Spezialsauce: 2 Eier, 60 g Sojasauce, 20 g Sesamöl, 30 g Reiswein (ersatzweise Fino-Sherry); 2 l Hühnerbrühe für den Feuertopf.

Hühner- und Schweinefleisch in dünne Scheibchen, Seezungenfilets sowie Tintenfisch in Streifen schneiden. Glasnudeln mit warmem Wasser übergießen, 30 Min. weichen lassen, dann abgießen und in Stücke schneiden. Die geschnittenen und alle vorbehandelten Zutaten auf 4 Platten — wie eingangs beschrieben — bukettartig und gefällig anrichten.

Spezialsauce: Eier kräftig schlagen, die anderen Zutaten nach und nach zugeben. Die Mischung durch ein Sieb gießen und in 4 Porzellanschälchen füllen.

Platten und Schälchen auf der Tafel einsetzen. Die kochendheiße Hühnerbrühe in den Feuertopf füllen, den Brenner entzünden und ihn so regulieren, daß die Brühe leicht kocht.

An der Tafel bedienen sich die Speisenden nach eigener Wahl. Die Details werden mit den Eßstäbchen aufgenommen, in die Brühe gehalten und gegart. Da die Stücke sehr klein sind, vollzieht sich der Vorgang rasch. Ist dem Wunsch entsprechend gegart, wird das Stückchen in die bereitstehende Sauce getaucht und zum Munde geführt. Soll es mit anderem zusammen verspeist oder noch mit Würze beträufelt werden, so legt man es dazu in das leere Porzellanschüsselchen ab.

Nachdem das meiste verspeist ist, erhält jeder Teilnehmer ein wenig von der kräftigen Brühe in sein Schüsselchen und trinkt diese. Das Übrige auf den Platten gibt der Gastgeber in die restliche Brühe im Feuertopf, läßt alles einige Minuten kochen und schöpft es als abschließenden Gang in die Schüsselchen seiner Gäste.

JAPANISCHE KÜCHE

Einleitung

Japan, das ostasiatische Kaiserreich, wird von vier Hauptinseln (Hokkaido, Hondo, Schikoku, Kyuschu) sowie zahlreichen kleinen Inseln gebildet und durch das Japanische Meer vom asiatischen Kontinent getrennt.

Das Klima ist im Norden gemäßigt und im Süden subtropisch. Japan ist der führende Industriestaat der östlichen Welt. Die vulkanische, gebirgige und auch von Wald bedeckte Landfläche ist nur zu einem Fünftel landwirtschaftlich nutzbar. Davon dient der größte Teil der Pflanzung von Reis; ferner werden Weizen, Gerste, Hafer, Mais, Sojabohnen, Gemüse, Obst (Kirschen), Südfrüchte sowie Zuckerrohr und Zuckerrüben angebaut. Viehzucht wird nur in bescheidenem Umfang betrieben. Von großer Bedeutung für die Nahrungsversorgung und den Export ist jedoch die Fischerei. Unter den Fischereiländern der Erde nimmt Japan den ersten Platz ein. Viele Lebensmittel müssen eingeführt werden.

Der Verbrauch von Schlachtfleisch ist in der japanischen Küche unbedeutend. Durch die Insellage Japans sind die Bewohner mehr an Fischverzehr gewöhnt. Fisch wird mit Vorliebe roh, gekocht, gegrillt und als Salat gegessen. Großer Zuspruch besteht auch für Gemüse; Lotoswurzeln, Bambussprossen, Lilienknollen, Auberginen, Matsutaké (Steinpilzart), Batate (süße Kartoffeln) sowie Kürbis werden bevorzugt.

Beliebt sind kleine Portionen, jedoch möglichst viele Gerichte. Zu jeder Mahlzeit gibt es stets gekochten Reis. Die traditionellen Hauptmahlzeiten der Japaner sind: Frühstück, Mittagessen und Abendessen.

Beispiel der Zusammenstellung

Frühstück: gekochten Reis – Misso-Shiru (Suppe aus Sojabohnenpaste) – Tsukemono (Pickles, wegen besserer Bekömmlichkeit mit einer eingelegten Pflaume) – Eierspeisen – gebratener Fisch – Seealgen – Gemüse.

Mittagessen: gekochten Reis – gekochte Gemüse mit Sojasauce und Zucker abgeschmeckt – eingezuckerte gekochte Bohnen – Fisch und Pickles – manchmal auch Udon (Makkaroniart) oder Somen (Fadennudeln) oder Soba (Buchweizennudeln) mit Sauce aus Soja und Zucker.

Abendessen: gekochten Reis – klare Suppe mit Einlage – rohe Fischscheibchen gewendet in Sojasauce und geriebenem Meerrettich – Sukuyaki (Fleisch oder Huhn mit Gemüsen)

oder gekochten Reis – Tempura (in Ausbackteig Gehülltes, fritiert) – pikant eingemachte Muscheln – Fischchen in Sojasauce – Pickles

oder gekochten Reis – Fischsuppe – Bambussprossen – Aalstückchen auf Bambusspeiler gesteckt, in Sojasauce gewendet und gegrillt – Pickles.

Der Japaner legt außerordentlichen Wert auf eine schöne Ausschmückung der Speisen. Er ißt nicht nur mit dem Gaumen, sondern auch mit dem Auge und schätzt ganz besonders bildhafte, symbolische Wirkungen.

Um recht kontrastreiche Farbwirkungen zu erzielen, richtet der Japaner beispielsweise gelbe Eierspeisen mit grünem Salat oder Spinat an, legt rote Thunfischscheibchen auf geraspelten, weißen Rettich und weiße Fischscheiben auf die rote, geraspelte Mohrrübe usw. Aus Mohrrüben und Gurken formt der Japaner die reinsten Miniaturkunstwerke, wie Falter, Pflaumen- und Kirschblüten. Petersilie kennt man in der japanischen Küche so gut wie gar nicht. Statt dessen verwendet man frische Bambusblätter, die kunstgerecht zugeschnitten werden. Jede Überladung wird jedoch vermieden.

Interessant dürfte es sein, daß der Japaner beim Anrichten von Fisch- oder Fleischscheibchen stets ungerade Zahlen auf den Tisch bringt, also 3, 5, 7 oder 9 Stücke, je nach Größe der Gerichte.

Zum Essen trinkt der Japaner gewöhnlich Reiswein (Sake) aus kleinen, henkellosen Schälchen. Zu allen Mahlzeiten wird ferner Tee, ebenfalls aus henkellosen Schalen, angeboten. Er löscht vorzüglich den durch die gewürzten Speisen entstehenden Durst.

Zubereitungen verschiedener Art

Reiszubereitung auf japanische Art

Der Reis wird in Wasser ohne Salz und sonstige Zutaten gekocht, denn man verspeist ihn zu sehr pikanten Beilagen. Die Körnchen müssen trocken sein, wohl aber ein wenig klumpig, damit sie sich mit den Stäbchen fassen lassen.

Für 500 g Reis bedarf es etwa 1,3 l Wasser zum Kochen.

Reis in kaltem Wasser waschen, dabei das Wasser so oft wechseln, bis es klar bleibt. Milchiges Wasser macht den Reis pappig. Dann in ein Sieb abschütten und abtropfen lassen.

Reis in der Hälfte des Kochwassers für eine Stunde einweichen. Danach den gequollenen Reis samt Einweichflüssigkeit in ein flaches Geschirr geben. Die andere Hälfte des Wassers zugießen und alles schnell zum Kochen bringen. Topf mit einem Deckel verschließen und 17 Min. sieden, ohne den Deckel zu lüften. Dann abseits des Herdes noch 5 Min. zugedeckt stehen lassen.

Dashi   Grundbrühe

Bedarf für 5 l: 300 g Kobu (getrocknete Seealgen), 250 g geraspelten Katsoubushi (getrockneter Fisch), 5 l Wasser.

Kobu und Katsoubushi werden in siedendem Wasser 2 Min. gekocht, dann vom Herd gesetzt. Sie dürfen nicht länger kochen, da sonst der Fischgeschmack zu stark hervortritt. Die so gewonnene Brühe wird durch ein Sieb gegossen und bildet die Grundlage zu sämtlichen japanischen Suppen. In Ermangelung der beiden Zutaten kann Fleischbrühe verwendet werden.

Chawanmushi   Eierstichsuppe

Bedarf für 5 Suppenschälchen: 0,2 l Dashi (Grundbrühe), 15 blanchierte Spinatblättchen, 15 gekochte Möhrenscheibchen, 30 g blanchierte Lauchstreifchen, 10 gekochte Pilzköpfe (Shiitake oder Morcheln), 2 Tl Shoyu (Sojasauce), Salz, Zucker, 5 Scheibchen rohen Fisch, 100 g Eier.

Grundbrühe erhitzen, Spinat, Möhren, Lauch, Pilzköpfe sowie Shoyu zugeben, mit Salz und Zucker abschmecken, 3 Min. kochen, dann beiseite stellen.

Fischscheibchen in 5 Suppenschälchen legen. Einlage mit einem Schaumlöffel aus der Brühe nehmen und gleichmäßig in die Schälchen verteilen. Die Eier in die inzwischen abgekühlte Brühe schlagen und gut verquirlen. Eierbrühe in die Schälchen füllen, diese in ein heißes Wasserbad stellen und im mäßig heißen Ofen pochieren, bis die Eierbrühe leicht gestockt ist.

Sukiyaki   Japanisches Eintopfgericht

Sukiyaki ist eins der wenigen Fleischgerichte, die die japanische Küche aufzuweisen hat. Man kann es als Eintopfgericht bezeichnen, weil alle Zutaten zusammen in einem Topf bzw. Pfanne geschmort werden. Sukiyaki wird — im Gegensatz zu unseren Eintopfgerichten — gern bei der Einladung von Gästen vorgesetzt und ist für den einfachen Japaner ein nicht alltäglicher Leckerbissen. Es wird bei Tisch zubereitet, d.h. es wird in einer henkellosen Pfanne auf einem Spirituskocher mitten auf der Tafel gekocht. Jeder nimmt sich dann mit seinen Eßstäbchen das fertig Gegarte aus der Pfanne in sein Schälchen.

Bedarf für 5 Portionen: 50 g Sesamöl, 600 g dünne Scheibchen von pariertem Schweinefleisch, 60 g Sojasauce, 60 g Zucker, 120 g Glasnudeln, 200 g Bambussprossenscheibchen, 5 kleine Schalotten oder 80 g helle Lauchscheiben, 1 El Tofu (Sojabohnenquark, Dose), 50 g Lilienblüten, Brunnenkresse oder Chinakohl, 0,1 l Sake (Reiswein).

Sesamöl, Sojasauce und Zucker in Schälchen geben und sie zusammen mit den Fleischscheibchen auf eine Platte setzen. Glasnudeln einmal aufkochen, abschütten, leicht abbrausen und in Streifchen schneiden. Nudelstreifchen zusammen mit den restlichen Zutaten auf einer weiteren Platte gefällig arrangieren. Reiswein in ein Schälchen gießen und dazustellen.

Beide Platten auf der Tafel einsetzen. Gleichfalls ein starkes Rechaud mit einer geräumigen Flambierpfanne.

Öl in der Pfanne stark erhitzen, Fleischscheibchen einlegen, auf beiden Seiten angehen lassen, Sojasauce darüberträufeln, mit Zucker bestreuen und 2 Min. dünsten. Dann das Fleisch an den Rand der Pfanne schieben, alle anderen Zutaten in den freien Mittelraum der Pfanne geben, mit Sake übergießen und das Gemüse unter zeitweiligem Wenden erhitzen und garen.

Fleisch und Gemüse werden dann mit Eßstäbchen aus der Pfanne genommen und zu gekochtem Reis verzehrt.

In manchen Landesteilen ist es Brauch, die heiß aus der Pfanne genommenen Stückchen in ein mit geschlagenem Ei bereitstehendes Schälchen zu tauchen, um sie leicht abzukühlen.

Oyako-Domburi   **Reis mit Huhn und Ei**

Bedarf für 5 Portionen: 200 g Reis, 0,5 l Wasser, 200 g roh ausgelöstes Hühnerfleisch, 100 g Zwiebelringe, 10 kleine Shiitake (getrocknete Pilze), 70 g Fett, 20 g Zucker, 5 Eier, 2 El Shoyu (Sojasauce), 3 El Dashi (Grundbrühe).

Dieses Gericht führt einen poetischen Namen, es bedeutet „Mutter und Kind" = Oya = die Mutter, Ko = das Kind – Domburi = eine Schale mit Deckel, eigens für dieses Gericht. Das Hühnerfleisch ist hier die „Mutter" und das Ei das „Kind".

Reis herstellen wie im Rezept „Reiszubereitung auf japanische Art" erläutert.

5 Domburi-Schalen zu drei Viertel mit gekochtem Reis füllen. Das Hühnerfleisch in dünne Scheibchen schneiden. Dann in einer Bratpfanne die Zwiebelringe, mit den vorher eingeweichten, in grobe Scheiben geschnittenen Pilzen, unter Beigabe von Fett weichdünsten und mit Zucker würzen. Die Eier mit Sojasauce und Brühe verquirlen und über die gedünsteten Zutaten gießen. Wenn das Ei zu stocken beginnt, das Ganze leicht durchrühren und in die Schalen auf den trockenen Reis verteilen. Oyako-Domburi wird zugedeckt aufgetragen.

Odamaki   **Nudelgericht**

Bedarf für 5 Portionen: 400 g Buchweizennudeln (oder Spaghetti), 0,6 l Dashi (Grundbrühe), Salz, 10 g Zucker, 3 El Sojasauce, 1 Prise Glutamat, 150 g Zwiebelringe, 100 g Lauchstreifen, 500 g jungen Spinat, 10 vorgeweichte Shiitake-Pilze (oder Morcheln), 10 Scheiben Kamaboko (eine Art Fischwurst).

Buchweizennudeln in Salzwasser abkochen und leicht abbrausen. 5 Domburi-Schalen zu drei Viertel mit den abgekochten Buchweizennudeln füllen.

Dashi, eine Msp. Salz, Zucker, Sojasauce und Glutamat zum Kochen bringen. Zwiebelringe, Lauch, Spinat und Pilze beifügen und etwa 10 Min. kochen. Die Fischwurst dem Gemüse beifügen und alles nochmals aufkochen. Die Einlage mit einem Schaumlöffel auf die Nudeln verteilen, durchgesiebte Brühe darübergießen, die Schalen zudecken und auftragen.

Sakana no Niizuke **Gekochter Fisch**

Als Inselbewohner ißt der Japaner naturgemäß gern Fisch. Bei großen Essen werden bis zu vier Sorten, jede auf eine andere Art, zubereitet.

Bedarf für 5 Portionen: 1,5 – 2 kg Fisch (Karpfen, Forelle, Lachs, Scholle oder Thunfisch), 3 l Dashi (Grundbrühe), 30 g Zucker, 0,1 l Shoyu (Sojasauce).

Fisch zum Kochen vorbereiten, in Scheiben teilen oder ganz belassen. Grundbrühe mit Zucker und Sojasauce aufkochen, den Fisch einlegen und nach dem Wiederaufkochen 15 Min. ziehen lassen. Bei ganzen Fischen beträgt die Kochzeit je nach Art und Beschaffenheit des Fisches je kg etwa 15 – 20 Min.

Uwo no Amazukake **Fritierter Fisch mit süßsaurer Sahne**

Bedarf für 5 Portionen: 600 g Plattfischfilets, Salz, Shoyu (Sojasauce), Pflanzenöl, Kartoffelmehl. Amazu-Sauce: 0,1 l Reisessig (ersatzweise Weinessig), 0,1 l Wasser, 3 Tl Zucker, 2 El Sojasauce, 2 Scheiben Zitrone, Kartoffelmehl, Glutamat.

Sauce: Essig, Wasser, Zucker, Sojasauce und Zitronenscheiben zum Kochen bringen und zugedeckt 20 Min. ziehen lassen. Dann durchgießen, mit etwas angerührtem Kartoffelmehl abbinden, daß sie leicht sämig ist, eine Prise Glutamat beifügen und die Sauce beiseitestellen.

Fischfilets streifig schneiden, leicht salzen, mit etwas Sojasauce beträufeln und zum Durchziehen beiseitestellen. Die Fischstreifen in Kartoffelmehl wenden, überflüssiges Mehl abschütten und in einer heißen Fritüre etwa 2 Min. backen. Zum Abtropfen auf Kreppapier legen, die gebackenen Fischstreifchen anrichten und mit der vorbereiteten Sauce übergießen.

Beilage: Reis.

Kabu no Ankake **Rübenschnitten mit gehacktem Fleisch**

Bedarf für 5 Portionen: 1,5 kg Kohlrüben, 50 g Fett, 600 g fein durchgelassenes, fettfreies Rindfleisch, Kartoffelmehl, Zucker, Shoyu (Sojasauce).

Kohlrüben in fingerdicke, etwa 5 – 6 cm große Rechtecke schneiden. Zur Verkürzung des Garens von beiden Seiten mit dem Messer gitterartig einkerben und in Salzwasser 20 Min. kochen. Die gegarten Rüben aus der Gemüsebrühe nehmen, in ein tiefes Anrichtegeschirr legen und warmhalten. In einer Kasserolle das Fett erhitzen, das zerkleinerte Fleisch hineingeben und löffelweise von der Gemüsebrühe hinzurühren, ohne das Ganze zu stark zu verdünnen. Die Mischung aufkochen, mit angerührtem Kartoffelmehl zu einem leichten Brei binden und ihn mit Zucker und Sojasauce würzen. Die Kohlrübenstücke auf 5 mit Reis gefüllten Eßschälchen anrichten und mit dem Fleischbrei überziehen.

Sashimi **Roher Fisch**

Bedarf für 5 Portionen: 300 g Thunfischfilet, 300 g Karpfenfilet, 2 Eiszapfenrettiche, 500 g Mohrrüben, 60 g geriebener Meerrettich, 0,1 l Sojasauce.

Für die Zubereitung von Sashimi eignet sich nur fangfrischer Fisch. Thunfisch- und Karpfenfilets in sehr dünne Scheibchen schneiden und kaltstellen. Rettich sowie Mohrrüben putzen, waschen, jedes für sich raspeln und auf 2 flachen Platten anrichten. Um einen Farbkontrast zu erreichen, die hellen Karpfenscheibchen der Platte mit den geraspelten roten Mohrrüben anrichten und die roten Thunfischscheibchen auf den weißen Raspeln des Rettichs.

Den geriebenen Meerrettich in die Sojasauce rühren und in einem Schälchen anrichten.

Die Fischscheibchen werden in der Sauce gewendet und mit den geraspelten Wurzeln zu gekochtem Reis verzehrt.

Uwo no Daikon Nar utomaki   **Roher Fischsalat**

Bedarf für 5 Portionen: 500 g Thunfischfilet, Salz, 2 dicke Eiszapfenrettiche, Essig, grüne Algen-
fäden, Sojasauce.

Thunfischfilet in kleine, dünne Scheiben schneiden und einsalzen. Rettiche putzen, waschen und
in Scheibchen hobeln. Rettich- und Fischscheibchen zum Marinieren in leichtes Essigwasser legen.

Danach jeweils 2 Fischscheibchen in 2 Rettichscheibchen einrollen und mit einem grünen Algen-
faden umbinden. Die Röllchen zu 3 oder 5 Stück pyramidenartig in Eßschälchen anrichten und mit
Sojasauce beträufeln.

Unagi no Kabayaki   **Gerösteter Aal**

Bedarf für 5 Portionen: 1,5 kg Aal, Holzspieße, Shoyu (Sojasauce), Zucker.

Die Aale werden längsseits aufgeschnitten, Kopf- und Mittelgräte entfernt; dann in Portionsstücke
geschnitten und auf die Holzspieße gesteckt.

Dann vermengt man Sojasauce und Zucker auf einem Teller, wälzt die aufgespießten Aalstücke in
dieser Sauce und röstet sie auf Holzkohlenfeuer. Man wiederholt dieses 2 bis 3mal, damit die Stük-
ke eine Glasur erhalten. Den Aal ißt man zu trockenem Reis.

INDONESISCHE REISTAFEL

Einleitung

Europäer, die die Südseeländer bereist haben, erinnern sich gern der Reistafel. Sie ist dort so boden-ständig wie in Schweden der Smörgåsbord oder in Rußland der Sakuskatisch. Die Reistafel besteht aus einer Vielzahl kleiner warmer und kalter Gerichte, die mit exotischen Pflanzen und Gewürzen hergestellt werden, sowie gekochtem Reis. Bei der Zubereitung sind Kokosfett sowie rote Pfeffer-schoten Grundbestandteile, die immer wiederkehren.

Alle Speisen werden auf einer Tafel arrangiert. Die warmen Gerichte bilden den Mittelpunkt und werden auf beheizten Platten bereitgehalten. Die vielen kalten Zubereitungen stehen in kleinen Schüsseln daneben. Jeder Teilnehmer erhält zu seiner Bedienung einen Suppen- und zwei kleine Teller, ferner Löffel sowie Gabel und kann nun nach Belieben auswählen, was er mag, und speisen, soviel er will.

Es folgt ein Überblick über die landesübliche Reihenfolge bei einer Reistafel. Der Reis, die Suppen, geschmorte Hühner und Fleischklößchen gelangen warm auf die Tafel, alle anderen Beigaben wer-den kalt dazugestellt.

Trockener, naturell zubereiteter Reis

Saijoor (Gemüsesuppe)

Geschmorte Hühner

Gedünstete Fleischklöße

Kroepoek (Krevettenkrusteln) und rohe Gurken

Sateh (Fleischspießchen mit Ketchup)

Spiegeleier

Gebratener Goldfisch, Makrele usw.

Geröstete Kokosnußspäne

Gebackene Krevetten und eine Platte Maismehlplinsen

Omelett mit Fenchel

Gado-Gado (Pikante, warme Gemüse)

Deng-Deng (Gebackenes Büffelfleisch)

Sambel (Hauptplatte)

Atjar-Atjar (Saure Schlußspeisen, Salate usw.)

Erläuterung der exotischen Pflanzen und Gewürze, sowie anderer Zutaten, die für die Herstellung einzelner Gerichte Verwendung finden:

Djenten	eine Kümmelart
Djroek	kleine Javazitrone
Djroek poeroot	eine Pomeranzenart
Kangkoeng	eine der Wasserkresse ähnliche Pflanze
Kemirie	Mittelding zwischen Nuß und Mandel
Koentjic	dem Ingwer ähnliche Knollenwurzel, jedoch nicht so scharf
Kurkuma	Wurzelstock der Gelbwurzelpflanze (im ganzen und gemahlen)
Laos	Knollenwurzel wie Ingwer und von gleicher Schärfe
Lombok	rote Pfefferschote, stärker als Paprika und schwächer als Cayennepfeffer

Salam	indischer Lorbeer
Sambal Oelek	scharfe Pimentmischung
Seré	eine Pflanze, aus deren Blättern das wohlriechende Seré-Öl bereitet wird
Tamarinde	als Handelsprodukt: zerkleinerte, klebrige, teilweise getrocknete Masse von Schoten und Samen des Tamarindenbaumes. Tamarinde enthält Weinsteinsäure
Trassie	Krevettenpaste
Santen	ausgepreßter Kokosnußsaft
Sooen	Fadennudeln aus Tapiokamehl

Zubereitungen zur Reistafel

Reiszubereitung auf indonesische Art

Der Reis wird gründlich gewaschen und in einem Sieb abgetropft. Dann schüttet man ihn in einen Durchschlag, hängt ihn damit in einen Topf, dessen Bodenfläche mit Wasser bedeckt ist, bringt das Wasser zum Kochen und deckt den Reis zu. Im aufsteigenden Dampf läßt man den Reis 10 Min. vorgaren. Stürzt ihn danach in eine Schüssel, schüttet das heiße Wasser darauf, daß es gerade den Reis bedeckt, und lockert die einzelnen Körner durch Umrühren, damit sie das Wasser aufsaugen können. Der Reis wird in den Durchschlag zurückgegeben, erneut auf den Topf gestellt und zugedeckt etwa 15 – 20 Min. gedämpft. – Die würzigen Beigaben erübrigen es, den Reis während des Garprozesses zu salzen.

Santen (Kokosnußpreßsaft)

Den ausgebrochenen Kern einer frischen Kokosnuß in kleine Stücke schneiden und zusammen mit 1 l Wasser im Mixer pürieren. Danach den Saft durch ein Tuch pressen. Ausgepreßten Rückstand nochmals mit der gleichen Menge Wasser durchrühren, stehen lassen und auch diesen zweiten Saft durch ein Tuch pressen.

Kokospreßsaft I dient vorwiegend zum Verbessern von Suppen, aber auch von anderen Gerichten.

Kokospreßsaft II eignet sich zum Auffüllen von Suppen.

Saijoor   Gemüsesuppe

Bedarf für 2 l: 2 kg frische Gemüse nach Wahl (Kohl, Lauch, Sellerie, grüne, weiße, braune Bohnen, Zuckerschoten), 150 g Kartoffeln, 100 g Zwiebelstreifen, 2 El Kokosfett, 2 El Sambal Oelek, 1 Msp. Knoblauchpulver, 1 Tl Currypulver, 1,5 l Fleischbrühe, 0,25 l Santen (Kokosmilch), 50 g Sooen (Fadennudeln aus Tapiokamehl).

Saijoor ist eine Art Bauernsuppe ohne Speck, wovon immer zwei gereicht werden, eine mit und eine ohne Curry angesetzt.

Gemüse putzen, waschen, Kartoffeln schälen, beides entsprechend der Wahl blättrig schneiden und zusammen mit den Zwiebeln in Fett dünsten. Dann die Gewürze beifügen, mit Fleischbrühe und Kokosmilch auffüllen und alles 25 Min. kochen. Fadennudeln für sich garen und abschließend dazugeben.

Saijoor menier

Bedarf für 2 l: 300 g junge Maiskolben, 5 grüne Lombok, 1,7 l Fleischbrühe, 6 Bambussprossen (Dose), 250 g junge, frische Spinatblätter;
Gewürzmischung: 1 Tl Trassie, 30 g Schalotten, 4 rohe Kemirie, fingergroß Koentjic, 1 El Bruchreis, 10 g Salz.

Gewürzmischung: Schalotten, Kemirie, Koentjic sowie Bruchreis zusammen sehr fein hacken. Trassie und Salz daruntermischen, in ein Gefäß füllen, mit Folie abdecken und zum Gebrauch im Kühlschrank bereithalten.

Die Maiskolben und die von den Kernen und Scheidewänden befreiten Lombok in kleine Stücke schneiden. Danach mit der Fleischbrühe und 1 El Gewürzmischung weichkochen. Die Bambussprossen in Würfelchen teilen, zusammen mit den gewaschenen Spinatblättern der Suppe beigeben und sie noch 15 Min. sieden.

Bengalische Currysuppe

Bedarf: 2 kg Suppenhuhn, 40 g Kokosfett, 30 g Seré, 2 Orangenblätter, 2 Blätter Salam, Saft von 3 Javazitronen (Djroeks);
Gewürzmischung: 15 Lombok, 2 El feingeschnittene Schalotten, 2 El Gelbwurz, 2 fingergroße Laos, 1 El Koriander, 1 El Djenten, 2 Zehen Knoblauch, 10 g Salz, 50 g Kokosöl.

Gewürzmischung: Kerne und Scheidewände der Lombok entfernen und zusammen mit den anderen Gewürzen in Kokosöl anrösten. Dann sehr fein hacken, in ein Gefäß füllen, mit Folie abdecken und zum Gebrauch im Kühlschrank bereithalten.

Das Huhn in gefällige Stücke teilen und mit Seré, Orangenblättern und Salam in Kokosfett braten. Das Ganze mit Wasser bedecken und mit einem Eßlöffel der vorbereiteten Gewürze langsam weichkochen. Die Suppe mit dem Zitronensaft vervollständigen.

Indonesische Hühner-Currysauce

Bedarf für 3 l: 2 kg Suppenhuhn, 600 g Weißkohl, 300 g Bohnen, 3 g gemahlenen Koriander, 6 g Djentenpuder, 2,5 l Kokospreßsaft II, 300 g geschälte Kartoffeln, 50 g Sooen, 0,25 l Kokospreßsaft I;
Gewürzmischung: 10 Kemirie, 2 fingergroße Koentjic, walnußgroß Ingwer, 3 El feingeschnittene Schalotten, 1 Knoblauchzehe, 50 g Kokosöl.

Gewürzmischung: Alle Zutaten fein hacken, in Kokosöl anschwitzen und bis zum Gebrauch beiseitestellen.

Suppenhuhn auslösen, in kleine Stücke teilen, Weißkohl in Streifen schneiden und zusammen mit den Bohnen und der vorbereiteten Gewürzmischung in ein entsprechendes Geschirr ordnen. Das Ganze mit Kokospreßsaft II auffüllen und garkochen. Die Kartoffeln in Würfelchen schneiden und dem Ansatz beigeben, wenn das Huhn beinahe weich ist.

Dann alles noch 15 Min. kochen und die vorgekochten Fadennudeln der fertigen Suppe zugeben. Abschließend mit Kokospreßsaft I verbessern.

Kroepoek

Zu dieser Spezialität wird das Fleisch von Krevetten feingerieben und mit Tapiokamehl auf dem Feuer zu einem dicken Teig abgerührt. Er wird abgekühlt, in länglicher Form wie Galantinen in Tücher eingerollt, gebunden, gedämpft, ausgekühlt, in Scheiben geschnitten und getrocknet.

Kroepoek wird auch aus Seefischen hergestellt, doch ist der aus Krevetten der bevorzugteste.

Kroepoek ist im Handel erhältlich. Zum Gebrauch werden die Scheiben in frischem Kokosöl knusprig gebacken, wobei sie aufgehen und die vierfache Größe ihres Volumens erreichen.

Sateh

Hierunter versteht man Hammel- oder Rindfleischstückchen, die, an Bambusstäbchen aufgespießt, mit Salz, Pfeffer und Ketchup gebeizt, auf Holzkohlenfeuer geröstet werden. Hierzu wird wiederum Ketchup gereicht. – Sateh ist bei den Malaien und Javanern besonders beliebt und wird daher in den Städten Tag und Nacht von „fliegenden Gaststätten" feilgeboten. Das Inventar einer solchen Gaststätte ist denkbar einfach. Der Javaner trägt einen Bambusstab über der Schulter und hängt daran einen kleinen Holzkohlenofen mit dem Rost und an dem anderen Ende einen Kasten, der das Fleisch und die Stäbchen birgt. Der Preis des Stäbchens richtet sich nach der Qualität.

Geröstete Kokosnußspäne

Hierfür eignen sich nur frische Kokosnüsse. Sie sind zu raspeln und dann mit einigen Erdnüssen mit etwas Zucker zu rösten.

Fritierte Krevettenschwänze

Die Schwänze großer Krevetten werden ausgebrochen, ohne die Schwanzflosse zu entfernen. Die Oberfläche des Schwanzes ist dann längs einzuschneiden und der Darm zu beseitigen. Dann wäscht man die Schwänze, trocknet sie ab, bröselt sie ein und fritiert sie in frischem Kokosöl, bis sie goldbraun sind.

Deng-Deng

Dazu benötigt man mageres Rindfleisch, möglichst aus der Keule. Es wird in ganz dünne Scheiben geschnitten und mit einer sehr fein gestoßenen Gewürzmischung, bestehend aus Djenten, Knoblauch, Laos und Salz, eingerieben. Die Fleischscheiben sind auf einem Blech im Ofen oder an der Sonne zu trocknen und in frischem Kokosöl knusprig zu backen.

Gado-Gado

Bedarf für 5 Portionen: 800 g Weißkraut, 50 g Wasserkresse (Kangkoeng), 500 g Bohnenkeime, 250 g geröstete Erdnüsse, 150 g Nußkroepoek in Stückchen, 150 g Zwiebelringe, 150 g Bohnenkäsewürfel, 4 grob gehackte, hartgekochte Eier;
Beize: 1 El Krevettenpaste (Trassie), 5 rote Pfefferschoten in Streifen (Lombok), 1 Prise Salz, 1 El Zucker, 2 El Essig, 1 l Kokospreßsaft I.

Alle Zutaten der Beize gut vermischen.

Weißkohl in kleine Stücke schneiden und mit der Wasserkresse (Kangkoeng) oder mit Brunnenkresse 40 Min. kochen. Dann abgießen und auf einer großen Platte anrichten und die abgekochten Bohnenkeime sowie geröstete Erdnüsse darüberstreuen. Nußkroepoek, Zwiebelringe und Bohnenkäse rasch fritieren und zusammen mit den Eiern auch noch über das Angerichtete geben, um es abschließend mit der Beize zu beträufeln.

Nasi Goreng

Bedarf für 10 Portionen: 500 g rohes, ausgelöstes Hühnerfleisch, 500 g vorbereitetes Schweinefilet, 1 Tl Djenten, 1 Tl Sambal Olek, 2 feingehackte Knoblauchzehen, Salz, 200 g Kokosöl, 200 g Zwiebelwürfelchen, 5 Lombok in Streifchen, 2 Tl Kurkuma, 1 kg trockener, naturell zubereiter Reis, 30 g gehobelte Erdnüsse.

Hühnerfleisch und Schweinefilet in kleine Würfel schneiden, Djenten, Sambal Olek, Knoblauch sowie Salz darüberstreuen und zum Vermischen rasch durchgreifen. In großer, flacher Pfanne einen Teil des Kokosöls stark erhitzen, das Fleisch hineingeben und unter zeitweiligem Durchrühren mit einer Fleischgabel hellbraun braten, jedoch so, daß es innen noch rosa ist. Das gebratene Fleisch aus der Pfanne in ein flaches Geschirr schieben. In gleicher Pfanne das übrige Kokosöl erhitzen, Zwiebeln und Lombok darin etwa 10 Min. dünsten. Kurkuma über das Dünstgut stäuben, den Reis zugeben und unter Schwenken der Pfanne stark erhitzen. Nun das gebratene Fleisch samt ausgetretenem Saft unter den Reis mischen, alles auf großer, flacher Platte anrichten und die Erdnüsse auf die Oberfläche streuen.

Sambel

Unter Sambel versteht man eine Auswahl von kleinen, kalten Gerichten, die in Schälchen auf einem Tablett beisammenstehen. An der indonesischen Reistafel empfindet man sie als Hauptgericht. Sambel kann sich aus mehreren der nachfolgend aufgezählten Speisen zusammensetzen.

Sambel von Geflügelleber und -magen; beides gekocht, kleingeschnitten und mit Sambelsauce vermischt.

Sambel von Lauch; wird in 2 cm lange Stücke geschnitten, gedünstet und mit Sambelsauce übergossen.

Sambel von hartgekochten Eiern, in Achtel geschnitten, mit Sambelsauce übergossen.

Sambel von grünen Bohnen. Sie werden kleingeschnitten, gedünstet und mit Sambelsauce angemacht.

Sambel von Weißkraut, feingeschnitten und gedünstet, mit Sambelsauce angemacht.

Sambel von Schlachtfleisch, in Scheibchen geschnitten, gegrillt, mit Sambelsauce überzogen.

Sambel von Krevetten, gekocht, ausgebrochen und in frischem Kokosöl geröstet, sie werden mit Sambelsauce beträufelt.

Auf gleiche Weise kann man Fische, Krebse u.a. für das Sambel herrichten. Zum Rösten wird immer frisches Kokosöl verwendet.

Sambelsauce

Bedarf: 5 feingehackte Kemirie, 100 g feingeschnittene Schalotten, 2 gehackte Knoblauchzehen, 2 El Kokosöl, 5 Lombok in feine Streifen geschnitten, 2 Blätter gehackter Salam, 2 Séré in Scheiben geschnitten, 2 fingerlange feingeschnittene Koentjic, 0,5 l Kokospreßsaft I, Salz, Zucker, 1 El Tamarinde. (Erläuterung v. Pflanzen u. Gewürzen s. S. 441 und 442.)

Kemirie, Schalotten und Knoblauch in Kokosöl anrösten. Dann Lombok, Salam, Seré und Koentjic dazugeben, etwas mitrösten, den Kokospreßsaft aufgießen und alles 10 Min. kochen. Inzwischen Tamarinde mit wenig heißem Wasser einweichen. Später Saft der Tamarinde absieben und damit sowie mit Zucker und einer Prise Salz die Sambelsauce abschmecken.

Sambelsauce wird nur kalt gereicht.

Atjar-Atjar

Zum Schluß einer Reistafel verspeist man das (Süß-) Saure. Es steht in Schälchen bereit, alle Details sind für sich angerichtet. Die übliche Zusammenstellung bietet:

Rote Bete	Cornichons
Gurkensalat mit Lombok	Süßsauer eingelegten Ingwer
Kleine ganze Zwiebeln	Marinierte Gurkenstückchen
Piccalilli	Geröstete Erdnüsse

KÜCHE DER VEREINIGTEN STAATEN VON AMERIKA

Einleitung

Nordamerika liegt als gewaltige, annähernd viereckige Landmasse zwischen dem Atlantischen und dem Pazifischen Ozean. Sein Nordrand verliert sich unter ewigem Eis und Schnee, während in seinen Südgebieten Orangen gedeihen und auch mitten im Winter, an Palmen umsäumten, sonnigen Meeresstränden, die ganzjährige Badesaison genutzt wird. Drei Staaten teilen sich dieses riesige Gebiet. Als wichtigster Staat liegt in der Mitte die USA. Im Norden schließt sich Kanada an und im Süden das kleinere Mexiko. Das zusammenhängende Kerngebiet der USA wird von 48 Staaten gebildet. Hinzu kommen, vom Mutterland getrennt, zwei weitere Staaten; im hohen Norden Alaska und der Inselstaat Hawaii im Pazifik.

Das große Gebiet der Vereinigten Staaten umschließt die klimatischen Unterschiede einiger Zonen. Deshalb steht der Küche des Landes ein breitgefächertes Angebot der verschiedensten Nahrungsgüter zur Verfügung. Die Meere an beiden Küsten des amerikanischen Kontinents spenden dazu eine Fülle von Delikatessen und ergänzen diesen Reichtum. Unterstützt durch die Erkenntnisse aus Forschung und Wirtschaft verbessern Viehzucht und Landwirtschaft nicht nur ständig ihre Produktion, sondern sie sind auch bemüht, Früchte und Gemüse aus allen Zonen des Landes zu entwickeln und zu veredeln, um sie der menschlichen Ernährung nutzbar zu machen. Hieraus wird deutlich, daß den Möglichkeiten zur Entfaltung der Kochkunst beinahe keine Grenzen gesetzt sind.

Die Küche der Vereinigten Staaten ist eine Kreuzung aus Frischwaren und Konserven. Durch die Hinzunahme von Fertigprodukten (Convenience foods) ist die gesamte Arbeitsweise so ausgerichtet daß die Speisen rasch zubereitet und ebenso serviert werden können. Wenn auch der Aufbau der amerikanischen Küche den Musterstempel Frankreichs trägt, so sind ihre Rezepte für den europäischen Geschmack oftmals eigenartig in ihren Zusammensetzungen. Der Grund hierfür mag darin liegen, daß dieser Kontinent Menschen aller Nationen aufgenommen hat, die nun ihre heimischen Rezepte praktizieren. Dieser Einfluß prägte die amerikanische Küche auch und half mit, ihre heutige Vielfalt zu erreichen. Im Rahmen der folgenden Abhandlung werden vorwiegend die typischen Spezialitäten aufgezeigt.

Überblick

Breakfast   **Frühstück**

Das Frühstück in den amerikanischen Hotels ist für die Küche von besonderer Bedeutung, da die verschiedensten Bestellungen anfallen. Aus dem Angebot einer umfassenden Auswahl, welche die Frühstückskarte bietet, stellt der Gast sein Frühstück selbst zusammen.

Muster einer Frühstückskarte

Fresh Fruits
Frische Früchte

Strawberries	—	Erdbeeren	Grapefruits	—	Grapefruits
Pineapple	—	Ananas	Figs	—	Feigen
Apples	—	Äpfel	Melons	—	Melonen
Bananas	—	Bananen	Oranges	—	Orangen
Pears	—	Birnen	Grapes	—	Trauben

Stewed Fruits
Gedünstete Früchte

Apricots	—	Aprikosen	Gooseberries	—	Stachelbeeren
Cherries	—	Kirschen	Plums	—	Pflaumen
Peaches	—	Pfirsiche	Dried Fruits	—	Backobst

Juices
Säfte

Grapefruit Juice	—	Grapefruitsaft	Pineapple Juice	—	Ananassaft
Orange Juice	—	Orangensaft	Sauerkraut Juice	—	Sauerkrautsaft
Black Currant Juice	—	Saft von schwarzen Johannisbeeren	Tomatoe Juice	—	Tomatensaft

Jams and Marmelades
Konfitüren

Peach Jam	—	Pfirsichmarmelade	Orange Marmelade	—	Orangenmarmelade
Strawberry Jam	—	Erdbeermarmelade	Grapefruit Marmelade	—	Grapefruitmarmelade
Apricot Jam	—	Aprikosenmarmelade	Apple Jelly	—	Apfelgelee
Quince Jam	—	Quittenmarmelade	Currant Jelly	—	Johannisbeergelee
Raspberry Jam	—	Himbeermarmelade	Honey	—	Honig
Plum Gumbo	—	Pflaumenmarmelade	Maple Syrup	—	Ahornsirup

Cereals
Grützen

Rolled Oats Grits	—	Haferflockenbrei
Farina Grits	—	Grießbrei
Hominy Grits	—	Maisbrei
Cream of Wheat	—	Weizenbrei

Ready to eat Cereals
Tischfertige Getreideprodukte

Corn Flakes	—	Kornflocken
Bran Flakes	—	Kleieflocken
Rice Flakes	—	Reisflocken
Puffed Wheat	—	Weizenflocken
Cracked Wheat	—	Weizenschrot

Egg Dishes
Eierplatten

Boiled Eggs	—	Gekochte Eier
Fried Eggs	—	Spiegeleier
Shirred Eggs	—	Spiegeleier in Spezialgeschirr bereitet
Poached Eggs	—	Pochierte Eier

Soft-boiled Eggs	—	Weiche Eier
Scrambled Eggs	—	Rührei
Omelettes	—	Omeletts
German Pancake	—	Deutscher Pfannkuchen

Accompaniment for the various Preparations
Beigaben zum Variieren

Ham	—	Schinken
Bacon	—	Speck
Sausages	—	Würstchen
Kidney	—	Nieren

Chicken Liver	—	Geflügelleber
Cheese	—	Käse
Tomatoes	—	Tomaten
Chives	—	Schnittlauch

Fruit Jelly	—	Fruchtgelee

Fish
Fisch

Paned Flounder	—	Flunder in Butter gebraten
Codfish Cakes	—	Kabeljaukroketts
Broiled Kippered Herring	—	Geräucherter englischer Hering vom Grill
Creamed Finnan Haddie on Toast	—	Geräucherter Schellfisch in Sahne auf Toast
Creamed salted Codfish on Toast	—	Gesalzener Kabeljau in Sahne auf Toast
Boiled or Broiled Salt Mackerel	—	Makrelen gekocht oder vom Grill
Fried Bloater Filets	—	Filierter Bückling in der Pfanne gebraten
Fried Plaice	—	Gebratene Scholle

Broiled Meat Dishes
Gegrillte Fleischgerichte

Lamb Chops	– Lammkoteletts	Ham	– Schinken
Pork Chops	– Schweinekoteletts	Bacon	– Speck
Small Sirloin Steak	– Kleines Filetsteak	Fried Sausages	– Bratwürste
Spring Chicken	– Frühjahrshähnchen	Calfs Liver with Bacon	– Kalbsleber mit Speck

Miscellaneous
Verschiedenes

Veal Cutlet plain	–	Kalbsschnitzel naturell
Veal Cutlet breaded	–	Kalbsschnitzel paniert
Country Sausage with Tomatoes and Mushroms	–	Bauernbratwurst mit Tomaten und Pilzen
Fried Chicken Liver	–	Gebratene Geflügelleber
Chipped Beef in Cream	–	Rauchfleisch in Sahne
Fried Philadelphia Scrapple	–	Philadelphia-Bratling

Cold Dishes
Kalte Platte

Virginia Ham	– Virginia-Schinken	Sliced Turkey	– Putenscheiben
Assorted Meat	– Aufschnitt	Chicken with Oranges	– Hähnchen mit Orangen
	Smoked Sausages	– verschiedene Wurst	

Potatoes
Kartoffeln

French Fried Potatoes	–	Fritierte Kartoffelstäbchen
Baked Potatoes	–	Kartoffeln in der Schale gebacken
Hashed Brown Potatoes	–	Haschierte gebratene Kartoffeln
Fried Potatoes	–	Bratkartoffeln

Pastry
Kuchen

Buckwheat Griddlecakes	– Buchweizenpfannkuchen	Corn Waffles	– Maiswaffeln
Rice Waffles	– Reiswaffeln	Doughnuts	– Schmalzgebackenes

Bread
Brot

White Bread	—	Weißbrot		Rye Bread	—	Roggenbrot
Whole Wheat Bread	—	Vollweizenbrot		Muffins	—	Kleeblattbrötchen
Graham Bread	—	Grahambrot		Corn Bread	—	Maisbrot

Toast
Toast

Milk Toast	—	Milch Toast		French Toast	—	Französischer Toast
Buttered Toast	—	Gebutterter Toast		Spanish Toast	—	Spanischer Toast
Melba Toast	—	Melba Toast		Dry Toast	—	Frischer Toast

Beverages
Getränke

Coffee	—	Kaffee		Milk	—	Milch
Tea	—	Tee		Buttermilk	—	Buttermilch
Cocoa	—	Kakao		Camomila Tea	—	Kamillentee
Chocolate	—	Schokolade		Peppermint Tea	—	Pfefferminztee

Cheese
Käse

| Cottage Cheese | — | Hüttenkäse | | Cheddar Cheese | — | Cheddar-Käse |

Erläuterungen zu den verschiedenen Toastarten:

Milk Toast	Toast mit kochender Milch serviert.
Buttered Toast	Warmer Toast mit Butter bestrichen, Toast saugt die schmelzende Butter auf.
Melba Toast	Dünngeschnittenes Toastbrot, hellgelb und trocken geröstet.
French Toast	Eier und Milch (1 : 2) zerschlagen, Toastbrotscheiben darin tränken, diese in Butter beidseitig goldgelb braten. Mit Zucker bestreut anrichten.
Spanish Toast	Zubereitung wie French Toast. Mit geriebenem Parmesankäse und Paprika bestreuen und im Salamander überbräunen.
Dry Toast	Frisch gerösteter, innen weicher Toast.

Lunch   Mittagessen

Das Mittagessen ist meistens ein leichter Imbiß, den der Amerikaner schnell in einem Lunchroom
einnimmt. Neben den fertigen Gerichten ißt er gern Sandwiches, die in den verschiedenen Restaurants und Snack Bars in unzähligen Arten dargeboten und schnellstens serviert werden. Bei diesen
Mahlzeiten sind auch die vielen Pie-Sorten sehr gefragt.

Dinner   Abendessen

Die Hauptmahlzeit wird abends eingenommen. Als Vorspeise sind frische Früchte oder Cocktails
von Früchten, Austern, Hummer oder Shrimps beliebt. An Suppen werden gern Chowder von Muscheln oder Fischen, Chicken oder Lobster Gombo, Real Turtle- oder Clear Chicken Soup genommen. Hervorragende Qualitäten von Schlachtfleisch, wie Yearling- oder Spring Lamb, und Spezial-
stücke von Beef, aber auch Geflügel, zu denen Chicken oder Turkey in variabler Zubereitung zählen, bilden den Hauptgang. Das Dessert ist Ice Cream, das in gekonnten Zusammenstellungen domi-
niert, doch auch French- oder Vienna Pastry oder Speisen aus Nüssen oder frischen Feigen werden
als Abschluß eines Menüs serviert.

Vorspeisen

Fruit Cocktail   Fruchtcocktail

Bedarf für 10 Portionen: 800 g vorbereitete, reife Früchte: Orangen, Mandarinen, Birnen, Pfir-
       siche, Bananen und Ananas;
       80 g Zucker, 0,1 l Weißwein;
       zum Aromatisieren: Maraschino, Curaçao, Grand Marnier, Cointreau oder Kirsch-
       wasser;
       zum Garnieren: 10 Erdbeeren.

Die vorbereiteten Früchte in gefällige Stückchen schneiden. Zucker und Wein dazugeben, mit dem
Likör oder Kirschwasser beträufeln. Alles vorsichtig mischen und zugedeckt einige Zeit recht kaltstellen.
Den Fruchtcocktail mit dem Saft in gekühlte Cocktailschalen verteilen und eine Erdbeere als Garnitur auf jede Füllung legen.

Suprême of Grapefruits   Grapefruitsfilets mit Maraschino

Bedarf für 10 Portionen: 7 große Grapefruits, 60 g Zucker, 50 g Maraschino, 5 grobgehackte Mara-
       schinokirschen, 10 g Pistazienscheibchen.
Bei 5 Grapefruits die Schalen jeweils in der Fruchtmitte rundum quer durchschneiden, ohne das
Fleisch zu verletzen. Den Stiel eines Eßlöffels durch den Einschnitt zwischen Frucht und Schalen-
hälfte bringen. Den Löffelstiel behutsam um die Frucht schieben und auf diese Weise die Schalenhälften nacheinander ablösen und beiseite stellen. Die an den Früchten verbliebene weiße Haut
mit einem scharfen Messer völlig abtrennen. Von den übrigen 2 Grapefruits die Schalen so abschneiden, daß die das Fruchtfleisch umgebende weiße Haut gleich mitentfernt wird. Alle Früchte
filetieren. Den Saft aus den verbliebenen Bindehäuten pressen. Filets und Saft mit Zucker mischen,
mit Maraschino aromatisieren und zugedeckt kaltstellen.
Schalenhälften auf ein entsprechend großes, mit zerkleinertem Eis gefülltes Anrichtegeschirr setzen.
– Falls die Schalen zu tief sein sollten, den Rand zurückschneiden. – Aromatisierte Grapefruits-
filets samt Saft einfüllen und gehackte Maraschinokirschen sowie Pistazienscheibchen daraufstreuen.

Perle de melon frappé à la voile   Geeiste Melonenperlen im Schleier

Bedarf für 10 Portionen: 2,5 kg reife Ananasmelonen, 0,15 l Portwein, Saft von 3 Orangen;
Garnitur: gesponnener Zucker.

Die Melonen halbieren, Kerne und Fasern mit einem Eßlöffel herausnehmen. Das Fruchtfleisch mit einem Kartoffelausbohrer (Durchmesser 7 mm) ausstechen. Portwein und Orangensaft über die Fruchtperlen gießen und zugedeckt 2 Std. in den Kühlschrank stellen.

Die ausgebohrten Fruchtperlen mit dem Saft in Sektgläser füllen und ein Häubchen von gesponnenem Zucker daraufsetzen.

Lobster Cocktail   Hummercocktail

Bedarf für 10 Portionen: 10 Kopfsalatblätter, in Streifen geschnitten, 500 g gekochtes Hummerfleisch (2,5 kg Hummer), 100 g rohe Staudenselleriestreifchen;
Garnitur: 10 kleine Hummer-Medaillons (aus obiger Menge), 10 Eierscheiben, 10 Trüffelscheibchen;
Cocktailsauce: 0,3 l Ketchup, 0,2 l Chillisauce, 1 El Olivenöl, 1 Tl geriebener Meerrettich, Worcestershire Sauce, Zitronensaft, Tabascosauce, Salz und Pfeffer nach Geschmack.

Salatstreifchen in Cocktailgläsern verteilen, Selleriestreifchen und Hummer in Würfel geschnitten folgen lassen.

Die Zutaten zur Cocktailsauce verrühren und sie über die Naturalien in den Gläsern geben. Alle Bestandteile müssen kalt sein. Die Cocktails mit Ei- und Trüffelscheiben sowie Hummer-Medaillons garnieren.

Oyster Cocktail   Austerncocktail

Bedarf für 10 Portionen: 60 ausgebrochene, entbartete Austern, 2 kleine Kartons Gartenkresse, 0,5 l Cocktailsauce (vgl. obiges Rezept), 10 Trüffelscheiben, 10 Zitronensechstel.

Den Boden der Gläser mit Kresse belegen, darauf jeweils 5 Austern legen und mit Cocktailsauce überziehen. Die Cocktails mit je einer Auster und einer Trüffelscheibe garnieren. Die an der Schale eingeschnittenen Zitronensechstel an die Gläserränder stecken.

Salad Astoria   Salat Astoria

Bedarf für 10 Portionen; 5 halbierte Kopfsalatherzen, Filets von 4 Grapefruits und 5 Orangen, 10 grobgehackte Walnußkerne, zarte Stengel einer Selleriestaude in Streifchen, 100 g grüne Paprikaschotenstreifchen;
French Dressing: 4 El Essig, 12 El Olivenöl, 1 El Dijonsenf, Salz und Pfeffer nach Geschmack. Zutaten verrühren.

Kopfsalatherzen mit French Dressing anmachen. Grapefruit- und Orangenfilets darauflegen. Paprikastreifen, Selleriestreifchen und gehackte Walnüsse darüberstreuen.

Salad Florida   Salat Florida

Bedarf für 10 Portionen: 1 Kopfsalat in groben Streifen, 250 g Ananaswürfel, 5 filierte Grapefruits, 250 g Apfelscheibchen, 3 Bananen in Scheiben, zarte Stengel einer Selleriestaude in Streifchen, 0,2 l Chantillysauce (s. Bd. 1, Abschn. Saucen), 3 rote Peperoni in Streifchen.

Kopfsalatherzen in großer, flacher Salatschüssel anordnen, die vorbereiteten Früchte und Selleriestreifchen gemischt darübergeben. Alles mit der pikant abgeschmeckten Sauce überziehen und die Peperonistreifchen daraufstreuen.

Suppen

Manhattan Clam Chowder   Venusmuschelsuppe

Bedarf für 10 Portionen: 50 frische Venusmuscheln, 50 g magere Speckwürfelchen, 100 g Zwiebelwürfel, 40 g Butter, kleingewürfelte Stengel einer Selleriestaude, 100 g Paprikaschotenwürfel, ein halber Tl Curry, 60 g Mehl, 1 l Geflügelbrühe, 1 l Rindfleischbrühe,
Gewürzbeutel: 2 Salbeiblätter, 1 Msp. Thymian, 10 Pfefferkörner;
500 g Tomatenfleischwürfel, 400 g Kartoffelwürfel, Salz, Cayenne, 1 El Petersilie.

Die Muscheln gründlich waschen und in etwas kochender Brühe zugedeckt etwa 10 Min. dünsten,
bis sich die Schalen öffnen. Das Muschelfleisch entnehmen, in Würfel schneiden und Muschelfond
(Clam Juice) sowie Muschelwürfel beiseite stellen. Inzwischen Speck und Zwiebel in Butter ohne
Farbe andünsten. Dann Sellerie und die kleingeschnittenen Paprikaschoten hinzufügen, 3 El Brühe
untergießen und zugedeckt dünsten. Nach Einkochen des Fonds Curry und Mehl darüberstäuben,
durchrühren, Muschelfond sowie die restlichen Brühen dazugießen und aufkochen. Nun den Gewürzbeutel, die Tomaten und die Kartoffeln hinzufügen und alles 30 Min. bei geringer Hitze kochen.
Das Gewürzbeutelchen danach entfernen, das Muschelfleisch beigeben, die Suppe mit Salz, Cayenne sowie einigen Tropfen Tabascosauce abschmecken und beim Anrichten mit der Petersilie
bestreuen.

Beigabe: Crackers.

Cream Bellevue Stratford   Cremesuppe Bellevue Stratford

Bedarf für 10 Portionen: 20 Venusmuscheln, 15 Kammuscheln, 100 g grobgewürfelte Selleriestaude, 2,5 l kräftige Fischbrühe, 120 g Tapioka, Salz, Cayenne, 4 Eigelb, 0,4 l Sahne,
50 g Butter, 1 El Petersilie.

Die Muscheln gründlich waschen, mit einem Teil kochender Brühe sowie dem Sellerie zusetzen und
10 – 15 Min. kochen. Aus den geöffneten Schalen das Muschelfleisch entnehmen und in Würfel
schneiden. Die Muschelbrühe in einen Topf passieren, die restliche Fischbrühe hinzufügen, aufkochen und mit dem Tapioka binden. Nun das Muschelfleisch beifügen, die Suppe mit Salz und Cayenne abschmecken. Abschließend mit Eigelb und Sahne legieren und mit Butter vollenden, beim
Anrichten mit der Petersilie bestreuen.

Cream of Cucumber Soup   Gurkenrahmsuppe

Bedarf für 10 Portionen: 100 g feingeschnittene Zwiebeln, 120 g Butter, 2 geschälte, grüne Gurken,
1,5 l Hühnerbrühe, 80 g Mehl, 0,4 l Sahne, Salz, Pfeffer, 2 El gehackte Petersilie;
Einlage: 1 geschälte, kleingewürfelte grüne Gurke.

Zwiebeln in 40 g Butter angehen lassen, die gehackten Gurken hinzutun und etwa 5 Min. dünsten.
Die Hühnerbrühe auffüllen und den Ansatz zum Kochen bringen. Unbedeckt 10 Min. leicht kochen
lassen, bis das Gemüse weich ist. Inzwischen die Gurkenwürfel mit 20 g Butter weichdünsten und
beiseitestellen. Von der restlichen Butter und dem Mehl eine weiße Mehlschwitze bereiten. Die abgekühlte Mehlschwitze mit der Gurkenbrühe auffüllen, glattrühren und unter Rühren nochmals
zum Kochen bringen. Dann abschäumen, langsam 10 Min. weiterkochen und danach passieren.
Den Rahm einrühren, nicht mehr kochen, die Gurkenwürfel beigeben und die Suppe mit Salz und
Pfeffer abschmecken.

Oyster Soup   Austernsuppe

Bedarf für 10 Portionen: 50 ausgebrochene, entbartete Austern, 150 g Butter, 160 g Mehl, 1 l
Fischbrühe, 0,5 l Milch, Salz, Paprika und Selleriesalz nach Geschmack, 0,5 l Sahne.

Die Austern im eigenen Saft dünsten. Von Butter und Mehl eine Mehlschwitze bereiten, diese mit der Fischbrühe und der Milch auffüllen, unter Rühren aufkochen und 10 Min. weiterkochen lassen. Danach die Austern und den Dünstfond hinzufügen, mit Salz, Paprika sowie Selleriesalz abschmekken. Abschließend die Sahne einrühren, und die Suppe nur noch erhitzen.

Cream of Tomatoe   **Tomatencremesuppe**

S. Bd. 1, Abschn. Suppen.

Real Turtle Soup   **Echte Schildkrötensuppe**

S. Bd. 1, Abschn. Suppen.

Chicken Gombo   **Eibisch-Hühnersuppe**

Bedarf für 10 Portionen: 200 g Zwiebelwürfel, 50 g Paprikaschotenwürfel, 100 g kleingewürfelter Staudensellerie, 80 g Butter, 600 g Hühnerbrüstchen, Salz, Pfeffer, 1,5 l Hühnerbrühe, 1 Kräutersträußchen, 1 feingehackte Knoblauchzehe, 400 g Eibischpflanzen (Okra), 400 g Tomatenfleischwürfel (concassées).

Zwiebeln, Paprikaschoten und Staudensellerie in Butter angehen lassen. Die in Stücke zu 20 g geschnittenen, gewürzten Hühnerbrüstchen hinzugeben, diese in dem Gemüse kurz anschwitzen und das Ganze mit der Hühnerbrühe auffüllen. Kräutersträußchen und Knoblauch hinzufügen und etwa 10 Min. langsam kochen. Die Kappe der Okras kegelförmig beschneiden, die harte Spitze stutzen, dann in dicke Scheiben schneiden und sie blanchieren. Okrascheiben und Tomatenfleischwürfel der Suppe beigeben und weitere 30 Min. kochen. Danach das Kräutersträußchen herausnehmen und die Suppe würzig abschmecken.

Okra Creole   **Kreolische Eibischsuppe**

Bedarf für 10 Portionen: 200 g Zwiebelwürfel, 200 g Paprikaschotenwürfelchen, 80 g Butter, 400 g Hühnerbrüstchen, Salz, Pfeffer, 1,5 l Hühnerbrühe, 1 Kräutersträußchen, 1 gehackte Knoblauchzehe, 500 g Eibischpflanzen (Okras) in dicke Scheiben geschnitten, 300 g Tomatenfleischwürfel, 5 El kernig gekochter Reis.

Die Zubereitungsweise ist die gleiche wie bei Chicken Gombo. Kreolische Eibischsuppe erhält noch gekochten Reis als weitere Einlage.

Pumpkin Soup   **Kürbissuppe**

Bedarf für 10 Portionen: 100 g feingeschnittene Zwiebeln, 80 g Butter, 600 g gekochter Kürbis, 0,75 l Hühnerbrühe, 0,5 l Milch, 1 Msp. gemahlene Nelken, 1 Tl Zucker, Salz, Tabascosauce, 1 Tl Zitronensaft, 0,25 l Sahne, 5 Scheiben Weißbrot in Würfel.

Die Zwiebeln in Butter angehen lassen, dann gehacktes Kürbisfleisch, Hühnerbrühe, Milch und Gewürze zugeben. Alles zusammen gut verkochen und anschließend durch ein Sieb streichen. Sahne beifügen und noch einmal erhitzen, ohne die Suppe zu kochen. Die Weißbrotwürfel rösten und dazureichen.

Eierspeisen

Pro Portion verwendet man 2 – 3 Eier, 10 g Butter, 30 g gekochten Schinken oder 20 g Magerspeck.

Scrambled Eggs Country Style   **Rührei auf ländliche Art**

Man gibt die Eier wie für Spiegeleier eine mit Butter erhitzte Pfanne, würzt und rührt langsam, damit Eigelb und Eiweiß getrennt stocken. Zum Unterschied zu den einheitlich gefärbten Rühreiern
üblicher Zubereitungsart sind diese weiß-gelb gefleckt.

Ham and Eggs   **Spiegeleier mit Schinken**
Bacon and Eggs   **Spiegeleier mit Speck**

Bei Spiegelei mit Schinken sowie Spiegelei mit Speck wird der Schinken wie auch der Speck gesondert gebraten (im Gegensatz zur englischen Küche). Der braungebratene Speck wird auf die Spiegeleier gelegt, den leicht angebratenen Schinken gibt man auf eine Platte und läßt die Spiegeleier dar-
aufgleiten.

Fried Eggs Turned Over   **Spiegeleier auf beiden Seiten gebraten**

Bei den auf beiden Seiten gebratenen Spiegeleiern müssen die Dotter innen noch weich sein.

Spanish Omelett   **Omelett auf spanische Art**

Bedarf für 10 Portionen: 20 Eier, 100 g Butter, 150 g Zwiebelscheiben, 3 El Öl, 250 g Paprikascho-
              tenstreifen, 250 g Tomatenfleischwürfel, 1 feingehackte Knoblauchzehe, Salz,
              Tabascosauce.

Zwiebeln in Öl angehen lassen, Paprikaschoten beigeben und dünsten. Dann das gewürzte Tomatenfleisch und den Knoblauch kurz mitdünsten und mit einigen Tropfen Tabascosauce vollenden.

Die Fertigung des Omeletts verlangt starke Hitze. In einer heißen Omelettpfanne Butter steigen lassen, aber nicht bräunen. Die zerklopften Eier und die vorbereitete Paprikamischung beifügen und
mit einer Gabel unausgesetzt rühren, um ein gleichmäßiges, leichtes Abbinden zu erzielen. Dabei
die festere Bodenschicht nicht verletzen. Das flache Omelett wenden, kurz anziehen lassen und erneut umgedreht auf einer vorgewärmten Platte anrichten. Das spanische Omelett muß innen noch
saftig sein.

Aus den angegebenen Zutaten fertigt man am besten zwei Omeletts an.

Fischgerichte

Fische werden in der amerikanischen Küche vorwiegend gegrillt und gebraten. An Plattfischen gibt
es Flunder, Heilbutt, Lemon- und Boston Sole. Seezunge und Steinbutt sind in den amerikanischen
Gewässern nicht heimisch. Importierte Seezungen erscheinen auf amerikanischen Speisekarten unter dem Namen „English Sole".

Zu den populärsten Fischen gehören der Blaufisch, Kingfisch, Barsch, Lachs, Kabeljau, Schellfisch,
Thunfisch und Schwertfisch.

Die Fänge im Golf von Mexiko bringen hauptsächlich spanische Makrelen, die im Fleisch gröber
und fester sind als jene aus den nördlichen und den europäischen Gewässern.

Bachforellen sind nicht so schleimig wie die europäischen. Für die Zubereitung „Forelle blau" eignen sie sich weniger. Da auch ihr Fleisch weicher ist, werden sie hauptsächlich gegrillt oder gebraten.

Ein Fisch von besonderer Güte, dessen Rogen (roe) auch sehr begehrt ist, ist der Shad (Alse).

Shad roe müssen sehr vorsichtig behandelt werden, damit die Haut nicht zerreißt. Wird die Haut
beschädigt, läuft das weiche Innere stark aus.

Broiled Shad Roe with Bacon

Alsenrogen vom Grill mit Speck

Bedarf für 10 Portionen: 800 g Rogen, Salz, Pfeffer, 60 g Öl, 10 Scheiben Toast, 100 g Kräuterbutter, 150 g Scheiben magere Speckscheiben, 10 Zitronensechstel.

Die gewürzten Rogenteile ölen und grillen; dann auf die Toastscheiben ordnen und mit Kräuterbutter sowie dem gegrillten Speck belegen. Zitronensechstel dazugeben.

Broiled Shad and Bacon

Alse und Speck vom Grill

Bedarf für 10 Portionen: 1,5 kg Alsenfilets, Salz, Pfeffer, 0,1 l Öl, 150 g Kräuterbutter, 200 g magere Speckscheiben, 2 Zitronen.

Die Alsenfilets würzen, in Öl wenden und auf dem Grill garen. Mit Kräuterbutter und gegrilltem
Speck anrichten, Zitronen in Sechstel geschnitten beigeben.

Planked Shad and Roe

Alse und Rogen auf Holz

Bedarf für 2 Portionen: 1 vorbereitete Alse von 300 g, Salz, Pfeffer, 1 El Zitronensaft, 150 g Butter, 300 g Duchesse-Kartoffelmasse (s. Abschn. Kartoffeln), 1 Eigelb, 100 g Alsenrogen, 2 Scheiben magerer Speck, 2 große (tournierte) Champignonköpfe, 2 Tomaten, 4 Stengel Petersilie, 2 Austern, 2 Clams, 2 Zitronenviertel.

Eine Eichenholzplatte mit Vertiefung auf einen passenden Metalluntersatz stellen. Den Fisch mit
Salz, Pfeffer und Zitronensaft würzen, von beiden Seiten anbraten und auf die mit Butter bestrichene Platte legen. Dann einen Rand Duchesse-Masse darumspritzen, diesen mit Eigelb bestreichen
und den Fisch mit Butterstückchen belegen. Im Ofen das Fischgericht etwa 15 Min. bei 160 °C garen. Den in die Plattenvertiefung laufenden Saft mehrmals über die Zubereitung schöpfen.

Inzwischen Alsenrogen, Speckscheiben und Champignonköpfe grillen. Tomaten ausstechen, die
obere Rundung ein wenig abschneiden, würzen, mit Butter beträufeln und im Ofen erhitzen. Austern und Clams öffnen. Petersilie abzupfen und fritieren.

Nun das goldgelb gegarte Fischgericht mit den gegrillten Bestandteilen und den Tomaten garnieren
— Champignonköpfe auf Tomaten setzen — sowie Austern und Clams dazuordnen. Abschließend
die fritierte Petersilie über den Fisch streuen.

Schal- und Krustentiere

Austern

In den USA werden die Austern (Oysters) in sehr großen Mengen gezüchtet und kommen deshalb
verhältnismäßig billig auf den Markt. Sie werden frisch, als Tiefkühlware oder in Konserven angeboten. An der Pazifikküste ist die Saison der Austern ganzjährig. An den Atlantik- und Golfküsten
dauert die Saison von September bis April. Austern werden für Cocktails, kombinierte Salate und
Suppen verarbeitet. Die gebräuchlichsten Zubereitungsarten sind gegrillt, gebacken und überbacken.

Venusmuscheln

Die Venusmuscheln (Clams) erhält man fast an der gesamten Atlantikküste. Sie werden daher im
Osten immer frisch verarbeitet und kommen nur im Innern des Landes als Konserve in den Handel.
Im Gegensatz zu den Austern sind die Clams in den Monaten ohne „r" am besten. Aus den Clams
lassen sich nahezu alle Gerichte bereiten, wie sie für Austern bekannt sind. Vorwiegend verwendet
man sie zu Clam Chowder, Clam Broth sowie zu Clam Cocktail.

Frische Clams werden auch wie Austern in der Schale auf Eis serviert. Dazu reicht man Zitrone,
und hält außerdem geriebenen Meerrettich, Crackers, Tabascosauce und eine Pfeffermühle bereit.

Clam Fritters   **Venusmuschel-Krüstchen**

Bedarf für 10 Portionen: 600 g kleingeschnittene Venusmuscheln, 500 g Mehl, 20 g Backpulver,
Milch, 3 Eier, 10 g Salz, Pfeffer, 1 El Petersilie, 200 g Fett.

Mehl und Backpulver mischen und soviel Milch dazugeben, daß ein dicker Teig entsteht. Dann die
Eier zerklopfen, darunterarbeiten und Venusmuscheln, Salz, Pfeffer und Petersilie beifügen. Von
dieser Masse gibt man in eine Stielpfanne mit erhitztem Fett eßlöffelgroße Häufchen. Sobald diese
hellbraun gebacken sind, werden sie umgedreht und im Ofen vollends gegart.

Kamm-Muscheln

Das Fleisch der Kamm-Muscheln (Scallops) ist von vorzüglichem Geschmack, fest, aber nicht zähe.
Man verwendet nur den großen Muskel und das rote Mark. Die Saison währt von Oktober bis April.
Beliebte Zubereitungsarten sind: Kamm-Muscheln fritiert mit Remouladensauce und Kamm-Mu-
scheln Newburg.

Europäische Kamm-Muscheln sind unter den Namen: Sankt-Jacobs-Muschel und große Pilger-
Muschel bekannt.

Scallops on Taost   **Kamm-Muscheln auf Toast**

Bedarf für 10 Portionen: 60 ausgebrochene Kamm-Muscheln, 150 g Butter, Salz, Pfeffer, 2 El Petersilie, Zitrone, 10 Scheiben Toast.

Die Kamm-Muscheln in ausgeschäumter Butter sautieren, die gehackte Petersilie beifügen, mit der
Zitrone beträufeln und mit Salz und Pfeffer würzen. Die gegarten Muscheln auf Toastscheiben anrichten und warm servieren.

Königskrabben

Das englische Wort Crab darf nicht mit Krabbe im üblichen Sinn verwechselt werden, denn Crabs
sind Taschenkrebse. Die mit dem Namen „King Crab" (Riesen- oder Königs-Krabbe) bezeichneten
Tiere sind die qualitativ wertvollsten. Eine mittelgroße Königskrabbe wiegt etwa 3,5 kg; Fleischaus-
beute etwa 45 %. Das Fleisch kommt in Dosen oder tiefgekühlt auf den Markt und wird mit „Crab
Meat" bezeichnet. Die Qualitätsnormen werden nach dem Beinfleischanteil festgesetzt. „Crab
Flaks" sind die größeren Stücke des Körperfleisches von minderer Güte. Die Hauptfangzeit der
Königskrabbe ist von März bis Juni und von August bis Dezember.

Crab Flakes Creole Style   **Krebstierfleisch nach Kreolenart**

Bedarf für 10 Portionen: 800 g Krebstierfleisch (Crab Flakes), 100 g Butter;
Sauce Creole: 200 g Zwiebelscheiben, 50 g Öl, 200 g blanchierte grüne und rote
Pfefferschotenstreifen, 200 g Tomatenfleischwürfel (concassées), Knoblauchsalz,
Paprika, 30 g Mehl, 0,5 l Fischbrühe, Tabascosauce.

Zwiebeln in Öl angehen lassen, Pfefferschoten beifügen und kurz weiterdünsten. Tomatenfleisch,
Knoblauchsalz und Paprika zugeben, mit Mehl bestäuben und nach kurzem Mitschwitzen die Fischbrühe aufgießen, unter Rühren aufkochen lassen. Nach 15 Min. vom Feuer nehmen und mit Tabascosauce vollenden.

Das Krebstierfleisch in Butter kurz andünsten, mit der vorbereiteten Sauce auffüllen und erhitzen,
ohne das Ganze kochen zu lassen.

Beilage: Kreolenreis.

Crab Flakes Mexican Style   **Krebstierfleisch nach mexikanischer Art**

Bedarf für 10 Portionen: 280 g rohe Schinkenwürfel, 150 g Butter, 2 El Schalottenwürfelchen,
    600 g Krebstierfleisch (Crab Meat), 1 Tl Curry, 250 g gedünstete Champignonschei-
    ben, 1 kg gedünstete Pfefferschotenstreifchen, 0,2 l Sherry, 0,5 l Fischbrühe, 100 g
    Mehlbutter, 0,3 l Sahne, 2 Eigelb, Salz, Cayenne.

Schinkenwürfel in Butter angehen lassen, die feingeschnittenen Schalotten beifügen und ohne Farbe schwitzen. Darin das Krebstierfleisch sowie Curry, Champignons und Pfefferschoten kurze Zeit
mitschwitzen. Dann mit Sherry ablöschen, die Fischbrühe aufgießen, aufkochen, zum Dicken die
Mehlbutter einrühren und mit Sahne und Eigelb legieren. Salz und etwas Cayenne zum Abschmekken verwenden.

Beilage: Kreolenreis.

Crab Meat à la Meunière   **Krebstierfleisch nach Müllerinart**

Bedarf für 10 Portionen: 800 g Krebstierfleisch, Salz, Pfeffer, 125 g Butter, 2 El Zitronensaft, 2 El
    gehackte Petersilie, 0,3 l kräftige Kalbsjus.

Das Krebstierfleisch mit Salz und Pfeffer würzen. In einer Stielpfanne Butter erhitzen, das Krebstierfleisch dazugeben, rasch sautieren, mit dem Zitronensaft und der Petersilie durchschwenken
und alles auf einer vorgewärmten Platte anrichten. Dann die Kalbsjus in die Pfanne gießen, auf ein
Drittel reduzieren und die Zubereitung damit beträufeln.

Beilagen: Blattsalate und Petersilienkartoffeln oder Reis.

Crab Meat Ravigote   **Krebstierfleisch in Ravigote-Sauce**

Bedarf für 10 Portionen: 700 g Krabbenfleisch, 200 g gekochte Sellerieknolle in Streifchen ge-
    schnitten, 150 g grüne und rote Paprikaschotenstreifchen, 5 gehackte Eigelb, 10 Trüf-
    felscheiben;
    Kräutermayonnaise: 300 g Mayonnaise, 30 g blanchierter Spinat, 50 g frische Peter-
    silie, 1 Karton Gartenkresse.

Spinat, Petersilie und Gartenkresse sehr fein hacken, in ein Tuch geben und den Saft auspressen.
Diesen unter die pikant abgeschmeckte Mayonnaise mengen.

Krabbenfleisch, Sellerie und die Pfefferschoten mit etwas Kräutermayonnaise anmachen. Die
Mischung in Portionsschalen füllen und mit der restlichen Mayonnaise überziehen, noch einen
Kranz von gehacktem Eigelb um jede Schale geben und eine Trüffelscheibe darauflegen. Die ange-
richteten Krabben auf eine Platte stellen und mit Kopfsalatblättern garnieren.

Beigabe: Toast und Butter.

Hummer

Das Angebot an Hummer ist in den USA sehr groß und deshalb auch preislich günstiger als in Europa.

Der bei uns stets begehrte Hummer, kalt in der Schale serviert, mit Mayonnaise, ist in Amerika
nicht populär. Kalter Hummer wird sehr viel als Cocktail oder in Form von verschiedenen, zusam-
mengesetzten Salaten verspeist, zu denen die Mayonnaisensauce stets für sich angerichtet wird.

Warme Hummergerichte sind beliebter, in vielen Variationen zubereitet stehen sie an erster Stelle.

Barbecued Lobster   **Gegrillter Hummer mit Barbecuesauce**

Bedarf für 10 Portionen: 5 Hummer je 800 g;
          Barbecuesauce: 100 g Olivenöl, 2 El Cognac, 200 g passiertes Tomatenfleisch,
          1 Msp. Oregano, 1 Msp. Thymian, 1 feingehackte Knoblauchzehe, 2 El gehackte Pe-
          tersilie, 1 El Zitronensaft, Salz, Pfeffer.

Sauce: Die Zutaten in eine Schüssel geben, mit einem Schneebesen verrühren und mit den Gewürzen in geschmacklichen Einklang bringen.

Die Hummer zum Töten in kochendes Wasser tauchen, dann der Länge nach halbieren. Därme aus
den Schwanzteilen sowie Mägen in den Kopfbruststücken entfernen und die Scheren mit einem
schweren Messer anknacken. Die Schnittflächen der Hummerhälften mit Barbecuesauce beträufeln
und sie stehen lassen, bis die Sauce durchgezogen ist. Danach die Hummer mit den Schnittflächen
nach unten sowie die Scheren etwa 10 Min. grillen, dann wenden und die Hitze weitere 10 Min.
einwirken lassen, dabei des öfteren mit der Barbecuesauce bestreichen.

Die gegrillten Hummer anrichten, mit grünem Salat garnieren und die restliche Barbecuesauce erwärmt gesondert dazu reichen.

Beigabe: Weißbrot oder Toast.

Lobster à l'americaine   **Hummer auf amerikanische Art**

S. Bd. 1, Abschn. Krebsartige Tiere.

Lobster Newburg   **Hummer Newburg**

S. Bd. 1, Abschn. Krebsartige Tiere.

Lobster Thermidor   **Hummer Thermidor**

S. Bd. 1, Abschn. Krebsartige Tiere.

*

Lobster Salad   **Hummersalat**

Bedarf für 10 Portionen: 5 gekochte Hummer je 400 g, 5 reife Pfirsiche, Saft einer Orange, 250 g
          gedünstete Champignonscheiben, 10 gleich große schöne Salatblätter;
          300 g Mayonnaise, 1 El Zitronensaft, 2 El Cognac, 4 El Tomatenketchup, 1 Tl grob
          gehackten frischen Estragon, Salz, Pfeffer und Cayenne nach Geschmack.

Die Hummerscheren vom Körper abnehmen, sie vorsichtig aufschlagen, damit das Fleisch ganz
bleibt. Die Hummer halbieren, die Därme aus den Schwanzhälften entfernen. Hummerfleisch aus
Scheren, Gliedern sowie Schwanzhälften entnehmen, gruppiert auf eine Platte ordnen und beiseitestellen. – Pfirsiche brühen, Haut abziehen, in Spalten vom Stein schneiden und mit dem Orangensaft durchschwenken, damit sich das Fruchtfleisch nicht verfärbt.

Die frischen Salatblätter nebeneinander auf eine geräumige Kristallplatte legen, sie dienen zur Aufnahme von jeweils einer Portion Hummersalat. Auf jedes Blatt den gleichen Anteil der vorbereiteten Salatzutaten dekorieren: Hummerfleisch aus Schwanz und Schere in die Mitte, ringförmig darum Pfirsiche und Champignons. – Den äußeren Rand der Platte mit den schönen roten Schwanz-
und Scherenkrusten verzieren.

Die Mayonnaise sowie die übrigen Zutaten mit einem Schneebesen verrühren, nach Geschmack
würzen und gesondert zum Salat reichen.

Geflügel

Der Konsum von Geflügel ist in Amerika sehr groß. Vom Truthahn bis zum Küken werden alle Arten verwendet. Zweifellos steht jedoch der Truthahn an erster Stelle. So wie in Deutschland am Karfreitag auf fast jedem Tisch ein Fischgericht zu finden ist, verspeist der Amerikaner am Thanksgiving-Day seinen Turkey. Beliebt ist auch das Guinea fowl, eine Züchtung des Perlhuhns, die mit Erfolg auch in den USA betrieben wird. Seine sehr helle zarte Brust und die dunklen Keulen sind von gelblich-schwarzer Haut umgeben. Die Gestalt ähnelt einer Fasanenhenne, der feine Geschmack eher dem Hühnergeflügel.

Roast Stuffed Turkey with Cranberries   **Gefüllter Puter gebraten mit Preiselbeeren**

Bedarf für 10 Portionen: 1 vorbereiteter Puter von 3,5 – 4 kg, Salz, Pfeffer, 100 g Fett, 1 Zwiebel, 1 l braune Geflügelbrühe, 10 g Kartoffelmehl, 50 g Butter, 250 g Preiselbeerkompott; Füllung: 100 g Zwiebelwürfel, 70 g Butter, 300 g Weißbrotwürfel, 5 Eier, 0,4 l Sahne, Salz, Pfeffer, Muskat, 30 g gehackte Petersilie, 1 Mps. Salbei, 1 Msp. Thymian, 400 g Geflügelleber.

Füllung: Zwiebelwürfel mit Butter anschwitzen, zu den Brotwürfeln geben. Eier zerschlagen, Sahne dazurühren und mild würzen; Petersilie, Salbei, Thymian und Geflügelleber hinzufügen. Diese Mischung über die Brotwürfel gießen, vorsichtig vermengen (die Brotwürfel sollen ganz bleiben) und in den vorbereiteten Puter füllen, ihn zunähen, binden und mit Salz und Pfeffer bestreuen.

Im entsprechend großen Geschirr das Fett erhitzen, den Puter darin wenden und im Ofen bei 180 °C 1 3/4 Std. auf den Keulen liegend von beiden Seiten braten; dabei des öfteren begießen. Wenn der Puter gebraten ist, läßt man ihn kurze Zeit in einem Wärmeschrank ruhen, damit beim Tranchieren der Saft nicht allzu stark ausfließt.

Vom Bratrückstand das meiste Fett abgießen, die in feine Würfel geschnittene Zwiebel zugeben und bei ständigem Durchrühren anbraten. Dann die braune Geflügelbrühe auffüllen, sie zur Hälfte einkochen lassen und mit Kartoffelmehl leicht binden. Danach die Sauce passieren.

Die Putenkeulen abtrennen und entbeinen, die Brusthälften von der Karkasse schneiden. Beim Anrichten von Portionen setzt man mit einem Eßlöffel die Füllung aus der Karkasse in die Mitte und richtet darüber das in Scheiben geschnittene Fleisch aus Keulen und Brust an. Etwas braune Butter, die Geschmack und appetitliches Aussehen steigert, gießt man darüber und umkränzt mit der Sauce. Die Preiselbeeren sind gesondert zu reichen.

Beilagen: Schmorgemüse und gebratene Kartoffeln.

Roast Stuffed Turkey with Chestnut   **Gebratener Puter mit Kastanien-**
Dressing and Cranberry Sauce   **füllung und Preiselbeersauce**

Der Bedarf und die Zubereitung entsprechen etwa dem vorigen Rezept, jedoch ist die Brotmenge der Füllung um die Hälfte zu reduzieren und mit 400 g in Milch gegarten, zerdrückten Kastanien wieder zu ergänzen.

Preiselbeersauce (s. Bd. 1, Abschn. Saucen).

Roast Stuffed Turkey with Oysters   **Gebratener Puter mit Austernfüllung**

Bedarf für 10 Portionen: 1 vorbereiteter Puter von etwa 3,5 – 4 kg, 100 g Fett, Salz, Pfeffer, 1 Zwiebel, 1 l braune Geflügelbrühe, 50 g Butter; Füllung: 100 g Zwiebelwürfel, 70 g Butter, 250 g Weißbrotwürfel, 4 Eier, 0,3 l Sahne, Salz, Pfeffer, 1 Tl gehackte Zitronenmelisse, 20 – 30 ausgebrochene, entbartete Austern.

Füllung: Zwiebelwürfel mit Butter anschwitzen, zu den Brotwürfeln geben. Eier zerschlagen, Sahne dazurühren und mild würzen; Zitronenmelisse und die Austern hinzufügen. Diese Mischung über die Brotwürfel gießen, vorsichtig vermengen (die Brotwürfel sollen ganz bleiben) und in den vorbereiteten Puter füllen. Diesen schließen, binden und würzen.

Die Zubereitung eines gefüllten Puters ist bereits auf der vorangegangenen Seite beschrieben.

Boiled Turkey with Oyster Sauce   **Gekochter Puter mit Austernsauce**

Bedarf für 10 Portionen: 1 vorbereiteter Puter von 5 kg, 1 Kräutersträußchen: das Weiße einer
                Lauchstaude, 1 kleines Lorbeerblatt, 50 g Petersilienstiele;
                Salz, 20 ausgebrochene, entbartete Austern, Pfefferkörner, Saft einer halben Zitro-
                ne, 50 g Butter, 80 g Mehlbutter, 0,3 l Sahne, 2 Eigelb, 1 El Fleischglace.

Puter blanchieren, danach mit Wasser in einem entsprechenden Geschirr aufsetzen und 75 Min. sieden. Nach halber Kochzeit Kräutersträußchen und Salz beifügen. Wenn der Puter gar ist, Brust und Keulen abtrennen, die Haut entfernen und das Fleisch in flachem, gebuttertem Gefäß abgedeckt warmhalten.

Dann die Austern mit dem eigenen Saft, frisch gemahlenem Pfeffer, Zitronensaft und Butter an den Kochpunkt bringen (ansteifen) und beseite stellen.

Den Geflügelfond passieren, auf 1 l einkochen, mit Mehlbutter binden sowie mit Sahne und Eigelb legieren. Nun die Austern und den Dünstfond vorsichtig beifügen.

Beim Anrichten das geschnittene Puterfleisch mit der Sauce bedecken und die Fleischglace darüberträufeln.

Beilagen: Gedünsteter Reis und grüne Salate.

Fried Chicken Maryland Style   **Gebackenes Huhn Maryland**

Bedarf für 10 Portionen: 5 junge Hühner je 800 g, Salz, Pfeffer, 125 g Mehl, 4 Eier, 350 g frische
                Brotkrume, Backfett, 200 g magere Speckscheiben;
                Maryland-Sauce: 1 feingeschnittene Schalotte, 10 zerdrückte Pfefferkörner, 3 El
                Essig, 6 El Wasser, 4 El Sahne, 4 Eigelb, 200 g Butter, Salz, Zitronensaft, 1 Tl frisch
                geriebener Meerrettich, 1 El Fleischglace.

Sauce: Schalotten, Pfefferkörner, Essig und Wasser einkochen, etwas abkühlen lassen und dann die Sahne hinzugießen. Eigelb beifügen und mit einem Schneebesen im Wasserbad aufschlagen. Zur Seite nehmen und langsam die verflüssigte, warme Butter daruntermengen. Mit Salz und Zitronensaft abschmecken und durch ein Tuch passieren. Meerrettich und temperierte Fleischglace darunterrühren.

Die Hühner in Keulen und Brüstchen zerlegen, die Knochen entfernen, mit Salz und Pfeffer würzen und panieren. Backfett auf 160 °C erhitzen und die Geflügelteile etwa 10 – 12 Min. goldgelb fritieren. Das Fritiergut kurz auf einem Tuch abtropfen lassen und auf einer vorgewärmten Platte mit Papierserviette anrichten. Die gebratenen Speckscheiben darauflegen. Die Sauce gesondert reichen.

Beilagen: Feine Erbsen, gedünstete Maiskolben und Kartoffelkrusteln.

Chicken Salad   **Geflügelsalat**

Bedarf für 10 Portionen: 1 Kopfsalat, Herz eines Bleichselleries, 1,5 kg gekochtes Hühnerfleisch,
                5 abgezogene Tomaten und 5 hartgekochte Eier, 1 El Schlagsahne, 300 g pikante
                Mayonnaise.

Kopfsalatstreifen in großer, flacher Salatschüssel kranzförmig anordnen. Die Selleriestreifen hineinsetzen, darauf das in Scheiben geschnittene Hühnerfleisch legen. Das Ganze mit den Tomaten- und Eierscheiben garnieren. Schlagsahne unter die würzige Mayonnaise heben und gesondert reichen.

Beigabe: Toast und Butter.

| Breast of Guinea Hen with Mushrooms under Glass | Perlhuhnbrüstchen mit Champignons unter Glas |

Häufig wird von anspruchsvollen Gästen etwas nicht Alltägliches, Originelles und selbstverständlich Gutschmeckendes verlangt. Das Service unter Glasglocke zählt zu diesen Finessen. Die Glocke darf während des Dünstprozesses nicht aufgehoben, sondern erst bei Tisch entfernt werden. Dies überläßt man meistens dem Gast selbst.

Bedarf für 2 Portionen: 2 Perlhuhnbrüstchen je 150 g, Salz, Pfeffer, Mehl, 30 g Butter, 12 kleine rohe Champignonköpfe, 3 El Sherry, 0,1 l kräftiger, brauner Geflügelfond, 2 Scheiben Toast, 2 El Sahne, 1 Msp. Mehlbutter, Zitronensaft.

Die Brüstchen mit Salz und Pfeffer würzen und mehlieren. In einer passenden Kasserolle läßt man die Butter heiß werden, brät die Brüstchen goldgelb an und fügt die Champignonköpfe bei. Mit Sherry ablöschen, etwas Geflügelfond beifügen und zugedeckt 10 Min. dünsten.

Die Toastscheiben auf eine entsprechende Platte legen, darauf die Hühnerbrüstchen und Champignons ordnen und warmstellen. Den Dünstfond und den restlichen Geflügelfond etwa um die Hälfte einkochen, die Sahne hinzufügen und mit der Mehlbutter binden. Die Sauce mit etwas Zitronensaft abschmecken und das Gericht mit der Sauce bedecken. Eine passende, luftdicht abschließende Glasglocke wird darübergestülpt, das Ganze im Ofen nochmals erhitzt und sofort serviert.

Beim Abheben der Glasglocke strömt dem Gast der volle Duft des Gerichtes entgegen.

| Breast of Chicken with Virginia Ham under Glass | Hühnerbrüstchen auf Virginia-Schinken unter Glas |

Bedarf für 2 Portionen: 2 Hühnerbrüstchen je 150 g, Salz, Pfeffer, Mehl, 30 g Butter, 12 kleine rohe Champignonköpfe, 3 El Sherry, 0,1 l kräftiger, brauner Geflügelfond, 2 Scheiben Toast, 2 kleine Scheiben gekochten Schinken, 2 El Sahne, 1 Msp. Mehlbutter, Zitronensaft.

Die Herstellung und die Darreichung entsprechen dem obigen Rezept. Das Gericht wird jedoch durch den gekochten Schinken ergänzt. Leicht angebraten legt man ihn auf den Toast, darauf die Hühnerbrüstchen, garniert mit den Champignonköpfen und sauciert.

| Breast Chicken Archiduc under Glass | Hühnerbrüstchen nach Erzherzogart unter Glas |

Bedarf für 2 Portionen: 2 Hühnerbrüstchen je 150 g, Salz, Cayennepfeffer, 130 g Butter, 12 kleine rohe Champignonköpfe, 3 El Weißwein, 1 El Cognac, 0,2 El Sahne, 4 El Geflügelvelouté, 1 El Madeira, 2 gekochte Artischockenböden, 8 gedünstete Perlzwiebeln.

Die Hühnerbrüstchen mit Salz und Cayenne würzen, in Butter andünsten und die Champignons beifügen. Mit Weißwein untergießen und reduzieren, ohne Farbe nehmen zu lassen. Anschließend auffüllen und gut vermengen. Zugedeckt im Ofen etwa 8 Min. garen. Dann gibt man Madeira, die in Sechstel geschnittenen Artischockenböden und die gedünsteten Perlzwiebeln hinzu und schwenkt vorsichtig durch. Auf einer entsprechenden Platte anrichten, die Glasglocke darüberstülpen; im Ofen nochmals kurz erhitzen und sofort servieren.

Beilagen: Feine Erbsen, Reis, Mousselinekartoffeln und Blattsalate.

Breast of Chicken Toreador under Glass   **Hühnerbrüstchen Toreador unter Glas**

Bedarf für 2 Portionen: 2 Hühnerbrüstchen je 150 g, Salz, Cayennepfeffer, 30 g Butter, 3 El Weißwein, 1 El Cognac, 3 El Sahne, 4 El Geflügelvelouté, 1 El Madeira, 130 g Streifchen
von gekochtem Schinken, 50 g Champignonscheiben, 2 rote Paprikaschotenviertel.

Die Hühnerbrüstchen mit Salz und Cayenne würzen, in Butter andünsten, mit Weißwein untergießen und reduzieren, ohne Farbe nehmen zu lassen. Mit Cognac ablösen, Sahne und Geflügelvelouté auffüllen, gut vermischen und zugedeckt im Ofen etwa 10 Min. garen. Dann fügt man Madeira bei. Als Geschmacksbereicherung Schinkenstreifen und Champignonscheiben kurz anschwenken
und dazugeben; vorsichtig vermischen. Auf einer entsprechenden Platte anrichten. Die separat gedünsteten Paprikaschotenviertel als Garnitur auf eine Seite der Brüstchen legen. Die Glasglocke darübergeben, im Ofen nochmals kurz erhitzen und sofort servieren.

Beilage: Reis oder Nudeln.

Chicken à la King   **Hühnerbrüstchen nach königlicher Art**

Bedarf für 4 Portionen: 2 Hähnchen je 800 g, 40 g Butter, 200 g weißer Lauch, 100 g Sellerie, 0,1 l
Weißwein, 0,75 l Geflügelfond, 200 g frische Champignons, 20 g Mehlbutter, 3 Eigelb, 3 El Sahne, 3 El Sherry, 8 Weißbrotscheiben, 1 rote Paprikaschote in Streifchen, Salz, Cayenne.

Die gebundenen, blanchierten Hähnchen werden mit den in Scheiben geschnittenen Suppengemü-
sen in Butter farblos angeschwitzt. Man löscht mit dem Weißwein ab, gießt den Geflügelfond dazu
und dünstet die Hähnchen zugedeckt 15 Min. Dann fügt man die rohen Champignons bei und dünstet noch weitere 10 Min. Hühner und Pilze werden entnommen; mit einem feuchten Tuch bedeckt, läßt man alles abkühlen.

Der passierte Fond ist auf 0,3 l zu reduzieren und mit der Mehlbutter zu binden.

Den Hühnern trennt man die Brüste ab, entfernt Haut und Knochen und schneidet das Fleisch in
haselnußgroße Stücke. (Die Keulen sind anderweitig zu verwenden.) Danach werden noch die
Champignons in dicke Scheiben geschnitten und zusammen mit dem Hühnerfleisch in der vorbereiteten Sauce aufgekocht. Eigelb, Sahne und Sherry, zur Liaison verrührt, schwenkt man in das kochendheiße Hühnerragout und schmeckt mit Cayenne ab.

Die Weißbrotscheiben sind zu toasten und auf ein flaches Anrichtegeschirr zu legen. Auf die Toaste
häuft man nun das Hühnerragout und bestreut es mit den in Butter gedünsteten Paprikastreifchen.

Chicken Mexican Style   **Huhn auf mexikanische Art**

Bedarf für 10 Portionen: 5 junge Hühner je 800 g, Curry, Salz, 60 g Butter, 80 g rohe Schinkenwürfelchen, 200 g feingeschnittene Zwiebeln, 0,2 l Sherry, 40 g Mehl, 0,75 l Geflügelbrühe, Salz, Cayennepfeffer, 350 g Champignonscheiben, 500 g blanchierte grüne
und rote Paprikaschotenstreifen, 0,5 l Sahne, 1 El Fleischglace.

Die Hühner wie für Poulet sauté vorbereiten, salzen und mit Curry würzen. Dann in Butter andünsten, die Schinkenwürfel hinzugeben und kurz angehen lassen. Die feingeschnittenen Zwiebeln
beifügen und mitschwitzen, ohne daß sie dabei bräunen. Anschließend mit etwas Sherry untergießen und reduzieren, ohne Farbe nehmen zu lassen. Mit Mehl bestäuben und kurz schwitzen. Nun
die Brühe auffüllen, restlichen Sherry hinzugeben und unter zeitweiligem Rühren aufkochen; etwas
Salz, Cayenne und die blanchierten Paprikaschoten sowie Champignons beifügen. Die Hühnerteile
in dieser Sauce etwa 15 Min. zugedeckt garen. Danach die Sahne einrühren, kurz aufkochen und
nach dem Anrichten mit Fleischglace beträufeln.

Beilagen: Kreolenreis und Blattsalate.

Chicken Creole Style   **Huhn auf Kreolenart**

Bedarf für 10 Portionen: 100 g Butter, 1,8 kg roh entbeinte Hühnerfleischstücke, Salz, Paprika;
60 g Öl, 500 g Zwiebelstreifen, 500 g rote und grüne Paprikaschotenstreifen, 3 feingehackte Knoblauchzehen, 1 Tl Zucker, 1 Tl Paprika, 60 g Mehl, 1 l Geflügelbrühe
(hergestellt aus den Hühnerabschnitten und -karkassen), 500 g Tomatenfleischstük-
ke, Tabascosauce, Salz.

Butter in einer entsprechenden Stielpfanne erhitzen, gewürzte Hühnerfleischstücke darin anbraten
und beiseitestellen.

Sauce: Zwiebel- und Paprikaschotenstreifen in stark erhitztem Öl kräftig anschwitzen. Knoblauch
zugeben, Paprika, Zucker sowie Mehl darüberstäuben, alles durchrühren und die Geflügelbrühe auffüllen. Den Ansatz zum Kochen bringen, dabei mehrfach vom Boden losspachteln.

Danach angebratenes Hühnerfleisch und Tomaten in die Sauce geben und zugedeckt alles 10 bis
15 Min. bei kleiner Hitze garen lassen. — Fertiges Gericht mit einigen Tropfen Tabascosauce vollenden und, wenn erforderlich, nachsalzen.

Beilage: Kreolenreis.

Schlachtfleisch

Rind

Rindfleisch ist in den USA von ausgezeichneter Qualität. Zerlegung und Einteilung des Rindes
weichen teilweise von der deutschen Methode ab.

Einteilung des Rinderrückens

Bezeichnungen

deutsch	englisch	auf Speisekarten
Hohe Rippe	Ribs of beef	Roast Prime Ribs of Beef oder Roast Ribs of Beef
Roastbeef	Sirloin	Roast Sirloin of Beef
Filet	Tenderloin	Roast Tenderloin of Beef

Meistens werden die Stücke jedoch portioniert und auf dem Grill oder in der Pfanne zubereitet.
Die Steaks aus den einzelnen Fleischteilen haben spezielle Bezeichnungen.

deutsch	englisch	Erklärung
Hohe Rippe	Rib steak	Rückenscheibe mit langer Rippe
Roastbeef mit Filet	Pin bone sirloin steak	Rückenscheibe mit Knochen und stärkstem Filetanteil
	Porterhouse steak	Rückenscheibe mit Knochen und Filetanteil
	T-bone-steak	Rückenscheibe mit Knochen und geringerem Filetanteil
Roastbeef ohne Filet	Club steak	Rückenscheibe mit Knochen ohne Filetanteil
Roastbeef, ausgelöst	Sirloin steak	Rückenscheibe ohne Knochen
Filet, ausgelöst	Tenderloin steak	Filetsteak

Die Bratdauer richtet sich nach der Dicke der Steaks sowie nach der gewünschten Garstufe.

Als Beilagen reicht man vorwiegend Salate und gebackene Kartoffeln.

Auch Teile aus der Keule des Rindes werden zu Kurzbratfleisch verwendet. Aus dem sogenannten
„Round" (Schwanzspitze) schneidet man die Round steaks und aus dem „Rump" (Blume), die
Rump steaks.

Roast Prime Ribs of Beef   **Gebratene Hochrippe**

Für Prime Ribs wird eine Hochrippe mit 7 Rippen verwendet, die ein Gewicht bis zu 8 kg haben kann. Die Bratdauer für ein solches Fleischstück beträgt — wenn es innen rosa (medium rare) gebraten sein soll — etwa 3 Std. Für eine Portion sind 350 g Fleisch mit Knochen erforderlich.

Das Braten einer Hochrippe ist in Bd. 1, Seite 427 eingehend beschrieben.

Das Tranchieren ofenheißer Braten führt zu starkem Saftverlust, deshalb läßt man die fertige Hochrippe außerhalb der Hitze geraume Zeit ruhen. Danach hält man sie im Wärmeschrank bei etwa 50 – 60 °C warm und tranchiert auf Verlangen.

Die Amerikaner tranchieren die Hochrippe nicht liegend, sondern hochgestellt. Der Vorteil besteht darin, daß der während des Schneidens austretende Saft auf der Schnittfläche stehen bleibt.

Beliebt ist das Tranchieren vom Bock. Hierzu benutzt man ein Metallgestell, vergleichbar mit dem, wie es bei uns zum Schneiden für aufrechtgestellte Knochenschinken verwendet wird.

Die Fleischscheiben werden mit etwas Bratenjus umgeben und mit Kresse garniert.

Beilagen: Bohnen, Tomaten oder Staudensellerie sowie Meerrettich und Maiskrusteln oder gebackene Kartoffeln.

Boiled Breast of Beef   **Gekochte Ochsenbrust**

Bedarf für 10 Portionen: 3,5 kg Ochsenbrust, 1 Gemüsebündel (1 Lauchstaude, 2 Möhren, eine viertel Sellerieknolle), 3 kg Weißkohl, Salz, 100 g Butter, 1 El gehackte Petersilie.

Ochsenbrust überstehend mit Wasser aufsetzen, zum Kochen bringen, abschäumen und während 3 – 4 Std. garsieden. Gemüsebündel und Salz 1 Std. vor Ende der Kochzeit beigeben. Brust bis zum Aufschneiden in der Brühe lassen.

Weißkohl vierteln, Strunkteile entfernen. Danach in ein Schmorgeschirr legen, mit Rinderbrühe untergießen, salzen und zugedeckt im Ofen dünsten. Junger Kohl dünstet 50 – 60 Min. älterer 60 bis 90 Min.

Fleisch in Scheiben schneiden, mit wenig Brühe begießen; den Kohl geschnitten darum ordnen, ihn mit Butterstückchen belegen und mit Petersilie bestreuen.

Beilage: Petersilien- oder Brühkartoffeln.

Corned Beef and Cabbage   **Pökelrinderbrust mit Kohl**

Bedarf für 10 Portionen: 3,5 kg Pökelrinderbrust, 1 gespickte Zwiebel, 1 Stange Lauch, 3 Möhren, eine viertel Sellerieknolle, 3 kg Weißkohl, 1 kg Kartoffeln, Salz, 1 El gehackte Petersilie.

Pökelbrust mit reichlich Wasser aufsetzen, zum Kochen bringen, abschäumen und garsieden. Die Kochdauer beträgt 3 – 4 Std. Verdunstete Flüssigkeit mit kaltem Wasser ersetzen. Gespickte Zwiebel und das Gemüse als Bündel 1 Std. vor Kochzeitende dazulegen. Salz nicht beifügen. Pökelbrust bis zum Tranchieren in der Brühe lassen. Weißkohl wie im vorstehenden Rezept mit Pökelbrühe, aber weniger Salz fertigstellen. Die Kartoffeln in dicke Scheiben geschnitten 25 Min. mitdünsten.

Zerteilten Kohl mit den Kartoffeln auf tiefer Platte anrichten, die Brust in Scheiben darauflegen und alles mit Petersilie bestreuen.

Chipped Beef in Cream   **Rauchfleisch in Sahnensauce**

Bedarf für 10 Portionen: 800 g kaltgeräuchertes Rindfleisch, 80 g Butter, 20 g Paprika, 1 l Sahnesauce (s. Bd. 1, Abschn. Saucen).

Rauchfleisch in dünne Scheiben schneiden, diese in 1 cm breite Blättchen teilen, kurz überbrühen und abtropfen lassen.

In Butter anbraten, Paprika darüberstreuen, erhitzte Sahnensauce beifügen, gut durchschwenken und sofort anrichten.

Beilagen: Mais in Butter, Brokkoli und Süßkartoffeln.

Hamburg Steak or Patties   **Hamburger Steak**

Bedarf für 10 Portionen; 1,3 kg Rinderhack (grob), 3 Eier, 0,2 l Milch, 1 Tl scharfer Senf, Salz,
    Pfeffer, Muskat, 80 g Fett (zum Braten).

Zutaten in eine Schüssel geben, mit Salz, Pfeffer und Muskat würzen. Danach alles vermengen, abschmecken, vielleicht nachwürzen und 10 runde, flache Steaks formen. Diese im erhitzten Fett auf
beiden Seiten hellbraun braten. Bratdauer 10 Min. Nicht länger braten, denn Rinderhack verliert
schnell an Saft und ist dann trocken.

Beilagen: Ketchup, Würzgürkchen (Relish) sowie Pommes frites oder Brötchen.

Kalb

Im Gegensatz zu den Europäern, die Qualitätskalbfleisch schätzen, ist es bei den Amerikanern nicht
sonderlich beliebt. Neben Kalbsleber und -milcher findet man auf Speisekarten Kalbfleisch vorwiegend als Wiener Schnitzel, Steak, Kotelett und Braten offeriert; seltener jedoch den auch bei uns
begehrten Kalbskopf.

Casserole of Veal and Onions   **Kalbsragout mit kleinen Zwiebeln**

Bedarf für 10 Portionen: 2 kg ausgelöste Kalbsschulter, 60 g Mehl, Salz, Pfeffer, 100 g Fett, 50 g
    feingeschnittene Zwiebeln, 2 gehackte Knoblauchzehen, 0,5 l braune Brühe, 40 Stück
    Perlzwiebeln, 50 g Butter, 0,25 l saure Sahne.

Die Kalbsschulter in 50 g schwere Stücke schneiden. Das Fleisch würzen und mit dem Mehl bestreuen. In einem flachen Geschirr das Fett erhitzen und die Fleischstücke beigeben. Das Kalbfleisch
etwa 10 Min. hellbraun braten, die Zwiebeln und den Knoblauch beifügen. Die Zwiebeln gut anschwitzen, aber nicht bräunen. Anschließend mit der braunen Brühe auffüllen. Unter Rühren alles
zum Kochen bringen und zugedeckt im Ofen 40 Min. schmoren. Währenddessen die kleinen Zwiebeln schälen und in Butter hellbraun anbraten. Dann gibt man die angebratenen Zwiebeln in das
Ragout und gart alles zugedeckt bei gelinder Hitze weitere 20 Min. Nach beendeter Kochzeit das
Ragout entfetten und die Sahne einrühren. Das Gericht darf nicht mehr kochen, damit die Sauce
nicht gerinnt.

Beilagen: Pilze, Gemüse oder Salate und Kartoffelpüree.

Veal Birds   **Kalbsvögerl**

Bedarf für 10 Portionen: 10 Frikandeauschnitzel je 160 g, Salz, Pfeffer, Mehl, 100 g Fett, 200 g
    Röstgemüse, 0,75 l braune Brühe, 0,25 l Sahne, Zitrone;
    Füllung: 200 g Weißbrotwürfel, 50 g Zwiebelwürfelchen, 100 g Würfelchen von ge-
    kochtem Schinken, 50 g Butter, 20 g gehackte Petersilie, 3 ganze Eier, 6 El Sahne,
    Salz, Pfeffer, Muskat.

Zwiebelwürfelchen und feingehackten Schinken mit der Butter anschwitzen und zu den Brotwürfeln geben. Eier zerschlagen, Sahne dazurühren und mild würzen; Petersilie hinzufügen. Diese Mischung über die Brotwürfel gießen und vorsichtig vermengen.

Die Kalbsschnitzel gut klopfen, die Füllung daraufgeben und flach verteilen, wobei man links und
rechts 1/2 cm vom Fleischrand frei läßt. Sie dann zusammenrollen und mit Zahnstochern, Bindfaden oder Rouladenklammern festhalten; mit Salz und Pfeffer würzen und gut mehlieren. Die
Fleischröllchen behutsam von allen Seiten anbraten. Das Röstgemüse hinzugeben und ca. 20 Min.
leicht schmoren, bis das Röstgemüse etwas Farbe angenommen hat. Mit der Brühe auffüllen und
die Kalbsvögerl zugedeckt im Ofen unter häufigem Begießen garen. Die Schmorzeit beträgt etwa
30 Min. Dann das Fleisch herausnehmen, die Sahne der Sauce beifügen und verkochen. Die Sauce
passieren und geschmacklich mit etwas Zitronensaft vollenden.

Beilagen: Rosenkohl oder Brokkoli sowie Mousselinekartoffeln oder Macairekartoffeln.

Veal Cutlets with Cheese Soufflé   **Kalbskoteletts mit Käseauflauf**

Bedarf für 10 Portionen: 10 Kalbskoteletts je 180 g, Salz, Pfeffer, 2 El Mehl, 80 g Butter, 0,5 l
         Kalbsjus;
         Käseauflauf: 80 g Butter, 100 g Mehl, 0,5 l Milch, Salz, Cayenne, 150 g geriebener
         Parmesan, 5 Eigelb, 8 Eiweiß.

Die Kalbskoteletts würzen, mehlieren und in Butter etwa 6 Min. braun anbraten. Dann herausnehmen und in ein gebuttertes, feuerfestes Anrichtegeschirr legen. Die Bratbutter mit der Kalbsjus
verkochen und später gesondert reichen.

Käseauflauf: Von Butter und Mehl eine Schwitze bereiten. Die kalte Milch beifügen und mit einem
Schneebesen auf dem Herd zu einer Masse abrühren. Salz, Cayenne und Parmesan zugeben und
kurz vermengen. Die Eigelbe daruntergeben und mit einem Kochlöffel auf dem Herd abrühren.
Dann beiseitestellen und das geschlagene Eiweiß unterheben. Diese Masse auf die Koteletts häufen,
etwas formen, im Ofen bei 170 °C etwa 25 – 30 Min. backen und sofort servieren.

Beilagen: Verschiedene Salate und Petersilienkartoffeln.

Lamm

Lammfleisch von guter Qualität ist das ganze Jahr hindurch am Markt. Es wird dem Hammelfleisch
vorgezogen. Portioniertes Lammfleisch vom Grill bereitet man hauptsächlich rosa gebraten zu,
während Lammbraten stets durchgebraten sein muß. Zum Lammbraten darf Mintsauce (Pfefferminzsauce), Mint Jelly (Pfefferminzgelee) oder Currant Jelly (Johannisbeergelee) nicht fehlen.

Einteilung und Verwendung des Lamms

Bezeichnung		Verwendung	
englisch	deutsch	englisch	Erklärung
Neck	Kamm	Stews	Ragouts
Raek	Kotelettstück	Roast Crown Broiled Raek of Lamb Rib Chops	Rippenkrone gebraten Lammrippchen im ganzen gegrillt Koteletts mit langer Rippe
Loin	Sattel	Roast Saddle Loin Chops Tournedos of Lamb	Sattel im ganzen gebraten Steaks vom gespaltenen Sattel mit flacher Rippe wie oben, jedoch ohne Knochen, mit Speck-scheibe umbunden
Leg	Keule	Roast Leg of Lamb Steaks	Keule im ganzen gebraten Keule zerlegt, zu Steaks geschnitten
Shoulder	Bug	Shoulder Chops Stews	Bug zerlegt, zu Steaks geschnitten Ragouts
Brest	Brust	Roast Brest of Lamb Stews	Brust entbeint, im ganzen gebraten Ragouts

Roast Crown of Lamb   **Gebratene Lammkrone**

Eine Lammkrone wird aus dem Rippenstück eines Lammkarrees hergestellt; es wiegt etwa 800 g und hat 10 Rippen. Die Enden der Rippenknochen sind durch Zurückdrücken des Fleisches etwa 3 cm freizulegen. An der entgegengesetzten Seite ist das Fleisch zwischen den Rippen jeweils ein wenig einzuschneiden. Danach stellt man das Fleischstück seitlich aufrecht, so daß die freigelegten Rippenknochen nach oben zeigen, formt – die Fleischseite nach innen gekehrt – eine Krone und umschnürt sie. Die kleinen Einschnitte entspannen nun das ringförmig gebogene Rippenstück. Damit später beim Braten die aufrechtstehenden Knochen nicht zuviel Farbe bekommen, steckt man auf jeden einen Speckwürfel mit 1,5 cm Seitenlänge oder umwickelt die einzelnen Knochen mit einem Stückchen Alu-Folie.

Bedarf für 5 Portionen: 800 g Lammkrone (s.o.), Knoblauchsalz, Pfeffer, Rosmarin, 50 g Fett,
        200 g Röstgemüse;
        Füllung: 1 Ei, 0,1 l Sahne, 100 g Weißbrotwürfel, 100 g gehackte Lammfleischparü-
        ren, 1 Tl Kräuter (Estragon, Schnittlauch, Petersilie), 1 Tl angeschwitzte, feine Zwie-
        beln, Salz, Pfeffer;
        Sauce: 0,5 l Jus, 6 g Kartoffelmehl, 1 El Rotwein;
        Garnitur: 2 kleine Schachteln Gartenkresse.

Vorbereitete Lammkrone würzen, in ein gefettetes Bratgeschirr setzen. – Ei und Sahne verquirlen, die anderen Zutaten der Füllung daruntermengen und alles in den Hohlraum der Krone drücken. Gefüllte Lammkrone im vorgeheizten Ofen (180 °C) etwa 50 – 60 Min. braten. Fleisch oftmals begießen, evtl. Unterhitze durch Blech oder Gitter mildern. Nach halber Bratzeit Röstgemüse um das Fleisch legen.

Fertigen Braten mit Spachtel auf rundes Anrichtegeschirr setzen und warmstellen. – Fett vorsichtig abgießen, Jus zum Bratsatz geben, ihn 10 Min. abkochen. Dann Kartoffelmehl mit Wein anrühren, die Bratenjus damit binden und durch ein Sieb passieren. – Bindfaden vom Braten lösen, etwas Jus darüberträufeln; die gewaschene Kresse um die Krone setzen und auf jeden Rippenknochen, von dem der Speckwürfel oder Folie entfernt wurde, ein Kotelettmanschettchen schieben.

Die Lammkrone wird präsentiert und am Tisch aufgeschnitten.

Beilagen: Lammjus, Mintjelly, eine gebackene Kartoffelart sowie Blattsalate.

Broiled Saddle of Lamb   **Lammsattel vom Grill**

Bedarf für 5 Portionen: 1,5 kg Lammsattel, Salz, Pfeffer, Öl.

Vorbereiteten Lammsattel würzen, mit Öl bestreichen und auf den heißen, geölten Grillrost legen. Dabei dreimal wenden, um ihn gleichmäßig zu garen. Das typische Grillkaro entsteht, wenn der Sattel beim Wenden jeweils um 45 °C gedreht wird. Die Zeit zum Durchbraten beträgt 30 Min.

Beilagen: Mintsauce, grüne Bohnen und gebackene Kartoffeln.

Schwein

Schweinefleisch ist im allgemeinen nicht besonders begehrt. Der Verbrauch ist in den USA geringer als in Deutschland.

Außer Schinken, der in allen Variationen kalt sowie warm serviert wird, und Speck beschränkt sich das Angebot vorwiegend auf Roast Loin of Pork (gebratenes Schweinekarree), Tenderloin of Pork (Schweinefilet) und Cutlet of Pork (Schweinekotelett). Zubereitungen vom Grill mit gedünsteten Äpfeln oder Apfelsauce, Ananas oder Orangen werden bevorzugt; das Fleisch wird immer durchgebraten.

Roast Loin of Pork with glazed Pineapple   **Gebratenes Schweinekarree mit glacierter Ananas**

Bedarf für 10 Portionen: 2,5 kg zugeschnittenes Schweinekarree, Salz, Pfeffer, 80 g Fett, 300 g
        Röstgemüse, 10 kleine Scheiben Ananas;
        zum Glacieren: 1/2 Tl Ingwerpulver, 3 El brauner Zucker, 2 El Butter, wenig Ana-
        nassaft, 2 El Weißbrotkrume.

Vorbereitetes Schweinekarree würzen, mit der Rückenseite nach unten in das mit dem Fett erhitzte Bratgeschirr legen. Anbraten und bei verringerter Hitze unter mehrfachem Begießen den Brat-
prozeß im Ofen fortsetzen. Zweimal wenden.

Zur Geschmacksbildung wird das Röstgemüse so rechtzeitig beigegeben, daß es noch bräunen kann.

Das Karree wird durchgebraten; die Bratzeit beträgt 40 – 50 Min. Von dem Bratensatz ist eine Bratensauce (Gravy) zu ziehen.

Die Ananasscheiben auf den fertigen Braten legen. Ingwerpulver, Zucker, Butter und Ananassaft
vermengen und diese Mischung über die Ananasringe streichen. Auch die Ananaslöcher damit füllen. Danach die Weißbrotkrume darüberstreuen und im Salamander glacieren.

Beilagen: Mais in Butter oder Brokkoli sowie gebackene Kartoffeln.

Cutlets of Pork with Sliced Apples   **Schweinekoteletts mit Apfelscheiben**

Bedarf für 10 Portionen: 10 Schweinekoteletts je 180 g, Salz, Pfeffer, 50 g Öl, 4 mittlere Äpfel,
        2 El Mehl, 80 g Butter.

Die Schweinekoteletts würzen, mit Öl bestreichen und auf den heißen, geölten Grillrost legen. Von
beiden Seiten gleichmäßig garen. Die Bratdauer beträgt 10 Min.

Die Äpfel schälen, das Kernhaus ausstechen und sie in 20 gleichmäßige Scheiben schneiden. Die
Apfelscheiben mehlieren, in Butter auf beiden Seiten braun braten und die angerichteten Koteletts
damit belegen.

Beilage: Ofenkartoffeln oder gebutterter Mais.

Orange marinated Filets of Pork   **Schweinefilets mariniert**
on Ginger Rice   **mit Orangen auf Ingwerreis**

Bedarf für 10 Portionen: 20 Schweinemedaillons je 70 g, Salz, Pfeffer, 0,1 l Olivenöl, 4 Orangen,
        2 cl Curaçao, 50 g kandierter Ingwer, abgeriebene Orangenschale, 0,5 l kräftige Bra-
        tenjus;
        Ingwerreis: 100 g Zwiebelwürfelchen, 120 g Butter, 500 g Langkorn-Reis, 100 g
        kandierter Ingwer, Salz, 1 l Fleischbrühe.

Die dünnen Schalen von 2 Orangen in das Öl geben und die Fleischstücke zum Marinieren dazulegen.

Zwiebelwürfelchen und Reis mit Butter anschwitzen, bis der Reis glasig ist. Danach den gehackten
Ingwer hinzugeben, etwas salzen und mit der kochenden Fleischbrühe auffüllen. Den Topf zudek-
ken und den Reis im Ofen 18 Min. garen. Ihn danach ausdämpfen und einige Butterflocken mit der
Gabel unterziehen.

Die gebeizten Medaillons würzen, auf einen heißen, geölten Grillrost legen und des öfteren mit dem
Orangenöl bestreichen. Die Grilldauer beträgt 8 Min.

Die Orangen mit einem Messer schälen und sie quer zur Längsachse in 20 gleichmäßige Scheiben
schneiden. Sie kurz anwärmen und die auf dem Reis angerichteten Medaillons damit belegen.

Die Bratenjus mit feingeschnittenem Ingwer und etwas abgeriebener Orangenschale aufkochen.
Dann den Curaçao beifügen und die Sauce separat reichen.

Beilage: Glacierte Karotten oder feine Erbsen.

Virginia Ham glazed with Bourbon Whiskey   Schinken mit Whisky glaciert

Die bekannten Virginiaschinken wiegen etwa 4 — 5 kg. Es sind Knochenschinken von jungen Tieren, mild gepökelt und geräuchert. Gegen Einflüsse von außen erhalten sie eine Schutzschicht. Bei Verwendung muß der Schinken deshalb zunächst gut gebürstet und abgewaschen werden. Dann legt man ihn zum Weichen über Nacht in kaltes Wasser.

Ein Schinken von 4 kg gart 3 1/4 Std. Je 500 g Mehrgewicht verlängert die Garzeit um 15 Min. — Er wird in kochendes Wasser gelegt und 15 Min. bei 100 °C gekocht. Danach verringert man die Temperatur auf 80 °C und gart ihn in 3 Std. fertig. Menge für 1 Portion: 250 g Knochenschinken oder 160 g ausgebeinten Schinken.

Bedarf für 20 Portionen: 3,2 — 3,6 kg frischgekochten Rollschinken, 0,2 l Whisky, 150 g braunen
          Zucker, 1 El englisches Senfmehl, 0,75 l Kraftsauce, 1 Tl hellen Senf, 2 El Essig,
          100 g Rosinen.

Vom warmen Schinken Schnüre und Schwarte entfernen. Zu starke Fettschicht ein wenig abnehmen. Verbliebene Fettschicht leicht einschneiden, daß Rauten entstehen. Schinken auf Blech mit Gitter setzen, etwas Whisky darüberpinseln. Senfmehl und Zucker mit Whisky dickbreiig anrühren, auf den Schinken streichen und ihn im heißen Ofen (230 °C) glacieren.

Kraftsauce mit der abgenommenen Schwarte, Senf und Essig kräftig durchkochen, passieren, dann die Rosinen und den angesammelten Schinkenfond vom Backblech dazugeben. Der Schinken wird am Tisch tranchiert, die Rosinensauce gesondert gereicht.

Beilagen: Brokkoli, Mais, Spinat oder Spargel sowie Nußkartoffeln oder Kartoffelpüree.

Baked Beans Boston Style   Überbackene Bohnen Boston-Art

Zutaten für 10 Portionen: 1 kg weiße Bohnen, 1,5 kg blanchierter, gepökelter Schweinebauch, 2 gespickte Zwiebeln, 1 El brauner Zucker, Pfeffer, 1 Tl englisches Senfmehl, 2 El Essig, Salz.

Weiße Bohnen waschen, über Nacht einweichen. Sie mit Wasser bedeckt aufsetzen — Einweichwasser mitverwenden —, zum Kochen bringen und abschäumen. Schweinebauch, gespickte Zwiebeln, Zucker und etwas Pfeffer dazugeben und zugedeckt im Ofen (120 °C) etwa 90 Min. garen. Verdunstung durch Angießen von Wasser ausgleichen.

Gegarten Bauch und gespickte Zwiebeln entnehmen. Senfmehl mit dem Essig anrühren, die Bohnen damit abschmecken und, falls erforderlich, etwas salzen.

Die abgeschmeckten Bohnen auf geräumiger Porzellanplatte anrichten, den in dicke Scheiben geschnittenen Schweinebauch darauflegen und das Gericht kurze Zeit bei starker Oberhitze bräunen.

Baked Beans New York Style   Überbackene Bohnen New Yorker Art

Zubereitung und Anrichteweise sind die gleichen wie im vorstehenden Rezept. Das Fleisch wird mit braunem Zucker bestreut und dann im Ofen glaciert.

Philadelphia Pepper Pot   Philadelphia-Pfeffertopf

Bedarf für 10 Portionen: 250 g Schinkenwürfel, 100 g Zwiebelwürfel, 60 g Butter, 100 g Staudenselleriestreifen, 500 g rote und grüne Paprikaschotenstreifen, 80 g Mehl, 2 l kräftige Fleischbrühe, 1 Gewürzbeutel (je 1/2 Tl Majoran, Basilikum, Salbei), Salz, Pfeffer, 500 g rohe Kartoffelwürfel, 200 g gekochte Spätzle (s. S. 154), 200 g gekochte Nudelfleckerln (s. S. 153), 200 g Tomatenfleischwürfel, 2 El gehackte Petersilie.

Butter erhitzen, Zwiebeln, Schinken, Sellerie und Paprikaschoten beifügen und alles kräftig, aber farblos anschwitzen. Das Mehl darüberstäuben, kurze Zeit mitschwitzen, die Brühe auffüllen und den Ansatz unter Rühren zum Kochen bringen. Dann den Gewürzbeutel einlegen, salzen und pfeffern und zunächst 15 Min. sieden lassen. Danach die Kartoffeln dazugeben und sie darin weichkochen. Sobald dies erreicht ist, noch die fertigen Spätzle und Nudelflecke sowie die Tomaten in die Zubereitung geben, nochmals aufkochen und nötigenfalls nachwürzen.

Den Pfeffertopf in einer großen Terrine anrichten und mit der Petersilie bestreuen.

Gemüse

In den USA werden einige Gemüse und Zerealien verwendet, die bei uns wohl bekannt, aber seltener zubereitet werden.

Broccoli

Große Mengen Brokkoli verschiedenster Art werden in den USA angebaut. Die erste Ernte beginnt schon im Frühjahr. Brokkoli wird wie Blumenkohl verarbeitet; seine grünen Rosen sitzen auf langen, zarten Stengeln, die von Hüllblättern umgeben sind. Wegen seines feinen Geschmacks ist er ein beliebtes Gemüse. Brokkoli ist frisch und tiefgekühlt im Handel. Für 1 Portion sind 250 g ausreichend.

Nach Entfernen der starken Hüllblätter werden die Stengelenden ein wenig abgeschnitten. Dann wird der Brokkoli gründlich gewaschen, in kochendes Salzwasser gelegt und 16 Min. gekocht. Er wird vorwiegend mit Beigabe von holländischer Sauce, frischer, zerlassener oder brauner Butter oder Bröselbutter gereicht.

Gratinated Broccoli   **Überkrusteter Brokkoli**

Bedarf für 10 Portionen: 2,5 kg Brokkoli, 80 g Butter, 100 g Zwiebelscheiben, 30 g gekochte Schinkenreste, 50 g Mehl, 0,75 l Milch, Salz, Pfeffer, Muskat, 20 g frische Weißbrotkrume, 30 g geriebener Parmesan.

Brokkoli kochen, in einem flachen, gebutterten Geschirr anrichten und beiseite stellen.

Zwiebelscheiben und Schinkenreste in 40 g Butter farblos anschwitzen. Das Mehl beigeben, ebenfalls kurze Zeit farblos mitschwitzen, dann erkalten lassen. Inzwischen Milch aufkochen, erkaltete Schwitze dazugeben und wieder aufkochen; dabei weiterrühren, damit die Sauce am Topfboden nicht anbrennt. Danach würzen und nach 10 Min. leichten Kochens die Sauce durch ein Spitzsieb passieren und den angerichteten Brokkoli damit überziehen. Die Brotkrume sowie den Parmesan darüberstreuen, die restliche Butter in Flöckchen daraufsetzen und bei Oberhitze braun überkrusten.

Broccoli with Mushrooms   **Brokkoli mit Pilzen**

Bedarf für 10 Portionen: 2 kg frischer Brokkoli, 1 El feingeschnittene Zwiebeln, 50 g Butter, 500 g gedünstete Champignonscheiben, 0,25 l Kraftsauce, Salz, Pfeffer, 1 El gehackte Petersilie.

Gekochten Brokkoli abgetropft, in einem flachen, ausgebutterten Geschirr anrichten und warmstellen.

Zwiebeln in Butter angehen lassen, Champignons beigeben, mit der Kraftsauce auffüllen und alles gut durchkochen. Pilzsauce mit Salz und Pfeffer abschmecken, Petersilie darunterschwenken und den angerichteten Brokkoli damit saucieren.

Mais

Der Süden der USA ist, bedingt durch sein günstiges Klima, der Welt größter Maisproduzent. Reich an Protein, zählt Mais zu einem der bedeutendsten Nahrungsmittel. Mais wird vielfach genutzt und deshalb in unterschiedlichen Sorten angebaut. Als Maisgemüse kommt für die Küche nur junger, noch nicht ausgereifter Mais in Betracht. Sweet Corn oder Sugar Corn (Süß- oder Zuckermais) mit seinen weißlichen, stark geschrumpften Körnern ist besonders zart und fein im Geschmack. Diese jungen Kolben werden auch im ganzen zubereitet serviert.

Frischer Mais wird nur im Herbst angeboten. Konserven gibt es das ganze Jahr über.

Boiled Corn on cob — Gekochte Maiskolben

Von jungen Süßmaiskolben Blätter und Fäden entfernen, die Stiele abschneiden. Halb Milch und halb Wasser mit Salz zum Kochen bringen, die vorbereiteten Kolben einlegen und sie — je nach Größe — 5 – 10 Min. kochen. Danach die Maiskolben abtropfen lassen, sie trocken, am besten zugedeckt in einer Serviette anrichten und mit frischer oder zerlassener Butter zu Tisch geben.

Veränderung: Vorbereitete Maiskolben können auch in Alu-Folie gewickelt im Ofen oder auf dem Grill gegart werden. Salz, Pfeffer und Butter gibt man gesondert dazu.

Buttered Sweet Corn — Maiskörner in Butter

Die Maiskörner sitzen in Reihen dicht nebeneinander auf einer Spindel, die in ihrer Gesamtheit den Maiskolben bildet. Bei Verarbeitung von frischem Mais werden von den jungen Kolben die noch grünen Blätter entfernt und die Maiskolben am besten zunächst 6 – 10 Min. gekocht. Danach streift man die Körner mit einer Eßgabel von den Spindeln und verarbeitet sie dann weiter.

Bedarf für 10 Portionen: 20 gekochte, junge Maiskolben oder 5 Dosen Maiskörner (je 330 g), 125 g Butter, Zucker, Pfeffer, Salz.

Abgestreifte Maiskörner oder erhitzte abgetropfte Körner aus Dosen im Sautiergeschirr mit Butter durchschwenken und nach Geschmack würzen.

Creamed Sweet Corn — Maiskörner in Sahne

Bedarf für 10 Portionen: 1,3 kg frischgekochte Maiskörner oder 5 Dosen Maiskörner (je 330 g), 60 g Butter, 0,2 l Sahne, Zucker, Pfeffer, Salz.

Erhitzten Mais gut abtropfen lassen, danach zusammen mit den anderen Zutaten 3 Min. kochen.

Corn O'Brien — Mais O'Brien

Bedarf für 10 Portionen: 200 g rote Paprikaschoten, 200 g grüne Paprikaschoten, 100 g Butter, Zucker, Pfeffer, Salz, 3 Dosen Maiskörner (je 330 g).

Paprikaschoten putzen, waschen, in Würfel oder kurze Streifen schneiden, würzen und mit 50 g Butter und ein wenig Wasser 12 Min. dünsten. Danach soll die Flüssigkeit verdunstet sein. Abgetropfte Maiskörner dazugeben, alles erhitzen, restliche Butter darunterschwenken und nochmals nachwürzen.

Gratinated Corn — Überbackener Mais

Bedarf für 10 Portionen: 4 Dosen Maiskörner (je 330 g), 0,1 l Sahne, 0,4 l Béchamelsauce, Salz, Pfeffer, Muskat, 50 g geriebener Käse, 60 g Butter.

Abgetropften Mais mit der Sahne erhitzen, Béchamelsauce dazugeben, alles aufkochen, würzen und in einem Gratiniergeschirr anrichten. Käse darüberstreuen, mit Butterflöckchen belegen und den Mais im Salamander braun überbacken.

Okra, Gombo

Okra oder Gombo sind eßbare, hellgrüne, etwa 5 cm lange, behaarte Eibischschoten mit weichen Samenkörnern. In der Form ähneln sie den kleinen scharfen Peperonis. Zum Zubereiten werden sie gewaschen, dann die harte Schotenspitze und das Stielende entfernt. Da die Früchte beim Kochen Schleim abgeben, werden sie zunächst blanchiert, danach in einem Sieb abgebraust und dann erst weiterverarbeitet.

Creamed Okra   Okra in Rahm

Bedarf für 10 Portionen: 50 g feingehackte Zwiebeln, 60 g Butter, 1,2 kg blanchierte Okra, Salz, Pfeffer, 0,2 l Sahne.

Zwiebeln in 30 g Butter angehen lassen, Okra dazugeben, würzen, sehr wenig Wasser untergießen und zugedeckt 15 Min. dünsten. Dann Deckel abnehmen und Dünstfond völlig einkochen. Sahne und restliche Butter zu den Früchten geben, das Ganze stark erhitzen und anrichten.

Okra with Tomatoes   Okra mit Tomaten

Bedarf für 10 Portionen: 250 g Zwiebelstreifen, 100 g Butter, 1 kg blanchierte Okra, 350 g Tomaten, Knoblauchsalz, Pfeffer, Paprika, 1 El gehackte Petersilie.

Zwiebeln in Butter anschwitzen, Okra und abgezogene, zerschnittene Tomaten beigeben. Dann mit Knoblauchsalz, Pfeffer und Paprika würzen und das Gemüse bei mäßiger Hitze 20 Min. dünsten. Die Petersilie darunterschwenken und das Ganze in einer Gemüseschale anrichten.

Indian Okra   Okra auf indische Art

Bedarf für 10 Portionen: 80 g Zwiebelwürfelchen, 100 g Butter, 30 g Curry, 1 El Zucker, 1 kg blanchierte Okra, 300 g Paprikaschotenstreifen, Salz, Pfeffer, 0,2 l Sahne.

Zwiebeln in Butter anschwitzen, Curry, Zucker, Okra sowie Paprikaschoten beigeben und alles unter Rühren kräftig mitschwitzen. Dann 3 El Wasser angießen, würzen und das Gemüse 20 Min. dünsten. Es nach Verdunsten des Fonds mit der Sahne verfeinern.

Fried Okra   Okrakrapfen

Bedarf für 10 Portionen: 1,2 kg blanchierte Okra, Saft einer Zitrone, 1 Tl englisches Senfmehl, Salz, Pfeffer, 2 El gehackte Petersilie, 800 g Ausbackteig (s. Abschn. Gemüse, S. 16), 10 Zitronenviertel.

Okra mit Zitronensaft, Senfmehl, Salz, Pfeffer und Petersilie marinieren. Danach die Schoten in Ausbackteig tauchen und im heißen Fett (170 °C) braun fritieren. Sogleich anrichten, mit Zitrone garnieren und auftragen.

Hashed Potatoes in Cream   Gehackte Kartoffeln in Sahne

Bedarf für 10 Portionen: 2,5 kg Kartoffeln, 80 g Butter, 0,5 l Sahne, Salz, Muskat.

Frisch gekochte Pellkartoffeln ausdämpfen lassen, abpellen und grob hacken. Kartoffeln in ein flaches Geschirr geben, mit Salz und Muskat würzen, anschließend Butter beifügen und die kochende Sahne unterziehen.

Man kann die Sahne-Kartoffeln auch in einem gebutterten feuerfesten Geschirr anrichten und sie im Ofen überbacken.

Hashed brown Potatoes   **Braune Kartoffelfladen**

Bedarf für 10 Portionen: 2,5 kg Kartoffeln, Salz, Pfeffer, 200 g Butter.

Kartoffeln mit der Schale kochen, sie pellen und, wenn erkaltet, fein hacken. Kartoffeln würzen und mit einem Teil der Butter goldgelb braten. In zwei Stielpfannen (Durchmesser 30 cm) restliche Butter erhitzen, die vorgebratenen Kartoffeln darin verteilen, sie mit einem Schaumlöffel flach-drücken und im Ofen etwa 10 Min. backen, bis die Unterseiten gut braun sind. Dann jeden Kartof-felfladen zusammenklappen und aus der Pfanne auf eine vorgewärmte Platte stürzen.

Süße Kartoffeln

Süße Kartoffeln (Sweet Potatoes) sind die stärkereichen, spindelförmigen Wurzelknollen (Bataten) einer in Westindien und Südamerika beheimateten Knollenwinde (lat. Batatas eduis). Bataten wer-den auch in Nordamerika und im Süden Europas angebaut. Sie sind den Kartoffeln sehr ähnlich und werden wie diese verarbeitet. Da sie süßlich schmecken, verwendet man bei den Zubereitungen nur wenig Salz.

Baked Sweet Potatoes   **Gebackene Süßkartoffeln in der Schale**

Bedarf für 10 Portionen: 10 Süßkartoffeln je 180 g, 100 g Butter, Salz, Pfeffer.

Die gleichmäßig großen, gewaschenen Kartoffeln einzeln in geölte Alu-Folie einwickeln, auf ein Gitter legen und im Ofen bei 220 °C etwa 45 Min. backen. Dann die Kartoffeln auspacken, über Kreuz einschneiden, seitlich unten drücken, damit sie aufplatzen, leicht würzen und ein Butter-stückchen darauflegen.

Broiled Sweet Potatoes   **Gegrillte Süßkartoffeln**

Bedarf für 10 Portionen: 2 kg Süßkartoffeln, 0,1 l Olivenöl, Salz.

Die Kartoffeln 15 Min. kochen, dann schälen und in Scheiben von 6 mm schneiden. Das Öl in eine flache Schüssel geben, die Kartoffelscheiben darin wenden und weitere 5 Min. auf dem heißen Grill garen. Sie werden nur ganz leicht gesalzen.

French fried Sweet Potatoes   **Fritierte Stäbchen von Süßkartoffeln**

Bedarf für 10 Portionen: 2,5 kg Süßkartoffeln, Salz.

Die Kartoffeln mit der Schale 10 Min. kochen und nach dem Schälen in Stäbe von 1 cm im Qua-drat schneiden. Sie in der Friteuse (180 °C) goldgelb backen, gut abtropfen lassen, leicht salzen und sofort auftragen.

Candied Sweet Potatoes   **Kandierte Süßkartoffeln**

Bedarf für 10 Portionen: 2 kg kleine Süßkartoffeln, 80 g Butter, 100 g brauner Zucker, 0,1 l Wasser.

Die Kartoffeln garkochen und dann schälen. In einer geräumigen Pfanne Butter und Zucker erhit-zen, die Kartoffeln beigeben und kurz schwenken. Mit Wasser ablöschen und im Ofen einkochen; zugleich die Kartoffeln bräunen und glacieren.

Sweet Potatoes with Apples   **Süßkartoffeln mit Äpfeln**

Bedarf für 10 Portionen: 1,5 kg Süßkartoffeln, 50 g Fett, 1,5 kg Äpfel, 150 g Butter, 125 g brau-ner Zucker, 10 Maraschinokirschen.

Gekochte, geschälte Kartoffeln in 8 mm dicke Scheiben schneiden, diese in erhitztem Fett von beiden Seiten rasch anbraten und beiseite stellen. Dann die Äpfel schälen, vierteln, entkernen, in Spalten gleicher Größe teilen und sie in etwas Butter ebenfalls braun anbraten. Kartoffeln und Äpfel in ein gebuttertes Geschirr lagenweise einordnen, mit dem Zucker bestreuen und mit der restlichen zerlaufenen Butter beträufeln. Abschließend die Kirschen auflegen und das Ganze im heißen Ofen glacieren.

Sweet Potatoes Imperial   **Süßkartoffeln auf kaiserliche Art**

Bedarf für 10 Portionen: 1,5 kg Süßkartoffeln, 50 g Fett, 1,5 kg Äpfel, 150 g Butter, 200 g Bananenscheiben, 80 g gehackte Walnußkerne, 125 g brauner Zucker, 10 Maraschinokirschen.

Zubereitung wie vorstehend beschrieben, jedoch durch Auflegen von Bananenscheiben und Bestreuen mit gehackten Walnußkernen ergänzen.

Sandwiches

Ein Histörchen berichtet: Lord Sandwich, ein englischer Graf und leidenschaftlicher Spieler, wollte nicht wegen jeder Mahlzeit sein Spiel unterbrechen. Er ließ gebratenes Fleisch zwischen zwei Weißbrotscheiben legen, diese in mundgerechte Stücke schneiden und sie während des Spielens servieren. — Seither bezeichnet man Belag zwischen zwei Weißbrot- oder Toastscheiben oder zwischen einem aufgeschnittenen Brötchen mit Sandwich.

Auf Abwechslung bei der Darbietung von Sandwiches wird großer Wert gelegt.

Zur Herstellung von Sandwiches verarbeitet man Kasten-Weißbrote und zu Toastsandwiches Toastbrote. Letztere enthalten die Röstbräunung fördernde Zusätze. Um eine rechteckige, ebenmäßige Form zu erhalten, werden die Brote in steilwandigen Kästen mit Deckel gebacken. Die Scheiben werden 3 — 4 mm stark geschnitten, sie sind quadratisch, haben eine Seitenlänge von etwa 10 cm und wiegen in dieser Größe 15 g.

> Der Bedarf für 1 einfaches Sandwich: 2 Kastenbrotscheiben je 15 g, 10 g Butter bzw. Senfbutter oder 15 g Dressing (pikante Mayonnaise) und 50 g Belag.

Als Belag kommen in Betracht: Braten von Schlachtfleisch, Wild, Geflügel sowie Wildgeflügel, Schinken roh und gekocht, Wurst, Käse, Eier, geräucherte und marinierte Fische, Krebstierfleisch, Kaviar, Feingerichte mit Gänseleber und Trüffeln, grüne Gurken, Radieschen und Tomaten.

Vielfach wird der Belag kombiniert, z.B.: Schinken und Käse, Geflügel und Tomaten, Ei und Räucherlachs, Wurst und grüne Gurken, Kalbsbraten und Spargel, roher Schinken und Melone.

Pikante Beigaben wie Würzgürkchen, Maiskölbchen, Paprikaschotenstreifchen, Oliven, Kapern, Zwiebelringe, Senf- oder Essiggemüse, Meerrettich oder Ketchup werden dazu angeboten.

Ferner stellt man auch sogenannte Sandwich Fillings her. Hierzu werden mehrere Zutaten von differierendem Geschmack im Mixer oder mit einem Messer zerkleinert. Danach würzt man, gibt pikante Sauce oder Dressings bei und verrührt alles zu einer streichbaren Sandwichfüllung.

Warme Sandwiches

Die Zusammenstellung von warmen Sandwiches, die oftmals den Lunch ersetzen, ist gleichfalls äußerst variabel. Aus den nachfolgenden Beispielen geht auch die Eigenart des amerikanischen Geschmacks hervor.

Club Sandwiches Club Sandwiches

Bedarf für 5 Sandwiches: 1 Kopfsalat, 150 g pikante Mayonnaise, 200 g gekochte Hühnerbrust, 5 Tomaten, 150 g magere Speckscheiben, 75 g Butter, 15 Scheiben Toast, Salz, Pfeffer.

Kopfsalat waschen, in grobe Streifen schneiden, gut abtropfen lassen. Gekochte Hühnerbrust in dünne Tranchen teilen und würzen. Tomaten waschen, ausstechen, in Scheiben schneiden, sie flachdrücken und würzen. Speckscheiben knusprig braten und warmstellen. Jetzt den abgetropften Kopfsalat mit der Mayonnaise anmachen und schließlich die Butter auf die warmen Toaste streichen.

Auf eine warme Porzellanplatte die ersten 5 Toaste ordnen. Auf diese die Hälfte des Salates und das Hühnerfleisch geben und sie mit den nächsten 5 Toasten bedecken. Darauf den Rest des Salates sowie die Tomatenscheiben legen und die letzten 5 Toaste folgen lassen, auf denen die warmen, knusprigen Speckscheiben den Abschluß bilden.

Hot Western Sandwiches — Warme Toastsandwiches Western-Art

Bedarf für 5 Sandwiches: 10 Scheiben Toast, 60 g Butter, 60 g feingehackte Zwiebeln, 60 g feingehackte, grüne Paprikaschoten, 125 g Würfel von gekochtem Schinken, 5 Eier, Salz, Pfeffer, 5 Kopfsalatblätter, 20 Scheiben Essiggurken, 10 Tomatensechstel.

Eier zerschlagen, leicht würzen, Zwiebeln, Paprikaschoten sowie Schinken zugeben und alles gut vermengen. Die Eimasse in 5 gleichgroßen Häufchen in eine Stielpfanne mit heißer Butter setzen und bei geringer Hitze 3 Min. braten. Sie dann wenden, auf gebutterte Toaste setzen, die anderen Toastscheiben darüberdecken und auf warmer Platte anrichten. Kopfsalatblätter mit Gurken und Tomaten gefüllt darumgarnieren.

Hot Turkey Toastsandwiches — Warme Toastsandwiches mit Truthahnbrust

Bedarf für 5 Sandwiches: 10 Toaste, 250 g Truthahnbrust in Scheiben, 30 g Butter, 1 Tl feingeschnittene Zwiebeln, 200 g Champignonscheiben, 5 El Bratenjus, 0,1 l Sahne, Salz, Pfeffer, 1 Tl gehackte Petersilie, 5 Salatblätter, 10 Tomatensechstel.

Die Hälfte der Toaste mit der Truthahnbrust belegen und sie warmstellen. Die Butter in einer Stielpfanne erhitzen, Zwiebeln dazugeben, kurz angehen lassen, die Champignons beifügen, würzen und kurze Zeit sautieren. Den Ansatz mit Bratenjus und Sahne ablöschen, die Petersilie beifügen und die Flüssigkeit dickfließend reduzieren. Die Champignonsauce über die belegten Toastscheiben verteilen und sie mit der zweiten Toastschnitte bedecken. Die Tomatensechstel in die Salatblätter legen und die Toastsandwiches damit garnieren.

French Toast Sandwiches — Gebackene Toastsandwiches

Bedarf für 5 Sandwiches: 10 Scheiben Weißbrot, 150 g Butter, 100 g gehacktes, gekochtes Huhn, 150 g Schmelzkäse, 50 g gehackte Walnußkerne, 0,2 l Milch, 2 Eier, Salz, Muskat.

Weißbrote mit Butter bestreichen. Auf 5 Scheiben das gehackte Huhn verteilen, darauf den geschnittenen Käse legen und die Nüsse darüberstreuen. Mit den anderen Brotscheiben bedecken und die Sandwiches fest zusammendrücken. Milch, Eier und Gewürze verquirlen, die Sandwiches einzeln eintauchen, sie in eine Stielpfanne mit heißer Butter legen und auf beiden Seiten braun braten.

Grilled Cheeseburger Sandwiches — Warme Cheeseburger Sandwiches

Bedarf für 5 Sandwiches: 5 runde Milchbrötchen, 5 flache Hamburger Steaks je 60 g (s. Bd. 1, Abschn. Schlachtfleisch), 5 Scheiben Chesterkäse je 20 g.

Brötchen durchschneiden, die Hälften toasten und warmstellen. Die Steaks auf dem geölten Grill während 6 Min. auf beiden Seiten bräunen und die unteren Brötchenhälften damit belegen. Je eine Scheibe Käse daraufsetzen und ihn im Salamander schmelzen lassen. Nun die obere Brötchenhälfte darüberdecken und sogleich warm servieren.

Pies

Pies haben ihren Ursprung in England, sie sind aber in Amerika ebenso beliebt. Pies sind Pasteten in Tortenform; die Füllungen bestehen aus Fleisch und Gemüsen oder Früchten und Crems. Bei den Frucht-Pies steht der Apfel-Pie an erster Stelle.

Pie-Formen

Pie-Formen sind rund und schrägwandig. Für Custard-Pies werden spezielle Pie-Formen mit senkrechten Wandungen benutzt, damit der Rand nicht ausbricht.

Pie-Teig

Die Teigqualität ist an bestimmte Voraussetzungen geknüpft.

- Alle Zutaten schnell zum Teig zusammenwirken.
  Unnötiges Wirken macht ihn zäh.
- Beizugebendes Wasser muß kalt sein.
  Warmes Wasser macht das Fett weich und somit den Teig schmierig.
- Fertigen Teig längere Zeit kalt ruhen lassen.
  In frischgewirktem Teig ist der Kleber noch nicht entspannt, er schnurrt beim Ausrollen. Warm gelagerter Teig ist weich, er läßt sich schwieriger aufarbeiten.

Qualitäts-Pie-Teig, der mit Butter hergestellt wurde, bäckt braun und knusperig. Wird, wie in älteren Rezepten angegeben, Schweine- oder Kalbsfett zum Teig verwendet, ist bei höheren Temperaturen zu backen, um die gewünschte Farbe zu erreichen.

Pie-Teig-Grundrezept

einfach	verbessert
600 g Mehl	600 g Mehl
200 g Margarine	360 g Butter
250 g Wasser	150 g Wasser
6 g Salz	6 g Salz
Ergebnis: ca. 1000 g Teig	Ergebnis: ca. 1100 g Teig

Für eine Form mit 25 cm Durchmesser benötigt man bei 3 mm Teigdicke zum Auslegen und Abdecken 350 g Teig.

Herstellung

Mehl auf ein Backbrett sieben. Salz darüberstreuen und das kalte Fett geschnitten darauflegen. Dann zusammenreiben wie Streusel, das kalte Wasser beigeben und alles rasch zu einem Teig verarten. Teig zur dicken Walze formen, in Folie wickeln und im Kühlschrank ruhen lassen.

Auslegen, Füllen und Abdecken der Form

Von durchgekühlter Teigwalze 350 g abschneiden. Die starke Hälfte zu einer Platte in Größe der Pie-Form ausrollen. Die gefettete Form auslegen, Bodenfläche mit einer Gabel mehrmals stupfen, damit sich keine Luftblasen bilden, und überstehenden Teig abschneiden. Nun die kalte Füllung hineingeben, sie glattstreichen und die Teigränder mit Eistreiche befeuchten. Den restlichen Teig in Größe der Oberfläche ausrollen. Die Teigplatte auf die Füllung legen, am Rand leicht andrücken und mit Butter bepinseln. Auch die Teigdecke mehrmals stupfen und den Pie im vorgeheizten Ofen bei 200 °C 40 – 45 Min. backen.

Alle Füllungen der folgenden Pie-Rezepte entsprechen einer ausgelegten Form mit 25 cm Durchmesser.

Ein Pie dieser Größe kann in 8 Portionen geschnitten werden.

Apple Pie   Apfel-Pie

Bedarf: 1 ausgelegte Form mit Teigdecke, 800 g Äpfel, 1 El Zitronensaft, 2 El Orangensaft, 150 g Zucker, 1 Tl Zimt, 30 g frische Butter, 20 g zerlassene Butter.

Äpfel schälen, vierteln, vom Kerngehäuse befreien, in Scheiben schneiden, mit Zitronensaft, Orangensaft, Zucker sowie Zimt vermengen, in die Form füllen und Butter in Flöckchen darübergeben. Mit der Teigdecke schließen und wie im Grundrezept erläutert fertigstellen.

Beigabe: Schlagsahne oder Vanille-Eiskrem.

Blueberry Pie   Heidelbeer-Pie

Bedarf: 1 ausgelegte Form mit Teigdecke, 100 g Zucker, 1 El Maisstärke, 600 g Heidelbeeren, 50 g zerlassene Butter.

Zucker und Maisstärke mischen, über die gewaschenen, gut abgetropften Heidelbeeren stäuben und 30 g zerlassene Butter daruntermengen. Das Ganze in die Form füllen und weiterbehandeln wie im Grundrezept angegeben.

Blackberry Pie   Brombeer-Pie

Bedarf: 1 ausgelegte Form mit Teigdecke, 100 g Zucker, 2 El Zwiebackkrümel, 500 g Brombeeren, 100 g Weintrauben, 50 g zerlassene Butter.

Zucker und Zwiebackkrümel über die gewaschenen, gut abgetropften Brombeeren streuen und 30 g zerlassene Butter daruntermengen. Die Mischung in die Form füllen und die gereinigten, halbierten und entkernten Weinbeeren auf der Oberfläche verteilen. Dann den Pie wie im Grundrezept erläutert fertigstellen.

Custard Pie   Krem-Pie

Bedarf: 1 ausgelegte Custard-Form, 0,75 l Milch, 6 Eier, 100 g Zucker, Mark einer halben Vanillestange.

Ausgelegte Custard-Form ohne Füllung 15 Min. anbacken. – Milch aufkochen, Eier, Zucker und Vanillemark gut zerschlagen und die kochende Milch unter ständigem Rühren langsam zur Eiermischung gießen. Das Ganze auf dem Feuer abrühren bis zur leichten Verdickung (Rose). Dann in die angebackene Pie-Kruste füllen und im Ofen bei 170 °C backen, bis der Krem gestockt und die Oberfläche hellbraun ist. Krem-Pie erhält keine Teigdecke.

Veränderung: Durch Beigeben von Schokolade, Kokosnußraspel oder durch vorheriges Schmelzen des Zuckers zu Karamel können andere Geschmacksarten erreicht werden.

Pumkin-Pie   Kürbis-Pie

Bedarf: 1 ausgelegte Custard-Form, 250 g Kürbismus, 125 g brauner Zucker, 2 g Ingwerpulver, 3 El Ahornsirup, 3 Eier, 0,3 l Milch, 25 g braune Butter.

Ausgelegte Custard-Form 15 Min. anbacken. Kürbismus mit dem Zucker, Ingwer und Ahornsirup vermengen. Eier und Milch tüchtig verschlagen. Beide Mischungen sowie die braune Butter zusammenrühren, in die vorgebackene Kruste füllen, glattstreichen und im vorgeheizten Ofen bei 180 °C etwa 45 Min. backen.

Kürbis Pie erhält keine Teigdecke.

Bei Verwendung von frischem Kürbis diesen schälen, entkernen, zerschneiden und mit wenig Wasser weichdünsten. Dann die Flüssigkeit abgießen und den Kürbis durch ein Sieb streichen. Zu 250 g Kürbismus sind 350 g frisches Kürbisfleisch erforderlich.

Lemon Meringue Pie   **Zitronen-Meringen-Pie**

Bedarf: 1 ausgelegte Custard-Form, 100 g Zucker, 4 Eigelb, 40 g Maisstärke, 0,5 l Wasser, Saft von
         3 Zitronen, abgeriebene Schale einer Zitrone, 4 Eiweiß, 125 g Zucker.

Ausgelegten Teig blind (ohne Füllung) ausbacken. – Zucker und Eigelb schaumig rühren, Maisstärke unterziehen. – Wasser, Zitronensaft und Zitronenschale aufkochen. Mit einem Schneebesen nach und nach unter die Eigelbmasse geben und auf dem Herd zum Krem abrühren. Ihn als Füllung in die blind gebackene Pie-Kruste geben und glattstreichen. – Das Eiweiß zu Schnee schlagen; während des Vorgangs die Hälfte des Zuckers nach und nach dazugeben. Die andere Hälfte des Zuckers mit einem Holzlöffel unter den steifen Eierschnee heben. Diese Meringenmasse gleichmäßig auf den Pie auftragen und ihn bei Oberhitze braun abflämmen.

Rezepte für Pies mit Fleischfüllungen sind im Abschnitt Englische Küche behandelt.

SÜDAMERIKANISCHE KÜCHE

Einleitung

Wenn von südamerikanischer Küche die Rede ist, so ist die Küche von Brasilien, Argentinien, Uruguay, Chile, Bolivien und Peru gemeint, da in diesen Staaten die Ernährungsweise ähnlich ist. Das ist leicht erklärlich, denn Spanier und Portugiesen, die dort einwanderten, haben ihre heimischen Speisenzubereitungen mit denen der Ureinwohner vermengt. So entwickelte sich eine den Lebensgewohnheiten und dem Klima entsprechende Küche.

An Wohlgeschmack und Bekömmlichkeit stehen die südamerikanischen Gerichte keineswegs hinter denen der anderen Küchen zurück.

In der argentinischen Pampa und auf den Grasflächen der brasilianischen Campos wird bedeutende, extensive Viehzucht betrieben. Der Südamerikaner ist ein starker Fleischesser. Der viele Fleischgenuß ist bei dem dortigen Klima erträglich, weil die Speisen mit Olivenöl zubereitet werden, daß allen Stoffwechsel wieder ordnet und regelt. Schweineschmalz oder andere tierische Fette werden für die Zubereitungen kaum herangezogen. Begehrt sind Rind- oder Hammelfleisch sowie helles Geflügel; Kalbfleisch kommt kaum in Betracht, denn es wird auch nicht in der bekannten europäischen Mästung angeboten. Das Fleisch wird niemals zu weich gekocht oder geschmort, und die dazu gehörenden Saucen und Fonds bleiben vorwiegend naturell belassen. Alles Rohe oder blutig Gebratene stößt auf eine gewisse Abneigung; Tatarbeefsteak, englisches Roastbeef oder englische Steaks sind also unerwünscht.

Die Fischerei zur See und in Binnengewässern ist rege. Fische, Camerones und Langusten bereichern die Tafel und werden gern in Verbindung mit Paprikaschoten, Tomaten, Knoblauch sowie Zwiebeln angerichtet. Fische in Weißwein sind nicht beliebt.

Das in Südamerika verbreitete Volksgetränk ist Mate, ein Teeaufguß aus den getrockneten, leicht gerösteten Blättern des Yerbabaumes, der erfrischend und anregend wirkt. Das Getränk wurde von den Inkas aus kleinen, hohlen Kürbissen mittels Röhrchen getrunken. Kürbis heißt in der Inkasprache Mate, daher der Name.

Als Genußmittel wie als Ausfuhrprodukt spielt auch der Kaffee in Südamerika eine bedeutende Rolle. So steht z.B. Brasilien in der Erzeugung von Kaffee an erster Stelle. Kaffee trinkt der Südamerikaner morgens meistens mit heißer Milch, doch tagsüber schwarz, in kleinen Tassen serviert.

Alkoholische Getränke werden nur in ganz bescheidenen Mengen genossen; das ist auch in der Küche bei der Verwendung von Wein, Sherry, Likören usw. zu berücksichtigen. Sie dürfen, dem Geschmack des Südamerikaners entsprechend, nur ganz leicht angedeutet sein.

Gerichte verschiedener Art

Faijoada   **Brasilianischer Bohnen-Eintopf**

Bedarf für 10 Portionen: 1 kg geräucherte Rinderzunge, 1,7 kg gepökelte, an der Luft getrocknete Rinderbrust, 600 g gepökelte Schweineohren und Schweineschnauze, 500 g durchwachsener Speck, 300 g Chorizos (scharf gewürzte Wurst), 1,2 kg getrocknete Bohnen, 150 g feingeschnittene Zwiebeln, 3 zerdrückte Knoblauchzehen, 50 g Olivenöl, 1 El Chillipfeffer, Salz.

Ein Nationalgericht, dem alle Brasilianer zugetan sind, ist das Faijoada.

Rinderzunge, Rinderbrust, Schweineohren und -schnauze mit Wasser überstehend aufsetzen und zusammen weichkochen. Sobald die einzelnen Fleischstücke gar sind, werden sie der Brühe entnommen.

Dann den Speck und die Chorizos mit den über Nacht eingewässerten Bohnen in die Brühe geben, zum Kochen bringen und etwa 1 – 2 Std. zugedeckt sieden. Der Garpunkt der einzelnen Stücke ist zu überwachen und zu starke Verdunstung durch Angießen von etwas Wasser auszugleichen.

Kurz vor Ende der Kochzeit Zwiebeln und Knoblauch in Öl anschwitzen, den Bohnen hinzufügen und mit Chillipfeffer würzen.

Die Bohnen in einer Schüssel reichen. Das Fleisch und die Wurst in Scheiben schneiden und gruppiert auf eine große vorgewärmte Platte ordnen.

Beilagen: Gedünsteter, trockener Reis, ferner kleine Schalen mit grünen Pimentos, eingelegten Kürbissen, Gurken und Melonen.

Sopa de Avocados   Avocado-Suppe

Rezept s. Bd. 1, Seite 197.

Camaro   Hühnerbrühe

Bedarf für 2 l: 1,5 kg vorbereitetes Suppenhuhn, Salz, 500 g Lauch, 200 g Reis, 1 Knoblauchzehe.

Unter dem „brasilianischen Camaro" versteht man Hühnerbrühe mit der entsprechenden darin gekochten Einlage von Hühnerfleisch, Lauch und Reis.

Suppenhuhn mit 3 l Wasser zum Kochen aufstellen, abschäumen und mit Salz würzen. Gardauer etwa 2 Std. Lauch gut säubern, in grobe Streifen schneiden und nach zwei Drittel der Kochzeit dem Suppenhuhn beigeben. 20 Min. vor Garzeitende den überbrühten Reis sowie die fein zerdrückte Knoblauchzehe zufügen.

Die Suppe, falls erforderlich, nachwürzen und das gekochte Hühnerfleisch in Stückchen geschnitten beifügen.

Yambalaya   Brasilianisches Reisfleisch

Bedarf für 10 Portionen: 250 g Schalotten, 3 grüne und 3 rote Paprikaschoten, 3 zerdrückte Knoblauchzehen, 100 g Olivenöl, 1,5 kg gekochtes Hühnerfleisch, 1 kg gebratenes Putenfleisch, 200 g gekochter Schinken, 2 kg körnig gekochter Reis, 30 g gedünstete Spargelspitzen, Salz, Paprika, 1 l Tomatensauce.

Ähnlich dem argentinischen „Arroz Valenziana" ist das brasilianische Yambalaya.

Schalotten und Paprikaschoten in Würfelchen teilen und zusammen mit den zerdrückten Knoblauchzehen in Öl anschwitzen. Das Hühner- und Putenfleisch sowie den Schinken in feine Scheibchen schneiden, den Schalotten beigeben und mit andünsten. Dann den Reis und die Spargelspitzen dazutun, mit Salz und Paprika würzen und vorsichtig durchschwenken.

Das Yambalaya muß vollständig trocken sein. Es wird wie ein Omelett geformt und auf einer heißen Platte angerichtet. Die Tomatensauce ist gesondert zu reichen.

Steak plancha   Rumpsteak mit Knoblauch

Bedarf für 10 Portionen: 10 Rumpsteaks je 200 g, Knoblauch, Salz, Pfeffer, 0,1 l Olivenöl.

Rumpsteaks mit Knoblauch einreiben, mit Salz und Pfeffer würzen. Mit Olivenöl beträufeln und auf einer geölten Platte oder auf dem Grill saftig, jedoch nicht blutig braten.

Der Brasilianer bevorzugt naturell gebratenes Fleisch und verzichtet auf Saucen, die nach unserem Geschmack dazu passen.

Beilagen: Papas fritas (gebratene oder fritierte Kartoffeln) und gemischter Salat, bestehend aus feingeschnittenen Tomaten, Zwiebelringen, Paprikaschotenstreifchen und Kopfsalat.

Bacalao con Verduras   Stockfisch mit Gemüsen

Bedarf für 10 Portionen: 4 kg Bacalao, 0,5 l Fleischbrühe, 500 g feingeschnittene Zwiebeln, 15 g feingehackter Knoblauch, 1,5 kg Tomatenfleischwürfel, 5 Paprikaschoten, 0,2 l Olivenöl, 500 g gedünstete, feine Erbsen, 1,5 kg Kartoffeln, Petersilie.

Bacalao ist Trockenfisch (ungesalzen Stockfisch, gesalzen Klippfisch), der von der norwegischen Küste nach fast allen Mittelmeerländern und nach Südamerika verfrachtet wird.

Fisch in Portionsstücke schneiden und 12 – 14 Std. bei öfterem Wasserwechsel einweichen. Die Fischstücke nach Beseitigung von Flossen und Schuppen in ein flaches Geschirr legen und mit Fleischbrühe auffüllen.

In einem zweiten Geschirr Zwiebeln, Knoblauch, Tomaten sowie in Würfel geschnittene grüne und rote Paprikaschoten in Olivenöl andünsten. Dann die Gemüseerbsen beifügen und zur Seite stellen. Die geschälten Kartoffeln in 3 mm dicke Scheiben schneiden, blanchieren und mit dem angedünsteten Gemüse schichtweise über den Fisch ordnen. Dazwischen grob gehackte Petersilie streuen. Den Abschluß bildet eine Schicht Kartoffelscheiben. Das Ganze etwa 25 Min. zugedeckt im Ofen dünsten.

Beigabe: Grüne Oliven und mit Knoblauch eingeriebenes Röstbrot.

Puchero Argentino   Fleisch- und Gemüsegericht

Bedarf für 10 Portionen: 1 kg Garbanzos (spanische Erbsen), 1,8 kg frische Rinderbrust, 300 g magerer, geräucherter Speck, 1 kg Hammelbug, 700 g vorbereitetes Suppenhuhn, 600 g gepökelte Schweinebacke, 600 g Chorizos (spanische Wurst), Salz, 1,2 kg kleine, geschälte Kartoffeln, 1,5 kg Weißkohl, 600 g Sellerie, 500 g Möhren, 200 g Zwiebeln, 2 Maiskolben, 2 Paprikaschoten, 1 l Tomatensauce.

Puchero ist Argentiniens Nationalspeise. – Garbanzos müssen über Nacht eingeweicht werden. Rind- und Hammelfleisch, Speck, Suppenhuhn und Schweinebacke blanchieren. Blanchierte Zutaten in einem geräumigen Geschirr, mit Wasser bedeckt, aufsetzen, zum Kochen bringen, abschäumen und sieden lassen.

Inzwischen Gemüse putzen und waschen. Weißkohl halbieren, Strunk entfernen und die Kohlhälften binden. Zwiebeln abziehen. Stiele und Kerne der Paprikaschoten entfernen.

Die so hergerichteten Gemüse und die Wurst in den Topf zum Fleisch legen, evtl. etwas Wasser nachgießen, leicht salzen und bei angelegtem Topfdeckel alles zusammen garen. Die Garbanzos in einem Topf für sich 1 Std. lang kochen; zum Abgießen von der Fleischbrühe verwenden. Durch die unterschiedliche Gardauer der Zutaten – das Fleisch braucht 2 – 2 1/2 Std. – ist es erforderlich, den Prozeß zu beobachten und die Gare durch Anstechen mit einer Fleischgabel zu prüfen. Die nach und nach gegarten Fleisch- und Gemüseteile dann entnehmen, in eine Schüssel legen und mit einem nassen Tuch bedecken. Die Kartoffeln zweckmäßig auch in einem besonderen Topf mit etwas Fleischbrühe kochen (Gardauer 20 Min.).

Nach Abschluß des Kochvorgangs Fleisch und Wurst in Scheiben schneiden, das Huhn ausbrechen, in Stücke zerlegen und auf einer Platte anrichten. Die geschnittenen Gemüse gefällig und bunt auf einer weiteren Platte arrangieren und mit den Garbanzos sowie den Kartoffeln umgeben. Zu Fleisch und Gemüsen werden Brühe und Tomatensauce gereicht.

In Ermanglung von Chorizos können Langjäger (Wurst zum Kochen) verwendet werden, für Garbanzos ersatzweise gelbe Erbsen.

Empanadas   Gefüllte Teigtaschen

Bedarf für 10 Stück: 500 g Blätterteig, Eistreiche, 0,5 l Tomatensauce, 1 El feine Kräuter, 1 Msp. Knoblauchsalz;
Füllung: 100 g feingeschnittene Zwiebeln, 0,1 l Olivenöl, 60 g Paprikaschotenwürfel, 500 g geschmortes, gehacktes Fleisch (Rind oder Hammel), 50 g gekochte Schinkenwürfelchen, 100 g Tomatenfleischwürfel, 150 g Rosinen, 50 g gehackte Mandeln, Pfeffer, Chillipulver.

Füllung: Zwiebeln in Öl andünsten, Paprikaschote, das Fleisch und den Schinken sowie die Tomaten beifügen und weiter dünsten, bis eine dickliche Masse entsteht. Danach Rosinen und Mandeln beigeben, mit Pfeffer und Chilli würzen, nochmals aufkochen und zum Abkühlen beiseitestellen.

Den Blätterteig dünn ausrollen und in Quadrate (12 cm) schneiden. Auf jedes ein Häufchen der Füllung geben, die vier Ecken über die Füllung schlagen und die Oberfläche mit Eistreiche (Milch und Eigelb) bepinseln. Die Empanadas im mittelheißen Ofen (170 °C) goldgelb backen. Die heiße Tomatensauce mit den Kräutern sowie dem Knoblauchsalz würzen und dazu reichen.

Geflügel

Pollo ist für den Südamerikaner ein Sammelbegriff für Küken, Brathähnchen, Junghuhn, Masthuhn und Suppenhuhn. Er sagt also ganz einfach:

Pollo asado = gebraten, Pollo cocido = gekocht, Pollo en Parilla = vom Grill oder vom Spieß.

Es ist wesentlich zu wissen, daß der Südamerikaner einem dieser drei Garverfahren zustimmt, während er die bei uns häufig gebräuchlichen Herstellungsformen, wie z.B. „in Paprikasauce" oder „in Estragonsauce", ablehnt; er liebt die naturell belassenen Zubereitungen.

Gemüse und Früchte

Der südamerikanischen Küche steht ein reiches Angebot von Gemüsen zur Verfügung. Maiskolben, Okras, Mangold, Avocados, Palmenmark, Karden, Artischocken, Auberginen, Paprikaschoten, Chayote, aber auch Spinat, Blumenkohl, Spargel und Kohlarten werden meist naturell, andernfalls als „Puchero" mit Fleisch zusammen gekocht. — Gemüse für sich wird einfach in Salzwasser gegart, dann abgegossen und mit Butterflöckchen belegt angerichtet. Mehlbindungen jeglicher Art kommen für die Zubereitung von Gemüsen nicht in Betracht.

Bei allen Mahlzeiten sind Früchte ein geschätzter Abschluß. Zum Frühstück werden gern Melonen, Grapefruits, Orangen, Pfirsiche oder Erdbeeren genommen. Verlangt sind ferner gedünstetes Obst sowie Backäpfel mit Schlagsahne, aber auch erfrischende Säfte von Tomaten, Ananas oder Zitrusfrüchten. Bei der Mittags- oder Abendmahlzeit wird vielfach auf eine Süßspeise verzichtet; statt dessen werden frische Früchte verzehrt.

Zu erwähnen ist noch, daß die Südamerikaner Früchte auch als Vorgericht schätzen, so z.B. Bananen in gekühlter Sahne, Ananas oder Cerimoya in Schaumwein, frische Feigen auf Eis, Melonen mit Portwein, gekühlte Guavenscheibchen oder schwarze Maulbeeren; Zuspruch finden ferner Cocktails von Früchten oder gefällig angebotene Fruchtsalate, verschiedenartig kombiniert.

Kalte Gerichte

Entsprechend der klimatischen Verhältnisse weist die südamerikanische Küche eine große Auswahl kalter Gerichte auf, so reiche Arten von Salatzusammenstellungen, bei denen z.B. Palmito, Mais, Paprikaschoten, frisch geraspelte Kokosnuß oder Chayote (Gurkenart) die Grundbestandteile bilden. Ferner sind Salate von frischen Früchten mit Fleisch, Geflügel oder Krustentieren recht reizvolle Kombinationen.

Auch sämtliche kalte Braten, die immer mit Oliven gereicht werden, Schinken mit Papaya oder Kardi sowie gebratenes Geflügel in Verbindung mit frischen Blatt- und Gemüsesalaten werden gern genommen.

SCHONKOST — DIÄT

EINFÜHRUNG

Hippokrates, der große Mediziner der Antike, bezeichnete mit „Diaita" oder Diätetik die Lehre von der rechten Lebensweise. Er erhob das Maßhalten zum Prinzip des Lebens, weil in der Unmäßigkeit die Ursache aller Krankheit zu suchen sei. Beginnend mit der Nährstofflehre des Justus von Liebig und der Entdeckung der Vitamine wurde die Lehre von der Diät nach und nach auf wissenschaftliche Grundlagen gestellt. In der modernen Diättherapie haben die Erkenntnisse der Biochemie mit dem Wissen um die Vorgänge in der Zelle wesentlichen Einfluß.

Menschen mit gesundem Stoffwechsel können sich den unterschiedlichsten Ernährungsbedingungen anpassen. Solange die Versorgung an essentiellen Nährstoffen sichergestellt ist, werden sie keinen Schaden nehmen. Unter Einflüssen, die noch nicht voll erforscht sind, leidet jedoch diese Anpassungsfähigkeit und kann unter ungünstigen Umständen zu dauerhaften Schäden führen.

Unter Diät versteht man darum heute eine Kostform mit dem Ziel, durch kontrollierte Nährstoffzufuhr Stoffwechselstörungen zu kompensieren, deren Folgen zu verhindern oder wenigstens zu mildern. Diät ist nach heutigen Erkenntnissen aufzufassen als ein Eingriff in den biochemischen Ablauf der Körpervorgänge, und darum bedarf die Diät einer sorgfältigen Diagnose und einer laufenden Beobachtung. Diese Forderungen zu erfüllen, ist Sache des Arztes. Aufgabe der Küche bleibt es, die Diätverordnung so in die Praxis umzusetzen, daß die „Freude am Essen" bleibt, weil nur dann der Nahrungstrieb befriedigt wird.

Grundregeln für alle Diätformen

Zu einer Diät sind

- die Nährstoffe in einem richtigen Verhältnis einzusetzen, denn Mängel treffen einen angeschlagenen, kränklichen Organismus stärker als den gesunden Körper. Auf keinen Fall darf es zu einer Mangelversorgung an Eiweiß, Vitaminen oder Mineralstoffen kommen.

- die geeigneten Lebensmittel auszuwählen:

  Beispiele: Kohlehydratarme Lebensmittel bei Diabetes
  Fettarme Lebensmittel bei Gallenbeschwerden
  Ballaststoffarme, rasch verdauliche Lebensmittel bei Schonkost
  Energiereiche, eiweißhaltige Lebensmittel bei Aufbaukost.

- die Speisen küchentechnisch zweckmäßig zuzubereiten.

  Beispiele: Kochen – dämpfen – dünsten – braten – grillen.

Verordnet der Arzt einem Patienten Diät, so gibt er auch Anweisungen, welche Lebensmittel nach welcher Zubereitungsart in welcher Menge aufgenommen werden dürfen.

Ob sich der einzelne daran hält, ist seine persönliche Angelegenheit. Verlangt ein Gast jedoch nach einer bestimmten Diät, muß ein Betrieb in Grenzen fähig sein, ihn entsprechend zu bedienen.

WICHTIGE DIÄTFORMEN

Schonkost bei Erkrankungen der Verdauungsorgane

Eine Schonkost soll einzelne Verdauungsorgane oder den gesamten Stoffwechsel entlasten. Allgemeine Regeln ergänzen die speziellen Rücksichten auf bestimmte Körperteile.

Schonkost wird heute nicht mehr so streng verordnet wie früher, weil sich herausgestellt hat, daß der Einfluß der Ernährung auf die Verdauungsorgane nicht so speziell ist, wie früher angenommen wurde.

Dennoch gibt es einige Regeln, die zu beachten sind, damit sich Menschen mit empfindlichen Verdauungsorganen wohlfühlen können. Diese Regeln bilden auch die Grundlage der Rohstoffauswahl und der Zubereitungsarten für die allgemeine Schonkost.

Schonkost soll trotz der gegebenen Einschränkungen abwechslungsreich und appetitanregend sein, damit der Körper ausreichend mit Nähr- und Wirkstoffen versorgt wird.

Der Schonkostbedürftige kann gegen gewisse Nahrungsmittel empfindlich sein. Deshalb sollte ihm innerhalb der bestehenden Regeln weitgehend freie Wahl gelassen werden. Er soll die ihm nicht bekömmlichen Speisen herausfinden und dann in der persönlichen Speisenauswahl berücksichtigen.

Neben der Menge ist die Art der Speisen zu berücksichtigen. Feste Speisen mit hohem Fettgehalt oder festem Gefüge erfordern vom Magen viel Arbeit und es dauert darum länger, bis sie an den Darm weitergegeben werden. Weniger belastend sind leichte, fettarme Speisen mit lockerem Gefüge.

Übersicht: Verweildauer von Speisen im Magen

Stunden

Stunden	
1 – 2	Fruchtsäfte, abgekochte Milch, Schleimsuppen, Fleischbrühe, weiches Ei, Reis, gekochter Fisch;
2 – 3	Rührei, Omelett, Kalbsbries, Kalbshirn, gekochtes Geflügel, Schinken, Spinat, Salzkartoffeln, Kartoffelbrei, Weißbrot, Brezel;
3 – 4	Fischfilet, gebratenes Geflügel, Kalbsbraten, Bratkartoffeln, Schwarzbrot;
4 – 5	Linsenbrei, Schlagsahne, Salzhering, Rauchfleisch, Hasenbraten, gebratene Gans.

Eignung der Lebensmittel für Schonkost

Empfehlenswert	Nicht empfehlenswert
Suppen, Breie aus Grieß, Reis, Haferflocken, Teigwaren unter Verwendung von wenig Fett	Spätzle, Klöße Mehlschwitzen, Panierungen, Backteige
Eier weichgekocht, Eier im Näpfchen, Omelett mit geschlagenem Eiweiß	hartgekochte Eier, Spiegeleier, fritierte Eier
Fische gekocht oder gedünstet	Fisch in gebratener oder panierter Form, Ölsardinen, Fischmarinaden
Kalbfleisch, Rinderfilet, Hirn, Bries, Hühnerfrikassee, magerer Schinken roh oder gekocht	fettes Fleisch oder fettes Geflügel, Saucen mit hohem Fettanteil wie Mayonnaise, Hollandaise
Gemüse mit wenig Zellulosegehalt in gedämpfter, gedünsteter oder gekochter Form, Gemüsesäfte	Hülsenfrüchte, derbe Kohlarten, Zwiebeln

Beispiele für Menüzusammenstellungen

Tomatensaft

*

Kalbsblankett
Spargelspitzen und junge Erbsen
Petersilienkartoffeln

*

Stachelbeergrütze

Legierte Kalbfleischsuppe

*

Steinbutt gekocht und frische Butter
Dampfkartoffeln
Geschmorter Fenchel mit Tomatenwürfeln

*

Grießauflauf

Rahmsuppe Prinzeß

*

Kalbssteak in Folie gebraten
Erbsen und Möhrchen
Kartoffelschnee

*

Pfirsichkompott

Kraftbrühe mit Royal

*

Poulardenbrust gegrillt
Spinattimbal
Pariser Kartoffeln

*

Quark mit Himbeeren

Hühnercremesuppe

*

Rinderfilet gebraten
Naturelle Jus
Brokkoliröschen
Kartoffel in der Folie

*

Apfelcharlotte

Gemüsesaft

*

Kalbsmilchscheiben
Kräutersauce
Tomate mit Selleriepüree
Gekochter Reis

*

Orangenschaum

Melone und Lachsschinken

*

Forellenfilet gedünstet
Möhrenpüree
Dillkartoffeln

*

Zwiebackpudding
Kirschsaft

Spargelsuppe

*

Pochierte Eier
Blattspinat
Römische Nocken

*

Vanilleauflauf
Aprikosenmark

Zusammenfassung der Regeln zur allgemeinen Schonkost

- Leichtverdauliche Lebensmittel schonend zubereiten
- Verwendung von Fett einschränken
- Garverfahren anwenden, die eine Röststoffbildung einschränken,
  also bevorzugt: Dämpfen, Dünsten, Kochen oder in der Folie zubereiten
- Reizarm würzen, statt dessen Küchenkräuter verwenden.

Energiearme Diät (Abmagerungsdiät)

Energiearme Diät ist bei Fettleibigkeit erforderlich. Fettleibigkeit entsteht, wenn auf die Dauer mehr Energie aufgenommen wird als der Körper verbraucht. Die mit fortschreitender Technisierung und einem hohen Lebensstandard verbundene sitzende Lebensweise und eine verfeinerte, ballaststoffarme Ernährung führen oft zu einem Mißverhältnis zwischen Energieaufnahme und Energieverbrauch. Fettleibigkeit begünstigt Bluthochdruck, Arterienverkalkung, Herzinfarkt und Thrombose.

Die Küche ist an einer energiereichen Ernährung nicht ganz unschuldig. Fett hebt als funktioneller Bestandteil den Geschmackswert und begünstigt die Konsistenz. So werden beachtliche Mengen sogenannter „nicht sichtbarer Fette" verwendet. Es sei nur erinnert an Mayonnaise, Hollandaise, Lebermus, Sahne und Butterflocken bei Saucen usw.

Mit steigendem Ernährungsbewußtsein sind energiearme Gerichte anzubieten, wenn man die Gäste nicht verlieren will.

An erster Stelle muß eine Einschränkung der Fette und Kohlehydrate stehen. Man bevorzugt daher Lebensmittel wie Fleisch, mageren Fisch und wendet fettarme Zubereitungsverfahren an wie Grillen, Dämpfen oder Dünsten.

Statt Kartoffeln, Teigwaren oder Reis können reichlich Gemüse in fettfreier Zubereitung gereicht werden. Auch Salate enthalten nur wenig Energie, besonders dann, wenn bei der Marinade auf das Öl verzichtet wird und statt dessen z.B. Joghurt zur Anwendung gelangt.

Beispiele für Menüzusammenstellungen

Kleine Rohkostplatte

*

Hirschmedaillons mit Pilzen
Pfeffersauce
Selleriepüree

*

Frischer Pfirsich in Zitronengelee

Hühnerbrühe mit Sago

*

Fischklößchen im Gemüsesud
Petersilienkartoffeln
Gurkensalat mit saurer Sahne

*

Geeiste Mango- und Kiwifrüchte

Sanddornjoghurt

*

Fleischspießchen vom Rost
Auswahl gedünsteter Gemüse
Kopfsalat mit Kräutern

*

Apfelauflauf

Krabben in Gelee

*

Gegrilltes Schinkensteak
mit frischen Feigen
Grüne Bohnen

*

Kräcker mit Käsecreme

Zusammenfassung der Grundregeln für eine energiearme Diät

- Möglichst wenig Fett und Kohlehydrate verwenden
- Gerichte aus fettarmem Fleisch und magerem Fisch bereiten
- Fettarme Zubereitungsarten wie Grillen, Dünsten, Dämpfen oder Kochen anwenden
- Ungebundene Gemüse und ölarme Salate müssen die Versorgung mit Reglerstoffen sicherstellen.

Natrium- (Kochsalz-) arme Diät

Natrium ist in Kochsalz (NaCl) und in vielen Lebensmitteln enthalten. Im gesunden Körper regelt es den Wasserhaushalt und den Blutdruck.

Krankhafte Veränderungen in diesen Bereichen können den Arzt veranlassen, eine Einschränkung in der Aufnahme von Kochsalz anzuordnen.

Bei normaler Kost nimmt ein Erwachsener etwa 12 bis 15 g Kochsalz täglich zu sich. Diese Menge kann auf die Hälfte verringert werden, wenn die Salzzugabe und das Nachsalzen bei Tisch unterbleiben.

Bei Verzicht auf Lebensmittel, denen zur Haltbarmachung Salz zugesetzt worden ist, wie z.B. Gepökeltes, Dauerwurst, Fleisch und Fleischkonserven, kann die Salzaufnahme noch weiter verringert werden.

In ausreichender Menge dürfen verwendet werden Mehl, Reis, Teigwaren, Kartoffeln und Obst. Milch und Käse wie auch Brot haben dagegen einen relativ hohen Gehalt an Kochsalz.

Damit die Speisen auch ohne Kochsalz schmecken, bevorzugt man Garverfahren wie Braten oder Grillen; auch durch Überbacken können Röststoffe und damit Geschmack gebildet werden. Einen weiteren Ausgleich schafft man durch bedachtes Würzen.

Beispiele für Menüzusammenstellungen

<table>
<tr><td>Bircher-Benner-Müsli</td><td>Überbackene Champignons auf Toast</td></tr>
<tr><td>*</td><td>*</td></tr>
<tr><td>Gehacktes Kalbssteak
Curryreis
Kopfsalat mit Radieschen</td><td>Gegrillte Seezungenfilets
Dampfkartoffeln
Gemischte Salatplatte</td></tr>
<tr><td>*</td><td>*</td></tr>
<tr><td>Erdbeergelee</td><td>Grießflammeri mit Himbeermark</td></tr>
</table>

<table>
<tr><td>Karottensaft</td><td>Rühreier mit Kräutern</td></tr>
<tr><td>*</td><td>*</td></tr>
<tr><td>Gekochtes Rindfleisch und Schnittlauchsauce
Junge Kohlrabi
Bouillonkartoffeln</td><td>Kalter Kalbsbraten und kaltes Geflügel
Kopf- und Spargelsalat
Lyoner Kartoffeln</td></tr>
<tr><td>*</td><td>*</td></tr>
<tr><td>Reisauflauf</td><td>Salat von Orangen und Bananen</td></tr>
</table>

Zusammenfassung der Grundregeln für natriumarme Diät

- Lebensmittel mit geringem Kochsalzgehalt verwenden
- Das Salzen von Speisen unterlassen
- Durch entsprechende Zubereitungsarten, wie Kurzbraten, Grillen, Gratinieren und richtiges Würzen, für die Entwicklung von Geschmacks- und Aromastoffen sorgen.

Diabetes-Diät

Der Diabetes oder die Zuckerkrankheit entsteht, wenn die Bauchspeicheldrüse des menschlichen Körpers nicht mehr genügend Insulin produziert.

Im gesunden Körper sorgt ein Reglersystem für einen gleichbleibenden Blutzuckerspiegel; die Leber dient dabei als Speicherorgan. Überschüssiger Einfachzucker wird durch das Insulin in Glykogen umgewandelt und in der Leber gespeichert. Verbraucht der Körper Energie und sinkt damit der Blutzuckerspiegel, wird das Glykogen aus der Leber in Traubenzucker umgewandelt und an das Blut abgegeben.

Bei Zuckerkranken steht nicht genügend Insulin zur Verfügung, und darum ist das Reglersystem gestört.

Dem wird entgegengewirkt

- in leichteren Fällen durch geregelte Zufuhr von Kohlehydraten, wobei Menge und Zeitpunkt der Zufuhr zu beachten sind,
- in schwereren Fällen zusätzlich durch Insulinzufuhr in Form von Tabletten oder Injektionen (Einspritzungen).

Die „Einstellung"

Der Zuckerkranke erhält vom Arzt nach gründlicher Untersuchung ein speziell auf seine Bedürfnisse zugeschnittenes Diät-Schema. Dieses nennt die Gesamtmenge der täglich erlaubten Kohlehydrate und eine genaue Verteilung auf die einzelnen Tageszeiten.

Die **Broteinheit (BE)** dient dabei als Berechnungshilfe. Eine BE entspricht 12 g reinen Kohlehydraten: diese Menge ist z.B. enthalten in 25 g Graubrot (1 Scheibe), 15 g Reis, 17 g Eierteigwaren, 60 g Kartoffeln, 90 g grünen Erbsen usw.

Der Diabetiker soll im Rahmen der erlaubten Nahrungsmittelmenge oft kleine Mahlzeiten zu sich nehmen und größere Mahlzeiten vermeiden. Ihm wird empfohlen — statt der üblichen Aufteilung Frühstück, Mittagessen, Abendessen —, die Nahrungsaufnahme auf sechs oder sieben Abschnitte zu verteilen. Welche Einwirkung diese ärztliche Anweisung auf den Verlauf des Blutzuckerspiegels hat, zeigt folgendes Schaubild.

Einfluß der Nahrungsaufnahme auf den Blutzuckerspiegel

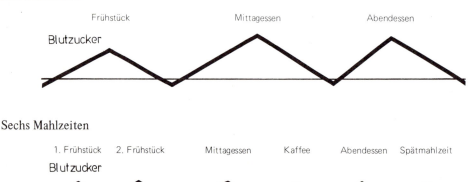

Drei Mahlzeiten

Sechs Mahlzeiten

Aus der Verteilung der Nahrungsaufnahme ergibt sich, daß eine Mahlzeit, z.B. ein Mittagessen oder eine Abendplatte, verhältnismäßig „klein" sein muß, wenn die erlaubten Broteinheiten (BE) nicht überschritten werden sollen.

Der Koch hat auf diese Tatsache Rücksicht zu nehmen und muß sie bei der mengenmäßigen Zusammenstellung im Auge behalten.

Dem Diabetiker sind Speisen und Getränke verboten, die in größerer Menge Rüben-, Trauben- oder Malzzucker enthalten. Diese Zuckerarten werden rasch in die Blutbahn aufgenommen, es kommt zu einem starken Anstieg des Blutzuckerspiegels.

Blutzuckerspiegel
nach Aufnahme von Zucker oder
zuckerhaltigen Nahrungsmitteln

Blutzuckerspiegel
nach Aufnahme von Kohlehydraten, die erst im Darm aufgeschlossen werden müssen, Brot, Kartoffeln, Teigwaren, Reis

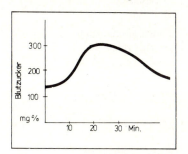
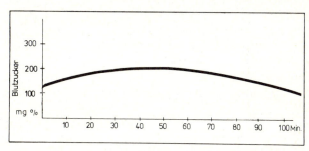

Nimmt der Diabetiker Kohlehydrate in Form von Stärke, wie z.B. in Brot, Kartoffeln oder Gemüse, zu sich, steigt der Blutzuckerspiegel nur allmählich an, weil die Stärke erst abgebaut werden muß.

Ferner soll der Fettverzehr sehr eingeschränkt werden, denn das Fett dient dem Körper ebenso wie die Kohlehydrate als Energiestoff. Es sind darum magere Rohstoffe auszuwählen.

Erwünscht sind
mageres Fleisch, z.B. von Kalb und Rind
magerer Fisch, z.B. Kabeljau oder Schellfisch
mageres Geflügel
magere Wurstwaren
Magerkäse (bis zu 20 % Fett i. Tr.)
Magerquark

Unerwünscht sind
fettes Fleisch, z.B. vom Schwein
fette Fische, z.B. Aal, Fischkonserven
fettes Geflügel, z.B. Gans, Ente
fette Wurstsorten, z.B. Leberwurst
Fettkäse, Schlagsahne
Sahnequark

Ohne Anrechnung auf die Broteinheiten dürfen z.B. gereicht werden:
Rettich, Gurke, Kohlrabi, Sauerkraut, Spargel, Tomaten, Weißkohl, Kopfsalat, Pfifferlinge, Spinat.

Das gibt der Küche Gelegenheit, geschmacklich und mengenmäßig auszugleichen.

Selbstverständlich müssen auch die Zubereitungsarten fettarm sein. Verboten ist in Fett Gebackenes (Fritiertes). Kochen, Dünsten, Dämpfen und Grillen sind zu bevorzugen. Mit spezialbeschichtetem Teflon-Geschirr ist auch das Braten erlaubt.

Eine gute Küche wird den Mangel an geschmacksgebenden Röststoffen ausgleichen durch eine bedachte Anwendung von Gewürzen und Küchenkräutern.

Beispiele für Menüzusammenstellungen

<table>
<tr><td align="center">Schildkrötensuppe
*
Kalbssteak mit Schinken
Blattspinat – Kartoffelschnee
Selleriesalat
*
Orangengelee</td>
<td align="center">Kraftbrühe mit Eierstich
*
Brüsseler Masthuhn, gedünstet
Spargelspitzen in Tomaten
Reis
*
Gekühlte Früchte mit Kirschwasser</td></tr>
<tr><td align="center">Kraftbrühe mit Klößchen
*
Lendenschnitte vom Grill
Englischer Sellerie – Prinzeßbohnen
Kressesalat
*
Quarkspeise mit Weichselkirschen</td>
<td align="center">Gemüsesaft
*
Gebratenes Kabeljaufilet
Geschmorte Dillgurken
Kopfsalat mit Paprikaschoten
*
Frische Ananas und Erdbeeren</td></tr>
<tr><td align="center">Gemüseaspik mit Kräuterjoghurt
*
Ziegenbraten
Frische Steinpilze
Löwenzahn- und Gurkensalat
*
Rhabarberschaumspeise</td>
<td align="center">Kraftbrühe mit Sellerie
*
Gegrillte Perlhuhnbrust
Gedünstete Lauchstangen
Tomatenreis
*
Bratapfel und Vanillesauce</td></tr>
<tr><td align="center">Frische Feigen mit Parmaschinken
*
Forelle blau – zerlassene Butter
Gedämpfte Kartoffeln
Salate der Jahreszeit
*
Joghurtcreme mit Heidelbeeren</td>
<td align="center">Taubenbrühe
*
Rehnüßchen mit Perlzwiebeln
Gemüsepudding
Apfelscheiben, in Wein gedünstet
*
Windbeutel mit Schlagsahne</td></tr>
</table>

Zusammenfassung der Regeln für Diabetes-Diät

- Fettarme Rohstoffe verarbeiten
- Fettarme Zubereitungsarten anwenden
- Mit kohlehydratarmen Gemüsen und Salaten Ausgleich schaffen
- Gesamtkohlehydrate bei der Speisenzusammenstellung beachten.

DIÄT – GÜTEZEICHEN

§ An „Diät" werden durch die Verordnung über diätetische Lebensmittel sehr hohe Anforderungen gestellt. Diese Verordnung unterscheidet zwischen diätetischen Lebensmitteln und Lebensmitteln mit einem Hinweis auf einen diätetischen Zweck. In beiden Fällen werden umfassende Vorschriften über Zusammensetzung, Behandlung und Kennzeichnung gegeben.

Die Ausführungen zu den Diätformen dürfen darum nur als eine erste Information betrachtet werden. Die Diät ist ein Spezialgebiet der Küche und erfordert deshalb eine weitergehende spezielle Ausbildung (s. unten).

Betrieben, die im Interesse ihrer Gäste Speisen so zubereiten, daß sie auch für diätbedürftige Personen geeignet sind, sei aus rechtlichen Gründen geraten, auf der Karte nicht das Wort Diät zu verwenden, sondern Formulierungen wie z.B. „Geeignet für Diabetiker" oder „Geeignet für Gallenkranke".

Ärztlich verordnete Diät darf auf keinen Fall von Betrieben verabreicht werden, die nicht ausdrücklich dafür zugelassen sind.

Das nebenstehende Gütezeichen wird gewerblichen Betrieben verliehen, die sich durch besondere Leistung auf dem Gebiet der Diätverpflegung auszeichnen. Sie werden auch in eine Liste aufgenommen, die Ärzten als Orientierungshilfe dient, wenn sie z.B. diätbedürftigen Patienten gastgewerbliche Betriebe empfehlen sollen, die für den Urlaub entsprechende Diätkost bieten.

GÜTEZEICHEN RAL

DIÄT VERPFLEGUNG

Voraussetzungen für die Verleihung des Gütezeichens sind:

1. Ausreichende küchentechnische Einrichtung sowie die Beachtung der Gebote neuzeitlicher Hygiene. Die Betriebe werden vor der Verleihung des Gütezeichens geprüft. Nachkontrollen können erfolgen.

   Interessierte wenden sich an: Gütegemeinschaft Diätverpflegung e.V., Gluckstraße 2, 6550 Bad Kreuznach.

2. Beschäftigung von Fachpersonal (diätetisch geschulter Koch/Köchin). Vorbereitungslehrgänge werden durchgeführt von der Deutschen Gesellschaft für Ernährung e.V. (DGE) und dem Verband der Köche Deutschlands e.V. (VKD) und durch die Arbeitsämter gefördert.

   Interessierte wenden sich an:
   Verband der Köche Deutschlands e.V., Steinlestraße 32, 6000 Frankfurt am Main.

SACHWORTVERZEICHNIS

(Die Umlaute ä, ö und ü sind unter ihren Stammlauten a, o, u eingeordnet)

Literaturverzeichnis

Adler, G.:   Kartoffeln und Kartoffelerzeugnisse. Verlag Paul Parey, Berlin und Hamburg
Becker — Dillingen: Handbuch des gesamten Gemüseanbaus. Verlag Paul Parey, Berlin und Hamburg
Bötticher, W.: Technologie der Pilzverwertung. Verlag Eugen Ulmer, Stuttgart
Bünemann/Hansen: Frucht- und Gemüselagerung. Verlag Eugen Ulmer, Stuttgart
Dassler, Ernst: Warenkunde für den Fruchthandel. Verlag Paul Parey, Berlin und Hamburg
Fritz, D.:   Erwerbsgemüsebau. Ulmer-Verlag, Stuttgart
Hahn, M. und Zell, H.: Spargelanbau. Ulmer-Verlag, Stuttgart
Herrmann, Karl: Obst, Obstwaren und Obsterzeugnisse. Verlag Paul Parey, Berlin und Hamburg
Konserventechnisches Handbuch. Verlag Hempel, Braunschweig
Köster, Werner: Käse-Lexikon. Heinrichs Verlag KG, Hildesheim
Lange/Lange: Pilze. BLV-Verlag, München
Normen für verarbeitetes Obst und Gemüse. Verlag Hempel, Braunschweig
Dr. Oetker: Lexikon Lebensmittel und Ernährung. Ceres-Verlag Rudolf August Oetker KG,
                 Bielefeld
Rinaldi/Tyndalo: Pilzatlas. Verlag Hörnemann, Bonn
Schindler, Otto: Unsere Süßwasserfische. Kosmos. Gesellschaft der Naturfreunde Franckh'sche
                 Verlagshandlung, W. Keller & Co., Stuttgart
Zacharias, Dr. R./Hübner, U.: Lebensmittelverarbeitung im Haushalt. Verlag Eugen Ulmer, Stuttgart

Zeitschriften

Deutsche Lebensmittelrundschau, Stuttgart
Getreide, Mehl, Brot, Bochum
Die industrielle Obst- und Gemüseverwertung, Braunschweig

Bildquellennachweis
der Schwarz-weiß-Fotos

Bundesausschuß für volkswirtschaftliche Aufklärung, Köln: Seiten 112 (5), 113 (2), 188 (1), 189 (3), 190 (1), 191 (1), 192 (1)
Gütegemeinschaft Diätverpflegung, Bad Kreuznach: Seite 493 (1)

Alle übrigen Abbildungen stammen vom Verfasser.

FACHBÜCHER FÜR DAS HOTEL- UND GASTSTÄTTENGEWERBE

Friebel/Klinger   ISBN 3-8057-0230-2

DIE KALTE KÜCHE

Ein umfassendes Handbuch und Nachschlagewerk für den gesamten Bereich der kalten Küche

Herausgegeben und bearbeitet von Küchenmeister HEINZ KLINGER

Aus dem Inhalt:

Technik und Organisation	Schlachtfleisch
Bearbeitung des Rohmaterials	Hausgeflügel
Hilfsmittel	Wildgeflügel – Haarwild
Küchentechnische Arbeiten	Salate
Dekor und neuzeitlicher Anrichtestil	Käseplatten – Käsespeisen
Schnell-Imbiß und Restaurationsplatten	Saucen und Buttermischungen
Arrangements von kalten Büfetts	Küchenerzeugnisse für Feinkostgeschäfte und
Vorspeisen – Eierspeisen	Stadtküchen-Lieferungen
Fischgerichte – Krustentiere	Rohkost
Gänselebergerichte – Pasteten, Terrinen, Galantinen	Technische und fremdsprachige Ausdrücke
Die Schaumbrote und ihre Behandlung	Alphabetisches Sachregister

Dank seiner grundlegenden, methodischen Bearbeitung ist dieses Standardwerk seit Jahrzehnten ein bewährter Leitfaden für alle Lernenden und das Nachschlagewerk für den erfahrenen Koch. Es befähigt jeden vorwärtsstrebenden Fachmann, in das schwierige Sondergebiet einzudringen, fachgerechte, hervorragende Arbeit zu liefern und nicht zuletzt die Rentabilität des Betriebes zu steigern.

Auszeichnungen: Hospes, Bern 1954: Goldene Medaille; Bundesfachschau, Frankfurt/M. 1951: Großer Preis in Gold; 10. IKA und 11. Bundesfachschau, Frankfurt/M. 1960: Goldmedaille; Akademie neuzeitlicher, gesunder Ernährung im Bundesfachverband Deutscher Gemeinschaftsverpfleger, Köche, Köchinnen und Diätassistentinnen Mainz 1980: Goldmedaille

9. Auflage, 434 Seiten 17,5 x 25 cm, mit 351 Fotos im Text und 44 mehrfarbigen Tafeln sowie mit 16 Zeichnungen und Plänen, gebunden

---

Klinger/Grüner   ISBN 3-8057-0292-2

DER JUNGE KOCH

Lehrbuch für die Berufsausbildung des Kochs

Herausgegeben von Küchenmeister HEINZ KLINGER und Studiendirektor HERMANN GRÜNER

Aus dem Inhalt:

Naturwissenschaftliche Grundlagen	Teigwaren – Reis
Hygiene und Umweltschutz	Eierspeisen
Lebensmittelrecht und Lebensmittelkontrolle	Suppen
Ernährungslehre	Saucen
Getränkekunde	Zubereitung von Schlachtfleisch
Nahrungsmittel	Zubereitung von Wild
Service, Büfett, Kaffeeküche	Zubereitung von Geflügel und Wildgeflügel
Arbeitsgestaltung	Zubereitung von Fischen
Grundtechniken	Zubereitung von Krusten- und Schaltieren
Bereitstellen und Aufbewahren	Gemischte warme Vorspeisen
Garverfahren	Kalte Küche
Zubereitung von Gemüse	Gebäcke, Süßspeisen und Speiseeis
Zubereitung von Pilzen	Menü- und Speisekarte
Salate	Regionalgerichte
Zubereitung von Kartoffeln	Sachwortregister
Klöße	

Das führende Fachbuch für die Ausbildung der Köche mit dem gesamten Stoff für die Fächer Fachtheorie und Fachpraxis für die berufliche Grundbildung und die spezielle berufliche Fachbildung.

22., überarbeitete Auflage, 526 Seiten, 16,5 x 23,5 cm, mit 670 Fotos und Zeichnungen sowie mit zahlreichen grafischen Darstellungen und 4 Farbtafeln, gebunden